天下归仁

人民法学文存
Renmin faxue wencun

天下归仁：儒家文化与法

All under Heaven will return to Humanity:
A Study on the Confucian Ideas of law

苏亦工◎著

人民出版社

目　录

卷四　现代化

自　序

　　从文化的角度思考中国固有法律及其现代化,在我来说,还是最近这十余年的事情。本书的主干部分,大抵就算是这些思考的汇集吧。

　　自甲子年(1984年)秋考入法史专业研究生迄今,我从学生到研究人员再到教师,角色虽几度转换,但始终没有脱离法律史学科领域。光阴荏苒,不知不觉间,已是老之将至矣。专业上固然是毫无所成,感慨倒有许多,其中最令人纠绕困惑的就是中西文化对各自法律的影响了。

　　西人常常批评中国传统不重视法治,以为中国固有法律与伦理道德混为一体,大不合西方的标准。一位深受西方文化濡染的法学家曾说:"孔子根本不承认法律之必要。"他还特别指出:儒家的礼治思想有两项"根本错误"。一是"它的心理学未免太幼稚,孔子根据着性善之说来讲政治法律",以为"在上者只要用'以身作则'底法子来感化下民,下民自然会"效法(imitate),哪里用得着法律呢?"在他看来:"治国家若专靠'效法'哪里能持久呢?"二是"礼治思想有抹杀人格底趋势。礼治是一个自相矛盾的概念。所贵乎道德者,莫非因为道德是自由意志的产品。假使把政治和道德混在一起,其结果是'强迫的道德','麻烦的政府'(Fussy paternal government)。在'强迫的道德'、'麻烦的政府'之下,人民的人格永不会有发展底机会了! 奴隶性质的道德,不如自由意志的不道德"。①

　　早些年听到这样的评判,尽管不甚心服,还是很有点自卑。如今思来,这其实正反映出中西文化的不同。

---

　　①　吴经熊:《法律哲学研究》,清华大学出版社2005年版,第74、75页。

《礼记·乐记》说："乐由中出，礼自外作。"金岳霖先生说："哲学和宗教给人一种内在的约束，法律给人一种外在的约束，这类约束是任何社会都需要的，也都为中国哲学所承认。"①

虽说任何社会都需要内在的和外在的两类约束，但这两类约束在中西文化中的地位却是不同的。相对而言，西人更重视外在的约束。崇尚法治，正是重视外在约束的一个表征。

正如许多学者所指出的那样，西人的法治传统，有深厚的历史渊源，这可从康德的"良心上无上的命令"追溯至基督教《旧约》的"摩西十诫"。根据基督教的原罪论，人是生而有罪的，必须信仰上帝才能获得救赎，亦即人必须依靠外力而不是内在的力量来矫正自我。按照辜鸿铭的说法：欧美人是"非靠教士及军人不能自治的人类"，待天主教势力溃灭后，又"想用法律制裁来维持社会的秩序"。② 时至今日，在不少西人眼里："每一种法律都是一种发现，是神赐予的礼物——明智者的戒规"；而"对宪政政府的信仰"，至今仍是"美国传统的核心"。③

吊诡的是，西人向以崇尚法治自诩且乐以自由炫世。不知所谓法治者，规范之治也。人既为规范之奴隶，又焉有自由可期？故西人之所谓自由，非为"自由意志的不道德"，即为可望而不可即之幻影。此理殆非西人所夸耀之形式逻辑及其实验方法所能获解者也。

与西方相比，中国文化更重视内在的约束而相对轻视外力（包括神）的规制。儒家承认天命，但更重视人的主观努力。《尚书·皋陶谟》有谓"天聪明，自我民聪明"；《泰誓》曰"天视自我民视，天听自我民听"。作为中庸的文化，儒家主张自强不息，强调个人的内在自觉，不相信"原罪"，也不依赖外在的拯救。自魏晋以来逐渐本土化并构成中国文化重要组成部分的佛学同样强调个人的修行和觉悟，并不迷信外力和神。④ 辜鸿铭说，"二千五百年来，中国的文

---

① 金岳霖：《中国哲学》，《哲学研究》1985年第9期，第41页。

② 勃兰兑斯：《辜鸿铭论》，《辜鸿铭文集》下册，黄兴涛译，海南出版社1996年版，第613页。

③ 〔美〕爱德华·考文：《美国宪法的高级法背景》，强世功译、李强校，生活·读书·新知三联书店1997年重印本，正文第1页及克林顿·罗西特序第Ⅰ页。

④ 谢扶雅：《宗教哲学》，山东人民出版社1998年版，第56页。

明,是一种没有祭司阶级及没有兵士的文化"。① 这或许就是中西文化的根本差别所在!

不过,说中国文化强调内省而不重外力,是相对而言的。儒家认为:乐动于内,礼动于外,"致乐以治心",只有"礼乐不可斯须去身",才能"内和而外顺",达到"随心所欲而不逾矩"的境地。也就是说,必须内外兼治,礼乐双修,方能实现真正的自由而非胡作非为,故儒家也重视礼治。孔子说,"克己复礼为仁,一日克己复礼,天下归仁焉"。②《孟子·离娄上》说,"徒善不足以为政,徒法不能以自行"。《诗·大雅·烝民》说,"天生烝民,有物有则。民之秉彝,好是懿德"。这里的"则",就是规范的意思,其外延当然包括法律。显然,礼治也是一种规范之治,其中当然就包含有西方法治的意蕴。不过儒家之礼治强调正面的、积极的教育和引导,反对消极的惩罚和防范。盖其所憧憬之秩序是建立在道德人心基础上的、合乎人类普遍性的秩序。故手段与目的均须合乎道德,此即王道。而中国古人所说的"法治"或"法制",其所欲确立之秩序,虽不必排斥道德人心,但不以之为前提。但达目的,不择手段。故暴力、欺诈、谎言乃至荼毒天下皆所不避,此即霸道。

西方文化的基调是霸道,这可从罗素所说的人类的三大冲突的角度去审视。首先,就人与自然的冲突言,一如金岳霖先生所说:西方文化的人类中心主义对于自然采取一种征服、榨取的态度,势必引发自然界"洪水滔天,山崩地裂"的反扑。③ 其次,就人与人的冲突言,西方文化的理想人格是英雄主义,"我们从总是要压倒别人的英雄主义的行径中,也不难看到现代霸权动辄采取军事行动的身影"。再次,就人跟内心的冲突言,"怨恨、复仇是基督教道德观形成的心理根源,而我们在现代霸权的军事行动背后,也不难看出其中所蕴含着的怨恨和复仇心理"。④

反观中国文化,儒释道三家均表现出极大的包容性。在人与自然的关系上,儒家有"万物一体之仁"的思想;在人与人的关系上,儒家主张"和而不同";在人与内心的冲突上,儒家强调"寡欲"、"养气"和"以理导欲"。两相比

① 《辜鸿铭文集》下册,黄兴涛译,海南出版社1996年版,第612页。

② 《论语·颜渊》。

③ 参见金岳霖:《中国哲学》,《哲学研究》1985年第9期,第41页。

④ 陈鼓应:《庄子今注今译·最新修订重排版序》,中华书局2012年版,第6页。

较，不难看出王道和霸道的根本差异，也不难预测中西文化的前景。

如果我们接受了儒家的王道文化，人类将有可持续的未来；如果接受了西方的霸道文化，纵使侥幸不毁于天灾人祸，也将自毁于内心的颓废和躁动。设若有一天全世界都实现了欧美式的现代化，则人类距离灭绝，就指日可待了。

笔者滥厕法学界有年，深感当今的中国法学，已经彻底西化。套用金岳霖先生的话，这应该叫"在中国的法学"而非"中国法学"。中国法律人久受西学浸润，习惯了理性思维、逻辑推理、系统科学的一套，对中国固有文化大多不以为然。加之自前清道光朝后期（1840 年）起，因中国不断遭受东西列强的武力侵夺，中国学者们深信中国文化存在着严重的缺失。由是割弃传统，效法西洋，似乎已成为中国法学界公认的唯一正确道路了。

在哲学家眼里，中国人的思维方式存在着很多的缺陷，譬如方法是直觉的、结论是武断的，缺少思辨的精神，缺乏逻辑的训练，难以形成思想完整、系统严密、分析精准的理论等等。[①] 同样，在许多法学家眼里，"法学乃属于'社会科学'，应重推理与思考，无限探究其所以然；故法律家必须要有纤细精密的'几何学精神'"。[②]

显然，在此辈看来，中国法治之不彰，多少也是由于中国文化不重理性思维，未能将逻辑学有效地运用于法律分析，因而未能建立起近现代的西式法律科学所致。

爱因斯坦说：

> 西方科学的发展是以两个伟大的成就为基础，那就是：希腊哲学家发明逻辑体系，以及通过系统的试验发现有可能找出因果关系。在我看来，中国的贤哲没有走上这两步，那是用不着惊奇的。[③]

笔者以为，用爱氏所说的逻辑体系和试验方法观察分析自然界和机械运动大致可取，但亦非绝对；用其观察分析并进而制约人类社会及其行为，不惟断不可行且注定会酿成灭顶之灾。最近一个半世纪里发生的一系列人间灾

---

① 参见谢幼伟：《抗战七年来之哲学》，贺麟《五十年来的中国哲学》附录二，上海人民出版社 2012 年版，第 230 页。

② 刘得宽：《法学入门·序》，中国政法大学出版社 2006 年。

③ 爱因斯坦：《爱因斯坦文集》第一卷，许良英、范岱年编译，商务印书馆 1976 年版，第 574 页。

难,动辄有千数百万人死于非命,其中就有不少是由于强行将西人"发现"的科学理论运用于人类社会所致。

诚如有学者指出的,观察法律有社会学的方法和法学的方法。社会学的方法是要解决法律为何物的问题,即从实质上考察法律之现象实体。此种观察方法,接近于自然科学家之观察自然现象。所不同者,自然现象为客观实体,"故其研究方法亦出于纯然之客观";而法律为"人类社会之现象……其存在之基础全在人类之意识,因之其研究方法亦必含有主观之要素而不能纯出于客观"。至如法学的方法,则主要不在于解决法律为何物的问题,而在于认识和设定"人类行为之法则"。因此,法学"非实验科学之比,其研究之目的不在实物之认识",而在人类行为之规范。①

换言之,人类的行为不比河水的流淌和火车的运行。法律要规制人的行为,虽然可以借助自然科学方法,但人定的法律并非天定的自然律,故不可屈从于科学。人有自由意志,兼具理性和情感,能运用逻辑但又绝非逻辑的奴隶,故决不可以物待人,以科学治人。那种种将法律科学化的设想和尝试,说穿了都是蔑视和强暴人类的胡思乱想和轻举妄动,是必须摒弃的。

如果允许做个譬喻的话,我们或可将人欲比作水,社会比作江湖,法律比作堤防。儒家礼治理论主张疏源浚流,综合治理,不使形成足以溃坝漫堤之洪水;西方法治理论一方面鼓励人欲膨胀,另一方面又以水来土屯的对抗性措施堵截过度的人欲。两者之治理效果也不难想见。前者如能运用得当,有可能成就百族敦睦,天人协和的大同至治;若运用不当,也会形成弱肉强食,纷杂无序的乱景。后者即便运用到极致,也不过小康。所谓"道高一尺,魔高一丈",防范再严,终难免百密一疏,洪水一旦溃堤,后果不堪设想。

《礼记·乐记》有言:"乐者,天地之和也。礼者,天地之序也。和,故百物皆化;序,故群物皆别。乐由天作,礼以地制。过制则乱,过作则暴。"

当今的西方,规范不可谓不多,法制不可谓不密,然而社会未尝安宁,民心未尝满足,环境岌岌不保,人权犹有可虞,更何谈令他国效法?!可知如果不能实现天地之和、人伦之序,一任人欲泛滥,造作愈多,世界愈乱,不惟暴殄天物,亦将毁灭整个地球。西方文化之负面作用,难道是危言耸听吗?

---

① 参见钟庚言:《宪法讲义大纲六编合订》,北京朝阳大学民国十六年版,第1页。

据云已有西人意识到,"自由社会不能只靠制度,而需要依赖公民的品质","公民教育的目的不是追求真理,而是陶冶社会成员的人格"。① 说来说去,这不是又回到了儒家经典所说的:"大学之道,在明明德,在亲民,在止于至善"嘛!

早在西历 20 世纪初,曾经大量翻译西方法学名著并极力主张全盘引入西式政治法律制度的著名维新思想家严复,对中西文化有了截然不同于早年的认识,恢复了对中国固有文化的自信并对西方文化的瑕疵做了严厉的鞭挞。

无独有偶,到了西历 20 世纪二三十年代,曾长期从事国际私法和比较宪法教学并对西方法学有深入研究的著名学者程树德先生思想上也发生了根本性的转变并对西式"法治"表示出极大怀疑:

> 今西人号称法治国。虽然,法果可以治国乎? 吾不敢信也。今有人焉,一生未犯窃盗强奸,未尝一日干触法网,而其人不仁不义、不忠不信、寡廉鲜耻,则世竟目为无人格。夫不仁不义、不忠不信、寡廉鲜耻,于法无罪也,然而不可以为人。国也者,集人类而成者;知徒守法之不可为人,则徒守法之不可为国也明矣。是何以故? 盖法律者,道德之一部,人生事件属于道德范围者恒十之九,而其成为法律者仅十之一。守其十之一,而遗其十之九,故以之为人则败,以之为国则乱而亡……吾国之轻法治,已二千年矣;欧化东渐,始有哗然以制定宪法编纂民商法之说进者,而约法增修,旋更帝政,宪法再颁,流为贿选。②

当时报刊上有人指斥程树德"迂谬"、"陈腐"、"背逆时代思潮,怪诞可厌"。③ 也有人批评严复晚年"思想开了倒车"。据说胡适曾对"严复死后,将撰写墓志铭一事委诸清廷遗老陈宝琛"感到大惑不解。④ 或许还会有人以为费孝通暮年的"文化自觉"是"老糊涂了"。

依笔者拙见,从严复到程树德再到费孝通,甚至像吴经熊这样高度西化的基督徒,晚年的思想也有不小的转变,这其中似乎存在着某种普遍性的因素,

---

① 林火旺:《正义与公民》,吉林出版集团有限公司 2008 年版,第 174 页。
② 程树德:《论语之研究》,《学林》1941 年第 9 期,第 36 页。
③ 敬:《国故谈苑》(书评),《图书季刊》1940 年新第 2 卷第 1 期,第 94 页。
④ 参见严侨理:《严复先生及其家庭》,全国政协文史资料委员会编:《中华文史资料文库》第 14 卷,中国文史出版社 1996 年版,第 5 页。

并非纯出于偶然,也绝不意味着这些人晚年的思想都"开了倒车"。或许恰恰相反,那正说明了他们的思想到晚年有了新的进境。确切些说,是他们对中西文化有了否定之否定的全新认识。这些深通西学而又忧国忧民的先觉之士敢于以今天之自我否定昨天之自我,真是有胆有识!《大学》所谓"苟日新,日日新,又日新"不正是这样的境界嘛?!

苏亦工

甲午秋闰九月初一日

于京北天通苑寓所

引论　仁、爱与权利

一　仁与爱

讨论中国固有文化,特别是儒家传统对于中国法律现代化的影响,不能不首先探讨儒家思想的核心——"仁"。如所周知,仁是儒家思想的基石,是儒家的本体论,是关于人的学说,也是关于生命的学说。中国人向来视人与宇宙具有同一本根。① 宋明儒更有"万物一体之仁"的思想。② 杨向奎先生说:"孔子以宇宙之生生不息为仁,子思以宇宙之充满生物为诚,这仁与诚的命题,仍然具有道德哲学的全部涵义,它是人生'本体',没有仁便不能生。宋代理学家对之有过高明的发挥,这仁诚的宇宙是充满生意的宇宙,朱子形容它是'万紫千红总是春!'我们的太阳系,我们的地球,的确是永久的春天。"③杨先生说得很精彩,中华文化之所以能够绵亘五六千年一脉相承,不绝如缕,固然是因为有这生生不息的宇宙,但更重要的则是因为我们民族热爱生命、尊重人。从某种意义上说,这正是儒家思想哺育和滋润的结果。杨向奎先生对此也有过特别精辟的阐释:

"仁",经过大程(指程颢)一派的理论发挥,作为宇宙的表德,作为儒

---

① 参见梅贻宝:《中国哲学之社会、伦理与精神价值基础》,东海大学哲学系编译:《中国人的心灵——中国哲学与文化要义》,(中国台湾)联经出版事业公司1984年版,第120页。

② 参见冈田武彦:《中国哲学的意义及其课题》,辛冠洁等编:《日本学者论中国哲学史》,中华书局1985年版,第20页。

③ 《杨向奎学术文选》,人民出版社2000年版,第19~20页。

家的道德实践哲学,是哲学家的本体论,也可以作为科学家的宇宙观。但我们必须指出,"仁"是自然的表德,是宇宙盛德之形容,它不是宇宙的自我,宇宙的自我是原始的基本物质,经过长时期发展而成宇宙,详细过程虽尚待证实,但它是物质,唯物的宇宙观是科学界惟一的本体论。哲学家根据宇宙的实际存在,归纳这种存在的表德是仁是诚,它可以生生不息。这种宇宙秩序就是人类的生活秩序,道德法则,所以大程说,"人与天地一体也,特自小之何也!"①

杨先生进而指出:"随着孔子儒家在我国长期的历史发展中取得正统派的地位,这种传统思想变作我国正统思想,它教育着人民,陶冶着我国人民的情操。我们可以这样说:'不是教主而起教主作用者是孔子,不是宗教而起宗教作用的是儒家。'但儒家并没有迷信崇拜!"②儒家思想的光辉灿烂,在杨先生的这段表述中已达到了淋漓尽致的地步。

不过要体会"仁"的真义,绝非轻而易举的事情,需要知与行的双重功夫。单就仁的字面含义来说,已是相当费解了。因为孔子讲仁,常常是因人施教,随事设喻,对症发药。诚如日本学者渡边秀方所说:

> 盖夫子自身的仁说,本很复杂,不易摸捉,初不仅因于后儒注脚的多端,所以求一贯的定义,本是难事。何况这本是指宇宙万物间满遍了的庄严玄妙的道德律而言。即夫子自身也只是说过"吾道一以贯之",曾未尝总括地说明过它的本体。③

据说将仁字翻译成英文,译法颇多分歧:"李雅各(James Legge)译为magnanimity(略为忠厚),benevolence(恩惠),perfect virtue(至德);辜鸿铭译为moral life(德行),moral character(德性);林语堂译为true manhood(人的本性),compassion(一心一德);鲍德(Derk Bodde)译为human-heartedness(人同此心);休斯(E.R.Hughes)译为man-to-manness(人类相予)。"④

依笔者拙见,孔子说"仁者爱人",其中的"爱"字,应是对"仁"的经典诠

---

① 《杨向奎学术文选》,人民出版社2000年版,第30~31页。
② 《杨向奎学术文选》,人民出版社2000年版,第4页。
③ [日]渡边秀方:《中国哲学史概论》,刘侃元译述,台湾商务印书馆1976年版,第44页。
④ 梅贻宝:《中国哲学之社会、伦理与精神价值基础》,东海大学哲学系编译:《中国人的心灵——中国哲学与文化要义》,(中国台湾)联经出版事业公司1984年版,第122页。

释。或问孔子所说的这个"爱",抑或儒家所说的"仁爱",究竟是什么意思呢? 从《论语》及其他儒家经典的阐释来看,应当理解为人类的同情心。① 按照中国传统的说法,这种同情心即以己身为基点,推己及人,由近及远,"以其所爱及其所不爱"。徐复观先生说:"可见道德与不道德,全在人之能'推'不能'推',能'及'不能'及'。"②西方汉学界显然也接受了这样的理解。

在欧洲汉学界,对中国这个词(即仁)的最流行的译法是"爱人"。然而这个意义是第二位的、派生的,即使人成为人而区别于动物,并且使人成为社会的人(即有组织的人类社会成员)的那种东西。按照这种观点,这个词应当用"人与人相互关系中的人性"这样的措辞来表示。

孔子用这个词(即仁——笔者注)是表示人与人相互关系中的基本原则的。按照孔子的意见,这就是待人以诚和相互同情。这就是不把自己所不希望的东西加诸别人的一种人性。③

张载说:"以责人之心责己则尽道……以爱己之心爱人则尽仁。"④这个解释可以帮助我们理解仁、爱与同情心的关系。显然,将孔子说的"爱人"解释为"同情心"是以孔子的"忠恕之道"为立论依据的。孔子曾说:"吾道一以贯之。"曾参解释说:"夫子之道,忠恕而已矣。"杨伯峻先生认为,由这段话"可以推知'仁'的真谛"。"所谓'吾道'就是孔子自己的整个思想体系,而贯穿这个思想体系的,必然是它的核心。分别讲是'忠恕',概括讲是'仁'。"⑤所谓"忠",就是仁的积极面,"己欲立而立人,己欲达而达人";所谓"恕"就是仁的消极面,即"己所不欲勿施于人"。这就是孔子著名的"忠恕之道",也就是孔子处理人与人关系的理想标准。后来孟子提出了性善论,显然也是以人类的这种同情心为依据的。

西哲狄尔泰也很强调心理因素在人类相互理解过程中的重要作用,他指出:"只有当我们对一个人有所同情,并在心中体会了他的感受,我们才能理

---

① 参见本书第一、第二章。
② 徐复观:《中国人之思维方法译序》,[日]中村元著,徐复观译:《中国人之思维方法》,(中国台湾)学生书局1991年版。
③ 北京师范大学外国问题研究所苏联哲学研究室编:《苏修尊孔反华言论续编》,生活·读书·新知三联书店1974年版,第2、4页。
④ (宋)张载:《张载集》,中华书局1978年版,第32页。
⑤ 杨伯峻:《论语译注》,中华书局1983年版,第16页。

解他,影响他。只有通过爱,我们才能理解。"他还说:"理解依赖同情心的大小,完全没有同情心的人是无法理解的。"①

《孟子·公孙丑上》说:"人皆有不忍人之心。先王有不忍人之心,斯有不忍人之政矣。以不忍人之心,行不忍人之政,治天下可运之掌上。所以谓人皆有不忍人之心者:今人乍见孺子将入于井,皆有怵惕恻隐之心——非所以内交于孺子之父母也,非所以要誉于乡党朋友也,非恶其声而然也。由是观之,无恻隐之心,非人也。"②

据说美国哲学家詹姆士(William James)把哲学家依气质分为硬心的和软心的两派,③冯友兰先生即将孟子划入软心的一派,④所以他会提出性善论;荀子属于硬心的哲学家,所以会提出性恶论。现实生活中,我们看到的也绝不都是富于同情心的善人。第二次世界大战时上百万犹太人被集体屠戮,数十万南京平民惨遭蹂躏。如果说纳粹士兵屠杀犹太人多是在执行"上级命令",且许多行凶者并未亲眼面对被杀者临死前"别杀我"的乞求眼神,多少尚可为他们提供一点点开脱的理由的话;⑤日本军人在南京的自发暴行就是绝对不可原谅,甚至无法理解的了。因为按照日本方面的说法,那些军人的行径基本

---

① 转引自涂纪亮:《现代西方语言哲学比较研究》,中国社会科学出版社 1996 年版,第541 页。

② 杨伯峻:《孟子译注》,中华书局 2010 年版,第 72 页。

③ 贺麟先生说:"哲学里面的种种思想理论,詹姆斯也用'性情决定'的看法来分成两派。他先分人为刚性的和柔性的两种,前者接近现实,喜欢事实,后者则喜欢抽象的原则原理,然后再把哲学上的各种说法分别归入这两类去。譬如前者是经验主义者,而后者是理性主义者;前者是唯物论者,而后者是唯心论者,前者是悲观主义者,而后者是乐观主义者;前者非宗教的,而后者是信宗教的;前者是决定论者,而后者是意志自由论者;前者主张多元论,后者主张一元论;前者怀疑,而后者独断。所以他以为哲学上的派系之差别,不是由物质条件所决定,而是由于主观上性情不同。"贺麟:《现代西方哲学讲演集》,上海人民出版社 1984 年版,第 42页。

④ 冯友兰:《中国哲学史》(上册),中华书局 1961 年版,第 352 页。

⑤ 据说"有这样一段传闻,是有关当时纳粹在集中营建立毒气室的背景。纳粹为了灭绝犹太人,一开始使用枪杀,但这样士兵会看到被枪杀者的'相貌'。杀人者和被杀者在开枪的时候是面对面的,就这样很多犹太人还是被杀害了。但是执行枪杀任务的士兵在精神上感到很有压力。他们厌恶看到对方流着血死去的样子。因此他们就使用了毒气室,这样就算杀死了对方也看不到他们的'容貌'了。"[日]高桥哲哉:《反·哲学入门》,南京大学出版社 2011 年版,第28 页。

上都是属于违反军纪的个人行为。① 应该说这些行凶的日本军人也都是人，怎么没有表现出一丝一毫的同情心，没有一丁点孟子说的"怵惕恻隐之心"呢？难道说他们真的都是人性灭绝了吗？可是中国人一直认为他们既然是人，就不可能也不应该丧失人性，这大概就是中国人至今无法原谅日本战争罪恶的真正原因。就此意义上说，中国人民迄今仍对日本民族抱有期望，希望日本民族终有一天能够返归人性本然。而就日本人来说，拒绝对南京大屠杀做出发自内心的忏悔和反省，不仅仅是对中华民族的冒犯，也不仅仅是对全人类的冒犯；最严重，也是最沉重的，还是对日本民族自身人性的否定，这才是最可悲的事情！

日本学者今道友信说：

> 可以把爱姑且定义为"人对最重要的事物的恋慕、向往的心情"。难道不可以说，这样的爱，其度量就是生命吗？因为我们知道，为了爱的自我完成，强烈的爱便要求人舍弃生命；反过来说，也有一种爱，在人的生命暴露于危险之中时，它便会停滞、消失。但在另一方面，爱又是生的支柱。爱的力量越强，生命力也就越强，生命的价值也就越大。爱若在什么地方迷失了，生命本身也就绝望了，人也就不愿再活下去了。因而，爱为了完成自己，便要求怀着爱的人献出自己的生命。另一方面，生命为了完成自己，则要求必须有爱。②

不知道那些拒绝忏悔战争罪行的日本人是爱的迷失呢？还是对生命的价值的漠视？实在令人困惑。

如果说，善心、恻隐之心或者同情心真的是人性中固有的，那又怎么可能完全泯灭呢？难道说这世界上真的没有没有同情心的人吗？因此，孟子的性善论自其提出以来就一直是个争议极大的话题，其中的关键可能就在于是不

---

① 正如梅汝璈先生所说："南京大屠杀较之纳粹德国之奥斯威辛集中营大屠杀更为残酷、五花八门而无奇不有。因为德军的屠杀尚大都是单纯的屠杀，而南京大屠杀则除了集体屠杀之外，'大都是由日本兽军个别地或成群地随时实行，在屠杀之前，大都先加以侮辱、虐待、抢劫、殴打、玩弄或奸淫'，屠杀'是同强奸、抢劫、放火及其他暴行互相结合的'……令人'目裂发指'、'肝肠寸断'，为'举世震惊的空前暴行''为人类历史上莫大的污点'……"转引自李恩函：《日军南京大屠杀的屠杀令问题》，(中国台湾)《中央研究院近代史研究所集刊》第18期，1989年，第282~283页。

② [日]今道友信：《关于爱》，徐培、王洪波译，生活·读书·新知三联书店1987年版，第36页。

是每个人都有同情心。

针对孟子说的"今人乍见孺子将入于井,皆有怵惕恻隐之心",日本学者高桥哲哉说:"我一直怀疑是否任何人在任何时候都会那么做,或许其中甚至有人心想'我从后面踹你一脚'"。① 高桥说的这种"从后面踹你一脚"的人可能是存在的。但他又认为,在面对即将落井的孩子,自然而然地跑过去施救的人确实大有人在。"虽然有些人不会提供帮助,甚至也有些人想干'干脆把他踢落井中',但是大多数人都会伸出援手的吧。这并不是说因为人的本性是善良的,而只不过是说事实上确实有这样的人。如果自然而然地伸出援手的人一个也没有的话,伦理道德大概就不会成立了。我想这种事还是很有可能存在的。用列维纳斯的话来说,如果我们没有一个人能从'他者的容貌'中听到'别杀我'的恳求,那伦理也就不复存在了。"②

如此说来,伦理道德的存在,确实离不开人类的同情心,但并不必须以每个人都具备同情心为前提。傅佩荣先生说:"伦理学的研究常会推溯到'人性'的问题上。人性是本善还是本恶?是向善还是向恶?或者是无善无恶,可善可恶?若主张人性本有善或恶,就是混淆了事实与价值,无法解释人间善恶并存的现象。若主张无善无恶或可善可恶,则人生何必一定要行善避恶?其中显然缺乏内在于人性的理由。由此可见,人性若非向善即是向恶。何者正确?如果依据人的道德表现来看,那么首先,人是自由的,可以选择善或恶;但是选择善,会有心安及快乐之感,选择恶,则会不安及自责。结论是:向善最能解释人性。与此相关而十分重要的问题是:什么是善? 善是'人与人之间适当关系之实现'。这个定义固然是儒家哲学的启发,但也符合伦理学对人群生活的行为规范所做的反省。"③

二 爱与权利

要之,仁也罢,爱人也罢,忠恕之道也罢,同情心也罢,字面上的意思都不

① [日]高桥哲哉:《反·哲学入门》,南京大学出版社2011年版,第28页。
② [日]高桥哲哉:《反·哲学入门》,南京大学出版社2011年版,第29页。
③ 傅佩荣:《哲学入门》,新星出版社2011年版,第67~68页。

难理解;但要在实践中真正体认和把握它却是非常困难的事情。

其一,要将"爱人"或"同情心"落到实处,是一个由抽象到具体,由己推人,主客体关系不断易位的过程,其间会因具体情形的纷纭复杂而千变万化,必须做到不偏不倚、无过不及、随时折中。这就是《中庸》所说的"君子而时中"的意思。孔子说:"可与立,未可与权"的"权"字,正是这个意思。比较起来,《大学》讲的比较形象和具体:

> 所恶于上,毋以使下,所恶于下,毋以事上;所恶于前,毋以先后;所恶于后,毋以从前;所恶于右,毋以交于左;所恶于左,毋以交于右;此之谓絜矩之道。

其二,孔孟等所讲的"仁"、"爱人"、"忠恕之道",皆为道德话语,都是从特定的主体而非一般主体的角度立论的,即从个人的主观自觉上说的,不是从外在的、客观的行为规范意义上说的。这与现代西方的法律话语是不同的。而现实生活中,人们又往往是用外在的、客观的行为规范去要求一般主体具备一定的主观自觉,这就难免会产生判断标准上的冲突。譬如孔子说"克己复礼为仁",如何才算克己呢? 只能因人而异,很难设定一个统一的、客观的标准。因为每个"己"欲立、欲达、不欲的内容不尽相同,无法强求一致。《尚书》说"惟齐非齐",《孟子》说"物之不齐,物之情也",都是在讲这个道理。但是法律要判断人类行为的是非正误,又必须要有一个统一的、外在的、客观的、普遍化的行为标准,那就只能以每一个"己",即一般主体普遍欲立、欲达、不欲且能立、能达、能不欲的内容为标准。考察某一法律或某一法律体系是否公平,须有两个重要的指标,一看其是否客观化,二看其是否普遍化。

《孟子·梁惠王下》载孟子向齐宣王推销自己的政治主张时,齐宣王连说了三次"寡人有疾",其第一疾是"好勇"。孟子便讲了周文王和武王所好的"大勇"的榜样:

> 此文王之勇也。文王一怒而安天下之民……一人衡行于天下,武王耻之。此武王之勇也。而武王亦一怒而安天下之民。今王亦一怒而安天下之民,民惟恐王之不好勇也。

齐宣王的第二疾是"好货"。孟子告以:

> 昔者公刘好货,《诗》云:"乃积乃仓,乃裹餱粮,于橐于囊。思戢用光。弓矢斯张,干戈戚扬,爰方启行。"故居者有积仓,行者有裹囊也,然

后可以爰方启行。王如好货，与百姓同之，于王何有？

齐宣王接下来又道出了他的第三疾是"好色"。孟子回答说：

昔者太王好色，爰厥妃。《诗》云："古公亶父，来朝走马，率西水浒，至于岐下，爰及姜女，聿来胥宇。"当是时也，内无怨女，外无旷夫。王如好色，与百姓同之，于王何有？

从上引孟子与齐宣王的对答来看，很显然，在孟子眼里：好勇、好货、好色等等，都是天命天赋的"人性自然之欲求"，此正儒道之所本，①既不必讳言，更无可非议。即便是儒家极力推崇的公刘、古公亶父、文王、武王等周先祖也同样好勇、好货、好色。但是文王、武王虽然好勇，却志在安天下之民，反对"一人衡（横）行于天下"；公刘虽好货，却能"与百姓同之"，使"居者有积仓，行者有裹囊"；太王虽好色，也能"与百姓同之"，使"内无怨女，外无旷夫"。

"与民同之"的思想，翻译成现代话语即无论身份高低贵贱，人人平等。这种思想当然并非孟子的首创，而是对孔子"百姓足，君孰与不足？百姓不足，君孰与足？"②观点的继承和发扬，再进一步说，就是对孔子的"能近取譬"的"仁之方"——"己欲立而立人，己欲达而达人"等仁的积极面的具体示范。有学者说：

中国道德不重戒律，而重视行为的模范。西方人的道德则不然，从摩西十诫到康德良心上无上的命令，"服从律令"，为道德的基础。中国道德传统，最注重效法先圣和前贤。遵从原则和律令是科学的精神，仿效良好的模范是艺术的方法。③

换言之，中国的道德话语乐用艺术的方法来感召受众的内心自觉；而西洋的道德话语则近乎法律，是外在强加的。

在与齐宣王讨论"好乐"的问题时，孟子说：

今王鼓乐于此，百姓闻王钟鼓之声，管籥之音，举疾首蹙额而相告曰："吾王之好鼓乐，夫何使我至于此极也？父子不相见，兄弟妻子离散。"今王田猎于此，百姓闻王车马之音，见羽旄之美，举疾首蹙额而相告曰："吾

---

① ［日］北村泽吉：《儒学概论》，台湾商务印书馆1985年版，第33页。
② 《论语·颜渊》。
③ 吴森：《从"心理距离说"谈到对中国文化的认识》，郁龙余编：《中西文化异同》，生活·读书·新知三联书店1989年版，第57页。

王之好田猎，夫何使我至于此极也？父子不相见，兄弟妻子离散。"此无他，不与民同乐也。

孟子的这段话也是"能近取譬"的"仁之方"，是对仁的消极面——"己所不欲勿施于人"的具体阐发。孟子更进而指出：齐宣王独享之乐，"人不得，则非其上矣。不得而非其上者，非也；为民上而不与民同乐者，亦非也。乐民之乐者，民亦乐其乐；忧民之忧者，民亦忧其忧。乐以天下，忧以天下，然而不王者，未之有也。"①

朱熹说："自秦以来，不仁而得天下者有矣；然皆一再传而失之，犹不得也。所谓得天下者，必如三代而后可。"②

为什么"必如三代而后可"呢？因为三代之君与民同忧同乐，成为人民的一分子而不是自外于人民，这就是儒家赋予五帝三王的仁道，也就是王道，是王者能够得天下且能保天下的不败之道。不过孟子又指出："三代之得天下也以仁，其失天下也以不仁。国之所以废兴存亡者亦然。天子不仁，不保四海；诸侯不仁，不保社稷；卿大夫不仁，不保宗庙；士庶人不仁，不保四体。今恶死亡而乐不仁，是犹恶醉而强酒。"显然，儒家并不是盲目地笼统地赞美三代，而是推崇三代所展现的价值标准——"仁"。

归纳说来，孟子所说的"与民同之"和"与民同乐"，即不以一己的标准为标准，而以全天下民众的标准为标准。从今天的角度看去，即将特定的主体转换为一般主体，将主观性的标准客观化、普遍化，为统治者和普通民众设定一个共同的、人人都能够遵守的行为准则，用中国传统的话说，这就叫"仁"；用西方人的术语来表达，这就叫权利、正义、公平或公正。就此而言，西方人的正义、公平或公正等观念同样须有同情心作为其道义感的基础；而孟子的观点则已具备了由道德话语向现代法律话语转化的条件。遗憾的是，秦汉以后的法律，包括魏晋儒家化以后的历代法律都没有完全接纳孟子的意见，既没有将具备条件且有必要加以转换的道德规范升华为法律规范，也没有将特定的主体转换为一般主体。相反，许多并非每一个"己"——即一般主体——普遍都欲立、欲达、不欲且能立、能达、能不欲的内容反被纳入到法律中了。这就造成了

---

① 以上引孟子未注明出处者均见《孟子·梁惠王下》。
② （宋）朱熹：《四书章句集注》，中华书局1983年版，第367页。

法律与道德的混淆，行为标准的冲突。

徐复观先生说："'忠恕'之道，固然是强调义务而不强调权利；但忠恕是双方的平等的义务，决不应解释为片面的服从。"①余英时先生更进一步指出：

中国人是讲义务和责任，义务的对象就是具有权利的人……所以直接的语言是"责任语言"或"义务语言"，而非"权利语言"，西方亦有此二种语言……"人权"根本是西方的概念，在中国只有相似的观念与之契合，但不能径以"人权"称之。最重要的差异是中西文化对于法律的观念不同。西方人权是法律的语言，中国的道德语言产生不了"权利"的观念，只有义务的观念……但不能说中国人完全没有类似"权利"的思想。②

这段话说得很精辟也很深刻，但不是太清晰。我理解这段话的大意应当是：中国人之所以好讲义务和责任，是因为中国人使用的是道德语言。由于中国法律未能实现由特定主体向一般主体的转换，法律未能实现客观化，故只能表达义务和责任，而不能表达权利等概念。现代西方人既有道德语言又有法律语言，他们讲的权利，使用的是法律语言。因此，尽管中国人与西方人拥有相近的价值基础，但因我们惯常使用道德语言，故未曾用法律语言将相同的价值观念规范化地表达出来。

英美普通法上有个常用术语叫作"理智的人"（reasonable man 或 reasonable person）。所谓"理智的人"，是一种法律上的假定，是通过一系列判例确立起来的标准，这个标准是客观的，不是因人而异的，但会依客观环境的变化而变化。简言之，即以智力或判断力正常的人在面对各种特定情形时可能做出的合理反应为标准。有的判例将"理智的人"解释为"持有一般审慎的人"（ordinary prudence）；有的解释为"拥有常人的注意力和技能的人"，更有的解释为"路人"。较易于领会的解释是 1943 年 Glasgow Corpn. v. Muir 案确立的标准：

理智的人预见力的标准排除了个人评判的差异且其行为不受与案件有关的特定个人的特性的影响……理智的人被推定为是既没有超常恐惧

---

① 徐复观：《中国人之思维方法译序》，[日]中村元：《中国人之思维方法》，徐复观译，（中国台湾）学生书局 1991 年版。

② 余英时：《中国思想传统及其现代变迁》，广西师范大学出版社 2004 年版，第 40~41 页。

心,也没有超常自信心的人。①

美国大学法学院采用的案例教学法有一个非常重要的作用,就是让学生们把自己假想为所讨论案例的特定当事人,如法官、律师、原被告等。这样,学生们通过在人己之间不断地角色转换便能体会到什么是主观标准,什么是客观标准并最终认识到法律上所说的公平或公正的含义。在中国人看来,这个方法不就是儒家推己及人,能近取譬的"仁之方"吗?程颐说:"仁者,天下之公,善之本也'。"②朱熹说:"故当凡事勉强,推己及人,庶几心公理得而仁不远也。"③原来只有"心公"才能"理得",即只有跳出一己的"小私",心怀"天下之公",才能看到人人应得之"私",那就是"公"了,也就是"理"了。所以程颐说:"忠恕所以公平,造德则自忠恕,其致则公平。"因为"仁之道,要之只消道一公字"。但是"公只是仁之理,不可将公便唤做仁。公而以人体之,故为仁。只为公,则物我兼照"。④ 所谓"公而以仁体之",是主观的立场,即有我之境下说的,故为道德话语。所谓"只为公,则物我兼照",是从客观的立场,也就是无我之境上说的,故为法律话语。其实西方人所说的公平、公正,也不过如此;无非就是在具体的各方当事人和全社会看来都能接受的折中之道而已。至于他们如何求取这个折中之道,看来也同样离不开推己及人的"仁"之方嘛!由此说来,现代西方人所谓平等、正义、公平、公正之类说辞,与孔孟儒家所说的"仁"没有什么本质的差别,并非什么高深玄妙之物。只是西方人早已将之升华为法律语言,而我们仍只是在道德语境下转圜却不肯超越罢了。或许,按照中国文化的价值标准,西洋式刻板而又严厉的"法治"根本就不值得推崇。曾有学者指出:

> 西洋的"法治",是在"德治"没有保障,为政者无法在修身上成为有德之人,足以使百姓归趋时的一种权宜之计。"法"追求"正义",讲求公道,但是"法"并不能要求"牺牲"、"服务"、"忘我"的精神。后者则是德治的成果,以及王道的象征。"法治"是修正"霸道"的良方,可是必然低于"德治"和"王道"的价值。当然,如果有法律的客观存在,同时又有为

① 本处引文及前述解释均见 *The Oxford Companion to Law*,p.1038。
② (宋)朱熹、吕祖谦:《近思录》,严佐之导读,上海古籍出版社 2000 年版,第 30 页。
③ (宋)朱熹:《四书集注》,中华书局 1983 年版,第 350 页。
④ (宋)朱熹、吕祖谦:《近思录》,严佐之导读,上海古籍出版社 2000 年版,第 43 页。

政者的"德治",则皆是当代的理想政治了。西洋从柏拉图的理想国开始,就重视"法治"的"正义"概念,而中国从孔子的思想开始,就特别重视"德治"。这是中西政治哲学在起源期,根本相异的地方。因为"德治"是以德化人,因而是王道;而"法治"是以力服人,可能流入"术"和"势"的洪流中,而流于霸道。①

确实,法治是道德堕落的产物,是人类退而求其次的不得已之计,其负面的作用也是不可忽视的。当然,这是从更高深的层次上追索道德和法治的起源及其效果,兹不赘述。

其三,爱固然是仁的体现,但爱只是一种心理状态和情感表达;而仁则是一种抽象的道理或原理。因此,不可将仁简单地等同于爱。程颐说:"故仁,所以能恕,所以能爱。恕则仁之施,爱则仁之用也。"在一次答弟子问时,他说:"孟子曰'恻隐之心,仁也'。后人遂以爱为仁。恻隐固是爱也。爱自是情,仁自是性,岂可专以爱为仁? 孟子言恻隐为仁,盖为前已言'恻隐之心,仁之端也'。既曰仁之端,则不可便谓之仁。退之言:'博爱之谓仁',非也。仁者固博爱,然便以博爱为仁,则不可。"又说:"恕者,入仁之门,而恕非仁也。"②朱熹则进一步将仁概括为:"仁者,爱之理,心之德也。"又说:"仁者,人之所以为人之理也。"③王阳明也说:"仁是造化生生不息之理。"④

依程叔子所见,仁是理,而不是简单的、具体的实践条目,这可以说是宋明理学家对先秦儒家思想一个重要的且合乎逻辑的发展。楼宇烈先生指出,理学家对"仁"的阐发即可以说是把仁"提升到了义理的高度","把原始儒学的实践原则提升为形上学原理",也就是"把仁从具体的行为规范,提高到行为规范的'所以然'来认识"⑤。如此,我们对于应然范畴的仁就会有更深刻、更全面的理解。进而,我们将仁作为制定和评判所有现实政治及各种法律制度等外在规范的内在价值标准或如牟宗三先生所说的"超越原则"(transcendent

---

① 邬昆如:《中外政治哲学"史的发展"的比较》,郁龙余编:《中西文化异同》,生活·读书·新知三联书店1989年版,第74~75页。
② (宋)程颢、程颐:《二程集》,中华书局2004年版,第153、182、168页。
③ (宋)朱熹:《四书章句集注》,中华书局1983年版,第367页。
④ 《象山语录·传习录》,杨国荣导读,上海古籍出版社2000年版,第193页。
⑤ 楼宇烈:《温故知新:中国儒学的历史演变与未来展望》,商务印书馆2004年版,第369页。

principle），就会有更强的理据和更大的说服力。因此也可以说，这是理学对于中国文化的一个重大理论贡献。

然而，时至今日，在西方人眼里，仁说到底仍不过是限定范围内的爱，这与20世纪70年代"批林批孔"运动中将仁视作特定阶级的爱在本质上是一致的，即均未超脱出将仁视作某种具体的群体伦理或行为伦理的认识范畴。西方自黑格尔以来的许多思想家都认为，爱是家庭内部的伦理，这种伦理抹煞了"自我存在的独立个人"，因而也就漠视了权利："家庭的最大特点是爱……爱的第一个要素是，我不希望成为一个自我存在的独立的人……只有在家庭开始解体时……方才采取权利的形式。这时，那些应该是家庭成员的人……开始成为自我存在的人。""在一个家庭里……权利和义务是不明确的，只有模糊的界定，家庭成员还构成一个社群，在这个社群里，个人在彼此打交道时不是完全独立的。如果他们终于独立了的话，家庭就实际上已经解体了。"①有日本学者甚至以为，在中国，"规定家族成员间的人伦关系的道德，是道德的全体。家族关系之外，几乎不承认有道德"。②

陈弘毅先生指出："这种看法如果与家庭伦理在传统的中国文化和社会中的统治地位放在一起，就给传统的中国缺少关于权利的概念或论述提供了有力的解释。"③

有西方学者曾特别指出，以平等为前提的现代西方政治和法律，立足于"相互尊重的自由主义政治关系而非神秘的或爱的社群公有主义"。为此，他特别讨论了"爱"与"尊重"的区别，他认为："爱所主要关注的是消除人们之间的距离，而尊重是要保持那种距离。"在他看来，爱"从本质上说还是一种唯信仰论的关系"，乃至于"历史上以爱为基础的种种乌托邦。无论是何种起源的乌托邦，那名义未免太过频繁地被极权主义的先知式领袖们所盗用，这些领袖人物有能力以暴力推行其恐怖行动。造成这种现象的原因就在于表面化的爱的内容没有任何限制"。④

① 转引自陈弘毅：《法治、启蒙与现代法的精神》，中国政法大学出版社1998年版，第125页。

② 徐复观：《中国人之思维方法译序》，[日]中村元：《中国人之思维方法》，徐复观译，（中国台湾）学生书局1991年版。

③ 陈弘毅：《法治、启蒙与现代法的精神》，中国政法大学出版社1998年版，第125页。

④ [美]戴维·鲁本：《法律现代主义》，中国政法大学出版社2004年版，第324页。

另有西方学者也指出,在中国传统中,社会被看作是一个家庭,民众和政府都应富于仁爱之心,竞争和对抗会破坏和谐,导致混乱。与中国相反:

> 而西方建立在社会契约上的社会结构以及社会(政府)和个人(公民)之间的对立(特别是启蒙运动和法国大革命后期更加强烈),则产生了市民社会和公众空间的概念,公民观念和知识分子的批判性、独立性使之与政府相对立。而儒家传统中的知识分子则要服务于政府,对上面(对)违反道德的行为予以诤谏,对下则要关心百姓的福利,这样的态度仍然存在于中国和其他东亚国家。我们可以看到,在中国民间社会的倾向是"自上而下"的,相反,西方公民社会则是"自下而上"的(后者符合民主观念,因此在西方被视为在政治意义上是正确的)。①

概括以上的论点,简言之,在西方人看来,中国社会缺少权利观念,正是由于儒家宣扬的"仁"道或仁爱观念所致。如此说来,自 20 世纪初以来,儒家思想被视为是阻碍中国社会进步,阻碍中国走向民主、法治、宪政,阻碍中国实现富强和现代化的最大绊脚石并因而饱受批判,追根溯源,显然都是基于西方人的这一逻辑判断。

单从抽象的、形式逻辑的角度去看,西方人的上述判断或许不错。诚如那位西方学者所言,"尊重"固然是要保持人与人之间的距离,但是保持人际间的距离是否就一定会形成相互尊重的结果呢? 有无可能会形成相互排斥,相互斗争,乃至相互残杀和毁灭的结局呢? 从形式逻辑上看无法排除这样的可能性,从人类曾经经验的历史以及正在经验的事实看则更证实了这种可能性的存在。

如果我们稍稍了解一下欧洲人的历史,便会看到西方人倡导的个体本位伦理和"为权利而斗争"②的哲学,并非只会产生法治、民主、宪政和尊重人权等唯一的结局,也有导致奴隶制、奴隶贸易、毒品走私、殖民压迫、群体屠杀和种族灭绝、世界大战,直至群体间的相互毁灭等多种可能性。

有学者指出西方的个人主义(individualism)由来已久,早在荷马的两篇史

---

① [德]卜松山:《中国和西方价值:关于普遍伦理的跨文化对话的反思》,陈晓兰译,刘述先主编:《中国思潮与外来文化》,(中国台湾)"中央研究院"中国文哲研究所 2002 年版,第 90 页。

② 参见[德]鲁道夫·耶林:《为权利而斗争》,胡宝海译,中国法制出版社 2004 年版,第 15 页。

诗里，"特洛伊人和希腊人，都在表现其激烈的个性，互相残杀而又自相残杀"。譬如号称"西方最伟大史诗中的最伟大的悲剧英雄"的阿基里斯（Achilles），"他的一怒，固然充分表现了其狂暴自私的西方英雄个性，而在人际关系上，也发挥了其非常大的破坏性……在 Achilles 决定杀人以就死的时候，他不但未想到天下国家或同胞，就连风烛残年的老父（Peleus），伤心的母亲（Thetis），甚至宙斯和阿波罗等神明都不顾了。Achilles 可以说是西方个人主义的一个象征人物。"[1]

也有学者从古希腊所处的地理环境追踪西方竞争文化的渊源，指出英雄主义、"以力服人"、标榜竞争、推崇霸道自古以来就是西方文化的突出特征。即便是后来表示反对奴隶制度以及殖民政策的柏拉图，其所提出来的"正义"概念，也只是在"法"的平等上着眼，极少道德的考虑；而他所谓的观念论和理想国，都"带有浓厚的'英雄崇拜'的气息，甚至有'以力服人'的嫌疑，而不易使人觉察到其中的'以德化人'的感受。"[2]

简言之，以个体为本位的西方伦理，完全有可能造成扬己抑彼的自私自利倾向的普遍化。套用前引陈弘毅先生的言说方式，如果将西方人的个体本位伦理与西方人奴役异类的历史和文化传统放在一起观察，就给传统的西方社会缺少同情心、缺少爱心、缺乏对全人类普遍的道德责任感以及欧洲人四处扩张，普施暴力、欺诈和胁迫等手段在全世界遍设殖民地，所到之处莫不与各地土著文化发生激烈冲突的事实提供了强有力的解释。根据西方人以往的历史，我们是否可以得出如下的结论：西方的文化是征服者抑或掠夺者的文化，其基本的特征是压迫异己、追功逐利和好勇斗狠呢？

三 中西文化

1947 年，费孝通先生出版了一本后来成为名著的小册子——《乡土中

---

① 朱炎：《中西文化之异同》，东海大学哲学系编：《中国文化论文集》（二），（中国台湾）幼狮文化事业公司 1986 年版，第 133 页。
② 邬昆如：《中外政治哲学"史的发展"的比较》，郁龙余编：《中西文化异同》，生活·读书·新知三联书店 1989 年版年，第 74 页。

国》。该书中有一章的标题是"差序格局"，这四个字后来成为描述和解释中国社会自私自利特征的著名论断。费先生说：

> 以"己"为中心，像石子一般投入水中，和别人所联系成的社会关系，不像团体中的分子一般大家立在一个平面上的，而是像水的波纹一般，一圈圈推出去，愈推愈远，也愈推愈薄。在这里我们遇到了中国社会结构的基本特性了。我们儒家最考究的是人伦，伦是什么呢？我的解释就是从自己推出去的和自己发生社会关系的那一群人里所发生的一轮轮波纹的差序。①

在费先生看来，"孔子的道德系统里绝不肯离开差序格局的中心，'君子求诸己，小人求诸人'。因之，他不能像耶稣一样普爱天下，甚至而爱他的仇敌"。② 西洋社会则不然，费先生将之描述为柴禾捆，称之为"团体格局"：

> 在西洋社会里，国家这个团体是一个明显的也是惟一特出的群己界线。在国家里做人民的无所逃于这团体之外，像一根柴捆在一束里，他们不能不把国家弄成个为每个分子谋利益的机构，于是他们有革命、有宪法、有法律、有国会等等。③

在他看来：

> 每个团体分子和团体的关系是相等的。团体不能为任何个人所私有。在这基础上才发生美国独立宣言中开宗明义的话："全人类生来都平等，他们都有天赋不可夺的权利。"④

费孝通先生的这个论断植基于对中西文化的比较和认识，这显然不只是他个人的一己之见，也代表了百余年来的时代主流思潮，且此思潮亦非自费先生本人始，而是其来有自，早在晚清即已出现了。

光绪二十一年（1895年）年正月初十（2月4日），严复在天津《直报》上发表的《论世变之亟》一文中，即对中西文化做出了比较："中之人好古而忽今，西之人力今以胜古"；中国人视"争"为"人道之大患"，以为"天地之物产有

① 费孝通：《乡土中国》，生活·读书·新知三联书店1985年版，第25页。按：此书初版于1947年。
② 费孝通：《乡土中国》，生活·读书·新知三联书店1985年版，第27页。
③ 费孝通：《乡土中国》，生活·读书·新知三联书店1985年版，第28页。
④ 费孝通：《乡土中国》，生活·读书·新知三联书店1985年版，第30~31页。

限,而生民之嗜欲无穷,孳乳寖多,镌镵日广,此终不足之势也。物不足则必争,故宁以止足为教……此真圣人牢笼天下,平争泯乱之至术,而民智因之以日窳,民力因之以日衰。其究也,至不能与外国争一日之命,则圣人计虑之所不及者也。"严复认为,西人之长技并不只是"善会计"、"擅机巧而已",国人所闻见之"汽机兵械之伦,皆其形下之粗迹",并非西学"命脉之所在"。西学之命脉何在呢? 就在于"学术则黜伪而崇真,于刑政则屈私以为公"。而这二者背后之灵魂则在于"自由不自由异耳"。西人崇尚自由,国人畏惧自由,中西文化之根本差异即由此而决定了:

> 自由既异,于是群异丛然以生。粗举一二言之:则如中国最重三纲,而西人首明平等;中国亲亲,而西人尚贤;中国以孝治天下,而西人以公治天下;中国尊主,而西人隆民;中国贵一道而同风,而西人喜党居而州处;中国多忌讳,而西人众讥评。其于财用也,中国重节流,而西人重开源;中国追淳朴,而西人求欢虞。其接物也,中国美谦屈,而西人务发舒;中国尚节文,而西人乐简易。其于为学也,中国夸多识,而西人尊新知。其于祸灾也,中国委天数,而西人恃人力。若斯之伦,举有与中国之理相抗,以并存于两间,而吾实未敢遽分其优绌也。①

说是不敢分"优绌",而优绌已昭然若揭。其后"五四"新文化运动时期展开的中西文化论战,"科学与玄学论战"等多次论战,凡涉及中西文化比较的,究其实均未超出此范围。直到今天,严复的这一论断依然是有关中西文化差异的主流观点,并因而形成了一种至今未已的时代思潮,此思潮之主旨即鄙夷、批判中国传统文化;仰慕、赞颂西方文化。如今看来,此思潮不惟有点天真、幼稚,也显悖事实。中西文化固然不同,但能否仅据西方是成功的施虐者、中国是失败的受虐者便断言西方的文化一定优于中国呢? 难道中国学习西方的目的就是要成为又一个成功的施虐者吗?

众所周知,热爱议会民主政治的古希腊文明和创造出过发达法律制度的古罗马文明,都是建立在奴隶劳动基础之上的,后者且有观赏人兽搏命或人人搏命的残忍癖好。信奉"上帝面前人人平等"的基督徒们曾在 17、18 世纪启

---

① 严复:《论世变之亟》,卢云昆编选:《社会剧变与规范重建——严复文选》,上海远东出版社 1996 年版,第 5 页。前引严复语均见此文。

蒙运动期间以"天赋人权"和"人人平等"相标榜,且先后有 1689 年的英国《权利法案》①和 1789 年的法国《人权宣言》作制度和理论支撑。然而,就是这同样的人群,竟然在大西洋两岸经营奴隶贸易长达四个世纪之久。更令人惊讶的是,早在 1776 年的《独立宣言》中即已宣布"人人生而平等"(all men are created equal)为"不言而喻"的普遍真理(truths to be self-evident)的欧洲裔美国人,②迄至 20 世纪 60 年代中期之前,一直在干着残杀印第安人、奴役黑人,并以法律的形式公然歧视中国人及其他亚裔美国人的勾当。③ 须知早在 1868 美国国会就通过了《宪法第十四条修正案》,公开承认了"平等法律保护"原则。然而在此后的一个多世纪里,在诸多公共领域里,美国社会却依然堂而皇之地保持着各种不同形态的种族隔离制度和种族歧视政策。当然,最不可思议,抑或不可原谅的是,时至 20 世纪三四十年代,号称引领世界文明潮流的西方人(包括紧步其后尘且扬言要"脱亚入欧"的日本)竟能连续发动两次世界大战,参战的双方均曾集体屠杀数百万计手无寸铁的平民和放弃抵抗的战俘。

反过来,我们也可以回顾一下 20 世纪中叶以后,当中国人放弃了西方人所称的家庭伦理——"仁爱",而改行西方人提倡的阶级伦理——"仇恨"时,应当承认,的确是形成了人际间的距离,造就了父子不亲、兄弟不睦、夫妻不和及朋友不义的局面,但却并未出现"自我存在的独立个人",更未出现人与人之间"相互尊重"的"权利"关系。更为蹊跷的是,在抛弃了儒家的"仁爱"哲学以后,根据近代西方伟大思想家的倡导建立起来的那种乌托邦,"爱"的名义同样"太过频繁地被极权主义的先知式领袖们所盗用",而且,"这些领袖人物"同样:"有能力以暴力推行其恐怖行动"。只是"造成这种现象的原因"不"在于表面化的爱的内容没有任何限制",而正是在于西方式的斗争哲学和仇

---

① The English Bill of Rights,见 Kermit L. Hall, William M. Wiecek, Paul Finkelman ed., *American Legal History:Cases and Marterials*,Oxford:Oxford University Press,1991,p.7-8.

② Kermit L.Hall et al.,*American Legal History*,p.66.

③ 1882 年 5 月 6 日,美国国会通过了美国史上第一个限禁外来移民的法案——《关于执行有关华人条约诸规定的法律》(*Chinese Exclusion Act* of 1882)。经过几代华人 130 年的不懈的努力,终于在今年,2012 年 6 月 18 日,美国众议院全票通过《排华法案》道歉案。1942 年美国总统罗斯福签署命令,设置集中营,对对日侨和日裔实行"再安置"计划,将 12 万日本人(其中 64% 是日裔美国公民)作为敌侨放逐到美国内地。直至 1988 年 8 月 10 日,里根总统方才签署文件,就二战中日裔美国人的拘留营一事正式道歉。

恨心理"没有任何限制"。这或许恰恰是由于植基于"保持距离"论之上的西方法治,有时不但未按预期的那样营造出人际间的相互尊重,反而造成了人际间的相互猜忌、怨怒乃至仇恨。强调保持距离,也就意味着拒绝从对方的立场和角度做出同情的理解和关注。

或许,你可以说我的判断是基于经验而不合逻辑。但是这种不合逻辑的事情却并非仅仅发生在中国的个案,而是 20 世纪以后人类在亚非拉美欧五大洲都曾经历且至今仍未完全摆脱的现实。

据此,我们是否有理由指出,西方人的斗争哲学固然可以用于耶林所倡导的"为权利而斗争"的事业,有可能形成尊重人权、巩固民主,实现法治和宪政,并最终走向人类和平的良性格局;但同样也可用于希特勒及个别西方哲人所倡导的为了特定民族、特定阶级、特定国家等特定群体的"权力"而斗争的事业,以"残酷斗争,无情打击"的方式,造成诛灭异己、唯我独尊、奴役万类,最终走向自我毁灭的恶性结局呢?

有中国学者指出:

> 西方哲学偏重研究个人或自我,偏重研究个人的权益与自由的追求和维护,偏重研究自我的生命价值与自我的本真状态的探索;而中国的传统哲学,特别是作为中国哲学主干的儒家哲学,偏重研究的则是个人与他人的关系。应该肯定西方哲学也是关心、重视研究"他人"的。不过在他们那里的"他人",不是与自我具有同等独立地位的异质于自我的他人,而是依附于自我的或者说是从自我的内心体验中推衍出来的"他人"……这种同质于自我的"他人"理论,早在古希腊时期巴门尼德的"同一哲学"中就可见到端倪了。他的"存在是一"、"一外无他"的理论,就是这种理论的开端。后来笛卡尔的"自我"理论、德国古代哲学家康德的"先验统觉"理论、谢林的"同一"理论以及黑格尔的"绝对观念"理论,无不是这种理论的继承与发展。当今盛行于西方的人本主义思潮则是这种理论的延续。比如:尼采的意志主义、柏格森的生命哲学等都常谈论"他人的意志"或"他人的生命",然而它们都不是独立于"自我"之外的他人的意志、他人的生命,而只是"自我"、"自我意志"、"自我生命"的"扩大"或"膨胀"。胡塞尔的现象学更强调"现象"是"自我意识的现象"。他在晚年虽提出了"主体间性"的"生活世界"理论,然而,他的"生活世界"中

的他人,仍然是"同化于自我"的"他人"而已。海德格尔存在主义哲学也不例外。他虽大谈"此在",而"他人"则是"此在"的"本真状态"的遮蔽。因而他认为只有彻底排除"他人","此在"才能成为本真的"此在"……应该肯定西方哲学中的许多流派是十分重视关于人与人关系的伦理学的。但是,不论是边沁等的功利主义伦理学还是康德等的先验理性(良心)主义伦理学,它们都把人与人之间的普遍性的伦理原则建立在个人的功利主义或自我的良心主义的基础上。在那里"异质性他者"或"社会性的他者"都没有应有的地位。应该指出:近几十年来强调"异质性他者"的后现代主义或后结构主义理论在西方正在兴起,然而,它们的理论并不彻底,而且也不是西方哲学的主流。[1]

以今日笔者之拙见,用中国传统的话语来表达,西方人是"内行仁政,外施霸道"。只是这个"内外"的界限相当模糊且随时变化,有时可能是文化,有时可能是国家,有时可能是种族,也有时可能是同一种族内部的宗教信仰,同样是个"能伸能缩的社会范围"。

费先生说,在孔子的道德系统造成的差序格局里,"我们一旦明白这个能放能收,能伸能缩的社会范围,我们就可以明白中国传统社会中的私的问题了。我常常觉得:'中国传统社会里一个人为了自己可以牺牲家,为了家可以牺牲党,为了党可以牺牲国,为了国可以牺牲天下。'"[2]

其实这时的费先生已经看到:"当西洋的外交家在国际会议里为了自己国家争利益,不惜牺牲世界和平和别国合法利益时,也是这样的。所不同的是,他们把国家看成了一个超过一切小组织的团体,为这个团体,上下双方都可以牺牲,但不能牺牲它来成全别种团体。"[3]

可惜他没有意识到,在西方的个体伦理下,一个团体可以为本团体的利益而牺牲别的团体的利益,一个政党可以为本党的利益而牺牲其他政党和全民族的利益,一个民族可以为本民族的利益而牺牲其他民族的利益,一个国家可以为本国的利益而牺牲他国的利益……这同样:

是一个事实上的公式。在这种公式里,你如果说他私么?他是不能

---

① 夏基松:《现代西方哲学》,上海人民出版社 2009 年版,第 593~594 页。
② 费孝通:《乡土中国》,生活·读书·新知三联书店 1985 年版,第 27 页。
③ 费孝通:《乡土中国》,生活·读书·新知三联书店 1985 年版,第 28 页。

承认的,因为当他牺牲族(别的团体)时,他可以为了家(本团体),家(本团体)在他看来是公的。当它他牺牲国家为他小团体谋利益,争权利时,他也是为公,为了小团体的公。在差序格局里,公和私是相对而言的,站在任何一圈里,向内看也可以说是公的。①

费先生认为,中国没有个人主义,只有自我主义:"个人是对团体而说的,是分子对全体。在个人主义下,一方面是平等观念,指在同一团体中各分子的地位相等,个人不能侵犯大家的权利;一方面是宪法观念,指团体不能抹煞个人,只能在个人们所愿意交出的一分权利上控制个人。这些观念必须先假定了团体的存在。在我们中国传统思想里是没有这一套的,因为我们所有的是自我主义,一切价值是以'己'作为中心的主义。"②可能他没有意识到,他所说的这种个人主义的平等只适用于"同一团体中各分子",而不适用于不同团体之间或不同团体间的各分子。对于后者,西方人同样是自我主义,其一切价值都是以"己"作为中心的主义。在西方人眼里,所有的人,都是以种族、肤色、语言、信仰、阶级、国家和文化区分为各个不同的团体的。在西方人的传统上没有,至少其主流传统里没有中国传统上那种"四海一家"、"天人合一"的观念。这就正可解释,为什么信奉法治且在各自国内(或文化圈内,如欧盟)厉行法治的西方人在国际社会上动辄发动战争和恐怖行动,公然违反国际法。1991年以美国为首的西方国家对伊拉克的侵略与此前不久伊拉克对科威特的侵略有什么实质性的区别呢?2011年5月,美国政府在巴基斯坦暗杀本·拉登的行动与此前本·拉登策划的各种恐怖行动有什么实质性的差别呢?如果说有,无非是前者是政府行为或国家行为,是有民意支持并得到民主政治认可的集体恐怖行动;而后者则更多是反映萨达姆·侯赛因和本·拉登个人意志的恐怖行为。难怪晚清国际法输入中国以后,国人一方面赞美纸面上的国际法之公允精当,③另一方面又哀叹西人言行不一。薛福成说:

> 洋人杀害华民,无一按律治罪。近者美国驱禁华民,几不齿中国于友

---

① 费孝通《乡土中国》,生活·读书·新知三联书店1985年版,第27页。此处套用费孝通的公式,括号内文字为笔者加。

② 费孝通:《乡土中国》,生活·读书·新知三联书店1985年版,第26页。

③ 如唐才常曾说:"《万国公法》虽西人性理之书,然弱肉强食,今古所同。如英之墟印度,俄之灭波兰,日本之夺琉球、乱朝鲜,但以权势,不以性理,则公法果可待乎。"《唐才常集》,中华书局1980年版,第44~45页。

邦。此皆与公法大相剌谬者也。公法外所受之害，中国无不受之……余尝谓中国如有秦始皇、汉武帝、唐太宗之声威，则虽黜公法，拒西人，其何向而不济？

晚清名臣、封疆大吏张之洞也说：

夫权力相等则有公法，强弱不侔，于法何有？……今日五洲各国之交际，小国与大国交不同，西国与中国交又不同。即如进口税，主人为政，中国不然也；寓商受本国约束，中国不然也；各国通商只及海口，不入内河，中国不然也；华洋商民相杀，一重一轻，交涉之案，西人会审，各国所无也；不得与于万国公会，奚暇与我讲公法哉！

上述情形，历历在目，西人言行不一，双重标准，由来已久，何曾以一丝一毫公正平等之心待我，乃至于郑观应得出结论说：

公法仍凭虚理，强者可执其法以绳人，弱者必不免隐忍受屈也。是故有国者，惟有发愤自强，方可得公法之益；倘积弱不振，虽有公法何补哉？[1]

其实，对国际法的这种看法，何止于中国，朝鲜、日本皆有同感，所谓"万国公法不如大炮一门"[2]，可以说是东方三国最初学习西方法律后得出的共同结论。此后这三国也相继以暴力相尚，首则日本武装侵略朝鲜、中国、东南亚，继则朝鲜、中国、越南以武力抗拒联合国军及美国、法国。应当说，日、韩、中、越四国都是西方师父们的合格弟子。

费先生说："'神对每个个人是公道的，是一视同仁的，是爱的；如果代理者违反了这些'不证自明的真理'，代理者就失去了代理的资格。"[3]不知道他为什么没有看到，雅利安人的神只对每个雅利安人个人是公道的，是一视同仁的，是爱的；但是对印第安人、黑人、澳洲土著、闪米特人和亚洲裔美国人就不大公道，也不可能一视同仁，更不可能有爱了。而且，当雅利安人代理者对印第安人、澳洲土著人、黑人、闪米特人和亚洲裔美国人违反了这些"不证自明的真理"时，代理者们也不曾失去代理的资格。套用鲁迅先生的说法："白

① 关于晚清之际国际法输入以及清代官员、学者对于国际法之看法，可参见丘宏达：《中国国际法问题论集》，台湾商务印书馆1968年版，第11~13页。前引薛、张、郑氏之据之。
② ［韩］郑肯植：《韩国近代法史考》，［韩］博英社2002年版，第5页。
③ 费孝通：《乡土中国》，生活·读书·新知三联书店1985年版，第26页。

种人的上帝是不爱有色人种的。"①

这样看来,如果说中国传统社会是差序格局,近现代西方社会同样是差序格局。所不同者,中国传统文化是个人本位的差序格局,近现代西方世界则是团体本位、种族本位、阶级本位、国家本位甚或宗教本位、文化本位的差序格局。这正可解释为什么在世界近现代史上西方国家会呈现出那么大的自利性和侵略性,归根究底,可以说都是文化使然呀!西方的人权和民主、宪政理论尽管听上去很美,但何以会经常在西方以外的世界遭到强烈抵制呢?看来也正是由此。只是西方世界以外的人们尚未进化出西方人那样的"柴捆儿"式的集体自私,因此没能窥破其心灵密码,反而受其蛊惑。用句中国民谚来形容,这真是"让人卖了,还帮人数钱呢!"悲乎哉!不悲也,谁让我们自作自受呢?!

费孝通先生晚年反思自己一生的学术道路,对中西文化有了截然不同于早年的看法。他指出,现代西方文化虽然强调人,但"这里的'人'字实在是指西方文化中所强调的利己主义中的'己'字,这个'己'字不等于生物人,更不等于社会人,是一个一切为它服务的'个人'。在我的理解中,这个'己'正是西方文化的核心概念。要看清楚东西方文化的区别,也许理解这个核心是很重要的,东方的传统文化里'己'是应当'克'的,即应当压抑的对象,克己才能复礼,复礼是取得进入社会,成为一个社会人的必要条件。扬己和克己也许正是东西方文化差别的一个关键。"他接下来解释说:"一丝不挂的独自为生的生物人,在这个世界上是不存在的。而西方文化中把它偏偏作为功利主义中的'己',突出来和自然相对立。这个虚拟的'己',是事实上无法独立生存的生物人。"

费先生特别指出:现代西方文化将"人"解释为"个人",而"迄今为止,个人主义还是西方文化的铁打基石。西方文化里的个人主义加上人通过自己创出的文化,取得日益进步的现代生活内容。于是不仅把人和自然对立了起来,也把文化和自然对立了起来。这也许是西方文化当前发展的一个很显著的特色。"他借用中国传统术语将西方文化称之为"天人对立"的世界观:

---

① 鲁迅曾有名言:"贾府上的焦大,也不爱林妹妹的。"见鲁迅:《二心集·"硬译"与"文学的阶级性"》,《鲁迅全集》第4卷,人民文学出版社2005年版,第208页。

忽视精神方面的文化是一个至今还没有完全改变的对文化认识上的失误。这个失误正暴露了西方文化中人和自然相对立的基本思想的文化背景。这是"天人对立"世界观的基础。

费先生承认他"过去常用'人为、为人'四个字来说明文化的本质是不够全面和确切的"。因为尽管"我们现代的生活,甚至和自然世界接触的人体感觉器官都是经人为的媒介改造过的。这种生活的现实,使我们习惯于把自然看成是我们生活的资源",但这很容易让"我们把自然作为为我们所利用的客体,于是把文化看成了'为人'而设施了,'征服自然'也就被视为人生奋斗的目标。这样我们便把个人和自然对立起来了"。乃至于"我们的生活日益现代化,这种基本上物我对立的意识也越来越浓"。他进而概括说:"总而言之,在西方文化里存在着一种偏向,就是把人和自然对立了起来。强调文化是人为和为人的性质,人成了主体,自然成了这主体支配的客体,夸大了人的作用,以至有一种倾向把文化看成是人利用自然来达到自身目的的成就。这种文化价值观把征服自然、人定胜天视作人的奋斗目标。推进文化发展的动力放在其对人生活的功利上,文化是人用来达到人生活目的的器具,器具是为人所用的,它的存在决定于是否是有利于人的,这是现代西方的文化价值观念。"

至于这种价值观的源头,费先生认为:"当前西方文化中突出的功利追求和着重自然科学的发展的根源,也许从根本上看就在这'天人对立'的宇宙观。"而"中华文化总的来说是反对分立而主张统一的,大一统的概念就是这'天人合一'的(一)种表述,我们一向反对'天人对立',反对无止境地用功利主义态度片面地改造自然来适应人的需要,而主张人尽可能地适应自然。"

可见,在西方文化这种"天人对立"的世界观下,每个个人或者说每个"我"对"我"以外之任何人乃至整个世界宇宙都是对立和斗争的关系,我不需要对外物有丝毫的同情、怜悯和宽容;我所要做的只是征服和利用。

2001年在美国发生的"9·11"事件及其后续发展,不但暴露了西方文化的内在危机,也充分显现了西方文化残忍、自私和睚眦必报的狭隘本色。费先生写道:

"9·11"事件发生后全世界人们都惊觉了,这在我看来是个对西方文化的又一个严重警告,我在电视机前看完这场惨剧的经过后,心里想,西方国家特别是受难国一定会追寻事件发生的根源,进行深刻的反思,问一问这是不是西方文化发生了问题。当然,这是我个人的一种私自的反应。但是我的私愿落空了。事件发生后事态的发展使我很失望,我对一般的"以牙还牙"报仇心理是可以理解的,这是人类甚至动物的原始性的心理反应。但是接着却把事件当作刑事案件来对待,缉拿凶手成了主要对策。凶手找不到就泄愤于被指为嫌疑对象的所在国,进行了不对等的战争,并利用现代科学所创造的武器对嫌疑犯所在的国家进行狂炸滥轰。以反对恐怖主义的正义名义进行的这场战争造成了大批无辜人民的死亡和遭殃。在我看来这是以恐怖手段反对恐怖主义的一个很明白的例子,是不是应了我们中国力戒"以暴易暴"的古训?①

时隔50年,费孝通先生对于中西文化的态度何以有如此巨大的转变呢?晚年的费孝通先生自己曾对此有所剖白:

我……一生受的教育都是西方文化影响下的"新学"教育……所以我缺了从小接受国学教育这一段,国学的根子在我身上并不深。中西方文化接触中,在我本人并没有感到严重的矛盾。这一点和我的上一代是不同的,他们是受中国文化培养成长的,有着深厚的中国传统文化的根底。由于他们基本上是在中国文化传统的熏陶下成长起来的,因而对中国文化的长处有亲切的体验,甚至有归属感。所以他们的基本立场是"要吸收西方新的文化而不失故我的认同"。②

已是耄耋之年的费老,毅然奋力"补课",特别是"要补一补中国传统文化课,于是就找到了陈寅恪、钱穆、梁漱溟三位国学大师的著作来读。真是开卷有益,读他们的书很有收获,不仅加深了我对中国文化精神的理解,还加深了我对中西文化比较的研究"。③ 此时的费孝通,发现自己有两条与梁漱溟连接上了,"一条是对社区的研究,另一条是对中国文化的态度——反对全盘西化,主张不能脱离文化来谈文化的变迁;提倡从传统的基础出发,改造一些不合时宜的传统做法来适应新的时代潮流。总的讲都不是'革命'的,是主张在

---

① 以上未注明出处者皆据费孝通:《文化论中人与自然关系的再认识》,《群言》2002年9月,总第210期,第15、17页。

② 费孝通:《关于"文化自觉"的一些自白》,《学术研究》2003年第7期,第6页。

③ 费孝通:《费孝通在2003》,中国社会科学出版社2005年版,第57~58页。

承认传统的基础上,逐步的,不是激烈的变革。"①

中国文化是中国五六千年文明史蕴积的精华,其高明悠远,博大精深之处,固非浅见寡闻者所能知。费孝通先生暮年闻道,幡然回归中国文化。这是中国文化的巨大感染力使然,也是他本人好学深思,老而不辍修下的正果。既非事出偶然,更非感情用事。

无独有偶,早在第一次世界大战结束以后,即有西方人敏锐地意识到西方文化的致命痼疾。波特兰·罗素指出:"我们的文明(按:指西方)的显著长处在于科学的方法,中国文明的长处则在于对人生归宿的合理理解。"②成中英先生指出,西方哲学崇尚知性,因而"知识的灿烂蔚成西方哲学,知识的灿烂莫过于理性的方法所发展的观念系统。西方哲学走向观念系统化,并以此为哲学真理之所寄";然而,西方哲学的不足也由此而生:"以知性为价值。故其知识性,即隐含了一种价值前提。但因其价值具有片面性和概括性,故对整体的人生价值反而不能掌握"。与此相反,中国哲学的许多问题,固然由于对"知的分析不精而引起",但其优点也正在于此:"中国的哲学传统,无论儒家,还是道家,均能以全体性及整体性为价值目标,并以价值之用为本。"③

或许,西方人的民主、自由、法治和人权等众多美好理论和制度之所以很难全球化,就在于他们缺少了儒家的仁爱之心,缺少了推己及人的同情心,缺少了儒家所倡导的西方人所称的"家庭"伦理,缺少了视全人类、全宇宙为一体的博大胸襟。诚如许多学者所总结那样,中国文化的优点,正是西洋文化的缺点。中国文化的缺点,正可以用西洋文化补救。因此,当我们发愤图强的时候,完全不必抛弃固有文化,因为中国文化从来就不排斥科学和法治。中国文化的价值,也绝不能用实用的态度去衡量。④

---

① 费孝通:《费孝通在 2003》,中国社会科学出版社 2005 年版,第 62 页。
② [英]罗素:《中国问题》,学林出版社 1996 年版,第 153 页。
③ 成中英:《成中英自选集》,山东教育出版社 2005 年版,第 7 页。
④ 参见吴森:《从"心理距离说"谈到对中国文化的认识》,郁龙余编:《中西文化异同》,生活·读书·新知三联书店 1989 年版,第 59 页。

卷　一

正　名

第一章　文化与法

一　文化概念解析

说起"文化",每个人内心中似乎都有个模糊的认识,但稍一较真,又都会觉得这是一个最令人感到纠绕不清的概念。梁漱溟先生曾经讲过一个例子。

有一次蔡元培先生和几位教授,要到欧美去,教职员开欢送会。那时候我记得有几位演说,他们所说的话大半都带一点希望这几位先生将中国的文化带到欧美而将西洋文化带回来的意思。我当时听到他们几位都有此种言论,于是我就问大家:"你们方才对于蔡先生同别位先生的希望是大家所同的,但是我很想知道大家所谓将中国文化带到西方去是带什么东西呢? 西方文化我姑且不问——而所谓中国文化究竟何所指呢?"当时的人却都没有话回答,及至散会后,陶孟和先生同胡适之先生笑着对我说:"你所提出的问题很好,但是天气很热,大家不好用思想。"我举此例就是证明大家喜欢说好听、门面、虚伪的话。如果不晓得中国文化是什么,又何必说他呢! 如将"中国文化"当做单单是空空洞洞的名词而毫无意义,那么,他们所说的完全是虚伪,完全是应酬! 非常无味,非常要不得!①

本书要探讨儒家文化甚至中国文化与法这样的大题目,当然无法回避文

---

① 梁漱溟讲演:《东西文化及其哲学》,陈政、罗常培编录,中国文化书院学术委员会编:《梁漱溟全集》第一卷,山东人民出版社1994年版,第330~331页。

化的概念，但要给"文化"一词下个确切的定义，仍是件极其困难的事情。

恰如一些学者指出的，古汉语中本有"文化"一词，①但在先秦文献中，"文"与"化"二字是各自独立的两个词。

《礼记·乐记》："礼减而进，以进为文"。郑玄注："文犹美也，善也"。②刘熙《释名》谓："文者，会集众彩以成锦绣，会集众字以成辞义，如文绣然也。"《说文》谓："文，错画也"。王筠注谓："错者，交错也。交错而画之，乃成文也。"③

化，本义为变。《礼记·中庸》："动则变，变则化"。孙诒让说："《说文·七》云：'七（huà），变也。化，教行也。'经典通借'化'为'七'。《楚辞·离骚》王注云：'化，变也。'《荀子·正名》篇云：'状变而实无别，而为异者，谓之化。'杨倞注：'化者，改旧形之名。'"④

"文"、"化"两字合并使用，应是西汉以后的事情。⑤ 如汉刘向《说苑·指武》："圣人之治天下也，先文德而后武力。凡武之兴，为不服也，文化不改，然后加诛。"⑥又晋束晳《补亡诗·由仪》："文化内辑，武功外悠。"注谓："辑，和也。言以文化辑和于内，用武德加于外远也。"⑦王融：《三月三日曲水诗序》"设神理以景俗，敷文化以柔远"。⑧

显然，这里所说的"文化"，仍不是纯全的名词，恰如贺麟先生所说的，文化"是名词，同时也是动词，化字含有改变的意义；文要化，要影响其他的一种东西，要感化或支配别一种东西……所谓文化，乃是人文化，即是人类精神活动所影响、所支配、所产生的。又可说文化即是理性化，就是以理性来处理任何事，从理性中产生的，即谓之文化。文化包括三大概念：第一是'真'，第二是'美'，第三是'善'"。在他看来，文化就是真理化（学术化）、艺术化、道德

---

① 张岱年、方克立主编：《中国文化概论》（北京师范大学出版社1994版，第1页）谓："'文化'是中国语言系统中古已有之的词汇。"韦政通先生也说："中国传统中偶亦有提到'文化'这个名词的。"韦政通：《中国文化概论》，吉林出版集团有限公司2008年版，第2页。

② 孙希旦：《礼记集解》，中华书局1989年版，第1031页。

③ （清）王筠：《说文解字句读》，中华书局1988年版，第337页。

④ （清）孙诒让：《周礼正义》卷35，中华书局2000年版，第1404页。

⑤ 张岱年、方克立主编：《中国文化概论》，北京师范大学出版社1994年版，第2页。

⑥ 向宗鲁：《说苑校证》，中华书局2000年版，第380页。

⑦ （梁）萧统编，（唐）李善注：《文选》卷19，上海古籍出版社1986年版，第909页。

⑧ 参见（梁）萧统编，（唐）李善注：《文选》卷46，上海古籍出版社1986年版，第2058页。

化,因系由高尚的情感、坚强的意志和正确的理智所产生,所以也可以说即是"精神化——精神文明。而文化的特征乃是征服人类的精神,使人精神心悦诚服"。①

其实不止"化"字原本是动词,"文"字最初也是动词。张东荪说:"文化是甚么?按'文'的字义是有'添上去'的意思,就是与'赤裸'正(想)〔相〕反对。所以例如吃东西不能算文化,而如何吃东西,或用中国烹调法来烧食,或用西洋方法来煮食,这便是文化。例如躲在树荫下,以避风雨,这种森林生活不是文化;而盖房屋则是文化,盖西洋高大房屋或造中国优雅房屋则更是文化了。所以文化的本义是从素朴的或赤裸的上添些上去。我们今试按这个添上去究做何解释。我以为不是别的,就是变化本能,使其向丰富优美和谐的方面去发挥。"②

总之,所谓文化,从字面上说,就是用人为的力量加工和影响而改变先天的、自然的人和事物。

不过,无论是前引张东荪这段话中所说的"文化"还是当今我们中国人所常说的"文化"这个词汇,虽然是两个地道的汉字的组合,但最起初却是由日本人从英语 culture 一词翻译过来,③其内含完全是西方的意义。而在英文中,"文化"一词,同样是个多义词,很难做确切的定义。西方学者也承认:"据说'文化'(culture)是英语中两三个最为复杂的单词之一。"④

从词源学上来说,文化却是一个派生于自然的概念。英文中"culture"这个词的一个原始意义就是"耕作"(husbandry),或者对自然生长实施管理。我们用来表示法律公正的单词,以及像"资本"、"债券"、"金钱"和"英镑"这样的术语,莫不是如此。"coulter"⑤与"culture"是同源词,意为犁锋。我们从劳动与农业生产活动中派生出这些表达人类最优雅活动的字眼。弗郎西斯·培根(Francis Bacon)以一种对粪便与精神之间的区别意味深长的迟疑谈到了"心智的栽培与施肥"。这里的

① 贺麟:《文化与人生》,上海人民出版社 2011 年版,第 273、275 页。
② 张耀南编:《知识与文化——张东荪文化论著辑要》,中国广博电视出版社 1995 年版,第398 页。
③ 刘正埮等编:《汉语外来词词典》,上海辞书出版社 1984 年版,第 358 页。
④ 〔英〕特瑞·伊格尔顿:《文化的观念》,方杰译,南京大学出版社 2003 年版,第 1 页。
⑤ 笔者按:又作 colter,犁刀、犁头也。

"culure"意指一种活动，而这个词之开始指称一种存在则是在很久以后。尽管如此，大概直到马修·阿诺德（Matthew Arnold）的时候，它才丢掉了诸如"道德的"和"知识的"这样的形容词得以独立使用，表达"文化"这个抽象概念。①

当然，无论是中文固有意义上的"文"、"化"还是从英文（culture）翻译过来的"文化"，二者有一个共同的基点，即与自然相对。自然是"先天如此的，没有经过人为的加工。而文化则是通过人为创造出来的"。②

显然，文化的内含极其丰富，要给文化下个确切的定义也极为困难，但是要研究文化或者与文化相关的问题，又不能不勉为其难，做此尝试。

一种作法是从最广泛的意义上加以解释，英国人类学家爱德华·泰勒1871年给文化下的定义就属于这种极广义的类型：

> 是包括全部的知识、信仰、艺术、道德、法律、风俗以及作为社会成员的人所掌握和接受的任何其他的才能和习惯的复合体。③

这个定义号称是"涵盖面最广，最精确的定义之一"，因此至今仍有着广泛的影响。目前，国内外许多学者都采用这种广义的文化概念，或采取列举的方式阐述文化的定义。譬如何兹全先生说："什么是文化？古今中外下的定义太多了。我不去管它。我说：文化就是人类体力劳动和脑力劳动的结果和积累。"④韦政通先生在其《中国文化概论》一书绪论中，也设有一节专门介绍文化的定义。受研究界的影响，目前国内各类辞书大都采用的是广义的文化定义，譬如《现代汉语词典》对"文化"一词的解释是：

> 人类在社会历史发展过程中所创造的财富的总和，特指精神财富，如文学、艺术、教育、科学等。

但是由于这种包罗万象的广义"文化"概念不惟过于宽泛，而且也含糊不清，为此招致了不少的批评，有西方学者指出："文化"这个术语因为它的多义

---

① ［英］特瑞·伊格尔顿：《文化的观念》，方杰译，南京大学出版社2003年版，第1页。
② 蔡仁厚：《宗教与文化》，东海大学主编，唐君毅、牟宗三等著：《中国文化论文集》（五），（中国台湾）幼狮文化事业公司1984年版，第522页。
③ ［英］爱德华·泰勒：《原始文化：神话、哲学、宗教、语言、艺术和习俗发展之研究》，连树声译，上海文艺出版社1992年版，第1页。
④ 何兹全：《中国文化六讲·前言》，《何兹全文集》第四卷，中华书局2006年版，第2061页。

性和模糊性,目前在社会人类学圈内名声不好。① 依笔者之见,广义的文化定义的缺欠其实还不在于其多义性和模糊性,最致命的问题则在于其似是而非。为此,有不少学者便提出了相对狭义的文化定义。

维特根斯坦说:"文化是一种惯例(或译作习惯),或者至少它以某种惯例为前提。"②美国学者舒尔茨说:

> 我所坚持的文化概念既不是多重所指的,也不是含糊不清的:它表示的是从历史上留下来的,存在于符号中的意义模式,是以符号形式表达的前后相袭的概念系统,借此人们交流、保存和发展对生命的知识和态度。③

鲁斯·本尼迪克特的定义是:

> (文化)是通过某个民族的活动而表现出来的一种思维和行动方式,一种使这个民族不同于其他任何民族的方式。④

荷兰学者 Geert Hofstede 将文化称作"心灵的程序"(mental programming)和"心灵的软件"(software of the mind)。⑤

贺麟先生认为文化是"经过人类精神陶冶过的自然。"⑥

梁漱溟先生也曾对文化这个概念提出过自己的看法:"文化并非别的,乃是人类生活的样法。"⑦

当然,关于文化的定义还有很多。据说美国著名人类学家克拉克洪(Kluckhohn)等学者曾对 300 多种文化定义做过研究。⑧ 克氏指出,这众多的文化定义的差异大都在于"各自强调某一种概念因素,而且在严格的程度上各有不同"。在他看来,这些定义基本上都很接近,即都承认:"文化存在于思

---

① ［美］克利福德·舒尔茨:《文化的解释》,韩莉译,译林出版社1999年版,第109页。
② ［英］维特根斯坦:《文化与价值》,许志强译,浙江文艺出版社2002年版,第144页。
③ ［美］克利福德·舒尔茨:《文化的解释》,韩莉译,译林出版社1999年版,第109页。
④ ［法］维克多·埃尔:《文化概念》,康新文、晓文译,上海人民出版社1988年版,第5页。
⑤ 胡文仲:《超越文化的障碍——胡文仲比较文化论》,外语教学与研究出版社2004年版,第39页。
⑥ 贺麟:《近代唯心论简释》,上海人民出版社2009年版,第196页。
⑦ 梁漱溟讲演:《东西文化及其哲学》,陈政、罗常培编录,中国文化书院学术委员会编:《梁漱溟全集》第一卷,山东人民出版社1994年版,第380页。
⑧ 胡文仲:《超越文化的障碍——胡文仲比较文化论》,外语教学与研究出版社2004年版,第36页。

想,情感和起反应的各种业已模式化了的方式当中,通过各种符号可以获得并传播它,另外,文化构成了人类群体各有特色的成就,这些成就包括他们制造物的各种具体形式;文化基本的核心由两部分组成,一是传统(即从历史上得到并选择的)的思想,一是与他们有关的价值。"①进而,克氏又提出了他本人和凯利(Kelly)对文化所下的定义:

> 文化是历史上所创造的生存样式的系统,既包含显型式样又包含隐型式样;它具有为整个群体共享的倾向,或是在一定时期中为群体的特定部分所共享。②

综合上述的讨论,我们似乎可以对文化的概念做一比较清晰的界定:

第一,文化是社会的遗产而非生理的遗传;其次,文化是群体共享的,而非个人的行为;第三,文化是一种生活方式,包括了生活的各个方面;其四,文化的形式是多种多样的,有的可以看到,有的则不易看到;第五,文化的核心是价值观念。③

在上述五点中,我个人认为,第三点和第五点,至少对于我们法学界中人来说,对于把握文化概念的本质特征是特别重要的。前面提到了梁漱溟的定义已经开始意识到文化是一种生活方式了,但是还嫌模糊。傅佩荣先生指出:"凡是人群聚居,形成社会,并且在历史上存在过一段时间的团体,都有自己的文化。文化会经历兴盛衰亡,其中的决定因素是什么?若由'器物,制度,理念'三个层次的内涵来看,理念应该居于核心地位。"④当代香港思想家、佛学家霍韬晦先生认为文化"是一个民族对其价值理想的追求,和实现这一理想的生活方式。换言之,价值观念是每一支文化最核心的部分"⑤。这个认识应当说就更为严谨了。何以这样说呢?前任罗马教皇让·保罗二世曾经

---

① [美]克莱德·克拉克洪等著:《文化与个人》,何维凌、高佳、何红译,浙江人民出版社1986年版,第5页。

② [美]克莱德·克拉克洪等著:《文化与个人》,何维凌、高佳、何红译,浙江人民出版社1986年版,第6页。

③ 参见胡文仲:《超越文化的障碍——胡文仲比较文化论》,外语教学与研究出版社2004年版,第40页。

④ 傅佩荣:《哲学入门》,新星出版社2011年版,第30页。

⑤ 霍韬晦:《天地悠悠——时代·人生·成长》,(中国香港)法住出版社2005年版,第7页。

指出：

> 正因为有了文化，人类才真正过上了人的生活。文化是人类"生活"和"存在"的一种特有方式，人类总是根据自己的特有的文化生活着；反过来，文化又在人类中间创造了一种同样是人类特有的联系，决定了人类生活的人际特点和社会特点。在文化作为人类生存的特有方式的统一性中，同时又存在着文化的多样性，而人类就生活在这种多样性之中……文化是人类所以成为人类的基础，它使人类更加完美或日趋完善。①

文化决定着我们的生活方式，它能使人类走向完美，因为它承载着人类美好的价值理想。

法律的背后是文化，文化的核心是一定的价值取向。文化即是由此价值取向所指引的理想生活方式。这就是文化的真义所在。

但是狭义地理解文化也有风险，譬如说"文化的核心是一定的价值取向"并不等于说文化就是价值取向，又如强调文化的精神层面，也不是要将文化等同于精神。有学者说：文化是构成人类精神与物质活动的具体因素，它存在于它们的每一种具体方式之中，但又不等同于具体的活动，譬如中国的丝绸，美国的可口可乐，中国的京剧，意大利的歌剧等，从中都能看出特有的民族文化精神的表现，但不能把文化与具体的行为方式或某一物品等同起来。② 这个解释，或许对于我们理解文化的微妙多少有些帮助。

二　文化与法律

中国自晚清公开宣布引进西方法律制度迄今，已经一个世纪过去了。回顾这一个世纪的历程，无论我们持什么样的观点，恐怕没有一个人敢认真地说，移植到中国的西方法律制度在实践中大致保持原样。当然，稍有走样并不就意味着失败，你可以说是因地制宜，也可以说是适应国情。问题是我们的国情是什么？ 因地是否真的制宜了呢？ 这大概就不是一个很轻松的话题了。它

---

① ［法］维克多·埃尔：《文化概念》，康新文、晓文译，上海人民出版社1988年版，第9~10页。

② 方汉文：《比较文化学》，广西师范大学出版社2003年版，第35~36页。

实际上扯入了两个既相互牵连,又彼此排斥的问题,即:要不要保留传统和要不要学习西方。乍一听来,这是一个再好回答不过的问题,既要学习西方好的经验,也要保留我们自己的好传统。所谓古为今用、洋为中用,取其精华、去其糟粕,这是谁都明白的道理。时至今日,百分之百的"国粹派"或"复古派"以及百分之百的"全盘西化派"都很难立足了,也很难再听到如此"勇敢"但的确很偏激的声音了。然而问题并未到此为止,什么是西方的好经验、什么是我们的好传统? 何谓精华、何谓糟粕? 如何才能准确无误地作出判断呢? 有谁能提供一套放之四海而皆准的衡器吗?

话题不必扯得太远,就说法律吧,中国法律传统中的精华或曰好的东西是什么呢? 西方法律制度中的糟粕和精华又各是什么呢? 我们视为是糟粕的东西曾在其母国大放异彩,我们视为是精华的,引进来后却变得枯萎凋零。这当作何解释呢? 当然,也有在其原产地即曾酿害肆虐,祸及四邻,最终被其本国人民连根拔弃者,而在我们这里却仍被奉为国教,捧为至尊,不得稍有微词者,这又是什么道理呢?

晚清戊戌变法那一年,著名的封疆大吏张之洞出版了他的《劝学篇》。在该书外篇的《设学章》中,他写道:

> 其学堂之法约有五要:一曰新、旧兼学。学四书五经、中国史事、政书、地图为旧学;西政、西艺、西史为新学。旧学为体,新学为用,不使偏废。①

这段话中的"旧学为体,新学为用",后来被演绎概括为"中学为体,西学为用",成为流传极广、影响极大的一种文化哲学和政治哲学。正如楼宇烈先生所说:洋务派"用中国传统哲学中的'体'、'用'范畴,把中国传统的'治统'和'道统'归之于'体',把西方科技、器物文化归之于'用',并提出了'中体西用'的根本方针。"②时至今日,"中学为体,西学为用",仍可以说是我们如何对待中西文化传统,如何看待和处理固有法律与外来法律之关系的一个重要思路。

明人顾鼎臣有云:

---

① 苑书义、孙华峰、李秉新等编:《张之洞全集》第 12 册,河北人民出版社 1998 年版,第 9740 页。

② 楼宇烈:《温故知新》,商务印书馆 2004 年版,第 492 页。

臣闻帝王有治天下之大体,有治天下之大用。体者何? 道是也。用者何? 法是也。道根于心,法之所由立也。法缘於政,道之所由行也。法而非道,则所以主张之者,无其本;道而非法,则所以经纶之者无其具。皆非所以治天下也。然有是道则其法可立,未有善立是法而不本于道者也。有是法则其道可行,未有能行其道而不知守乎法者也。道行而无弊,法立而能守,则推之无不准,动之无不化,外无不攘,内无不安,远无不至,迩无不服。端拱于九重之上,而操纵翕张,所向如意;运用于四海之间,而浑融贯彻,所在归极,尚何治之不古若哉? 帝之所以帝,王之所以王。①

尽管上述引文中提到的"法",含义比较宽泛,不尽属于现今意义上的法律。但大致上可以说,在中国古人眼里,文化与法律的关系,正是体和用的关系。

所谓体和用,是一种中国传统的表达方法。张岱年先生概括说:"一般说来,中国古代哲学中所谓'体'就是根本的,第一性的;所谓'用'就是从生的,第二性的。这是'体'与'用'的最简单最主要的意义。"②日后在讨论到文化的体用关系时,他又进一步解释说:"在中国古代哲学中,所谓体用,基本上具有两种不同的含义。第一种含义是,体指实体,用指作用,体用是实体与作用的关系。第二种含义是,体指原则,用指应用(原则的运用),体用是原则与应用的关系。关于体用的第一含义,唐代经学家崔憬讲得最明确……'凡天地万物皆有形质,就形质中有体有用。体者即形质也;用者即形质上之妙用也'……体用的第二种含义,可以北宋教育家胡瑗所谓'明达体用之学'为例……'君臣父子仁义礼乐万世不可变者,其体也;《诗》、《书》、史、传、子、集垂法后世者,其文也;举而措之天下,能润泽斯民,归于皇极者,其用也'。体指人际关系的基本原则,用指原则的具体运用。"他进而又指出:"一般所谓文化的体用,其所谓体用不是体用的第一含义。清末洋务派提出'中学为体,西学为用',其所谓体用都属于'学'的范围,应是体用的第二含义。所谓体指文化的最高原则,所谓用指实现原则的具体措施。'中学为体,西学为用',是企图采纳西方资产阶级的科学技术来维护封建主义的伦理原则,这当然是行不

---

① (明)顾鼎臣:《顾文康公续稿》卷一,明崇祯十六年刻本,四库禁毁书丛刊编委会编:《四库禁毁书丛刊》集部第59册,北京出版社2000年版,集59-5。

② 张岱年:《张岱年全集》第5卷,河北人民出版社1996年版,第100页。

通的。'中学为体,西学为用'之说在提出的当时就是保守性的言论。"①

早在1902年,著名的维新派思想家严复即在《外交报》上发表文章批评"中体西用"说:

> 夫中国之开议学堂久矣,虽所论人殊,而总其大经,则不外中学为体,西学为用也;西政为本,而西艺为末也。主于中学,以西学辅其不足也;最后而有大报学在普通,不在语言之说。之数说者,其持之皆有故,而其言之也,则未必皆成理。际此新机方倪,人心昧昧,彼闻二钜子之论,以为至当,循而用之,其害于吾国长进之机,少者十年,多者数纪。天下方如火屋漏舟,一再误之,殆无幸已。此走所以不避婴逆而有言也。善夫金匮裘可桴孝廉之言曰:体用者,即一物而言之也。有牛之体,则有负重之用;有马之体,则有致远之用。未闻以牛为体,以马为用者也。中西学之为异也,如其种人之面目然,不可强谓似也。故中学有中学之体用,西学有西学之体用,分之则并立,合之则两亡。议者必欲合之而以为一物。且一体而一用之,斯其文义违舛,固已名之不可言矣,乌望言之而可行乎?②

严复的这篇文章,锋芒所指,不言而喻,在当时应有很大的震撼力。王尔敏先生认为严复的这个批评是就:"体用之最窄定义立论,若果以此非议前人,实出于误解前人,盖未在一个共同的观念之下讨论问题,并且轻易认定前人尚未判明体用二字之本义,以致创此不通之口号。嗣后论者,每提及晚清学人之'中体西用'论,无不出以轻蔑与讥讽笔调,甚少加以讨论,而出以公平之估价者。"③近世著名学者陈衍称严复是留洋学生,於中国文化"半路出家",看来不是毫无道理。④ 而严复晚年对於中西文化的认识也发生根本性的转变。在1917年的一封信中他写道:

> 鄙人行年将近古稀,窃尝究观哲理,以为耐久无弊,尚是孔子之书。

---

① 张岱年:《文化体用简析》,张岱年:《文化与哲学》,教育科学出版社1988年版,第80~81页。

② 王栻主编:《严复集》,中华书局1986年版,第558~559页。

③ 王尔敏:《清季知识分子的中体西用论》,王尔敏:《晚清政治思想史论》,(中国台湾)华世出版社1980年版,第52~53页。

④ 参见钱钟书:《写在人生边上・人生边上的边上・石语》,生活・读书・新知三联书店2013年版,第476页。

四子五经,固是最富矿藏,惟须改用新式机器发掘淘炼而已。①

如此观点,不啻于是回到了他此前所严厉批判的中体西用论。真令人匪夷所思。

有趣的是,1933 年出版的冯友兰《中国哲学史》下册附有陈寅恪先生的《冯友兰中国哲学史下册审查报告》,其结尾处有一段名言,照录于下:

> 其真能于思想上自成系统,有所创获者,必须一方面吸收输入外来之学说,一方面不忘本来民族之地位。此二种相反而适相成之态度,乃道教之真精神,新儒家之旧途径,而二千年吾民族与他民族思想接触史之所昭示者也。寅恪平生为不古不今之学,思想囿于咸丰同治之世,议论近乎曾湘乡张南皮之间,承审查此书,草此报告,陈述所见,殆所谓"以新瓶而装旧酒"者。诚知旧酒味酸,而人莫肯酤,姑注于新瓶之底,以求一尝,可乎?②

这里,陈先生之所谓旧酒,当即指"本来民族之地位",亦即张之洞之所谓"中体";其所谓"新瓶"当即"输入外来之学说",亦即张之洞之所谓"西用"。显然,时至 20 世纪,像陈寅恪先生这类人仍然抱持"中体西用"的文化哲学。观其晚年滞留大陆不去而又不肯与新政权有实质性的合作,可知这也是他的政治哲学。周一良先生称陈寅恪先生为"新社会中的'文化遗民'",③确实是既形象又准确。

同样有趣的是,1942 年出版的贺麟先生的第一本论文集《近代唯心论简释》中收录了一篇题为《文化的体与用》的文章,其中特别批评了借旧瓶新酒比喻中西文化的体用说,文章虽未点陈寅恪的名,但其所指,圈内人士应该是很清楚的。贺麟先生说:"以新酒旧瓶,旧酒新瓶之喻来谈中西文化的说法,亦是不甚切当易滋误会的比喻。"④更值得注意的是,贺麟先生特别借传统的"体用"说阐释了他自己对中西文化的看法。

---

①　王栻主编:《严复集》,中华书局 1986 年版,第 667 页。类似的言论在其晚年致熊育锡的信中随处可见,譬如《严复集》第 661 页载他在 1916 年的一封信中说:"鄙人年将七十,暮年观道,十八、九殆与南海相同,以为吾国旧法断断不可厚非。"他还表示赞同辜鸿铭"平生极恨西学,以为专言功利,致人类涂炭,鄙意深以为然。"王栻主编:《严复集》,中华书局 1986 年版,第 623 页。

②　陈寅恪:《陈寅恪史学论文选集》,上海古籍出版社 1992 年版,第 512 页。

③　周一良:《周一良自选集》,首都师范大学出版社 2008 年版,第 592 页。

④　贺麟:《近代唯心论简释》,上海人民出版社 2009 年版,第 200 页。

关于体用之关系,贺麟提出了三个原则,以供观察和批评文化之参考。

首先,体用虽可分言,而实不可分离。"盖体用必然合一而不可分。凡用必包含其体,凡体必包含其用。无用即无体,无体即无用。没有无用之体,亦没有无体之用。"

其次,体用不可颠倒,"体是本质,用是表现;体是规范,用是材料。不能以用为体,不能以体为用。譬如宗教、哲学、艺术等在西洋文化中为体,绝不会因为介绍到中国来便成为中国文化之用;而科学、技术等在西洋文化中老是居于用的地位,亦决不会因为受中国实用主义者的推尊,便会居于体的地位"。

再次,各部门之文化皆有其有机统一性。"因为各部门的文化皆是同一个道或精神的表现,故彼此间有其共通性。一部门文化每每可以反映其他部门的文化,反映整个民族的精神,集各种文化之大成。"①有鉴于此,他断言:"中学为体,西学为用"之说乃不通之论。

贺麟先生认为,中学西学各自有其体用,"西学之体搬到中国来绝不会变成用,中学之用,亦绝不作西学之体"。②在他看来"文化乃人类之公产,为人人所取之不尽,用之不竭的宝藏。不能以狭义的国家作本位,应该以道、以精神或理性作本位。换言之,应该以文化之体作为文化的本位。"③

进而,他又指出,文化之体用观可分为绝对的与相对的。自绝对的体用观说,"体指形而上的本体或本质(essence),用指形而下的现象(appearance)。体为形而上之理则,用为形而下之事物。体一用多。用有动静变化,体则超动静变化。此意义的体用约相当于柏拉图的范型世界与现象世界的分别"。譬如哲学、宗教、科学、道德、艺术、技术(笔者按:当然也包括法律)均以精神为体,均为精神之用。自相对的体用观言,可"将许多不同等级的事物,以价值为准,依逻辑次序排列成宝塔式的层次(hierarchy)。最上层为真实无妄的纯体或纯范型,最下层为具可能性、可塑性的纯用或纯物质。中间各层则较上层以较下层为用,较下层以较上层为体"。④譬如哲学可为科学之体,科学为哲学之用;宗教可为道德之体,道德为宗教之用;艺术可为技术之体,技术为艺术

① 贺麟:《近代唯心论简释》,上海人民出版社 2009 年版,第 197~198 页。
② 贺麟:《近代唯心论简释》,上海人民出版社 2009 年版,第 200 页。
③ 贺麟:《近代唯心论简释》,上海人民出版社 2009 年版,第 201 页。
④ 贺麟:《近代唯心论简释》,上海人民出版社 2009 年版,第 193 页。

之用。顺此类推,哲学为法学之体,法学为哲学之用;法理学为部门法学之体,部门法学为法理学之用。

为了更深入理解文化的体用关系,贺麟又提出了道、精神、文化和自然四个观念。道相当于价值理念,是文化之体;精神大约相当于价值体验或精神生活,是道之显现或实现为文化之凭借,即文化之所以为文化所必须依据的精神条件,亦即划分文化与自然的分界线;文化是道之自觉的显现,即相当于价值物;自然是与价值对立的一个观念,是道之昧觉的显现。贺麟先生指出:"道之凭借人类的精神活动而显现者谓之文化",反之,"道之未透过人类精神的活动,而自然地隐晦地(implicitly)昧觉地(unconsciously)显现者谓之自然。"

申言之,所谓道,"就是宇宙人生的真理,万事万物的准则,亦即指真善美永恒价值而言"。① 所谓精神,"就是指道或理之活动于内心而言"。以体用之观点论,精神以道为体,而以自然及文化为用。文化之体为精神。文化乃精神之产物,而非纯为道之产物。盖道或理,仅为蕴藏于人类内心深处之法则,此法则如不透过精神的活动,即不能实现或显现成为文化。此法则乃潜伏缥缈,有体无用之道或理而已。惟有精神,乃体用合一,亦体亦用之真实。故惟有精神,乃成为文化真正之体。"就个人言,个人一切的言行和学术文化的创造,就是个人精神的显现。就时代言,一个时代的文化,就是那个时代的时代精神的显现。就民族言,一个民族的文化,就是那个民族的民族精神的显现。整个世界的文化,就是绝对精神逐渐实现或显现其自身的历程。"②谢幼伟先生概括说:"绝对精神为一切文化之体,一切文化为绝对精神之用。贺君名此为文化之体用观。"③

套用贺麟先生的这个文化体用观,文化之与法律,应当也是体和用的关系。文化是体,法律是用。有什么样的体,就有什么样的用,体用不二。有什么样的文化,就有什么样的法律。法律与文化注定是互为表里,彼此作用的。体用割裂,灵肉分离,文化与法律不能相谐,则文化必然失化,法律也必然失律。故欲探讨法律之现代化,不能不深究法律背后之文化元素。

① 贺麟:《近代唯心论简释》,上海人民出版社 2009 年版,第 194 页。又参见谢幼伟:《现代哲学名著述评》,山东人民出版社 1997 年版,第 83 页。
② 贺麟:《近代唯心论简释》,上海人民出版社 2009 年版,第 196 页。
③ 谢幼伟:《现代哲学名著述评》,山东人民出版社 1997 年版,第 83~84 页。

至于如何对待西洋文化,贺麟认为,研究介绍或采取任何部门之西洋文化,须得其体用之全,决不可取其用而遗其体。但此非全盘西化之谓,全盘西化不惟不可能,且亦不必要。我们的目的在彻底地了解西洋文化,从而"自觉地吸收、采用、融化、批评、创造"。用贺麟先生的话说,这是"化西"而非"西化",即"自动地、自觉地吸收融化,超越扬弃西洋现在已有的文化",好比"人吸收外界食物而营养身体,只能说是人消化食物,不能说食物变化人"。① 依据贺麟先生的这个理论,中国近百年来的法律现代化事业,显然应走化西而非西化的道路。然而,现实恰恰相反,问题出在哪里了呢? 依笔者拙见,恐怕就在于未能真正认清文化的体用关系。

德国历史法学派代表人物萨维尼认为,法律是民族精神的体现。申言之,当局者凭借自己的权力强行制定一系列法典并不等于造就了真正意义上的法律。法律来自民族本身的及其历史上的内在本质,是民族的"生命力和活动",其根基在于民族的精神。②

萨维尼过分强调法律的特殊性而忽视其普遍性固然有失偏至,曾被马克思批判为"以昨天的卑鄙行为来为今天的卑鄙行为进行辩护"。③ 但是中国近现代法律改革一味模范列强,盲目追赶世界潮流,漠视甚至无视中国固有的民族精神,又走向了另一个极端,反而在很大程度上印证了萨维尼的"民族精神"说确有其合理性。

要理解什么是"民族精神",先须理解精神的意义。依贺麟先生的解释,精神是文化之体,文化是精神之用,是精神的显现:"文化乃是精神的产物,精神才是文化真正的体。精神才是真正的神明之舍,精神才是具众理而应万事的主体。"④他又特别阐释说:"精神就是为真理所鼓舞着的心(Spirit is mind inspired by truth)。在这个意义下,精神也就是提高了、升华了、洋溢着意义与价值的生命。精神亦即指真理之诚于中形于外,著于生活文教,蔚为潮流风气而言。简言之,精神是具体化、实力化、社会化的真理。若从体用的观点来说,

① 贺麟:《近代唯心论简释》,上海人民出版社2009年版,第199~200页。
② 陈慧:《德国历史上最伟大的法学家——萨维尼的生平与学说简介》,《德国研究》2003年第4期,第58页。
③ 卡尔·马克思:《〈黑格尔法哲学批判〉导言》,中共中央马恩列斯著作编译局编译:《马克思恩格斯选集》第1卷,人民出版社1972年版,第3页。
④ 贺麟:《近代唯心论简释》,上海人民出版社2009年版,第196页。

精神是以道为体而以自然和文化为用的意识活动。"①

如果我们能够接受贺麟先生的观点，则中国最近这百余年来的苦难历程，包括在追求法律现代化的过程中所遭遇的种种羞辱和磨折，也就不难理解了。由于我们在学习外来文化的同时不断割弃自己的传统文化，终于造成了固有民族精神的迷失，从而也就丧失了基本的价值判断能力，无从辨别善恶、是非、曲直，于是在五花八门的外来思想和学说面前完全乱了方寸，不知如何选择取舍，只能追香逐臭，人云亦云，竟至中国沦为外来文化的殖民地和试验场。②中华民族百余年来的劫运，可以说莫不肇因于此。这就好比一个精神错乱者东奔西撞，无所适从，而不得不任人摆布；又好比一帧断了线的风筝，随风飘零，无所归依，最终迷失消散，化为乌有。今天，当我们回顾这百余年的历史，总结其中的经验教训时，当务之急就是要找回我们迷失已久的精神家园，回归固有的文化传统，恢复我们对是非、善恶、曲直的辨别能力，然后才有可能学习和吸收外来的文化和法律。贺麟先生提出要"归本于儒家思想"，对"各种外来思想加以陶熔统贯"，从而"收复文化上的失地，争取文化上的独立与自主"。③

综合以上的论述。至此，笔者愿意郑重地表明自己的立场：中国的法律和文化必须以中国文化为体，而不能以西洋文化为体，无论其为英美文化、法德文化或日俄文化，概莫能外；中国的法律只能为中国文化之用，也必须为中国文化所用。如此，方能使我们的文化能化，我们的法律能律。进而言之，中国文化又必须以绵延不绝，经久不竭之中国民族精神为体；更进而言之，中国之民族精神又必须以中国之道为体。此道为何，即尧舜禹汤文武周公孔孟程朱陆王之道，亦即仁道是也！

三 中西体用之争

关于贺麟先生对于中西文化的立场，学界历来有不少争论。有人将他归

---

① 贺麟：《近代唯心论简释》，上海人民出版社 2009 年版，第 195～196 页。
② 贺麟：《文化与人生》，上海人民出版社 2011 年版，第 13～14 页。
③ 贺麟：《文化与人生》，上海人民出版社 2011 年版，第 14 页。

入"战国策派"。该派重视文化重建与国力的关系,有鉴于五四运动对传统文化的破坏有余,对新文化的建设不足,强调要发掘传统文化中有助于民族文化重建的要素,摒除其积弊,改变以往食洋不化的局面,激发民气。① 从这些思想特点看,贺麟先生确有合乎战国策派的一面。

也有人将贺麟先生归入新儒家,该派的共同特点是历史意识与文化意识交织在一起,认为历史文化的真正意义并不只是在于它代表了我们民族的过去,而在于它将从根本上决定我们民族的存在及其发展方向。该派对中国近代以来的危机的看法截然不同于西化论者。后者认为中国"近代以来的危机是来自历史传统的负面影响",而该派则认为"是来自历史传统的某种断裂和缺少理解把握历史传统的正确方式,所以出路并不在于尽可能把我们与自身的历史断开,而是必须走向历史的深处去寻找我们自身存在的根据和走向未来的契机"。② 应当说,贺麟先生的思想中确是包含着这样的见解。

晚近更有学者认为,贺麟先生对于中西文化的看法有两种立场,一是"早期"的立场,以《儒家思想的新开展》(以下称《新开展》)一文为代表,主张"以儒家思想为体,以西洋文化为用"。一是"西化论立场",是贺麟的"根本立场",该立场可以涵盖早期的立场。该学者认为,到了20世纪"40年代晚期",贺麟"的思想有了很大的变化,对于西方的文化有了更深层次的认识。于是,他指出,学习西方文化不能仅仅停留在用的方面,而'必须有体有用的整个研究,整个介绍过来,单重其用而忽略其体,是必无良好效果的'。这就是说,他反对'中体西用'的看法"。③ 这种变化后的观点,从该学者的叙述来看,似应以《文化的体与用》(原文引作《文化的体和用》,以下称《体与用》)和《认识西洋文化的新努力》(以下称《新努力》)两文为代表。该学者认为,当贺麟说"中国的旧道德,旧思想,旧哲学,决不能为西洋近代科学及物质文明之体,亦不能以近代科学及物质文明为用"时,意谓着"贺麟在此已经确实全盘地否定了传统的中国哲学,儒学当然也在否定之内"。该学者因此断言:"与其把贺

① 丁小萍、温儒雅:《"战国策派"的文化反思与重建构想》,许纪霖编:《二十世纪中国思想史论》下册,东方出版中心2006年版,第325页。

② 郑家栋:《新儒家与中国现代化》,许纪霖编:《二十世纪中国思想史论》下册,东方出版中心2006年版,第193页。

③ 胡军:《贺麟:另一位西化论者》,《中国哲学史》第2期,2004年,第112页。

麟定位为'新儒家'还不如把他定位为'西化论者'似乎更为合乎他本人的思想性质。"应当说,这位学者的观点很奇特,也不乏新意,但是否合乎贺麟先生本人的立场? 恐怕就值得推敲了。陈寅恪先生说:"今日之谈中国古代哲学者,大抵即谈其今日自身之哲学者也?"[1]贺麟先生作古刚好十年,是否也成了该学者贩售其自身哲学的谈资呢?

依该学者的说法,贺麟之所以是一位西化论者,主要是因为当"贺麟的《文化的体和用》一文发表之后,坚决主张全盘西化的学者陈序经"称贺麟的"此种看法是在主张全盘西化"[2],"贺麟不仅不作反对,反而主动地接过这一话题,并进一步申说自己的西化的主张。"[3]但是单凭这一点即断定贺麟是个西化论者,恐怕尚显牵强,兹提出两点商榷意见。

第一,被该学者称为20世纪40年代晚期贺麟氏"思想有了很大的变化"以后的作品之一——《体与用》一文最初刊载于《今日评论》1940年第3卷第16期(第243—248页),后收入1942年出版的《近代唯心论简释》一书;[4]而被该学者称为代表贺麟早期观点的《新开展》一文发表于1941年8月。这两篇文章差不多是相继成文,且《体与用》尚早于《新开展》,怎么能说《体与用》代表了40年代晚期,而《新开展》反而代表了贺麟"早期"的观点呢? 贺麟在1946年9月2日为自己的《文化与人生》撰写的《序言》中讲到收入该书的文章"确是代表一个一致的态度,一个中心的思想,一个基本的立场或观点",他特别指出:

> 自信十余年来,我的思想没有根本的转变,没有今日之我与昨日之我作战或自相矛盾的地方,只是循着同一个方向进行发展。即是从各方面,从不同的问题去发挥出我所体察到的新人生观和新文化应取的途径。在发挥我的文化见解和人生见解时,我觉得我又在尽量同情理解并发扬中

---

① 陈寅恪:《冯友兰〈中国哲学史〉上册审查报告》,陈寅恪:《金明馆丛稿二编》,生活·读书·新知三联书店2001年版,第280页。

② 贺麟:《认识西洋文化的新努力》,贺麟:《文化与人生》,上海人民出版社2011年版,第300页。

③ 胡军:《贺麟:另一位西化论者》,《中国哲学史》2004年第2期,第112页。

④ 或谓该文最初刊载于1938年5月的《新动向》第1期上,参见贺麟:《近代唯心论简释》,商务印书馆2011年版,第217页,核之有误。笔者按:刊于该期之贺麟先生文系《抗战建国与学术建国》一文。

国固有文化的优点，并介绍西洋文化的意义，西洋人的近代精神和新人生观。①

《新努力》一文撰写及最初发表时间是否在1947年虽尚难确认，但大抵应在其前后则无可疑，②当能代表作者同一时期的思想。

第二，若谓代表贺麟氏"思想有了很大的变化"以后的作品是《新努力》而非《体与用》，则细阅前者应能看出，两文的观点没有发生根本性的变化。虽然贺麟并未反驳陈序经的说法，但他所"进一步申说自己的西化的主张"却并未超出后者的范围。譬如《体与用》中说：

> 我所谓治西学须见其体用之全，须得其整套，但这并不是主张全盘西化。因为说须对于所研究的那一部分的学术文化，得其体用之全，或得其整套，即是须深刻彻底理解该一部门学术文化的另一说法。有了深刻彻底的了解后，不唯不致被动的受西化影响，学徒式的模仿，而且可以自觉地吸收、採用、融化、批评、创造。这样既算不得西化，更不能说是全盘西化。③

《新努力》中说：

> 我以前曾写过一篇论西洋文化的体与用的文章，其中反对从量方面言全盘西化，而竭力主张在质、在体、在内容方面要彻底西化。就是说，要研究介绍西洋文化，必须有体有用的整个研究，整个介绍过来，单重其用而忽略其体，是必无良好效果的……但我其实并不赞成从量方面去讲全盘西化，而主张各部门从质方面讲应该彻底西化、深刻西化。④

比较这两段引文及其各自的前后文意可以看出以下几点：

---

① 贺麟：《文化与人生·序》，上海人民出版社2011年版，第8页。

② 商务印书馆1947年11月初版的《文化与人生》一书未收入此文，1988年新版始收入。据该版第311页(上海人民出版社2011年版，第305页)文末括号内注明系发表于1947年2月的《读书通讯》第126期。然核之该刊该期，虽确有贺麟先生的一篇文章，但并非此文，而是《西洋近代人生哲学之趋势》一文，可见该注有误。然《新努力》文中提及闻一多先生"在五六年前"发表的一篇《中西风格比较》一文，核之应指闻先生1944年4月23日发表于《生活导报》第65期上之《从宗教论中西风格》一文。因知《新努力》文不会早于1944年。复因《文化与人生·新版序言》(商务印书馆1988年版1996年印本第5页、上海人民出版社2011年版第8页)明言该书所收文章是贺麟先生"前期思想代表作"，故料定其不应晚于1949年10月。

③ 贺麟：《近代唯心论简释》，上海人民出版社2009年版，第199页。

④ 贺麟：《文化与人生》，上海人民出版社2011年版，第300页。

首先,《新努力》中说"要研究介绍西洋文化,必须有体有用的整个研究,整个介绍过来"与《体与用》中说"治西学须见其体用之全,须得其整套"的意思相同,都是在认识论的意义上讲的,而非本体论和价值论意义上的。其次,贺麟在《新努力》中反复使用"彻底"、"深刻"这两组在《体与用》中曾经使用过的词汇,且又重申"不赞成从量方面去讲全盘西化",应是在表明作者仍不承认自己是全盘西化论者。显然在作者看来,"彻底"、"深刻"是从"质方面讲"的,即从认识论意义上讲的,这与《体与用》中的立场是完全一致的。其三,"全盘"是从量方面讲的。在《体与用》中贺麟说自己"既算不得是西化,更不能说是全盘西化"。那么什么是"全盘西化"呢? 在贺麟看来应当是本体的兼价值的,他曾举例加以说明:"彼持全盘西化之说者,似应将西洋的法西斯蒂主义、民治主义、①共产主义等全盘搬到中国来——照样模仿扮演。"后来果然有学者和政治家们主张且切实地将西方的某某主义全盘搬到中国来,照样模仿扮演,至今犹然。贺麟与"全盘西化"论者的不同在于:"我仅主张对于各种理论的体与用之全套源源本本,加以深刻彻底理解,而自己批评地创立适合民族生活时代须要的政治方案。此种方案乃基于对西洋文化的透彻把握,民族精神的创进发扬,似不能谓为西化,更不能谓为全盘西化。"②在《新努力》中,贺麟的观点依然如故,他说:

> 对西洋文化认识不清楚,对我们自己的文化亦无法得到正确的了解与评价……我们认识西洋文化,一向只看其外表,从外去了解,而没有把握住西洋文化的核心……但是,西洋的政制立法,有其深厚的精神和文化的背景,生硬地搬到中国来,不惟行不通,不能解决中国的问题,反而增长纷乱和危机……即自五四运动以来,亦还是只从用方面着手,没有了解西洋文化的体,还是从外去了解,而没有进入西洋文化的堂奥。直到最近十年来,才渐渐的有一种觉悟,觉得西洋文明,不仅是物质文明,而在物质文明的背后,有很深的精神文明的基础,我们不但物质文明不及人家,我们的精神文明亦还是不及人家,须得向人家学习。而在这精神文明里面,尤其是那支配人思想、意志、情感、生活的宗教,更值得我们注意。③

① 贺麟:《哲学与哲学史论文集》(商务印书馆1990年版,第351页)作"民主主义"。
② 贺麟:《近代唯心论简释》,上海人民出版社2009年版,第199页。
③ 贺麟:《文化与人生》,上海人民出版社2011年版,第299~300页。

显然，贺麟在1940年代晚期对于中西文化的态度依然是主张深入、彻底地了解西方文化，体用兼知，从而使我们"对我们自己的文化"也能够"正确的了解与评价"，并不是要将西洋文化全盘搬过来，"照样模仿扮演"。

此外，该学者还认为，贺麟"高度赞扬了基督教……可以说，他是完全地无条件地接受了基督教的思想。他所说的儒家思想的宗教化实质是说儒家思想的基督教化……贺麟这一看法的新意在于指出，民主和科学并不是西方文化之体……西方文化的本质或体应该是基督教，所以他的西化论的实质就是要使基督教儒化或华化或中国化……儒家思想新开展的内容实质是要循着使儒家思想狭隘的伦理思想宗教化或基督教化"①云云。这说法不但前后矛盾，也更加离奇了。到底是"要使基督教儒化或华化或中国化"呢？还是要使儒家的"狭隘的伦理思想宗教化或基督教化"？令人丈二金刚摸不着头脑。贺麟固然是赞扬了基督教，但何以见得他"完全地无条件地接受了基督教的思想"？贺麟在《新努力》中声明自己不是基督徒，"纯粹是站在哲学和文化的立场，觉得要了解西洋文化不可不知基督教，而基督教的精神确有许多优点，值得我们注意和采取。"②仍然是在认识论的意义上了解基督教，并没有说基督教全部是优点，应当全部采取。又何以见得"他所说的儒家思想的宗教化实质是说儒家思想的基督教化"？贺麟在《新努力》中特别批驳了"有人认为，中国根本没有宗教"和"亦根本无宗教的需要"的说法，论证了"中国亦有宗教，中国人亦有宗教的需要，与西洋人没有两样。而只有其宗教是否能适应时代，有高下之分而已。"③贺麟还说"基督教可以其宗教思想帮助儒家，儒家亦可以其道德思想帮助基督教"，并没有说要用"基督教取代儒家"。

至于该学者说"西方文化的体是基督教"，这显然也不符合贺麟的文化哲学。正如前面引述的，贺麟在《体与用》一文中特别强调说："文化乃是精神的产物，精神才是文化真正的体。"西方文化也不例外，科学和民主当然不是其体，基督教也不是。那么什么是西方文化之体呢？贺麟在《新努力》中曾经几次提到过。第一次是援引闻一多的说法："根据信仰而奋斗，不认输，甚至不承认死，勇往直前，奋斗到底的精神。"第二次是在谈到科学家钻研科学时说：

---

① 胡军：《贺麟：另一位西化论者》，《中国哲学史》2004年第2期，第111、113页。
② 贺麟：《文化与人生》，上海人民出版社2011年版，第305页。
③ 贺麟：《文化与人生》，上海人民出版社2011年版，第301、302页。

"其追求真理,不计利害,勇往直前的精神,正如基督徒之追求上帝,因此才可发现真正崇高的真理,这里面正是一种基督教精神的表现。"第三次是讲到中西宗教时说:"我们原来的宗教,受印度文化的影响,有点陷于消极空寂。以后要中国能赶上西洋,亦要提倡科学、民主、工业化,则当亦必同时采取西洋基督教的精神,以作科学、民主、工业化的精神基础,而补救我们原来宗教的消极空寂之弊。"①

根据以上三点,我们似可对贺麟所理解的基督教精神加以概括,此即:勇于奋斗,执着追求。如果这个归纳不错的话,这应该正是贺麟所理解的西洋文化之体。贺麟认为中国文化因受印度文化影响而"有点陷于消极空寂",要用西洋基督教的精神加以充实,正合《体与用》一文中提出的要"以体充实体,以用补充用"的原则。② 贺麟先生反对"新酒旧瓶"、"旧酒新瓶"之类调和中西文化的比喻,也是在这个意义上说的。

在此似乎有必要对贺麟先生对张之洞"中体西用"说和陈寅恪先生"新瓶旧酒"说的批评稍加辨析。细心的读者应能看出,贺麟先生并非绝对地否定张之洞的"中体西用"说,他说"'中学为体,西学为用'的说法不可通"是在"文化上体用合一的原则……或道学为体,器学为用的前提下"说的,他特别指出,"因在张之洞时,有认中学为道学,西学为器学之说"③。在《新努力》中,他又特别指出:"我们认识西洋文化,一向只看其外表,从外去了解,而没有把握住西洋文化的核心。最初只看见了西洋的船坚炮利,所谓物质文明的发达,于是有'中学为体西学为用'之说,这第一步已经错了。"④也就是说,他反对将西方文明只看作是物质文明,以为西学没有体,而只有器和用。但他似乎并不反对"常识上所谓体与用大都是主与辅的意思。譬如'中学为体,西学为用'的常识意义,即是以中学为主,西学为辅的意思"⑤。他还举例说:"一个西方学者研究中国学问,他亦未尝不可抱'西学为体,中学为用'的主张……中国留学生之治西学者,亦大都以西学为主,中学为辅……专学文科的

---

① 贺麟:《文化与人生》,上海人民出版社 2011 年版,第 300、303、305 页。
② 贺麟:《近代唯心论简释》,上海人民出版社 2009 年版,第 200 页。
③ 贺麟:《近代唯心论简释》,上海人民出版社 2009 年版,第 200 页。
④ 贺麟:《文化与人生》,上海人民出版社 2011 年版,第 299 页。
⑤ 贺麟:《近代唯心论简释》,上海人民出版社 2009 年版,第 192 页。

人,可以说以'文科为体,理科为用',反之,学理科的人,亦可持'理科为体,文科为用'的说法。现今大学于学生选习科系,多有主科辅科之规定。我们亦可说大学生选习科系,莫不以主科为体,辅科为用。一个人专治主科,而不兼习他科以辅之,是谓约而不博,有体无用。一个人博习多科,而无精约的主科,是谓有用而无体。"在此意义上,他特别指出:

> 但试再以"中学为体,西学为用"作例。如果中学指天人性命之学,指精神文明,而西学则指声光电化、船坚炮利之学,指物质文明而言,则天人性命之形而上学,理论上应必然的为声光电化等形而下学之体,而物质文明理论上亦应必然的为精神文明之用。如是则"中学为体,西学为用"不仅为常识的应一时需要之方便说法,而成为有必然性的有哲学意义的说法了。①

日本学者岛田虔次曾对中国文献中"体用"对举的历史做过系统的梳理,他同意前引张岱年先生对体用论的概括,即:"体是根本性的东西,第一性的东西;用是派生的东西,第二性的东西。"他说:

> 体和用是体和它的用,所以体用应该说是同一东西的两种现象,所以,体用一致或者即体即用是其自然归结,但是对此统一性最好不要作什么严密的思考。有时也以中学和西学、性和情去配当体用。

在此情形下的"体"和"用",岛田虔次特别指出,正是前述张岱年先生所说的,体是根本性的、第一性的东西,用是派生的、第二性的东西。②

贺麟先生在《翻译与文化交融》一文中阐释柏格森的"翻译之不可能"之说的意思时也是在这个意义上采用"体用"对举的:

> 自己尚无法用语言文字以表达自己自得的直觉的意思,他人更无法用他们的语言文字以传达或翻译我自己的意思。换言之,"言不尽意"。意,神秘不可道,自己之言尚不能尽自己之意,他人之言,更无法尽自己之意,故翻译不可能。落于言诠已是下乘,言诠之言语,语文之翻译,更是下乘之下乘。这显然是误解言意之辨的不健康思想。盖意属形而上,言属

---

① 贺麟:《近代唯心论简释》,上海人民出版社 2009 年版,第 192~193 页。
② [日]岛田虔次:《论"体用"的历史》,《中国思想史研究》,邓红译,上海古籍出版社 2009 年版,第 231 页。

形而下。意一,言多。意是体,言是用。诚是意与言间的必然的逻辑关系……①

反观张之洞当初提出的"中体西用"说,应该也是这个意义上说的。他说要"新、旧兼学",其中的新学包括了"西政、西艺、西史",他在"学堂之法"的第二条中写道:

> 一日政、艺兼学。学校、地理、度支、赋税、律例、劝工、通商,西政也;算、绘、矿、医、声、光、化、电,西艺也。西政之刑狱,立法最善,西艺之医最于兵事有益。习武备者必宜讲求。才识远大而年长者,宜西政;心思精敏而年少者,宜西艺。小学堂先艺而后政,大、中学堂先政而后艺。西艺必专门非十年不成;西政可兼通数事,三年可得要领。大抵救时之计、谋国之方,政尤急于艺,然讲西政者,亦宜略考西艺之功用,始知西政之用意。②

从这段引文可以看出,张之洞所说的"西政"和"西艺"大体相当于我们今天学校教育的"文科"和"理工科"之别。张之洞非但丝毫没有排除和轻视西政的意思,而且认为"救时之计、谋国之方,政尤急于艺"。尽管他所说的西政并未直接点明思想、文化、价值观念之类内含,但其外延应该包括这些内容。

张之洞在《劝学篇·序》中又说:

> 海内志士,发愤扼腕,于是图救时者言新学,虑害道者守旧学,莫衷于一。旧者因噎而食废,新者歧多而羊亡;旧者不知通,新者不知本。不知通,则无应敌制变之术;不知本,则有非薄名教之心。夫如是,则旧者愈病新,新者愈厌旧,交相为愈,而恑诡倾危、乱名改作之流,遂杂出其说以荡众心。学者摇摇,中无所主,邪说暴行,横流天下。敌既至无与战,敌未至无与安,吾恐中国之祸,不在四海之外,而在九州之内矣!③

这段话里虽然没有讲到体用,但是讲到"新学"(即西学)和"旧学"(中学)时,显然也是要打破中西学之间的藩篱,要求治中学者要兼通西学,治西

---

① 贺麟:《文化与人生》,商务印书馆1947年初版,第38~39页。
② 苑书义、孙华峰、李秉新等编:《张之洞全集》第12册,河北人民出版社1998年版,第9740页。
③ 苑书义、孙华峰、李秉新等编:《张之洞全集》第12册,河北人民出版社1998年版,第9704页。

学者也不能忘记中国的传统，还是要以中国固有的文化价值为根本（亦即儒家之价值观），旁通西学。这也就是张岱年先生的体用定义，即以中学为主，西学为辅的意思，既无严复牛体马用的意思，也无后人所说的中学只有体，西学只有用的意思。王尔敏先生指出：

> 1898 年张之洞之《劝学篇》虽认为西学为用，但张氏所承认之西学范围颇大，自学校教育、军事教育，乃至财政改革皆在其列。惟狭义之教，即儒教，则张氏绝对认为乃不变之体，民权亦自不能接受。张氏之体用说与陈炽之体用说其范围亦并不同。可见此概念具有很大弹性。①

王先生在另一篇文章中，引证戊戌变法时代的观点对"中体西用"说在当时的确切含意做了进一步的解读：

> 光绪二十四年，都察院都事长庆说："说者谓中学为体，西学为用。是学有本末，不容越俎，要在先中后西，方为通体达用之才，否则中学未通欲讲西学，是犹南辕北辙，舍本求末也。"长庆此说，可代表当时学者普遍的意见……总结此项学说，其口号虽为"中学为体，西学为用"，而主旨则仍以自我为中心，乃在用西学扩充中学的内容，增大中学的份量。故而非惟在求中西融合，且在化西学以为中学。②

由此说来，清末人的"中体西用"观与半个世纪后贺麟先生的"化西"说相去不远。

接下来再看陈寅恪先生的"旧瓶新酒"之喻，也必须由其前后文背景来考虑。陈先生先阐明自己对于中西文化的基本观点是："其真能于思想上自成系统，有所创获者，必须一方面吸收输入外来之学说，一方面不忘本来民族之地位。"这话的大意是说，一方面要学习吸收外来的思想文化，与此同时，又不可忘记自我，丧失学习和吸收的主体。贺麟先生在《体与用》一文中说："且持数量的全盘西化之说，事实上理论上似均有困难。要想把西洋文化中的一切的一切全盘都移植到中国来，要想把中国文化的一切的一切都加以西洋化，事实上也不可能，恐怕也不必需。而且假如全盘西化后，中国民族失掉精神，文化上中国沦为异族文化的奴隶，这当非提倡全盘西化者的本意。"细较两人的

---

① 王尔敏：《中国近代思想史论》，社科文献出版社 2003 年版，第 41~42 页。
② 王尔敏：《张之洞与晚清中西调和之思想》，王尔敏：《晚清政治思想史论》，（中国台湾）华世出版社 1980 年版，第 81 页。

52

说法,实际并无二致。余英时先生指出:"这种说法表面上看来似乎很接近'中学为体,西学为用'的'本位文化论',但是只要我们略察陈先生和他同类学人对西方文化的修养之深厚,以及他们在治学方面所受西方训练的严格,我们便不会把他们和一般提倡'本位文化'的论客等量齐观了。另一方面,陈先生在学术观点上与注重抽象系统的思想家如梁漱溟先生等人截然异趣,也是十分明显的事实。"①

陈寅恪先生接着又说自己"思想囿于咸丰同治之世,议论近乎曾湘乡张南皮之间"。咸丰同治之世,即1851—1873年,正是洋务运动(或称"自强运动")和改良思想盛行的时期,"中体西用"这个术语虽然出现的较晚,但其思想的酝酿却早在咸同之际已经开始了,在冯桂芬的《校邠庐抗议》中即露其端倪。② 至于曾国藩和张之洞,则正是洋务运动③和"中体西用"论的主要代表人物。王水照先生说:

> 曾国藩作为"洋务运动"的核心人物,积极吸取泰西科技,兴办实业,对促进中国近代化有一定作用,但他的基本政治社会思想仍不出中国传统的儒教义理之范围,也未明确提出"中体西用"的概念。最早明确提出这个概念的,殆在1896年4月沈寿康在《万国公报》上发表的《匡时策》中说:"中西学问,本自互有得失,为华人计,宜以中学为体,西学为用"。同年,管理官书局大臣孙家鼐的《议覆开办京师大学堂折》亦云:"自应以中学为主,西学为辅;中学为体,西学为用"。④

王尔敏先生也指出:中体西用论是"晚清学者所抱的乐观想望。当时言论的趋势,倾向于吸收西学而充实中学,取于人而不失自我。是以虽言西学,却始终在环绕中学转移。其于中学与西学之地位,则取主辅、内外、先后、本末的形势,一般说者,均不外此。"⑤但在当代学者看来:"中体西用论确实是文化保守者们提出和尊奉的纲领。其实践者和倡导者主要有曾国藩、冯桂芬、王

① 余英时:《现代危机与思想人物》,生活·读书·新知三联书店2005年版,第368页。
② 参见王尔敏:《中国近代思想史论》,社科文献出版社2003年版,第41页;丁伟志:《"中体西用"论在洋务运动时期的形成和发展》,《中国社会科学》1994年第1期,第106页。
③ 参见[美]汪荣祖:《从传统中求变:晚清思想史研究》,百花洲文艺出版社2002年版,第54~55页。
④ 王水照:《陈寅恪先生的宋代观》,《中国文化》第十七、十八期,第285页。
⑤ 参见王尔敏:《晚清政治思想史论》,(中国台湾)华世出版社1980年版,第80~81页。

韬、薛福成、张之洞等人，这些人可称为'体用派'。"①

由此说来，前引陈寅恪先生的那番话，等于是公开承认他自己也是"体用派"的一员。余英时先生认为"这是很忠实的自我剖白"，认为在"五四"以后，反传统的思潮弥漫于中国的时代，说这种话需要高度的道德勇气，特别是1949年以后，经过"反右"和"厚古薄今"等各种运动的冲击，仍然敢于坚持自己的观点，决不曲学阿世，"树新义以负如来"，在"同时代、同遭遇的学人之中就更属少见了"。余先生更进而指出：

> 研究20世纪中国思想史的人往往只注意所谓进步与保守两种极端的倾向，前者以西方为楷模，后者则坚持中国文化自具系统，不必也不能舍己从人……但事实上中国现代思想界并不能如此简单地一分为二。在所谓"进步"与"保守"的两极之间，还有一大批知识分子对中西文化问题不持笼统之见、极端之说。他们一方面承认西方文化确有胜于中国传统而为中国所必须吸收之处，但另一方面则认为中国文化有其特性，外来思想也要经过改变然后始能适合中国环境而发生作用。但是由于他们不相信任何简单的公式可以解决文化问题，他们的立场与观点便无法由一两句响亮的口号表达出来，因此也就不为一般读者所知。

胡适之说，陈寅恪有点"遗少"的气味，但余英时认为，陈先生的"遗少"气味"大抵流露于诗文中的情感部分，在纯学术领域，陈先生的精神则是非常'现代'的"。② 说他是一位学贯中西，志兼古今的伟大学人，应当是毫不夸张的。王水照先生更进而指出，陈寅恪先生虽然接过了"中体西用"的"话头"，但较之曾国藩和张之洞"更具有时代的超越性"，其"对外来文化吸纳的气度和开放的胸襟，曾、张等人是无法望其项背的"。他引证《吴宓日记》中所记陈寅恪之谈话以表见陈氏中体西用观之真义：

> 宋儒若程若朱，皆深通佛教者。既喜义理之高明详尽，足以救中国之缺失，而又忧其用夷变夏也。乃求得两全之法，避其名而居其实，取其珠而还其椟。采佛理之精粹，以之注解四书五经，名为阐明古学，实则吸收

① 喻大华：《晚清文化保守思潮研究》，人民出版社2001年版，第15页。
② 余英时：《现代危机与思想人物》，生活·读书·新知三联书店2005年版，第367~368页。

异教,声言尊孔辟佛,实则佛之义理,已浸渍濡染,与儒教之宗传,合而为一。……自得佛教之禅助,而中国之学问,立时增长元气,别开生面。①

他又进而阐释了陈氏"中西体用"观之另一新意,即"'体''用'关系不是凝固不变的,而是变动不居的。外来文化的'用'在特定机缘下可以达到影响和制约本土文化之'体'的作用,也就是说,'用'在一定条件下可以转化为'体'":

> 合理地吸收消化外来因素,能够起到再创"空前之世局"的巨大作用。他甚至指出,传入的外来文化有时能产生在其原生地所不能产生的效用。于是,"中体西用"在陈氏的论证体系中逻辑地推导为"中西互为体用"。他在论及宋代新儒学时提出了"天竺为体,华夏为用"之说……新儒学把佛学的心性之说作为根本的内在修养,进而能用之于中国的"济世安民","天竺为体,华夏为用",与"中学为体,西学为用"也构成了另一种"相反相成"的关系。在陈氏这里,"体""用"结合,已经远远超越了科技实用层面上的"利用",而是兼顾抽象哲理思想与具体政治社会组织等深层次上的沟通交融,中外互补,你中有我,我中有你,浑然一体,"别开生面",既不同于全盘西化论,也有力摒弃了固步自封的国粹主义态度。②

王水照对陈寅恪先生中西体用观的解读非常精辟,顺此理路去体会陈先生的"新瓶旧酒"之喻及其所谓"不忘本来民族之地位"之深刻内含,殆非浅薄庸俗之"牛体马用"说所堪比拟,而实与贺麟先生的"化西"说若合符节,二者确有异曲同工之妙。

贺麟先生在其《新开展》一文中曾经指出:

> 表面上,西洋文化的输入,好像是代替儒家,推翻儒家,使之趋于没落消沉的运动。但一如印度文化的输入,在历史上曾展开了一个新儒家运动一样,西洋文化的输入,无疑亦将大大地促进儒家思想的新开展……假如儒家思想能够把握、吸收、融会、转化西洋文化,以充实自身、发展自身,儒家思想则生存、复活而有新的发展……如中华民族是自由自主、有理性

---

① 吴宓:《吴宓日记》第2册,吴学昭整理注释,生活·读书·新知三联书店1998年版,第102~103页。

② 王水照:《陈寅恪先生的宋代观》,《中国文化》第十七、十八期,第286页。

有精神的民族,是能够继承先人遗产,应付文化危机的民族,则儒化西洋文化,华化西洋文化也是可能的。①

贺麟先生在其《新开展》结尾处又说:

> 如是我们可以相信,中国许多问题,必达到契合儒家精神的解决,方算得达到至中至正、最合理而无流弊的解决。如果无论政治、社会、文化、学术上各项问题的解决,都能契合儒家精神,都能代表中国人的真意思、真态度,同时又能善于吸收西洋文化的精华,从哲学、科学、宗教、道德、艺术、技术各方面加以发扬和改进,我们相信,儒家思想的前途是光明的,中国文化的前途也是光明的。②

深思陈、贺两先生的论旨,难道不可以说他们两人其实是殊途同归,可以相映成辉吗?此正所谓"德不孤,必有邻"者也!就此而言,贺麟先生对陈寅恪的批评,应该说是"大水冲了龙王庙",一场误会而已。

历史常常会戏弄人类。当我们转了一圈又回到原点时方才发现,我们的许多困惑和烦恼,常常是无中生有,庸人自扰所致。

---

① 贺麟:《文化与人生》,上海人民出版社2011年版,第13页。
② 贺麟:《文化与人生》,上海人民出版社2011年版,第23页。

第二章　中国传统法律文化与
儒家观念之误解

一　问题之提出

中国是世界上少数拥有数千年悠久历史的文明古国之一,这是东西方人士普遍公认的事实。不过,一谈到中国的传统法律,国人就常常感到自卑。在现代人的心目中,中国历来是一个人治的国家,法制简陋而且不受重视,甚或有人断言,中国根本就没有法律。普遍的看法是,由于帝王专制制度的长期侵蚀和儒家重道德轻法律思想影响的至深且巨,导致了人治主义猖獗,法律成为政治斗争的工具或政治统治的装饰物。因此,中国古代没能发展出一套像西方那样博雅精致的法律制度和法律文化体系。

2001—2002 年,笔者曾到韩国首尔国立大学访学一年,其间阅读了一些韩国学者的著述,发现许多韩国学者也普遍将韩国传统法制的落后归咎于儒家,甚至有相当一部分学者认为儒家思想是韩国实现现代化的一大障碍。其他曾受儒家思想影响的国家,想必也会有相同的认识。因此我们似可归纳说,当今世界的主流观点大致认为,东亚固有法制的落后是与儒家思想紧密地联系在一起的。之所以会得出这样的结论,我想主要是基于两个基本的假定。第一个假定是作为东亚传统中的主导思想体系——儒家思想直接而且是强有力地影响甚至塑造了东亚的传统法律;第二个假定是,儒家思想与近现代西方的民主、法治、宪政、人权、自由、市场经济之类观念是截然对立的。如果这两个假定均能成立,那么摆在我们面前的似乎只有两个选择,要么忍受传统、安于落后,要么铲除传统,全盘西化。除此而外,似乎没有更好的道路可供选择。

事实是否如此呢? 本章拟就此试作探讨。

二 中国传统法律儒家化了吗?

半个多世纪前,一位著名的中国社会史学家,同时也是一位重要的法律史学者瞿同祖先生出版了一部题为《中国法律与中国社会》的著作。这部力著除了在研究方法上独树一帜外,更重要的是将研究的视角从具体的制度转向法律背后的社会习俗和价值观念。瞿老至今认为,他在这部书中最重要的贡献是提出了"法律儒家化"的命题,他指出:"中国古代法律发展中最大,意义最为深远的变化就是法律的儒家化。这是中国法历史上最大的大事。这种变化的影响之大,由此改变了法律的面貌。"①其实中国法律儒家化的命题,早在瞿先生之前即有人提出过,唯其语焉不详,没有引起人们的重视。自瞿先生此书一出,乃风靡海内外,可以说至今仍是海内外中国法律史学界的主导观念。② 而中国传统法律系属儒家化之法律似亦已成为定论。③

曩时笔者亦全盘接受了瞿老的观点,深信中国固有法律确为儒家化之法律。近年学习《论语》、《孟子》等儒家经书之片断,乃对瞿老此论渐生疑义。

首先一个疑点是,在秦以后的两千多年的帝制历史上,如果说专制独裁政治还曾遭遇过某种挑战,还能感受到一丝道德、舆论的约束,那主要是来自儒家思想。美国学者狄百瑞认为儒家思想本身就包含着与近代西方文化极为相

---

① 参见高旭晨:《著名学者瞿同祖先生访谈录》,《法律史论集》第 1 卷,法律出版社 1998 年版,第 600 页。

② 瞿先生的这个观点目前在国内仍居绝对主导地位,接受该观点的学者及其著作或教材不胜枚举。海外学者接受此观点者亦居多数,其中最著名的莫过西方公认的中国法制史研究名著 Bodde 和 Morris 的 *Law in Imperial China*,Harvard University Press,1973。汉译见朱勇译本《中华帝国的法律》,江苏人民出版社 1995 年版。关于 Bodde 教授在西方学术界的盛誉可参见拙文《当代美国的中国法研究》,《中外法学》1996 年第 5 期。

③ 当然反对的观点并未全然销声匿迹,惜乎人微言轻。

近的自由主义传统。[①] 梁启超指出："孟子言政,其所予政府权限并不大。"[②]
张岱年先生认为孔子的思想是"尊君而不主独裁","孔子认为如果人君欣赏
'言莫予违',就是丧邦的危险,足见他是反对君主独裁的。孔子的中心观念
是仁,《吕氏春秋》说:'孔子贵仁'是正确的。"[③]更有学者指出:"中国历史上
政治的现实是'国君主体性',但儒家思想的中心却是'人民主体性',两者形
成深刻的矛盾关系。"[④]的确,虽然儒家思想从汉代以后被官方奉为正统,孔
孟、朱熹这些儒家大师们也都受到官方的尊崇。但是从孔孟、朱熹到黄宗羲、
王夫之,这些真正的儒家思想家们最初都是以现实政治批评者的角色出现的,
其思想也都受到过程度不同的官方抵制、查禁甚至被视为异端邪说,有些人其
人身亦受到迫害。然而,当我们考察儒家化以后的中国法律时,却丝毫看不到
抑制政府权力的内容。为此我们有必要设问:瞿先生所说的儒家化之儒家,指
的是什么意义上的儒家呢?

泛泛地说,儒家可以解释为崇奉孔子学说的一个学派,[⑤]但是随着历史的
繁衍和社会的变迁,儒家思想的政治地位以及儒家队伍的人格构成也是在不
断变化的。大体上我们可以汉武帝表彰六经为分界将儒家思想的发展分为前
后两个阶段。

之所以要这样划界,根本的依据是儒学在国家政治生活中的地位发生了
质的变化。先秦儒学,是独立于政权以外的思想体系,是一种民间学说,是诸
子百家之一,属于子学的范畴,它的影响力来自其学说自身的说服力。汉武以
后,儒学上升为官学,不再是与其他诸子学平等的体系,而是高踞于百家之上
的经学,其影响力除了自身的说服力外,还有政治权威为后盾。

尤须注意的是,不仅儒学能否获得官学的地位取决于朝廷,儒家经典的最
终解释权也常常操诸最高统治者——皇帝之手。举例说来,汉代经学分为今

① ［美］狄百瑞:《中国的自由传统》,李弘祺译,香港中文大学出版社1989年版。
② 梁启超:《儒家思想》,罗联添编:《国学论文精选》,(中国台湾)幼狮文化事业公司1987
年版,第84页。
③ 张岱年:《张岱年全集》第八卷,河北人民出版社1996年版,第615~616页。
④ 黄俊杰:《战后台湾的儒家思想:存在形式、内涵与功能》,李明辉主编:《儒家思想在现
代东亚·总论篇》,(中国台湾)"中央研究院"文哲所筹备处1998年版,第185页。
⑤ 关于儒家的概念,参见《辞海·哲学分册》"儒家"词条,上海辞书出版社1980年版,第
151页。亦见宋原放:《简明社会科学辞典》"儒家"词条,上海辞书出版社1982年版,第1097页。

古文两大派，每一大派之内对同一经典的解释又各有不同的家法，这就造成了经义（对经的解释称"经义"）的分歧。为了统一经义，皇帝常常要亲临裁断。譬如西汉宣帝甘露三年（公元前53年）"诏诸儒讲五经同异，太子太傅萧望之等平奏其议，上亲称制临决"（《汉书·宣帝纪》），又如东汉章帝建初四年，"诸儒会白虎观，讲议五经同异，使五官中郎将魏应承制问，侍中淳于恭奏，帝亲称制临决"（《后汉书·章帝纪》）。①

冯友兰先生将先秦儒学视为子学，而将汉以后的儒学称为经学。日本学者沟口雄三将原本意义上的宋明理学（或可引申为原初儒学）称作"儒理学"，而将官方化的儒学称作"体制儒学"，②如此区分开来是有很必要的。

儒学的官学化造成了怎样的后果呢？一方面，官方对儒学采取的是取其所需，用其所好的态度。这时候的儒学不再是自在的、独立的思想体系而是掌握在官府手中，服务于特定政治目的一种学说，具体些说就是要为捍卫君主专制和家天下的现实政治体制服务。但仍须明辨的是，儒家虽然也讲尊君，但与法家的宗旨截然不同，此点恰如萧公权先生所言：

> 盖儒家以民为政治之目的，以道为生活之标准。故责礼于君，责忠于臣，责慈于父，责孝于子，君主无绝对之权利，上下负交互之义务。子虽无叛父之理而臣则有正君之分。臣民之顺从与否，以君主之有道与否为条件。韩子之尊君则与此大异。其势治之说，不问君主之行为如何而责臣民以无条件之服从。于是君主本身遂成为政治上最后之目的，惟一之标准，而势治亦成为君主专制最合逻辑之理论。③

至于后世儒者"大唱'三纲'之教，虽然就其效果言容有"暗张慎韩"之嫌，但并非如萧先生所说的那样"认贼作父"，而是别有苦心存焉，此当另论。

---

① 分见（汉）班固：《汉书》，中华书局1964年版，第272页；（宋）范晔：《后汉书》，中华书局1973年版，第138页。又参见（清）陈立撰、吴则虞点校：《白虎通疏证》，中华书局1994年版，1997年印刷本，"出版说明"第1页。

② 冯友兰先生说："体制儒学是完全自上而下的专制的、父家长制的意识形态；而各时代的儒理学则是密切联系那一时代的现实或和现实的矛盾作斗争，并使它反映在现实的理观中，从而进行自身的变革。这样，随着时代的前进，体制儒学的僵化和脱离现实，造成了它和儒理学的隔阂，结果，由于后者的'近代的成熟'，这个隔阂更加扩大，终于使前者成为后者的变革对象。"冯友兰：《中国前近代思想的演变》，索介然、龚颖译，中华书局2005年版，第48页。

③ 萧公权：《中国政治思想史》，辽宁教育出版社2001年版，第215～216页。

　　另一方面,儒学的官学化,也造成了儒者人格的分裂,有一部分儒者,如汉代的叔孙通之类所谓"通权达变"、"注重实效"的儒者,从原始意义上的、富于批评精神的在野儒生转化为识时务、善钻营的官方秩序的"歌德"者。当时有两位不识时务的"鄙儒"、"陋儒"曾面斥叔孙通:"公所事者且十主,皆面谀以得亲贵。今天下初定,死者未葬、伤者未起,又欲起礼乐。礼乐所由起,积德百年而后可兴也。吾不忍如公所为,公所为不合古,吾不行,公往矣,无污我。"①

　　当然,儒学官方化以后,儒家群体中志在绍述孔孟之教者仍不乏其人。但即便是像董仲舒、二程、朱熹这样的旷世大儒犹难免说出些在今人听来极感齿冷的话。有批评家指出:

　　　　中国政治史上,尊君主张与民本思想互有消长。宋代讲究君臣名份,司马光身为一代名儒,亦大放尊君理论,与孟子民贵君轻说唱反调。理学家在个人人格上虽皆维持一定的尊严,但在现实上除了陆九渊外,大都认同专制政体。在程朱思想中,政治仅是道德的延长,故其论政治问题,亦全视为道德问题而已。对人君而言,要责求人君使成为圣主;对人民而言,要善导众民使人人行仁义。其认为天下之治乱,朝政之隆污,全系乎人君是否能正其心耳。苟君心不正,程颐认为为人臣子者唯有:"以正心窒欲,求贤育才为言,感悟主上。"(《宋史·程颐传》)。如此,纯以道德责求帝王,无实际制衡之言论及力量,实易造成君权至尊的结果。故程朱政治思想中,已缺少孔子"君使臣以礼,臣事君以忠"的对等观念;又丝毫无孟子"民贵君轻""诛一夫"的民本思想。更甚者,程明道云:"父子君臣,天下之定理,无所逃于天地之间。"(《程氏遗书》卷五)朱子亦云:"臣之事君,犹子之事父,东南西北,惟命是从,此古今不易之理也。"(《濂洛关闽书》卷五)及:"看来臣子无说君父不是的道理。"(《朱子语类》卷十三)以上诸政治理念,皆董仲舒"以人随君"、"屈民伸君"的遗意,儒家传统民本思想已然断伤殆尽。虽然程、朱身处宋朝专制皇权膨胀时代,有其不得已之苦衷。但精微透辟的理学世界,独弱此环,自是一大憾事。②

　　这样的批评,不无一定的道理。在一个由绝对权力控制的社会里,政治丧

---

①　(汉)司马迁:《叔孙通列传》,《史记》卷99,中华书局1959年版,第2722页。
②　王琼玲:《清代四大才学小说》,台湾商务印书馆1997年版,第126~127页。

失了客观性，知识分子失去了独立的人格，知识也就丧失了客观性，理论成了权力的附庸，是非正误便没有了客观的标准，这就自然会导致若叔孙通辈曲学阿世之"儒"频见迭出，此固不足为怪者也。至若程朱陆王等品学高尚之士，动辄将政治问题视为道德问题，当是别有苦心，绝非叔孙通辈"识时务"者所堪比肩。须知在那凶险污浊的政治环境下，读书人能够坚守住一己的道德底线，独善其身已属不易了；进而还敢以孔孟先圣设定的道德标准责求君王，那就更是难能可贵了！难道说，还能要求他们也去枪杆子里面出政权吗？

还应注意的是，在汉以后，法家尽管在政治上失败了，在思想上似乎也处于退隐的状态，但法家式的思想文化政策仍然主导着历朝历代的政府，李斯倡导的"以法为教，以吏为师"畅行两千年不衰。因此，凡是研究过中国法制史的人们都会看到一种奇异的现象，即所谓的"阳儒阴法"。毛泽东有诗曰："百代皆行秦政法"，不是毫无根据的。清末有读书人说："余则以为儒教实未行我国，所行者法家之教也。周末诸子竞争，法家独战胜，为人主所崇尚，数千年来，无不法其意，以驱天下。若夫儒、墨二家，特为法家所驱使耳。世治则用儒家之礼乐诗书；世乱，则用墨之赴汤蹈火。皆奴隶于法家者……"①这种说法其实也不准确。除了申不害的"术"派以外，法家主流思想都是反对人治的。②再者，法家思想不过一学术流派，若无政治势力的支持，亦不足以掌控社会。所以，与其说是儒墨皆为法家所驱使，不如说儒、墨、道、法乃至后来的佛教等等思想学说皆为专制君主政治所利用。独夫民贼们自有其固定的取舍标准，原不问各家思想之本来面目如何。此正《庄子·胠箧》所谓："为之斗斛以量之，则并与斗斛而窃之；为之权衡以称之，则并与权衡而窃之；为之符玺以信之，则并与符玺而窃之；为之仁义以矫之，则并与仁义而窃之。"③

如此说来，中国法律儒家化这一命题，虽有其成立之理由，但务须加以辨正地认识，方能不失偏颇。

---

① 孙宝瑄：《忘山庐日记》上册，上海古籍书店 1983 年版，第 438 页。
② 梁启超说："而法家所倡导者实于好作聪明之君主最不便，此所以商鞅、吴起，虽能致国于盛强而身终为戮也。""法家非徒反对暴主用术恃势而已，即明主之勤民任智，亦反对之。彼宗盖根本不取人治主义。初不问其人为何等也。"梁启超：《法家思想》，罗联添编：《国学论文精选》，(中国台湾)幼狮文化事业公司出版 1987 年版，第 358、359 页。
③ 曹础基：《庄子浅注》，中华书局 2011 年版，第 111 页。

三　儒家思想之宗旨何在？

瞿先生说中国法律儒家化了，从某些方面看确是如此。像"八议"、"十恶"、"忠君"、"孝悌"之类礼教原则进入律典不就是法律儒家化的表现吗？纪晓岚说"论者谓唐律一准乎礼，以为轻重得古今之平"也绝不是信口无凭的。然而当我们对儒家化以后的立法和法律实践做一全面的考察便会发现，"仁"这一儒家思想的根本宗旨几乎无从寻觅。这未免使我对瞿先生的论断产生了第二个疑点。

晚清维新派思想家如郑观应、严复、谭嗣同、唐才常等曾以"仁"为价值标准衡量中国传统的法律，得出的结论基本上是负面的。严复在批评传统的刑讯制度时曾说："今夫狱未定而加人以刑，天下至不仁之政也。"① 郑观应认为清廷如能废止凌迟、连坐等野蛮刑法，"则三代以后未有之仁政自我朝开之，亿万年不拔之基在是矣"。② 因此在庚子以后，主持法律改革的沈家本、伍廷芳等人在吁请清廷废止旧律制定新法的奏折中便借外国人之口批评中国旧律的"不仁"。③

当然，"仁"是否即为儒家思想之根本宗旨并非毫无争议。著名学者蔡尚思先生认为：孔子思想的核心是"礼"而"决不是许多后儒和今人所说的'仁'和其他"。④ 我想，蔡先生的观点不是偶然的，也非孤立的。孔子博学多才，既尚仁又崇礼，孟子称其为"集大成"，荀子也认为孔子"乃最能'全'能'尽'能'粹'者"。⑤ 与孔子相较，其后学通常只是继承和发扬孔子某一方面的才学。孟子、荀子乃公认的孔子以后先秦儒家的两位大师，⑥但就这二人的学问来看，也是各有偏重。冯友兰先生认为，"孟子较注重于孔子之德，荀子较注重

---

① 严复译：《孟德斯鸠法意》上册，商务印书馆 1981 年版，第二十二章案语。
② 郑观应：《刑法》，夏东元编：《郑观应集》上册，上海人民出版社 1982 年版，第 504 页。
③ 朱寿彭：《光绪朝东华录》，中华书局 1984 年版，第 5325 页。
④ 蔡尚思：《〈论语〉真相与有关名著》，《传统文化与现代化》1998 年第 3 期。
⑤ 冯友兰：《中国哲学史》，中华书局 1983 年版，第 351、350 页。
⑥ 冯友兰：《中国哲学史》，中华书局 1983 年版，第 140~141 页。

于孔子之学"，①范文澜说，"孟子学问出自《诗》、《书》，荀子学问出自《礼》、《乐》"。② 由于侧重不同，孟子一派，将孔子"仁"的学说发扬光大；而荀子一派则推广了"礼"。蔡尚思先生以"礼"为儒学之真泉，大概也如荀子一般吧。有日本学者岛田虔次指出：

> 儒教的中心的教义是仁，其最普通的意思是"爱人"。但是，如果像唐以前那样，把儒教以周公为中心来考虑，则中心教义不一定是仁，或许可以说"礼"就是中心教义。但是，如同已经论述的那样，唐以后的儒教已经改变了面目，开始强烈地意识到孔子之教这样的意思。③

或许，蔡先生仍像唐以前那样，视周公为儒学的核心吧。那么，究竟"仁"和"礼"何者应为孔子学说之主旨呢？或者，我们是否可以将孔子学说看作是"仁"、"礼"二元论呢？愚意以为不然。因为"仁"和"礼"并非居于同一个范畴。礼属于规范的层面，而"仁"则是更形而上的价值观。任何一套具体规则的背后总会包含着某种精神；而任何一种理念要想落到实处，也必有一定的表现形式。《礼记·郊特牲》谓："礼之所尊，尊其义也。失其义，陈其数，祝史之事也。"是见儒家所尊之礼并非那些具体的动作、仪式、器皿之类，那只是祝史之事。儒家所尊之礼重在其义。所以《礼记·经解》又借孔子之口说"礼之失，烦……恭俭庄敬而不烦，则深于礼者也"。萧公权先生曾解释说：

> 周政有法令滋彰之倾向……夫以周礼之美备，行之数百年而卒不免于君微政衰，则国家不能徒赖完善之制度以为治，诚为至明显而不可逃避之结论。孔子深观古学，通习周礼，于此盛衰之故，自当灼见明知。刻孔子所立"仁治"之教，固必以个人之心不违仁为政治之起点。《大学》者孔门之言，谓"自天子以至于庶人，一是皆以修身为本"。足见"人治"思想实与"仁治"思想有不容分离之关系……故孔子注重"君子"，非以人治代替法治，乃寓人治于法治之中，二者如辅车之相依，如心身之共运。后人以人治与法治对举，视为不相容之二术，则是谓孔子有舍制度而专任人伦道德之意，非确论也。④

---

① 冯友兰：《中国哲学史》，中华书局 1983 年版，第 351 页。
② 范文澜：《经学史讲演录》，《历史学》1979 年第 1 期，第 6 页。
③ ［日］岛田虔次：《朱子学与阳明学》，陕西师范大学出版社 1986 年版，第 37 页。
④ 萧公权：《中国政治思想史》，辽宁教育出版社 2001 年版，第 68~69 页。

梁启超指出:"儒家之礼治主义,得荀子然后大成,亦至荀子而渐滋流弊。""要之皆荀子一派之所谓礼,与孔子盖有间矣"。"间"在何处?"则由荀派以'活的礼'变为'死的礼'使然也。"儒家"之所以有流弊为后世诟病者"亦在于此。①

牟宗三先生也曾对仁和礼的关系作过精辟的阐释:

> 儒家之所以成为儒家,并不只是在六艺。六艺中的礼是名物度数。"诗书执礼,子所雅言",但是孔子言礼却不是专研究那些礼数。孟子所讲的那个礼完全是哲学的话:"恭敬之心,礼也"。可是六艺中的礼乐,是周公所制定的那些礼乐。"礼仪三百,威仪三千",这些是要专门学的,而且是很琐碎的。琐碎固然琐碎,它们还是本于人情的。虽然说皆本于人性人情,真要了解起来还是很琐碎的。比如说祭礼里面的那些礼数,琐琐碎碎,我是完全不懂的。"孔子入太庙每事问",那些名物度数圣人也不一定全知道,这是属于经验知识,孔子不一定全懂……因此光是六艺并不足以为儒家,就着六艺而明其意义(meaning),明其原则(principle)这才是儒家之所以为儒家。孔子不是说吗:"礼云礼云,玉帛云乎?乐云乐云,钟鼓云乎哉?"孔子由礼乐来点出仁,仁是礼乐的原则。但是这并不是说仁是构成礼乐的内在原则(immanent principle)。音乐家作曲依照乐理,这是内在原则。我们说仁是礼乐的原则,是表示仁是礼乐的超越原则(transcendent principle),礼乐要有真实的意义,就要靠这个仁。所以"人而不仁如礼何?人而不仁如乐何?"如果人而无仁,你天天演奏音乐有什么用呢?你空有一大套的礼数有什么用呢?②

由此我敢断言,孔子学说的主旨不是"礼",也不是别的什么东西,就是"仁",也只能是"仁"。正如梁启超所说:"儒家言道言政,皆植本于'仁'"。③这也正是前述汉之"鄙儒"们所谓"礼乐所由起,积德百年而后可兴也"那句话的话外音。

如果儒家学说之"旨"的问题至此已告解决,接下来我们还应对这个"旨"

---

① 罗联添编:《国学论文精选》,(中国台湾)幼狮文化事业公司出版1987年版,第87、91、92页。
② 牟宗三:《中国哲学十九讲》,上海古籍出版社1998年版,第51~52页。
③ 罗联添编:《国学论文精选》,(中国台湾)幼狮文化事业公司1987年版,第53页。

即"仁"的基本涵义稍加交代。

　　"仁"是什么呢？这是一个困惑了人们几千年的问题,可以给出上千种答案,但恐怕没有哪一种可以清晰、彻底地涵盖"仁"。即便孔子本人的解释也是飘忽不定的。他忽儿说"克己复礼为仁",忽儿说"仁者先难而后易",忽儿说"能行五者(恭、宽、信、敏、惠)于天下为仁",忽儿又说"仁者爱人",真是扑朔迷离,难以把握。看来,我们要想硬性地给"仁"下个定义是非常困难的,而且恐怕是徒劳无功的。如此说来,难道"仁"真的无法理解吗？当然不是,孔子说:"仁远乎哉,我欲仁,斯仁至矣"。① 显然,"仁"很贴近我们,就在我们身边,并非高深莫测,不可企及的。

　　朱熹说:"仁者,人之所以为人之理也。"②这个概括最为精准。的确,"仁"是一种关于人的学说,体现了对人的重视和关心。但仁学的重点并不在于讨论某个人或某些人的问题,而在于讨论具有普遍性的人与人的关系问题。许慎的《说文解字》将"仁"字解为:"仁,亲也,从人二"。段玉裁解释说:"人耦犹言尔我亲密之词,独则无耦,耦则相亲,故其字从人二。"③阮元说:"春秋时孔门所谓仁也者,以此一人与彼一人相耦而尽其敬礼忠恕等事之谓也"。④显然,人与人的关系是仁的核心问题。在儒家看来,人类之所以高明于其他动物,就在于人的"能群",也就是人类能够团结互助。那么怎样才能使人类"能群"呢？是靠某个政治权威的强迫、利诱,威之以兵刑、胁之政令或者赏之以货财嘛？都不是,靠的是人与人之间的"爱"。这就是全部仁学的核心。高亨先生说:"《论语》中,其他论仁之处虽然很多,总之必以爱人为基础,离不开爱人的原则,这是可以肯定的一个论点。"⑤张岱年先生认为"仁爱学说可以说是古代人道主义……反对暴虐的苛政"。⑥

　　《汉书·刑法志》开篇那段话说得很是中肯,作为群居的动物,人类如果不能相亲相爱、相互扶助,而是终日自相残杀,就不可能存续到今天。所谓仁,说穿了就是人类生命的最简单但又是最重要的道理,这也可以说是人类社会

---

① 《论语·述而》。
② (宋)朱熹:《四书章句集注》,中华书局1983年版,第367页。
③ 段玉裁:《说文解字注》,八篇上,人部,上海古籍出版社1984年版。
④ (清)阮元:《研经室集》上册,中华书局2006年版,第176页。
⑤ 高亨:《高亨著作集林》第九卷,清华大学出版社2004年版,第324页。
⑥ 张岱年:《张岱年全集》第8卷,河北人民出版社1996年版,第620页。

的一则公理。所谓孔孟之道,说的就是这个道理。在两次欧战的年代、在"文化大革命"的年代,之所以人人自危,就是因为公然背弃了这则公理。

儒家的"仁",大体上可以理解为从人类的同情心出发,由近及远,逐渐向外延伸。换言之,儒家所讲的"爱",是"分等差"的。《中庸》说:"仁者人也,亲亲为大;义者宜也,尊贤为大;亲亲之杀,尊贤之等,礼所生也"。① 显然,儒家的仁爱与墨家的"兼爱"和基督教的"博爱"不同,②儒家之仁爱常常遭到批评也正在于此。特别是在 20 世纪 70 年代那场"批林批孔"运动中,儒家所讲的"仁爱"曾被批判为虚伪的、有阶级性的"爱"。

笔者以为,孔孟所倡导的"仁爱",的确是讲"亲疏"、分"等差"的,这无庸讳言。但我们还必须注意到以下两点:

其一,孔孟所讲的仁虽然承认爱有等差的现实,但并不停留在这个现实上,而是要求人们能以这一现实为基础,由近及远、由亲及疏,由小及大,推广开来,发扬光大,"以其所爱及其所不爱"。《论语·学而》载:"子曰:弟子入则孝,出则悌,谨而信,泛爱众,而亲仁。行有余力,则以学文。"《孟子·尽心上》说:"仁者无不爱也。"《尽心下》又说:"仁者以其所爱及其所不爱。"加之《礼记·礼运》里的那段名言③都是说的这个意思。特别是《孟子·梁惠王上》中的那段名言:"老吾老,以及人之老;幼吾幼,以及人之幼,天下可运于掌上",最能展现儒家仁爱推己及人的深意。德国人卜松山对此解释说:

> 可见"仁"在孟子那里并不限于亲族。我们若想想最后一句话,其本质上是具有震撼性的世界意义的。④

高亨说:"人没有不爱己的,忠恕是推爱己之心以爱人。人能爱人而后才能不害人……"⑤此说可谓抓住了仁爱的本质。诚如梁启超所说:"儒家专主'以己度',因爱己身,推而爱他人;因爱己家,推而爱他家;因爱己国,推而爱他国;有'己'则必有'他'以相对待,己与他之间,总不能不生差别,故有所谓

---

① (汉)郑玄注,(唐)孔颖达疏:《礼记正义》卷 52,(清)阮元校刻:《十三经注疏》,中华书局影印本 1983 版,第 1629 页。

② 孙宝瑄:《忘山庐日记》上册,上海古籍书店 1983 年版,第 675 页。

③ 引文详后。

④ [德]卜松山撰,国刚译:《中国传统文化对现代世界的启示》,季羡林、张光编选:《东西文化议论集》下册,经济日报出版社 1997 年版,第 380 页。

⑤ 高亨:《孔子思想三论》,高亨:《文史述林》,清华大学出版社 2004 年版,第 324 页。

'亲亲之杀，尊贤之等'，有所谓'度量分界'。"①但是真正达到了仁的最高境界，大概就会像庄子说的"至仁无亲"了。因为"无不爱"也就"无不亲"，那当然也就"无亲"了。黄子通先生指出：

> 孔子生在农业时代……在农业国家，家族观念比较注重，只有工商业发达的国家才能发生个人主义。在注重家族主义的国家，一切道德当然以家族道德为基础，所以孔子注重孝弟。有子说："孝弟也者，其为仁之本与？""为人之本"这句话，不过说"孝""弟"为一切道德的开始，而不是说孝弟就是仁。孔子的仁还在于"修己以安百姓"。孔子并没有像后代儒家那样重孝道，尊重家族主义，孔子的道德系统是以"亲亲"为始点，"仁民爱物"为终点。②

再者，孔孟仁学是建立在真诚基础上的，儒家所主张的"爱"，是人类真情的自然流露，而不是任何虚伪、矫饰的感情。因此，所谓爱有"亲疏"、爱分"等差"不过是对人类社会实际状况的真实描述而已，原无可非议。梁启超说：

> 孔子固亦主张差等，然其所谓差等者与后儒异，孔子注重"亲亲之杀"，即同情心随其环距之远近而有浓淡强弱，此为不可争之事实。故孔子因而利导之，若夫身分上之差等，此为封建制度下相沿之旧，孔子虽未尝竭力排斥，然固非以之为重，孔门中子夏一派，始专从此方面言差等，而荀子更扬其波。③

试想，人类之爱，只要是真实的、正常的，必然是先亲友而后推及旁人，由近及远，不可能毫无差别，此点中西社会皆然。否则，必然是不正常的或别有企图的。《论语·子路》载："叶公语孔子曰：'吾党有直躬者，其父攘羊而子证之'。孔子曰：'吾党之直者异于是，父为子隐，子为父隐，直在其中矣'。"冯友兰先生解释说：

> 直者由中之谓。其父攘人之羊，在常情其子决不愿其事之外扬，是谓人情。如我中心之情而出之，即直也。今乃证明其父之攘人羊，是其人非

---

① 梁启超：《墨家思想》，罗联添编：《国学论文精选》，（中国台湾）幼狮文化事业公司1987年版，第296页。

② 黄子通：《儒道两家哲学系统》，宇宙书局1946年版，第22页。

③ 罗联添编：《国学论文精选》，（中国台湾）幼狮文化事业公司1987年版，第90页。

沽名买直,即无情不仁,故不得为真直也。①

中国 1950—1976 年间的社会现实也告诉我们,许多所谓"大义灭亲"的"模范"人物,往往是利欲熏心,卖友求荣的势利小人,道德卑琐,终为世人所不齿。《大学》说:"其所厚者薄,而其所薄者厚,未之有也!"讲得正是这个道理,仁爱之远近亲疏有别也正是基于这个道理。

贺麟先生对儒家的仁爱或等差之爱说的合理性做过一番精彩的分析,他说:

> 从现在看来,爱有差等,乃是普通的心理事实,也就是很自然的正常的情绪。其实,用不着用道德的理论,礼教的权威,加以提倡。说人应履行等差之爱,无非是说,我们爱他人,要爱得近人情,让自己的爱的情绪顺着自然发泄罢了。所以儒家,特别是孟子,那样严重地提出等差之爱的教训以维系人伦间的关系,好像是小题大作,多此一举的样子。不过,我们须知,等差之爱的意义,不在正面提倡之,而在反面地消极的反对并排斥那非等差之爱……所以儒家对人的态度大部很合理,很近人情,很平正,而不流于狂诞(Fanaticism)。此种狂诞的行径,凡持兼爱说者,特别是基督教中人,往往多有。而等差之爱不单是有心理的基础,而且似乎也有恕道或絜矩之道作根据。持等差之爱说的人,也并不是不普爱众人,不过他注重在一个"推"字,要推己及人。所谓"老吾老以及人之老,幼我幼以及人之幼"。依此说,我们虽可以取"老安少怀"的普爱态度,但是须依次推去,不可躐等,也不可舍己耘人。所以就五伦观念所包含的各种意义中,似乎以等差之爱的说法,最少弊病,就是新文化运动时期以打倒孔家店相号召的新思想家,似乎也没有人攻击等差之爱的说法。而且美国培黎(R.B.Perry)教授曾说了一句很有趣的话来批评"四海之内皆兄弟也"的说法,似乎也很可以为等差之爱说张目。他说:"当你说一般人都是你的兄弟时,你大概不是先把一般人当作亲弟兄看待,而是先把你的亲弟兄当作一般人看待"。这话把空口谈兼爱之不近人情和自欺欺人之处,说得最明白不过了。②

---

①　冯友兰:《中国哲学史》,中华书局 1983 年版,第 94 页。
②　贺麟:《文化与人生》,商务印书馆 1995 年版,第 54~55 页。

综上可知,儒家主张的爱有等差,由近及远,推己及人绝非自私无情,而恰恰是出于人情之自然。《大学》说:"物有本末,事有终始,知所先后,则近道矣。"爱之由亲及疏,先近后远正是明乎此先后终始之道的真情真爱的自然流露。由此又可知,仁道既是人道,又合乎天道。

弄清了"仁"的基本含义,再来看看"仁"是以怎样的方式表现和运行的。这正是儒家仁学思想最富光辉之所在。根据孔子的看法,人与人的关系应当怎样才符合"仁"呢?孔子曾说:"吾道一以贯之"。曾参解释说:"夫子之道,忠恕而已矣"。杨伯峻先生认为,由曾参的这段话"可以推知'仁'的真谛"。"所谓'吾道'就是孔子自己的整个思想体系,而贯穿这个思想体系的,必然是它的核心。分别讲是'忠恕',概括讲是'仁'。"①所谓"忠",就是仁的积极面,"己欲立而立人,己欲达而达人";所谓"恕"就是仁的消极面,即"己所不欲勿施于人"。这就是孔子著名的"忠恕之道",也就是孔子处理人与人关系的理想标准。如前所述,儒家极其重视人类的"能群",也就是善于团结、善于组织。那么,要维持人与人的团结合作关系就必须确立人与人相处的理想标准。这个理想标准的内在原则就是"仁",外部表现就是"礼",在西方人说来就是法(law)。②

抽象地讨论仁或者忠恕,人们可能感到难于理解。如果我们借助现代西方法治的实例,就比较容易明了了。当代罗马法系各国民商法及英美普通法普遍确立了"诚实信用"、"权利不得滥用"的基本原则,所谓"诚实信用"正是"己欲立而立人,己欲达而达人"准则的法律化;"权利不得滥用"则是将"己所不欲勿施于人"的精神上升为法律,正古人所谓"君子爱财,取之有道"。《反垄断法》、《反不正当竞争法》及《消费者保护法》体现了抑强扶弱、损有余补不足的精神,使强者不能凌弱、智者不能欺愚、众者不能暴寡,可谓先义而后利。现代知识产权法的基本精神也是在保护产权人利益的同时,最大限度地满足

---

① 杨伯峻:《论语译注·试论孔子》,中华书局1983年版,第16页。
② 严复曾经说过:"西文'法'字,于中文有理、礼、法、制四者之异义,学者审之。"又说"西人所谓法者,实兼中国之礼典"。严复译:《孟德斯鸠法意》,商务印书馆1981年版,第3、7页。有西人也说:"礼被译作'礼节',而法被译作'LAW'","礼这个术语包含的意思远较'礼节'这两个苍白的字眼丰满得多。另一方面,西文中'law''droit''recht'也包含着丰富的含义。礼最终可能带有law中的某些词意。而'法'则绝难包含law中的大量义蕴"。参见John H.Barton et al., *Law in Radically Different Cultures*,St.Paul:West Publishing Co.,1983,p.105。

公众和社会的利益。现代的环境保护法则更进一步，不仅仁民，还要爱物，不仅照顾当代人的利益，还要为子孙后代留下一块净土。

《礼记·礼运》说："大道之行也，天下为公，选贤与能，讲信修睦，故人不独亲其亲，不独子其子。使老有所终，壮有所用，幼有所长，鳏、寡、孤、独、废疾者皆有所养，男有分，女有归。货恶其弃于地也，不必藏于己，力恶其不出于身也，不必为己。是故谋闭而不兴，盗窃乱贼而不作。故外户而不闭，是谓大同。"虽然《礼运》这段话是否孔子原话尚有争议，但比较《论语》中所记孔子言行，笔者以为这段记载与孔子的理想并不相悖。①

以美国宪法为代表的近现代文明下的宪法和宪政制度其实在一定程度上就体现了儒家的大同精神。所谓宪法，质言之就是政治上的反垄断法。普选制、代议制，议会两院制、多党制、三权分立、司法独立等等制度的确立不就是要天下为公，选贤与能，避免一人、一家或者一个集团把持政权嘛。

美国人华盛顿或可称之为仁人、王者，至今受到各国人民的景仰，真正做到了"少者怀之"，称其为西方圣人亦不为过，因为他真正实践了孔子之志。有机会做皇帝而不做，可以终身当总统却任满两届后坚决退隐。② 自己做了总统，也让别人有相同的机会；自己名垂青史、耀祖光宗，也给别人创造同样的条件；自己不愿意久居人下，终生贫贱，也不强加于人。这就叫做"己欲立而立人，己欲达而达人，己所不欲勿施于人"。他所创立的制度，就是孔孟儒家所推崇的尧舜禅让之制，就是《礼运》所说的"选贤与能"之制。难怪清季的徐继畬、谭嗣同、唐才常等特别称赞华盛顿。徐继畬说：

> 华盛顿，异人也。起事勇于胜、广，割据雄于曹、刘，既已提三尺剑，开疆万里，乃不僭位号，不传子孙，而创为推举之法，几于天下为公，骎骎乎三代之遗意。其治国崇让善俗，不尚武功，亦迥与诸国异。余尝见其画像，气貌雄毅绝伦。呜呼！ 可不谓人杰矣哉。③

唐才常也说：

> 若夫轨唐虞之盛心，绵仁学之公理者，其华盛顿、林肯之为君乎？ 旅

---

① 参见任铭善：《礼记目录后案》，齐鲁书社 1982 年版，第 23~35 页。

② 李富明等编：《美国总统全传》，国际文化出版公司 1996 年版，第 23~38 页。

③ 徐继畬：《瀛寰志略》，上海书店出版社 2001 年版，第 277 页。

天位,宅民权,屏功利,弭兵祸,廓然夷然,是谓大公。①

以上不过略举几个事例而已,如果我们根据儒家的仁学思想仔细考察一下近现代西方的法律文化,可以发现一个惊人的事实,在西方文化孕育下成长起来的现代文明法律大多充着着仁的精神。可惜我们自晚清以来,引入了"权利"、"自由"、"正义"、"人权"之类许多西方新名词,不但惑于空洞抽象,且未能理解消化其精义。乃至官方不爱听、老百姓听不懂,以致成效甚微,迄今未能成为中国人普遍接受的价值观念。如果我们能本着儒家的"仁学"思想去阐释这些新字眼,不仅不会失其本义而且会更清晰易晓。

四　困惑与前景

从 20 世纪早期开始,作为中国传统文化代表的儒家思想经受了严峻的考验。先是在"五四"新文化运动时期,以陈独秀、李大钊、鲁迅、胡适等为首的当时中国的第一流青年知识分子群起攻击孔子并批评儒学。其后虽因孙中山将儒学融入其"三民主义",又有戴季陶鼓吹"尊孔读经"、"恢复固有文化",但由于政府自身的道德瑕疵,由官方推动的尊孔活动不仅未能起到多少正面的效果反而"使得原来已经对儒学失去信念的一般知识分子,更加深了对儒学的误解"。② 及至 1949 年以后,儒学的厄运更是接踵而至。如果说,孔子和儒学在 20 世纪的遭遇仅仅出于中国人对自身传统的无知和误解那恐怕很难解释得通。其实,驱使人们背弃儒学的真正原因并非儒学本身而是环境和时势,原动力乃来自西方的冲击。③ 1890 年,当薛福成途经香港、新加坡时看到

---

① 唐才常:《各国政教公理总论》,湖南省哲学社会科学研究所编:《唐才常集》,中华书局 1982 年版,第 69 页。

② 梁元生:《前途未卜的火凤凰:"新儒学"与当代中国》,李明辉主编:《儒家思想在现代东亚·总论篇》,(中国台湾)"中央研究院"文哲所筹备处 1998 年版,第 102 页。

③ 狄百瑞指出:"到了 19 世纪,西方国家在东方的势力受到阻碍,对于他们过去认为'开明'的中国政府有些失望。当时西方人都相信人类不断的在求进步,然而中国政府却反对改进,不愿意有任何变化。黑格尔和马克斯对于亚洲社会的落后尤其表示悲观。"他又指出:"马克斯、史达林认为传统的中国文化太陈旧,没有足以自信或作基本改革的力量"。[美]狄百瑞:《中国的自由传统》,李弘祺译,香港中文大学出版社 1989 年版,第 112 页。

两地不过五六十年间即由荒岛变为巨埠，曾慨叹说"此其理为从前四海之内所未知，六经之内所未讲；而外洋创此规模，实有可操之券。"①薛福成的这种心态实际上也是百多年来大多数中国人的普遍心态，或许韩国人也是这样。

要说明这一点，有必要简单地回顾以下中国近代对西方的认识过程。

中国对西方世界的正面认识大抵是从鸦片战争前后开始的。在此之前，东西方虽然有过长期的接触，但是西方的存在尚不足以引起中国的重视。直到 1840 年的鸦片战争，英国人用炮舰轰开了中国的国门，才开始有一些所谓"先进的"中国人"开眼看世界"。不过他们得出的结论是西方人的长技不过是"船坚炮利"，只要我们"师夷长技以制夷"即可反败为胜，无足过虑。于是从 19 世纪 60 年代开始，中国掀起了一场颇有声势的"洋务运动"，引进西方的技术制造坚船利炮，以期御敌于国门之外。然而随着 1894 年甲午战争的败绩，中国人的洋务梦也告破灭了。众多的读书人开始认识到，西方的优胜并不全在，甚至主要不在于船坚炮利，而在于"良法美政"。换言之，就是说，西方的经济、政治和法律制度比我们的优越。1898 年的戊戌变法可以说就是将这种观察结论最初付诸实行。其后于 1902—1911 年展开的长达 10 年的晚清"新政"，则可视为正式的官方表态。这期间，中国政府进行了一系列官制改革，并仿效西方的模式，制定和颁布了许多西式的法律和法律草案。

但是势态并未因之好转反而有逐趋恶化的迹象。第一次世界大战结束以后，作为战胜国一方的中国不仅没有得到一丝回报，却遭到列强变本加厉的压迫。日本提出要接收德国人在山东的利益，逼迫北洋政府在巴黎和会上签字。这就引发了对中国近代历史具有深远影响的"五四新文化运动"。这场运动中提出了两个著名的口号，一是要引进"德先生"和"赛先生"，另一个就是要"砸烂孔家店"。前一个口号是从正面说的，盖即认识到，西方的先进除了器物和制度以外，还有一层，而且是至关重要的一层——文化。西方的器物和制度之所以先进是因为它们的文化中含有科学和民主的成分，因此能够创造出先进的器物和制度。中国之所以落后，归根结底还是文化的落后，即便是引进了先进的器物和制度，没有健康的文化底蕴，仍然于事无补，因此必须引进西方的先进文化。后一个口号是从反面说的，即导致中国落后的原因是什么呢？

---

① 　薛福成：《出使英法意比四国日记》，岳麓书社 1985 年版，第 83 页。

就是以孔子思想为代表的儒家传统文化。只有彻底抛弃这种落后的传统文化，才能为引进优越的西方文化开辟道路。

一个半世纪过去了，中国人在西学之路上可谓愈走愈远。单以西法东渐而论，也不下百年了，中国固有法律体系早已不在了，中国现行的法律尽管带着种种变异的色彩，但毕竟从整体框架上看已经西化了。何以西式法治国的彼岸在吾人看来却愈见模糊、愈发遥远，简直就是可望而不可即的呢？是我们学得不够认真、不够虔诚吗？还是我们的西方师傅们没有把真经传授给我们呢？

毛泽东曾经说过："自从一八四〇年鸦片战争失败那时起，先进的中国人，经过千辛万苦，向西方国家寻找真理。洪秀全、康有为、严复和孙中山，代表了在中国共产党出世以前向西方寻找真理的一派人物。那时，求进步的中国人，只要是西方的新道理，什么书也看。向日本、英国、美国、法国、德国派遣留学生之多，达到了惊人的程度。国内废科举、兴学校，好像雨后春笋，努力学习西方。我自己在青年时期，学的也是这些东西。这些是西方资产阶级民主主义的文化，即所谓新学，包括那时的社会学说和自然科学，和中国封建主义的文化即所谓旧学是对立的。学了这些新学的人们，在很长的时期内产生了一种信心，认为这些很可以救中国，除了旧学派，新学派自己表示怀疑的很少。要救国，只有维新，要维新，只有学外国。那时的外国只有西方资本主义国家是进步的，它们成功地建设了资产阶级的现代国家，日本人向西方学习有成效，中国人也想向日本人学。在那时的中国人看来，俄国是落后的，很少人想学俄国。这就是十九世纪四十年代至二十世纪初期中国人学习外国的情形。帝国主义的侵略打破了中国人学西方的迷梦。很奇怪，为什么先生老是侵略学生呢？中国人向西方学得很不少，但是行不通，理想总是不能实现……就是这样，西方资产阶级的文明，资产阶级的民主主义，资产阶级共和国的方案，在中国人民的心目中，一齐破了产。"①

易言之，最初我们是虔诚地拜欧美为师，可是老师总是欺负学生；于是我们便转拜俄国为师。不料俄师欺负起学生来转较欧美老师有过之而无不及。

---

① 毛泽东：《论人民民主专政》，《毛泽东选集》第四卷，人民出版社 1991 年版，第 1470～1471 页。

更有甚者,如今我们的俄国师傅也投到西方门下去了。这真是"欲罢不能。既竭吾才,如有所立卓尔。虽欲从之,末由也已。"

回顾这一百多年来的思想历程,不难看出,中国人对西方的认识和对自身的反省总是在一次次地与西方碰撞,一次次地失败之后而不断更新的。按照费正清的说法,这大概就叫做"挑战与回应"吧。由于每一次的挑战与回应都是以西方的胜利和中国的失败而告终,所以我们必然地会由局部地肯定西方到全盘地迷信西方;从局部地否定自我到全盘地否定自我。直至我们最终彻底丧失自我而又没能获得西方的真正认同。如果说我们今天尚未全盘西化,那并非我们主观上不想而是客观上不能罢了。

胡秋原说:鸦片战争给国人带来的心理影响是:"中国自此不复为'上国',而是落后之国,不断受外国人的侵略、攻击、肢解、控制,直至今日,全中国民族并未能脱离外国实质的精神的压力和控制"。① 依我所见,不独中国,韩国、日本乃至整个东方至今均未脱离西方的精神控制。原因何在,就在于丧失了自我。丧失了自我却没能铸造出一个新我,这可说是个悲剧的结局。

盘点这百余年来我们在西学道路上三个阶段的盈亏得失,笔者以为,器物阶段得大于失,效果最好;制度阶段得失参半,效果一般;文化阶段,失大于得,效果最差。

霍韬晦先生指出:

> "五四"运动的历史运命,最后由文化运动演变成两股力量的斗争,使用暴力,走向武装革命,而"五四"本来作为一个文化运动的目的,亦慢慢被扭曲,转变为一个政治运动,革命斗争。结果,新文化运动的内容,由本来的内容,由本来所讲的科学、民主、自由,在现实的力量的张力下,终于转而为政治革命,社会主义中国产生。这是"五四"运动在方向上和内容上的扭曲。②

霍氏认为,新文化运动之所以会偏离预期的目标,是因为"五四中人"对中西文化均缺乏足够的了解,但却用"这种错误的了解来批评自己的文化,并

---

① 参见胡秋原主编:《近代中国对西方及列强认识资料汇编·序言》第一辑第一分册,(中国台湾)"中央研究院"近代史研究所1972年版。
② 霍韬晦:《从反传统到回归传统》,中国人民大学出版社2010年版,第114~115页。

讥之为落伍愚昧，要用西方的理性来'启蒙'我们"，以致造成了颠倒错乱。①这个认识是非常深刻的。

狄百瑞说："中国人认为'道'是一种生长的过程，也是一种向外扩张的力量。同时根据孟子的看法，如果'道'无法从他们本性中发现的话，那么'道'不可能是一种真实与纯真的正理。不是内发的'道'，将是一种外来的，同时有异于它们最基本的本性。在中国人近代的经验中很不幸的失去了他们的自尊，放弃将新的经验与固有的传统消化溶解。将所有的价值都看作是从西方来的，或将所有的价值都以将来为目标，而不扎根于他们过去，这种态度使近年来的中国人无法从他们的本性中找到'道'的真理，这种脱离自己根源的结果与它强烈的影响，在文化大革命中尤为明显。然而我们可以肯定的说这种真理的成长并不因此而停止，只是暂时被遮蔽。中国人民的新的经验将从内心中成长起来，而不再是一个单纯从外边输入的革命。"②至哉斯言，可谓知儒学之本源也，亦可见当局者迷，旁观者清。

《易传》说"天行健，君子以自强不息"。中国之出路，抑或扩大言之，整个东方之出路，仍在于从自身的传统中求得生长的机理，这机理是什么，用西方的话说就是价值（value），用东方的话说便是"道"。而这"道"又是什么呢？笔者坚信，非孔孟之"仁"道莫属。

日本之先进未可谓知"道"，彼所见非西方之大道也，不过转贩其末流而已。即当今之西方亦未能真行其大道，仍难免有所见而有所蔽。见在何处？曰：内行仁政也。蔽在何处？曰：外施霸道也。吾人西学百余年犹困惑至今者，正在于此。内外不一，双重标准，终不过霸道而已。"可施于一国而不可施于天下……霸其国者，不顾邻国，可以利吾国则为之，邻国虽害，不恤也，可以利吾民则为之，邻国之民虽敝，不顾也，故常以我国之财操其轻重，以遇邻国之敝，其势然也，若夫为天下则不然，此有余则彼不足，不足者亦王土也，此向其利而彼受其敝，敝者亦王民也，譬之一身，血脉周流，无所不贯，疾痛疴痒，不谕而知，安有损手而益足、刳肤而食腹者。"③此言足见仁道之世界大同观才是

① 参见霍韬晦：《从反传统到回归传统》，中国人民大学出版社 2010 年版，第 116 页。
② ［美］狄百瑞：《中国的自由传统》，李弘祺译，香港中文大学出版社 1989 年版，第 128～29 页，引用［美］狄百瑞：*The Unfolding of Neo-Confucianism*，Columbia University Press，1975，p.32。
③ 王锜、于慎行：《寓圃杂记·谷山笔尘》，中华书局 1984 年版，第 78 页。

真正的国际主义！西方利己主义的民族国家观安能与之同日而语？

当今之世界譬犹春秋战国时之中华耶？迟早必将定于一。无论哪一大国，必欲效法当年之秦国，纵能定于秦皇之霸道，亦终难逃分崩离乱之结局。若以人类为一家，全球归一体，则必有赖于仁道之畅行天下。

试想，如果天下归仁，人人都能做到"己欲立而立人，己欲达而达人，己所不欲勿施于人"，人与人的关系就不难和谐。本着这种"仁"的精神制定出来的一国法律就不难使一国人民彼此团结。如果有朝一日，各国都能按照这种"仁"的精神制定出通行全世界的法律，就能使全人类团结起来、和平共处。也只有这样的法律，方才是可以畅行于全球化时代的法律。

第三章 "唐律一准乎礼"辨正

说起中国古代法律儒家化以后的礼法关系或礼律关系，人们常会以唐律为楷模，津津乐道地引证《四库全书总目提要》(以下简称《四库提要》)那段著名评语："论者谓唐律一准乎礼，以为出入得古今之平。"[1]近百年来，这段评语差不多已经成为对唐律的定论，甚至也成为了评判中国古代法典理想与否的标准，无容置喙。笔者不揣浅陋，试拟对此论断稍加辨正。

一 唐律与礼之关系举要

唐律与礼之关系历来是受到研究者关注的重要话题。唐律研究专家刘俊文教授曾指出："唐律与礼的关系是唐律研究的重要问题。这不仅因为唐律的真髓即在于此，而且因为它在一定程度上反映了中国传统法制的本质特点。"[2]显然，唐律与礼之关系不仅是关系到唐律一部法典自身的问题，也牵涉到中国传统法制的基本特征。因此可以说，唐律与礼之关系是一个具有广泛代表性和象征性的问题。

那么，《四库提要》说"唐律一准乎礼"究竟是什么意思呢？著名法律史学家祝总斌教授认为："意即完美地体现了儒家精神，成为典范。"[3]这个解释应当是比较贴切的。

《唐律疏议》卷首指出："德礼为政教之本，刑罚为政教之用，犹昏晓阳秋

---

① （清）永瑢等撰：《四库全书总目》，中华书局影印 1983 年版，第 712 页。
② 刘俊文：《唐代法制研究》，（中国台湾）文津出版社 1999 年版，第 77 页。
③ 祝总斌：《晋律的儒家化》，《中国史研究》1985 年第 2 期，第 112 页。

相须而成者也。"①戴炎辉先生说:"刑法本与道德有密切关系,我国旧律尤甚,法律殆不能与道德分离。刑法之本质,我国古来有儒家及法家两派之争辩。儒家以为:德礼系政教之本,刑罚乃政教之用……法家则谓:法律自有其独立的、内在的价值,非附属于礼教……唐律于此点,大致可谓系从儒家思想。"②瞿同祖先生说得更明确:"所谓法律儒家化表面上为明刑弼教,骨子里则为以礼入法,怎样将礼的精神和内容窜入法家所拟定的法律里的问题……《四库全书提要》谓唐律一准乎礼,为法律儒家化以后最扼要的结语。近代中西学者常说中国法律为儒家主义之法律,亦系根据唐以来现存之法典立论"。③ 由此看来,所谓唐律与礼之关系,说穿了,就是唐律与儒家思想之关系的问题,抑或引申言之,即中国传统法律是否儒家化了的问题。

最早提出中国法律儒家化这个命题的大概是陈寅恪先生。他在《隋唐制度渊源略论稿》一书中指出:"古代礼律关系密切,而司马氏以东汉末年之儒学大族创建晋室,统治中国,其所制定之刑律尤为儒家化,既为南朝历代所因袭,北魏改律,复采用之,辗转嬗蜕,经由(北)齐隋,以至于唐,实为华夏刑律不祧之正统。"④

不过,真正将儒家化这个命题发挥得淋漓尽致并使之具有普遍化且引起广泛注意的当属瞿同祖先生。瞿先生早在1948年出版的《中国法律与中国社会》一书中即以一章的篇幅专门讨论了儒家思想对中国法律的影响。该书出版后,他的看法又有了进一步的发展,并于1948年为北京大学五十周年纪念撰稿时,发表了《中国法律之儒家化》一文。瞿先生认为:"秦汉法律为法家系统,不包含儒家礼的成分在内。儒家以礼入法的企图在汉代已开始。虽因受条文的拘束,只能在解释法律及应用经义决狱方面努力,但儒家化运动的成为风气,日益根深蒂固,实胚胎酝酿于此时,时机早已成熟,所以曹魏一旦制律,儒家化的法律便应运而生。自魏而后历晋及北魏、北齐皆可说系此一运动的连续。前一朝法律的儒家因素多为后一朝所吸收,而每一朝又加入若干新的儒家因素,所以内容愈积愈富而体系亦愈益精密……归纳言之,中国法律之儒

---

① (唐)长孙无忌等奉敕撰:《唐律疏议》,刘俊文点校,中华书局1983年版,第3页。
② 戴炎辉:《唐律通论》,(中国台湾)正中书局1977年版,第18~19页。
③ 瞿同祖:《中国法律与中国社会》,中华书局1996年版,第329页。
④ 陈寅恪:《隋唐制度渊源略论稿》,中华书局1977年版,第100页。笔者按:据第158页"附论"该书写就于1940年。

家化可以说是始于魏、晋,成于北魏、北齐,隋、唐采用后便成为中国法律的正统。其间实经一长期而复杂的过程,酝酿生长以底于成。"①

瞿先生的这个观点问世以后,逐渐引起了广泛的共识,海内外的有许多权威学者都接受了这个看法。② 刘俊文先生分别从"唐律的修撰与礼的关系"、"唐律的条文与礼的关系"及"唐律的实施与礼的关系"等三个不同角度系统考察并罗列了唐律与礼的关系的种种表现。为便于读者观览起见,兹特据刘氏观点绘成下表。

唐律与礼之关系略表③

唐律修撰与礼的关系				
项目	律文/疏条目	原条款内容	改定后内容	修正理由
贞观定律	贼盗律谋反大逆条	谋反大逆人之父子、兄弟皆处死,祖孙配没。	谋反大逆人父子处绞,祖孙兄弟皆配没。	《礼记·祭统》:"孙为王父尸"。祖孙亲重,兄弟属轻。应重反流,合轻翻死不合礼。
永徽改律	户婚律同姓为婚条	禁同姓及外姻有服属尊卑为婚。	外姻无服亲属尊卑为婚亦加禁止。	堂姑、堂姨等有尊卑名分,如许为婚,名教所非、人伦共弃。
显庆改律疏	《名例·十恶》	舅报甥服缌麻,不在"奸小功以上亲者"之列,自亦不属"内乱"。	议曰:奸小功以上亲者,谓据礼,男子为妇人著小功服而奸者。若妇人为男夫虽有小功之服,男子为报服缌麻者,非。谓外孙女于外祖父及外甥于舅之类。	"依古丧服,甥为舅缌麻,舅报甥亦同此制。贞观年中,八座议奏:舅报同姨,小功五月。而今律疏,舅报于甥,服犹三月……于例不通,礼须改正。今请修改律疏,舅报甥亦小功……制又从之。"

① 瞿同祖:《中国法律与中国社会》,中华书局1996年版,第345~246页。
② 瞿先生的这个观点当今在国内仍居绝对主导地位,接受该观点的学者及其著作或教材不胜枚举。海外学者接受此观点者亦居多数,其中最著名的莫过西方公认的中国法制史研究名著Bodde和Morris的 *Law in Imperial China*,Harvard Univ.Press(1973),该书汉译有朱勇译本,《中华帝国的法律》,江苏人民出版社1999年版。关于Bodde教授在西方学术界的盛誉可参见拙文《当代美国的中国法研究》,《中外法学》1996年第5期,第71~72页。
③ 本表系据刘俊文《唐代法制研究》((中国台湾)文津出版社1999年版)一书第二章第二节第77至94页内容制作。

续表

唐律条文与礼的关系			
唐律条文直接援礼			
唐律条文	唐律条文内容	经典依据	相关礼典内容
《名例·八议》	一曰议亲,二曰议故,三曰议贤,四曰议能,五曰议功,六曰议贵,七曰议勤,八曰议宾。	《周礼·秋官·小司寇》之"八辟"	"以八辟丽邦法,附刑罚:一曰议亲之辟,二曰议故之辟,三曰议贤之辟,四曰议能之辟,五曰议功之辟,六曰议贵之辟,七曰议勤之辟,八曰议宾之辟。"
《户婚·七出三不去》	诸妻无七出及义绝之状,而出之者,徒一年半;虽犯七出,有三不去,而出之者,杖一百。追还合。	《大戴礼记·本命》"七去三不去"	"妇有七去:不顺父母去,无子去,淫去,妒去,有恶疾去,多言去,窃盗去。不顺父母去,为其逆德也。"
《名例·老小及疾有犯》	诸年七十以上、十五以下及废疾,犯流罪以下,收赎;八十以上、十岁以下及笃疾,犯反、逆、杀人应死者,上请,盗及伤人者,亦收赎;九十以上、七岁以下,虽有死罪,不加刑。	《周礼·秋官·司刺》"三赦"及《礼记·曲礼》	"一赦曰幼弱,再赦曰老旄,三赦曰蠢愚"。"六十曰耆,指使;七十曰老,而传;八十、九十曰耄,七年曰悼。悼与耄,虽有罪不加刑焉。"
《贼盗·杀人移乡》	诸杀人应死会赦免者,移乡千里外。	《周礼·地官·调人》"和难"	"凡和难,父之雠,辟诸海外;兄弟之雠,辟诸千里之外;从父兄弟之雠,不同国。"
《断狱·立春后秋分前不决死刑》	诸立春以后、秋分以前决死刑者,徒一年。其所犯虽不待时,若于断屠月及禁杀日而决者,各杖六十。	《礼记·月令》及《周礼·秋官·乡士》	"孟春之月……禁止伐木,毋覆巢,毋杀孩虫、胎夭飞鸟,毋麛毋卵,毋聚大众,毋置城郭。掩骼埋胔。……孟秋之月……命有司,修法制,缮囹圄,具桎梏,禁止奸,慎罪邪,务搏执。命理瞻伤、察创、视折。审断决,狱讼必端平。戮有罪,严断刑。""狱讼成,士师受中,协日刑杀。"
唐律条文间接援礼			
唐律条文	律文内容	依据	相关礼典内容

续表

《职制·大祀不预申期》	诸大祀不预申期及不颁所司者,杖六十;以故废事者,徒二年。……即入散斋,不宿正寝者,一宿笞五十;致斋,不宿本司者,一宿杖九十;一宿各加一等。中、小祀递减二等。凡言祀者,祭、享同。余条中、小祀准此。	唐礼(据《旧唐书·礼仪一》)	"大祀,所司每年预定日奏下……大祀,散斋四日,致斋三日。散斋之日,昼理事如旧,夜宿于家正寝……致斋之日,三公于尚书省安置,余官各于本司,若皇城内无本司,于太常郊社、太庙安置。"
《职制·大祀在散斋吊丧问疾》	诸大祀在散斋而吊丧、问疾、判署刑杀文书及决罚者,笞五十;奏闻者,杖六十。致斋者,各加一等。	同上	凡大祀散斋之日,"不得吊丧问疾,不判署刑杀文书,不决罚罪人,不作乐,不预秽恶之事"。
《名例·十恶》"不孝"	七曰不孝:……祖父母父母在……若供养有阙	《孝经》	"五刑之属三千,而罪莫大于不孝。"
《斗讼·子孙违犯教令》	诸子孙违犯教令及供养有阙者,徒二年。	《礼记·内则》	"孝子之养老也,乐其心不违其志,乐其耳目,安其寝处,以其饮食忠养之。"
《户婚·子孙别籍异财》	诸祖父母、父母在,而子孙别籍、异财者,徒三年。	《礼记·曲礼》	"父母存,不许友以死,不有私财。"
《职制·匿父母及夫等丧》	诸闻父母若夫之丧,匿不举哀者,流二千里;丧制未终,释服从吉,若忘哀作乐,徒三年;杂戏,徒一年;即遇乐而听及参预吉席者,各杖一百。	《礼记·问丧》、《礼记·奔丧》	"孝子丧亲,哭泣无数,服勤三年"。"始闻亲丧,以哭答使者,尽哀,问故,又哭尽哀。"
《户婚·居父母夫丧嫁娶》	诸居父母及夫丧而嫁娶者,徒三年;妾减三等。各离之。		
《斗讼·告祖父母父母》	诸告祖父母、父母者,绞。	《礼记·檀弓》	"事亲有隐无犯。"
《斗讼·殴詈祖父母父母》	诸詈祖父母、父母者,绞。殴者,斩;过失杀者,流三千里;伤者,徒三年。	同上并《礼记·中庸》	同上并"仁者人也,亲亲为大"。
《斗讼·殴缌麻兄姊》	诸殴缌麻兄姊,杖一百。小功、大功,各递加一等。尊属者,又各加一等。	《礼记·中庸》	同上

续表

| 《斗讼·殴兄姊》 | 诸殴兄姊者,徒二年半;伤者,徒三年;折伤者,流三千里;刃伤及折支,若瞎其一目者,绞;死者,皆斩;詈者,杖一百。伯叔父母、姑、外祖父母,各加一等。 | 同上 | 同上 |
| 《杂律·不应得为》 | 诸不应得为而为之者,笞四十;事理重者,杖八十。 | 《管子·心术上》 | "礼者,谓有理也。" |

唐律实施与礼的关系

以礼释律

唐律条目	律文内容	解释焦点	律疏原文
《名例·十恶》	四曰恶逆。谓殴及谋杀祖父母、父母,杀伯叔父母、姑、兄姊、外祖父母、夫、夫之祖父母、父母。	"夫"	"'夫'者,依礼,有三月庙见,有未庙见,或就婚等三种之夫,并同夫法。"
《名例·称期亲祖父母》	其嫡、继、慈母,若养者,与亲同。	"慈母"	"'慈母'者,依礼:'妾之无子者,妾子之无母者,父命为母子,是名慈母。'非父命者,依礼服小功,不同亲母。"
《卫禁·缘边城戍不觉奸人出入》	诸缘边城戍,有外奸内入,谓非众成师旅者。内奸外出,而候望者不觉,徒一年半;主司,徒一年。	"师旅"	"'谓非众成师旅者。'依《周礼》:'五百人为旅,二千五百人为师。'此谓小小奸寇抄掠者。"
《职制·上书奏事犯讳》	若嫌名及二名偏犯者,不坐。嫌名,谓若禹与雨、丘与区。二名,谓言征不言在,言在不言征之类。	"嫌名及二名偏犯"	"若嫌名者,则礼云'禹与雨',谓声嫌而字殊;'丘与区',意嫌而理别。"
《斗讼·殴妻前夫子》	即殴伤见受业师,加凡人二等。死者,各斩。谓伏膺儒业,而非私学者。	"私学"	"私学者,即《礼》云'家有塾,遂有序'之类。"
《诈伪·伪写符节》	使节及皇城、京城门符者,流二千里。余符,徒二年。	"使节"	"《周礼》有'掌节'之司,注云'道路用旌节'。然大使拥节而行,是名'使节'。"

引礼证律

唐律条文	律文内容	论证焦点	律疏引证原文

《职制·庙享有丧遣充执事》	诸庙享,知有缌麻以上丧,遣充执事者,笞五十;陪从者,笞三十。主司不知,勿论。有丧不自言者,罪亦如之。其祭天地社稷则不禁。	"其祭天地社稷则不禁。"	"《礼》云'唯祭天地社稷,为越绋而行事',不避有惨,故云'则不禁'。"
《户婚·有妻更娶》	诸有妻更娶妻者,徒一年。	"有妻更娶。"	"依礼,日见于甲,月见于庚,象夫妇之义。一与之齐,中馈斯重。故有妻而更娶者,合徒一年。"
《贼盗·发冢》	诸发冢者,加役流。	"发冢者,加役流。"	"《礼》云:'葬者,藏也,欲人不得见。'古之葬者,厚衣之以薪,后代圣人易之以棺椁。有发冢者,加役流。"
《斗讼·殴妻前夫子》	即殴伤见受业师,加凡人二等。死者,各斩。	"即殴伤见受业师,加凡人二等。"	"《礼》云'凡教学之道,严师为难。师严道尊,方知敬学'。如有亲承儒教,伏膺函丈,而殴师者,加凡人二等。"
《杂律·器用绢布行滥短狭而卖》	诸造器用之物及绢布之属,有行滥、短狭而卖者,各杖六十。	同左	"《礼》云:'物勒工名,以考其诚。功有不当,必行其罪。'"
以礼补律			
唐律条文	律文内容	律文不备之疑难问题	引礼补律之内容
《名例·老小及疾有犯》	八十以上、十岁以下及笃疾,犯反、逆、杀人应死者,上请。	"殴己父母不伤,若为科断?"	"其殴父母,虽小及疾可矜,敢殴者乃为'恶逆'。或愚痴而犯,或情恶故为,于律虽得勿论,准礼仍为不孝。老小重疾,上请听裁。"
《职制·匿父母及夫等丧》	闻期亲尊长丧,匿不举哀者,徒一年;丧制未终,释服从吉,杖一百。	"居期丧作乐及遣人作,律条无文,合得何罪?"	"《礼》云:'大功将至,辟琴瑟。'郑注云:'亦所以助哀。'又云:'小功至,不绝乐。'丧服云:'古者有死于宫中者,即三月为之不举乐。'况乎身服期功,心忘宁戚,或遣人作乐或自奏管弦,既玷大猷,须加惩诫,律虽无文,不合无罪,从'不应为'之坐:期丧从重,杖八十;大功以下从轻,笞四十。"

续表

依礼断狱		
依礼断案判例	案例出处	略解
父母之丧,三年服制;孝子之制,万古增悲。朝祥暮歌,是亵于礼,以哭止乐,斯慰所怀。诉词既款服终,言讼请依科断。	第2593页《开元判集残卷》	判词径依礼断结,并未征引律条(因无相应律条)。
柳公绰,长庆中为刑部尚书。京兆府有姑以小过鞭其妇至死,府上其狱,郎中窦某断以偿死,公绰曰:"尊殴卑,非斗也;且其子在,以妻而戮其母,非教也。"竟从公绰所议。	《册府元龟》卷616	姑以小过杀妇,律无明文,依礼宽姑轻杀之罪,以明尊卑之分。
刑部员外郎孙革奏:"京兆府云阳县人张莅,欠羽林官骑康宪钱米。宪征之,莅承醉拉宪,气息将绝。宪男买得,年十四,将救其父。以莅角抵力人,不敢搇解,遂持木锸击莅之首见血,后三日致死者。准律,父为人所殴,子往救,击其人折伤,减凡斗三等。至死者,依常律。即买得救父难是性孝,非暴;击张莅是心切,非凶。以髫卯之岁,正父子之亲,若非圣化所加,童子安能及此?《王制》称五刑之理,必原父子之亲以权之,慎测浅深之量以别之。《春秋》之义,原心定罪。周书所训,诸罚有权。今买得生被皇风,幼符至孝,哀矜之宥,伏在圣慈。臣职当谳刑,合分善恶。"敕:"康买得尚在童年,能知子道,虽杀人当死,而为父可哀。若从沉命之科,恐失原情之义,宜付法司,减死罪一等。"	《旧唐书·刑法志》	康买得年少救父,伤人致死,按律当死,特援《礼记·王制》亲亲之理,引《春秋》原心定罪之义,减死罪一等发落。

从上表可以看出,诚如刘俊文教授所说,唐律与礼之关系至为密切。有西方学者写道:"主要是由于'礼'的影响,中国古代法律中较为严厉、苛刻的规定,受到许多例外和特殊情境的限制和缓解,而不像表面看上去那样不近情理。"他还列举出若干实例,譬如:亲属相为容隐、犯罪存留养亲、盗窃罪一般不科死刑、死刑的执行需有国家最高司法机关的同意、大赦和特赦、老幼废疾减免刑罚、妇女犯罪收赎、自首减免刑罚等等。① 应当说,他所列举的这些实例确实可以反映出引礼入律效果的一个方面。但是,正如刘俊文先生所归纳

① [美]布迪、莫里斯:《中华帝国的法律》,朱勇译,江苏人民出版社1995年版,第28~31页。

的那样,礼律关系的实质主要表现为两个特征:一是等级的,二是宗法的。据此固然可以说"礼是唐律的灵魂,唐律是礼的法律表现。"①但有两点尚须加以辨正地认识。其一,此处所说的"礼",究属何种意义上的礼?其二,此种意义上之所谓"礼"是否可以一概归之为儒家思想的产物呢?抑或说,瞿同祖先生据此得出结论之所谓"儒家化"究竟是何种意义上之儒家化以及多大程度上之儒家化。

二 唐律所援之礼为唐礼

唐律融礼入律,在立法上或直接或间接地依据礼的原则制定、修改及注解、论证律典,同时也在一定情形下将礼的原则直接适用于法律实施领域。但是应当指出,唐律所融入之"礼"确切些说是"唐礼"。如前表中所举事例:

> 显庆二年九月,修礼官长孙无忌等又奏曰:"依古丧服,甥为舅缌麻,舅报甥亦同此制。贞观年中,八座议奏:'舅服同姨,小功五月。'而今律疏,舅报于甥,服犹三月……修律疏人不知礼意,舅报甥服,尚止缌麻,于例不通,礼须改正。今请修改律疏,舅报甥亦小功。"②

今本《唐律疏议》所载"十恶"门中之"内乱"条律疏已写入"谓外孙女于外祖父及外甥于舅之类"一句,显系遵照显庆二年长孙无忌奏议并据贞观礼改定者。又如前表所列唐律《职制·大祀不预申期》及《职制·大祀在散斋吊丧问疾》两条都是依据唐礼的明证,详见前表引文中的对比。类似事例还有很多,不烦详举。

这里所说的唐礼,指的是李唐朝廷先后制定的《贞观礼》、《显庆礼》及《开元礼》等几部礼典。对此,新、旧《唐书》皆有明确的交代,如《旧唐书·礼仪一》载:

> 神尧授禅,未遑制作,郊庙宴享,悉用隋代旧仪。太宗皇帝践祚之初,悉兴文教,乃诏中书令房玄龄、秘书监魏征等礼官学士,修改旧礼,定著

---

① 刘俊文:《唐代法制研究》,(中国台湾)文津出版社 1999 年版,第 119 页。
② (后晋)刘昫等撰:《旧唐书》卷 27,《礼仪七》,中华书局 1975 年版,第 1021 页。

《吉礼》六十一篇,《宾礼》四篇,《军礼》二十篇,《嘉礼》四十二篇,《凶礼》六篇,《国恤》五篇,总一百三十八篇,分为一百卷……高宗初,议者以《贞观礼》节文未尽,又诏太尉长孙无忌……等重加缉定,勒成一百三十卷。至显庆三年奏上之,增损旧礼,并与令式参会改定……开元……十四年,通事舍人王嵒上疏,请改撰《礼记》,削去旧文,而以今事编之。诏付集贤院学士详议。右丞相张说奏曰:"《礼记》汉朝所编,遂为历代不刊之典。今去圣久远,恐难改易。今之五礼仪注,贞观、显庆两度所修,前后颇有不同,其中或未折衷。望与学士等更讨论古今,删改行用。"制从之。初令学士右散骑常侍徐坚及左拾遗李锐、太常博士施敬本等检撰,历年不就。锐卒后,萧嵩代为集贤院学士,始奏起居舍人王仲丘撰成一百五十卷,名曰《大唐开元礼》。二十年九月,颁所司行用焉。[1]

《新唐书·礼乐一》的记载也基本相同:

> 唐初,即用隋礼,至太宗时,中书令房玄龄、秘书监魏征,与礼官、学士等因隋之礼,增以天子上陵、朝庙、养老、大射、讲武、读时令、纳皇后、皇太子入学、太常行陵、合朔、陈兵太社等,为《吉礼》六十一篇……是为《贞观礼》。高宗又诏太尉长孙无忌……等增之为一百三十卷,是为《显庆礼》。……玄宗开元……十四年,通事舍人王嵒上疏,请删去《礼记》旧文而益以今事……乃诏……徐坚……撰定,为一百五十卷,是为《大唐开元礼》。由是,唐之五礼之文始备,而后世用之,虽时小有损益,不能过也。[2]

从以上这两段文字看,唐礼虽有唐人的一些增删损益,但却直接渊源于隋礼。陈寅恪先生特别指出:

> 《唐会要》及《旧唐书》之所谓古礼,参以《新唐书》之文,足知即为隋礼。然则唐高祖时固全袭隋礼,太宗时制定之《贞观礼》,即据隋礼略有增省,其后高宗时制定之《显庆礼》,亦不能脱此范围,玄宗时制定之《开元礼》乃折中贞观、显庆二礼者,故亦仍间接袭用隋礼也。[3]

顺隋礼上溯考察,可知隋礼实经两汉,特别是魏晋以来历代后儒阐释改造并由官方取舍纂定之礼典。《旧唐书·礼仪一》载:

① (后晋)刘昫等撰:《旧唐书》卷21,中华书局1975年版,第816~818页。
② (宋)欧阳修、宋祁撰:《新唐书》,中华书局1975年版,第308~309页。
③ 陈寅恪:《隋唐制度渊源略论稿》,中华书局1977年版,第61页。

汉兴，叔孙通草定，止习朝仪。至于郊天祀地之文，配祖禋宗之制，拊石鸣球之备物，介丘璧水之盛歔，语则有之，未遑措思。……故西汉一朝，曲台无制。郊上帝于甘泉，祀后土于汾阴。宗庙无定主，乐悬缺金石。巡狩非勋、华之典，封禅异陶匏之音。光武受命，始诏儒官草定仪注，经邦大典，至是粗备。汉末丧乱，又沦没焉。而卫宏、应仲远、王仲宣等掇拾遗散，裁志条目而已。东京旧典，世莫得闻。自晋至梁，继令条缵。鸿生巨儒，锐思绵蕝，江左学者，髣髴可观。隋氏平陈，寰区一统，文帝命太常卿牛弘集南北仪注，定《五礼》一百三十篇。炀帝在广陵，亦聚学徒，修《江都集礼》。繇是周、汉之制，仅有遗风。①

陈寅恪先生对隋礼的历史渊源曾作详尽考证，他认为：隋文帝虽继承宇文氏之遗业，但制定礼仪则不依北周而别采梁礼及后齐仪注。而梁礼亦可概括陈代，因陈礼几乎全袭梁礼。同时后齐仪注即北魏孝文帝摹拟采用南朝前期之文物制度，易言之，即为自东晋迄南齐所继承之汉、魏、西晋之遗产，因此可以说，北齐仪注即南朝前期文物之蜕嬗。他还指出，隋礼除上述南梁和北齐两个源头以外，并有汉、魏、西晋之中原遗传。②

说明了隋唐礼的由来以后，还有必要看一看两汉魏晋南北朝时代的礼学。关于两汉时期的礼仪，《史记·礼书》有一段简明扼要的概括：

至秦有天下，悉内六国礼仪，采择其善，虽不合圣制，其尊君抑臣，朝廷济济，依古以来。至于高祖，光有四海，叔孙通颇有所增益减损，大抵皆袭秦故。自天子称号下至佐僚及宫室官名，少所变改。

这段记述有两个要点，其一是汉承秦制，于礼亦然；其二，汉礼的主要内容同样是尊君抑臣，改正朔，易服色，定宗庙百官之仪。盖是时，儒学尚在恢复阶段，在是否应推行礼制的问题上还有很大争议。殆至东汉，隆礼之势益发显明，并为魏晋南北朝时期礼学的发达开启了先河。考察此数百年间礼学的发展脉络，大抵可以说，此时期礼学之兴盛一方面是为了满足当时门阀世族维护

---

① （后晋）刘昫等撰：《旧唐书》卷21，中华书局1975年版，第816页。

② 参见陈寅恪《隋唐制度渊源略论稿·二礼仪》，中华书局1977年版。该书第41页写道："秦凉诸州西北一隅之地，其文化上续汉、魏、西晋之学风，下开（北）魏、（北）齐、隋、唐之制度，承前启后，继绝扶衰，五百年间延绵一脉，然后知北朝文化系统之中，其由江左发展变迁输入之外，尚别有汉、魏、西晋之河西遗传。"

其等级特权的现实需要，另一方面也与朝廷撰定礼典的急切愿望有关。故此时期的礼学可归纳为两个方面的特征：一是以体现宗法社会尊卑亲疏关系的丧服学最为精密；二是偏重尊君抑臣，隆朝廷而贱黎庶的所谓郊庙朝廷有司之仪。有人说《大唐开元礼》"是中国礼仪制度发展史上的一座里程碑，它对此前的'五礼'制度作了一次系统的总结，进而又奠定了以后中国王朝礼典基本结构。"①应当是不错的。唐礼所集之大成，即集中表现在君臣官民上下等级之制及家族宗法尊卑之制两个方面。从前表所列唐律所吸纳之礼的各项条文及其精神看，大体上也都反映了这两个方面的内容。诚如刘俊文先生对唐代礼律关系之实质所概括的两点那样：详言之，等级制可概括为三：第一是"以厉刑重典严君臣"，第二是"以有罪无刑崇官贵"，第三是"以同罪异罚别良贱"；宗法制亦可概括为三：第一是"血属一体观"，第二是"尊长特权制"，第三是"五服制罪法"。②

关于历代礼制演变的情形，号称清代四大才学小说之一的《镜花缘》第五十二回中有一段对白说得最清楚：亭亭问："吾闻古礼自遭秦火，今所存惟《周礼》、《仪礼》、《礼记》，世人呼作'三礼'。若以古礼而论，莫古于此。但汉、晋至今，历朝以来，莫不各撰礼制。还是各创新礼？还是都本旧典？"闺臣答问说："秦始皇并吞六国，收其仪礼，尽归咸阳；惟采其尊君抑臣之仪，参以己意，以为时用，余礼尽废……自西汉之初以至于今，历代损益不同，莫不参之旧典，并非古礼不存，不过取其应时之变。"③唐礼的"应时之变"，大抵就是前面总结的那几点。

三　礼之蜕变

毋庸置疑，魏晋以来不断吸收入律（包括唐律在内）之"礼"，是滥觞于以孔子为首的先秦儒家所倡导之礼并在其基础上繁衍派生出来的，因此确实与原始儒家的思想有着千丝万缕的联系。但同时也必须看到，秦汉以后，包括李

---

① 杨志刚：《中国礼仪制度研究》，华东师范大学出版社 2000 年版，第 174~175 页。
② 参见刘俊文：《唐代法制研究》，（中国台湾）文津出版社 1999 年版。
③ （清）李汝珍：《镜花缘》，人民文学出版社 1996 年版，第 384~387 页。

唐在内的所谓"礼"，已与孔孟所倡导之"礼"有了很大的差异。其中有些差异是具体内容和细节上的，譬如，单从墓葬制度来看，先秦和秦汉的礼制就有很大的差别。① 当然，更主要的差别，还在于宗旨和精神上。概括地说，原始儒学所倡导的礼是合情入理，体现仁的精神，恭简庄敬的行为规范；而秦汉以后的礼则大量吸收法家精神，成为表达独尊官府的专制统治意志，僵守教条、名实多不相符的繁文缛节，亦即变异蜕化了的所谓"礼教"、"名教"。

欧阳修在《新唐书·礼乐一》开宗明义便指出：

> 由三代而上，治出于一，而礼乐达于天下；由三代而下，治出于二，而礼乐为虚名……及三代已亡，遭秦变古，后之有天下者，自天子百官名号位序、国家制度、宫车服器一切用秦，其间虽有欲治之主，思所改作，不能超然远复三代之上，而牵其时俗，稍即以损益，大抵安于苟简而已。其朝夕从事，则以簿书、狱讼、兵食为急，曰："此为政也，所以治民。"至于三代礼乐，具其名物而藏于有司，时出而用之郊庙、朝廷，曰："此为礼也，所以教民。"此所谓治出于二，而礼乐为虚名。故自汉以来，史官所记事物名数、降登揖让、拜俛伏兴之节，皆有司之事尔，所谓礼之末节也……呜呼！习其器而不知其意，忘其本而存其末……具其文而意不在焉，此所谓"礼乐为虚名"也哉！②

陈寅恪先生原则上同意欧阳修的说法，但他又指出："唐以前士大夫与礼制之关系既如是之密切，而士大夫阶级又居当日极重要地位，故治史者自不当以其仅为空名，影响不及于平民，遂忽视之而不加以论究也。"③

陈先生的观点也是有道理的，礼虽然成了空名，但并非在现实生活中不发挥作用了。更何况，这样的礼一经入律，也绝非"影响不及于平民"。前表中所列"姑以小过鞭妇致死案"及康买得年少救父案都是直接援礼而影响到平民的案例。

---

① 沈从文先生曾长期从事文物工作，他发现："所发墓葬，其中制度，凡汉代者，以《礼记》证之皆不合；凡春秋、战国者，以《礼记》证之皆合；足证《礼记》一书必成于战国，不当属之汉人也。"参见顾颉刚：《顾颉刚学术文化随笔》，中国青年出版社1998年版，第176页。

② （宋）欧阳修、宋祁撰：《新唐书》，中华书局1975年版，第307～309页。陈寅恪先生引《欧阳文忠公集》所附欧阳发等所述事迹以为《新志》此语必出于欧阳修，参见陈寅恪：《隋唐制度渊源略论稿》，中华书局1977年版，第4页。下引明孝宗弘治会典序文亦径言"治出于二"出于欧阳修。

③ 陈寅恪：《隋唐制度渊源略论稿》，中华书局1977年版，第4～5页。

通观唐律,凡牵涉到礼的,大体都是有关君臣、尊卑、长幼、良贱等上下名分的规定,亦即所谓名教攸关之事。譬如《名例·十恶》条疏议说:"五刑之中,十恶尤切,亏损名教,毁裂冠冕,特标篇首,以为明诫。其数甚恶者,事类有十,故称'十恶'。"司法实践中也是这样,以前述两案为例,柳公绰宽姑轻杀之罪的判决理由是"以妻而戕其母,非教也";而康买得能减死罪一等的判决理由则是"能知子道",也都与名教有关。因此,我们在这里有必要先对这所谓的"名教"稍加讨论。

按照陈寅恪先生的定义:"故名教者,依魏晋人解释,以名为教,即以官长君臣之义为教,亦即入世求仕者所宜奉行者也。"①余英时先生指出:"魏晋时代的'礼教'或'礼法'主要是指在家族伦理的基础上所发展出来的一套繁文缛节。虽然在很多情形下,'礼教'或'礼法'也可以视为'名教'的同义语,但是前者的政治涵义较轻而社会涵义则较重。换句话说,'礼教'或'礼法'往往不是指君臣一伦而言的。'名教'一词则比较笼统,有时可以解释为政治上的名分,就像陈寅恪先生所说的,'以官长君臣之义为教'。"②冯友兰先生也从他的"新理学"的角度对名教做出过解释:"实际居君位者亦可认为即是君之理之代表。臣既须忠于君,即须忠于此代表,无论此代表是否能尽其道;因君之是否能尽其道,不是为臣者所当问。此即所谓名教。"③

举例说来,依现代刑法理论,康买得因救父而杀人案的判决结果可能同样会得到减、免刑事处分的结果,除了主体年龄的原因外,主要考虑其是否属于正当防卫的问题。而唐人提出的理由则是父子的名分。有无这个名分,依现代刑法其结果可能相差无几,而在唐代则相去甚远。此即名教对于法律之影响力。

有位日本学者写道:

> 所谓儒家的礼,在其问世之初具有逆忤人情、违背理性的性质。虽然不能说律已经原封不动地包容了礼的全部内容,但是缘于礼的不合常理,律的内容也表现出严重的不合理。④

---

① 陈寅恪:《金明馆丛稿初编》,生活·读书·新知三联书店 2001 年版,第 205~206 页。
② 余英时:《士与中国文化》,上海人民出版社 1987 年版,第 409 页。
③ 冯友兰:《贞元六书·新理学》,华东师范大学出版社 1996 年版,第 124 页。
④ [日]宫崎市定:《宋元时期的法制与审判机构》,杨一凡主编:《中国法制史考证》丙编第三卷,中国社会科学出版社 2003 年版,第 3 页。

有西方学者也写道：

> 大概最让近代西方人反感的,首先是中国古代法律中表现出来的严重的不平等(官僚品级、特权、尊卑等方面)。的确,当西方人看到,对于法律所确认的不平等制度哪怕只是轻微的触犯也要受到严厉的惩罚,他不能不对最初只是"劝导性的""礼"在儒家中国施行时所具有的野蛮感到惊奇。①

显然,在外国人眼里,"儒家的礼"(实则为礼教或名教)显得有点面目僵硬而又狰狞。其实,对"儒家的礼"有这种反感的又何止是外国人,何止是近代才开始的。早在魏晋南北朝时期便有自然与名教之争,清代的颜、李和戴震之流对理学的批判,其真实的靶子也都是指向这秦汉以后衍生出来的儒学怪胎——"礼教"、"名教"。如不细加较量,名教或礼教确实很难与真正的孔孟之道分辨清楚。于是,许多人索性便将之一股脑地归入儒家思想的范畴。尤其是在五四新文化运动时期,悖情逆理、摧残人性的礼教、名教更被打入到"孔家店"的存货之中,成了"吃人"、"杀人"的同义词。

笔者以为,两汉以后发展出来的所谓"礼教"、"名教"确有不合情理、摧残人性的一面,将这种"礼教"、"名教"的精神融入法律条文之中,更造成了"以礼吃人"、"以名教杀人"的恶劣后果。尽管这种"礼教"、"名教"与原始儒家的"礼"有着千丝万缕的关联,但不加辨别地将"礼教"、"名教"简单归入"孔孟之道"并因此要"砸烂孔家店",那便制造了一个新的冤案,而且是千古奇冤,至今未雪,兹试析别如下。

(一)原典儒家所倡导之礼是双向的、对待的关系,而唐代的礼、律则为单向的片面的关系。

中国有句老话叫作"礼尚往来",此话出自《礼记·曲礼上》："太上贵德,其次施报,礼尚往来。往而不来非礼也,来而不往亦非礼也。"杨向奎先生认为,礼起源于商业性质的交往："互通有无,有赠有报,有往有来,这就是'礼尚往来'的适当笺注。"因此,"正当的礼之往来必有'报',《礼记》中多发挥礼中'报'之本义……在人世间,上下之间,朋友之间,都讲礼与报"。②

---

① [美]布迪、莫里斯:《中华帝国的法律》,朱勇译,江苏人民出版社1995年版,第31页。
② 杨向奎:《宗周社会与礼乐文明》修订本,人民出版社1997年版,第251、258页。

后来经周公改造,适用于政治、社会和家庭关系中的周礼,也还是相互对待,有往有来、有予有报的双向关系。《论语·八佾》:"定公问:'君使臣,臣事君,如之何?'孔子对曰:'君使臣以礼,臣事君以忠。'"又《论语·颜渊》:"仲弓问仁。子曰:'出门如见大宾,使民如承大祭。己所不欲,勿施于人。'"鲁定公问兴邦,孔子答曰:"人之言曰:'为君难,为臣不易。'如知为君之难也,不几乎一言而兴邦乎?"齐景公问政于孔子,"孔子对曰:'君君,臣臣,父父,子子。'公曰:'善哉!信如君不君,臣不臣,父不父,子不子,虽有粟,吾得而食诸?'"①足见孔子所理解的礼仍然是双向的、对待意义上的,要求的是君臣、父子、夫妇、上下各尽其道,各守本分,而非单向的片面的关系。但由于孔子的话常常是微言大义,很容易被曲解(譬如齐景公)。旁参其他先秦文献应当能够帮助我们明了其意。譬如,孟子对"君君臣臣"一句有更详尽的解释:"欲为君,尽君道;欲为臣,尽臣道。二者皆法尧舜而已矣。不以舜之所以事尧事君,不敬其君者也;不以尧之所以治民治民,贼其民者也。"②《中庸》也说:"体群臣则士之报礼重,子庶民则百姓劝,来百工则财用足,柔远人则四方归之,怀诸侯则天下畏之。"晚近出土的郭店楚简有《鲁穆公问子思》一篇,堪称是对孔子"君使臣以礼,臣事君以忠。"一句的经典解释:

> 鲁穆公问于子思曰:"何如而可谓忠臣?"子思曰:"恒称其君之恶者,可谓忠臣矣。"公不悦,揖而退之。成孙弋见,公曰:"向者吾问忠臣于子思,子思曰:'恒称其君之恶者可谓忠臣矣。'寡人惑焉,而未之得也。"成孙弋曰:"噫,善哉言乎!夫为其君之故杀其身者,尝有之矣。恒称其君之恶者未之有也。夫为其(君)之故杀其身者,效禄爵者也。恒称其君之恶者,远禄爵者也。为义而远禄爵,非子思,吾恶闻之矣。"③

从这段简文中我们不难看出,无论是在原始儒家的理想中还是在子思所处的时代,君臣之礼绝对不是汉唐时代的那个模样。难怪汤一介先生发出慨叹:"这是两千三百多年前的一条竹简,读它,我深感经过了两千三百多年,我国的领导者在对待批评上并没有什么进步,似乎反而大大不如鲁穆

---

① 分见《论语》之《子路》、《颜渊》。
② 《孟子·离娄上》。
③ 荆门市博物馆编:《郭店楚墓竹简》,文物出版社1998年版,第141页。此处参考刘钊:《郭店楚简校释》(福建人民出版社2003年版)释文,径用今字,省却原释文中的古字。

公了。"①

再者，依据孔孟之道，礼不但是双向的、对待的，而且对居于优势和主动地位的一方，要求得更为严格。

《左传·庄公十一年》：

> 秋，宋大水。公使吊焉，曰："天作淫雨，害于粢盛，若之何不吊？"对曰："孤实不敬，天降之灾，又以为君忧，拜命之辱。"臧文仲曰："宋其兴乎！禹、汤罪己，其兴也悖焉；桀、纣罪人，其亡也忽焉。且列国有凶，称孤，礼也。言惧而名礼，其庶乎！"

宋君因大水而自责，臧文仲称赞其知礼，表明礼对居上位的统治者是有约束作用的，并非只是桎梏臣下的单刃剑。《大学》要求："为人君，止于仁；为人臣，止于敬；为人子，止于孝；为人父，止于慈；与国人交，止于信。"《礼记·礼运》更要求："父慈、子孝，兄良、弟弟，夫义、妇听，长惠、幼顺，君仁、臣忠。"熊德基先生曾对三纲五常的理论与实际的历史做过一番检讨。他认为，孔子所说的"忠"、"孝"，"尚为相对的义务，而非片面的、无条件的服从"，而且是"较近人情"的。然而经过后世的长期不断改造就变得面目全非了。"忠"变成了"愚忠"，"逆命利君谓之忠"，"君要臣死，不得不死"。同样，"孝"变成了"愚孝"，父要子亡，不得不亡。夫妻关系变成了"男可重婚，女无再适"。对妇女来说，"饿死事极小，失节事极大"。②清季的孙宝瑄说："五伦极有情境界也，法家乱之以势，而情不通。君仁臣忠，孔子所谓君臣也，有法家而君可以不仁；父慈子孝，孔子所谓父子也，有法家而父可以不慈；夫义妇顺，孔子所谓夫妇也，有法家而夫可以不义。夫两情相浃之谓通。君、父、夫可无情，必欲责臣、子、妇之有情，法家之五伦如此！……愚谓孔子之教，乱于法家；基督之学乱于教皇。皆变理为势，东西遥相对也。"③一句话，孔子原本顺应人情的自然，为鼓励家庭的敦睦和社会的和谐而提倡的礼经过歪曲、篡改后变成了违背人性，吃人、杀人的教条。更可悲的是，这些伦理教条还被法律固定了下来。这不能

---

① 汤一介：《恒称其君之恶者，可谓忠臣矣》，汤一介：《和而不同》，辽宁人民出版社2001年版，第171页。

② 熊德基：《纲常的理论与实际之史的检讨》，新中华杂志社编：《中国传统思想之检讨》，中华书局1948年版，第67~88页。

③ 孙宝瑄：《忘山庐日记》，上海古籍书店1983年版，第119页。

不说是对孔子学说的一大反动。

通观唐律，尽管其中充斥了"不敬"、"不孝"之类的罪名，但却找不到一条是制裁君不仁、父不慈、兄不良、夫不义、长不惠的。因而其结果便总是像谭嗣同说的那样："俗学陋行，动言名教……君以名桎臣，官以名轭民，父以名压子，夫以名困妻。"①举例来说，《唐律·名例·十恶》门中的谋反、谋大逆、谋叛、大不敬等四款都是捍卫君权，保障官方利益的极端性条款。戴炎辉先生说："唐律之道德、伦理性极浓，于十恶尤甚，即其刑大率亦甚重；但亦有流、徒刑。故不得以其刑重为十恶之特质，其本质宁是在于其高度道德性。律将十恶条置在编首，盖表示其重视道德。"②以十恶为代表说明唐律特重道德性这是不错的，但须分辨其所注重的道德究竟是唐代官方的道德还是原始儒家所倡导的道德。乍看起来，《疏议》解释谋反、大不敬都是以儒家经典为依据，譬如解释"谋反"："案《公羊传》云：'君亲无将，将而必诛。'谓将有逆心，而害于君父者，则必诛之。《左传》云：'天反时为灾，人反德为乱。'然王者居宸极之至尊，奉上天之宝命，同二仪之覆载，作兆庶之父母。为子为臣，惟忠惟孝。乃敢包藏凶慝，将起逆心，规反天常，悖逆人理，故曰'谋反'。"解释"社稷"则说："《周礼》云'左祖右社'，人君所尊也。"又解释"大不敬"："礼者，敬之本；敬者，礼之舆。故《礼运》云：'礼者君之柄，所以别嫌明微，考制度，别仁义。'责其所犯既大，皆无肃敬之心，故曰'大不敬'。"

这样的注解给人造成的印象自然是"十恶"大罪，或至少这几款都是严重违背儒家伦理道德的行为。然而《疏议》在叙述"十恶"一条的历史沿革时，却无从掩饰该条并非来自儒家经典而是源于汉九章律。③ 众所周知，《九章律》定于汉初，其时汉廷奉行的虽不是单纯的法家思想，但也是霸王道杂糅。④

最具讽刺意味的是，按照唐律的规定，孔子本人就是"亏损名教"，十恶不赦的罪犯。唐律《名例·十恶·谋叛》条下疏议曰："有人谋背本朝，将投蕃国，或欲翻城从伪，或欲以地外奔，即如莒牟夷以牟娄来奔，公山弗扰以费叛之

① 蔡尚思、方行编：《谭嗣同全集》（增订本），中华书局1998年版，第299页。
② 戴炎辉：《唐律通论》，（中国台湾）正中书局1977年版，第196页。
③ 《疏议》说："然汉制九章，虽升湮没，其'不道'、'不敬'之目见存，原夫厥初，盖起诸汉"。
④ 《汉书》卷九《元帝纪》述宣帝语："汉家自有制度，本以霸王道杂之，奈何纯任德教，用周政乎！且俗儒不达时宜，好是古非今，使人眩于名实，不知所守，何足委任？"

95

类。"《疏议》中的"公山弗扰以费叛"一句出自《论语·阳货》,原文是:"公山弗扰以费畔,召子欲往。子路不悦,曰:'末之也已,何必公山氏之之也。'子曰:'夫召我者,而岂徒哉。如有用我者,吾其为东周乎?'"①

按照《论语》的这段记载,孔子的本意是打算应召前往的。但根据《唐律》的规定,这已经构成了谋叛,罪在十恶。《阳货》还记载了另一件孔子欲应叛臣之召的事例,②亦与唐律的态度相悖。尽管《论语·阳货》的这两段记载可信与否尚有争议,但毕竟未成定论;且后人之为孔子辩污,也是站在汉以后确立的名教立场上。至于孔子本人如何看待"公山弗扰以费畔"、"胇肸以中牟畔"之类事情,则犹有探讨的余地。③ 朱熹《论语集注》引张栻语说:"子路昔者之所闻,君子守身之常法。夫子今日之所言,圣人体道之大权也。然夫子于公山佛肸之召皆欲往者,以天下无不可变之人,无不可为之事也。其卒不往者,知其人之终不可变而事之终不可为耳。一则生物之仁,一则知人之智也。"刘宝楠说:"盖圣人视斯人之徒,莫非吾与,而思有以治之。故于公山、佛肸,皆有欲往之意"。④ 或许在孔子看来,即便是为恶之人,劝导其改恶从善,也是正当之举,不可谓之为"叛"。

《疏议》此处特别举出这个例子来解释"谋叛",尤显离奇,其用意何在呢?难道是故意要点明孔子的言行不足为训吗?张舜徽先生说:"唐太宗是一位通达治体、最懂权术的统治者……在政治上力求统一,加强控制;反映在说经上也定于一尊,举一废百。导致在客观上众家学说的破坏,损失是很

---

① 定州汉墓竹简本《论语》(河北省文物研究所定州汉墓竹简整理小组:《定州汉墓竹简〈论语〉》,文物出版社 1997 年版,第 82 页)"弗扰"作"不擾",关于孔子是否应召之事及公山弗扰与《左传》所记公山不狃是否为同一人向来有争议,参见杨伯峻:《论语译注》(中华书局 1983 年版),第 182 页。屈万里:《先秦文史资料考辨》(中国台湾联经出版公司 1983 年版,第 387~389 页)也认为:"《论语》这段记载,确乎和史实不合。像这样既不合史实、而又污蔑孔子的资料,不但不会是孔子弟子的记载,也不可能孔子再传弟子的记载,而必定是后人附加的"。

② 原文如下:"佛肸召,子欲往。子路曰:'昔者由也闻诸夫子曰:亲於其身为不善者,君子不入也。胇肸以中牟畔,子之往也,如之何?'子曰:'然。有是言也,曰:不曰坚乎?磨而不磷;不曰白乎?涅而不缁。吾其匏瓜也哉?焉能系而不食?'"笔者按:定州汉简"肸"作"脴"。

③ 参见程树德:《论语集释》,程俊英、蒋见元点校,中华书局 1990 年版,第 1190~1199、1200~1201 页。于此两事有详尽阐释,似仍以阙疑为宜。

④ (清)刘宝楠:《论语正义》,世界书局编印:《诸子集成》,上海书店影印 1986 年版,第 372 页。屈万里引崔述《洙泗考信录》认为《论语》此段记载也不可信。

严重的。"①作为唐代制度、法律的主要奠基人,唐太宗的政治目标不过是李唐江山的万世不易,唐律对儒家经典的利用自然也超不出这个藩篱。从疏议的这段解释中足以看出唐律之用心与孔子之道相去甚远。

当然,原始儒学也绝非鼓吹叛乱犯上的学说。《论语·学而》便有:"有子曰:'其为人也孝弟,而好犯上者鲜矣;不好犯上,而好作乱者,未之有也。'"但是按照真正的儒家理论,如果出现盗贼四起、祸乱频仍的情形,首先应受谴责的不是臣民百姓而是作为"人君"的统治者。《论语·颜渊》:"季康子患盗,问于孔子。孔子对曰:'苟子之不欲,虽赏之不窃。'"《论语·子张》:"曾子曰:'上失其道,民散久矣。'"《论语·尧曰》载:"尧曰:'咨尔舜,天之历数在尔躬,允执其中,四海困穷,天禄永终。'舜亦以之命禹,曰:'……朕躬有罪,无以万方,万方有罪,罪在朕躬。……百姓有过,在予一人……'"《孟子·离娄上》:"是以惟仁者宜在高位。不仁而在高位,是播其恶于众也。上无道揆也,下无法守也,朝不信道,工不信度,君子犯义,小人犯刑,国之所存者幸也。"

更进一步说,在儒家看来,不仅社会上的罪恶应由统治者承担责任;即便是由自然灾害造成的灾荒饥馑,统治者也应该检讨自己是否失德。前述臧文仲称赞宋君因水灾而自责一事便是其例。《孟子·梁惠王上》说:"狗彘食人食而不知检,涂有饿莩而不知发;人死,则曰:'非我也,岁也。'是何异于刺人而杀之,曰:'非我也,兵也!'王无罪岁,斯天下之民至焉。"

如果唐律真的是体现儒家思想的典范,那十恶重罪就绝不会是只责臣、卑、妇、幼、贱而不究君、尊、夫、长、贵。这里我举一个典型的案例。

《春秋·隐公元年》载有"郑伯克段于鄢"一句,说的是一个著名的历史公案,此处无庸赘述其详情。公叔段从亲情上讲是郑伯之胞弟,从公事上讲又居于臣子的地位。以弟而谋兄,以臣而篡君,依唐律属于谋反,罪在十恶不赦。郑伯杀之,合理合法,何过之有?然而春秋三传对这段公案的评判,虽然也都同声批评公叔段之不弟,但更主要的还是谴责郑伯的不仁。

《左传》说:"书曰:'郑伯克段于鄢。'段不弟,故不言弟;如二君,故曰克;称郑伯,讥失教也:谓之郑志。不言出奔,难之也。"《谷梁传》的评说更具体:

---

① 张舜徽:《群书辨惑十二讲·崇文辨惑》,张舜徽:《讱庵学术讲论集》,岳麓书社1992年版,第544~545页。

"克者何？能也。何能也？能杀也。何以不言杀？见段之有徒众也。……段失子弟之道矣,贱段而甚郑伯也。何甚乎郑伯？甚郑伯之处心积虑,成于杀也。于鄢,远也,犹曰取之其母之怀中而杀之云尔,甚之也。然则为郑伯者宜奈何？缓追逸贼,亲亲之道也。"《公羊传》也有评论:"克之者何？杀之也。杀之则曷为谓之克？大郑伯之恶也。曷为大郑伯之恶？母欲立之,己杀之,如勿与而已矣。段者何？郑伯之弟也……"这就是所谓的"《春秋》之法,常责备于贤者"[1]的深意所在。据此不难看出,礼是双向的、对待的,而且重在约束居于主动和优势地位的一方,此乃礼之基本含义。

即便是到了汉代,由于去古未远,汉礼中可能仍然保留了先秦古礼的某些残迹。譬如《汉书·翟方进传》载:"丞相进见圣主,御坐为起,在舆为下。"又《汉书·王嘉传》:"圣王之于大臣,在舆为下,御坐则起,疾病视之无数,死则临吊之,废宗庙之祭,进之以礼,退之以义,谇之以行。"

但是自暴秦以降,礼的发展大大偏离了孔孟的初衷,顺着单向化、片面化的轨迹运行;李唐以后,更是以加速度堕落,且愈演愈烈,终至无以复加之地。

《朱子语类》[2]载有一段问答,抒发了宋人对礼之变迁的慨叹:

> 问:"虞礼,子为尸,父拜之。"曰:"古人大抵如此。如子冠,母先拜之,子却答拜,而今这处都行不得。看来古人上下之际虽是严,而情意甚相通,如'禹拜昌言'、'王拜手稽首'之类。到汉以来,皇帝见丞相,在坐为起,在舆为下。赞者曰:'皇帝为丞相起!'尚有这意思。到六朝以来,君臣逐日相与说话。如宋文帝明日欲杀某人,晚间更与他说话,不能得他去。其间有入朝去从人即分散去,到晚他方出。到唐,尚有坐说话底意思。而今宰相终年立地,不曾得一日坐,人主或终日不曾得见面。"

晚清之际,西法东渐,许多学士大夫观摩以后,盛赞西法与中国古礼相合。[3]

---

① (宋)欧阳修、宋祁撰:《新唐书·太宗本纪》,中华书局1975年版,第49页。

② (宋)黎靖德编:《朱子语类》卷91,《礼八·杂仪》,王星贤点校,中华书局2007年版,第2331页。

③ 《湘报》第3号载黄遵宪《桑辕批示》:"遍历泰西,观其国、观其政,求其富强之故,实则设官多本乎《周礼》,行政多类乎《管子》。……此周公所以致太平者也,而西人法之,……故能官民一气,通力合作,互相保卫,事举令行,实中国旧法而西人施之。"谭嗣同也说:"又况西法博大精深,周密微至,按之《周礼》,往往而合,盖不徒工艺一端,足补《考工》而已。斯非圣人之道,中国亡之,独赖西人以存者耶?"蔡尚思、方行编:《谭嗣同全集》(增订本),中华书局1998年版,第202页。

笔者以为,如此攀比绝非牵强附会,西方近现代法律仁至义尽之处确与孔孟所推崇之古礼遥相对应。

谭嗣同说:"在西国刑律,非无死刑,独于谋反,虽其已成,亦仅轻系数月而已。非故纵之也,彼其律意若曰,谋反公罪也,非一人数人,故名公罪。公罪则必有不得已之故,不可任国君以其私而重刑之也。且民而谋反,其政法之不善可知,为之君者,犹当自反。藉曰重刑之,则请自君始。此其为罪,直公之上下耳。"①

可见,将变异后的礼称之为"名教"确实非常恰当,正如冯友兰先生对名教的本质所做的概括:"所以谓之名教者,因其看法,是纯从名看而不是从实看。照这种看法,只要有君之名者,其臣即应对之尽忠,至于其实若何,则可不问,亦不可问。"②所以谭嗣同才说:"以名为教,则其教已为实之宾,而决非实也。又况名者,由人创造,上以制其下,而不能不奉之,则数千年来,三纲五伦之惨祸烈毒,由是酷焉矣。"③

(二)礼衰变为悖情逆理的繁文缛节。

欧阳修说:"故自汉以来,史官所记事物名数、降登揖让、拜俯伏兴之节,皆有司之事尔,所谓礼之末节也。然用之郊庙、朝廷,自搢绅、大夫从事其间者,皆莫能晓习,而天下之人至于老死未尝见也,况欲识礼乐之盛,晓然谕其意而被其教化以成俗乎?呜呼!"④

欧阳永叔批评的是汉以后的礼流于形式主义,文胜于质,成了徒有其表的烦琐仪式。由于礼是一种外在的行为规则,需要用特定的方式具象地表达出来,因而常常使人们更重视其形式而忽视其内在的精神。这种情形其实早在先秦时代即已存在了。

《墨子·非儒下》曾批评儒者说:"且夫繁饰礼乐以淫人,久丧伪哀以谩亲,立命缓贫而高浩居,倍本弃事而安怠傲,贪于饮食,惰于作务,陷于饥寒,危于冻馁,无以违之"。⑤ 正如有学者所指出的那样:"墨家的批评对于礼乐形式

---

① 蔡尚思、方行编:《谭嗣同全集》(增订本),中华书局1998年版,第345页。

② 冯友兰:《贞元六书·新理学》,华东师范大学出版社1996年版。

③ 蔡尚思、方行编:《谭嗣同全集》(增订本),中华书局1998年版,第299页。

④ (宋)欧阳修、宋祁撰:《新唐书·礼乐一》,中华书局1975年版。

⑤ (清)孙诒让:《墨子间诂》卷九,《非儒下》,世界书局编印:《诸子集成》,上海书店影印1986年版,第180页。

主义化而言乃是中的之语。因为,对礼乐形式的过分'讲究'往往使人们只注重形式而忽视内容……墨家指责儒家'繁饰礼乐以淫人','淫人'一词最为贴切,它反映了对礼仪的形式化追求这样一种倾向已使得整个社会的精神面貌趋于表面化、浮夸化和虚伪化。"[1]

真正通礼的儒家当然也深知此弊,因而将仅注重形式主义的礼称之为仪。《左传·昭公五年》:

> 公如晋,自郊劳至于赠贿,无失礼。晋侯谓女叔齐曰:"鲁侯不亦善于礼乎?"对曰:"鲁侯焉知礼!"公曰:"何为? 自郊劳至于赠贿,礼无违者,何故不知?"对曰:"是仪也,不可谓礼。礼,所以守其国、行其政令、无失其民者也。今政令在家,不能取也;有子家羁,弗能用也;奸大国之盟,陵虐小国;利人之难,不知其私。公室四分,民食于他。思莫在公,不图其终。为国君,难将及身,不恤其所。礼之本末将于此乎在,而屑屑焉习仪以亟。言善于礼,不亦远乎?"君子谓叔侯于是乎知礼。

又《左传·昭公二十五年》:

> 子大叔见赵简子,简子问揖让、周旋之礼焉。对曰:"是仪也,非礼也。"简子曰:"敢问,何谓礼?"对曰:"吉也闻诸先大夫子产曰:夫礼,天之经也,地之义也,民之行也。天地之经,而民实则之。……"简子曰:"甚哉,礼之大也!"对曰:"礼,上下之纪、天地之经纬也,民之所以生也,是以先王尚之。故人之能自曲直以赴礼者,谓之成人。大,不亦宜乎!"简子曰:"鞅也请终身守此言也。"

孔颖达疏谓:"礼之与仪非为大异,但所从言之有不同耳。礼是仪之心,仪是礼之貌。本其心谓之礼,察其貌谓之仪。行礼必为仪,为仪未是礼。"[2]

然而,正如前述那位学者指出的:"西周以来礼仪的形式主义发展,已使得手段与目的之间产生了越来越严重的背离,诚如《晏子春秋·外篇下》中所说:'自大贤之灭,周室之卑也,威仪加多,而民行滋薄;声乐繁充,而世德滋衰。''威仪加多'和'声乐繁充',表明整个社会十分讲究礼仪的排场,'民行滋薄'和'世德滋衰'则说明这种片面追求礼仪形式所导致的消极社会道德后

---

① 陈科华:《孔子思想研究》,人民日报出版社 2002 年版,第 134 页。
② (清)阮元校刻:《十三经注疏》,中华书局影印 1983 年版,第 2107 页。《左传》引文未另注明者皆据此本。

果。有鉴于此,有越来越多的思想家主张将'礼'与'仪'分开来,而孔子也是其中之一。孔子说:'礼云礼云,玉帛云乎哉?乐云乐云,钟鼓云乎哉?',明确指出礼不只是指一种仪式或器物而言,很显然,这是继承了女叔齐等思想家的礼学思想。"①

《礼记·经解》托孔子之口道出了礼的精义:"孔子曰:入其国,其教可知也。其为人也……恭俭庄敬,礼教也……礼之失,烦。……其为人也,恭俭庄敬而不烦,则深于礼者也。"

无论上面这段话是否真出于孔子之口,但确实符合孔子的礼观。是否合乎礼的原则,不在于具体的模式和仪容而在于通过这些模式和仪容真实地表达出"恭俭庄敬"的情感。须知儒家的礼是基于人类的情感而人为创制的规范体系。《礼记·坊记》说:"礼,因人之情而为之节文。"司马迁说:"余至大行礼官,观三代损益,乃知缘人情而制礼,依人性而作仪,其所由来尚矣。"②《淮南子·齐俗训》:"礼者,实之文也;仁者,恩之效也。故礼因人情而为之节文"。③ 郭店楚简中也有许多类似的论述。例如,《性自命出》篇说:"礼作于情。"《语丛一》说:"礼因人之情而为之。"

在儒家看来,礼顺乎人情、合乎人性,因而也合乎道、合乎理。儒家所说的道是周、孔之道或孔孟之道。周孔之道或孔孟之道是什么呢? 是仁道,也就是人之道。《中庸》说:"子曰:'道不远人。人之为道而远人,不可以为道'"。郭店简《性自命出》篇说:"性自命出,命自天降。道始于情,情生于性。始者近情,终者近义。"杨向奎先生说:"'道'也就是宗周的礼乐文明,以德、礼为主的周公之道,世代相传,春秋末期遂有孔子以仁、礼为内容的儒家思想。"④冯友兰先生指出:"总而言之,仁者,即人之性情之真的及合礼的流露"。他又说:"孔子亦注重人之性情之自由。人之性情之真的流露,只须其合礼,即是至好,是人亦即可顺之而行矣。"⑤易言之,人之真情的合礼的流露即是仁。这

① 陈科华:《孔子思想研究》,第135~136页。笔者案:所引《晏子春秋》语核之张纯一《晏子春秋校注》(世界书局编印:《诸子集成》,上海书店影印1986年版)当在卷八《外篇不合经术者第八》。
② 《史记·礼书》。
③ 刘文典:《淮南鸿烈集解》上册,中华书局1997年版,第356页。
④ 杨向奎:《宗周社会与礼乐文明》,人民出版社1997年版,第285页。
⑤ 冯友兰:《中国哲学史》上册,中华书局1983年版,第97页。

也就是《毛诗序》所说的："发乎情,止乎礼义。发乎情,民之性也;止乎礼义,先王之泽也。"①

可见,通过人性、通过真情,礼实现了与"仁"和"道"乃至"天"的沟通,因此礼必然是也必须是合理的。《礼记·乐记》说:"礼也者,理之不可易者也。"《礼记·仲尼燕居》:"子曰:'礼也者,理也'。"《管子·心术上》也说:"礼者,因人之情,缘义之理,而为之节文者也。故礼者谓有理也。理也者,明分以谕义之意也。故礼出乎义,义出乎理,理因乎宜者也。"②

反之,凡是不合人情、扭曲人性、违反人道的所谓"礼"就不是名副其实的礼,抑或说,不是原典儒家所倡导的礼。诚如蒙培元先生所指出的:

> 仁与礼是内在情感与外在形式的关系,二者是统一的。内在情感之实现(移情),必待礼而完成。《礼运》说:"礼义者……所以达天道、顺人情之大窦也。"《丧服》说:"凡礼之大体,……有恩有理有节有权,取之人情也。"……这些解释都是符合孔子思想的。人情有多种多样,其中有好恶之情,但仁爱是其核心。"唯仁者能好人,能恶人。"仁之中包含着道德理性原则。礼作为仁之外在形式,是人文创造,但有其内在根源,反过来又能培育人的情感,巩固其仁心。孔子所说的"克己复礼为仁",就是克服个人的一己之心,视、听、言、动都符合礼仪,这样就能实现仁德。但是,如果没有真情实感,只是一套形式,那就从根本上丧失了礼的意义。……难道礼就是实行那些外在的仪式吗? 当然不是。礼是表达、满足和调节人的情感的。仁与礼也可以说是"质"与"文"的关系,仁是质朴的内在情感,礼是人文的外部表现,二者结合起来,就是仁人君子。"文质彬彬,然后君子。"这是孔子对仁与礼的关系的最好说明。③

一言以蔽之,孔孟所推崇的礼是真情实感的恰当表达方式;用现代的术语来表述,礼应当是形式理性和实质理性的统一,而且更注重实质理性。

遗憾的是,秦汉以后,礼的发展严重背离了原典儒家所指示的目标。《淮南子·齐俗训》说:"今世之为礼者,恭敬而忮;为义者,布施而德。君臣以相非,骨肉以生怨,则失礼义之本也,故搆而多责……礼义饰则生伪匿之本。"

---

① (清)阮元校刻:《十三经注疏》上册,中华书局影印 1983 年版。第 272 页。
② 戴望:《管子校正》,世界书局编印:《诸子集成》,上海书店影印 1986 年版,第 221 页。
③ 蒙培元:《孔子"仁"的重要意义》,《北京行政学院学报》2006 年第 1 期,第 67 页。

　　魏晋时代,礼进一步流于形式主义,从而引发了名教与自然的理论争讼。当时流行着所谓"圣人无情"说。譬如王戎说:"圣人忘情,最下不及情。情之所钟,正在我辈。"①因而许多愤世嫉俗之士"非汤武而薄周孔",坚执"情与礼不能并存,所以只有违礼而从情"。② 如果单就当时的社会情形而言,阮籍、嵇康等人的批判精神无疑是可取、可贵的;但是如果将他们所批评的名教泛泛然归入孔孟之道,同样也失之于矫枉过正。钱穆指出:

　　　　东汉以来,社会早走上虚伪文饰之途。曹氏、司马氏篡窃相承,丑态百出,更令有心人深恶痛疾。……直到魏晋之际,上下虚伪成习。阮籍目击此种状况,遂要破弃礼法,放浪人间,自称"礼法岂为吾辈设"。其言论行迹,容有过激,其心情怀抱,实亦可悲,而且可敬。史称阮籍性至孝,母死,适与人弈,不辍如故。及葬,尚食一蒸豚,饮斗酒,直言穷矣,呕血数斗。盖是诚孝,而不肯崇守儒礼。因痛恶当时那些假孝子,外守丧礼,而内心不戚,与世同污,所以故意吃酒吃肉,不遵服制。其实他内心非常哀痛,并非凉薄不孝。此处阮籍亦似有些不免误解儒家制礼本意处。儒家制礼,本不为虚文假饰。孝子毁不灭性。古礼有云:"朝一溢水,夕一溢米,食无算。"又曰:"亲死,水浆不入口。"所以者何,由其当时悲不思食,但绝不能因亲丧而废食。悲痛之余,再不好好保养,岂不毁了身体,则更非孝道。但在悲痛时,当然不想吃,待悲痛稍过,不妨便少吃些。如此,不致饿坏身体。亦不多吃,免得悲来伤胃。只能吃即吃,而每顿吃不使多,亦没有一定的时间限制,如此才不致因悲伤而害了健康。故儒家制礼,实为求合人情物理,不为粉饰虚假。阮籍认为虚礼可厌,临葬其母,尚故意大吃酒肉。不知儒家"丧忌酒肉"正恐悲来伤胃。阮籍就吃了这亏,一时悲从中来,正因吃了酒肉,遂致呕出血来。此乃因不遵礼而毁身伤性……不知儒家之礼,正为大忠大孝之人而设。故曰:"人而不仁如礼何,人而不仁如乐何",现在阮籍心恨那辈不仁的假君子,自己又是一位热心肠人,却偏不肯讲礼法,就规矩,设使孔子遇之,决不会加以非罪,反而会要

---

① 余嘉锡:《世说新语笺疏》,《伤逝》第十七,中华书局 2012 年版,第 751 页。
② 参见余英时:《士与中国文化》,上海人民出版社 1987 年版,第 435、424 页。

加以引进的。①

晚清薛福成观察中西法律的差别后曾在日记中写道:"中律尚理,西律原情。尚理则恐失理,故不免用刑;原情则惟求通情,故不敢用刑。然理可遁饰,情难弥缝;故中律似严而实宽,西律似宽而实严,亦各行其是而已。"②他说的这个"理",应该是为官方所接受的宋明理学的"理",也就是戴震指斥的"以理杀人"的"理"。恐怕在孔孟眼里,为道而远人,不通于情,难称合"理"?倒是通情、原情的西律,似更近乎孔孟之道或周孔之礼。

四　仁之缺失

考察唐律是否"一准乎礼"的根本标准或许不在于礼本身,而在于其是否合乎"仁"。

牟宗三先生说:

> 孔子由礼乐来点出仁,仁是礼乐的原则。但是这并不是说仁是构成礼乐的内在原则(immanent principle)。音乐家作曲依照乐理,这是内在原则。我们说仁是礼乐的原则,是表示仁是礼乐的超越原则(transcendent principle),礼乐要有真实的意义,就要靠这个仁。所以"人而不仁如礼何?人而不仁如乐何?"如果人而无仁,你天天演奏音乐有什么用呢?你空有一大套的礼数有什么用呢?③

套用牟先生的这个公式,如果说礼是唐律的内在原则,仁就应该是唐律的超越原则。《孟子·离娄上》说:"孔子曰:'道二,仁与不仁而已矣。'"所以,即便唐律从表面上看真的是"一准乎礼"了,如果不合仁道,仍不可谓其合礼。

近人刘咸炘先生说:

> 六艺惟礼切于行,动则由礼,静则为仁,二而一,孔子之教也。人之所以异於禽兽者,以其不倍生忘死也。曾子曰:"民德归厚",故礼首丧、祭,

---

①　钱穆:《魏晋玄学与南渡清谈》,罗联添编:《国学论文精选》,(中国台湾)幼狮文化事业公司1987年版,第389~390页。

②　薛福成:《出使英法意比四国日记》卷之六,岳麓书社1985年版,第703页。

③　牟宗三:《中国哲学十九讲》,上海古籍出版社1998年版,第52页。

周所重也。圣人人伦之至,伦始于父子,故丧以三年为本……吾党读礼,求其义而已,讲明三年之义,则礼之本立,仁于是始,伦于是正,而挽俗不出乎此矣。①

这是深明礼仁关系之言。至於"仁"字究竟出现于何时,争论颇多,尚无定论。"仁"字也未必是孔子的创造,但"仁"字确实是经由孔子赋予了新意后方才成为一种学说的,这似乎已形成了普遍的共识。杨向奎先生说:"'仁'是孔子提出来的新命题,继西周初提出'德'后而有'仁',是中国哲学史中的伟大转折,这是古代世界中的'人'的发现,'仁'即人,处理人际关系即'仁'。"②据赵纪彬先生统计,《论语》中计有五十八章论"仁","仁"字凡一百零五见。③但孔子对"仁"的解释,因人而异,飘忽不定,很难把握。孔子以后人们对"仁"的解释大体有两派,一派偏重文字学的解释。许慎的《说文解字》将"仁"字解为:"仁,亲也,从人二"。段注说:"人耦犹言尔我亲密之词,独则无耦,耦则相亲,故其字从人二。"④阮元说:"春秋时,孔门所谓仁也者,以此一人与彼一人相耦而尽其敬礼忠恕等事之谓也。'相人耦'者,谓人之偶之也。凡仁,必于身所行者验之而始见,亦必有二人而仁乃见,若一人闭户斋居,瞑目静坐,虽然有德理在心,终不得指为圣门所谓之仁矣。"⑤显然,这一派的解释注重"仁"的外部表现,即仁的行为一面,将人与人的关系视为仁的核心问题。另一派的解释偏重"仁"的心理一面,并由此加以引申。刘熙《释名》谓:"仁,忍也。好生恶杀,善含忍也。"有学者说:"仁于六书中为会意字,从人二,经义以对人而能尽其爱为始。故爱是仁之本义,其余诸义皆自爱生者也。"⑥杨幼炯也认为:"孔子所谓'仁'之真义,简单的解释,即是一种同情心。所谓仁爱即为此种同情心之表现。因为'仁'之中心点为慈爱,故'仁'为一切论理之根本,作成我民族之美德"。⑦

郭店楚简总计一万三千多个汉字中,大约有七十个"仁"字,皆写作"悬"。

---

① 刘咸炘著,刘曙辉编校:《学略》,华东师大出版社2009年版,第17~18页。
② 杨向奎:《宗周社会与礼乐文明》,人民出版社1997年版,第381页。
③ 杨向奎:《中国古代社会与古代思想研究》上册,上海人民出版社1962年版,第187页。
④ (清)段玉裁:《说文解字注》,八篇上,人部,上海古籍出版社1984年版。
⑤ (清)阮元:《研经室集》,中华书局2006年版,第176页。
⑥ 程光铭:《支那之法理学》,胡魁章书店1937版。第117页。
⑦ 杨幼炯:《中国政治思想史》,商务印书馆1937年版,第66页。

庞朴认为，仁字的这种写法"可能只是郭店楚简成书年代或抄录年代的产品，而且更有可能是某种观念或理论孵化出来的产品"，但它反映出造字者们"着眼于挖掘它的形而上学身价，发现其人情人性的本质……仁者人也，它本是人类(凡有'心'者)所特有和所必修的美德，是人之所以异于禽兽的天命之性。"①

笔者以为，这两种解释都有各自的道理，仁应当是内心情感和外在行为的统一，这二者也是文和质的关系。孔子说"克己复礼为仁"，显然有顾及行为的一面。不过孔子同意"礼后"的说法。人毕竟是理性的动物，人的言行举止、喜怒哀乐都是受思维、情感和意志支配的。没了精神，人岂非行尸走肉。孔子说"刚毅木讷近仁"，"巧言令色鲜矣仁"。言行举止很得体，又善于花言巧语，但是内心不善，没有爱心、没有同情心，终究还是处理不好人际关系的。因此我更倾向于从内心情感和精神上理解仁。

《周易·系辞下》说："天地之大德曰生"。这也是从心的角度来解释的。王阳明说"人者，天地万物之心也；心者，天地万物之主也。心即天，言心则天地万物皆举之矣。"②心是善的，心与宇宙万物相通，因此有好生之德，这就是仁。程颢对此有充分的发挥："医书言，手足痿痹为不仁，此言最善名状。仁者以天地万物为一体，莫非己也。认得为己，何所不至？若不有诸己，自不与己相干，如手足不仁，气已不贯，皆不属己。故博施济众乃圣〔人〕之功用。"③谢良佐说："活者为仁，死者为不仁。"这是非常干净利落的说法，为什么这样说？他指出："今人身体麻痹，不知痛痒，谓之不仁。桃杏之核可种而生者，谓之桃仁、杏仁，有生之意，推此仁可见矣。"④杨向奎先生指出："我们的先秦儒家的确高明，他们在我国得到'一尊'的地位，不仅由于当时统治者的利益，主要还是他们具有渊博的学术基础和出色的本体论——宇宙观……孔子以宇宙之生生不息为仁，子思以宇宙之充满生物为诚，这仁与诚的命题，仍然具有道

① 庞朴:《"仁"字臆断》，刘贻群编:《庞朴文集》第2卷《古墓新知》，山东大学出版社2005年版，第71、75、76页。
② (明)王阳明:《王阳明全集》，吴光等编校，上海古籍出版社1992年版，第214页。
③ 《程氏遗书》卷二明道语，(宋)程颢、程颐:《二程集》，王孝鱼点校，中华书局1981年版，第15页。
④ (宋)朱熹编、谢良佐语:《上蔡先生语录》卷之上，商务印书馆1939年版，第2页。

德哲学的全部涵义,它是人生'本体',没有仁便不能生。"①

由于仁是好生恶杀的,因而从本质上说,仁学是非暴力主义的学说,所以儒家一向主张以感化、说服的方式治理社会而反对以暴力或硬性强制的手段驾驭百姓。郭店楚简《尊德义》说:"民可道也,而不可强也。"《成之闻之》:"上不以其道,民之从之也难。是以民可敬导也,而不可掩也;可御也,而不可牵也。"《论语·子路》:"善人为邦百年,亦可以胜残去杀矣。"季康子曾问政于孔子:"如杀无道,以就有道,何如?"孔子回答说:"子为政,焉用杀? 子欲善而民善矣。君子之德风,小人之德草。草上之风,必偃。"又说:"道之以政,齐之以刑,民免而无耻;道之以德,齐之以礼,有耻且格。"②孟子也说"行一不义,杀一不辜而得天下,皆不为也"。即便是被正统儒家视为另类的荀子也认为"行一不义,杀一无罪,而得天下,不为也"。③

用此标准来衡量《唐律疏议》,不难看出,尽管其中吸纳了许多儒家的原则和言论,但其基本的价值观念却仍然是法家的严刑威吓主义。有西人指出:

> 说法家思想对于后来的法律没有持续的影响,这是不公正的,例如,帝国时期各个朝代的法典都以刑法作为主要内容;即使是对于行政行为,或者其他非犯罪行为,也遵循"有错必罚"的刑罚原则。另外,帝国时期司法程序上的某些重要制度也可能与法家思想有关,例如:不设私人律师;有罪推定,即:嫌疑犯在其被证明无罪之前,推定其为有罪;法律明文规定拷讯制度,以逼迫拒不认罪的嫌疑犯认罪。株连思想也与法家思想密切相关。④

这里所指出的法家思想的特征是历代律典所共有的特征,而号称为"古今之平"的唐律也不例外。

沈家本曾对唐律做过统计,其502条之中,规定可以处以死刑(斩、绞)的犯罪竟多达232条,⑤占总数的46%强,接近半数。虽然与唐以前及以后的历

---

① 杨向奎:《杨向奎学术文选》,人民出版社2000年版,第19页。
② 分见《论语》之《颜渊》、《为政》。
③ 《荀子·儒效》。
④ [美]布迪、莫里斯:《中华帝国的法律》,朱勇译,江苏人民出版社1995年版,第20页。
⑤ 《死刑之数》统计为233事,但按《唐死罪总类》计算当为232条。今从后者。参见(清)沈家本:《历代刑法考》第三册,邓经元、骈宇骞点校,中华书局1985年版。

代王朝相较，已是最为宽平了，即使与同时代的西方国家相比，也还是"较为宽松的"。但是如果用仁的标准来要求，还是嫌其杀人太多。如果唐律真的是遵依孔孟遗教，纵使不尽废死刑，也绝不该保留如此众多的死罪条款。

如果说，死刑条款过多尚不足以说明唐律之不仁。那么，缘坐、连坐的相沿不废则堪称是违背仁道的典范了。

所谓缘坐及连坐是指因与犯罪者有一定身份关系而承担刑事责任。"缘坐因己身与正犯有亲属关系或家属关系，而连坐乃己身与正犯系同职、同伍或其他关系而坐罪。缘坐已见于先秦史料，即所谓族刑、三族刑及五族刑。盖为收威吓之效而设。"①戴炎辉先生说："犯罪因行为人具备犯罪要件而成立，此为现代各国刑法的通例"。② 而缘坐或连坐却是要对没有任何犯罪行为的人，甚至对犯罪行为毫不知情的人施以刑罚。与人们的自然推想相反，儒家虽然非常注重家族内部的联系，但却坚决反对因一人之行为而牵连无辜。《公羊传·昭公二十年》谓："君子之善善也长，恶恶也短；恶恶止其身，善善及子孙。"《左传·昭公二十年》也说："《康诰》曰：'父子兄弟，罪不相及'。"有日本学者曾罗列先秦有关反对族刑的论说，都是出自儒家经典或儒家学派的著作，如《尚书》的《康诰》、《泰誓》、《左传》、《孟子》、《荀子》等。③ 汉代围绕族刑缘坐问题曾发生激烈论争，反对族刑的"文学"、"贤良"一派的理论依据也是出自儒家思想。④ 与此相反，唐律中确实体现儒家精神的"同居相为容隐"原则却不得适用于谋反、谋大逆、谋叛三类犯罪。大概正如一些西方学者所说的那样："当以儒家学说为立国方针的统治者们感到其统治确实受到威胁时，他们就会舍弃亲属容隐的原则。"⑤或许更确切些说，惟当儒家学说有利于官方的统治时才会被接受。如此残苛的刑罚在号称是"一准乎礼"的唐律中居然能够保留下来，这就不能不令人对"儒家的礼"感到诧异并大生反感。有学者指出："唐律最受非难之条文，即为尚保留族诛之制度……凡属应受族诛之人，

---

① 戴炎辉：《唐律通论》，（中国台湾）正中书局1977年版，第106页。
② 戴炎辉：《唐律通论》，（中国台湾）正中书局1977年版，第106页。
③ ［日］小仓芳彦：《围绕族刑的几个问题》，杨一凡主编：《中国法制史考证》丙编第一卷，中国社会科学出版社2003年版，第359~360页。
④ （清）沈家本：《历代刑法考》，邓经元、骈宇骞点校，中华书局1985年版，第361~362页，有引述；或参见（汉）桓宽撰，王利器校注：《盐铁论校注》，天津古籍出版社1983年版，第599页。
⑤ ［美］布迪、莫里斯：《中华帝国的法律》，朱勇译，江苏人民出版社1995年版，第29页。

不问其与犯罪有关与否,一律处死,盖为斩草除根,杜渐防微,不得不采取最严重之措施,以对付可能侵犯帝王权位之人。无论族诛被礼教所容认,但其究竟属最无人道之刑罚制度,且常为帝王用以迫害人民之工具,此为封建思想贻害最大者。"①尽管关于族刑的起源问题尚有不少争议,但是厉行法家路线的秦国(及后来的秦朝)在族刑的推广和普及方面曾经起过推波助澜的关键性作用则是众所公认的。②

宋人胡寅说:"自先王之迹息,秦以法律治天下,用刑严酷。汉世稍宽,而无复三代之忠厚。流俗相因,日改月化。……至唐世,人君奉佛者众,而酷吏始以巧杀,苛毒惨虐,真如地狱变相,又有甚焉,所不忍闻者。呜乎!悲夫。"看来,张载说唐太宗算不得"仁主"③并非无的放矢之论。唐律虽较之前后各朝法律稍显宽平,但在尊君抑臣、捍卫一家天下的政权等诸多关键领域并未脱离秦律的窠臼。诸如此类,正唐律失仁之所在。

《四库提要·政书类二》有一段案语说:"刑为盛世所不能废,而亦盛世所不尚。"④沈家本说:"卫觊云:'刑法者,国家之所贵重,而私议之所轻贱。'斯言若伤于过激。然纪文达编纂《四库全书》,法令之书,多遭摒弃,并以刑罚盛世所不尚,所录略存梗概而已。夫以名公巨卿,创此论于上,天下之士,又孰肯用心于法学?"⑤

上面这两段文字,反映出历代儒家对传统刑律的鄙夷态度。有西人指出:"西方人总是将法律看作是最神圣的,看作是所有人的社会行为的调节器。与此相反,中国人传统上对法律相当轻视。"⑥另一位西方学者写道:"'儒家不喜欢明确的和公共的规则',他们认为,国家的法律'漠视社会和谐的真正

---

① 蔡墩铭:《唐律与近世刑事立法之比较》第二版,台湾商务印书馆1972年版,第344页。

② 小仓芳彦说:"从秦始皇到二世皇帝,一直在频繁地使用族刑,这样就使得言族刑必言秦,言秦必言变法者商鞅,秦、商鞅、族刑成为有机的联合体。"杨一凡主编:《中国法制史考证》丙编第一卷,中国社会科学出版社2003年版,第329页。

③ (宋)张载:《张载集》,中华书局1978年版,第251页。

④ (清)永瑢等撰:《四库全书总目》,中华书局影印1983年版,第712页。

⑤ (清)沈家本:《法学名著序》,(清)沈家本:《历代刑法考》,邓经元、骈宇骞点校,中华书局1985年版,第2239页。

⑥ Luke T. Lee & Whalen W. Lai(1978),"Chinese Conceptions of Law: Confucian, Legalist, and Buddhist", *The Hastings Law Journal*, 29, p.1308.

的基础……只能导致更多的纷争'。"①

上述沈家本的说法及西方人的见解是颇具代表性的,也不能说完全错误,但不够准确。确切地说,儒家所反对的法律不是西方意义上或现代意义上的法律,而是中国古人所说的法律——刑罚。如果再引申言之,也包括"兵"或所有的暴力。②

严复指出:"西文'法'字,于中文有理、礼、法、制四者之异义,学者审之。"又说"西人所谓法者,实兼中国之礼典"。西人也有注意到中、西文"法律"的词义差别的:"礼被译作'礼节',而法被译作'law'"。"礼这个术语包含的意思远较'礼节'这两个苍白的字眼丰满得多。另一方面,西文中'law'、'droit''recht'也包含着丰富的含义。礼最终可能带有 law 中的某些词意。而'法'则绝难包含 law 中的大量义蕴。"③

明了了古今中西法律概念上的差别,也就不难明了儒家仁学的超前和可贵。从某种意义上说,儒家对"法律"的反感是所有善良人群对毫无理性的暴力发自内心的厌恶。如果更深入地分析,儒家反对的还不仅仅是具体的法典和刑罚,而是法典条文和刑罚背后的价值观。

五 "古今之平"辨析

《四库提要》在"唐律一准乎礼"之后还有"以为出入得古今之平"一句,也值得稍加分析。

从字义上看,"古今之平"一句中,"今"和"之"、"平"三字都比较明晰,

---

① 安守廉:《不可思议的西方》引昂格尔语,高道蕴等编:《美国学者论中国法律传统》,中国政法大学出版社 1994 年版,第 54 页。

② 所谓刑与兵之关系,用现在话说,就是刀把子与枪杆子的关系,也就是经常的、小规模的、规范性的暴力镇压与非常的、大规模的、非规范性的暴力镇压之间的关系。此种观念至今仍牢固地支配中国人的政治头脑。用班固的话说就是"大刑用甲兵,其次用斧钺;中刑用刀锯,其次用钻凿;薄刑用鞭扑。大者陈诸原野,小者致之市朝"。所以班固做《汉书·刑法志》即将兵刑合说。关于古代兵与刑之关系,可参见顾颉刚:《史林杂识初编·古代兵、刑无别》,中华书局 1963 年版,第 82~84 页。

③ John H.Barton et al., *Law in Radically Different Cultures*, St.Paul:West Publishing Co., 1983, p.105.

"今"指的是《提要》撰著者所处的时代，即清代；"平"为多义词，稍嫌复杂，但此处显当以"公正"、"公平"解之，亦毋庸深论者也。唯一值得详加推敲的是"古"字。此句的大意是说唐律是从"古"至"今"最为公平的律典。

如果这个理解不错，我们就必须了解一下这个"古"字究竟何指。如果说"古"指的是清代以前上至秦、汉，这个说法应是不错的。上衡之暴秦、炎汉，下较之五季、宋、元、明、清，称唐律"得古今之平"确是当之无愧，毫不为过的。但如果再往前比，譬如儒家向来最为津津乐道的"三代"，①或"三古"②恐怕就大成问题了。

儒家向有厚古薄今、是古非今的史观，其所厚、所是者为三代以上，所薄、所非者为秦汉以后。儒家在比较历代的典章制度、政治得失时通常不会拘止于秦汉，而会上溯至三代以上。《荀子·王制》谓："王者之制：道不过三代，法不二后王；道过三代谓之荡，法二后王谓之不雅。"

儒家为什么如此称道三代以上呢？按照黄宗羲在《明夷待访录》中的解释，三代以上是天下为公的时代，三代以上之法是"天下之法"，"固未尝为一己而立也"，"天子之所是未必是，天子之所非未必非，天子亦遂不敢自为非是而公其非是"。三代以下，是帝王满足其一己之私的家天下时代："后世之法，藏天下于筐箧者也；利不欲其遗于下，福必欲其敛于上"，"天下之是非一出于朝廷。天子荣之，则群趋以为是；天子辱之，则群擿以为非"。所以三代以下之法是"一家之法"是"非法之法"。③

或谓三代以上未必真如儒家所想象的那样公平，这固然是一个有待考证的史实问题。但至少我们可以从中看出儒家的价值观与秦汉以后的官方价值观是大相径庭的。在儒家看来，只有天下为公，才能有公平、公正的法律。反之，天下为私，只能造就出偏党一家、一姓、一党、一派、一个利益集团的法律体制，那便是"非法之法"，用谭嗣同的话说，就是"大盗之法"，是不可能有公平、公正可言的。

牟宗三先生说：

① 《汉书·成帝纪》："昔成汤受命，列为三代"。颜师古注："夏、殷、周是为三代。"
② 《汉书·艺文志》："人更三圣，世历三古。"注谓："……伏羲为上古，文王为中古，孔子为下古。"一说（《礼记·礼运》孔颖达疏）谓："伏牺为上古、神农为中古、五帝为下古。"
③ 分见（清）黄宗羲：《明夷待访录》之《原法》、《学校》，古籍出版社1955年版。

111

历来儒者都不满意于家天下,这问题尤其在亡国时特别明显,而一直得不到解决。君主专制虽由法家开出至秦汉大一统而完成,但在西汉二百多年间,家天下的君主专制仍未完成定型,至少在舆论、一般人的意识中尚未完成定型。例如汉文帝初继大统时仍认有德者始应君天下。至汉武帝用董仲舒复古更化以后,西汉思想家出现两派:一派主禅让,一派主五德终始说。至汉光武以后,家天下的君主专制才确定,以后就不再讨论这问题。虽不讨论,但每至亡国时,尤其是亡于异族时,这问题总会出现,因为家天下究竟是不合理的。①

那么,儒家所崇尚的政治体制应当是个什么样子的呢? 晚清康有为推崇的是《礼记·礼运》中孔子所描绘的"大同盛世":

> 大道之行也,天下为公,选贤与能,讲信修睦,故人不独亲其亲,不独子其子。使老有所终,壮有所用,幼有所长,矜寡孤独、废疾者皆有所养,男有分,女有归。货恶其弃于地也,不必藏于己,力恶其不出于身也,不必为己。是故谋闭而不兴,盗窃乱贼而不作。故外户而不闭,是谓大同。

据学者们的研究,儒家所推崇的"大同"、"天下为公"的政治体制就是禅让之制。由于孔子语焉不详,这种体制在原典儒家的心目中恐怕还只是一种朦胧的理想,尚未形成具体的制度设计,甚至还未成形为可操作的理论框架。但至少可以肯定,这种政治理想绝不是家天下的私相授受,绝不是秦汉以后历代相沿的独裁、专制、集权和暴政体制。

《易·乾》:"用九:见群龙无首,吉。"孔颖达疏谓:"六爻俱九,乃共成天之德;非是一爻之九则为天德也。"《象》传的解释是:"天德不可为首也。"②宋儒"程颐释'无首'为无自为首,意谓资质刚健的英雄人物勿自为天下人之首,而让天下人拥我为首"。③ 王夫之的解释是:"群龙皆有首出之能而无专一之主……明非一策一爻之制命以相役也"。④ 用最浅显的话来说就是:

> 一群龙,谁也不居首位,互相平等,自由自在,这是一种最好的状态,

① 牟宗三:《中国哲学十九讲》,上海古籍出版社1998年版,第177页。
② (魏)王弼注,(唐)孔颖达正义:《周易正义》,参见(清)阮元校刻:《十三经注疏》,中华书局影印1983年版,第14页。
③ 金景芳、吕绍纲:《周易全解》,吉林大学出版社1989年版,第9页。
④ 陈玉森、陈宪猷:《周易外传镜诠》,中华书局2000年版,第28页。

所谓"六亿神州尽舜尧",当然这个前提是群龙,意思就是群众的思想意识和才能都得到了极大发展的时候,就应该还政于民,而不是某个人处于特别突出的位置。①

有学者解释说:

> 乾卦的"用九",是六爻皆变显示的象征涵义,可以理解为经历了从初爻到上爻六种状态后的必然结果……龙是完美的象征,如今人民将"首领"列在完美因素的首位,谁都想成为体现完美的龙,而某一方面只能有一个被接受认可,于是就产生了斗争,看谁是最后的胜利者。如果人们都不希望自己变成一条虫,就必须接受"人人都是龙"的观念,就必须相信"群龙无首"的民主状态是最佳选择。因此,笔者以为"群龙聚首,不分彼此",才是乾卦"用九"的真正内涵。②

康有为在《大同书》中也引用"见群龙无首"来形容"初设公议政府为大同之始"。③ 参之《象》传"天行健,君子以自强不息"一句,上述这些浅显的白话解释应当是最为通达可信的。

笔者以为,"大同"、"禅让"在政治体制上的表现就是"群龙无首"。历来人们都认为,儒家是以家族为本位的。笔者则以为,原典儒家的思想是建立在自觉的个人基础上的社会本位,约略相当于当今西方人所鼓吹的"社群自由主义"。④

《论语·八佾》说:"子曰:'夷狄之有君,不如诸夏之亡也。'"刘宝楠解释说:"此篇专言礼乐之事。楚、吴虽迭主盟中夏,然暴强逾制,未能一秉周礼,故不如中夏之亡君,其正俗犹为近古也。"⑤又《子罕》篇:"子曰:'三军可夺帅也,匹夫不可夺志也。'"笔者以为,此句似宜解为"一国军队可以丧失主帅,一

---

① 英侠:《乾之浅释》,http://www.blogchina.com/new/display/26448.html。

② 庞钰龙:《周易与日常生活》,http://www.dnxb.net/bbs/dispbbs.asp? boardid = 12&id = 61。

③ 康有为:《大同书》,陈得媛、李得印评注,华夏出版社 2002 年版,第 101 页。

④ 参见[美]鲁本:《法律现代主义》,苏亦工译,中国政法大学出社 2004 年版,第 41、479~484 页。

⑤ (清)刘宝楠:《论语正义》卷三,世界书局编印:《诸子集成》,上海书店影印 1986 年版,第 45 页。邢昺疏亦同(参见阮元校刻:《十三经注疏》,中华书局影印 1983 年版,第 2466 页)。一说谓:"夷狄且有君长,不如诸夏之僭乱,反无上下之分"(见朱熹:《论语集注》卷二,中华书局 1983 年版,第 62 页)。此说似显牵强,不采。

个人却不能丧失自己的意志"。①《大学》说"自天子以至于庶人,壹是皆以修身为本。其本乱而末治者否矣"。可为拙解之佐证。是亦见儒家以个人品质的提高为根本,至于有无君主、有无领袖倒是末节。儒家的这种价值观,即便是专制君主,有时也不得不在口头上表示接受。今故宫博物院乾清门西军机处值房内还挂有胤禛亲手书写的楹联:"惟以一人治天下,岂为天下奉一人。"虽然是口是心非,毕竟也还冠冕堂皇。

因此,笔者以为,孔子确实是推崇"大同"、"禅让"之制的,因为它符合孔子一贯倡导的"仁"的原则,此即:"己欲立而立人,己欲达而达人,己所不欲勿施于人。"这一点也可以从下述文献中得到佐证。

《论语·泰伯》:"巍巍乎,舜禹之有天下也而不与焉!"《颜渊》:"舜有天下,选于众,举皋陶,不仁者远矣。"

晚近公布的大量战国楚简也为儒家心仪禅让政治提供了众多新的佐证。郭店楚简《唐虞之道》云:

> 唐虞之道,禅而不传。尧舜之王,利天下而弗利也。禅而不传,圣之盛也。利天下而弗利也,仁之至也。古昔贤仁圣者如此……禅也者,上德授贤之谓也。上德,则天下有君而世明。授贤,则民兴教而化乎道。不禅而能化民者,自生民以来未之有也。②

《上博简(二)》中有《容成氏》一篇,讲的是传说中的上古帝王世系,起于容成氏等最古的帝王止于武王克商,约二十多位上古帝王,"皆授贤不授子"。③《上博简(二)》《子羔》篇中也大讲禅让。据介绍:

> 孔子承认古代存在一个"善与善相受也"的禅让时代,尧见舜贤,故让位于舜。在传说中,禹、契、后稷均为舜臣,故简文最后以"舜其可谓受命之民矣。舜,人子也,而三天子事之"之语作结。"此篇主旨在说明一个人是否有资格君天下,应决定于他是否有贤德,而不应决定于出身是否

---

① 关于此句,解释纷纭,各有偏重。杨伯峻:《论语译注》(中华书局 1983 年版,第 95 页)与拙解最近:"一国军队,可以使它放弃主帅;一个男子汉,却不能强迫他放弃主张。"

② 荆门市博物馆编:《郭店楚墓竹简》,文物出版社 1998 年版,第 157~158 页。刘钊:《郭店楚简校释》,福建人民出版社 2003 年版,第 148~149 页。

③ 马承源主编:《上海博物馆藏战国楚竹书》(二),上海古籍出版社 2002 年版,第 249 页。

高贵;跟《唐虞之道》一样,也是竭力鼓吹尚贤和禅让的。"①

当然,前引《礼运》中的那段话是否出自孔子,历来有争论。有人认为把禹、汤、文、武、成王、周公归为"小康"应是"老聃、墨氏之论"。程、朱虽然赞同"尧舜事业,非圣人不能;三王之事,大贤可为",但并不认为"大同"说即儒家"道统"的内容。② 当今也有学者认为"孔子虽然肯定尧舜禅让,但并不是以尧舜时代为社会理想",而是提出"郁郁乎文哉! 吾从周";孔子改革社会的方案也不是"天下为公",实行禅让,而是"克己复礼","礼乐征伐自天子出",即以恢复西周礼治为目标。③

笔者以为,即便此说成立,遵依西周礼治的"小康"社会仍判然有别于秦汉以后的一夫独裁、一姓江山、一家之法的"播其恶于众"的社会。《礼运》说:

> 今大道既隐,天下为家,各亲其亲,各子其子,货力为己。大人世及以为礼,城郭沟池以为固,礼义以为纪,以正君臣,以笃父子,以睦兄弟,以和夫妇,以设制度,以立田里,以贤勇知,以功为己,故谋用是作,而兵由此起。禹、汤、文、武、成王、周公由此其选也。此六君子者未有不谨于礼者也。以著其义,以考其信。著有过,刑仁讲让,示民有常。如有不由此者,在执者去,众以为殃。是谓小康。

三代的"小康"社会虽然是"天下为家",但其政治法律制度仍未尽失"仁"的宗旨,它要求政权的建立和维系必须合乎道德,而是否合乎道德又须以民心的向背为判。④《孟子·离娄上》:"三代之得天下也以仁,其失天下也以不仁。国之所以废兴存亡者亦然。"又说:"桀纣之失天下也,失其民也;失其民者,失其心也。得天下有道:得其民,斯得天下矣;得其民有道:得其心,斯得民矣。"《荀子·王制》说:"水则载舟,水则覆舟"都是讲的这个道理。所谓"得民心者得天下,失民心者失天下"。因得民心而得天下者,那就是王道;缺少道德依据单凭武力夺得天下,或者失了民心而又倚靠暴力和权术把持天下,

---

① 梁涛:《郭店竹简与思孟学派》,中国人民大学出版社 2008 年版,第 171~172 页。

② 姜广辉:《郭店楚简与道统收系》,参见《郭店简与儒学研究》,《中国哲学》第二十一辑,辽宁教育出版社 2000 年版,第 16~17 页。

③ 梁涛:《郭店竹简与思孟学派》,中国人民大学出版社 2008 年版,第 166 页。

④ 即如有学者所说的:"三代之时不以自己之朝代存亡为念,而以世运穷通为重……而三代以后,只重自己朝代之存亡……"。参见陈玉森、陈宪猷:《周易外传镜诠》,中华书局 2000 年版,第 27 页。

那就是霸道。①

冯友兰先生说："政治上的事情靠政权，政权靠一种力量。在封建社会中，这种力量是军队。在民主主义的社会中，这种力量是选票。"②所谓"靠军队"，也就是靠暴力、权谋的胁迫和压服；而所谓"靠选票"，就是靠"民心"、"民意"的支持。儒家所推崇的礼治，倚靠的是民心，用现代的话说就是选票，那是民主主义的社会中才有可能实现的。尽管在孔孟所处的那个时代还没有设计出"选票"来，但是从《周礼》等儒家经典中所反映的制度来看，也存在着某种沟通民情、咨询民意的机制。诚如孙诒让所言："政则自典法刑礼诸大端外，凡王后世子燕游羞服之细，嫔御阉闱之昵，咸隶于治官，宫府一体，天子不以自私。而若国危、国迁、立君等非常大故，无不曲为之制，豫为之防。三询之朝，自卿大夫以逮万民，咸造在王庭，与决大议……所以宣上德而通下情者无所不至，君民上下之间，若会四枝百眽而达于囟，无或雝閟而弗鬯也。"与秦汉以后"上下之情睽阂不能相通"相去天壤。③

然而，自秦灭六国以来的历代政权，包括李唐王朝在内，都是依靠暴力或准暴力（政变）的方式建立起来的一夫独裁、一家天下的政治体制，其政权得以存在和延续的根本理由不在于是否合乎道德而在于是否有效地掌握暴力和诈欺的工具。其所谓法律，无非是暴力压迫的工具之一，并无道德的依据。

当然，在如何看待暴力以及革命的问题上，历代儒家内部的看法也不尽相同。原则上说，儒家肯定汤武革命，但从评价上看，还是不及尧舜的禅让。

许多学者认为，称颂"汤武革命顺乎天应乎人"是战国中期的儒家观念，孔子思想中尚无此点。④ 笔者以为，孔子没有正面称颂汤武革命，并非是对革命的问题毫无考虑，而是对暴力革命乃至所有暴力、强制、压服持保留的态度。在这一点上，孔子与后世的儒家，包括孟、荀都有相当的差别。譬如在对待武

---

① 《荀子·正论》："诛暴国之君，若诛独夫。若是，则可谓能用天下矣。能用天下之谓王。汤武非取天下也，修其道，行其义，兴天下之同利，除天下之同害，而天下归之也。桀纣非去天下也，反禹汤之德，乱礼义之分，禽兽之行，积其凶，全其恶，而天下去之也。天下归之之谓王，天下去之之谓亡。"

② 冯友兰：《中国现代哲学史》，广东人民出版社1999年版，第33页。

③ （清）孙诒让：《周礼正义·序》，王文锦、陈玉霞点校，中华书局1987年版。

④ 晁福林：《从王权观念变化看上博简〈诗论〉的作者及时代》，《中国社会科学》2002年第6期，第198页。

王伐纣的问题上,孟子明确表态赞成:"贼仁者谓之贼,贼义者谓之残;残贼之人,谓之一夫。闻诛一夫纣矣。未闻弑君也。"孔子虽然歌颂周武王,但对比一下他对伯夷、叔齐的评价还是可以隐约感到其间的差别。

《论语·微子》:"子曰:'不降其志,不辱其身,伯夷、叔齐与?'"又《季氏》:"齐景公有马千驷,死之日,民无德而称焉。伯夷、叔齐饿于首阳之下,民到于今称之。其斯之谓与?"但在《八佾》中:"子谓韶:'尽美矣,又尽善也。'谓武,'尽美矣,未尽善也。'"孔子这段话虽然是针对《韶》和《武》这两部音乐所作的评价,但也可以看作是对舜和武王这两个人或两人所代表的不同体制的评价。徐复观先生评论说:

> 孔子的所谓尽善,只能指仁的精神而言。因此,孔子所要求于乐的,是美与仁的统一;而孔子的所以特别重视乐,也正因为在仁中有乐,在乐中有仁的缘故。尧舜的禅让是仁。其所以会禅让,是出于天下为公之心,是仁。"有天下,而不与焉"更是仁。"选于众,举皋陶,不仁者远矣。"也是仁。假定我们承认一个人的人格,乃至一个时代的精神,可以融透于艺术之中,则我们不妨推测,孔子说韶的"又尽善",正因为尧舜的仁的精神,融透到韶乐中间去,以形成了与乐的形式完全融合统一的内容。[1]

后人或谓夷、齐反对武王伐纣,后来又不食周粟,饿死于首阳山,是为了维护君臣之道。[2] 依笔者之见,这其实是一种误解。从夷、齐临死前的作歌可以看出,二人反对武王伐纣的真正原因应该是:"以暴易暴兮,不知其非矣。"孔子推崇夷、齐而批评《武》"未尽善"显然也是基于同一个道理,即反对"以暴易暴"。观秦以后两千多年来中国历代政权的递嬗,莫不是采用以暴易暴的方式。其结果恰如《史记索隐》所说:"以武王之暴臣易殷纣之暴主,而不自知其非矣。"辛亥革命前改良派与革命派论争的"求共和而复归专制"的难题说的也是相同的问题。[3] 由此可见,孔子反对"杀无道以就有道"的确是有先见之明的。后世尊奉孔子为"至圣",而孟子屈居亚圣。孟子"亚"在哪里呢?对

---

① 徐复观:《中国艺术精神》,春风文艺出版社1987年版,第13页。

② 《史记·伯夷列传》载武王伐纣之初,"伯夷、叔齐叩马而谏曰:'父死不葬,爰及干戈,可谓孝乎?以臣弑君,可谓仁乎?'"

③ 参见张枬、王忍之编:《辛亥革命前十年间时论选集》第二卷上册,生活·读书·新知三联书店1978年版,第112~113页。刘笃才:《中日近代宪政道路不同选择的历史约束条件——兼论中国近代宪政与革命的关系》(《环球法律评论》2005年第2期)对此有详尽的讨论。

"以暴易暴"问题的缺乏远见当是其一。还有一点，孔子一贯主张"躬自厚而薄责于人"，也就是把功夫放在提高自己而不是指责别人上。《论语·为政》载孔子语："攻乎异端，斯害也已。"但孟子对其他学派则有失宽容精神，他提出要"距杨墨，放淫辞，邪说者不得作。"①这就未免防卫过当了，难免有为秦以后的"焚书坑儒"、"罢黜百家"、"文字狱"等钳制言论的暴政埋下伏笔之嫌。当然，孟子毕竟还是"圣人之徒"，他深知"以力服人者，非心服也，力不赡也。以德服人者，中心悦而诚服也，如七十子之服孔子也"，因此他一再强调自己的善辩是出于"不得已也"。②

然而，儒家思想的后续发展，逐渐偏离了孔子的中庸之道，暴力色彩日渐浓厚，尤其是在荀子一派的思想中体现最为明显。有学者指出："荀子对于文王的称颂已经与孔子、孟子有了不小的区别，他不是如同孟子那样称赞文王之德，而是赞美文王的诛罚……把文王塑造成为一个严格执法的圣人，这与孔子所赞颂不已的文王之德，已经有了不小的区别。"③荀学的这种发展趋势难免不为秦汉以后的儒法合流、阳儒阴法张本。

或谓，孔子对邪恶暴虐一味迁就屈从，缺少斗争精神，是一位不讲是非善恶的好好先生。这当然更是对孔子的曲解了。须知孔子最厌恶的就是老好人，他说"乡原，德之贼也。"又说："唯仁者能好人，能恶人"。④《孟子·尽心下》曾对此有详细的阐释："非之无举也，刺之无刺也，同乎流俗，合乎污世，居之似忠信，行之似廉洁，众皆悦之，自以为是，而不可与入尧舜之道，故曰'德之贼'也。孔子曰：恶似而非者……恶乡原，恐其乱德也。"孔子不仅反对乡原，而且坚决拒绝与邪恶势力同流合污，他说："非礼勿视，非礼勿听，非礼勿言，非礼勿动"。"笃信好学，守死善道。危邦不入，乱邦不居。天下有道则见，无道则隐。邦有道，贫且贱焉，耻也；邦无道，富且贵焉，耻也。""故君子和而不流，强哉矫！中立而不倚，强哉矫！国有道，不变塞焉，强哉矫！国无道，至死不变，强哉矫！"⑤杨向奎先生指出，"刚健中正"是孔子及儒家的道德哲

---

① 《孟子·滕文公下》。
② 分见《公孙丑上》、《滕文公下》。
③ 晁福林：《从王权观念变化看上博简〈诗论〉的作者及时代》，《中国社会科学》2002 年第 6 期，第 194 页。
④ 分见《论语》之《阳货》、《里仁》。
⑤ 分见《论语》之《颜渊》、《泰伯》篇及《中庸》。

学。在儒家本身的改造方面,这种"刚健中正"的精神使一个以相礼为业而乞食的团体变成一个刚健中正的君子儒。胡适称孔子没有那种亡国遗民的柔逊、取容的心理。他说的"志士仁人,无求生以害仁,有杀身成以仁",是一种武士道精神。他提倡的新儒行是那种刚毅勇敢,能够肩负起重任的人。可惜后世的儒者往往只谈中和、中道,更多地是讲主静、主敬的涵养功夫,失去了孔子的刚健精神。①

总之,笔者以为,孔子的思想是善善恶恶,是非分明,绝不向邪恶妥协,但也不采用暴力方式硬性对抗,而是主张用道德文教的力量感化人,以理服人。从本质上说,这可谓是中国上古版的非暴力不合作主义,堪与两千多年后印度的圣雄甘地相映成辉。

理解了上面所解释的儒家价值观,也就不难理解儒家的史观。儒家的史观影响极大,甚至在理论上或口头上也逐渐被官方接受了。明孝宗朱祐樘在所作《御制明会典序》中说:

> 唐虞之时,尧舜至圣,始因事制法,凡仪文数度之间,天理之当然,无乎不在,故积之而博厚,发之而高明,巍然焕然,不可尚已。三王之圣,禹、汤、文、武,视尧、舜故不能无间,而典制浸备,纯乎是理则同。是以雍熙泰和之盛,同归于治,非后世之所能及也。自秦而下,世之称治者曰汉、曰唐、曰宋,其间贤君屡作,亦号小康,但典制之行,因陋就简,杂以人为,而未尽天理。故宋儒欧阳氏谓其治出于二,其不能古若也,夫岂无所自哉。②

朱祐樘的这个序文大抵是采用了程朱理学的观点。当然理学家们同样称颂三代以上而鄙薄秦汉以后。儒家之称颂三代以上,称颂的是三代以上的文物仪章;同样的,儒家之鄙薄秦汉以后,鄙薄的是秦汉以后的家天下专制体制。并非一味地好古,无的放矢。大概是受儒家价值观念的长期熏染,历代的专制君主、独夫民贼们,常常也贵古贱今;而结果往往是慕名忘实,得形而失意。例如明初修律,朱元璋心气极高,他心目中的偶像便是《周礼》而非唐律,于是最终修成的《大明律》便摒弃了唐律十二篇的体例而转采六部分篇的体例,这或

---

① 杨向奎:《杨向奎学术文选》,人民出版社 2000 年版,第 11~15 页。

② 申时行等重修:《明会典》,文渊阁四库全书电子版,武汉大学出版社 1997 年版。

多或少是在模仿《周礼》六官的体例，但也只是形式上的模仿而已。

显然，按照儒家的古史观，《四库提要》所谓"古今之平"的古，最远只能上溯至嬴秦，这与儒家一贯崇奉的古史观是相悖的。据学者们的研究，《四库提要》的作者们绝大多数为汉学家，也是信奉儒学的，[1]何以在唐律的评价上却与历代儒家的价值观相左呢？这是个有待进一步研究的问题。

六　结　论

总括以上的论点，我在本章中想要说明的核心问题是唐律所据以为准的"礼"是唐礼，亦即秦汉以来繁衍变异了的礼。这种礼及其所代表的价值观念或称之为"礼教"，或称其为"名教"，构成了秦汉以后历代帝制王朝的官方正统（或如一些学者所称的"政统"），畅行两千多年不衰。这种"礼"与孔子所倡导的礼已经有了实质性的差别。礼的变异其实早在先秦时代即已露其端倪。杨向奎先生对此做过很好的研究。他认为"西周以来有德、刑两手的传统"。[2] 礼本来是包罗万象的，"'刑'原来亦在'礼'的范畴内"。[3] 所谓"礼仪三百，威仪三千"，"礼仪即礼，威仪即刑；而仪、刑古为同义字，在周书《吕刑》中，威仪遂与刑法为一体"。[4] 春秋时代北宫文子曾经对"威仪"做过一番详尽的阐释，他说"有威而可畏谓之威，有仪而可象谓之仪。君有君之威仪，其臣畏而爱之，则而象之，故能有其国家，令闻长世。臣有臣之威仪，其下畏而爱之，故能守其官职，保族宜家。"[5]杨向奎先生认为这种解释"已经逐渐偏离西周以来的传统而重在'威'，发展下来，'威仪三千'遂与《吕刑》之'五刑之属三千'相比附，去德尚刑，遂为法家学说之思想根据。"[6]孔子以后孟子发挥了孔学中"仁"的思想，荀子发挥了孔学中"礼"的思想，后者实际取代了周公的

---

① 黄爱平：《四库全书纂修研究》，中国人民大学出版社1989年版，第316、384页。
② 杨向奎：《宗周社会与礼乐文明》，人民出版社1997年版，第281页。
③ 杨向奎：《宗周社会与礼乐文明》，人民出版社1997年版，第301页。
④ 杨向奎：《宗周社会与礼乐文明》，人民出版社1997年版，第285页。
⑤ 《左传·襄公三十一年》，（清）阮元校刻：《十三经注疏》，中华书局影印1983年版。
⑥ 杨向奎：《宗周社会与礼乐文明》，人民出版社1997年版，第281页。

德和孔子的仁,使礼更近于法家的法。① 汉代的董仲舒在政治思想上更强调了公羊学及法家专制主义:"专制的对象是下民,也就是性恶的下民。他也善于玩弄法家的'二柄'。此后儒家思想一尊,也是孟、荀并立,表面上是孟子堂皇富丽的理想,而内容是严酷的法制,这也就是'阳儒阴法'说的由来。"②所以晚清谭嗣同痛斥说:"二千年来之政,秦政也,皆大盗也;二千年来之学,荀学也,皆乡愿也;惟大盗利用乡愿,惟乡愿工媚大盗"。③

当然,唐礼也毕竟是滥觞于原始儒学且始终与其保持着千丝万缕的联系,对此笔者无意否认。孔孟的思想借助唐礼这个载体渗透到唐代法律之中在一定意义上说也确是事实。西方人说唐律中有一些规定比同时代的西方法律更显人道,基本上就是指的那些真正体现了儒家礼治原则的条款。因此,对《四库提要》所谓的"唐律一准乎礼"的说法或今人提出的中国法律儒家化的命题必须辨正地看待,做具体地分析,以确定何者是名副其实的儒家化,何者是形式主义的儒家化。这样,我们才不至于因固有法律的残苛而迁怒于儒家,乃至于造成认识上的偏差。

---

① 杨向奎:《宗周社会与礼乐文明》,人民出版社 1997 年版,第 436、333 页。
② 杨向奎:《宗周社会与礼乐文明》,人民出版社 1997 年版,第 457 页。
③ 蔡尚思、方行编:《谭嗣同全集》(增订本),中华书局 1998 年版,第 337 页。

第四章　程朱理学辩诬

一　理学兴起之背景

汉代儒家思想确立为正统以后,并未真正消除思想界内部的纷争,社会形势的变化,也不断促成历代正统思想的改替。正如有学者指出的:

> 中国思想史表明:同一个封建统治阶级,往往随王朝的更替而奉行相
> 反的正统思想;甚至同一个封建王朝,也常随统治条件的变化而改用不同
> 的正统思想。例如:西汉先以黄老思想为正统,嗣以今文经学为正统,到
> 东汉,又以图谶为正统;清朝先以宋学为正统,嗣以宋、汉并用为正统,在
> 戊戌(公元一八九八年)一个短暂时期内,又曾试图以公羊经学为正统;
> 六朝、隋、唐之际,儒、佛、道的正统地位,频繁更易,悲剧迭出。①

西汉今文经学之所以能取代黄老思想而成为正统,主要是借助"天人感应"的神学说教为大一统的政治体制提供了强有力的理论支持。东汉政权垮台以后,中国社会陷入了长达四个世纪分裂和混乱的局面之中。频繁的战争和王朝更迭,北方游牧民族的大举内侵,造成了悲观主义的流行,两汉官方确立的正统儒学不仅无法解释分崩离乱的社会现象,而且也无从慰藉人们的心灵。汉末制度化了的儒家礼教,又称"名教",一方面成为压制和束缚人的自然感情的僵死教条,一方面又成了伪君子们沽名钓誉的工具,引发强烈的社会

---

① 赵纪彬:《关于正统思想研究方法问题的几点感想》,杨向奎:《中国古代社会与古代思想研究·跋一》下册,上海人民出版社 1964 年版,第 1036 页。

逆反心理。玄学就是在这种形势下兴起的。尽管此时期儒学仍在政治制度层面保持着统治地位,但其在思想修养层面的功能已为玄学或道家(以及道教)所取代。东晋以后,迄至隋唐,佛教的影响又超过了玄学,在士大夫的思想修养方面发挥着重要的作用。章太炎说:"六朝僧人好以佛老孔比量,谓老孔远不如佛。玄奘亦云。"① 所以,自魏晋南北朝至隋唐的这七百年间,可以说是儒释道三教并存的局面,但理论上佛强儒弱:"儒学只有那些体现为政治制度化方面的东西,在统治阶层的维护下继续起着作用。"后人有所谓"以佛治心,以道治身,以儒治世(南宋孝宗皇帝赵昚语,转引自刘谧《三教平心论》卷上)"。② 应当是对这个时期思想界状况的简要概括。

隋唐时代,中国又恢复了大一统的政治格局,贞观二年(公元628年),唐太宗下令在太学内建立孔庙并组织力量编纂《五经正义》,儒学又恢复了官方正统的地位。然而,儒家思想对于社会生活特别是士大夫群体的精神影响力却在不断下滑。儒家旧典以及孟子、荀子、董仲舒的著作俱在,却不足以充分引发时代的兴趣。一些不属于贵戚豪门的经生儒士虽欲有所作为,终因囿于训诂词章之学,缺乏对儒经的义理研究,所以提不出可以对抗佛学的哲理体系。

与此同时,官方对道教和佛教也表示出充分的礼敬和支持,故佛老思想在这个时期展现出了极大的魅力,尤其是佛教,可以说是进入了其发展的鼎盛时期,"出现了天台、法相、华严、禅宗、净土、律宗等若干大的宗派,高僧大德辈出,人才济济,理论学说异彩纷呈,一片繁荣景象,尤其是中国化的佛学……禅宗,后来居上,发展势头甚猛。佛学博大精深的哲学体系和权设方便的普及性说教,对于中国士人阶层和劳苦大众均有极大的吸引力,它的信徒不断增多。"比较而言,"儒学遇到了不景气的难题。自汉末儒家经学衰落以后,儒家文化就缺少有力的哲学层面,内部结构呈倾斜和不完整的状态,它只能在政治、礼俗上占有传统的优势,却拿不出新的高水平的哲学理论来同佛学对话。东晋佛学大师慧远就说过:'每寻畴昔,游心世典,以为当年之华苑也;及见老庄,便悟名教是应变之虚谈耳。以今而观,则知沈冥之趣,岂得不以佛理为

---

① 章炳麟:《国学讲演录》,江苏文艺出版社2007年版,第143页。
② 楼宇烈:《温故知新:中国儒学的历史演变与未来展望》,商务印书馆2004年版,第365~366页。

先?'(《与隐士刘遗民等书》)①梁武帝在《述三教诗》中追述自己进学的三阶段.'少时学周孔,弱冠穷六经.''中复观道书,有名与无名.''晚年开释卷,犹月映众星.'这是很有代表性的,中国士大夫阶层越来越被吸收到佛学上,在那里寻找精神的寄托。这种情况到了唐代更有所发展。《五经正义》所依据的经注,半是汉代作品,半是魏晋作品,经学只在诠释上达到统一,并未开创出符合新时代需要的新义学,亦未出现儒学的大思想家,因此儒学仍未摆脱被动局面。儒家在三教中的主导地位由于理论上的薄弱而不能牢固"。②

道家的复兴和佛教的西来,似乎多少可以慰藉一下那个时代的精神需求。然而,道家的虚无和佛教的来世,毕竟不能真正解决人们现世生活中的种种疑难。中唐以后,以韩愈、李翱为代表,尝试着从儒家经典中发掘出可以同佛老对抗的理论,用以解释其时代所关注的问题,从而成为一种新的治学取向。③

韩愈作《原道》一文,指出儒家之道以仁义为本,和佛老的虚无之道不同。他首次援引了《礼记·大学》中的"古之欲明明德于天下者,先治其国;欲治其国者,先齐其家;欲齐其家者,先修其身;欲修其身者,先正其心;欲正其心者,先诚其意;欲诚其意者,先致其知;致知在格物"。他用这段文字作为理论基石,批评佛老的心性玄虚之学,为后来的理学勾画出了一个大致的轮廓。

《大学》本为《礼记》的一篇,一般将其归入荀学的范畴,原来并未受到特别的重视。经韩愈这一提倡,成为后来宋明道学家的重要典籍,四书之首。韩愈在该文中还提出了他的"道统"说:"斯吾所谓道也,非向所谓老与佛之道也。尧以是传之舜,舜以是传之禹,禹以是传之汤,汤以是传之文、武、周公,文、武、周公传之孔子,孔子传之孟轲,轲之死,不得其传焉。"④韩愈之道统说特别推尊孟子,将其视作孔门正宗,对以后的理学产生了很大的影响。战国时孟荀两派本呈对峙之局,西汉时荀学一派势大,孟子不免被边缘化。经韩愈这一提倡,孟子地位上升,对以后的儒学发展意义非常重大。思孟学派与荀学的不同在于荀学较重视外部的规范,而思孟更注重内在的心性修养,所谓"万物

---

① (唐)释道宣:《广弘明集》,卷27上。

② 牟钟鉴:《从儒佛关系看韩愈、柳宗元与李翱》,《圆光佛学学报》创刊号,1993年12月,第205页。

③ 参见王俊才编:《张恒寿文集》上编,中国文史出版社2005年版,第417页。

④ (唐)韩愈:《韩昌黎全集》,中国书店1991年版,1998年第三次印刷,第174页。

皆备于我,反身而诚","养心"、"寡欲"等等修养方法都是思孟的津要,与佛老有相通之处。

不过,韩愈的文章对佛教的批评却是很肤浅的。柳宗元说:"退之所罪者,其迹也。曰髡而缁,无夫妇父子,不为耕农蚕桑而活乎人,若是虽吾亦不乐也。退之忿其外而遗其中,是知石而不知韫玉也。吾之嗜浮图之言以此。与其人游者,未必能通其言也。且凡为道者,不爱官,不争能,乐山水而嗜闲安者焉。吾病世之逐逐然唯印组为务以相轧也"。柳氏指出佛教与儒家的思想并不截然冲突,甚至有与孔孟思想相合之处:"浮图诚有不可斥者,往往与《易》、《论语》合。诚乐之,其于性情奭然,不与孔子异道。"①

其后韩愈的弟子李翱(或谓二人之关系在师友之间)著《复性书》三篇,也提出了类似的见解,但其理论依据则主要是《礼记·中庸》和《易·系辞传》:"道者至诚也……昔者圣人以之传于颜子……子思,仲尼之孙,得其祖之道,述《中庸》四十七篇,以传于孟轲……呜呼!性命之书虽存,学者莫能明,是故皆入于庄、列、老、释,不知者谓夫子之徒不足以穷性命之道,信之者皆是也。有问于我,我以吾之所知而传焉,遂书于书,以开诚明之源,而缺绝废弃不扬之道几可以传于时。"②

应当说,在处理儒释关系方面,李翱较韩愈更为明智,也更有远见,因此其贡献亦较韩愈为尤大。③ 楼宇烈先生指出:"李翱的这番论述和发明,在儒学发展史上是具有重要意义的。《易》和《中庸》正是以后宋明理学家发挥儒学性命形而上学原理,并用以与佛、道对抗的主要经典依据。被推誉为性理学开创者的北宋五子(周敦颐、张载、邵雍、程颢、程颐)无一例外都是借阐发《易》理来建立他们的理论体系的。"④何以这样说呢? 楼先生做了具体的解释:

前面说到原始儒学时,我们说它主要是一些具体的伦理道德规范、治国安邦的实践原则。也就是说,原始儒学告诉你的主要是日常行为中应该做些什么和怎么去做的规范、原则和方法。而对于为什么要这样做,尤

---

① 楼宇烈:《温故知新:中国儒学的历史演变与未来展望》,商务印书馆 2004 年版,第 367 页。柳宗元语见"送僧浩初序",《柳河东全集》卷 25,中国书店 1994 年版,第 285 页。

② 《李文公集》卷二,文渊阁四库全书原文电子版,武汉大学出版社 1997 年版。

③ 冯友兰《中国哲学史》下册,华东师范大学出版社 2000 年版,第 204 页。

④ 楼宇烈:《温故知新:中国儒学的历史演变与未来展望》,商务印书馆 2004 年版,第 368 页。

其是这么做的根据何在等形而上理论问题则很少探讨，有时即使说到一些，也十分简略。然而，在佛、道两家的学说中，则对世界、社会、人生等问题中的形上理论有较多和较深入的探讨。这也正是李翱所说的，人们"皆入于庄、列、老、释"的原因。性理学家接受了这个教训，所以他们在阐发原始儒学的基本实践原则时，竭力从形上学理论方面给予提高。性理学是在构筑了一套"天理"、"良知"的体系之后，才使儒学在形上学理论方面能与道家的"道"，佛教的"实相"、"佛性"等形上学理论体系相抗衡。①

牟钟鉴先生说：

> （李翱）创造性地从哲学理论上援佛入儒，形成与佛教"见性成佛"，"无念为宗"相通的"去情复性"之说。在唐代儒学向宋代理学的过渡中，韩愈指明儒学复兴的必要性，提出了任务；柳宗元指明儒学容纳佛学的必要性，摸对了门径；李翱实际进行了儒学消融佛学的理论试探。他们三人各从不同的角度，为宋代理学的兴起，作了思想上的准备。②

与韩愈一样，李翱亦以"道统"自任，开后世理学之先河，故理学又有"道学"之称。到北宋时期，周敦颐、张载、二程等在本体论、心性论、道德论等方面进一步深入发挥，正式形成了一个理论体系，即所谓的理学，至朱熹乃集其大成，对后世的中国甚至整个东亚地区都发生了巨大的影响，被视为"孔、孟之后的第一大儒"。③ 有学者说朱熹"在中国封建社会后期的地位和影响，几乎等于孔子"。④ 绝非虚言。日本学者渡边秀方称朱熹"头脑博大，综合力强，虽夫子（笔者按：指孔子）关于这点，怕也要被他瞰在眼下。天分这样丰富的他，所以我们为他求对手于泰西时，除 Aristotle（笔者按：亚里斯多德）及 Kant（笔者按：康德）外，当难发见第三人"。"要之他的学问具博大、深刻、多面三大特色，所以其影响不仅四百余州（笔者按：指中国）而止，并且越海到了我们日本。德川时代，'朱子学'风靡一时，数多名儒辈出，政教上给过至大的感

---

① 楼宇烈：《温故知新：中国儒学的历史演变与未来展望》，商务印书馆 2004 年版，第 369 页。

② 牟钟鉴：《从儒佛关系看韩愈、柳宗元与李翱》，《圆光佛学学报》创刊号，1993 年 12 月，第 203 页。

③ 熊铁基：《秦汉新道家》，上海人民出版社 2001 年版，第 524 页。

④ 杨向奎：《中国古代社会与古代思想研究》下册，上海人民出版社 1964 年版，第 856 页。

化。所以仅从其振兴我国国民精神的伟功的意味上讲话时,他也是孔子以后第一人。"①程朱理学的影响当然不止于日本,朝鲜半岛和越南亦然。

二 理学与老释

金克木先生有篇谐谑的小文,其中考察"道"、"理"二字流行之先后,颇觉有趣:

> 稍微细看一下,"道"和"理"的流行又有先后之别。孔、孟、老、庄不大讲"理"。从宋朝起,讲"理"胜过了讲"道"。分界线是在五代十国之时。(当时有位名人叫冯道。)这以后"道"便主要属于"道家"、"道教"。"道学"只沾点边。"讲道"、"布道"在基督教社会里。"讲道理"也简化为"讲理"了。魏晋南北朝时佛教进来,佛"法"化进了中国原来的道理。和尚早期也称为"道人"。但"法"(达摩)始终没有代替"道"和"理"。那时是变化的开始。大变化是在晚唐五代。这以后中国社会的许多方面便和以前有很大不同了。也许全部过程是从三国到五代,但那太长了。或则可以说,南北朝是一变,五代十国是二变。孔子说过:"齐一变而至于鲁,鲁一变至于道。"(《论语·雍也》)中国读书人中流行的思想却是,"道"一变、二变,至于"理"。②

如此说来,"理"字的盛行似乎也受到理学的很大影响。从汉语文字演变的过程看,"道"字的流行似乎先于"理"。从这两个字的涵义看,似乎也不尽相同。任继愈先生在讨论韩非子的自然观时曾指出:"自然界的总规律是'道',自然界万物的特殊规律是'理'。韩非创造性地提出了'理'的范畴,并且论证'道'和'理'的关系:……'道'是自然界的根本的总规律,'理'是万物借以互相区别的特殊规律。特殊规律离开不了总的规律,总的规律寓于特殊规律之中……'理',作为中国哲学史上重要范畴而提出是韩非的贡献。人类抽象思维比过去有所提高了,对客观世界的规律性的说明也较过去更细致了。

---

① [日]渡边秀方:《中国哲学史概论》,刘侃元译述,台湾商务印书馆1976年版,第80页。
② 金克木:《文化厄言》,上海文艺出版社1997年版,第39~40页。

只用'道'这一总范畴,已不能满足哲学理论的需要。韩非在老子所提出的'道'的范畴的基础上又提出了'理'这一范畴。"①王元化先生不同意任继愈先生的这个解释。他认为,从《韩非子·解老》篇中推不出一般规律和特殊规律,及其间辩证关系的结论。理是可变的,而道则是万物的本体,是无待的、绝对观念。他指出:

> 道和理的关系并不是什么一般与特殊的辩证关系,而是无待驭有待,不变驭万变。在韩非的本体论中,道是唯一的真宰,作为万理的个体本身是没有任何价值的……这种本体论是把本体认作是存在于现实世界一切个别事物之外的绝对,这个作为绝对的本体不是从现实世界一切个别事物之中抽象出来的,它先于现实世界一切个别事物而存在。它的存在不依赖于现实世界一切个别事物,相反,现实世界一切个别事物的存在必须依赖它才能获准生存。这种如黑格尔说的使"个体停止其为主体",即用共性去淹没个性,用同一性取消特殊性的本体论就是韩非的哲学思想基础。在这个基础上导致出他的君主本位主义的全部理论。②

如果王元化先生的观点不误,则宋明理学家所说的"理",显然不同于韩非子所说"理"而近似先秦思想家所说的"道",具有本体论的意义。

胡适说理学是"挂着儒家的招牌,其实是禅宗、道家、道教、儒教的混合产品。其中有先天太极等等,是道教的分子;又谈心说性,是佛教留下的问题;也信灾异感应,是汉朝儒教的遗迹。但其中的主要观念却是古来道家的自然哲学里的天道观念,又叫做'天理'观念,故名为道学,又名为理学"。③ 此说似非的论。

理学之所以称之为理学,顾名思义,是以"理"为其学说之根本或出发点。说到理学,自然要提到"天理"一词,人们常常爱引用程颢的一段名言:"吾学虽有所授受,'天理'两字却是自家体贴出来的"。④ 这大概也是朱熹特别看

---

① 任继愈:《中国哲学史》第一册,人民出版社 1963 年版,1966 年印本第 247~248 页,2003 年版第 266~267 页。

② 王元化:《思辨录》,上海古籍出版社 2004 年版,第 241~243 页。

③ 胡适:《几个反理学的思想家》,欧阳哲生编:《胡适文集》(4),北京大学出版社 1998 年版,第 63 页。

④ 《河南程氏外书》卷12,(宋)程颢、程颐撰:《二程集》,王孝鱼点校,中华书局 2004 年版,第 424 页。

重二程的一个重要原因吧。但是正如有学者指出的：

> 说他关于"天理"有自己的理解和发挥，未尝不可，即所谓"自己体贴"，但"天理"两字应该说早就有了，在《庄子·养生主》中有一则"庖丁解牛"的故事，庖丁解牛时曾说："依乎天理，批大郤……"，其"天理"指"自然的纹理"是显然的，在道家的思想中，天指自然，这是具有普遍性的，无论"天道"、"天运"乃至"天德"、"天机"、"天乐"等等，皆有自然之意。庖丁的"天理"虽然是指"自然的纹理"，引申为一般的"自然之理"也是呼之欲出的，所以郭象（西晋时期玄学家）在注《庄子》时写下了一段话："夫至乐者，先应之以人事，顺之以天理，行之以五德，应之以自然，然后调理四时，大和万物。""天理"是"自然之理"，原本把"天理"说成是"天性"时，仍有自然之义，但程颢、朱熹等人的"天理"则"远离了"自然"之义……①

黄侃说："中国学问的方法：不在于发现，而在于发明"。日本学者吉川幸次郎对此解释说：

> 中国语的"发明"，不仅指科学技术上，对重新获得理论、见解，也可称作"发明"。②

如此说来，理学家所体贴出来的"理"，或"天理，确实是受到了道家的启发而同时又与佛教的路数相合。这可以说是宋儒借助别家学派或外来文化对既有命题的重新阐发，就其意义言亦不啻于发现。汤用彤先生指出："中国佛教，虽根源译典，而义理发挥，在于本土撰述。注疏论著，表现我国僧人对於佛理之契会，各有主张，遂成支派……且理解渐精，能融会印度之学说，自立门户，如天台宗、禅宗，盖可谓为纯粹之中国佛教也。"至唐代"中土渐为传法之中心，高丽、日本遂常来求法"。③

本书第一章中曾引陈寅恪先生"其真能于思想上自成系统，有所创获者，必须一方面吸收输入外来之学说，一方面不忘本来民族之地位。此二种相反而适相成之态度，乃道教之真精神，新儒家之旧途径，而二千年吾民族与他民

---

① 熊铁基：《秦汉新道家》，上海人民出版社 2001 年版，第 526～528 页。
② ［日］吉川幸次郎：《我的留学记》，钱婉约译，中华书局 2008 年版，第 94、95 页。
③ 汤用彤：《隋唐佛教史稿·绪言》，汤用彤：《汤用彤全集》第 2 卷，河北人民出版社 2000 年版，第 5～6 页。

族思想接触史之所昭示者也"一段话，在这段话之前，还有一大段文字：

二千年来华夏民族所受儒家学说之影响最深最巨者，实在制度、法律、公私生活之方面，而关于学说思想之方面，或转有不如佛道二教者。如六朝士大夫号称旷达，而夷考其实，往往笃孝义之行，严家讳之禁，此皆儒家之教训，固无预于佛老之玄风者也。释迦之教义，无父无君，与吾国传统之学说，存在之制度无一不相冲突。输入之后，若久不变易，则决难保持。是以佛教学说能于吾国思想史上，发生重大久远之影响者，皆经国人吸收改造之过程。其忠实输入不改本来面目者，若玄奘唯识之学，虽震荡一时之人心，而卒归于消沉歇绝。近虽有人焉，欲然（燃）其死灰，疑终不能复振。其故匪他，以性质与环境互相方圆凿枘，势不得不然也。六朝以后之道教，包罗至广，演变至繁。不似儒教之偏重政治社会制度，故思想上尤易融贯吸收。凡新儒家之学说，似无不有道教或与道教有关之佛教为之先导。如天台宗者，佛教宗派中道教意义最富之一宗也。（其创造者慧思所作誓愿文，最足表现其思想。至于北宋真宗时，日本传来之《大乘止观法门》一书，乃依据《大乘起信论》者。恐系华严宗盛后，天台宗伪托南岳而作。故此书只可认为天台宗后来受华严宗影响之史料，而不能据以论南岳之思想也。）其宗徒梁敬之与李习之之关系，实启新儒家开创之动机。北宋之智圆提倡《中庸》，甚至以僧徒而号中庸子，并自为传以述其义。（孤山《闲居编》）其年代犹在司马君实作《中庸广义》之前。（孤山卒于宋真宗乾兴元年，年四十七）似亦于宋代新儒家为先觉。二者之间，其关系如何，且不详论。然举此一例，已足见新儒家产生之问题，犹有未发之覆在也。至道教对输入之思想，如佛教、摩尼教等，无不尽量吸收。然仍不忘其本来民族之地位。既融成一家之说以后，则坚持夷夏之论，以排斥外来之教义。此种思想上之态度，自六朝时亦已如此。虽似相反，而实足以相成。从来新儒家即继承此种遗业而能大成者。窃疑中国自今日以后，即使能忠实输入北美或东欧之思想，其结局当亦等于玄奘唯识之学，在吾国思想史上既不能居最高之地位，且亦终归于歇绝者。①

---

　　① 陈寅恪：《陈寅恪史学论文选集》，上海古籍出版社 1992 年版，第 511~512 页。

这段话中的所谓"新儒学"，系援用西方人 Neo-Confucianism 一词，即指宋代新兴之理学。陈氏这段阐释，对于理解理学之兴起以及老释与儒家思想之融合极有意义。用冯友兰先生借用《诗经·大雅·文王》诗句的说法此即"阐旧邦以辅新命"。可知所谓"理学"，实乃融会中外而又发扬传统之新儒学。贺麟先生也指出："宋明的理学，虽是与佛教接触很深的、很久的产物，但不能说是'佛化'的中国哲学，只能说是'化佛'的中国哲学。所谓'化佛'，即是将外来的佛教，吸收融化，超越扬弃的意思。"①

理学之"理"字，依张岱年先生的分析，共有五意：

其一谓形式。《韩非子·解老》："理者，成物之文也"；《庄子·天地》："物生成理谓之形"。其二谓规律。张载："天地之气，虽聚散、攻取百涂，然其为理也顺而不妄。"②程伊川说："天下物皆可以理照，有物必有则，一物须有一理。"③朱熹："如阴阳五行错综不失条绪，便是理。"（《朱子语类》卷一）④其三谓秩序，作此解时常用"条理"二字。李塨："夫事有条理曰理，即在事中。"（《论语传注问》）戴震："得其分则有条而不紊，谓之条理。"⑤其四谓所以。王弼《周易略例》："物无妄然，必由其理。"⑥朱熹："凡有形有象者，即器也；所以为是器之理者，则道也"⑦；"穷理者，欲知事物之所以然，与所当然者而已"（《文集·答或人》）⑧其五谓至当或应当，如前例。日常所谓合理或不合理，就是用的这个意谓。

张先生归纳说，上述五种意谓虽不相同，却亦相通，其间有很密切的联系。就形式与规律言，形式也可以说是一种规律，规律也可以说是一种形式。形式以静体言，以空间言；规律以动事言，以时间言。多类事物在一起存在所依照的形式，也可以说即秩序。而事物之"所以"，即可说是该物所根据的规律。

① 贺麟：《近代唯心论简释》，上海人民出版社 2009 年版，第 200 页。

② （宋）张载：《张载集》，中华书局 1978 年版，第 7 页。

③ （宋）程颢、程颐：《二程集》，中华书局 1981 年版，第 193 页。

④ （宋）黎靖德编：《朱子语类》，王星贤点校，中华书局 2007 年版，第 3 页。

⑤ （清）戴震撰，张岱年主编：《戴震全书》（六），黄山书社 1995 年版，第 151 页。

⑥ 楼宇烈校释：《王弼集》，中华书局 1980 年版，第 591 页。

⑦ 朱傑人、严佐之、刘永翔主编，（宋）朱熹原著：《朱子全书》第 21 册，上海古籍出版社、安徽教育出版社 2002 年版，第 1573 页。

⑧ 《朱子全书》第 23 册，上海古籍出版社、安徽教育出版社 2002 年版，第 3136 页。

因此,理的前四项意谓可归纳为一个界说:理即变中之常,歧中之一,化中之定。事物于变动不居中而有不变者,这就是"理"。至少是在一定范围内,理是可重复者,屡见者。①

赵纪彬先生认为,理学家所谓之"理",从哲学上说,大抵不外乎二义:其一有理则之义,系指宇宙万物所具有的客观发展法则;其二有理念之义,系指关于宇宙万物及其理则的主观认识概念。②

成中英先生认为:"理作为客观可知之原则、原理、律则的观念在《易传》中就已出现了。《坤》卦文言曰:'君子黄中通理。'《系辞》上言:'易简而天下之理得矣。'《说卦传》云'穷理尽性,以至于命。'理之一字都具有律则性、原理性和原则性的意义。至于《孟子》中所谓'条理'之词,'始条理者智之事也,终条理者圣之事也',《中庸》所言'文理密察',《系辞》所言'理者成物之文也,如方圆短长之分',这些都是就理字的原义立言。理即物之秩序表象,是可以实际地加以考察的(如荀子《正名》云:'形体色理以目异')。这两种理的含义仍有可通之处,两者均为认知的对象,两者均为外在的又互为表里。荀子云:'凡以知,人之性也。可以知,物之理也'。故理之观念包含面兼具象和抽象,但均以人知为基础。理之观念范畴化及理的哲学之兴起,表明了人的认知能力及对客观世界之自觉达到了一定的程度;宋明理学即从这种自觉中发展出来。"③

不过,程朱之所谓"理",与西哲所言之理念世界又有不同。刘咸炘先生对此有精辟之解释:

> 吾华之言宇宙本体,本止一气,庄周"通天下一气"之言(《知北游》),乃一切圣贤愚贱所共认,本无如柏拉图理世界之说,即程朱亦不过析言理耳,非有理气二元之见也。道者,理也,气之理也,即有理之气也。理指条理,气指实质。名虽有二,其为物则不贰也,复何争乎?④

刘咸炘的说法固然精湛,但恐怕并非朱子当年实际达到的认识高度。成

---

① 参见张岱年:《谭理》,《张岱年全集》第一卷,河北人民出版社1996年版,第94~104页。
② 参见赵纪彬:《困知录》下册,中华书局1963年版,第338页。
③ 成中英:《成中英自选集》,山东教育出版社2005年版,第115页。
④ 刘咸炘:《推十书》之《内书》卷三"气道"(成都古籍书店影印1996年版,第一册,第482页),转引自严寿澂:《近代中国学术思想抉隐》,上海人民出版社2008年版,第99页。

中英认为,理与气的对待性在理学中虽有重要的发展,但其对待后的统一问题却未得到解决,朱子一方面认识了理与气的对待性,另一方面却未能正确地把握理与气的真实的对待、统一关系,而陷入二元论的立场。他指出:"朱子之困难或错误,在于不知理气虽可分为二物,但却只是在观念上分,而在实际事物上决不可分;理必然有气与之相应,而气也必然含相应之理,两者不必强分前后。"①这个说法,可能更为核实。

三　理学与四书

理学有狭义与广义之别。狭义上所说之理学主要指以程颐、朱熹等为代表的一派;广义上的理学,则又包括陆、王的"心学"在内。

如前所述,宋明理学,在西方又称之为新儒学(Neo-Confucianism),亦即有别于先秦的原始儒学,也不同于当代的新儒学(New-Confucianism)。先秦儒学是在晚周礼坏乐崩的社会背景下兴起的,是以孔子思想为基准,指引"人与人之间存在的道德真实感",即所谓"仁",用以发掘人的生命的价值泉源并从而重建社会秩序的学说。而宋明新儒学则是在面对外来族群(如辽金元)的大举入侵和佛老思想挑战的社会形势下兴起的内圣之学,即以内在道德心性之修养为途径,广泛吸纳佛老之学的方法论、修养论,在形而上学方面有所发展并从而形成了高度理论化的学说体系。②

这里我们应当注意到,理学家大都不同程度上受到佛老的影响,故其著述中有不少近似佛老的概念和提法。③

举例说来,理学特别重视个人的心性修养,这里面既有佛教的影响,也有《四书》的作用。关于此点,余英时先生有很精辟的研究。

> 宋代的士大夫普遍发展出以天下为己任的使命感。范仲淹主张"士

---

① 成中英:《成中英自选集》,山东教育出版社 2005 年版,第 117 页。

② 参见林安梧:《当代新儒家哲学史论》,(中国台湾)文海学术思想研究发展文教基金会,1996 年版,序言第 2 页。

③ 关于理学家如李翱、周敦颐、张载、程颢、程颐、朱熹、陆九渊、王阳明与佛学的关系,可参见邱志华编:《李石岑学术论著》,浙江人民出版社 1998 年版,第 233~240 页。

大夫"要以天下为己任，"治人"必须先"修己"，此中也有佛家的影响。这是《四书》兴起的历史背景。《四书》之所以能适应新时代的需要，主要是因为《四书》是教人如何去做一个人，然后治国平天下。《大学》、《中庸》在汉代并不受重视，并没有人专门讲《大学》、《中庸》的，专门讲《中庸》的，要到佛法传来后，佛经中讲喜怒哀乐、心性修养，讲人的精神境界，《中庸》才因此引人注意。六朝梁武帝著《中庸注疏》，即是受到佛教的影响。我们可以说，儒家的个人观因《四书》的出现而深化。佛教讲心与性，儒家亦然，只是儒家这方面的思想被冷藏在典籍中未被发现而已。宋以后，三教彼此影响，一方面走上世俗化，一方面重视个人或自我。儒家讲修齐治平，不能脱离世界；庄子则是世界的旁观者，不实际参与，认为社会是妨碍个人自由的，要做逍遥游；禅宗教人回到世界去，教人砍柴担米就是"道"，平常心就是"道"，不必到寺庙，在家亦可修行，后来就有了"居士"的产生。此类马丁·路德的做法，主张不必看经典，也不必相信神话。……禅宗讲"自得"，和孟子、庄子完全一致。所以中国人并非自古即崇尚权威人格，压抑个性。例如韩愈在《师说》中就说"弟子不必不如师，师不必贤于弟子"，这是禅宗所谓"智过其师，方堪传授"的翻版。具有讽刺意味的是，服从权威性格反而在五四之后得到了进一步的发展，先是奉西方大师为无上权威，后来则尊政治领袖为最高权威……那么为何以《大学》为第一篇？是因为个人最后必须与社会国家产生联系；如果没有《大学》，只有《中庸》，则会流于只讲个人，没有大我观念。但中国人不能完全放弃大我观念，宋代的外患严重，民族危机很深，我们不能想像当时的思想家能专讲"小我"，不要"大我"。宋明理学家的贡献是对个人心理有更深刻的解析和了解，所以理学不仅是伦理学，也是心理学。[①]

不过，正如祝总斌先生指出的，"理学不能自行"，必须借助一定的媒介，这媒介是什么呢？主要便是"经过二程、朱熹注解，体现了理学内容"的《四书》，"通过鼓励或限定学习《四书》，及其所体现的理学内容，力图使君主、官吏和广大士人能够在处理政务以及个人事务中'明天理，灭人欲'，以保持王朝政治的清明和社会秩序的稳定，对'亿兆人民'生计和生产、经济发展，多多

---

　　① 余英时：《中国思想传统及其现代变迁》，广西师范大学出版社2004年版，第30~31页。

少少是有利的。"①

要想真正理解《四书》教育的重要性,或许还要待《四书》教育废止以后才能看得更清楚些。20 世纪 30 年代,有位学者曾经说过:"我觉得现在的青年,凡是不曾读过四书的,往往要怨天尤人,甚而至于自杀。因为他受着环境的压迫,想不出一个奋斗的方法来,所以只要有种人把他一引,就会引到一条路上去的。这条路是什么呢?不是邪路就是末路,而归根结蒂恰是一条死路。"

按作者的解释,他说的邪路包括"酗酒、妇人,聊以自解其抑塞,不惜糟蹋了自己的身体,以致于志气颓唐,终日昏昏在醉梦之间";他说的末路则包括"勤吃懒做,狂嫖滥赌"等等。总之,不是百无聊赖,自我作践,慢性自杀;便是走投无路,铤而走险,急性自杀,最终都是一条死路。② 此公的说法可能有点危言耸听,但是在废止《四书》教育百余年之后,看看我们今天的社会,假货满天、贪腐公行、骗窃成风,公私道德的下滑均已到了骇人听闻的地步,可以想见当今的教育内容不仅无助于大我观念的培养,更忽视了个人的身心修养。以《四书》为主要媒介的理学教育之重要,由此又可见一斑。

回到方才的话题,理学虽然得佛老之滋养而勃兴,但理学毕竟是由反对佛老而兴起的,因此理学与佛老仍有着根本的不同。概括说来,理学与佛老的实质区别有二:

其一,理学家认为世界是真实而非虚幻的,人的道德在宇宙中有其根源,应以身心性命的修养践履为本,达到优入圣域的境界;

其二,理学家认为道德修养不限于内省修身的范围,必须和人伦日用、治国淑世的事业结合起来,完成有体有用之学。③

在程朱一派理学家看来,天下万事万物莫不有其理,但万理只是一理,一理又可推之于万理。理是先天的,形而上的,无所不在的。他说:"未有天地之先,毕竟是先有此理。"④除了理是真实的外,其余世间万事万物,都是颠倒迷妄,须臾变灭的,有如戏剧一般。他说:"看得道理熟后,只除了这道理是真

① 祝总斌:《〈四书〉传播、流行的社会、历史背景》,祝总斌:《中国古代史研究》,三秦出版社 2006 年版,第 319、322 页。
② 参见天虚我生(陈栩):《大学新讲·弁言》,三友实业社 1934 年再版本。
③ 王俊才编:《张恒寿文集》,中国文史出版社 2005 年版,第 418 页。
④ (宋)黎靖德编:《朱子语类》,王星贤点校,中华书局 1981 年版,第 1 页。

实法外,见世间万事,颠倒迷妄,耽嗜恋着,无一不是戏剧,真不堪着眼也。"又说:"世间万事,须臾变灭,皆不足置胸中,惟有穷理修身为究竟法耳。"①

可见,朱熹所谓的"理","完全取代了旧的上帝的职能,管理着自然间的秩序,也管理着人世间的秩序。违反了天理,理学家看起来是'罪大恶极'。"②

成中英指出:"理抽象化为根源性的律则观念,故是一切事物的根源。在此意义下,理成为'天理',成为'太极'……故天下事物无一不在此理包含之中,而每一事物所依所显之理,无不为根源于总体之理的表现。"同时,"理兼为宇宙论和价值论的解释及根据范畴,故除了是宇宙万物之存在律则和形式以外,也是德性之根源和根据。在此意义下,程伊川乃提出'性即理'的说法……朱子及其他理学家也采取同一观点。在这一观念下,理的世界亦即价值的世界。道德价值如仁、义、礼、智都被客观化为宇宙论和本体论的原则,而理的客观认识内涵也就与客观的认知经验与主观的价值体验合而为一了。但这也限制了理的范畴客观地向认知方面发展。"③

宋儒复兴儒学的贡献除了前面提到的注重个人的心性修养外,在思想内容和形式上也有很多发展和创新。日本学者岛田虔次指出,程颐与他老哥"明道之学问的、思想的态度是浑一的、直觉的不同",伊川则是"分析的、思辨的、理论的……即便在仁说里,也区别了仁和爱","他断然地分开爱与仁,认为相对于前者是已发之'情',后者则是未发之'性'。"伊川的这个观点后来到朱熹那里又得到了继承和发展。朱熹视仁为体,而爱不过是仁之用。④ 楼宇烈先生更进而指出,理学家对"仁"的阐发即可视为"把原始儒学的实践原则提升为形上学原理方面"的著例:

孔子回答弟子问仁的资料,其中无一不是具体的实践条目。然而,到了宋明性理学家这里,仁除了这些具体实践条目外,增加了大量的形上学

① (宋)黎靖德编:《朱子语类》,王星贤点校,中华书局1981年版,第147页。按所谓"究竟法"似当援自佛教术语"究竟法身",指无上之佛果。证悟法性(法性指法之真实性。亦即宇宙一切现象所具有之真实不变之本性)究竟之佛身。

② 杨向奎:《中国古代社会与古代思想研究》下册,上海人民出版社1964年版,第852页。

③ 成中英:《成中英自选集》,山东教育出版社2005年版,第116~117页。

④ [日]岛田虔次:《朱子学与阳明学》,蔡国保译,陕西师大出版社1986年版,第38~39页。

原理。如程颐在论"仁"时说:"医家以不认痛痒谓之不仁,人以不知觉不认义理为不仁,譬最近"。这个比喻表明,程伊川已把"仁"提升到了义理的高度,而所谓提升到了义理的高度,也就是把仁从具体的行为规范,提高到行为规范的"所以然"来认识。这也就是伊川所说的:"故仁,所以能恕,所以能爱。恕则仁之施,爱则仁之用"。在孔孟那里,"仁者爱人",仁与爱是浑而为一的,人即是爱,爱即是仁,并没有去区分仁爱的性情体用关系。但到了性理学家手中,这种区分就成了首要的、原则的问题了。因此伊川反复强调,仁与爱之间存在着的性情体用区别,是绝不容混淆的。他在一次答弟子问时说:"……孟子曰'恻隐之心,仁也'。后人遂以爱为仁。恻隐固是爱也。爱自是情,仁自是性,岂可专以爱为仁?孟子言恻隐为仁,盖为前已言'恻隐之心,仁之端也'。既曰仁之端,则不可便谓之仁。退之言:'博爱之谓仁',非也。仁者固博爱,然便以博爱为仁,则不可。"又说:"恕者,入仁之门,而恕非仁也"。朱熹又进一步发挥了伊川的思想,而把"仁"为"理"的道理讲得更加清楚……:

"仁者,爱之理,心之德也。"

"仁者,人之所以为人之理也。"

"仁者,天地生物之心,而人得以生者,所谓元者善之长也。"

"仁者,本心之全德……为仁者,所以全其新之德也。盖心之全德,莫非天理,而亦不能不坏于人欲。故为仁者,必有以胜私欲而复于礼,则事皆天礼,而本心之德复全于我矣。"①

当然,将仁解释为"理"的,不独程朱一派,王阳明亦然,他说:"仁是造化生生不息之理。"②

四　程朱理学及其批评者

朱熹的政治法律观也是从其理学视角出发的。在他看来,政治、法律之设

---

①　楼宇烈:《温故知新:中国儒学的历史演变与未来展望》,商务印书馆2004年版,第369~370页。按:该书第370页"便谓之仁"误作"便遗之仁"。

②　(明)王阳明:《传习录》上。

施必须顺乎天理,才能达于至善,成为王政。他说:"常窃以为亘古亘今,只是一体,顺之者成,逆之者败。固非古之圣贤所能独然,而后世之所谓英雄豪杰者,亦未有能舍此理而得有所建立成就者也。但古之圣贤,从本根上便有惟精惟一功夫,所以能执其中,彻头彻尾,无不尽善。后来所谓英雄,则未尝有此功夫,但在利欲场中,头出头没。其资美者,乃能有所暗合,而随其分数之多少以有所立;然其或中或否,不能尽善,则一而已。"①

依照程朱等理学家设定的价值标准,嬴秦以来,包括所谓汉唐盛世在内的历代政治法律制度,皆是以"智力把持天下",②因此都是霸政;纵有某个朝代维持得较为长久一些,也不过是碰巧与天理暗合,不合天理之处仍然太多,所以充其量也只能达到小康。

> 千五百年之间正坐如此,所以只是架漏牵补过了时日,其间虽或不无小康,而尧舜三王周公孔子所传之道,未尝一日得行于天地之间也。若论道之长存,却又初非人所能预,只是此个自是亘古亘今常在不灭之物,虽千五百年被人作坏,终殄灭他不得耳。汉唐所谓贤君,何尝有一分气力扶助得他耶?③

陈亮不同意朱子的观点,与之辩难,以为三代之王政与汉唐之霸政并无本质上的区别,不过是三代做得尽,汉唐做得不尽而已。陈傅良将此论概括为"功到成处,便是有德;事到济处,便是有理……如此则三代圣贤枉作功夫"。④

陈傅良归纳朱熹和陈亮的论争要点为:"功有适成,何必有德;事有偶济,何必有理……如此则汉祖、唐宗贤环盗贼不远。"他又进而指出:"以三代圣贤枉作功夫,则是人力可以独运;以汉祖、唐宗贤于盗贼不远,则是天命可以苟得。谓人力可以独运,其弊,上无兢畏之君;谓天命可以苟得,其弊,下有觊觎

---

① 朱熹:《答陈同甫》,《晦庵先生朱文公文集》卷36,刘永翔、朱幼文校点:《朱子全书》第21册,上海古籍出版社、安徽教育出版社2002年版,第1590页。

② 程明道说:"三代之治,顺理者也。两汉以下,皆把持天下"。《二程集》,中华书局1981年版,第127页。

③ 朱熹:《答陈同甫》,《晦庵先生朱文公文集》卷36,刘永翔、朱幼文校点:《朱子全书》第21册,上海古籍出版社、安徽教育出版社2002年版,第1583页。

④ 陈傅良:《止斋集》,卷36,《陈傅良先生文集》,周梦江点校,浙江大学出版社1999年版,第460页。

之臣。二君子立论，不免于为骄君乱臣之地，窃所未安也。"①

对此，余英时评议说：

> 傅良分辨二家之说之异固然言简意赅，但更重要的则是关于二说所可能引出的政治后果的推断，因为理学家的政治敏感性，特别是朱熹的，在这里得到了证实。他认为陈说足以导致"上无兢畏之君"，而朱说则足以开启"下有觊觎之臣"；这一关于"骄君"与"乱臣"的观察将二说的政治涵义完全发挥出来。由此可知，在当时儒家政治思维的脉络中，陈说实为君权张目，是比较保守的；朱说约束君权，反而是比较激进的。朱熹确实以"汉祖、唐宗贤于盗贼不远"，但并未激进到为"乱臣"开"觊觎"之门的程度……②

陈亮肯定汉唐之事功，旨在支持他的王霸可以杂用，义利不妨双行的功利主义思想。朱子驳之以："欺人者人亦欺之，罔人者人亦罔之，此汉唐之治所以虽极其盛，而人不心服，终不能无愧于三代之盛时也。"③意在表明不能以功利乱是非之理学要旨，这可以说是孔孟以来正统儒家的一贯立场。

从陈朱二人的这场争讼中也可以看出，理学家之所谓天理，关键在于能否使人"心服"。此实得孔孟儒学之心传者也。孟子说："以力服人者，非心服也，力不赡也。以德服人者，中心悦而诚服也，如七十子之服孔子也。"又说："天下不心服而王者，未之有也。"④盖在儒家看来，一切政治法律设施必能令人心悦诚服者方可称之为"王政"、"王法"；凡依靠暴力、胁迫、诈欺等手法压服民众者，便是霸政、"霸道之法"。儒家所推崇的政治法律制度，倚靠的是民心。所谓"心服"，落实到现代的制度化表达就是选票，当然选票未必真正能够代表民心，但毕竟不同于枪杆子的压服。尽管在孔孟所处的那个时代还没有设计出"选票"来，但是从儒家所推崇的"天下为公。选贤与能，讲信修睦"的理想政治体制来看，确与后世的帝王专制政体南辕北辙，反而更接近西方近现代的民主政治。

---

① 《陈傅良先生文集》，周梦江点校，浙江大学出版社1999年版，第460页。
② 余英时：《宋明理学与政治文化》，吉林人民出版社2008年版，第24页。
③ 刘永翔、朱幼文校点：《朱子全书》第21册，上海古籍出版社、安徽教育出版社2002年版，第1588页。
④ 分见《公孙丑上》、《离娄下》。

　　然而，自秦灭六国以来的历代政权，包括汉唐盛世在内，都是依靠暴力或准暴力（政变）的方式建立起来的一夫独裁、一家天下的政治体制，其政权得以存在和延续的根本理由不在于是否合乎道德而在于是否有效地掌握暴力和诈欺的工具。其所谓法律，无非是暴力压迫的工具之一，并无道德的依据可言。

　　奈何陈亮与朱子非立于同一境界，故见不及此，乃终不得喻。其所谓"王霸并用，义利双行"之说不啻于是说黑白无间、是非无别、善恶无异。不幸的是，后世之浅见俗儒多是陈龙川而薄朱子。不知若以陈说为是，则指鹿为马又有何不可乎？

　　牟宗三先生指出，朱熹的观点，只是一种道德判断，而不是历史的判断；而陈同甫似是只有历史判断而没有道德判断，两个人冲突的实质即在于此。但陈亮的那个历史判断严格讲只是英雄主义，他的基本精神就是英雄主义，因此他还不是在辩证发展中的历史判断，而只是英雄主义地承认之，因此也不能证成历史判断。① 这个说法应该比较公允。

　　钱穆先生曾说："在中国历史上，前古有孔子，近古有朱子，此两人，皆在中国学术思想史及中国文化史上发出莫大之声光，留下莫大之影响。旷观全史，恐无第三人堪与伦比。"但是正如常言所说，誉满天下，谤亦随之。孔子和朱子因之"乃成为百家众流所共同批评之对象与共同抨击之目标"，也就不足为怪了。惟二人所遭遇之不同在于，批评孔子者，多出于儒家以外之各学派；而"反朱攻朱者，多不出于百家众流，而转多出于儒学之同门"。② 李石岑先生说："自晦庵以后，反对晦庵的很多，我们现在单提出反对而颇具力量的三个：一个是王阳明，他根据他的极端唯心论去反对；二是颜习斋，他根据他的实践的精神去反对；三是戴东原，他根据他的理欲一元论去反对。"③

　　或许正如钱先生所说："盖自有朱子，而儒学益臻光昌。自有朱子，而儒学几成独尊。于是于儒学中与朱子持异见者乃日起而无穷。群言淆乱，所争

---

①　牟宗三：《中国哲学十九讲》，上海古籍出版社 1998 年版，第 13 页。
②　钱穆：《朱子学提纲》，生活·读书·新知三联书店 2002 年版，第 1~2 页。
③　邱志华编：《李石岑学术论著》，浙江人民出版社 1998 年版，第 293 页。

益微,剖解益难。故居今日而言朱子学,尚有使人不易骤获定论之憾。"①朱子
的学说何以会有那么多的反对派呢? 这里面恐怕既有朱学内部的问题,又有
时代的因素,有时彼此交织,相当复杂。

的确,朱熹的学说虽在其有生之年未获得统治地位,且在其晚年因"庆元
党禁"而被斥为"伪学"遭到查禁。但是到了元朝以后,朱子学很快在南北方
广泛流行起来,他的著作被定为国家科举考试的教本,成为受到官方支持的权
威学说。然而,正如古今中外无数事例所一再证实的那样:任何一种理论学说
一旦被奉为官方正统,很快便会衰变为僵死的教条且呈现出很多负面的效用。
日本学者丸山真男指出:"朱子学因为是太严密,太完成的体系,故从其学派
中难以再出现有独创的学者。② 另一位日本学者荒木见悟更进而指出:"朱熹
把理分为'所当然'和'所以然',通过前者可以确定现成的理,通过后者则是
想要探究其成立的根据,这恰恰是想要避免使理僵化。"但是事与愿违,"由于
朱子学内在的一成不变地看待理的思考态度,恰好有利于当政者确立对于人
民的支配权。官府所制定的法令,被作为天理套到人民头上,利用人民对于天
理的敬畏感情,也不管人民愿意与否,硬是强迫人民遵守它。"易言之,"朱子
学的思考方法和体质,却为强化皇帝的权力提供了便利。尽管本来'理'字是
事物'恰好之处'的涵义,但这里却在理的美名掩盖下,开始具有使人的性情
枯竭、约束人的生活的作用……当朱子学以官学的权威自居时,只有信奉它,
才被认为是忠实的臣民,而要对它展开正面的批判则是困难的。"③

与程朱对峙而在道学中另立一派者,有陆王之心学。陆即陆象山,名九
渊,与朱熹同时代人;王即王阳明,名守仁,后朱子二百五十年,为心学之集大
成者。或谓此派与程朱派之差异,实在二程中便已有之。二程中之大程,即程
颢(明道)实为心学一派之先驱。④ 但此说尚有争议,此处不能详谈。⑤

① 本节未注明出处者,均见钱穆:《朱子学提纲》,生活·读书·新知三联书店2002年版,第1~2页。
② [日]岛田虔次:《朱子学与阳明学》,陕西师范大学出版社1986年版,第79页。
③ [日]荒木见悟:《阳明学评价的问题》,辛冠洁等编:《日本学者论中国哲学史》,中华书局1986年版,第368、367页。
④ 冯友兰:《中国哲学史》下册,华东师范大学出版社2000年版,第238页。
⑤ 关于此点可参见杨向奎:《中国古代社会与古代思想研究》下册,上海人民出版社1964年版,第734页。

程朱与陆王之最大差别，扼要言之，即前者以为"性即理"，故须"格物致知"；后者以为，"心即理"，故穷理致知，无须求诸外物。王阳明进而提出了"致良知"和"知行合一"的学说。他认为，只需"致吾心良知之天理于事事物物，则事事物物皆得其理矣"。此"吾心之良知，即所谓天理也。"①

如前所述，元明以来，朱子学渐趋僵化并沦为官方把持天下、满足私欲的道具，以至流弊日滋，"支离陈腐，到末辈且唯以口耳为能事"。② 这种状况，不能不引起众多有识之士的反对。率先而起的是陈白沙，他是开端者；继之而起的是王阳明，可视为完成者。嵇文甫先生说："我们分析阳明的学说，处处是打破道学的陈旧格套，处处表现出一种活动自由的精神，对于当时思想家实尽了很大的解放作用。"③

王阳明的学说是在批判程朱理学的过程中建立起来的，他的批判，一如有学者指出的："实质上已经接触到了程朱学说内部道德因素和哲学思辨因素的矛盾。"

在程颐那里，一方面，把"天理"作为先于并决定万事万物的精神本体；另一方面，又赋予"天理"以仁、义、礼、智的道德属性。对这两方面，程颐用"天道"等于"仁道"，"天人本无二"的说法统一了起来。这种统一，是武断的，牵强的。因为只要进而问：在山川草木这类自然物身上，是否也体现了"人道"，也具有仁、义、礼、智的属性？这就无论使用什么样的遁词，都难自圆其说。到了朱熹，他对"天理"为什么是"万化之本"作了进一步阐发。朱熹把周敦颐的"太极"引进了"天理"论，认为"太极"就是"天理"……是个概括一切事物的最高共性，由于它"无形象、方所之可言"，是个抽象的一般……朱熹虽然为了要找一个"万化根本"，而把一般曲解为产生个别的共相，但为了说明"理在事中"，又论证了一般来自个别，并存在于个别之中的道理。这一分析，已接近达到对一般与个别辩证关系的认识，无疑是理论上很大的进展，这就是二程学说中所没有的，从而使"天理"论具备了较为精致的理论形态。然而，正是对

---

① （明）王阳明：《传习录中·答顾东桥书》，杨国荣导读本，上海古籍出版社 2000 年版，第 213 页。

② ［日］渡边秀方：《中国哲学史概论·近世哲学》，刘侃元译，台湾商务印书馆 1976 年版，第 112 页。

③ 嵇文甫：《晚明思想史论》，东方出版社 1996 年版，第 4 页。

"理"或"太极"的这种分析,却使它与朱熹所坚持的另一命题,即"理则为仁、义、礼、智的",尖锐地对立了起来。因为作为仁、义、礼、智的"理",既不能从天地万物之中抽象出来,也不能存在于人类社会以外的天地万物之中……朱熹自己也看到了这点,在他著作中曾多方面设法加以调和。然而要调和这种不可调和的矛盾,逻辑思辨是无能为力的。所以在这里,他只好放弃自己所标榜的讲究"所以然"的说理,而乞灵于"所当然"的武断。①

王阳明对程朱学派的怀疑,正是看到了上述"格物致知"与"正心诚意"之间的矛盾。他指出"纵格得草木"之理,也不可能"诚得自家意"。因此,朱熹将"物理"与"吾心""判而为二",徒陷于"支离外索而不自觉",②终归无益于人伦日用。

晚明以后又有所谓反理学之一派,主要代表人物有王夫之、颜元、戴震等,此派与程朱派之根本区别在于:后者以为理在气先,气有不在而理却恒存;前者以为理在事中,无其器则无其道,故于事物所照所察不谬即是中理。③

理学兴起之初,原本受到官方的排斥,尤其是其中所包含的反暴君、权臣、宦戚、小人等因素,更不能为当局者所见容,乃至发生庆元党禁等政治斗争。至南宋宁宗时,史弥远当国,采取"阳崇之而阴摧之"的手段,一面把道学奉为官方正统,利用其中有利于统治的内容以为钳制人民思想口舌的工具;另一方面又将真心要推行理学思想的官员(如真德秀、魏了翁)贬抑罢黜。致使在许多人眼里,官方思想与理学家的思想混为一谈,乃至引起许多有良知之士对理学的反感。晚明以后所谓"反理学"一派的兴起,便有这方面的背景。④ 胡适说:"五百多年(1050—1600)的理学,到后来只落得一边是支离破碎的迂儒,一边是模糊空虚的玄谈。到了十七世纪的初年,理学的流弊更明显了。五百年的谈玄说理,不能挽救政治的腐败,盗贼的横行,外族的侵略。於是有反理学的运动起来。"⑤

宋明理学最为后世诟病的是其所倡导的"存天理,去人欲"说。此说自明

① 沈善洪、王凤贤:《王阳明哲学的内在矛盾》,《中国哲学》第九辑,生活·读书·新知三联书店 1983 年版,第 303～304 页。

② 吴光等编校:《王阳明全集》,上海古籍出版社 1992 年版,2006 年印本,第 175 页。

③ 参见赵纪彬:《困知录》下册,中华书局 1963 年版,第 343 页。

④ 王俊才编:《张恒寿文集》,中国文史出版社 2005 年版,第 455 页。

⑤ 欧阳哲生编:《胡适文集》(4),北京大学出版社 1998 年版,第 65 页。

中后期起便受到不少学者的批评,到五四新文化运动时期更是受到了猛烈的抨击。

天理与人欲的对立,确为中国思想史上的一个大问题。"存天理、去人欲"也是理学各派的共同主张。官方将理学家的这一学说口号化、简单化,专以压制民众的正当要求却从不加以自律,因此便不能不引起人们的反感,甚至形成一种普遍的逆反心理,一如魏晋时阮籍辈之反名教而倡自然。

然而,最早将天理和人欲这对概念对立起来的,并非始自宋儒,而是"其所从来者上矣"。有学者指出:

> 至于把天理和人欲对立起来,我们发现最早似乎是在《礼记·乐记》和《淮南子·原道训》中,两书的文字几乎是相同的,请看原文,《乐记》说:"人生而静,天之性也。感于物而动,性之欲也。物至知知,然后好恶形焉。好恶无节于内,知诱于外,不能反躬,天理灭矣。夫物之感人无穷,而人之好恶无节,则是物至而人化物也。人化物也者,灭天理而穷人欲者也。于是有悖逆诈伪之心,有淫佚作乱之事。是故强者胁弱……此大乱之道也。是故先王之制礼乐,人为之节。"《淮南子·原道训》说:"人生而静,天之性也;感而后动,性之害(容)也;物至而神应,知之动也;知与物接,而好憎生焉(高注,情欲也)。好憎成形,而知诱于外,不能反己,而天理灭矣(高注:不能反己本所受天清静之性,故曰'天理灭也',犹衰也)。故达于道者,不以人易天(高注:天,性也,不以人事易其天性也;一说曰:天,身也,不以人间利诱之事易其天性也)。外与物化,而内不失其情(高注:言通道之人,虽外貌与物化,内不失其无欲之本情也)"两者同样把天理与人欲对立,文字大同小异,《乐记》之文,《史记·乐书》也有,关于"人欲"产生的辞句属于解说性质,这与"记"的性质是一致的。这些话还有更早的源头,两书都照引了。但是我们可以注意到,《乐记》引此论述的结论是:"先王之制礼乐,人为之节。"而《淮南子》的结论是将通道之人("达于道者")的心性修养,所以下面还有一些话反复加以说明……所有论述都归结到"几于道",这个"道",也有"静"的"天性"或者"天理","达于道者,反于清静",与老子的"好静""无欲"等思想一脉相承。朱子等人,《礼记》肯定是读过的,《朱子语类》卷八七中还记有上引文中的几句具体解说。《淮南子》也不会没有看过。然而其"明天理,灭人欲"的主

张，不是像《礼记》那样急于去"制礼作乐"，而是像《淮南子》那样要注重个人的心性修养。①

清代反理学名将戴震在其名著《孟子字义疏证》一书中有句名言"人死于法，犹有怜之者；死于理，其谁怜之！"②引起了普遍的共鸣。

但是戴震将朱熹所说的"明天理，灭人欲"之"人欲"等同于"包括着饮食男女等人们生活必需在内的""人欲"，实属偷换概念。③ 正如一些学者所指出的那样，理学家所反对的"人欲"，并非反对人类正常生活的基本欲求，而是反对不加节制的纵欲。冯友兰先生说："饮食男女之欲，宋儒并不以为恶，特饮食男女之欲之不'正'者，换言之，即欲之失者，宋儒始以为恶耳。"④因此，我们在讨论理学家的天理、人欲命题时，必须注意到，他们所说的"去人欲"，并非等同于宗教上的出世的禁欲主义，甚至也不是单纯的节欲主义，而是主张"以理御欲，以公统私，以道心（仁）支配人心，以仁为最高价值的伦理本体的学说"。⑤

再者，程朱提出"存天理，去人欲"，是有我之境、修身治己的道德话语；虽从普遍意义上讲可适用于任何人，但从施行程序和社会效果上讲，则是专门针对政治上的统率者说的。因此宋儒提倡此说，总是先从帝王国君之正心诚意说起，然后才谈到治国行政的具体措施。但是此一学说一经为官方所掌握，便全然丧失了其本来的用意，转而成为压抑人性，悖逆人道，摧残人类的歪理邪说。此正庄子所谓："为之斗斛以量之，则并与斗斛而窃之……为之仁义以矫之，则并与仁义而窃之"。

自明季以来，反理学似乎已在学术界形成了一种思潮，胡适称"自1600年至今日（笔者按：1930年代）"为反理学时期，除了颜元、戴震之外，他还列举了众多人物。⑥ 正如有学者所指出的那样：

---

① 熊铁基：《秦汉新道家》，上海人民出版社2001年版，第526~528页。

② （清）戴震撰，张岱年主编：《戴震全书》第六册，黄山书社1995年版，第161页。

③ 祝总斌：《戴震的理欲说应该重新评价——试论其对程朱理欲说的歪曲与妄评》，北京大学中古史研究中心编：《邓广铭教授百年诞辰纪念论文集》，中华书局2008年版，第365页。

④ 冯友兰：《中国哲学史》下册，华东师范大学出版社2000年版，第321页。

⑤ 王俊才编：《张恒寿文集》，中国文史出版社2005年版，第453页。

⑥ 如顾炎武、黄宗炎、毛奇龄、费密、袁枚、崔述等人，参见胡适：《几个反理学的思想家》，《胡适文集》（4），北京大学出版社1998年版，第65页。

在明清反理学思潮中,不少思想家从学术角度对程朱理学进行了批判,其深度亦不逊于戴震,如王夫之;也有不少思想家从政治角度对程朱理学进行批判,其猛烈亦不乏惊人之语,如李贽。然而,在这两方面都能达到其所在时代巅峰的思想家,有清一代,盖戴震一人而已。①

戴震反理学之最有影响力和号召力者,莫过于他所提出的宋儒"以理杀人"的著名论断了。有学者说:

> 在乾嘉考据学者中,戴震不但以博大精湛的考据思想名噪海内,成为皖派学术的代表人物;而且以其对程朱理学"以理杀人"批判之尖锐,成为中国古代思想史上最后一位思想大师,成为中国传统思想向近代思想转化的重要桥梁,启导了近代启蒙思想的曙光。②

平心而论,戴震的理欲之辩和他所提出"以理杀人"说,在他所处的那个时代对于人们反抗威权、摆脱思想束缚、解放个性或许能起到些积极的作用。但是从严格的学术思想角度来说,则不能不审慎地加以辨正。

戴震说:

> 宋以来儒者,以己之意见,硬坐为古贤圣立言之意,而语言文字实未之知。其于天下之事也,以己所谓理,强断行之,而事情原委隐曲实未能得,是以大道失而行事乖。……后儒不知情之至于纤微无憾,是谓理,而其所谓理者,同于酷吏之所谓法。酷吏以法杀人,后儒以理杀人,浸浸乎舍法而论理死矣,更无可救矣!③

在这里,戴震批评程朱所说的"理"为"意见",意即"主观臆断并用以治人",因此才有他所谓的"而其所谓理者同于酷吏之所谓法"。此说如果不是对程朱的有意曲解,至少也是误解。关于此点,祝总斌先生曾细加驳辨。他指出,戴震将程朱的"理"等同于"意见"并因而大加挞伐,"很可能是故意加罪,因为程朱重视思想品德之修养,不便正面指责,于是侧面扯出'意见'致祸这一本不相干的罪名进行攻击,并举出品德好的官员以'意见'害人作为例证。当然还有另一种可能,就是戴震根本没弄懂朱熹的原意……以为理'具于心'

---

① 王世光:《"以理杀人"新解》,《福建论坛·人文社科版》,2001年第6期,第43页。
② 王杰:《戴震义理之学的历史评价及近代启蒙意义》,《文史哲》2003年第2期,第48页。
③ (清)戴震:《戴震集·与某书》,汤志钧校点,上海古籍出版社1980年版,第187~188页。

必可定为主观臆断,于是扯出'意见'来大加攻击,岂不知是断章取义,误解了朱熹这些话的原意……显然这种指责不但浅薄,而且某种意义上同样也是一种断章取义!"①

在《孟子字义疏证》中他又说:

> 尊者以理责卑,长者以理责幼,贵者以理责贱,虽失,谓之顺;卑者、幼者、贱者以理争之,虽得,谓之逆。于是下之人不能以天下之同情、天下所同欲达之于上;上以理责其下,而在下之罪,人人不胜指数。人死于法,犹有怜之者;死于理,其谁怜之?!②

不过,恰如贺麟先生所说:"吃人(杀人亦然——笔者)的东西多着呢!自由平等等观念何尝不吃人?许多宗教上的信仰,政治上的主义或学说,何尝不吃人?"③

何况,戴震所说的"以理杀人"的"理"似乎远不如谭嗣同说的"以名桎臣"的"名"为确切。即便如此,将犯罪元凶归咎于宋儒恐怕就不仅是迁怒于人了,而是放过了真正的杀人凶手。在这一点上,还是黄宗羲的见解更高些。我们切不可一而再、再而三地"迁怒"、"贰过"了。

陆宝千先生指出:"孟子以仁义礼智为性",而戴震以"血气心知为性",故戴氏无法理解朱子之"灭人欲"说,自非出于偶然。盖戴东原、焦(循)理堂辈所谓汉学家徒事文字考据,而不能识义理,故不能得孟子、程朱之本意。陆宝千认为:"人之工夫有深浅,故道德之造境有高卑。此人格境界之体会,亦非考据能力之所及"。④

也有学者认为:

> 戴东原为打击宋儒,就说宋儒不讲求训诂之学,宋儒讲的义理不正确。他撰《孟子字义疏证》,表面看是从理学的训诂去攻击宋儒,反对宋儒去人欲存天理的议论,实际上则是反对清世宗(胤禛)、高宗(弘历)以理学统治人民。戴氏不敢明白指斥皇帝以宋儒所讲的理学去统治人民,

---

①　祝总斌:《戴震的理欲说应该重新评价——试论其对程朱理欲说的歪曲与妄评》,北京大学中古史研究中心编:《邓广铭教授百年诞辰纪念论文集》,中华书局 2008 年版,第 366~367 页。

②　(清)戴震:《戴震集》,汤志均校点,上海古籍出版社 1980 年版,第 275 页。

③　贺麟:《哲学与哲学史论文集》,商务印书馆 1990 年版,第 362 页。

④　陆宝千:《清代思想史》,华东师范大学出版社 2009 年版,第 186~189 页。

宋儒在戴氏笔下就成了代罪的羔羊。戴氏抨击宋儒的义理之学,只能说戴氏所讲的义理与宋儒不同而已。①

余嘉锡先生《四库提要辨正》卷七谈到戴震剽窃赵一清《水经注释》一案时说:

> 魏源《古微堂集》中,有书后二篇,讥其攘赵一清《水经注释》,点窜之以为己作。虽其先戴震之弟子段玉裁力辨以为赵氏成书在前,而刻书在后,乃赵攘戴,非戴攘赵,然近人仍分左右袒,莫衷一是,只可付之存疑。盖戴氏虽经学极精,而其为人专己自信,观其作《孟子字义疏证》,以诋朱子,及其著《屈原赋注》,只是取朱子《楚辞集注》,改头换面,略加点窜,以为己作。于人人习见昔贤之名著,尚不难公然攘取,况区区一赵一清,以同时之人,声誉远出其下者乎? 段懋堂谓非戴攘赵,在戴诚无所用其攘也,此正如王子雍之於郑康成,直夺而易之而已矣。不然,何《直隶河渠书》又适重修於赵氏之後乎?②

这里说的《直隶河渠书》是戴震和赵一清著作权纠纷的另一疑案。金克木先生曾做过一篇题为"戴震梦告'剽窃'之冤"的戏文,③讥讽戴震剽窃全祖望、赵一清校订《水经注》的那桩旧案,可知戴震之人格亦为学界长期争议的话题。

清儒程廷祚说:

> 弟自迩年以来,始深知学问之难,惟在躬行。千古以上,未敢轻议;后来茫茫,亦未敢轻议。惟觉纵横万里之内,可以当得人字者,未之概见。其故安在? 我辈居平诵诗读书,孰不言希圣、言希贤? 然一遇小利害、小得失,无不丧其守,所谓箪食豆羹见于色者,比比然也。由其中本无真得,而义理之心不胜其嗜欲之心,故高谈三古,浮慕圣贤,而无少补于实德实行也。此可以谓之人哉? 元、明以来,学者稍知有贞观《注疏》者,即无不极诋宋儒。然以弟观之,可以当得人字者,究竟宋儒为

---

① 牟润孙:《海遗丛稿》(二编),中华书局 2009 年版,第 66 页。该书记述作者早年受教于柯邵忞先生的观点。

② 余嘉锡:《四库提要辨正》,云南人民出版社 2006 年版,第 365 页。

③ 参见金克木:《文化厄言》,上海文艺出版社 1997 年版,第 61~64 页。关于戴氏抄袭赵一清《水经注释》案,可参见陈桥驿:《〈水经注〉戴、赵相袭案概述》,《郑州大学学报》(哲社版) 1986 年第 1 期,第 78~87 页。

多。何则？彼固尝致力于存诚遏欲，而以实德实行为事者也。至若解经之得失，乃其末节。其主张太极、先天，不能直接标《易》简以为学宗，固皆不能无过；而要其所得，不在汉、唐诸儒之后。弟于程、朱经学，多所异同，而卒不能昧其本心，议及于宋儒之所得者，良有由耳。我辈存诚遏欲不逮宋儒远甚，而遽谓有得于性命之说，请反而思之，措之伦物者为何事？见之德行者为何功？而敢自诬乎！其或摭拾宋儒之唾余，而以当己之躬行者，一时非不可以炫俗，然所谓见他人之食，不足以为饱者也，亦何益哉！①

这话称得上是持平之论。贺麟先生更进而指出：

程朱之学，凡事必推究至天人心性，而求其究竟至极之理，其理论基础深厚，犹源远根深，而其影响之远大，犹如流之长，枝叶之茂……宋儒哲学中寓有爱民族，爱民族文化的思想，在某意义下，宋明儒之学，可称为民族哲学，为发扬民族、复兴民族所须发挥光大之学。②

笔者以往对程朱理学也曾颇多偏见，读了贺麟先生的《宋儒的新评价》一文，不能不为自己的浅陋无知而深感惭愧，亦不能不为贺麟先生的真知灼见而深为折服。

汤用彤先生说他自己最初于理学也是"格格不相入"，"见理学先生则尤恶之"。待研习熟知以后，"知有所谓理，所谓性矣。复次而知程朱陆王矣，复次而溺于理学之渊矣。每有感辄然曰：理学者，中国之良药也，中国之针砭也，中国四千年之真文化真精神也。试问今日之精械利兵足以救国乎？则奥塞战争，六强国悉收其病；试问今日之学校足以救国乎？则行之数十年未收效果也。盖俗蔽国衰之秋，非有鞭辟近里之学不足以有为，尤非存视国性不足以图存。余尝观昔贤讲学之风，雍雍穆穆，朴茂之风凛然，洶堪为浇俗之棒喝，则心为之神往者不置。夫以古之理学与今之科学比，则人咸恶理学求科学矣，不知理学为天人之学，万事万物之理，为形上之学，为关於心的；科学则仅为天然界之律例，生物之所由，驭身而不能驭心，驭驱形骸而不能驱精神，恶理学而乞灵科学，是弃精神而任形骸也。国人皆恶理学，则一国之人均行尸走肉耳，国乌

---

① 程廷祚：《与刘学稼书》，《青溪集》，宋效永校点，黄山书社2004年版，第212~213页。
② 贺麟：《宋儒的新评价》，《文化与人生》，商务印书馆2005年版，第197页。

得国哉?"①

显然,汤用彤先生对于当时,当然也是时下里人们迷信科学的态度大不以为然。多少可能令国人感到有点离奇的是,"具有很深的科学素养"且其哲学系从"科学出发"而又不乏"认识论或逻辑学"的现代化西方哲学家柏格森(Henri Bergson),居然也同样鄙弃理性、科学和唯物论而崇尚直觉。② 贺麟先生说:"我们读柏格森的书,常会感到一些中国哲学的意味,譬如他的重哲学而轻科学,他的推崇直觉,讲求神秘,他的祛除符号,不要言诠,都会令我们想起先秦魏晋的老庄和宋明陆王之学;而他那整个的绵延创化的变的哲学也容易使人联想到'天行健,君子以自强不息'、'神无方而易无体'、'以未济终焉'之类的话头。"③这真可算得上是无独有偶了!

① 汤用彤:《理学谵言》,沈伟华、杨维中编:《汤用彤佛学驭哲学思想论集》,南京大学出版社 2009 年版,第 33 页。
② 贺麟:《现代西方哲学讲演集》,上海人民出版社 1984 年版,第 19~20 页。
③ 贺麟:《现代西方哲学讲演集》,上海人民出版社 1984 年版,第 21 页。

卷 二

价 值

第五章　志向与王法

一　"意志"释义

法律经常被解释为人类的意志。所谓意志,依《现代汉语词典》的定义,即"决定达到某种目的而产生的心理状态"。① 现代法律术语中的"意志"一词应来自英语 Will,权威的定义是:"一个人用以控制其行为、选择其行动方针并指导其达到一定目的的精神能力或精神力量。意志与认识和推理不同,它表示一种选择行动方针的能力。"②所谓"精神能力或精神力量"英文作"mental faculty or power",③指思想上或心理上的某种状态,与《现代汉语词典》的定义相近。

古汉语中,"意志"一词始见于《商君书·定分》:"夫微妙意志之言,上知之所难也。夫不待法令绳墨而无不正者,千万之一也。"此处之"意志",多家注本都解为"思想"。例如《商君书新疏》注谓:"意志,指思想。"④贺凌虚译作"微妙意志之言,即意义隐微深奥的言论"⑤,高亨译作"微妙思想的言论"。⑥

"意",《说文·心部》:"志也。从心察言而知意也。从心从音。"《春秋繁

---

①　中国社科院语言所词典编辑室编:《现代汉语词典》,商务印书馆 1996 年版。

②　[英]戴维·沃克:《牛津法律大辞典》,北京社会与科技发展研究所组织翻译,光明日报出版社 1989 年版,第 942 页。

③　David M.Walker, *The Oxford Companion to Law*, Oxford:Clarendon Press,1980,p.1300.

④　张燕编著:《商君书新疏》,贵州教育出版社 2009 年版,第 294 页。

⑤　贺凌虚注译:《商君书今注今译》,台湾商务印书馆 1987 年版,第 198 页。

⑥　高亨:《商君书注译》,中华书局 1974 年版,第 192 页。

露·循天之道》："气从神而成，神从意而出。心之所之谓意。"同书《天道施》篇："万物动而不形者，意也。"①汤用彤先生说："盖中国意字本谓心之动而未形者。"②通俗说来，意即心思，心中的想法。③

又"志，意也，从心，之声"。可见"意"、"志"二字古义相通，可以互训。闻一多说："志有三个意义：一记忆，二记录，三怀抱。"这三个意义有个演变的过程，他说："志字本义是停止在心上。停在心上亦可说是藏在心里。故《荀子·解蔽》篇说'志也者臧（藏）也'。《注》曰：'在心为志'，正谓藏在心。《诗序》疏曰：'蕴藏在心谓之为志'最为确诂。""记忆一义便是由这里生出的。但是情思、感想、怀念、欲慕等等心理状态，何尝不是'停在心上'或'藏在心里'……"故"志又训意"④，《论语·为政》："吾十五而有志于学"。朱熹注谓："心之所之谓之志。"⑤《毛诗序》云："诗者，志之所之也，在心为志，发言为诗。"《正义》曰："包管万虑，其名曰心；感物而动，乃呼为志。志之所适，外物感焉……"⑥《孟子·万章上》："说诗者不以文害辞，不以辞害志。以意逆志，是为得之。"赵歧注谓："志，诗人志所欲之事。"⑦朱熹解为："言说诗之法，不可以一字而害一句之义，不可以一句而害设辞之志，当以己意迎取作者之志，乃可得之。"

可知意和志皆为动态的心，心有所思虑而生某种意念，因而有所向往、有所希冀、有所追求，乃称为志。故意志连用，重文也，以现代汉语表达即思想和志向而更偏重志向。《抱朴子·外篇·自叙》："既性闇善忘，又少文，意志不专，所识者甚薄，亦不免惑。"这里的意志即当指志向。

法律是意志，亦即志向的表达，不同的志向可以创造不同的法律，法律之

---

① 分见苏舆：《春秋繁露义证》，钟哲点校，中华书局1992年版，1996年印本，第452、472页。

② 汤用彤：《中国佛史零篇》，沈伟华、杨维中编：《汤用彤佛学与哲学思想论集》，南京大学出版社2009年版，第221页。

③ 参见谷衍奎：《汉字源流字典》，语文出版社2010年版，第1643页。

④ 孙党伯、袁謇正主编：《闻一多全集》第10册，湖北人民出版社1994年版，第8、14页。

⑤ （宋）朱熹：《四书章句集注》卷1，中华书局1983年版，第45页。

⑥ （汉）毛亨传、郑玄笺、（唐）孔颖达疏：《毛诗正义》，龚抗云等整理，北京大学出版社1999年版，第6页。

⑦ （汉）赵歧注、孙奭疏：《孟子注疏》，廖名春等整理，北京大学出版社1999年版，第253页。

不同也正基于志向的不同。中国古代的法律向称"王法",王法是基于什么样的志向呢?值得一探。

二　帝王之志与孔孟之志

中国人尚志,由来已久。《红楼梦》第二回"冷子兴演说荣国府"说起贾宝玉周岁时,贾政要"试他将来的志向,便将世上所有的东西摆了无数叫他抓,谁知他一概不取,伸手只把那些脂粉钗环抓来玩弄;那政老爷便不喜欢,说他将来不过酒色之徒,因此不甚爱惜"。① 贾政期望宝玉有何志向呢?从后文的交代看,显然是科举入仕,出将入相,封妻荫子。这种志向,虽然不算小了,但还是称不上大。我们读正史本纪列传或野史小说之类,看到那些做过开国皇帝的"英雄"们或者想要做皇帝的潜英雄们大抵都是"少有大志"。最典型的莫过于《史记·陈涉世家》载陈胜少时辍耕垄上说的那句名言:"燕雀安知鸿鹄之志哉!"《明史·太祖本纪》说朱元璋"志意廓然,人莫能测"。《三国演义》第一回称刘备也是"素有大志"。

仔细考究一下这些"大志",可以发现其内容大抵相同。所谓吞吐四海、经纬天地云云,方可称之为"大志"。说白了,无非是要打天下、坐江山、当皇帝罢了,而且还要"传之子孙,万世一系"。可见,一般所说的"大志",不过是"帝王之志"的代名词。秦始皇南游会稽,项羽见其威仪后说了句"彼可取而代也";刘邦看到后说了句"大丈夫当如此也"。② 真不愧是英雄所见略同啊!

帝王之志,观之似大,究其实则至小、至薄、至自私。在孟子看来,不过是"独乐乐"的"好货""好色""好小勇"的"寡人之疾"而已。用黄梨洲的话说,乃是:

> 后之为人君者不然。以为天下利害之权皆出于我,我以天下之利尽归于己,以天下之害尽归于人,亦无不可。使天下之人不敢自私,不敢自利,以我之大私为天下之大公,始而惭焉,久而安焉,视天下为莫大之产

---

① （清）曹雪芹、高鹗:《红楼梦》,人民文学出版社1964年版,第19页。
② 分见《史记》卷七《项籍本纪》、卷八《高祖本纪》。

业,传之子孙,受享无穷。

是以其未得之也(指未当皇帝之前——笔者),荼毒天下之肝脑,离散天下之子女,以博我一人之产业,曾不惨然。曰"我固为子孙创业也"。其既得之也,敲剥天下之骨髓,离散天下之子女,以奉我一人之淫乐,视为当然,曰"此我产业之花息也"。然则为天下之大害者,君而已矣。向使无君,人各得自私也,人各得自利也。呜呼! 岂设君之道固如是乎!①

不幸的是,这样的帝王之志,不独秦皇、汉武、唐宗、宋祖,一代天骄成吉思汗之辈等公认的大"英雄"们向存于胸,就是那些草民百姓、宵小无赖、耿耿于怀者也不在少数。即便是在辛亥革命以后,怀有帝王之志者,也绝不仅仅袁世凯一人。不过受时代所限,只能行帝王之实,不便张旗加冕罢了。因此有人得出结论:"中国人在君主时代,个个都有身为帝王的资格,人民见了帝王,多数都有一种'取而代之'的思想"。② 正是因为有这类"大志"的人太多,而大位又只有一个,所以便免不了你争我夺,频频厮杀,中国社会的长期周期性政治动荡盖缘于此。一言以蔽之,所谓帝王之志不过是一种无穷大的私心,力图由一个人、一家人或者一种特定的宗派势力垄断政权、把持天下,包揽一切资源,严禁他人染指。这种"大志",易名为"大盗之志"或许更为贴切。更不幸的是,自秦汉以降,两千多年来的中国法律恰恰都是这种大志的产物。

古人归结人世间的不平事大抵有三种,即:强凌弱,智欺愚,众暴寡。③ 古人解决这种不平的办法主要有两种,一种是法家路线,或称申韩之术,这是中国历史上长期采用的办法。④即将帝王之志上升为法律,用法律明定现政权是唯一的强者、智者、众者,再用国家强制力支持这种强凌弱、智欺愚、众暴寡的秩序,并用暴力手段强迫弱者、愚者、寡者接受这人世间的不平。这就是帝王

---

① 沈善洪主编:《黄宗羲全集》第1册,吴光等校点,浙江古籍出版社1985年版,第2~3页。
② 谢晋青:《日本民族性研究》,潘乃穆编:《潘光旦文集》第1卷,北京大学出版社1993年版,第419页。
③ 《荀子·富国》谓:"强胁弱也,智惧愚也。"《商君书·画策》说:"以强胜弱,以众暴寡。"
④ 毛泽东:《读〈封建论〉呈郭老》诗曰:"劝君少骂秦始皇,焚坑事业要商量。祖龙虽死秦犹在,孔学名高实秕糠。百代都行秦政法,十批不是好文章。熟读唐人封建论,莫从子厚返文王。"见胡为雄编著:《诗国盟主毛泽东》,当代中国出版社1996年版,第223页。

之志所创设的秩序。黄宗羲说"三代以上之法也,固未尝为一己而立也",所以"三代以上有法,三代以下无法",秦汉以后之法都是"一家之法",是"非法之法"。他又说:

> 后之人主,既得天下,唯恐其祚命之不长也,子孙之不能保有也,思患于未然而为之法。然则其所谓法者,一家之法而非天下之法也……此其法何曾有一毫为天下之心哉,而亦可谓之法乎? ……后世之法藏天下于筐箧者也;利不欲其遗于下,福必欲其敛于上……天下之人共知其筐箧之所在,吾亦鳃鳃然日唯筐箧之是虞,故其法不得不密,法愈密而天下之乱即生于法之中,所谓非法之法也。①

真是不平则鸣。正如牟宗三先生所说"后人总不满意君主专制,而向往三代的王道"②。张载说"为政不法三代,终苟道也",司马光也说"汉魏以下盖不足法"。③

现代西方的法学家们也在讨论法律的合法性问题。这里面至少有两层含义,其一是制定和实施法律的机构以及法律的规定"都是适当的或正当的,而且,现政权运用其权力时,它不但从法律上而且还从政治上(或道德上)都可以被证明为正确的";其二它"要求某一特定制度在被认可之前,要具备一些有说服力的法律和政治上的理由"。④ 简言之,法律是否合法不完全在于它是否被宣布为法律,还在于它是否符合人类公平、正义和道德的基本价值取向。譬如某个人或某个团体制定一部法律规定只允许他一人、一家或某个特定的团体享有国家政权,其他任何人觊觎政权都是犯罪,这种规定本身就是不合法的,就是犯罪,因此是非法之法。

遗憾的是,长期以来,这种隆一姓而贱万民,尊一家而屈天下的法律却常常被称之为"王法"。真可谓偷换概念、张冠李戴。考之典籍,所谓王法,是基于"王道"的法律。《尚书·洪范》说:"无偏无党,王道荡荡;无党无偏,王道平平;无反无侧,王道正直。"偏党一人、一家、一姓、一个集团,偏党强者、智者、

---

① 《黄宗羲全集》第 1 册,浙江古籍出版社 2005 年版,第 6~7 页。第 6 页之"固",该本作"因",误,据丛书集成初编本(上海,商务印书馆 1939 年版)改。

② 牟宗三:《中国哲学十九讲》,上海古籍出版社 1998 年版,第 176 页。

③ 分见(宋)张载:《张载集》,中华书局 1978 年版,第 386、387 页。

④ [澳]彼得·威斯莱-史密斯:《香港法律制度》,三联书店香港有限公司 1990 年版,第 9~10 页。

众者之法，岂可称之为王法，只能称之为"霸法"，即"霸道"之法，用谭嗣同的话说就是"大盗"之法，用美国人德沃金的话说就是"邪恶的法律"。① 孔子讲正名，我看首先应给"王法"正正名。

中国古代，另有一种志向，那就是孔子之志。孔子自道其志是："老者安之，朋友信之，少者怀之。"与那些"大志"相比，孔子的志向乍看起来似乎是太小了点，但若细加品味，孔子之志其实至大无朋，不仅关心同代人，还虑及前人和后世，正所谓"慎终追远，民德归厚矣"。古今中外能实现这一志向的，纵非绝无其人，也是凤毛麟角。西人华盛顿庶几近之，亦未必能当之无愧。成吉思汗不消说了，"只识弯弓射大雕"。秦皇、汉武、唐宗、宋祖，或者再加上汉高祖，文景二帝，明太祖、康熙、雍正、乾隆这些古今公认的屈指可数的几个明君，也无一能够企及。秦始皇正应了前引黄宗羲的那段话，"其未得之也，荼毒天下之肝脑，离散天下之子女，以博我一人之产业……其既得之也，敲剥天下之骨髓，离散天下之子女，以奉我一人之淫乐"。是个地地道道的独夫民贼，老者不能安，朋友不敢信，少者且恶之，留下千古骂名。汉武帝在位54年，为奉其一人之淫乐，"外事四夷之功，内盛耳目之好，征发烦数，百姓贫耗，穷民犯法，酷吏击断，奸宄不胜"。② "唐太宗虽英明，亦不可谓之仁主，（汉）孝文（帝）虽有仁心，然所施者浅近，但能省刑罚，薄税敛，不残酷而已"。③ 宋太祖、明太祖，或夺位篡权，或屠戮功臣，朋友安敢信之。康雍乾三朝，号称太平盛世，实则承乱继恶，满汉倾轧、贪风横行，府库虚耗，文字狱泛滥，流毒至今不息，少者厌之犹嫌不及。

清朝有个读书人叫曾静，写了本《知新录》，声言："皇帝合该是吾学中儒者做，不该把世路上英雄做。周末局变，在位多不知学，尽是世路中英雄，甚者老奸巨滑，即谚所谓光棍也。若论正位，春秋时皇帝该孔子做；战国时皇帝该孟子做；秦以后皇帝该程、朱做，明末皇帝该吕子做。今都被豪强占据去了。吾儒最会做皇帝，世路上英雄他那晓得做甚皇帝。"④有学者说这"是绝无仅有

---

① ［美］罗纳德·德沃金：《法律帝国》，李常青译，徐宗英校，中国大百科全书出版社1996年版，第93页。
② 《汉书·刑法志》语。
③ （宋）张载：《张载集》，中华书局1978年版，第251页。
④ 中国社会科学院历史所清史研究室编：《清史资料》第4辑，中华书局1983年版，第48页。

的狂夫之语"。① 其实自孔子以后，发这种狂语的远不止曾静一个。孟子曾扬言"自生民以来，未有盛于孔子也"，因此他终生的志向便是"乃所愿，则学孔子也"。② 先秦儒家的另一大师荀子也认为孔子与古帝王舜、禹的差别仅在于圣人得位与不得位而已。他称孔子："无置锥之地，而王公不能与之争名；在一大夫之位，则一君不能独畜，一国不能独容；成名况乎诸侯，莫不愿以为臣。是圣人之不得执者也，仲尼、子弓是也。"③

孔子受到后儒如此推崇，是否纯出于门户之见呢？我看不是。后儒认为只有孔、孟这样的大儒才配做帝王，也并非没有道理。这道理就在于孔子之志大、孔子之道阔。用宋儒张载的话来概括，孔子之志乃是"为天地立心，为生民立命，为往圣继绝学，为万世开太平"。④ 即以今人眼光观之，孔子之志确实有包容万物的雅量，涵纳千古的胸襟。

要探讨孔子之志，首先必须明了孔子之道。孔子之道是什么呢？依笔者拙见就是"仁"。孔子曾说："吾道一以贯之。"曾参解释说："夫子之道，忠恕而已矣。"杨伯峻先生认为，由曾参的这段话"可以推知'仁'的真谛"。"所谓'吾道'就是孔子自己的整个思想体系，而贯穿这个思想体系的，必然是它的核心。分别讲是'忠恕'，概括讲是'仁'。"⑤ 所谓"忠"，就是仁的积极面，"己欲立而立人，己欲达而达人"；所谓"恕"就是仁的消极面，即"己所不欲勿施于人"。这就是孔子著名的"忠恕之道"，也就是孔子处理人与人关系的理想标准。按照这个标准创制出来的法律，方可称得上"王法"，即"王道"之法。程子说："王道与儒道同，皆通贯天地，学纯则纯王纯儒也。"⑥因此，所谓王道之法，也就是儒者之法或儒家理想中的法律。

---

① 霍存福：《权力场——中国人的政治智慧》，辽宁人民出版社1998年版，第11页。

② 《孟子·公孙丑上》。

③ 《荀子·非十二子》。

④ （宋）张载：《张载集》，中华书局1978年版，第396页。

⑤ 杨伯峻：《论语译注·试论孔子》，中华书局1983年版。

⑥ 《河南程氏外书》卷11，（宋）程颢、程颐撰：《二程集》，王孝鱼点校，中华书局2004年版，第411页。

三　志向与法治

贺麟先生曾将法治区分为三种类型，第一种是申韩式的法治，亦即基于功利的法治；第二种是诸葛式的法治，即基于道德的法治；第三种是近代民主式的法治，亦即基于学术的法治。他说诸葛亮确如宋儒所言，有儒者气象。诸葛式的法治充满了儒者的仁德，颇似近世西洋政治思想家所倡导的"仁惠的干涉或开明的专制"，"其意亦在以人民公意或公善为准"。他所说的"人民公意"不同于人民全体的意志，后者"乃全体人民意见之杂凑体，重量不重质，往往意见浮嚣，矛盾错误，拘近习，无远图"；前者"则就意志之质言，而不就量言，乃为人民的真幸福打算应当如此的理想意志。亦即人民的真正意志，出于先知先觉的大政治家的远见卓识，而非出于全体人民的意见"。① 王元化先生指出，贺麟先生这里所说的西洋政治思想家，"可以推知乃隐隐指的是卢梭的社会契约论。公意说正是社会契约论的核心"。他进而指出："值得注意的是作者（笔者按：指贺麟）未将公意论归入他划为第三种类型的'近代民主式的法治'，这一点颇耐人寻味……这段文字还包括更深一层的含意，就是道德的法治应该向民主式的法治过渡，才是发展的正途。"② 据此说来，儒者自古即有其理想的法治图景，且与近世西洋民主式的法治颇多相近之处。孔孟之志，当亦包含其中。

古人解决前述世间三种不平的另一套办法正是孔孟之志的思路，这就是所谓的孔孟之道，亦即王道。这套思路历来未被官方接受，只是在口头上偶尔表示肯定或褒扬。这种思路反对偏袒强者、智者、众者，主张人人各得其所，③用现代的术语来表述就是要保障每个人的权利。班固曾做过一个形象的比喻："古人有言：'满堂而饮酒，有一人向隅而悲泣，则一堂皆为不乐。'王者之于天下，譬犹一堂之上也，故一人不得其平，为之凄怆于心。"④ 所以儒家历来

---

① 贺麟：《文化与人生》，上海人民出版社 2011 年版，第 52、53 页。
② 王元化：《思辨录》，上海古籍出版社 2004 年版，第 148 页。
③ 《周易·系辞下》："日中为市，致天下之民，聚天下之货，交易而通，各得其所。"
④ 《汉书·刑法志》。

主张:"行一不义,杀一不辜而得天下,皆不为也。"①

《礼记·礼运》也记述了孔子之志:

子曰:"大道之行也,与三代之英。丘未之逮也,而有志焉。大道之行也,天下为公,选贤与能,讲信修睦,故人不独亲其亲,不独子其子。使老有所终,壮有所用,幼有所长,鳏寡孤独、废疾者皆有所养,男有分,女有归。货恶其弃于地也,不必藏于己,力恶其不出于身也,不必为己。是故谋闭而不兴,盗窃乱贼不而不作。故外户而不闭,是谓大同。"

虽然《礼运》这段话是否孔子原话尚有争议,但比较《论语》中所记孔子言行,笔者以为这段记载是符合孔子一贯的思想的。因此从这段话里,我们可以看到孔子之志的更具象的画面,也可以想象"王道"、"王法"运行的结果。

在儒家看来,人是天地万物之灵,人之所以能生存于世界且能引领万物就在于人的"能群",即人与人的团结合作。作为群居的动物,人类如果不能相亲相爱、相互扶助,而是终日尔虞我诈、钩心斗角、自相残杀,就不可能健康生存。要维持人与人的团结合作关系就必须确立人与人相处的理想标准。这个理想标准的内在原则就是"仁",外部表现就是"礼",②在西方人看来就是法(law)。③

的确,如果人人都能做到"己欲立而立人,己欲达而达人,己所不欲勿施于人",人与人的关系就不难和谐。本着这种"仁"的精神制定出来的一国法律就不难使一国人民彼此团结。如果有朝一日,世界各国都能按照这种"仁"的精神制定出通行全世界的法律,就能使全人类团结起来、和平共处。这样的法律,中国古人称之为"三代之法",是名副其实的"王法";用今人的话说就是合法之法、公平之法、正义之法,是可以畅行于全球化时代的法律。

美国人华盛顿可以说有王者之风,至今受到各国人民的景仰,真正做到了

---

① 《孟子·公孙丑上》。《荀子·儒效》也说:"行一不义,杀一无罪,而得天下,不为也。"

② 参见《汉书·刑法志》。

③ 严复曾经说过:"西文'法'字,于中文有理、礼、法、制四者之异义,学者审之。"又说:"西人所谓法者,实兼中国之礼典。"(《孟德斯鸠法意》上册,商务印书馆1981年版,第3、7页)有西人也说:"礼被译作'礼节',而法被译作'LAW'","礼这个术语包含的意思远较'礼节'这两个苍白的字眼丰满得多。另一方面,西文中'law''droit'(法)'recht'也包含着丰富的含义。礼最终可能带有law中的某些词意。而'法'则绝难包含law中的大量义蕴。"见John H.Barton et al.,*Law In Radically Different Cultures*,St.Paul:West Pub.Co.,1983,p.105.

"少者怀之",称其为西方圣人亦不为过,因为他真正实践了孔子之志。有机会做皇帝而不做,可以终身当总统却任满两届后坚决退隐。自己做了总统,也让别人有相同的机会;自己名垂青史、耀祖光宗,也给别人创造同样的条件;自己不愿意久居人下,终生贫贱,也不强加于人。这就叫做"己欲立而立人,己欲达而达人,己所不欲勿施于人"。他所创立的制度,就是孔孟儒家所推崇的尧舜禅让之制,就是《礼运》所说的"选贤与能"之制。难怪清季的谭嗣同、唐才常等特别称赞华盛顿:"若夫轨唐虞之盛心,绵仁学之公理者,其华盛顿、林肯之为君乎?旅天位,宅民权,屣功利,戢兵祸,廓然夷然,是谓大公"。[1]

孔子之志、孔孟之道至大且通,已如上述。然而在两千多年来的中国,却始终未被官方名副其实地接受,所谓中国传统法律的儒家化也只是形式主义的。所以有人说:"圣如孔子,不得位而不得行其志"。[2]与中国的情形相反,如果我们考察一下近现代西方的法律文化,却可以发现一个惊人的事实,在西方文化孕育下成长起来的现代文明法律普遍充满了"仁"的精神。自晚清以来,我们引入了"公平"、"正义"、"人权"之类许多新名词,非常抽象,难以理解。但是如果我们用"仁"的精神去理解,大都会八九不离十。罗马法系各国民商法及英美普通法普遍确立了"诚实信用"、"权利不得滥用"的基本原则,所谓"诚实信用"正是在私法领域将"己欲立而立人,己欲达而达人"准则的法律化;"权利不得滥用"则是将"己所不欲勿施于人"的精神升华为法律,正古人所谓"君子爱财,取之有道"。《反垄断法》、《反不正当竞争法》及《消费者保护法》体现了抑强扶弱、损有余补不足的精神,使强者不能凌弱、智者不能欺愚、众者不能暴寡,可谓先义而后利。现代知识产权法的基本精神也是在保护产权人利益的同时,最大限度地满足公众和社会的利益。现代的外层空间法、环境保护法则更进一步,不仅仁民,还要爱物,不仅照顾当代人的利益,还要为子孙后代留下一块净土。

当然,最能表达《礼运》大同精神,全面贯彻"人人各得其所"原则的还当属近现代文明下的宪法。宪法,质言之就是政治上的反垄断法。普选制、代议

---

① 唐才常:《各国政教公理总论》,湖南省哲学社会科学研究所编:《唐才常集》,中华书局1982年版,第69页。

② 胡寅:《崇正辨·斐然集》下册,《章颖〈斐然集〉序》,容肇祖点校,中华书局1993年版,第705页。

制，议会两院制、多党制、三权分立、司法独立等等制度的确立都是要避免政府垄断权力，严防某个人、某些人或某个集团把持政权。1940 年 2 月 20 日，毛泽东在延安各界代表召开的宪政促进会上明确表示："宪政是什么呢？就是民主的政治。……但是我们现在要的民主政治，是什么民主政治呢？是新民主主义的政治，是新民主主义的宪政。……从前有人说过一句话，说是'有饭大家吃'。我想这可以比喻新民主主义。既然有饭大家吃，就不能一党一派一阶级来专政。"①1945 年 6 月 5 日，董必武赴美国出席联合国大会时曾在华侨举办的演讲大会上郑重承诺："在各阶级、各党派的关系上，我们的口号和任务是：实行民主政治。在行政和议事机关中，包括各阶级、各党派和一切抗日人民的成份，大家都是经过民主选举产生，都在一起商讨和决定事情，并且一致实行这些决定。……中国共产党是主张民主政治，反对一党专政的。从共产党本身起，就不做一党包办或专政的事。"②

同年 9 月 27 日，毛泽东在重庆谈判期间接受路透社记者甘贝尔的提问时，曾对"中共对'自由民主的中国'的概念及界说"作出了纲领性的描述："'自由民主的中国'将是这样一个国家，它的各级政府直至中央政府都由普遍、平等、无记名的选举所产生，并向选举它的人民负责。它将实现孙中山先生的三民主义，林肯的民有、民治、民享的原则与罗斯福的四大自由。它将保证国家的独立、团结、统一及与各民主强国的合作。"③

我国现行宪法第二条明文规定："中华人民共和国的一切权力属于人民。"这里所说的"人民"，包括所有中国人亦即每一个中国人，而不是指哪个人、哪个阶级、哪个党派或者哪个团体。所以宪法第五条又规定："一切国家机关和武装力量、各政党和各社会团体、各企业事业组织都必须遵守宪法和法律。"宪法纳入这两条规定的含义非常清楚，中国是属于全中国人民的，也是属于每一个中国人的，不是属于哪个人、哪些人或哪个集团的。这既是"共和"的含义所在也是"宪法"的宗旨所在。

显然，在现代文明下，经济的、政治的、文化的，乃至任何绝对的垄断都是

① 毛泽东：《新民主主义的宪政》，《毛泽东选集》第二卷，人民出版社 1991 年版，第 732～733 页。

② 《董必武选集》，人民出版社 1985 年版，第 110～112 页。

③ 《毛泽东文集》第四卷，人民出版社 1996 年版，第 27 页。

可耻的、违背人类道德的、非法的。因为任何绝对垄断都势必导致己欲立而不许人立,己欲达而不许人达,己所不欲而强加于人的结局。反过来说,禁止垄断正是要保证每个人的正当权利不受干扰和侵犯。这就是西人所鼓吹的自由、平等、人权的制度性保证。人类之所以创造出宪法,就是基于这个目的。无怪乎清末许多维新人士盛赞西洋良法美政深合中国古圣人之制。戊戌变法时在湖南主持新政的黄遵宪曾说:"本署司屡衔使命,遍历泰西,观其国、观其政,求其富强之故,实则设官多本乎《周礼》,行政多类乎《管子》。……此周公所以致太平者也,而西人法之……故能官民一气,通力合作,互相保卫,事举令行,实中国旧法而西人施之。"①谭嗣同也说:"于此不忍坐视而幡然改图,势不得不酌取西法,以补吾中国古法之亡。正使西法不类于古,犹自远胜积乱二千余年暴秦之弊法,且几于无法。又况西法博大精深,周密微至,按之《周礼》,往往而合,盖不徒工艺一端,足补《考工》而已。斯非圣人之道,中国亡之,独赖西人以存者耶?"②

以上,我们将帝王之志或称大盗之志与孔子之志作了一番比较,二者孰大孰小人们当不难明了了。进而,我们还比较了大盗之法和真正的王法,从中可以看清两种法律各自包含的不同志向。人类呼唤真正的王法,而真正的王法,非常简单,就是要在强弱、智愚、众寡之间求得平衡,使彼此相安,使人人都有机会,人人各得其所。

---

① 《湘报》第 3 号,黄遵宪:《枭辕批示》。
② 《报贝元征》,《谭嗣同全集》增订本,中华书局 1981 年版,第 201~202 页。

第六章 "雅量"与法治

2007 年春节前,老母从其友人邢阿姨家借得《梁漱溟的最后 39 年》①一书,我拿过来一翻,见其中有一章的题目是《"雅量"之争的余波》。"雅量"之争我倒略知一二,好奇的是"雅量"之争居然还有个"余波",这便勾引得我读了起来,没承想竟因此通读了全书。

那书中所说的"雅量"之争,指的是在 1953 年 9 月全国政协的一次会议上,梁漱溟发言呼吁领导党善待农民,招致毛主席的反唇相讥和严厉批判,双方为此发生争执,梁提出要考验毛主席有无接受批评或进行自我批评的雅量。

至于那所谓的"余波",若不是看了这本书,倒还真的不知道。原来是有一位名叫田仲济的山东师范大学中文系的教授在 1962 年写了一篇题为《雅量》的杂文,据说是针对郭沫若的翻案话剧《武则天》而写的,根本与梁毛的"雅量"之争毫不搭界。② 不料文章发表后,立即引起山东省党政领导的注意和调查,其后田在"文革"中又多次为此遭到批斗,罪名是影射攻击毛主席对梁漱溟的批判,为梁鸣冤叫屈云云。

区区"雅量"二字竟然引发了那么大的一场政治风波,甚而还产生了"余波"这样的连锁反应。掩卷思来,总感到有点诧异和费解。

"雅量"从语词上看有二意,一指善饮,疑应是其本意;二指宽宏的气度,料当是其引申义,如今最常用的多是这个引申义。《现代汉语词典》列举的例句是"要有倾听批评意见的雅量",前述"雅量"之争的"雅量"正是此意。田

---

① 刘克敌:《梁漱溟的最后 39 年》,中国文史出版社 2005 年版。
② 参见刘克敌:《梁漱溟的最后 39 年》,中国文史出版社 2005 年版,第 92~94 页。

教授在其文章中赞颂武则天有倾听批评意见的雅量,她读了骆宾王讨她的檄文后非但不生气,还很赞赏其才华。可见田所说的雅量正与《现汉》的例句同指。

《世说新语》中卷上有一个《雅量》门,①记录了42则三国两晋刘宋时名士们的雅量故事。不过书中所说的"雅量",多指气度非凡,镇定自若,宠辱不惊、喜怒不形于色等等高尚恢宏的品行情操,与前述《现汉》例句的用法还有一定的区别。

《清稗类钞》中也专设有"雅量类"一门,②收集了98则清代名人们的雅量故事,从"清太宗(皇太极)释张春"讲到"李(鸿章)文忠举手谢过"等等,大都是皇帝如何优容臣下,权臣怎样礼敬僚属的逸闻趣事,有些读来甚至堪与武则天的雅量故事相媲美。可见词语也有个演变的过程,越到晚近,"雅量"的含义越贴近《现汉》的例句。用当今的流行术语来诠释,雅量实可与"宽容"互训,且多含有上礼下、贵容贱、长宽幼的意蕴。

雅量是中国文化的一种传统价值取向,中国历史上曾经出过不少卓有雅量的人物,当然大都是些明君贤臣之类的上流人物。最出乎人们意料之外的是,民国年间,曾广被讥笑为大草包的军阀韩复榘,居然也很有些雅量。据曾在韩手下任山东省教育厅厅长的何思源先生回忆,当年省财政要削减教育经费,他愤然找韩当面抗议,态度相当强硬:"这不是我个人的事,事关后代青年。主席要我干,就得这样,不叫我干,我就走路!"韩非但没有被"触怒",反而起身对他说:"决不欠你的教育经费,你放心吧!"果然,韩复榘统治山东期间始终信守诺言,教育经费不仅从未拖欠过,反而年年增加,也从未向教育界安插过一个私人。韩的嫡系亲信们合谋要排挤何下台,结果碰了个大钉子,韩说:"全省政府只有何某一个人是山东人,又是读书人,我们还不能容他,不要越做越小,那样非垮台不可。"③说来也巧了,梁漱溟当年在山东搞乡村建设也是借重于韩复榘的鼎力支持。看来像韩复榘这样的一介粗莽武夫也不是不可能有点雅量的。

类似的故事要细数起来还真的不少,人们至今仍是津津乐道于许多大人

---

① 曲建文、陈桦译注:《世说新语译注》,北京燕山出版社1998年版。
② 徐珂:《清稗类钞》,中华书局1996年版,第7册。
③ 何思源:《我与韩复榘共事八年的经历和见闻》,《文史资料选辑》第37辑。

物的雅量趣事,有些还传为佳话。我曾在网上又读到一篇小文,题目就叫《说"雅量"》,①讲到郭沫若、阳翰笙、彭德怀等几位现代名人的雅量故事,也批评了当今一些"星儿"、"腕儿",特别是"官儿"们缺乏雅量的劣迹。作者认为:"在雅量的背后,实际上反映的是一个人的素养和品行"。在他看来,能否拥有雅量,关键靠三点:一是平等的待人态度;二是宽阔的胸襟;三是宽容的美德。"而如今一些人之所以难有雅量,除了外部环境的影响外,更主要的原因恐怕还是在于以上几个方面的修炼不到家,素养与品行上尚欠火候吧。"

应当说这篇小文对"雅量"问题的概括和分析还是很精辟的,稍有良知者读到后应会有所警醒、有所鞭策吧。可问题又来了,若是那些最需要具备点雅量的人读了之后无动于衷,还是我行我素,甚至干脆不读;抑或更有甚者,连写《说"雅量"》之类文章的作者们也一并抓起来批倒批臭,然后还要踏上一万只脚,让其永世不得翻身,我们又能怎样呢?

田仲济教授在他那篇文章中说:"我们民族传统是以具有雅量为美德的。"他说得不错,雅量原本属于道德范畴。一个人有没有雅量,有什么样的雅量,主要靠他的内心自觉,而不是外力强制,这点与法律不同。深受儒家思想影响的中国传统道德和文化总想给居上位的领导者或统治者们设定一点道德约束,"雅量"应该就是其一吧。因此,长期以来,国人便始终期望着当权者们个个都是富有雅量的政治家。陈寅恪先生所谓"君为李煜亦期之以刘秀……友为郦寄亦待之以鲍叔",应该也有这层意思,即总是将顶尖的政治人物理想化为道德楷模,尧、舜、禹、汤、文、武、周公便是这种理想的化身。

晚近出土的郭店楚简有《鲁穆公问子思》一篇,记录了下面的一段对话:

鲁穆公问于子思曰:"何如而可谓忠臣?"子思曰:"恒称其君之恶者,可谓忠臣矣。"公不悦,揖而退之。成孙弋见,公曰:"向者吾问忠臣于子思,子思曰:'恒称其君之恶者可谓忠臣矣。'寡人惑焉,而未之得也。"成孙弋曰:"噫,善哉言乎! 夫为其君之故杀其身者,尝有之矣。恒称其君之恶者未之有也。夫为其(君)之故杀其身者,效禄爵者也。恒称其君之恶者,远禄爵者也。为义而远禄爵,非子思,吾恶闻之矣。"②

① 胡杨:《说"雅量"》,2001 年 11 月 28 日《人民日报(海外版)》第九版。
② 此处用刘钊《郭店楚简校释》中的释文,但省却释文中的古字,径用今文。

汤一介老先生读了这段简文后发出慨叹:"这是两千三百多年前的一条竹简,读它,我深感经过了两千三百多年,我国的领导者在对待批评上并没有什么进步,似乎反而大大不如鲁穆公了。"①

的确,要说这鲁穆公还真是有点雅量,他听了子思那番逆耳高论后虽然"不悦",总算还能"揖而退之"。不过话又说回来了,鲁穆公再有雅量,毕竟也只是听听而已,由于未能形成制度,并进而成为全社会的普遍共识,其意义便也随竹简而尘封起来。以至于正像汤老先生说的那样,两千三百年来,中国的领导者们在对待批评上毫无进步。虽然若"有则改之,无则加勉","知无不言,言无不尽,言者无罪,闻者足戒"之类的连珠妙语在高音喇叭里播放得妇孺皆知,可能够容忍"恒称其君之恶"的忠臣的君主终归是一个也找不出。

《战国策·燕策一》载有一段名言:"帝者与师处,王者与友处,霸者与臣处,亡国与役处。"这明显也是呼吁统治者们要具备点雅量。可是遍查秦汉以后的历史,多少称得上有点"与师处"味道的君王可能只有一个三国时的蜀汉昭烈帝刘备了,这大概就是《三国演义》能让无数读书人神魂颠倒的魅力所在吧,然而那蜀汉小朝廷终于还是没能逃脱覆亡的命运。而那些"与役处"的人主们反倒有不少享国数百年之久的! 这又当作何解释呢?

余英时先生说:

> 中国人的仁政讲的是政府最起码应做到的事……政府有这个责任,倒过来讲,就是人民的权利。所以中国人是讲义务和责任,义务的对象就是具有权利的人……所以直接的语言是"责任语言"或"义务语言",而非"权利语言",西方亦有此二种语言……"人权"根本是西方的概念,在中国只有相似的观念与之契合,但不能径以"人权"称之。最重要的差异是中西文化对于法律的观念不同。西方人权是法律的语言,中国的道德语言产生不了"权利"的观念,只有义务的观念……但不能说中国人完全没有类似"权利"的思想。②

余英时先生的这个解释似乎可以帮助我们理清中西文化在表述政府和人民权责关系上的差异。原来中国文化直接表达的是政府的责任或义务而不是

---

① 汤一介:"恒称其君之恶者,可谓忠臣矣。"汤一介:《和而不同》,辽宁人民出版社2001年版,第171页。

② 余英时:《中国思想传统及其现代变迁》,广西师范大学出版社2004年版,第40~44页。

人民的权利,西方文化的表达方式则正与此相反,此其一也。在中国文化中,仍然常用道德语言来表述政府和民众的责权关系,而西方文化则习用法律语言来表述这二者的关系,此其二也。还有第三点,即:虽然正如余英时先生所言,中国人并非完全没有"类似'权利'"的思想,但却极少将这类思想形成有效的制度和法律,这也是不能不看到的事实。

譬如以"雅量"为例,统治者们可以满足人民的这种期望或要求,也可以不满足。因为那还只是一种道德"责任"或"义务",故人民只能企盼而无权强求。在西方文化中则不然,人民有批评政府的法定权利,而政府则有倾听和接受人民批评的法定义务,没有讨价还价的余地,因此就不存在也不需要领导者的什么"雅量"了。相反地,那领导者如果没有雅量,便只有下台让贤的一条路,别无选择的余地。

举例说来,梁漱溟在 1953 年 9 月 18 日的会上说:"我还想考验一下领导党,想看看毛主席有无雅量。我要毛主席的什么雅量呢? 就是等我把事情的来龙去脉说清楚后,毛主席能点点头,说:好,你原来没有恶意,我误会了。这就是我要求毛主席的雅量。"毛泽东答以:"你要的这个雅量,我大概不会有。"梁又说:"主席您有这个雅量,我就更加敬重您;若您真没有这个雅量,我将失掉对您的尊敬。"[1]

很明显,梁漱溟所要求于毛主席的雅量是纯粹道德意义上的,因此毛主席可以有那种雅量也可以没有,差异仅在于赢得还是失掉对方的尊敬。如果同一事件发生在西方文化环境下,情形可能就完全不同了。据记载,梁漱溟发言时在场有一位旅美近 70 年的老华侨司徒美堂先生,他对会场上允许喧闹而不让梁漱溟发言感到难以接受,他曾三次准备站起来发言而被旁人劝止。[2] 我们虽然不清楚司徒老先生为何感到难以接受,也不知道他准备发什么言,但不妨根据他所接受的美国文化加以推断。显然,在他看来,梁漱溟作为政协委员在政协会议上发言批评政府,这是他的法定权力,政府方面非但不得干扰,而且有义务排除各种干扰,进而还应保障和捍卫梁的发言权。这就是西方的法律语言与中国的道德语言的不同所在。

---

[1] 刘克敌:《梁漱溟的最后 39 年》,中国文史出版社 2005 年版,第 72 页。

[2] 参见刘克敌:《梁漱溟的最后 39 年》,中国文史出版社 2005 年版,第 75 页。

中西方文化一向有着很大的差异,有人认为是"东西之别",意即文化属性的不同;也有人认为是古今不同,意指西方文化是进化到近现代的文化,而中国文化仍然是停滞不前的古代文化。我觉得中西文化既有东西之别,又有古今之异。具体到"雅量"这种文化现象来说,应当主要是古今之异。为什么这样说呢? 我们都知道,法律上的许多条文都是由道德规范升华而来的。譬如大陆法系民法上的"诚实信用"原则、英美法系上的"Good Faith"原则起初均来自道德准则。当今西方各国法律普遍保护国民的信仰和言论自由的权利,议员在议会议政还享有言论免责权。这些法定权利究其初也并非从天而降、自始即然的,追根溯源都与道德有着不解之缘。苏格拉底虽饮鸩自尽,万世推尊为圣哲;布鲁诺虽遭火刑,千载追奉为英杰。足见在西方文化中,对言论思想的宽容也有一个由道德诉求发展进化为法律条款的过程。

同样地,中国古代法典中也有不少条文本系源自道德规范。譬如唐、明、清律中的"大不敬"、"不道"、"恶逆"、"居丧嫁娶"等等皆是。但是久已作为国人道德企盼的"雅量"却最终与律典无缘。

海内外学术界普遍认为,儒家的道德观念对中国传统的政治法律制度产生过极大的影响。这看法固然很有道理,但也须辩证地认识。应当说,儒家要求民对君、下对上、幼对长应尽的忠孝义务等道德观念至迟在曹魏时就写入了律典,确实早已固定化为法律的基本原则了。但是儒家要求君对民、上对下、长对幼应尽的宽仁、慈惠、友善义务等道德准则却迟迟未能形成法律的条文。所以人们至今还在津津乐道那些"雅量"故事。

如今有不少学者正在刻意挖掘"法律的本土资源",何以对像"雅量"这样现成的本土资源却从来未曾留意呢,这岂不是对珍贵的传统文化资源的虚掷浪费嘛!

如果我们能对"雅量"这种独特的中国文化现象稍加考察,或许可以得出下面的结论:

中国文化要想恢复其生命力,中国法律要想实现其现代化,"雅量"就不能继续停留在道德层面,而必须升华为法律。这既是全人类各个民族,东西方不同文化的共同诉求,也是法治的一项基础要件,不容或缺。如果还是沉湎于絮叨那些老掉牙的雅量故事,法律现代化就只能是痴人说梦了,中国文化可也就真的自新无望了。

当然,我们也不必为我们的文化中只有责任语言或义务语言,缺少权利语言而自卑乃至自惭形秽。中西文化各有所长,也各有所短。西方的权利语言也是有利有弊,有学者曾特别指出其弊端所在:

中国人重伦理,西方人重法治。西方人之所以重法治,是因为他们特重个体的自由。为了要避免个体与个体之间的冲突,精密的法律是不可或缺的。但是人性非常复杂,有些时候,法律根本无效。在我们传统上,人人都有适当位置,人与人之间也彼此照顾与关爱。所谓父慈子孝、兄友弟恭,处得相当融洽。以前的年轻人,为了光宗耀祖而面壁十年,没有怨言;受了西风熏染的今日年轻人,只为自己的前途事业谋,却会牢骚满腹,大喊苦闷、寂寞;以前只有代钩,而没有现流行的代沟。传统上的中国夫妻,相敬如宾,白头偕老。现在我国人的夫妻关系,也大大地受到美国风尚的影响而渐渐变质。夫妻之间分财争产,动辄因为一点私利,就对簿公堂。语云:"一夜夫妻百日恩"。像现在流行的情况,不管夫妻之间的权利义务,规定得多么精密,岂奈夫妻之间的那杯醇酒完全走味何?西方世界中的男女关系,已经闹得一塌糊涂,夫妻之间,除了性的关系,已经不大讲什么情义。他们认为"只见新人笑,不见旧人哭"是当然之理。我认为:中国的伦理制度,在维持和谐人际关系上,显然比西方的法治高明得多。美国各大城市的 China Town,向以没有犯罪的地区而扬名于彼邦。可是自从这些地区里的这一代年轻人渐渐抛弃中国传统文化而大量或全盘地接受美国生活的那一套之后,问题就越来越多,甚至有些地方已经沦为罪恶的渊薮。这个可悲的现实,十分值得我们重视。①

夏基松先生则从哲学的高度比较过中西文化精神,对我们从更深的层次上理解道德话语与权利话语的相互关系极有助益。夏先生指出,从积极方面看,中国文化注重团结合作,有利于人际关系的和睦互助,西方文化鼓励竞争,讲求奋斗,有助于个人和社会的开拓进取。中西文化各有所长,难分高下,应当兼容并包:

中国传统哲学在研究人的方面强调处理个人与他人的关系,强调个

① 朱炎:《中西文化之异同》,东海大学哲学系编:《中国文化论文集》(二),(中国台湾)幼狮文化事业公司 1986 年版,第 135~136 页。

人与他人的和平友好、团结合作、共同幸福。在对自然的研究方面则强调爱护自然,顺应自然;强调人与自然和谐共处。这是一种崇尚团结合作,和平共处,互利双赢的友谊精神,它是中国传统哲学及其文化的核心与精华。它在维护中华多民族国家的团结、巩固与繁荣,以及维护世界和平等方面都起了积极的作用。西方在研究人的方面强调个人的权益与自由的维护,强调自我生命价值的追求,强调发愤图强、自强不息;在研究人与自然的关系方面,它强调人对自然的征服、强调科学技术对自然的开发与索取。这是一种崇尚自我奋斗、坚强不屈、开拓上进的进去精神。它是西方传统哲学及其文化的核心和精华。它对西方乃至全世界的社会发展与物质文明进步都起了积极的推动作用。不言而喻,这两种伟大的传统精神不是彼此对立、彼此排斥,而是相互依容、相互辅补,即相互融通的。人类的发展需要每一个人的自我奋斗,没有每一个人的自我奋斗,就没有社会的发展;同样,社会的安定与进步需要人与人的团结合作,没有这种团结合作,社会也不会有安定与进步。反之,如果把这两种伟大精神片面化地对立起来,夸大一方面而否定另一方面,则它们就会蜕变为错误思想,成为传统哲学文化中的糟粕。

反之,从消极方面看,如果对中西文化的理解和运用稍有偏差,则过犹不及,贻害无穷:

比如,歪曲"团结友好精神",忽视、无视必要的原则坚持和原则斗争,那么,"团结精神"就会蜕变成"顺从主义"、"妥协主义"……又如片面强调个人、本社群、本国、本民族利益而忽视、无视他人、他社群、他国、他民族利益,就会把个人奋斗的进取精神蜕变为绝对个人主义、侵略主义。近代西方的殖民主义、大国沙文主义思想,就是西方殖民主义者对西方优秀哲学文化思想的蓄意扭曲。它给全世界殖民地、半殖民地人民带来了长期的落后、痛苦与灾难。而当今世界流行的霸权主义、干涉主义、自然资源掠夺主义,也复如此。它给世界人民带来的则是更甚于过去的民族仇恨、更频繁的地区战争,以及更严重的生态危机与人类生存危机。①

---

　　① 夏基松:《现代西方哲学》第二版,上海人民出版社 2009 年版,第 595~596 页。

夏先生的说法绝非无的放矢,即便是西方人自己也承认,西方文化所具有的种种负面作用已经给全人类和我们的生存环境带来了极大的灾难。

在跨文化问题的讨论中,应该看到基督教传统的某些特质在转化为一套世俗的价值体系的过程中仍保留了下来。譬如,作为基督教重要部分的普遍的传教热情,像一根接力棒一样被一代代地传下去,从基督教信仰到新的市民宗教:不管它是自由主义、马克思主义、资本主义、民主和人权。即使自由主义,正如查尔斯·泰勒曾经指出的那样,如同基督教一样,是一种"战斗的教条"。人权的观念,它的根源及其正当性(人的尊严的观念和神圣/自然法)都可以追溯到基督教传统,至少对它的某些热情的(即使不是原教旨主义的)支持者而言,它多少转变成世俗超越的一种新形势,即一种终极、绝对的、准宗教的倾向。……但是,我们也不能无视这种全球性的征服所付出的代价(或者阿多诺和霍克海默的启蒙辩证法):即殖民主义、帝国主义、各个阶段各种形式的种族灭绝。最后,但并非不重要的,由于经济增长进步的冷酷意识形态造成的环境退化,如全球性的气候变化。①

可见,片面夸大权利话语的效用,未必可取。西方社会,譬如当今之美国,由于过于强调权利话语,同时又相对轻视甚至忽视道德语言和义务,又转滋另一种流弊。须知义务语言与权利语言务必相辅相成,绝不可偏废哪一方。有美国学者指出:

美国的政治进程如今被刺耳的权利修辞所主导,其对于维护个体自由的牢固传统鲜有裨益,而后者,却是美国受人瞩目之所在。我们简单僵化的权利方言令公共辩论、交流与思考的过程变得英雄气短,而一个民主体制的持久活力却有赖于此。它也使得尊重他人的习惯、作为以及态度发生腐蚀,而这正是人权最终和最有效的保证。对于我们最迫切的社会问题,它阻碍了人们为之进行的长期而富于创造力的思考。张口权利、闭口权利的公共话语容易迎合一个问题所具有的经济的、眼前的和个体的维度,但同时却常常忽视了其所具有的道德的、长期的以及社会的内

---

① [德]卜松山撰:《中国和西方价值:关于普遍伦理的跨文化对话的反思》,陈晓兰译,刘述先主编:《中国思潮与外来文化——第三届国际汉学会议论文集·思想组》,(中国台湾)"中央研究院"中国文哲研究所2002年版,第86~87页。

涵……和坚持不懈、永无止境的欲望相比，新的权利修辞较少言及人类的尊严与自由。它为个人与群体的自我中心主义所提出的正当理由恰恰违背了宪法序言中的伟大宗旨："（制定宪法的目的是）为了建立一个更加美好的合众国，为了铸造正义，增进福利，为了捍卫我们以及后代的自由福音"。①

这话说得真是切中时弊，当今的美利坚合众国就是这样一个"自我中心主义"的典范。在美国政府眼里，只有美国的利益而没有人类的正义。美国一边大唱法治、自由和人权的高调，一边兜售武器、煽动对抗、挑起冲突、发动恐怖袭击和不对称战争。《圣经·新约·马太福音》第10章第34—38段载有耶稣·基督的格言：

你们不要想我来，是叫地上太平。我来并不是叫地上太平，乃是叫地上动刀兵。

2009年，号称全民信教的美国宣布重返东亚，又是带着军机和战舰来的，美国人的目标就是叫亚太动刀兵。这恐怕是司马昭之心，路人皆知的事情了。希拉里·克林顿一句"美国又回来了"的话音甫落，东亚顿时即陷入到战争的边缘。

足见，西方人一向标榜的权利话语已经变成了强权者的话语。西方的文化就是如此的"先进"！真令人匪夷所思！

一位德国学者指出，从约翰·洛克开始，成文法和权利语言逐渐取代了道德行为的不成文的规则。权利语言在法国大革命时期得到了进一步的强化。不过在当时，权利被理解为公民反对国家的主张。但是其后，权利语言逐渐被抽象化。到如今，所谓的权利语言，或称之为"权利伦理学"，不过是"保证每个个体的利益受到公平合理的对待"，或"只要无损于他人，我可以为所欲为"。这种伦理学"承认一种最低限度的伦理标准，即在这个标准下一个社会不至于崩溃。"按照这种最低限度的伦理学，只要不违反法律，损人利己、损公肥私，都是可以坦然行之的事情，不必有似乎的羞愧。在权利话语之下，道德似乎已经成了多余之物。晚近

_____

① ［美］玛丽·安·格伦顿：《权利话语——穷途末路的政治言辞》，北京大学出版社2006年版，第225~226页。

以来,也有若干西方有识之士意识到了权利语言的这种弊端,并试图加以修补。譬如阿米泰·爱兹奥尼(Amitai Etzioni)注意到个人自由和社会公德之间的裂缝,也注意到发达国家和发展中国家之间的公平问题,有人甚至在人权宣言中增加人的义务的宣言。① 明智的西方人甚至意识到,与权利观念紧密相连的自由观念已经走到尽头了。因此提出:"我们的确需要一种权利语言,但我们也需要一种关怀和责任的语言。换言之,法律是必须的,但它不能完全取代社会的伦理基础。"②

看来,道德语言与权利语言必须相互依容辅补,既不可偏废,也不可走向极端。孔孟反对乡愿,儒家经典《中庸》强调"无过不及",正是此意。成中英先生则更进而指出了儒家所强调的德性对于培植现代权利概念的重大意义:

> 如果人不培养德性,则一个社会无法存在,个人也无法存活,因为在寻求一个集体中人们的共同利益的意义上,是美德把个人和集体紧密联系起来,使二者都能发展壮大,来共同创造和享受一种文明状态的价值体系——文化。政府的目标是宣称对这种社会的维护可以使人类享受成长和发展的更为优越的环境。依照这一点,传统儒家观点的第二点是,人类权利的现代概念中如果缺乏人类德性将会变得空虚。如果人们都失去了美德,我们还如何谈人类权利?这与动物权利、植物权利将没有什么区别。权利从这种意义上讲是认识人类的工具和手段,而非人类追求的结果。我以为,儒家思想所理解的权利最为本质的一点是,我们在自觉谈论人类权利之前,应该营造一种平等和自由的环境。因此,孔子主张"庶矣哉""富之""教之",但这并不是说政府不应该尊重权利,而是说除了尊重权利,建立在人类美德基础上的具有尊严的人类应积极意识到权利的内容,政府应该提供这种条件。这或许与当代人类学伦理学家麦金太尔和泰勒所试图论证的有相似之处。③

如此看来,不同文化之间时时沟通,相互学习,取长补短,确实是不可或缺

---

① 参见[德]卜松山撰:《中国和西方价值:关于普遍伦理的跨文化对话的反思》,陈晓兰译,刘述先主编:《中国思潮与外来文化——第三届国际汉学会议论文集·思想组》,(中国台湾)"中央研究院"中国文哲研究所 2002 年版,第 95~102 页。
② 刘述先主编:《中国思潮与外来文化——第三届国际汉学会议论文集·思想组》,(中国台湾)"中央研究院"中国文哲研究所 2002 年版,第 99,102 页。
③ 成中英:《成中英自选集》,山东教育出版社 2005 年版,第 61 页。

的。对于儒家文化提供的道德话语体系，我们尤其不可妄自菲薄。

附录一　吴宓有关"雅量"事件的记述

摘自《吴宓日记续编》第4册，生活·读书·新知三联书店2006年版，第64页。

1959年4月4日：

> 梁漱溟先生至自京。其侄女梁培志_{黎涤玄夫人}来邀至其宅中相见。漱公_{北京新街口北小铜井一号}以全国政协委员来此视察，由云颂天陪导。宓表示对漱公被判为"洋奴买办"极为愤愤不平，请询颠末。漱公乃详述1953九月全国政协委员学习总路线时在小组发言，述所见所知，藉供当局参考，而被认为"反对总路线"。漱公一再力辩其无此意，致触极峰之怒，遂以漱公1949四五月吁请勿以大军渡长江之电，印发政协全体委员，命讨论"漱公凡遇共产党之大设施，辄出面反对"，其是非若何？于是会中纷纷责斥漱公，判定"交政协常务委员会处理"云云。但亦迄未惩处，一切优待如旧。其事止如此，世传不可信也。

附录二　邓之诚有关"雅量"事件的记述

摘自《邓之诚文史札记》，凤凰出版社2012年版，第749页。

1953年10月18日：

> （李）仲公来……言：梁漱溟于政协常会二十九次扩大会议时，力为农人诉苦。事后，复上书毛主席，主席召同周恩来力慰之，以社会主义工业化总路线业已决定，不宜过于强调重农。及九月十六日二十六次中央会议通过总路线，梁复申前说，有黄祺祥者，起而斥之，梁遽谓总路线必行不通，彼决不点头，如欲其点头，须看过一切有关文件再定。至是，周恩来勃然谓梁无权要求阅视文件，梁往日言行反动，应交代历史。毛公亦言：既云工资过高，何不自己先减？因数梁当蒋讨共时，曾劝共罢兵，及共军

用兵西南,重庆将下时,梁作文警告共产党,力斥武力统一之非,是皆为蒋,非同情共党。近来港报责数民主人士,独于梁有恕辞。虽尚未得通蒋确据,然思想反动则为属实。梁答:交代历史不难,唯经历过多,非二三年不能毕其辞,未知毛主席、恩来先生有雅量能容许否? 今天不唯考验自己,而且要考验毛主席。毛公言:不但有雅量听其慢慢交代,且梁确能欺骗人,仍拟举其任政协常务委员。仲公言:梁实代表一种思想,故对之作斗争,非对彼个人也。其说极为近理。政协延会一日,梁要求发言必三小时。有阻其发言者,乃投票决定,以多数通过不许发言,投赞成票者,毛主席诸人。

第七章 有我无我之际
——法律与道德的语境差别

一 道德语境须为有我之境

近世大学者王国维在其《人间词话》中有句名言:"有有我之境,有无我之境。"过去读到此句时颇觉费解,想必是自己对艺术一窍不通的缘故吧,怎么也体会不了其中的奥妙。2007 年年初,央视一套节目黄金时段热播连续剧《贞观长歌》,断断续续看过十几集后,忽然间好像若有所悟,发觉道德话语与法律话语其实也存在着"有我之境"与"无我之境"的分别。道德话语一定要在有我之境时,才能收喻人之效,才能发挥正面的作用;与此相反,法律话语一定要在无我之境时,方能公平,方能产生积极的影响。道德话语不可随随便便地当作法律话语来说;同样,法律话语也不能随随便便地拿到道德语境下去说。也就是说,有我之境和无我之境不可随意混淆,二者一旦错乱,便可能产生负面的、消极的后果,甚至酿成祸患,贻害无穷。

看《贞观长歌》,感觉那里面的唐太宗李世民,很像 20 世纪 70 年代电影里的英雄人物,历史上的李世民会是这个样子吗? 翻开唐代史官吴兢编撰的《贞观政要》,看那里面记录的李世民还真的是"高大全",百分之百的圣王气象,连做梦见到的都是虞舜,①比孔子偶尔梦见周公,又不知高出许多。难怪吴兢赞颂说:"自旷古而来,未有如此之盛者也。虽唐尧、虞舜、夏禹、殷汤、周之文武、汉之文景,皆所不逮也。"②

---

① 参见(唐)吴兢撰:《贞观政要》卷四,《教戒太子诸王第十一》,叶光大等译注:《贞观政要译注》,四川人民出版社 1995 年版,第 211 页。

② 《贞观政要·上〈贞观政要〉表》,叶光大等译注:《贞观政要译注》,四川人民出版社 1995 年版,第 3 页。

早在唐太宗登基伊始,他便信誓旦旦地宣告:

> 今欲专以仁义诚信为治,望革近代之浇薄也。①

李世民说这番话,显示了他的雄心壮志,表明他并非只是满足于攫夺江山,把持天下;还有救世匡俗,挽回人心的壮志。遗憾的是,无论是贞观一朝还是李唐一代,即便是按古代史家和帝王的说法,均可谓"多有惭德"。② 小说《红楼梦》第六十三回借贾蓉之口转述过一句历代相传的民谚"脏唐臭汉"。这"脏唐"之脏,第一个脏在唐高祖李渊身上,第二个就脏在太宗李世民身上,而且是青出于蓝而胜于蓝。接下去的二十个皇帝,又有哪个洁净的呢?

早就听人说过"卓越的政治家个个都是出色的演员"。看了《贞观长歌》,再读读《贞观政要》,便不由得你不信了。唐太宗肯定是个了不起的政治家。能让一千三百年后的剧作家如此忘情追捧,或许还不足为奇;能让号称有董狐风骨的忠直史家如此虚美掩恶,倒是不能不让人诧异。近日有学者研读西安某博物馆收藏的唐张弼墓志后指出:

> 玄武门事变之后,一般认为唐太宗很大度地处置了太子建成的东宫旧人,根据是对魏征、王珪、韦挺的重用。尔后更有所谓秦王府旧人,认为对他们的待遇还不如对前太子东宫的人,引发抗议的故事,更渲染了这段开明政治的历史。墓志中"贞观之始,情理云毕,前宫寮属,例从降授",告诉了我们另一个事实:前东宫人员都被降职使用了。③

有人或许要问,《贞观政要》是正牌史家编撰的正经史书,着重记述唐太宗的言行,不比野史小说,何以会与真实的李世民有那么大的出入呢?

---

① 《贞观政要译注》卷五,《论仁义第十三》,叶光大等译注:《贞观政要译注》,四川人民出版社 1995 年版,第 245 页。

② 马端临《文献通考》卷 209 载:"《帝范》一卷。晁氏曰:唐太宗撰……贞观末,著此书以赐高宗,且曰:'修身治国,备在其中。一旦不讳,更无所言矣。'其末颇以汰侈自咎,以戒高宗,俾勿效已。殊不知闱门之内,惭德甚多,岂特汰侈而已!武后之立,实有自来,不能身教,多言何益?悲夫!"(中华书局 1986 年版,考 1722)明人郎瑛撰《七修类稿》卷 26(上海书店出版社 2001 年版,第 279 页)谓:"予尝疑历代太宗多有惭德……"又明清之际人孙承泽撰《春明梦余录》卷 9(孙剑英点校,北京古籍出版社 1992 年版,上册,第 133 页)载:"万历初,御经筵毕,览《贞观政要》,曰:'唐太宗多有惭德,魏徵大节有亏。'命以后讲《礼记》,其《贞观正要》停讲。"

③ 胡明曌:《有关玄武门事变和中外关系的新资料——唐张弼墓志研究》,《文物》2011 年第 2 期,第 73 页。按:《贞观政要》卷五《论公平第十六》载:"贞观元年,有上封事者,请秦府旧兵并授以武职,追入宿卫。太宗谓曰:'朕以天下为家,不能私于一物,惟有才行是任,岂以新旧为差?……'"《贞观政要译注》,四川人民出版社 1995 年版,第 268 页。

据专家研究,《贞观政要》一书撰成于唐中宗景龙年间,①考其作者吴兢之品格,并非阿谀邀宠的小人,他编撰此书的目的本是要劝喻时主效法太宗,"择善而行,引而伸之,触类而长",②是以刻意采用了隐恶扬善的笔法。但掩恶掩到了失真的地步,扬善扬到了虚美的程度,过分地拔高唐太宗、将之神圣化,效果反而并不理想。当然,这绝非是要归罪于史家,毕竟吴兢也是始料不及嘛。但无论从道德语境还是法律语境上说,吴兢在《贞观政要》里树立起唐太宗这么个楷模来,不惟起不到惩恶劝善的作用,恐怕还会适得其反。

用纯正的儒家价值标尺丈量一下,唐太宗不要说是"圣"了,连"仁"都算不上。宋儒张载不就说过嘛:"唐太宗虽英明,亦不可谓之仁主。"③朱熹更指出:"太宗之心,则吾恐其无一念之不出于人欲也。直以其能假仁借义以行其私"。④ 大概是为尊者讳的缘故吧,张、朱二人的话说得绝对算是客气的。史书上飘飘忽忽、闪闪烁烁的"玄武门之变",若站在儒家道德立场上看将去,活脱脱的就是一出李世民弑兄,屠弟,逼父退位,抢班夺权的连台大戏。老实不客气地说,李世民不是什么圣王英主而是个不折不扣的不忠不孝的乱臣贼子。

万历十六年二月十二日(1588 年 3 月 8 日),明神宗朱翊钧下令经筵停讲《贞观政要》而讲《礼记》,并因唐太宗和魏征的评价问题与阁臣发生争论。朱翊钧认为:"唐太宗胁父、弑兄,家法不正,岂为令主?"阁臣虽肯定唐太宗纳谏可取,但也不得不承认"太宗于伦理果有亏欠,闺门亦多惭德。"⑤

如前所言,"道德话语一定要在有我之境时,才能收喻人之效,才能发挥正面的作用"。然而嬴秦以来,一向推行"以吏为师"政策的官府却总想做民众的道德老师,固然是成效难彰;唐太宗要拯救道德,为天下仪范,肯定也是自

---

① 黄永年说:"此书本有景龙三年正月上书表,是早在中宗时即已撰成,至开元间稍事修订重撰序文进上而已。《四库提要》所据元人戈直注本无景龙上书表,所以讲不确切。"黄永年:《唐史史料学》,上海书店出版社 2002 年版,第 131~132 页。

② 《贞观政要·上〈贞观政要〉表》,叶光大等译注:《贞观政要译注》,四川人民出版社 1995 年版。

③ (宋)张载:《张载集》,中华书局 1978 年版,第 251 页。

④ (宋)朱熹:《朱子全书》第 21 册,刘永翔、朱幼文校点,上海古籍出版社、安徽教育出版社 2002 年版,第 1583 页。

⑤ 《明神宗实录》卷 195,(中国台湾)"中央研究院"历史语言研究所 1968 年版(影印本),第 3664 页;(明)沈德符撰:《万历野获编》卷二,中华书局 1959 年版,1997 年第 3 次印刷,第 64 页。

不量力。《易·系词下》说:"德薄而位尊,知小而谋大,力少而任重,鲜不及矣。"后人非要让他担负起那样的重任,也是"爱之适所以害之"。在他身上,道德瑕疵实在是太多了,做个反面教员倒是绰绰有余。

当然了,每个人都是个复杂的矛盾体。孟子说"人性善",李世民的内心中也绝非没有善端。你看他在夺权当政以后的相当一段时期里,确实是招贤纳谏,广事宣讲仁义诚信之道。《贞观政要》收录的唐太宗在这方面的许多言行,应当不是吴兢无中生有,虚捏出来的,也不能说李世民只是唱唱高调,故作姿态。探其用心,未必不是想弥补其逼父弑兄的道德愆尤,扭转玄武门之变在臣民心目中留下的负面印象,期望李唐王朝在他身后能够获得长治久安。为此,李世民特别注意教育子辈尽忠尽孝,这也是以儆效尤,严防自己的身影在后代重现。《贞观政要》中也收录了不少唐太宗教子的言行,譬如:

> 贞观十一年,太宗谓吴王恪曰:"父之爱子,人之常情,非待教训而知也。子能忠孝则善矣。若不遵诲诱,忘弃礼法,必自致刑戮,父虽爱之,将如之何?……夫为臣子不得不慎。"①

这段话说得很实在,谆谆叮咛、百般告诫。至今读来,犹能觉其苦心。然而事与愿违,到他自己的儿子这一代,又发生了与他这一代差不多完全相同的悲剧——骨肉相残,兄弟相煎。他的两个儿子:长子(先立为太子)承乾、四子魏王泰,硬是不遵教诲,偏偏要学他的样板,争夺储位,被他或废或贬,幽愤而死。前面提到的那个吴王恪,号称是太宗诸子中最贤者之一,也在他身后不久被冤杀。

有学者说"这又好像是'自然'对他从前谋杀一哥一弟的报应"。② 更有甚者,他续立的太子——第九子李治——即后来的唐高宗,向称"仁懦",③没承想他坐到皇帝宝座上未久,便娶了他父亲李世民宠幸过的女人武则天,后竟立为皇后,险些断送了李世民父子费尽心机夺来的李唐江山。这或许又是对他纳弟妇——李元吉之妻为妃,并收庐江王李瑗(与李世民乃同一曾祖父之同宗兄弟)之姬的报应吧。若再看得远一些,武氏之乱、天宝之祸恐怕也与他

---

① 《贞观政要》卷四,《教戒太子诸王第十一》,叶光大等译注:《贞观政要译注》,四川人民出版社1995年版,第213页。

② 王子恒编著:《中国历代名人传略》第四册,上海青年协会书局1941年版,第17页。

③ 《新唐书》卷93。

自己的样板效应不无关联吧!清初人魏裔介分析武则天乱唐之原因时曾说:

> 武氏之乱唐也,诚天数为之,然天果何恶于唐,而生此妖孽以乱之哉?太宗以文武兼资之主,开创而有天下。其杀建成、元吉也,戕手足以争大宝,已为忍心害理;至于取巢剌王之妃,而渔其色,其家法已大坏矣。彼武氏者,生禀狐媚之姿,而负枭雄之性,身为才人,亲见太宗之行,已有鹑鹊之思。其后勉强为尼,适高宗入寺,故有意炫美于前,高宗习于太宗所为,遂不惜以社稷殉一奸姬。是则武氏之祸实由太宗酿成之也。①

乾嘉时代的学者赵翼也说:

> 报应之说,本属渺茫,然亦有不得不信者。唐高祖初为晋阳留守时,宫监裴寂私以宫人入侍,后太宗起兵,使寂以此事胁高祖,谓二郎举义旗,正为寂以宫人侍公,恐事发族诛耳,高祖意乃决。是高祖之举兵,实以女色起也。及太宗杀弟元吉,即以元吉妻为妃。庐江王瑗以反诛,而其姬又入侍左右。是两代开创之君,皆以女色纵欲。孰知贞观之末,武后已在宫中,其后称制命,杀唐子孙几尽,中冓之丑,千载指为笑端。韦后继之,秽声流闻,并为其所通之武三思,榜其丑行于天津桥,以倾陷张柬之等,寻又与安乐公主毒弑中宗。宫闱女祸,至此而极。及玄宗平内难,开元之治,几于家给人足,而一杨贵妃足以败之。虽安史之变,不尽由于女宠,然色荒志怠,惟耽乐之从……唐室因以不竞,追原祸始,未始非色荒之贻害也。然则以女色起者,仍以女色败。所谓君以此始,亦以此终者,得不谓非天道好还之昭然可见者哉!②

有道是"榜样的力量是无穷的",果非虚言呀!《大学》说:

> 一家仁,一国兴仁;一家让,一国兴让;一人贪戾,一国作乱:其机如此。此谓一言偾事,一人定国。尧、舜帅天下以仁,而民从之。桀、纣帅天下以暴,而民从之。其所令反其所好,而民不从。是故君子有诸己而后求诸人,无诸己而后非诸人。所藏乎身不恕,而能喻诸人者,未之有也。

这段话李世民本人肯定很熟悉。贞观二年,他曾对侍臣说:

> 古人云:"君犹器也,人犹水也,方圆在于器,不在于水。"故尧、舜率

---

① (清)魏裔介:《兼济堂集》,魏连科点校,中华书局2007年版,第365页。
② 王树民:《廿二史札记校证》上册,中华书局1984年版,第411页。

天下以仁,而人从之;桀、纣率天下以暴,而人从之。下之所行,皆从上之所好。①

如此说来,李世民是明知其不可为而故为之了。这种不向命运屈服的倔强精神诚属可嘉,但他怎就忘了"有诸己而后求诸人,无诸己而后非诸人","其所令反其所好,而民不从"的古训呢! 要子民忠孝仁义,自己必先忠孝仁义;要儿孙不能"忘弃礼法",自己必先不能忘记礼法。这是铁律、天则;并不是贵为君主,权倾天下就可以人为改变的。我前面说道德话语必须为有我之境的意义也就在这里。

孔子说:"政者,正也。子帅以正,孰敢不正?"又说:"其身正,不令而从;其身不正,虽令不从"。② 以往人们大多是从无我之境上理解这些话,因此便得出了孔子乃至儒家都主张人治的结论,自是很大的误解。其实孔子的这番话乃有我之境的道德话语,并非无我之境的法律话语,其用意无非是要那些想当政治家或已经执掌政柄的人在道德上严格要求自己,率先垂范,以身作则。

当然,道德话语绝非没有治人、律他之效。但道德话语之治人、律他,是间接的、非强制性的,是通过唤起受体内心的良知共鸣,形成道德自觉并起而在行动上响应来实现的。这其中的道理说来也简单,道德的力量,归根结底不是靠外在的压服;而是内在的精神征服。③ 诚如德沃金所言:

> 道德的发展是不能通过颁布命令来实施的……我们尊重道德的要求,不是因为什么人告诉我们这样做,而是因为我们自己相信它们是"真理"。这种对于真理的感觉使我们给予道德原则很高的权威,它们使我们确信,在必要的时候,我们应该为了这些道德原则而牺牲我们自己的利益。……一个政府可以颁布法律,可以颁布官方的政策,但是,它不可以只是因为宣布某些事情是真理,它们就真的成了真理。真理是不能通过命令而颁布的。④

---

① 叶光大等译注:《贞观政要译注》,四川人民出版社1995年版,第304页。

② 分见《论语》之《颜渊》、《子路》篇。

③ 贺麟说:"最伟大的征服是精神的征服,而真正的最后的胜利(《易经》上叫作'贞胜')必是精神的胜利。"贺麟:《五伦观念的新检讨》,贺麟:《哲学与哲学史论文集》,商务印书馆1990年版,第366页。

④ [美]罗纳德·德沃金:《法律帝国》,李常青译、徐宗英校,中国大百科全书出版社1996年版,第23页。

《论语·阳货》篇记载了一段对话:

> 宰我问:"三年之丧,期已久矣。君子三年不为礼,礼必坏;三年不为乐,乐必崩。旧谷既没,新谷既升,钻燧改火,期可已矣。"子曰:"食夫稻,衣夫锦,于女安乎?"曰:"安。"曰:"女安则为之!夫君子之居丧,食旨不甘,闻乐不乐,居处不安,故不为也。今女安,则为之!"宰我出。子曰:"予之不仁也。子生三年,然后免于父母之怀。夫三年之丧,天下之通丧也。予也有三年之爱于其父母乎?"

至迟到孔子的时代,为父母服丧三年已是社会上普遍接受的惯例了,但依孔子的解释,仍重在个人的内心"安"否,而不是外在的规范。

朱熹说:

> 宰我既出,夫子惧其真以为可安而遂行之,故深探其本而斥之。言由其不仁,故爱亲之薄如此也……使之闻之,或能反求而终得其本心也。①

笔者以为,孔子对三年之丧这个惯例的阐释,只宜从有我之境去理解,视作道德话语;不可看作法律话语,从无我之境上去理解。孔子之所以不当面批评宰我,是不想以师长之尊给宰我造成外部压力,违心地服丧三年。他不直接命令宰我应该怎样去做,而是说君子是怎样做的,这"君子"里想必就有他自己的身影在内。说明他采用的还是间接的、非强制性的方法,即修己、律己的方法,期望能通过君子的榜样效用调动起宰我内心的良知,使之:"见贤思齐焉,见不贤而内自省";②而不是采取硬性的强制措施,更不见有将宰我清理出师门的记录。所以朱熹在《孟子集注》卷十三中又对此解释说:"所谓教之以孝弟者如此。盖示之以至情之不能已者,非强之也。"③至于孔子在宰我走后才向别的学生说明三年之丧的原委,则是要点拨别的学生明晓是非,不要效仿错误的榜样。

与道德话语的功用不同,法律话语虽然并不排斥受体的内心自觉,但毕竟可以借助实在的或潜在的外力威慑,对受体施加直接的、强制性的影响。

---

① (宋)朱熹:《论语集注》,卷九,(宋)朱熹:《四书章句集注》,中华书局1983年版,第181页。

② 《论语·里仁》。

③ (宋)朱熹:《四书章句集注》,中华书局1983年版,第361页。

二　不当转换之失

孔孟等儒家大师的许多话语事实上都存在着有我与无我的语境差别,必须审慎甄别,方不致造成淆乱。

西汉中期以后,儒家思想开始复苏,儒家的许多观念和主张逐渐升成为主流意识形态,孔孟的许多话语开始由原本柔性的道德话语向刚性的法律话语转化,由有我之境向无我之境转化。

东汉时,有个叫赵宣的人,葬亲后不封墓道,自己在墓道中居住二十多年服孝,博得了"乡邑称孝"的靓名,"州郡数礼请之",他还装模作样地推脱,直到郡太守陈蕃亲自前往相见并问到他的妻子时,才知道他在服丧期间竟然养了五个儿子,这才戳穿了骗局。陈蕃大怒,将赵宣治了罪。① 这是《后汉书》里记载的一则真实故事,人们常常引证这个故事来揭露儒家礼法的虚伪,恨屋及乌,连孝悌还算不算得一种美德似乎也令人怀疑了。笔者以为,赵宣的闹剧或者说悲剧其实就是道德话语与法律话语错乱造成的。当然,这也不全怪他,主要应归咎于当时官府的官吏选拔制度——举孝廉,这种制度事实上将原本属于道德语境的服丧制度转化为硬性的法律制度。人们为了当官,便花样翻新地表演各种并非出于真心的孝行闹剧。然而,在很长时间里,立法者并未从赵宣的悲剧中吸取教训。《唐律·户婚》明文规定:"诸居父母丧,生子及兄弟别籍、异财者,徒一年。"②直到明洪武七年,明太祖朱元璋方才正面表达了对此禁令的质疑:

> 且古不近人情而太过者有之,若父母新丧,则或五日、三日、或六七日,饮食不入口者,方乃是孝。朝抵暮而悲号焉,又三年不语焉,禁令服内勿生子焉。朕览书度意,实非万古不易之法。若果依前式,其孝子之家,为已死者伤,见生者十七八九,则孝礼颓焉。民人则生理罢焉,王家则国事紊焉。③

---

① 参见《后汉书》卷六十六,《陈王列传》。

② (唐)长孙无忌等撰:《唐律疏议》,刘俊文点校,中华书局1983年版,第236页。

③ 朱元璋:《孝慈录序》,见钱伯诚等编:《全明文》第一册,上海古籍出版社1992年版,第192页。

其后颁布的《大明律》也相应解除了居丧生子之禁。①

似此由有我之境的道德话语转化为无我之境的法律话语造成的是非混淆举不胜举,最严重的莫过于三纲之说的入律了。

汉儒发挥韩非子思想而形成的三纲学说本是有我之境的道德话语,是以臣、子、妇为"我"这个特定的主体说的,是臣、子、妇自律、律己的道德信条,而不是治人、律他的法律话语。贺麟先生对此有过深刻的阐释。他说从五伦到三纲是必然的发展,否则社会关系就不能稳定:

> 五伦的关系是自然的、社会的、相对的。君君,臣臣,父父,子子,夫夫,妇妇。假如君不君,则臣不臣;父不父,则子不子;夫不夫,则妇不妇。臣不臣,子不子之"不"字,包含"应不"与"是不"两层意思,假如,君不尽君道,则臣自然就会(是)不尽臣道,也应该不尽臣道(闻诛一夫纣矣,未闻弑君也)。父子、夫妻关系准此。这样一来,只要社会上常有不君之君,不父之父,不夫之夫,则臣弑君,子不孝父,妇不尽妇道之事,事实上、理论上皆应可以发生。因为这些人伦关系,都是相对的、无常的,如此则人伦的关系,社会的基础,仍不稳定,变乱随时可以发生。故三纲说要补救相对关系的不安定,进而要求关系者一方绝对遵守其位分,实行单方面的爱,履行单方面的义务。所以三纲说的本质在于要求君不君,臣不可以不臣;父不父,子不可以不子;夫不夫,妇不可以不妇。换言之,三纲说要求臣、子、妇尽单方面的忠、孝、贞的绝对义务,以免陷于相对的循环报复,给价还价的不稳定的关系之中……先秦的五伦说注重人对人的关系,而西汉的三纲说则将人对人的关系转变为人对理、人对位分、人对常德的单方面的绝对的关系。故三纲说当然比五伦说来得深刻而有力量……所以就效果讲来,我们可以说由五伦到三纲,即是由自然的人世间的道德进展为神圣不可侵犯的有宗教意味的礼教。由一学派的学说,进展为规范全国全民族的共同信条。三纲的精蕴的真义的纯理论基础。可以说只有极少数的儒家的思想家、政治家才有所发挥表现,而三纲说在礼教方面的权威,三纲说的躯壳,曾桎梏人心,束缚个性,妨碍进步,有数千年之久。但这也怪不得三纲说本

---

① 参见布迪、莫里斯:《中华帝国的法律》,江苏人民出版社1995年版,第28页。按:第47页注77中之《孝子录》据《全明文》似当为《孝慈录》。

身,因为三纲说是五伦观念的必然的发展,曾尽了它历史的使命。①

贺麟先生的上述见解极为精辟,可以说是为三纲说正了名。可是,三纲说为什么会从凝聚中华民族的伦理核心蜕化为"桎梏人心,束缚个性,妨碍进步"乃至"吃人"、"杀人"的精神枷锁的呢?

我想,问题就出在三纲说由道德信念升成为法律规范,由有我之境转换到无我之境的质变过程之中。当三纲之说由道德转换为法律后,事实上便成了掌握在君、父、夫手中的利刃,这等于是单方面赋予了他们要求于臣、子、妇的法定权利。于是便形成了谭嗣同所描述的:

> 数千年来,三纲五伦之惨祸烈毒,由是酷焉矣。君以名桎臣,官以名轭民,父以名压子,夫以名困妻,兄弟朋友各挟一名以相抗拒,而仁尚有少存焉者得乎? 然而仁之乱于名也,亦其势自然也。中国积以威刑箝制天下,则不得不广立名为箝制之器。②

其实所谓"君要臣死,臣不得不死;父要子亡,子不得不亡","男可重婚,女无再适",都是君、父、夫们的一厢情愿之词,是强加于臣、子、妇的法律话语,与儒家"持己严,待人宽"③的道德伦理思想大相径庭。孔子说:"躬自厚而薄责于人。"④用今天的话说就是:"从我做起",多提高自己,少指责别人;"不要只拿马克思主义的镜子照别人而不照自己";"要先做、多做自我批评,后批评、少批评最好是不批评别人"。这是儒家的修己治人纲领。依此纲领,君父夫们根本就不应该苛责于臣子妇,单方面要求臣死子亡妇贞本身就是不道德的,就是不仁。《大学》说:"为人君,止于仁……为人父,止于慈;与国人交,止于信。"程颐,也就是那个因提出"饿死事极小,失节事极大"而广遭非议的小程伊川就反对单方面要求妇女守节。⑤

---

① 贺麟:《五伦观念的新检讨》,贺麟:《哲学与哲学史论文集》,商务印书馆1990年版,第368页。

② 蔡尚思、方行编:《谭嗣同全集》(增订本),中华书局1998年版,第299页。

③ 蒋梦麟先生说:"儒家之学,为修身齐家治国平天下之学。其持己严,待人宽。"蒋梦麟:《谈学问》,(中国台湾)正中书局1955年版,第8页。

④ 《论语·卫灵公》。

⑤ 章太炎在《检论·通程》篇说:"程叔子又有孽妇失节事大,饿死事小,为近人所讥。其言诚过,然妇人不践二廷,旧有是说,亦因缘礼俗而为言耳。而其书又言男子不当再娶;礼惟宗子七十无无主妇,其他则否;且婚礼成言时,本未言妇死得再娶也。其意盖谓夫妇皆当坚守契约,而未尝偏抑妇人也。"《章太炎全集》(三),上海人民出版社1984年版,第454页。

曹魏以后,儒家的许多道德信条更进而被写入律典,实现了学者们所说的法律儒家化。道德话语与法律话语的淆乱也自此而愈演愈烈,这不仅严重扭曲了孔孟之道的本意,在某种程度上造成了道德与法律的两败俱伤,也大大折损了孔孟原典的声誉。燕树棠先生说:法律"含有普遍性和确定性。法律虽然要与社会道德相融洽,但因法律必须按照规则去执行,自然就难免不有机械的状态,一定要发生些法律和道德不想调和的情形。"① 霍姆斯更指出:法律"是一种推理体系,是一种从道德原则或者公认的公理或者不知所云中得出的推论",人们可以由此预见其行为的实质性后果;而道德"则总是在较为模糊的良知约束中去寻求其行为的理由,而不论这种理由是在法律之内,还是在法律之外"。② 因此,"假定道德意义上人的权利等同与宪法和法律意义上的权利,只会造成思想上的混乱"。③ 中国法律儒家化以后,千余年的实践正可印证霍姆斯所说的这种混乱。

魏晋之际所谓"名教"与自然的理论争讼,从某种意义上即可理解为儒家道德信条转化为法律后所造成的混乱并进而引发了社会逆反的心理。许多诚心忠孝的读书人因辨别不清儒家的道德话语突然转换为法律话语这一内在本质而产生了理论困惑,进而又由困惑升级为对孔孟之道的反感。阮籍的"礼法岂为吾辈设"、嵇康的"非汤武而薄周孔",可以说正是这一心理的典型反映。④

钱穆先生说:

> 东汉以来,社会早走上虚伪文饰之途。曹氏、司马氏篡窃相承,丑态百出,更令有心人深恶痛疾……直到魏晋之际,上下虚伪成习。阮籍目击此种状况,遂要破弃礼法,放浪人间,自称"礼法岂为吾辈设"。其言论行迹,容有过激,其心情怀抱,实亦可悲,而且可敬。史称阮籍性至孝,母死,适与人弈,不辍如故。及葬,尚食一蒸豚,饮斗酒,直言穷矣,呕血数斗。

---

① 燕树棠:《公道、自由与法》,清华大学出社 2006 年版,第 66 页。
② [美]霍姆斯:《法律的生命在于经验——霍姆斯法学文集》,明辉译,清华大学出版社 2007 年版,第 211、210 页。
③ [美]霍姆斯:《法律的生命在于经验——霍姆斯法学文集》,明辉译,清华大学出版社 2007 年版,第 209~210 页。
④ 关于名教与自然之争论,可参见余英时《士与中国文化》,上海人民出版社 1987 年版,第 401~440 页。

盖是诚孝,而不肯崇守儒礼。因痛恶当时那些假孝子,外守丧礼,而内心不戚,与世同污,所以故意吃酒吃肉,不遵服制。其实他内心非常哀痛,并非凉薄不孝。此处阮籍亦似有些不免误解儒家制礼本意处。儒家制礼,本不为虚文假饰。孝子毁不灭性。古礼有云:"朝一溢水,夕一溢米,食无算。"又曰:"亲死,水浆不入口。"所以者何,由其当时悲不思食,但绝不能因亲丧而废食。悲痛之余,再不好好保养,岂不毁了身体,则更非孝道。但在悲痛时,当然不想吃,待悲痛稍过,不妨便少吃些。如此,不致饿坏身体。亦不多吃,免得悲来伤胃。只能吃即吃,而每顿吃不使多,亦没有一定的时间限制,如此才不致因悲伤而害了健康。故儒家制礼,实为求合人情物理,不为粉饰虚假。阮籍认为虚礼可厌,临葬其母,尚故意大吃酒肉。不知儒家"丧忌酒肉"正恐悲来伤胃。阮籍就吃了这亏,一时悲从中来,正因吃了酒肉,遂致呕出血来。此乃因不遵礼而毁身伤性……不知儒家之礼,正为大忠大孝之人而设。故曰:"人而不仁如礼何,人而不仁如乐何",现在阮籍心恨那辈不仁的假君子,自己又是一位热心肠人,却偏不肯讲礼法,就规矩,设使孔子遇之,决不会加以非罪,反而会要加以引进的。①

王元化先生也谈到明清以迄近世,许多持开明思想的读书人对传统伦理道德的这种矛盾态度:

> 陆陇其曾指出泰州学派后期"荡佚礼法,蔑视伦常"。梁漱溟采用泰州学派术语,称孔子伦理观念为"絜矩之道",但又说:"古代礼法,呆板教条,以致偏倚一方,黑暗冤抑,苦痛不少。"陈寅恪也存在着同样看来类似的矛盾。他一面在观堂挽词中感叹三纲六纪之沦丧,一面又赞赏被斥为"不安女子本分"的陈端生,说她"心目中于吾国当日奉为金科玉律之君父夫三纲,皆欲借此描写以摧破之也。端生此等自由即自尊即独立之思想,在当时及其后百余年间,俱足惊世骇俗,自为一般人非议"。②

孔子说他的学生里颜渊最好学,具体表现在"不迁怒,不二过"。阮籍之辈迁怒于孔孟,看来还是学业不精所致。千余年前的古人一时迷惑尚属情有

---

① 钱穆:《魏晋玄学与南渡清谈》,罗联添编:《国学论文精选》,(中国台湾)幼狮文化事业公司 1987 年版,第 389~390 页。

② 王元化:《思辨录》,上海古籍出版社 2004 年版,第 9~10 页。

可原；20世纪以来，人类的科学技术已高度发达，认识能力也空前提高，何以在对待孔孟儒学的问题上还是不断地"迁怒"，不断地"二过"呢？这就难免不令人诧异了。

三　当转换而不转换之失

道德话语不可随意转换成法律话语，尤其是像孔子所向往的老安少怀的崇高境界、耶稣所训示的"无敌恶"、"爱仇敌"的博大胸襟等情景只有极少数圣人可以企及，而不能"可望一般人实行的道德命令"，[①]绝对不宜转化为普遍化的法律。但这并不是说所有的道德话语都不能转换为法律话语，而是说不宜无条件地、随随便便地转换。转换必先满足一定的条件，才可能创造出公平的法律，才能获得人们的普遍尊重和奉行。条件之一，就是要将有我之境转换为无我之境。

这里需要稍加解释的是，本章所说的有我无我之境系借自王国维的境界说，其说系受叔本华的美学思想影响。王国维说：

> 有造境，有写境……有有我之境，有无我之境。……有我之境物皆著我之色彩。无我之境，不知何者为我，何者为物。此即主观诗与客观诗之所由分也。[②]

"泪眼问花花不语"是造境，即有我之境，这尚易理解。"乱红飞过秋千去"是诗人所见，应是无我之境，何以说是造境呢？同样地，"采菊东篱下，悠然见南山"，这"采"和"见"都有"我"在，"悠然"是诗人的感觉，都是有我，何以说是无我呢？周振甫先生解释说："原来所谓造境中还有写境，无我中还有我，所谓造境和有我之境，只是偏重于抒情，在有我之境中还是有物；所谓写境和无我之境，只是偏重于写景，在无我之境中还是有我在，只是感情不强烈而已。"用叔本华的话说，所谓无我之境就是"抛开个人利害关系，抛开主观成

---

① 贺麟：《哲学与哲学史论文集》，商务印书馆1990年版，第366~367页。
② 王国维著，滕咸惠校注：《人间词话新注》，齐鲁书社1981年版，第36页。

分,纯粹客观地观察事物,并且全神贯注在事物上"。① 简言之,所谓造境与写境、有我之境与无我之境的区别,在于前者是以诗人这个特定主体参与进去的抒情,而后者则是纯粹客观的描述,此时作为描述主体的诗人是否存在可忽略不计。

这里为形象化起见,套用了王国维的境界说,这里所说的有我无我之境中的"我",指特定的主体,即自我。所谓"将有我之境转换为无我之境",即将特定的主体转换为一般的个体,即由殊相转为共相。所谓"无我",并非真的没有了自我,而是将"我"与其他人视同一律,没有任何特殊可言。用西方人的话说这就叫"法律面前人人平等"。用《韩非子》的话说就是:"法不阿贵,绳不挠曲。法之所加,智者弗能辞,勇者弗敢争。刑过不避大臣,赏善不遗匹夫。"用我国现行宪法的话语来表述就是:"任何组织或者个人都不得有超越宪法和法律的特权。"

齐景公问政,孔子答以:"君君,臣臣,父父,子子。"②这本是有我之境的道德话语,是劝喻齐景公恪尽为君之道,做出个君主的样子来。朱熹解释孔子说这番话的背景说:"是时景公失政,而大夫陈氏厚施于国。景公又多内嬖,而不立太子。其君臣父子之间,皆失其道,故夫子告之以此"。③

齐景公听了孔子的话后说:"善哉! 信如君不君,臣不臣,父不父,子不子,虽有粟,吾得而食诸?"显然,他没有理解孔子话的本意,不是从有我之境上思考自己作为君父的责任,而是片面地将臣子对君父的忠孝义务理解为硬性的名分制度,将道德话语变成了法律话语。但在做此转换时,他并没有将君父对臣子的仁慈义务理解为硬性的法律话语,即没有将有我之境相应地转换为无我之境。于是便形成了君父对臣子有权利而无义务,臣子对君父有义务而无权利的片面化权利义务关系,这是有我之境的法律所必然呈现的格局,此种格局的基本表现便是权利义务关系严重失衡和不对称。

朱子说:"景公善孔子之言而不能用,其后果以继嗣不定,启陈氏弑君篡国之祸。"齐景公为什么"善孔子之言而不能用"呢? 因为他没有或者根本就

---

① 以上两处引文均见王国维著,滕咸惠校注:《人间词话新注·序》,齐鲁书社1981年版,第2~3页。

② 《论语·颜渊》。

③ (宋)朱熹:《四书章句集注》,中华书局1983年版,第136页。

不愿意正确理解孔子的话，所以他不是从有我之境的道德范畴上要求自己，端正自己；而是片面地要求他人尽臣子之道，结果自然是"君臣父子之间，皆失其道"，"齐之所以卒于乱也"。①

孟子说："《诗》曰：'天生烝民，有物有则。民之秉彝，好是懿德。'孔子曰：'为此诗者，其知道乎！故有物必有则……'"这"知道"的"道"，是客观的规矩、规则，即孟子"规矩，方圆之至也"②的意思。孔孟所主张的君臣之道，从特定主体的角度上看，是有我之境的道德准则；从非特定主体的角度上看，则是无我之境的、客观的、普遍化的规矩和准则。在后者，无论何人，只要身为君父，就必须遵守君父之道，只要身为臣子就必须服从臣子之道，完全不能考虑"我"这个特定的主体，否则便是朱子说的"失其道"，一如古人所言："以物待物，不以己待物，则无我也。圣人制行不以己。"③

什么是君臣之道呢？孟子有详尽的阐释："欲为君，尽君道；欲为臣，尽臣道。二者皆法尧舜而已矣。不以舜之所以事尧事君，不敬其君者也；不以尧之所以治民治民，贼其民者也。孔子曰：'道二，仁与不仁而已矣。'暴其民甚则身弑国亡；不甚，则身危国削，名之曰'幽'、'厉'，虽孝子慈孙，百世不能改也。"④

王国维说："东方伦理之缺点，在详言卑对尊之道，而不详言尊对卑之道，以是足知家长制度之严峻专制。"⑤笔者以为，如果说东方硬性的伦理制度和法律规范不详言"尊对卑之道"那是无可争议的事实；但是说东方的伦理思想，尤其是儒家的伦理学说不详言"尊对卑之道"，恐怕就值得商榷了。

前引孔子说的"君君，臣臣，父父，子子"并非不包含"尊对卑之道"。孔子说"出门如见大宾，使民如承大祭"，不就是在详言"尊对卑之道"吗？

《论语·尧曰》篇第一章分别引尧、商汤、周武王等古帝王语，均涉及"尊对卑之道"。

尧说："咨！尔舜！天之历数在尔躬。允执其中。四海困穷，天禄永终。"

---

① （宋）朱熹：《四书章句集注》，中华书局1983年版，第136页。

② 《孟子·离娄上》。

③ （宋）程颢、程颐：《二程集》上册，王孝鱼点校，中华书局2006年版，第125页。

④ 《孟子·离娄上》。

⑤ 王国维：《孔子之学说》，见佛雏校辑：《王国维哲学美学论文辑佚》，华东师范大学出版社1993年版，第70页。滕咸惠先生《人间词话新注》之《略论王国维的美学思想》文中亦引之。

汤说:"朕躬有罪,无以万方;万方有罪,罪在朕躬。"周武王说:"虽有周亲,不如仁人。百姓有过,在予一人。"下面"宽则得众,信则民任焉,敏则有功,公则说"不都是在"泛言帝王之道"吗?

《孟子》里也有不少涉及"尊对卑之道"的论断,譬如:"贼仁者谓之'贼',贼义者谓之'残'。残贼之人谓之'一夫'。闻诛一夫纣矣,未闻弒君也。""民为贵,社稷次之,君为轻。"又说:"王如好货,与百姓同之","王如好色,与百姓同之","王与百姓同乐,则王矣"。

其他儒家经典中也载有不少"君不君"、"父不父"的反面事例,譬如《左传·宣公二年》:"晋灵公不君:厚敛以雕墙;从台上弹人,而观其辟丸也;宰夫胹熊蹯不熟,杀之,寘诸畚,使妇人载以过朝。"又《左传·襄公二十八年》:"蔡侯归自晋,入于郑。郑伯享之,不敬。子产曰:'……其为君也,淫而不父。侨闻之,如是者,恒有子祸。'"

《史记·太史公自序》云:"夫不通礼义之旨,至于君不君,臣不臣,父不父,子不子。夫君不君则犯,臣不臣则诛,父不父则无道,子不子则不孝。此四行者,天下之大过也。"所谓"君不君则犯",张守节《正义》说:"颜云:为臣下所干犯也。一云违犯礼义"。[①]

宋儒真德秀曾专门阐释君道之要领:

> 大学之道,在止于至善。为人君、为人臣以至与国人交,各有所当止。止云者,必至于是而不迁之谓也。以君道言之,有一毫未至于仁,不可以言止。知仁之当为而或出焉,或入焉,亦不可以言止。何谓仁? 克己复礼,仁之体也;爱人利物,仁之用也。为人君者,内必有以去物欲之私,使视听言动无一不合乎礼;外必有以广民物之爱,鳏寡孤独无一不遂其生,此所谓仁也。必有是体,然后有其用行焉。故圣人论仁,莫先于克己也。人君为天下民物之主,痒痾疾痛,孰非同体? 故君道必主于仁,而为仁必极其至,所谓"止于至善"也。自古帝王独称尧舜为至仁者,以其兼体用之全,无纤微之间故也。若宋襄以不禽二毛为仁,梁惠以移民移粟为仁,是特区区之小善耳,其可以言至乎? 其可遽至于是乎?[②]

① （汉）司马迁:《史记》第 10 册,中华书局 1972 年版,第 3299 页。
② （宋）真德秀:《大学衍义》,朱人求校点,华东师范大学出版社 2010 年版,第 89~90 页。

上述这些话语是不是可以作为硬性的法律话语来理解呢？国人至今仍在犹疑彷徨；然而在西方，已部分完成了这样的话语转换。谭嗣同说：

> 洪、杨之徒，见苦于君官，铤而走险，其情良足悯焉。在西国刑律，非无死刑，独于谋反，虽其已成，亦仅轻系数月而已。非故纵之也，彼其律意若曰，谋反公罪也，非一人数人所能为也。事不出于一人数人，故名公罪。公罪则必有不得已之故，不可任国君以其私而重刑之也。且民而谋反，其政法之不善可知，为之君者，尤当自反。借口重刑之，则请自君始。此其为罪，直公之上下耳。[①]

谭氏对于西方法律的描述容有未确，但大意不错。西方近现代法律对于国事罪有严格的限定。美国的国事罪是由宪法规定的，只有叛国可构成国事罪，且仅限于对美国作战或依附美国的敌人等两种行为。据联邦最高法院解释，由宪法规定叛国罪的立法意图是严防司法或行政机关借国事罪的名义而钳制公民的言论自由或侵犯公民的其他民主权利。[②] 政治犯与普通刑事犯的待遇也迥然有别，政治犯原则上不予引渡。

与此同时，对于国家元首、政务官则有严格的法律约束、监督和弹劾程序。尼克松的水门事件、克林顿的裤裆门或拉链门事件，都是典型的例子。路易斯安那州的一场风灾，小布什政府广遭抨击，不得不引咎自责，这不正是"四海困穷，天禄永终""朕躬有罪，无以万方""百姓有过，在予一人"的现代西方法律版吗？

《孟子》里载有齐宣王与孟子的一段对话：

> 齐宣王问曰："文王之囿，方七十里，有诸？"孟子对曰："于传有之。"曰："若是其大乎？"曰："民犹以为小也。"曰："寡人之囿，方四十里，民犹以为大，何也？"曰："文王之囿，方七十里，刍荛者往焉，雉兔者往焉，与民同之；民以为小，不亦宜乎？""臣始至于境，问国之大禁，然后敢入。臣闻郊关之内，有囿方四十里；杀其麋鹿者，如杀人之罪；则是方四十里，为阱于国中；民以为大，不亦宜乎！"[③]

孟子此言，是不是可以作为法律语言来理解呢？西汉法律，盗宗庙服御物

---

① 蔡尚思、方行编：《谭嗣同全集》(增订本)，中华书局1998年版，第345页。
② 参见郑伟：《刑法个罪比较研究》，河南人民出版社1990年版，第33~34页。
③ 原文见《孟子·梁惠王下》。

者弃市。① 这是儒家化以前的法律,显然未接受孟子的主张。法律儒家化以后又怎样呢?《大清律例·盗园陵树木》门附例规定"私入红桩火道以内偷打牲畜,为首于附近犯事地方枷号两个月,满日改发极边烟瘴充军"。沈家本说:"此道光年间例,亦太重。以牲畜而戍人于边,去国中之阱几何?"②正用前引孟子答齐宣王之典作为批评的武器,说明孟子的"王道"理想依然未能融入法律。

在一些现代西方国家,所有公共设施,包括政府办公场所,一律向公众开放。北欧的瑞典、丹麦和挪威,虽然还都保留着国王,但皇宫和首相府(住所和办公室除外)也免费对公众开放。③ 在瑞典,政府大门不设警卫,议会开会时要发广告,百姓可以自由旁听。官员们公务出行,也没有前呼后拥警车开道那一套。1986 年,瑞典首相帕尔梅在街上行走时被刺身亡,2003 年,女外交部长在商场购物时又被杀,但瑞典政府仍旧公开声明,决不因为畏惧暴力就放弃他们长期以来为之自豪的、开放的民主政治,将继续保持政治家的平民化和亲民作风与传统。这难道不是孟子"与民同乐"、"与百姓同之"理想的当代西方实景吗? 难怪晚清时许多维新思想家盛赞西洋良法美政深合中国古圣人之制。④ 若尽斥之为"古已有之论"者牵强附会之词,似亦不合实情。无可否认,先秦儒者确曾有过此类话语,原典俱在,昭昭可查。唯觉遗憾的是,这些话语在秦汉以后依然停留在道德理想的层面,始终未能转化为现实的法律话语。

四　法律须为无我之境

贺麟先生说,有法家式的法治,有儒家式的法治。儒家式的法治即诸葛亮

---

① 《汉书·张释之传》。

② 《律例偶笺》,卷二,刘海年等编:《沈家本未刻书集纂》,中国社会科学出版社 1996 年版,第 302 页。

③ 关山:《北欧四国社会模式的见闻与思考》,《炎黄春秋》2007 年第 7 期,第 77 页。

④ 黄遵宪、谭嗣同、唐才常等清季维新派代表人物皆有此种观点。譬如黄遵宪说:"本署司屡衔使命,遍历泰西,觇其国、观其政,求其富强之故,实则设官多本乎《周礼》,行政多类乎《管子》……此周公所以致太平者也。而西人法之……此实中国旧法而西人施之……"(清)黄遵宪撰:《黄遵宪集》,吴振清等编校整理,天津人民出版社 2003 年版,第 565 页。

式的法治。这种法治的特点是:"一方面信赏罚,严纪律,兼有申韩之长,一方面要去偏私,以求达到公平开明的政治。"①所谓"去偏私",即要实现法律的"无我"。

马谡违背诸葛亮军令,致使街亭失守,诸葛亮上书"请自贬三等,以督厥咎"。②须知当时诸葛亮事实上掌握着蜀汉当局的最高权力,《三国志》说他"领益州牧。政事无巨细,咸决于亮。"③但他并未因此而网开一面,这就叫"去偏私"。这种法治就是无我之境的法治。易言之,无我之境的法治就是任何人都不能自外于这个法治,没有可以例外的"我",最高统治者亦然。陈寿评赞说:

> 诸葛亮之为相国也,抚百姓,示仪轨,约官职,从权制,开诚心,布公道;尽忠益时者虽雠必赏,犯法怠慢者虽亲必罚,服罪输情者虽重必释,游辞巧饰者虽轻必戮;善无微而不赏,恶无纤而不贬;庶事精练,物理其本,循名责实,虚伪不齿;终于邦域之内,咸畏而爱之,刑政虽峻而无怨者,以其用心平而劝戒明也。④

贺麟先生说儒家精神的法治与现代民主政治中的法治相近,确是不错。《孟子·尽心上》载有一段孟子师生的对话:

> 桃应问曰:"舜为天子,皋陶为士,瞽瞍杀人,则如之何。"孟子曰:"执之而已矣。""然则舜不禁与。"曰:"夫舜恶得而禁之? 夫有所受之也。"

桃应的提问很尖锐,牵涉到法律与道德两个领域。赵岐注谓:"夫天下乃受之于尧,当为天理民,王法不曲,岂得禁之也!"这是从舜的角度上说,王法不因舜是天子而挠曲,舜无权禁止皋陶执法。朱熹注谓:"言皋陶之心,知有法而已,不知有天子之父也。""言皋陶之法,有所传受,非所敢私,虽天子之命亦不得而废之也。"⑤这是从皋陶的角度上说,法律不因违法者是天子的父亲而得偏私,即便天子下令执法者违法曲宥,皋陶也不可废法而阿私。显然在孟子看来,舜作为天子,即便是自己的父亲杀了人,也不享有超越法律的特权。

---

① 《儒家思想的新开展》,张学智编:《贺麟选集》,吉林人民出版社 2005 年版,第 137 页。
② 《三国志》卷三十五,《诸葛亮传》。
③ 《三国志》卷三十五,《诸葛亮传》。
④ 《三国志》卷三十五,《诸葛亮传》。
⑤ (宋)朱熹:《四书章句集注》,中华书局 1983 年版,第 359 页。

可见,孟子理想中的法治,正是无我之境的法治。

以上是从法律语境上立说,但是从道德语境上说,情形就截然不同了。

> "然则舜如之何?"曰:"舜视弃天下犹弃敝蹝也。窃负而逃,遵海滨而处,终身欣然,乐而忘天下。"

朱注谓:"言舜之心。知有父而已,不知有天下也……此章言为士者,但知有法,而不知天子父之为尊;为子者,但知有父,而不知天下之为大。盖其所以为心者,莫非天理之极,人伦之至。"①胡毓寰说:"儒家以守法为义,同时又以孝悌为仁。桃应所问,本属难于措答。惟孟子素好代揣儒家先圣心志,代为辩护,故以极肯定态度'舜将弃天子位以平民资格窃负其父,远逃海滨,终身不归中国耳。'所以远逃者,以窃逸罪人,本属犯罪行为,天子犯此,其罪更大,故必先弃天子位,以平民资格为之,庶罪稍小焉耳。"②

以上两说虽各有所见,但均略显牵强又言不尽意。若舜只知有父而不知有天下,岂非一个极端自私且不称职的君主?何圣之有?!若"为子者,但知有父,不知天下"云云,岂非人人皆徇私而忘公?

依笔者之见,孟子并非"代揣儒家先圣心志"或"代为辩护"。因为无论是站在孟子或是儒家立场上看,任何君主或政长,只有守法的责任而没有超越法律的特权。但是作为个人,则绝不能为一己之荣华富贵背弃人伦;即便是贵为天子,也不可罔顾道德良心,视亲人如路人,或巧唱所谓"大义灭亲"的高调以塞责。因此,任何在法律上享有特殊身份和地位的人,凡当其所居之身份地位与其个人之良心发生冲突时,作为一个有道德的人,理应毅然放弃其至尊之地位而服从良心的召唤,克尽道义的责任。显然,这是从有我之境的道德立场上立论的。

张荫麟先生说:

> 像《孟子》书中"舜为天子,皋陶为士,瞽瞍杀人,则如之何"的疑问和孟子所提出舜"窃负而逃,遵海滨而处"的回答,是任何能作伦理反省的时代的西方人所不能想象的。许多近代超家族的政治或经济组织虽然从西方移植过来,但很难走上轨道,甚至使人有"橘逾淮而为枳"之感者,绝

---

① (宋)朱熹:《四书章句集注》,中华书局 1983 年版,第 360 页。
② 胡毓寰:《孟子本义》,正中书局 1947 年版,第 501 页。

对忠于超家族之大群的道德空气之缺乏是一大原因。①

这种观点显然是依据现代西方的文化伦理观，且纯出于形式逻辑的判断，以为强调私德必然会造成对法治和公德的破坏。然而就中国近现代的历史经验看，没有私德做基础，公德便是无源之水、无本之木；而没了道德做支撑，法治也只能徒具其表，难觌实效。现代法治在中国社会之所以迟迟不能建立起来，正是由于自上个世纪初以来，中国固有的伦理道德遭到持续不断的破坏所致。许纪霖先生说：

> 1949 年以后，由于各种运动，人与人之间没有私德。冯亦代做卧底，按照儒家的私德来说是不可原谅的，因为你出卖是个不一般的朋友。但在那个时代，所有人都卷进去了。今天都是，且不说公德被扭曲了，私德也被破坏了。②

此说甚是。儒家不但尊重公德，也强调私德，因此既不赞成徇私而废公，也反对因公而背私。儒家学说之所以被称作中庸、中道，要亦在此。

时至今日，宪政文明下的法治已普遍以无我之境为取向，即便是政事纷扰的台湾，晚近亦有可喜的进境。据报道，2007 年 8 月 28 日，台北地方法院判决时事评论家胡忠信诽谤陈水扁之女陈幸妤"前往美国（银行）开户，疑似洗钱"罪名不成立，陈幸妤败诉。贵为"公主"也不能置身法外，单就此案来看，台湾司法体制似乎已进入了无我之境。

相形之下，李世民虽能开创"贞观之治"的盛世，却开创不了无我之境的法治格局，故其所谓"治"不但不能垂诸久远，即当时是否真称得上"治"仍大可怀疑。③

有历史学家曾撰文指出唐太宗主演的"玄武门之变"给司马光出了个不小的难题，让他不知道到底是应该尊重历史真实呢还是该为尊者讳。④ 当今的法律人们对此当作如何评价呢？套用今天的法律固不合"不咎既往"的现

---

① 张荫麟：《论中西文化的差异》，张荫麟：《素痴集》，百花文艺出版社 2005 年版，第 183 页。

② 许纪霖：《最重要的是重建社会和伦理》，《南方周末》2011 年 12 月 17 日。

③ 《中国社会科学院院报》2007 年 8 月 28 日第 3 版载有张耐冬《从一条谣言看"贞观之治"》一文，作者从贞观十七年风传唐太宗要摘取人心肝祭天狗的一则小小谣言说起，说到这谣言搅得长安城的百姓一个月未得安宁，最后直说到"在当时人眼中，贞观时代距离治世的标准可能还比较远"。

④ 赵璐璐：《唐太宗给司马光出的难题》，《中国社会科学院院报》2007 年 8 月 28 日第 3 版。

代法治原则。依当时的法律，即唐高祖武德年间的唐律来评判，惜乎《武德律》又未得流传。所幸今存本《唐律疏议》与《武德律》相去不远，姑且代以为据料亦无大碍。

《唐律》的首卷有个"十恶"的罪名，这是人们耳熟能详的词汇，无须详解。

李世民逼父退位，犯了十恶中的第一项"谋反"，按《疏议》的解释属于"害于君父者，则必诛之"的头条大罪。李世民杀长兄——皇太子李建成，犯了十恶第四项"恶逆"；杀弟李元吉，犯了十恶第八项"不睦"。贞观三年，他又事实上逼迫其父李渊迁出太极宫，犯了十恶第六项"大不敬"和"不孝"两条罪名。若再加上他纳兄弟妻，娶同宗兄弟妇等行为，犯了十恶第十项"内乱"。十条重罪，李世民独占6条，若是落在旁人身上，后果如何已是不言自明的事了。

要紧的是，李世民发动政变之时，尚居于臣子的地位。以臣子而逼勒君父，已经不是"谋反"而是"实反"了。可他不仅没有依律伏诛，反而被后世颂为开国英主。难道这《大唐律》只是个摆设吗？那倒也不尽然。你看他处理玄武门之变中的落败者，倒是严格依律治罪，绝无宽纵。

清人赵翼在《廿二史札记》卷十九中说得清楚：

> 谋反者族诛，秦、汉、六朝以来，皆用此法。太宗为秦王时，杀建成、元吉，不过兄弟间互相屠害，其时太宗尚未为帝，不可以反论也。乃建成子安陆王承道、河东王承德、武安王承训、汝南王承明、钜鹿王承义，元吉子梁郡王承业、渔阳王承鸾、普安王承奖、江夏王承裕、义阳王承度，俱坐诛，除其属籍。是时高祖尚在帝位，而坐视其孙之以反律伏诛，而不能一救，高祖亦危极矣。[①]

看来后人对唐太宗的执法是否允当公平，多少还是有些微词的。如果李世民是个根本蔑视法制的革命家或叛逆者，上述做法倒也不足为怪。蹊跷的是，他在处理长孙无忌违犯宫禁一案时，竟然放出豪言："法者，非朕一人之法，乃天下之法"。[②]

"一人之法"与"天下之法"有何区别呢？李世民应该是心如明镜，用笔者的话说，即前者乃"有我之境"的法律，后者系"无我之境"的法律。看来此公

---

① 王树民：《廿二史札记校证》上册，中华书局1984年版，第409页。
② 叶光大等译注：《贞观政要译注》，四川人民出版社1995年版，第269页。

并非不晓得法治的深层机理。

如果说玄武门之变还是个极端的事例,那不妨再看看其他的实例。

太宗第三子吴王李恪喜好打猎,贞观十一年他因打猎毁伤了老百姓的田苗,遭到御史柳范的奏弹。太宗说权万纪负责服侍李恪却不能阻止他打猎,应处以死刑。柳范反驳说:"房玄龄负责服侍您,也同样不能阻止您打猎呀,只惩罚权万纪一个人不合适吧?"太宗大怒,"拂衣而入。久之,独引范谓曰:'何面折我?'对曰:'陛下仁明,臣不敢不尽愚直。'上悦。"①逢着唐太宗这样的明主尚且如此,若碰上个昏暴之君,柳范即便能保全性命,也难保不遭贬谪。何谓有我之境的法律,于此可见一斑了。由此看来,只要法律不能超越有我之境,不论那个"我"多么高姿态,最终还是难得公平。

有位西方学者曾以《大清律》为范例形容中西方法律的根本差别。他说中国古代的律典:"更像一种内部行政指示……而不大像法典甚至连一般的法规都不像。"什么地方不像呢? 按照他的描绘,现代西方的法律是直接向公民或臣民宣示:"如果你杀了人,你要被处死。"而中国古代的律典是皇帝对官吏的指示:"若尔所辖朕之臣民犯有杀人罪,尔当治之以死刑。"他进而解释说:"在研究中国法律时,必须从法官并且最终从皇帝的角度去观察问题。"这与西方人"总是倾向于从诉讼当事人的角度去观察法律"截然不同。为什么会有这么大的差别呢? 他的答案是:"对中国人来说,法律就是靠严刑推行的命令,法律制度是一个极为严厉的,潜在地无处不在的,全权的政府的一部分。"②

钟威廉的这个观点在美国汉学界很有名,但笔者以往却总感到有点似懂非懂。今试从法律的有我与无我之境角度观察之,一切便迎刃而解了。原来他无非是在说:中国传统的法律是有我之境的法律,皇帝或实际最高当权者就是那个"我",一旦触及到"我"或与"我"有关的特定主体,法律便失灵了。因为"皇帝是法律承认的唯一的'人'。但他是没有义务的,他的所有行为都是

---

① 《资治通鉴》卷 195,并见《唐会要》卷 61。

② 钟威廉:《大清律例研究》,高道蕴、高鸿钧、贺卫方编:《美国学者论中国法律传统》,中国政法大学出版社 2004 年版,第 396~397、423 页。

单方面的,因为他从不服从任何其他人。"①在他看来,西方近现代的法律是无我之境的法律,根本不存在任何特定的"我"。这就是中西法律的根本差别所在。因此他的最后结论是:"法律是在中国社会里有效运作,但却是极不同于任何我们所熟悉的事物的另一种制度"。②

客观地说,有我之境肯定不只是中国古代法律所独有的特征,现当代西方法律也并未全部臻于无我之境。1882 年 5 月 6 日,美国国会通过的限禁外来移民的法案——《关于执行有关华人条约诸规定的法律》(Chinese Exclusion Act of 1882)、1942 年美国总统罗斯福签署的对日侨和日裔实行"再安置"计划显然都是典型的有我之境的法律。这个"我"就是欧洲裔美国人。

苏联 1977 年宪法第 6 条明文规定:"苏联共产党是领导与指导共产主义社会的力量;是它的政治制度与一切社会与国家组织的核心。"③这虽然只是承认长期既存的事实,但公然而又明确地将苏联宪法转化成有我之境的宪法,将苏共置于唯一的"我"的地位,于苏共何益呢? 有我之境的法律毕竟还是无力保"我",苏共最终还是丧失了政权,这能说与其法律的有我之境毫无关系吗?

《庄子》说:"至德不得,大人无己。"《老子》说:"功成而不居。夫唯弗居,是以不去。"其此之谓乎?

五　结　论

法律和道德好比一对难兄难弟,既不能截然分离,又不能合为一体,正所谓"不是冤家不聚头"。当今的绝大多数法理学著作及教科书都会设立"法律与道德"的专章,讨论此话题的专书也并非少见。可是言者昭昭,闻者昏昏。

---

①　钟威廉:《大清律例研究》,高道蕴、高鸿钧、贺卫方编:《美国学者论中国法律传统》,中国政法大学出版社 2004 年版,第 421 页脚注 1。
②　钟威廉:《大清律例研究》,高道蕴、高鸿钧、贺卫方编:《美国学者论中国法律传统》,中国政法大学出版社 2004 年版,第 424 页。
③　[法]勒内·达维德:《当代主要法律体系》,漆竹生译,上海译文出版社 1984 年版,第 217 页。

像我这样愚钝之人,总是难于辨清二者的关系。

晚清制定《大清新刑律》时,以张之洞、劳乃宣为首的所谓"礼教派"与沈家本为首的所谓"法理派"就曾为法律和道德之关系问题争论得舌敝唇焦。有署名"愤民"者为此特在报刊上发表文章说:

> 抑又闻之,道德与法律二者不能相混,道德自道德,法律自法律,故郅治之世,法律可废,而道德终不可无……乃中国独不然。以道德与法律混而一之,故曰出礼入刑,又曰礼教与刑法相表里……特既有以妨害礼教斥新律者,则新律或稍愈于旧律者亦未可知。盖旧律最乖谬之处,正为拘守不通之礼教,如吾向者所言,最足为害民耳!①

这说法大抵与"法理派"一样,显然都是受西人影响而发。以往读西方有关中国法的研究著述,也常见西人特别爱强调中国传统法律的伦理色彩,②当时总不以为然。难道西方的法律就可以漠视伦理道德吗? 德沃金不是说:在英美政治社会中,法律之所以"享有其它以强制力为后盾的命令——即使是那些通过制度化的程序而实施的命令——所不具有的尊崇"的真正原因在于:"这种法律的合法性和政治道德的关系给予了法律特殊的尊敬和特定的有效性。法律和政治道德之间的这种关系的确立和保持的手段是:通过法律来实施基本的和宪法的'权利'。这些权利使法律本身更为道德,因为它可以防止政府和政治官员将制定、实施和运用法律用于自私或不正当的目的"。③

说中国旧律拘守礼教害民,难道西方法律就能脱离西人社会的礼教——宗教而自存吗? 有西方学者曾经指出:

> 萨福特·列文森在其颇具挑衅性的《宪法信仰》一书中考察了美国人——市民和法官一样——在(世俗的)宪法中注入宗教的或神赐的财富的某些方法。麦迪逊将宪法形容为"政治圣经";杰弗逊把费城制宪会

---

① 愤民:《论道德》,张枬、王忍之编:《辛亥革命前十年时论选集》第三卷,生活·读书·新知三联书店 1977 年版,第 852 页。

② 譬如有外国学者说:"历经多个世纪发展的所谓法典,基本上都是关于行政和刑罚的规定,而且均强调道德和严刑酷罚。民法的发展受到了限制和阻碍。"见 Ranbir Vohra, *China's Path to Modernization:AHistoricalReview from 1800 to the Present*,Englewood Cliffs,NJ:Prentice Hall,1987,p17-18。

③ [美]罗纳德·德沃金:《认真对待权利》,信春鹰、吴玉章译,中国大百科全书出版社 2008 年版,第 3 页。

议看作是"天人合一体";华盛顿要求"奉宪法为神圣";林肯说过"崇敬法律"一如"全民之政治宗教"。这些比喻不止是象征性的,它们都是植基于麦迪逊所领悟到的:"美国政治体系的复杂形式……要求对权威有非同寻常的崇敬",一种需要将宗教情感移注于宪法的崇敬。①

霍姆斯虽然力主将"每一个具有道德意义的词语完全从法律中清除出去",以免法律"陷于荒谬之中"②,但他并不否认法律与道德有着密切的关联:"法律是我们道德生活的见证和外部积淀。法律的历史就是一个民族道德演进的历史。"③

看来,要想把法律和道德、宗教分得一清二楚肯定是做不到的,即便能做到,也未必可取。今从有我无我之境的角度解读西方学者对中国社会混淆法律与道德的批评,其大意似当是:

中国历代政权在将道德规范纳入法律时要么是将不适宜固化为法律的道德法律化了,要么是在道德法律化的过程中未做相应的语境转换,故未能使道德有机地融入法律,乃至法律仍为有我之境的法律,而道德反因其被法律化而自损令名。如此而已,似无更多玄机。

总之,法律与道德,得则双赢,败则两失。公正且有效的法律是确保和推动全社会道德进步的必要前提;反过来说,只有尊重而非同一于人类普遍道德的法律才可能成为公正的法律,才可能获得的普遍且长久的生命力。笔者坚信,人类道德的提升端赖法律的捍卫,而法律的进步,最终又必受动于人类整体的道德进步。二者相互扶持,不能单损,不可独荣。

---

① 鲁本:《法律现代主义》,苏亦工译,中国政法大学出版社2004年版,第215页。

② 霍姆斯:《法律的生命在于经验——霍姆斯法学文集》,明辉译,清华大学出版社2007年版,第215、210页。

③ 霍姆斯:《法律的生命在于经验——霍姆斯法学文集》,明辉译,清华大学出版社2007年版,第209页。

第八章 唐律"得古今之平"再辨
——兼评《四库提要》之价值观

本书在第三章"'唐律一准乎礼'辨正"中谈到《四库全书总目提要》(以下简称《四库提要》或《提要》)评唐律"……以为出入得古今之平"一句时颇多疑义,姑置未论,兹拟于本章展开探讨。

一 古史观之异

笔者在第三章中已经指出,按照《四库提要》作者的观点,《唐律》是从"古"至"今"最为公平的律典。惟其所说的"古",若止于嬴秦,本无可异;但若也包容了"三代"或"三古",便与正统儒家,①特别是宋儒所崇奉的古史观大相径庭了。

在程朱理学家看来,政治、法律制度等一切人为设施必须顺乎天理方能达于至善,称为"王政"。程颢说:"汉、唐之君,有可称者,论其人则非先王之学,考其时则皆驳杂之政,乃以一曲之见,幸致小康,其创法垂统,非可继于后世者,皆不足为也。"②朱熹也说:

> 且如约法三章固善矣,而卒不能除三族之令,一时功臣,无不夷灭;除乱之志固善矣,而不免窃取宫人私侍其父,其他乱伦逆理之事往往皆身犯

---

① 历代儒家的历史观可以《礼记·礼运》为代表。
② (宋)程颢、程颐:《二程集》上册,中华书局 2006 年版,第 451 页。

之。盖举其始终而言,其合于义理者常少,而不合者常多;合于义理者常小,而其不合者常大。但后之观者于此根本功夫自有欠阙,故不知其非而以为无害于理,抑或以为虽害于理,而不害其获禽之多。观其所谓学成人不必于儒,搅金银铜铁于一器而主于适用,则亦可见其立心之本在于功利,有非辩说所能文者矣。①

他进而指出:"常窃以为亘古亘今,只是一体,顺之者成,逆之者败。固非古之圣贤所能独然,而后世之所谓英雄豪杰者,亦未有能舍此理而得有所建立成就者。"②

依照程朱的价值标准,嬴秦以来,包括所谓汉唐盛世在内的历代政治法律制度,都是以"智力把持天下"的手段而已,因此都是霸政,不可能长治久安。纵有某个朝代维持得稍为长久一些,也不过是碰巧与天理暗合,不合天理之处仍然太多,所以充其量也只能算达到小康。程子说:"苟非至诚,虽建功立业,亦出于事为浮气,其能久乎。"③朱熹也说:

> 千五百年之间,正坐如此,所以只是架漏牵补过了时日,其间虽或不无小康,而尧舜三王周公孔子所传之道,未尝一日得行于天地之间也。若论道之长存,却又初非人所能预,只是此箇自是亘古亘今常在不灭之物,虽千五百年被人作坏,终殄灭他不得耳。汉唐所谓贤君,何尝有一分气力扶助得他耶?④

程朱的上述观点不是孤立的,大抵上代表了历代正统儒家,至少是宋明理学家群体的共识。⑤ 张载说:"唐太宗虽英明,亦不可谓之仁主。孝文虽有仁心,然所施者浅近,但能省刑罚,薄税敛,不惨酷而已。自孟轲而下,无复其人。"⑥胡寅说:"自先王之迹息,秦以法律治天下,用刑严酷。汉世稍宽,而无

---

① 朱熹:《晦庵集》卷36,《答陈同甫》,《朱子全书》第21册,刘永翔、朱幼文校点,上海古籍出版社、安徽教育出版社2002年版,第1589页。

② 《朱子全书》第21册,刘永翔、朱幼文校点,上海古籍出版社、安徽教育出版社2002年版,第1590页。

③ (宋)程颢、程颐:《二程集》下册,中华书局2006年版,第1172页。

④ 朱熹:《答陈同甫》,《朱子全书》第21册,上海古籍出版社、安徽教育出版社2002年版,第1583页。

⑤ 杨向奎先生说:朱熹"在中国封建社会后期的地位和影响,几乎等于孔子。"杨向奎:《中国古代社会与古代思想研究》下册,上海人民出版社1964年版,第856页。

⑥ (宋)张载:《张载集》,中华书局1978年版,第251页。

复三代之忠厚。流俗相因，日改月化……至唐世，人君奉佛者众，而酷吏始以巧杀，苛毒惨虐，真如地狱变相，又有甚焉，所不忍闻者。呜乎！悲夫！"①

诚如有学者所指出的：

> 中国传统的治道，都是在这"王道"和"德治"上努力，其所有的典章制度，其所有的文物，亦都在这方面发展。因为德治是"以德化人"，因而，其所呈现的社会现象，必需是"风调雨顺，国泰民安"的；中国无论民情，无论史家的笔，都颂扬升平之世，而诅咒兵荒马乱的时代；也因此，中国历史从来不赞美穷兵黩武、武功盖世的领袖。西洋就不同，它们的历史就富有浓厚的英雄崇拜色彩，凡是武功卓著的君王，都冠以"大帝"的尊衔，像亚历山大大帝、凯撒大帝、拿破仑大帝。这显然地，在下意识中，就采取了"以力服人"的霸道方式。②

元人柳赟在其《唐律疏义序》中虽然也对唐律称道有加，但还是有所限定的：

> 盖姬周而下，文物仪章，莫备于唐。③

易言之，唐律虽称完备，仍只是相对于"姬周而下"说的，犹不可与文、武、周公的制作——譬如《周礼》——相提并论。

程子说："三代以仁义得天下而教化之，后世以智力取天下而纠持之，古今之所以相绝者远矣。"④

明初，朱元璋在创制《大明律》时，虽然不得不广泛参考甚至照搬唐律，但对唐律总还是不太满意，仍想有所超越，其内心中的理想目标似乎便是《周礼》。⑤

明孝宗朱佑樘在其《御制明会典序》中明确道出了明代君王心目中的理想标准：

> 唐虞之时，尧舜至圣，始因事制法，凡仪文数度之间，天理之当然，无

---

① 《崇正辩》卷一。见（宋）胡寅：《崇正辩·斐然集》，容肇祖点校，中华书局1993年版，第11页。
② 邬昆如：《中外政治哲学之比较研究》上册，（中国台湾）"中央文物供应社"1981年版，第322页。
③ （唐）长孙无忌等奉敕撰：《唐律疏议》，刘俊文点校，中华书局1983年版，第663页。
④ 《二程集》下册，中华书局2006年版，第1217页。
⑤ 参见苏亦工：《明清律典与条例》，中国政法大学出版社2000年版，第107页。

乎不在，故积之而博厚，发之而高明，巍然焕然，不可尚已。三王之圣，禹、汤、文、武，视尧、舜故不能无间，而典制寝备，纯乎是理则同。是以雍熙泰和之盛，同归于治，非后世之所能及也。自秦而下，世之称治者曰汉、曰唐、曰宋，其间贤君屡作，亦号小康，但典制之行，因陋就简，杂以人为，而未尽天理。故宋儒欧阳氏谓其治出于二，其不能古若也，夫岂无所自哉？①

依此见，《唐律》只不过是在"因陋就简"的"典制"中稍显完备而已，焉能称得上"得古今之平"呢？朱佑樘的这个见解显然也是接受了程朱理学的观点，当然也可以说是接受了正统儒家的价值观。

其实，历代儒者论人言事，莫不以三代为标准，并不限于政治法律制度。譬如旧时文人论文章优劣有句老话："宋不如唐，唐不如汉，汉不如三代，此文谈旧唾也。"②

由此也可看出，《四库提要》对唐律的评价确实迥异于宋儒的立场，这说明两者所凭依的价值标准肯定是大不相同的。那么，《四库提要》作者所秉持的价值观念又是什么呢？这正是前此未曾注意而本章期待解决的问题。

二　纪昀与《四库提要》之编纂

众所周知，《四库提要》并非出于一人之手，但纪昀在其中发挥的作用又绝非其他人可堪比肩，因此学者们向来多视《提要》为纪昀一人之作。黄云眉先生说：

> 就形式观之，提要似为多人心血之结晶品，其时此书经纪氏之增审删改，整齐画一而后，多人之意已不可见，所可见者，纪氏一人之主张而已。③

张舜徽先生也指出：

---

① 申时行等重修：《明会典》，文渊阁四库全书原文电子版，武汉大学出版社1997年版。
② 《百家论钞》条，(清)永瑢等撰：《四库全书总目》，中华书局影印本1983年版，第1757页。
③ 黄云眉：《史学杂稿订存》，齐鲁书社1982年版，第229页。

乾隆中，修四库全书，昀与陆锡熊总其成。锡熊后入馆而先没，始终其事者，以昀力为多。朱珪称昀"馆书局，笔削考核，一手删定，为全书总目。襄然巨观"。又称昀"生入玉关，总持四库，万卷提纲，一手编注"。朱氏与昀同年进士，又为修《四库全书》时总阅官，乃云《四库全书总目提要》为昀一手所成，当不诬也。独清末李慈铭以为不然。谓当日《四库提要》之修，经部属之戴震，史部属之邵晋涵，子部属之周永年，皆各集所长。昀虽名博览，而于经史之学实疏，集部尤非当家。今证之是集，而知李氏所言，似是而实大非也。观昀自道有曰："余于癸巳受诏校书，殚十年之力，始勒为总目二百卷。进呈乙览，以圣人之志，藉经以存，儒者之学，研经为本，故经部尤纤毫不敢苟，凡《易》之象数义理，《书》之今文古文，《春秋》之主传废传，《礼》之王郑异同，皆别白而定一尊，以诸杂说为之辅。"又曰："余龁纂《四库全书》，作经部诗类小序"云云。又曰："余校录《四库全书》，子部凡分十四家，儒家第一、兵家第二、法家第三，所谓礼、乐、兵、刑，国之大柄也。农家、医家，旧史多退之于末简，余独以农居四，而其五为医家。农者，民命之所关；医虽一技，亦民命之所关，故升诸他艺术上也。又曰诗日变而日新，余校定《四库》，所见不下数千家。"据此，可知当日总目之分类，类序之撰述，以及斟酌损益、轻重先后之际，皆昀一手裁定，而尤致详于经部。昀视此二百卷之书，为一己之著作，固明甚。他人又奚从谓为不然耶？盖当日撰述《提要》，虽有戴、邵、周诸君分为撰稿，而别择去取，删节润色之功，则固昀一人任之。亦犹涑水《通鉴》，虽有二刘、范氏分任撰述，而后之论者，必归功于司马光耳。李氏不察情实，而漫加讥弹，宁有当乎？昀既瘁心力于《四库提要》，遂不复别著他书。①

黄云眉先生对此也有相似且更为详尽的论证，他并进而指出：

则不特纪氏自认《提要》为纪氏个人之书，虽时人亦皆以提要所言，为足以代表纪氏个人种种见解矣。②

以上各说，认定《四库提要》出于纪昀手定，大体可信，但有时也难免失之

① 张舜徽：《清人文集别录·〈纪文达公文集〉》上册，中华书局1980年版，第186~188页。
② 黄云眉：《史学杂稿订存》，齐鲁书社1982年版，第230页。

简单化,可能会埋没了其他参与编撰者的工作。《四库提要》毕竟系纠合众力,历时多年,经层层把关润饰修改而成。① 吴格先生曾对其编纂过程略做描述:

> 《四库提要》之编纂,先由各纂修官分工撰写初稿,后经总裁等批阅、纂修官改写重撰,最后由总纂官纪昀等修订成稿。现存文献资料表明,《四库提要》由分纂稿至于定稿付刻,前后历时二十余年,屡经修改,形成多种不同版本。②

孟森先生也说:

> 所谓《四库提要》一书,其与库本各书首之提要颇不相合。今观武英殿聚珍版各书之首所载提要,与提要刻本互校,时有极大出入。盖提要刻本为纪昀一家之书,各书之首所载提要乃馆臣各负责之作。当时馆臣学问,岂尽出纪氏之下?考据议论,可存者多。今宜尽刻书首提要,与纪氏提要并行。③

心史先生所谓"库本各书首之提要"当包括前引吴格所说之"分纂稿"在内。心史先生撰成此文当在 20 世纪二三十年代之交。④ 其后中原板荡,战火频仍,各类提要稿难免有所散佚。晚近有许多学者不惮艰辛,爬罗剔抉,陆续整理出版各类《提要》稿本多种,譬如吴格等整理现存于澳门中央图书馆之翁方纲撰提要稿原本,编成《翁方纲纂四库提要稿》,⑤著录图书一千余种;其后又"自清人文集、丛书及现存《四库》底本中搜集各家分纂稿,集腋成裘,合为一编",计收入翁方纲、姚鼐、邵晋涵、陈昌图、余集、邹奕孝、郑际唐、程晋芳、庄通敏及佚名等撰分纂稿共 1137 篇,约占刊行本《四库提要》的十分之一。本人写作过程中又查见张昇编《〈四库全书〉提要稿辑存》5 册,分别辑入"浙

---

① 晚近专门研究《四库提要》编纂过程的司马朝军先生即认为:"《四库全书总目》的编纂过程以往被简单化了,其实这是一个比较复杂的过程。"司马朝军:《〈四库全书总目〉编纂考》,武汉大学出版社 2005 年版,第 8 页。该书比较详细地讨论了从分纂官起草到总纂官修订,再到总裁官裁定,直至最后清高宗钦定的全过程中,诸多参与者各自发挥的作用。可资参看。

② (清)翁方纲等撰,吴格、乐怡标校整理:《四库提要分纂稿·前言》,上海古籍出版社 2006 年版。

③ 孟森:《明清史论著集刊》,中华书局 1984 年版,第 597 页。

④ 黄云眉:《史学杂稿订存》,齐鲁书社 1982 年版,第 228 页。

⑤ (清)翁方纲撰,吴格整理:《翁方纲纂四库提要稿》,上海科学技术文献出版社 2005 年版。

江采集遗书总录"、"江苏采辑遗书目录"、姚鼐撰《惜抱轩书录》、邵晋涵撰《南江书录》及余集、翁方纲、陈昌图等撰《四库全书》提要稿，并收入张昇辑《〈四库全书〉提要散稿》20 种、沈津辑《〈四库全书总目提要〉残稿》、黄燕生辑《〈四库全书总目提要〉残稿》，总共涉及图书六千多种。这些提要稿的陆续问世，为我们研究《四库提要》编纂过程提供了极为重要的资料。许多学者都曾将各类稿本或相关文献与刊行本提要做过一些比较。诚如吴格指出的那样：

> 由翁稿与《四库提要》均述章懋谏张灯及答人劝著述二事、陈稿与《四库提要》均记《庐山记》之成书原委，可知两稿实有渊源，通行本《四库提要》似非重撰。由前稿之简略变为后稿之详赡，证明分纂稿多经修改润色。①

笔者也做过一些类似的比较，大抵即如吴格所说，但也有些情况比较复杂，很难一概而论。

以纪昀家藏本《史记正义》为例，刊行本提要粗计 2061 字，而由邵晋涵撰写的分纂稿粗计为 2298 字。定本较分纂稿删减三百余字，改写百余字。细加比较，刊行本主要是删改了分纂稿的首尾两段，中间大段版本校勘性文字几全数保留。当然，《史记正义》提要基本上属于版本校勘等纯技术性工作，邵氏又是史学大家，故定本只对分纂稿做了一些文字删减和润色。但同样属于版本校刊的文字，定本较分纂稿做很大改动的事例亦复不少。譬如，刊行本《后汉书》提要较之邵晋涵原纂稿改动就极大，近乎重写。其中"或谓"以下一段文字，实即引邵氏原稿而驳之。又如，翁方纲所撰《朱子文集》分纂稿提要在版本介绍后提出：

> ……兹集乃载道之文，非他家文集可比，应与《语类》诸书并加重刊，以崇正学。②

刊行本则较之分纂稿远为翔实，且对分纂稿提出的处理意见作出答复。③有些涉及价值评判的提要从分纂稿到刊行本，改动很大。例如，翁氏撰

---

① 吴格：《四库提要分纂稿·前言》，上海古籍出版社 2006 年版，第 14 页。

② 吴格：《四库提要分纂稿》，上海古籍出版社 2006 年版，第 281 页；《翁方纲纂四库提要稿》，上海科学技术文献出版社 2005 年版，第 775 页。笔者按：此提要当为《晦庵集》之分纂稿，吴格以为系《朱子文集大全类编》之分纂稿，似误。

③ 《晦庵集》，《四库全书总目》，中华书局影印本 1983 年版，第 1368 页。

《文章正宗》及《续文章正宗》两提要稿主要是介绍版本的情况：

> 《文章正宗》二十四卷，宋真德秀编。德秀以后世文辞多变，欲学者识其正，故此书专以明义理、切世用为主，分辞命、议论、叙事、诗赋四门。盖编于理宗绍定五年壬辰之岁，是时学者皆知恪守程朱绪言，而是编之出，因文阐理，信经训之菑畬矣。前代刻本不一，或有变其体例、各归某家为卷者，颇失编录之旨。今应仍照原本重校刊之。①

定本却将大段文墨用于议论褒贬，至于该书版本情况反而介绍甚少：

> 是集分辞令、议论、叙事、诗歌四类，录《左传》、《国语》以下，至于唐末之作。其持论甚严；大意主于论理，而不论文，《刘克庄集》有《赠郑宁文》诗曰："昔侍西山讲读时，颇于函丈得精微；书如'逐客'犹遭黜，辞取'横汾'亦恐非。筝笛焉能谐雅乐，绮罗原未识深衣；嗟予老矣君方少，好向师门识指归。"其宗旨具于是矣。然克庄《后村诗话》又曰："文章正宗初萌芽，以诗歌一门属予编类，且约以世教民彝为主。如仙释、闺情、宫怨之类，皆弗取。余取汉武帝《秋风辞》。西山曰：'文中子亦以此辞为悔心之萌，岂其然乎？'意不欲收，其严如此。然所谓'怀佳人兮不能忘'，盖指公卿扈从者，似非为后宫而设。凡余所取，而西山去之者大半，又增入陶诗甚多。如三谢之类多不收"。详其词意，又若有所不满于德秀者。盖道学之儒，与文章之士各明一义，固不可得而强同也。顾炎武《日知录》亦曰：真希元《文章正宗》所选诗，一扫千古之陋，归之正旨，然病其以理为宗，不得诗人之趣。且如《古诗十九首》，虽非一人之作，而汉代之风略具乎此。今以希元之所删者读之，不如饮美酒，被服纨与素，何异《唐风·山有枢》之篇？"良人惟古欢，枉驾惠前绥"，盖亦《邶风·雄雉于飞》之义。牵牛织女，意仿大东，兔丝女萝，情同车牵，十九作中，无甚优劣。必以坊淫正俗之旨，严为绳削；虽矫昭明之枉，恐失《国风》之义。六代浮华，固当刊落，必使徐、庾不得为人，陈、隋不得为代，毋乃太甚。岂非执理之过乎，所论至为平允，深中其失。故德秀虽号名儒，其说亦卓然成理，而四五百年以来，自讲学家以外，未有尊而用之者，岂非不近人情之事，终不

---

① 《四库提要分纂稿》，上海古籍出版社 2006 年版，第 357 页；《翁方纲纂四库提要稿》，上海科学技术文献出版社 2005 年版，第 1071 页。

能强行于天下欤。然专执其法以论文，固矫枉过直，兼存其理，以救浮华冶荡之弊，则亦未尝无裨……

有学者还据《求古录》提要援引钱大昕《曹全碑跋尾》，旁证以翁方纲诗，指出晓岚不仅负责《提要》的"总其成"，甚至也亲手撰写了若干条目。[①] 郭伯恭先生曾将刊行本《提要》与部分分纂稿做过比对，他指出：

> 虽然，当日分纂诸公各就所长分任其事，诚有之矣。然《提要》各稿嗣经纪氏画一之后，则原撰者之意趣精神早已无存，此固由于纪氏总枢机杼，得以任意笔削增窜，而其初亦承总裁于敏中之属也。于氏尝致函陆耳山云："提要稿吾固知其难，非经足下及晓岚学士之手不得为定稿，诸公即有高自位置者，愚亦未敢深信也。"耳山早殁，不及见《总目》之刻，纪氏更得以一己之意操纵之，故今之总目则纯属纪氏一家之言矣。试校之总目与邵氏分纂稿当知吾言之不虚也。[②]

总之，从初稿到刊行本《四库提要》确实可能会有种种更改，但改动后的文字有时也会保留一些初稿的痕迹，须做具体比对，不可泛泛而论。至于纪昀在其中的作用，则须做更深入的研究。

三 《唐律》提要所反映之价值观

《提要》"唐律一准乎礼，以为出入得古今之平"一句是否即原出于纪昀之手，毫无掺杂他人意见呢？这却是一个很难认定的问题。笔者曾为此查阅前述已出版各提要稿本及相关文献，但均一无所获。则其自初稿至于定稿付印，曾过几人之手？而该句是否果创于纪昀？迄今仍无法正面解答。

不过，就《唐律》"出入得古今之平"这句话所反映之价值观念看，确实与纪昀的主张相符。

阮元说："盖公（笔者按：指纪昀）之学在于辨汉、宋儒术之是非，析诗文流

---

① 《纪晓岚年谱·乾隆四十四年十二月》称："学者大都认为《总目》二百卷，只是纪昀'总其成'，而具体'提要'则大都为别人所撰写，李慈铭即持此说。观此，则知并不尽然。"（清）纪昀撰、孙致中等校点：《纪晓岚文集》第三册，河北教育出版社1995年版，第280页。

② 郭伯恭：《四库全书纂修考》，上海书店1992年版，第216页。

派之正伪。"①此一概括非常精准,可为把握纪昀之思想脉络提供一把钥匙。纪昀反对程朱理学的观点非常鲜明,而且最集中地体现在他所主持编纂的《四库提要》中。唯单据《提要》来探究纪氏之思想,似仍无法界定何者为纪氏一己之见,何者原出他人之手。因此,若将《提要》与晓岚其他个人著述相互印证,当更有助于确定何者果出乎纪氏之手,许多学者也是这样探究纪昀思想的。黄云眉先生说:

> 其(笔者按:指纪昀)继《提要》而作之笔记五种(笔者按:指《阅微草堂笔记》),前人徒视为稗官小说无关轻重,余亦以为与《提要》有同样之作用,不啻为《提要》之后盾。盖纪氏以为编定官书,有多方面之限制,意所欲言,笔不敢随;惟托体小说,谈狐说鬼,庄谐并陈,而时以其主张错入其间,则读者易于吸收,而《提要》所言,乃得借以映射,此纪氏之深心也。故纪氏"标榜汉学,排除宋学",之主张,在《提要》者曲而隐,在《笔记》者直而显,有《笔记》而《提要》之作用乃益见。②

正如有学者所论,纪昀崇尚所谓"实学",③鄙薄宋明理学家的"空谈",以为"唐以前之儒,语语有实用,宋以后之儒,事事皆空谈";④"盖自宋以来,儒者例以性、命为精言,以事功为霸术"。⑤ 基于这样的理念,纪昀对历代法律制度的评价也自有其不同于宋儒的标准。

那么纪昀所谓的"实学"又是何指呢? 他在其《阅微草堂笔记》中曾说:"以实心励实行,以实学求实用"。⑥《提要》中也有类似的表达:"然古之圣贤,学期实用,未尝日日画《太极图》也。"⑦

依笔者所见,纪氏的所谓"实学"大体可概括为两端:其一是薄"性理"而重"事功",反对理学诸儒的"讲学"、"空谈";其二是强调顺应时务,因时而变,即持进化论的历史观,主张肯定汉唐诸帝的功业,不赞成事事皆以三代为

---

① (清)阮元:《研经室集》下册,中华书局 2006 年版,第 679 页。
② 黄云眉:《史学杂稿订存》,齐鲁书社 1982 年版,第 231 页。
③ 关于此议题可参见周积明:《纪昀文化反省初论》,明清史国际学术讨论会论文集编辑组编:《第二届明清史国际学术讨论会论文集》,天津人民出版社 1993 年版,第 73~84 页。
④ (清)纪昀:《阅微草堂笔记》,汪贤度校点,上海古籍出版社 1984 年版,第 457 页。
⑤ 《两浙海防类考续编》,《四库全书总目》,中华书局影印本 1983 年版,第 657 页。
⑥ 《阅微草堂笔记》,汪贤度校点,上海古籍出版社 1984 年版,第 393 页。
⑦ 《两浙海防类考续编》,《四库全书总目》,中华书局影印本 1983 年版,第 657 页。

准衡。

《阅微草堂笔记》对此阐释得极为详尽：

> 西铭论万物一体，理原如是，然岂徒心知此理，即道济天下乎？父母之于子，可云爱之深矣，子有疾病，何以不能疗？子有患难，何以不能救？无术焉而已。此犹非一身也。人之一身，虑无不深自爱者，己之疾病，何以不能疗？己之患难，何以不能救？亦无术焉而已。今不讲体国经野之政，捍灾御变之方，而曰吾仁爱之心，同于天地之生物，果此心一举，万物即可以生乎？吾不知之矣。至《大学》条目，自格致以至治平，节节相因，而节节各有其功力。譬如土生苗，苗成禾，禾成谷，谷成米，米成饭，本节节相因，然土不耕则不生苗，苗不灌则不得禾，禾不刈则不得谷，谷不舂则不得米，米不炊则不得饭，亦节节各有其功力。西山作《大学衍义》，列目至齐家而止，谓治国平天下可举而措之。不知虞舜之时，果瞽瞍允若而洪水即平，三苗即格乎？抑犹有治法在乎？又不知周文之世，果太姒徽音而江汉即化，崇侯即服乎？抑别有政典存乎？今一切弃置，而归本于齐家，毋亦如土可生苗，即炊土为饭乎？吾又不知之矣。①

《大学衍义补》提要也有相近的表述，只是较为简要：

> 然治平之道，其理虽具于修齐，其事则各有制置。此犹土可生禾，禾可生谷，谷可为米，米可为饭，本属相因。然土不耕则禾不长，禾不获则谷不登，谷不舂则米不成，米不炊则饭不熟，不能递溯其本，谓土可为饭也。②

注意：此条《提要》注明该书为纪昀家藏本，晓岚想必应非常熟悉，在提要中抒发心得己见的可能性自然也较大。③ 又比对这两段文字，不仅二者所阐述的观点完全相同，所用的譬喻大致相同，甚至连措辞也极相近，这说明该提要所表达的思想确应出自纪昀。单就此条而言，着实可证黄云眉、张舜徽二氏谓《四库提要》为纪昀一人之书之言为不诬。

《韩非子·用人》有段名言：

---

① 《阅微草堂笔记》，汪贤度校点，上海古籍出版社 1984 年版，第 435 页。

② 《四库全书总目》，中华书局影印本 1983 年版，第 791 页。

③ 据笔者统计，《四库提要》中注明为纪昀家藏本的图书总计 102 种，其中分纂稿尚存者 7 种。经笔者对勘，刊行本除对邵晋涵撰《史记正义》提要分纂稿主干部分基本予以保留，仅修改其首尾两段外，其余 6 种均做了实质性修改。

释法术而任心治,尧不能正一国。去规矩而妄意度,奚仲不能成一轮。废尺寸而差短长,王尔不能半中。使中主守法术,拙匠守规矩尺寸,则万不失矣。①

将前引纪昀之言与韩非子此话对读,不难看出,两者的论调几如出一辙。显然,在纪昀眼里,所谓"三王"、"三代"之治以及儒家所倡导的"仁爱"等等充其量不过是一种理想罢了,甚至可以说是一种可望不可即的幻想,远不及具体的"治法"和"政典"靠谱。

《周礼述注》提要说:

宋儒喜谈三代,故讲《周礼》者恒多……议论盛而经义反淆。②

《周礼沿革传》提要也说:

夫时殊事异,文质异宜,虽三代亦不相沿袭。校于数千年后乃欲举陈迹以绳今,不乱天下不止。其断断不可,人人能解,即校亦非竟不知。特以不谈三代,世即不目为醇儒,故不能不持此论耳。③

《两汉笔记》提要说:

宋钱时撰……前一二卷颇染胡寅《读史管见》之习,如萧何收秦图籍则责其不收六经,又何劝高帝勿攻项羽归汉中,则责其出于诈术。以曹参、文帝为陷溺于邪说,而归其过于张良。于陆贾《新语》则责其不知仁义。皆故为苛论,以自矜高识。三卷以后,乃渐近情理,持论多得是非之平。其中如于张良谏封六国后,论封建必不可复,郡县不能不置。于董仲舒请限民名田,论井田必不可行。于文帝除肉刑,亦不甚以为过。尤能涤讲学家胸无一物、高谈三代之窠臼。④

又《屏山集》提要云:

宋刘子翚撰……集中谈理之文,辨析明快,曲折尽意,无南宋人语录之习。论事之文,洞悉时势,亦无迂阔之见。……非坐谈三代,惟骛虚名者比。⑤

---

① 王先慎:《韩非子集解》,《诸子集成》本,上海书店1986年版,第152页。
② 《四库全书总目》,中华书局影印本1983年版,第155页。
③ 《四库全书总目》,中华书局影印本1983年版,第189页。
④ 《四库全书总目》,中华书局影印本1983年版,第753~754页。
⑤ 《四库全书总目》,中华书局影印本1983年版,第1355页。

又《慈湖遗书》提要云:

> 然(杨)简历官治绩,乃多有可纪,又非胶固鲜通者。盖简本明练政体,亦知三代之制至后世必不可行。①

又《雪膑集》提要云:

> 尤切中宋末之弊。视当时迂腐儒生,高谈三代,衣冠而拯焚溺者,固不可同日而语矣。②

又《兰轩集》提要说:

> 其《井田说》一篇,务欲复三代之制,迂阔尤甚,殆全不解事之腐儒。③

又《柏斋集》提要说:

> 而瑭独以躬行为本,不以讲学自名。然论其笃实,乃在讲学诸家上。至如《均徭》、《均粮》、《论兵》诸篇,究心世务,皆能深中时弊,尤非空谈三代,迂疏无用者比。④

以上不厌其烦地引证《提要》,无非是要展示《提要》作者的价值观念。很明显,《提要》对理学家动辄谈"性理",言必称三代,大不以为然,或斥之为"空疏"、"迂阔",或讥其于世无补、"必不能行"。旁参之纪氏《文集》、《笔记》,可证这种立场正合《提要》实际主持人纪昀的思想。

纪昀在《诗教堂诗集序》一文中说:

> 有宋儒起而矫之,于是《文章正宗》作于前,《濂洛风雅》起于后,借咏歌以谈道学,固不失无邪之宗旨,然不言人事而言天性,与理固无所碍,而于"兴观群怨"、"发乎情,止乎礼义"者,则又大相径庭矣。⑤

在《阅微草堂笔记》里,纪昀借"某狐之习儒者"之口"开导"读书人"说:

---

① 《四库全书总目》,中华书局影印本1983年版,第1377页。
② 《四库全书总目》,中华书局影印本1983年版,第1401页。
③ 《四库全书总目》,中华书局影印本1983年版,第1435页。
④ 《四库全书总目》,中华书局影印本1983年版,第1499页。
⑤ 《纪晓岚文集》卷九,河北教育出版社1995年版,第210页。按:《提要》于《濂洛风雅》亦多所讥评,如《横塘集》提要云:"盖诗本性情,义存比兴,固不必定为濂洛风雅之派,而后谓之正人也。"又《古文雅正》提要:"至真德秀《文章正宗》、金履祥《濂洛风雅》。其持论一准于理。而藏弃之家,但充插架。固无人起而攻之,亦无人嗜而习之,岂非正codice而未雅欤?"又六卷本《濂洛风雅》提要谓:"自履祥是编出,而道学之诗与诗人之诗千秋楚越矣。……以濂、洛之理责李、杜,李、杜不能争,天下亦不敢代为李、杜争。然而天下学为诗者,终宗李、杜,不宗濂、洛也。此其故可深长思矣。"观其文字虽异,论点则与此序毫无二致。

公所讲者道学,与圣贤各一事也。圣贤依乎中庸,以实心励实行,以实学求实用。道学则务语精微,先理气,后彝伦,尊性命,薄事功,其用意已稍别。圣贤之于人,有是非心,无彼我心;有诱导心,无苛刻心。道学则各立门户,不能不争;既已相争,不能不巧诋以求胜。以是意见,生种种作用,遂不尽可令孔孟见矣。①

《逊志斋集》提要批评方孝孺说:

周去唐、虞仅千年,《周礼》一书已不全用唐、虞之法。明去周几三千年,势移事变,不知凡几,而乃与惠帝讲求六官改制定礼。即使燕兵不起,其所设施,亦未必能致太平。正不必执讲学家门户之见,曲为之讳。②

《阅微草堂笔记》也有一段对话:

左一人曰:琼山所补治平之道,其备乎?右一人曰:真氏过于泥其本,邱氏又过于逐其末,不究古今之时势,不揆南北之情形,琐琐屑屑,缕陈多法,且一一疏请施行,是乱天下也。③

《韩非子·心度》中有云:

故治民无常,唯治为法。法与时转则治,治与世宜则有功。

纪昀可称得上是韩非子的千古知音呀!不知是私淑之呢?还是二人不谋而合、英雄所见略同呢?

清季严复曾在《国闻报》上发表《〈道学外传〉余义》一文指出:

昔者河间(按:纪昀河间献县人)奉命编《四库全书》,书之提要并其出手,其间旁见侧出,以诋宋儒,不敢明言,务为隐语,诚壮夫之所不为矣。及其为《阅微草堂笔记》,乃明目张胆,大放厥辞,往往假狐鬼之言以攻之。夫人之自处,必有所守而后可攻人,既攻宋学,则必守汉学也。然宋学不言狐鬼矣,岂汉学遂言狐鬼哉?是汉宋两无所倚。④

足见,晓岚之明攻暗诋宋儒,无非是出于"宋学方严,与己行之不便,盗憎主人,民恶其上,遂不觉从而詈之耳"。⑤

---

① 《阅微草堂笔记》,汪贤度校点,上海古籍出版社1984年版,第393页。
② 《四库全书总目》,中华书局影印本1983年版,第1480页。
③ 《阅微草堂笔记》,汪贤度校点,上海古籍出版社1984年版,第436页。
④ 王栻主编:《严复集》,中华书局1986年版,第485~486页。
⑤ 王栻主编:《严复集》,中华书局1986年版,第486页。

纪昀夸耀"信圣贤不信道学"。① 那么,他所信的"圣贤"究竟何指呢? 他心目中的"治法"和"政典"又该是个什么样子呢? 从纪氏文集中可看出些端倪,如《嘉庆壬戌会试策问五道》说:

> 《周礼》一书,尊为经矣,实则当时之政典也。沿而作者,史志谓之故事,今百不存一。其仅存者,《唐六典》、《开元礼》、杜佑《通典》、《政和五礼新议》、《大金集礼》、《元典章》、《明集礼》、《明会典》而已……我圣朝酿化懿纲,超轶三代,一切典制,因时损益,皆足为万世典型……②

下面两段《提要》中也略有阐释:

> 盖治天下者,治臣民而已矣。使百官咸提躬饬行以奉其职守,万姓咸讲让型仁以厚其风俗,则唐、虞、三代之治不过如斯。明之季年,三纲沦而九法斁,谗妄兴于上,奸宄生于下,日偷日薄,人心坏而国运随之,天数乃终。世祖章皇帝监夏监殷,深知胜国之所以败,故丁宁诰诫,亲著是书。俾朝野咸知所激劝,而共跻太平。御题曰《资政要览》,见澄叙官方,敦崇世教,为保邦之切务,圣人之情见乎词矣。传诸万年,所宜聪听而敬守也。③

> 帝王之学,则必归于传心之要义。儒生所论说,高谈性命而已;帝王之学,则必徵诸经世之实功。故必以圣人之德,居天子之位,而后吐辞为经,足以垂万世之训也。我皇上睿聪首出,念典弥勤,䌷绎旧闻,发挥新得。所谓为天地立心,为生民立命,为往圣继绝学,为万世开太平者,具备于斯。④

堂堂一读圣贤书之人,居然能如此肉麻地吹捧当朝皇帝,肆意贬诋儒生,甚至把张载的抱负冠于弘历头上,这马屁拍得也实在是太过头了点。或谓此言之出情非得已,但《笔记》中有这样一段话却与前述两条提要显具共同的价值基础,值得我们注意:

> 帝王以刑赏劝人善,圣人以褒贬劝人善,刑赏有所不及,褒贬有所弗

---

① 《阅微草堂笔记》,汪贤度校点,上海古籍出版社 1984 年版,第 433 页。
② 《纪晓岚文集》卷十二,河北教育出版社 1995 年版,第 273 页。
③ 《御定资政要览》,《四库全书总目》,中华书局影印本 1983 年版,第 795 页。
④ 《御制日知荟说》,《四库全书总目》,中华书局影印本 1983 年版,第 796 页。

恤者,则佛以因果劝人善,其事殊,其意同也。①

从这段话中不难查见纪昀的心迹:

其一,在纪昀看来,帝王之所为与圣人之所为的目的和效果是完全相同的。这与前引他在《提要》中称"唐、虞、三代之治不过如斯"(也就是说儒家一向赞颂的三代之治不会超过清世祖福临的统治)并将所谓"帝王之学"(即秦皇汉高以迄弘历等历代皇帝的君人南面之术)与张载的"为天地立心……"的名言相提并论是相符的。② 足见纪昀所信的圣贤就是手握政权的帝王们,而现时的帝王就是至高无上的圣人,他们的一切所作所为都是正当的、合理的。

纪昀在《化源论》中更进而颂扬他所谓的"帝王之学":

> 至于帝王之学,与儒者异,非但词章训诂以无当实用而不贵;即性命理气,亦不欲空语精微。臣自通籍至今,每跽读纶綍,仰见乾符手握,综理万机……当复古者无不复也……不当泥古者未尝泥也。此足见圣人之政即圣人之学,圣人之学即圣人之教。③

又《迈古论》谓:

> 且夫帝王之学,经纬万端,研究经训以讲求治法,考证史集以旁参政典。稽古之义则然,然不如实练于国事。高曾矩矱,启佑乎后人;谟烈典型,聪听乎彝训。率祖之义则然,然不如近得于身教。盖随机而指其通变,则万事之利弊无不详……④

如此看来,纪昀所谓的"实学"与清初顾炎武等启蒙思想家所倡导的经世致用之学绝非一事,张恒寿先生指出:

> 清初的务实之学本是反对明季空虚之学而兴起的,但因各种原因,乾隆时期把清初提倡的经世内容完全舍弃,而称为纯粹文字考证之学。特别是经过几次文字狱后,把具有民族气节的学者视为异己,把清初提倡起来的经世实学转变为献媚朝廷,消灭民族思想而服务,这一转变约起于吕

---

① 《阅微草堂笔记》,汪贤度校点,上海古籍出版社1984年版,第199页。

② 但在《东白集》中又说:"夫帝王之学,与儒者异,讵可舍治乱兴亡之戒,而谈理气之本原。史称后辈姗笑其迂阔,殆非无因矣。"(《四库全书总目》,中华书局影印本1983年版,第1559页)看来纪氏的所谓实学,帝王之学是其首要内容。

③ 《纪晓岚文集》卷七,河北教育出版社1995年版,第134~135页。

④ 《纪晓岚文集》卷七,河北教育出版社1995年版,第132页。

留良之狱以后,以修《四库全书》为契机,挟政治势力大肆宣扬,于是造成反宋尊汉,反哲学尊考证的学风,而主持《四库提要》的纪昀是其中心人物。①

晓岚推尊的所谓"实学",说白了,不过是"帝王之学"的换名而已。且其所赞颂的"帝王之学",非指"稽古"、"率祖"的尧舜三王等上古帝王,而是指"近得身教"、"随机变通"的现世帝王。用汉人杜周的话说,这就叫作"当时为是,何古之法乎?"②

何炳棣先生说:

> 从真正"史德"的观点,我们必须检讨两千余年来儒家学说对传统专制帝制政治实践上的正面和负面的影响。特别不可不注意的正是为专制帝王所利用,而为了自身阶级利益亦甘心为专制帝王所利用的"政治化"了的儒家。儒家政治化早期代表人物是"习文法吏事,而又缘饰以儒术","为人意忌,外宽内深",事事仰汉武鼻息,"杀主父偃、徙董仲舒",而又自奉甚俭,廉洁爱士的伪君子公孙弘。③

如果前引那段吹捧清代帝王的提要确系出自纪晓岚之手,则晓岚之作为亦不让公孙弘分毫。所不同的只是他所"仰"的是乾隆帝而非汉武帝罢了。此辈"政治化"了的"儒家",其价值观念去孔孟先圣及周程张朱之遥,其捍卫帝王专制用心之苦亦可谓昭然若揭矣。

其二,将韩非子等法家所鼓吹的刑赏与孔子等儒圣设定的是非善恶标准等量齐观。

先秦文献中,"刑"、"赏"或"刑"、"德"二字连用的多见于法家著述。④《韩非子》中以"刑赏"、"刑德"组词者颇常见,譬如《制分》篇:

> 治国者莫不有法,然而有存有亡,亡者、其制刑赏不分也,治国者、其刑赏莫不有分。

又如《二柄》:

---

① 王俊才编:《张恒寿文集》,中国文史出版社 2005 年版,第 496 页。
② 《汉书》卷六十,《杜周传》。
③ 何炳棣:《读史阅世六十年》,广西师范大学出版社 2005 年版,第 436 页。
④ 如《商君书》、《管子》、《韩非子》等,《尉缭子·天官第一》(或归入兵家、或位列杂家)中亦有。钟兆华:《尉缭子校注》,中州书画社 1982 年版。

明主之所导制其臣者,二柄而已矣。二柄者,刑、德也。何谓刑德?曰:杀戮之谓刑,庆赏之谓德。为人臣者畏诛罚而利庆赏,故人主自用其刑德,则群臣畏其威而归其利矣。

传世儒家经典中未见"刑德"合用者,"刑赏"连用的仅一见于《周礼·天官冢宰》。①

《荀子》中有多处"刑赏"合用者,晚近问世的《上博简·鲁邦大旱》也有"刑与德"之句:

鲁邦大旱,哀公谓孔(孔子):"子不为我图之?"孔(子)答曰:"邦大旱,毋乃失诸刑与德乎?"②

虽然先秦各家均曾使用过这两组词汇,但对刑与德的态度却是截然不同的。孔子的观点是:

道之以政,齐之以刑,民免而无耻;道之以德,齐之以礼,有耻且格。

刘向《说苑·政理》云:

治国有二机,刑德是也;王者尚其德而希其刑,霸者刑德并凑,强国先其刑而后德。夫刑德者,化之所由兴也。德者,养善而进阙者也;刑者,惩恶而禁后者也;故德化之崇者至于赏……③

可见,在正统儒家思想中,尽管并不绝对否定刑赏,但绝不会崇尚刑赏,更不会将帝王所凭依的刑赏等暴力胁迫手段与圣人的道德褒贬等量齐观。纪昀则不然,《笔记》云:

圣人之立教,欲人为善而已。其不能为者,则诱掖以成之;不肯为者,则驱策以迫之,于是乎刑赏生焉。能因慕赏而为善,圣人但与其善,必不责其为求赏而然也;能因畏刑而为善,圣人亦与其善,必不责其为避刑而然也。苟以刑赏使之循天理,而又责慕赏畏刑之为人欲,是不激劝于刑赏,谓之不善;激劝于刑赏,又谓之不善,人且无所措手足矣。况慕赏避刑,既谓之人欲,而又激劝以刑赏,人且谓圣人实以人欲导民矣,有是

①　即:"以八则治都鄙:一曰……七曰刑赏……"

②　马承源:《上海博物馆藏战国楚竹书》(二),上海古籍出版社 2002 年版,第 204 页。按:释文径用今字。

③　向宗鲁:《说苑校正》,中华书局 2000 年版,第 144 页。

理欤?①

此论调看似批驳程朱的"天理人欲"说,实则未脱离荀子、韩非子的窠臼而与孔孟之道大相径庭。孔孟何尝主张过以刑赏诱掖驱策迫人为善?纪昀的思想似更接近永嘉学派或陈亮的观点而犹有过之。

陈亮不同意朱子所谓秦汉以来,"尧舜三王周公孔子所传之道,未尝一日得行于天地之间"的观点,认为三代之王政与汉唐之霸政并无本质上的区别,不过是三代做得尽,汉唐做得不尽而已。此即所谓"功到成处,便是有德;事到济处,便是有理",②因此王霸可以杂用,义利不妨双行。

《四库提要》中有许多条目大有为陈亮及永嘉学派辩白之意。譬如:

> 永嘉之学,虽颇涉事功,而能熟讲于成败。③

> 永嘉之学,倡自吕祖谦,和以叶适及傅良,遂于南宋诸儒别为一派。朱子颇以涉于事功为疑。然事功主于经世,功利主于自私,二者似一而实二,未可尽斥永嘉为霸术。且圣人之道,有体有用。天下之势,有缓有急。陈亮上孝宗疏所谓风痹不知痛痒者,未尝不中薄视事功之病,亦未可尽斥永嘉为俗学也。是编虽科举之书,专言时务,亦何尝涉申、韩、商、孔之术哉!④

《纪晓岚文集》中也有类似见解:

> 至宋而"洛、蜀"二党各立门户,于是有程、苏之学。"洛党"又自分两歧:杨时一派传于闽,周行一派传于浙,于是有"新安"、"永嘉"之学。程守礼法,苏以为伪;苏尚文章,程以为杂。"新安"谈心性、辨儒墨,"永嘉"以为迂腐;"永嘉"讲经济、务博洽,"新安"以为粗浮。果皆中其失欤?……固党同伐异之见,然二家毋亦均有贤者之过欤?周公手定《周礼》,圣人非不讲事功;孔子问礼、问官,圣人非不讲考证,不通天下之事势而坐谈性命,不究前代之成败而臆断是非,恐于道亦未有合。"永嘉之

---

① 《阅微草堂笔记》,汪贤度校点,上海古籍出版社1984年版,第37页。
② 陈傅良:《止斋集》卷36,周梦江点校:《陈傅良先生文集》,浙江大学出版社1999年版,第460页。
③ 《周礼井田谱》,《四库全书总目》,中华书局影印本1983年版,第189页。
④ 《永嘉八面锋》,《四库全书总目》,中华书局影印本1983年版,第1148页。

学"或可与"新安"相辅欤? 抑实有不可并立者欤?①

《笔记》中说得就更直白了:

右一人曰:"封建井田,断不可行,驳者众矣。然讲学家持是说者,意别有在,驳者未得其要领也。夫封建井田不可行,微驳者知之,讲学者本自知之,知之而必持是说,其意固欲借一必不行之事,以藏其身也。盖言理言气,言性言心,皆恍惚无可质,谁能考未分天地之前,作何形状;幽微暧昧之中,作何情态乎? 至于实事,则有凭矣,试之而不效,则人人见其短长矣。故必持一不可行之说,使人必不能试,必不肯试,必不敢试,而后可号于众曰:'吾所传先王之法,吾之法可为万世致太平,而无如人不用何也!'人莫得而究诘,则亦相率而欢曰:'先生王佐之才,惜哉不竟其用'云尔。以棘刺之端为母猴,而要以三月斋戒乃能观,是即此术。第彼犹有棘刺,犹有母猴,故人得以求其削,此更托之空言,并无削之可求矣。天下之至巧,莫过于是。驳者乃以迂阔议之,乌识其用意哉!"相与太息者久之,划然长啸而去。二士窃记其语,颇为人述之。有讲学者闻之,曰:"学求闻道而已。所谓道者,曰天曰性曰心而已,忠孝节义犹为末务,礼乐刑政更末之末矣。为是说者,其必永嘉之徒也夫!"②

其实,朱熹早在答复陈亮的书信中就曾说过:"欺人者人亦欺之,罔人者人亦罔,此汉唐之治所以虽极其盛,而人不心服,终不能无愧于三代之盛时也。"③

朱子一言道出了孔孟之道的真谛,亦见宋明理学家之重天理,要在于能否使人"心服",此实得孔孟之心传。孔子说:"子为政,焉用杀? 子欲善而民善矣。"④孟子说:"以力服人者,非心服也,力不赡也。以德服人者,中心悦而诚服也"。又说:"天下不心服而王者,未之有也。"⑤盖在儒家看来,一切政治法律设施必能令人心悦诚服者方可称之为"王政"、"王法","三代"之政即其代表;凡依靠暴力、诈欺压服民众者,便是霸政、"霸道之法",秦汉、隋唐之政可

---

① 《纪晓岚文集》卷十二,河北教育出版社1995年版,第270页。
② 《阅微草堂笔记》,汪贤度校点,上海古籍出版社1984年版,第436页。
③ 《晦庵集》卷36。
④ 《论语·颜渊》。
⑤ 分见《公孙丑上》、《离娄下》。

为其代表。冯友兰先生说:"政治上的事情靠政权,政权靠一种力量。在封建社会中,这种力量是军队。在民主主义的社会中,这种力量是选票。"①所谓"靠军队",也就是纪昀所推崇的刑赏,用今天的话说即靠暴力、权势的胁迫、压服或阴谋、巧诈和谎言的欺骗,亦即宋儒所谓的"以智力把持天下";而所谓"靠选票",就是靠"民心"、"民意"的支持。儒家所推崇的政治法律制度,倚靠的是民心。所谓"心服",现代的表达手段就是"选票"。百余年来,尽管我们早已推翻帝制,实现了所谓"共和",可是国人对选票的力量却总是半信半疑。2008年的台湾大选,不啻于给全中国人民,甚或全世界人民上了一堂活生生的民主大课。其意义有多深远,或许还要再过上若干年之后才能看得更清楚些。不过,就眼下来说,人们至少已经看到了一个不折不扣的事实:选票真的硬过枪炮,民心真的可以战胜强权!

当台湾大选和"入联"公投结果揭晓后,国务院台湾事务办公室发言人李唯一发表谈话表示:"台独"分裂势力搞"台独"是不得人心的。不论你信也不信,他这次可不是空口无凭,有选票为证!

孟夫子有段名言,可以为此次台湾"选战"作一注脚:

> 域民不以封疆之界。固国不以山溪之险,威天下不以兵革之利。得道者多助,失道者寡助;寡助之至,亲戚畔之;多助之至,天下顺之。以天下之所顺,攻亲戚之所畔;故君子有不战,战必胜矣。②

尽管在孔孟所处的那个时代还没有设计出"选票"来,但是从儒家所推崇的"天下为公,选贤与能,讲信修睦"的理想政治体制来看,确与后世的帝王专制政体南辕北辙,反而更接近于西方近现代的民主政治。纪昀与程朱理学价值观的根本区别即在于此!

司马朝军曾将沈叔埏《书畏斋、积斋二集后》一文与刊行本《畏斋集》提要加以对比后指出:

> 《总目》与原稿观点相反,原稿对朱子之学相当尊重;《总目》正好借题发挥,集中火力,对朱子进行猛烈攻击——"夫朱子为讲学之宗,诚无异议。至于文章一道,则源流正变,其说甚长,必以晦庵一集律天下万世,

---

① 冯友兰:《中国现代哲学史》,广东人民出版社1999年版,第33页。
② 朱熹:《孟子集注》卷四说:"尹氏曰:'言得天下者,凡以得民心而已。'"

而诗如李、杜,文如韩、欧,均斥之以衰且坏,此一家之私言,非千古之通论也。"①

又翁稿《尽言集》提要评刘安世说:

　　史称安世忠孝正直,皆则象司马光,盖其直言正气最有名于时,此"尽言"所以名集也。集中所论,诸事不详见于史,而其论欧阳棐差除不当凡九篇,至以二程子亦入其中,目为党人,此则当时蜀、洛之党习气方炽,而王偁《东都事略》论安世曰:"为君子者不能深思远虑,优游浸渍,以消小人之势,而痛心疾首,务以口舌争之,事激势变,遂成朋党。"此则庶乎平允之论矣。②

但是刊行本提要却在大体照录前引翁稿这段文字之后,又加入一段,转而抨击起朱熹来:

　　至朱子作《名臣言行录》,于王安石、吕惠卿皆有所采录,独以安世尝劾程子之故,遂不载其一字,则似乎有意抑之矣。要其于朝廷得失,知无不言,言无不尽,严气正性,凛凛如生。其精神自足以千古,固非人力所能磨灭也。③

魏源曾对此专加驳辩,指出纪昀对宋儒的批评缺乏依据:

　　乾隆中修《四库》书,纪文达公以侍读学士总纂。文达故不喜宋儒,其《总目》多所发挥,然未有如《宋名臣言行录》之甚者也。曰:"兹《录》于安石、惠卿皆节取,而刘安世气节凛然,徒以尝劾程子,遂不登一字。以私灭公,是用深讥。"是说也,于兹《录》发之,于《元城语录》发之,于《尽言集》发之,又于杜大珪《名臣琬琰录》发之,于《清江三孔集》发之,于唐仲友《经世图谱》发之。昌言抨阚,泛再泛四,昭昭国门可鉴,南山不易矣!虽然,吾未知文达所见何本也?……且朱子于刘公也,推其刚则视陈忠肃为得中,劾伊川非私心,述折抑非妄语。养气刚大,殁致风雷,皭然秋霜烈日相高焉,而谓其"百计抑之终不能磨灭",然耶,否耶?寻其由来,文达殆徒睹董复亨《繁露园集》之赘说,适惬其隐衷,而不暇检原书,遂居

① 司马朝军:《〈四库全书总目〉编纂考》,武汉大学出版社 2005 年版,第 705 页。笔者按:沈叔埏文原载《颐彩堂文集》卷十,朝军以为当为《畏斋集》提要初稿之原型。

② 《四库提要分纂稿》,上海古籍出版社 2006 年版,第 107 页。

③ 《四库全书总目》,中华书局影印本 1983 年版,第 496 页。

225

为奇货……夫忠定与文公皆百世师,原非后人所能一畚增岳,一蠡损渤。
而文达方以记丑言辩尸重名,余恐其耳食者流,或眩其信仰前哲之心耳靡
从之,则是益重文达过也。①

纪昀不仅批评朱子,对其他理学家也多所抨击。《提要》指斥胡寅的《读
史管见》说:

> 寅作是书,因其父说,弥用严苛。大抵其论人也,人人责以孔、颜、思、
> 孟;其论事也,事事绳以虞、夏、商、周。名为存天理,遏人欲,崇王道,贱霸
> 功,而不近人情,不揆事势,卒至于窒碍而难行。②

纪昀的观点亦时有自相矛盾处,他忽而反对"人人责以孔、颜、思、孟",
"事事绳以虞、夏、商、周",以为持论过于严苛;转脸又将宋明败亡之责尽归之
于"讲学家"、"清流"等理学诸儒,还美其名曰《春秋》责备贤者。③ 既然贤
者当责,何以他捧为圣人的帝王们反倒无责了呢? 此真可谓遗大而绳小也!

当然啦,苛责君子而宽纵恶人的现象在中国有着悠久的历史,即程朱等宋
儒亦不能免。贺麟先生说:

> 孟子辟杨墨,朱子辟永嘉的事功和金谿的顿悟,都似乎失之狭隘,反
> 而放过了共同的敌人——损人利己的恶人。自道其"一宗宋儒不废汉
> 学"的曾涤生于复郭筠仙书中曾说过,"性理之学,愈推愈密。苛责君子
> 愈无容身之地;纵容小人,愈得宽然无忌。如虎飞而鲸漏,谈性理者熟视
> 莫敢谁何,独于一二朴讷之君子攻击惨毒耳"。足见曾氏虽尊程朱,而于
> 宋儒大苛太狭,攻击君子排斥异己之说,反而纵容了恶人的地方,亦洞见
> 其弊。④

孟子和朱熹固不免有褊狭之失,但毕竟与纪昀辈帮凶文人有着实质性的
不同。后者之所为,实有助纣为虐、为虎作伥之嫌。

---

① 《魏源集》上册,中华书局1976年版,第217页。笔者按:魏源所引《提要》语不见于刊
行本,余嘉锡《四库提要辩证》卷六,云南人民出版社2004年版,第281~286页,对此有详论。
② 《四库全书总目》,中华书局影印本1983年版,第757页。
③ 《四库提要》中"春秋责备贤者"或"责备贤者"之句凡6见,其中两次是针对顾宪成的;
《笔记》中,"春秋责备贤者"句凡5见,亦多用来讥贬讲学家。看来这是纪晓岚的口头禅。
④ 贺麟:《杨墨的新评价》,贺麟:《文化与人生》,上海人民出版社2011年版,第201页。

四　《四库提要》与乾嘉学派的反理学思潮

　　了解了纪昀的价值观,回过头来再看《提要》"得古今之平"一句也就不足为怪了。但我仍感困惑的是,向以博雅君子自居的纪昀何以如此偏颇寡陋呢?近读友人寄赠所编《张恒寿文集》,似有所悟。看来欲破解此一谜团,还是要从清廷编纂《四库全书》的政治目的和文化背景入手。已故张恒寿师曾指出:

　　　　清朝统治者,从康熙初年逐渐用武力镇压了南明的反抗后,使用利诱分化手段,拉拢一部分官僚士大夫知识分子,企图消灭民族和阶级的反抗意识。如顺治时《资政要览》的编纂,康熙时明史馆的成立,以及开博学鸿词科,定程朱理学为科举功令,都属于软化方面的努力。另一方面,又用文字狱的残酷压迫,把一部分有民族思想的学者和人民尽量屠杀,从康熙二年庄廷鑨的明史案起,一直到乾嘉时代,这一百多年的时间中,发动了十几次文字狱的屠杀,其中一七二九年吕留良之狱,给统治者以很大的刺激。这时统治者感到单靠残杀和收买的方法不够了,还需要理论方面的宣教和"说服"。于是雍正刊行了《大义觉迷录》一书,作为清朝皇室应该压迫全国人民的理论辩护。从理论的内容讲,这时统治者和反抗者两方面,都曾经利用儒家正统的理学作为武器;不过统治者强调其中的君臣名分方面,反抗者强调其中的"春秋大义"、"行己有耻"方面。①

　　这段论述清晰地勾勒出清初百余年来的政治文化背景,儒家正统思想成了一柄双刃剑,统治者和反抗者均可利用。张师接着写道:

　　　　边疆族入主中原以后,如元朝、清朝,都采取了以前汉族统治者的办法,利用程朱理学作为统治的工具之一。康熙、雍正都极力尊崇程朱,但到了乾隆的时候,他对于曾经作为统治武器的理学,感到有些不够方便,觉得《大义觉迷录》里的"大义"并不见得真能"觉迷",所以不久便禁止其流行了。这时皇帝的内心里,有这样的矛盾,为了巩固封建统治,不能

------

　　① 《评胡适"反理学"的历史渊源和思想实质》,王俊才编:《张恒寿文集》,中国文史出版社2005年版,第306~307页。

不提倡最有利于统治者的正统理学,而且像魏裔介、李光地这一些"理学家",的确都忠实地尽忠于皇帝了。但是一切反清的知识分子,不但顾、黄、王等的民族思想,都以宋明理学为依据;而且那个影响曾静,使其企图发动武装反抗的吕留良,正是一个最坚决的朱熹信徒。这种现象,对于有权略的皇帝像乾隆一类统治者,是不能不加以重视的。而且理学家们,往往以圣人自居,"以天下为己任",又要收罗门徒,以讲学号召,造成派别,发生门户之争,这和皇帝的极端专制是不相容的。因此他们必须用政治的力量,把对于程朱的尊崇,加以相当的调整和转化。①

那么,如何加以调整和转化呢?直接动用政治手腕不仅太过露骨,其效果也未必理想。聪明绝顶的弘历心里大概也清楚,读书人虽然柔弱,但却不是单靠暴力压制或收买笼络所能降服的,还必须从思想、文化、学术上下功夫,这确实需要大动心机。张师说:

> 另外从学术趋势一方面讲,顾亭林等提倡的民族气节、经世致用等倾向,固然对皇帝是可厌的;但他们提倡的音韵、文字、校勘考订之学,从统治者看来,它也可以作为粉饰太平的点缀,可以消磨一部分人的志气。因此如何把顾亭林一派思想中的反抗因素排斥出去,而使其考证之学保存下来,也是当时统治者和依附统治者的学者们心目中的一个重要课题。为了解决这些矛盾,乾隆一朝,一面继续文字狱的镇压屠杀,一面大规模的搜罗书籍,延揽人才,在整理、编订、改纂、焚毁书籍的过程中,进行转移思想学风的政治活动,而四库馆的成立,便成为完成这一任务的重要契机。设立四库馆的政治目的,在于彻底取消反清意识,巩固清朝统治,是非常明显……这些目的,在有关《四库全书》的上谕中,直接地间接地表示出来。

乾隆四十六年十月十六日上谕说:

> 《四库全书》馆进呈书内,有宋叶隆礼奉敕所撰《契丹国志》……是书既奉南宋孝宗敕撰,而评断引宋臣胡安国语,称为"胡文定公",实失君臣之体……又引胡安国论断,以劫迫其父、开门纳晋军之杨承勋,谓变而不失其正……夫大义灭亲,父可施之于子,子不可施之于父……岂有灭伦背

① 王俊才编:《张恒寿文集》,中国文史出版社 2005 年版,第 307~308 页。

义尚得谓之变而不失其正,此乃胡安国华夷之见芥蒂于心,右逆子而乱天经,诚所谓胡说也![①]

张师就此上谕评论说:

> 这一段谕旨的意思很明显,他公开训示臣子们说:奉敕撰的书籍中,不许称宋臣胡安国为胡文定公,那个作过《春秋传》的胡安国,有"华夷之见芥蒂于心",他的议论是"右逆子而乱天经,真是胡说。"皇帝愤怒了!公开表示了反对宋儒的真正目的。而纪昀便是执行完成这一目的的主角。[②]

张师接着指出,主编《四库提要》的纪昀,对弘历下令编纂《四库全书》的用意心领神会,因此他刻意标榜考据之学,肆意歪曲和贬低程朱理学:

> 纪昀主编的《四库提要》里,除了文字版本掌故琐事等考证外,最突出的表现,有下列二点:第一是极力排斥、痛骂含有华夷思想的书籍和作者,第二是随时对讲学家加以讽刺和诋毁,打击道学家在社会上的权威……特别有趣的是纪昀窥测了皇帝的"圣意",对南宋以来"牵着一般人鼻子走"的朱熹暗暗加以打击……为什么纪昀敢于在文字狱盛行时际,对奉为功令,升入十哲的朱熹加以侮辱呢?他难道真是不满意于元明以来理学对于封建统治的服务,或是真正认识了理学在哲学上的谬误吗?不是的,他是暗暗奉行了皇帝的意旨而执行的。这一点秘密,不但许多继承清代考证学的历史学家们看不明白,就是机械地运用新史学方法的新历史学家也不易看清;而我们伟大的天才文学家鲁迅先生在二十年以前,已予以彻底揭露了。[③]

这里张师所指的是鲁迅杂文《买〈小学大全〉记》中下面的这段话:

> 清朝虽然尊崇朱子,但止于"尊崇",却不许"学样",因为一学样,就要讲学,于是而有学说,于是而有门徒,于是而有门户,于是而有门户之争,这就足为"太平盛世"之累。况且以这样的"名儒"而做官,便不免以"名臣"自居,"妄自尊大"……特别攻击道学先生,所以是那时的一种潮

---

① 中国第一历史档案馆编:《纂修〈四库全书〉档案》下册,上海古籍出版社1997年版,第1418页。

② 王俊才编:《张恒寿文集》,中国文史出版社2005年版,第308~309页。

③ 王俊才编:《张恒寿文集》,中国文史出版社2005年版,第309~310页

流，也就是"圣意"。我们所常见的，是纪昀总纂的《四库全书总目提要》和自著的《阅微草堂笔记》里的时时的排击。这就是迎合着这种潮流的，倘以为他秉性平易近人，所以憎恨了道学先生的黯刻，那是一种误解。①

关于清廷编纂《四库全书》的目的及其效果，前人已多有揭露。孟森早就指出："《四库全书》乃清高宗愚天下之书，不得云学者求知识之书也。"②柴德庚先生也指出：

> 清修《四库》，名曰右文，实为禁书，馆臣兢兢业业，惟思免咎，稍涉忌讳之处，无不先意承旨，摩挲剔抉。北平图书馆影印《于文襄手札》，皆商讨当日修书函牍，不曰修书，而曰办书，应付官差，意至显著。故凡进呈著录之书，率有抽改可能，而以史部为尤甚……凡直接抵触清室之书，既已禁毁无遗，其余著录存目之书，馆臣不能一一删改，辄于《提要》微发其意，正统问题其尤著者也。③

黄云眉更进而指出：

> 四库书之修，其间含有两重作用，而其书之价值，亦因此两重作用而大成问题……所谓两重作用：其一为帝王假右文稽古之名，行划除嫌忌之实，近心史先生已论之颇详，余于《明史编纂考略》文中亦详论之，盖即以修《明史》之手腕，继续施之于修规模加大之四库书，欲自此尽绝前人嫌忌文字根株以为快也其一则为当时有力之学者，欲假此修书一事，以造成一代学术之风气……盖其时总修四库书之学者，实与帝王同一不忠于古书；而以其"标榜汉学，排除宋学"之作用，寓之于予夺古书，欲以造成考证学之风气也。其人为谁？即纪晓岚氏。其证维何？即《四库提要》是。④

不过，正如张师所指出的那样，要说清廷编纂《四库提要》的政治思想背景，"单提到乾隆和纪昀还不够，因纪昀虽然号称博通汉宋，实际不过上一个较'博雅'的文人而已。他对于宋代理学在哲学上的真正谬误，并无所知，他对于宋儒的攻击，不过玩弄几个门户之争等名词而已，并不能打中理学的要

① 鲁迅：《且介亭杂文》，人民文学出版社1973年版，第41页。
② 孟森：《选刻〈四库全书〉评议》，《明清史论著集刊》下册，中华书局1984年版，第595页。
③ 柴德庚：《〈四库提要〉之正统观念》，柴德庚：《史学丛考》，中华书局1982年版，第199页。
④ 黄云眉：《史学杂稿订存》，齐鲁书社1982年版，第228~229页。

害。而真正在理论方面予宋儒以攻击的是不以考证之学自限而提出自己的
'义理之学'的戴震。"①

戴震的思想肯定对纪昀产生过不小的影响,但戴震与纪昀未必同道。有
些学者认为,戴震之反理学,是反对尊者、长者、贵者等居上位之人以"理"责
卑、幼、贱者等在下之人。戴震说:

> 在位者多凉德而善欺背,以为民害,则民亦相欺而罔极矣;在位者行
> 暴虐而兢强用力,则民巧为避而回遹矣;在位者肆其贪,不异寇取,则民愁
> 苦而动摇不定矣。凡此,非民性然也,职由于贪暴以贼其民所致。乱之
> 本,鲜不成于上,然后民受转移于下,莫之或觉也,乃曰"民之所为不善",
> 用是而雠民,亦大惑矣!②

钱穆先生对此评论说:

> 其言感慨深沉,尤足与"在上者以理杀人"之意相发。岂东原抱其奇
> 才,毕生不遇,少为稗贩,涉历南朔,闾里奸邪,米盐琐细尽知之。因有以
> 感通夫细民之幽怨,而发之特为深切欤?③

钱穆此说当系受章太炎启发,后者曾说过:

> 戴君生雍正乱世,亲见贼渠之遇士民,不循法律,而以洛闽之言相稽,
> 哀矜庶戮之不辜,方告无辜于上,其严绝痛。桑荫未移,而为纪昀所假,以
> 其惩艾宋儒者,旋转以泯华戎之界。寿不中身,愤时以陨,岂无故邪!④

这话说得一针见血。戴震批判宋儒,或许是要抗议强权政治的不公。纪
昀则否,他假戴震之说反对宋儒乃是站在现实政治拥护者的立场上反对宋儒
的讲学及泯灭华夷之界。其见解大抵与戴震之私淑弟子焦循、凌廷堪辈相近。

张师说:

> 戴震反对宋儒的"理"是站在卑贱者的立场上说话的,焦循却把它转
> 化为代君主说话来反对宋儒了。焦循的文集有一篇"理说",主要说明
> "治天下以礼不以理"的道理,和批评"后世不言礼而言理"的错误。⑤

---

① 王俊才编:《张恒寿文集》,中国文史出版社 2005 年版,第 311 页。
② 《原善》卷下,(清)戴震:《戴震集》,汤志钧校点,上海古籍出版社 1980 年版,第 350 页。
③ 钱穆:《中国近三百年学术史》上册,商务印书馆 1997 年版,第 391 页。
④ 章太炎:《章太炎先生所著书·文录一·说林上》,上海古书流通处,民国十三年石印
本,《张恒寿文集》,中国文史出版社 2005 年版,第 311 页。
⑤ 王俊才编:《张恒寿文集》,中国文史出版社 2005 年版,第 312 页。

不过,真正将"以礼代理"说发扬光大,全面否定理学,甚至否定"理"字的当属凌廷堪,他认为:

> 说圣人之遗书,必欲舍其所恒言之礼,而事事附会于其所未言之理,是果圣人之意邪? 后儒之学本出于释氏,故谓其言之弥近理而大乱真。不知圣学礼也,不云理也,其道正相反……①

晚近有学者张寿安先生专门研究凌廷堪之"以礼代理"说,他认为:

> 廷堪的礼学思想,在阮元、焦循等人的推导下,流布遍及徽州、江浙,在嘉道间造成天下披靡之势,和当时的理学界形成对峙之局,并展开礼、理争辩。理学者认为理在礼之上,理是原则,礼是形式,只谈礼,必将落入表象而丧失大本。故坚信理之形上抽象性,非礼所能取代,亦非经由习礼即能得知。而廷堪、阮元、焦循、许宗彦、张成孙、黄式三等主张礼学的学者则认为,理在礼之中,所有的原则都具存于实际的制度之中,唯有透过制度所析理出的原则,才是具体实际且真切可行的。换言之,原则不可抽离于制度之外,被托空来讨论。很明显的,礼学者所排弃的,就是理学者所坚持的形上抽象的理。礼学者认为人生日用典礼的每一节式仪文,都有理存乎其中,学者必须从礼之何时当繁、何时当简处,去体验其中的道理,而不是把"理"从实际行为中抽离出来,作纯粹形上的思考。道理在制度之中,抽离于制度的理,势必落入虚渺,甚至被权势主控,流于个人的主观。
>
> ……盖理学尊崇的"天理"观念,极易流于绝对、冷峻、违反人情,即戴震所讥之"以理杀人",和廷堪所评之"凭陋腹以为理"。因此,据此"理"而制订的礼制和伦常规范,在实际人生社会上缺乏可践履性。凌廷堪的礼学主张步步扣紧人情好恶,就是要强调礼的可践履性,所以他深究礼与人情的相通处,并反对那被抽离于人情之外的绝对的"理"。②

凌氏在其《复礼上》一文中说:

> 夫人之所受于天者,性也。性之所固有者,善也。所以复其善者,学也。所以贯其学者,礼也。是故圣人之道,一礼而已矣……性本至中,而

---

① (清)凌廷堪:《校礼堂文集》,王文锦点校,中华书局 2006 年版,第 32 页。

② 张寿安:《以礼代理——凌廷堪与清中叶儒学思想之转变》,河北教育出版社 2001 年版,第 182、185 页。

情则不能无过不及之偏,非礼以节之,则何以复其性焉。①

凌廷堪等礼学派人士,抑或更广泛点说,凌氏等所立足的乾嘉考据学派,多少有点西洋近世分析实证主义法学派的味道。乾嘉学派强调客观的考察、反对主观的冥想,尤以分析整理文献见长,颇富近代科学精神,被梁启超称之为"科学的古典学派"。② 同样,西方的法律实证主义者们也以科学相标榜,"声称他们的研究对象是自主的系统,应该被当作一种科学",主张以冷静科学的精神,观察所得的真正事实,分析基本的法律概念,"区分实存的法律——也就是现在(或是过去,若从历史来看)人为的实际法律——和应当的法律为首要工作。只有前者才是这种学科的适当客体,后者自成一个特殊的天地,应该由神学家或是研究伦理的学者而不是法学家去探究"。③ 奥斯汀认为"法律是一套自足的规则","今天的实证主义者们通常都不相信在法律制度之外可以寻获永恒的准绳或规范来考验法规的效力"。④ 无独有偶,礼学家们也否认存在着"形上抽象的理",主张"理在礼之中,所有的原则都具存于实际的制度之中,唯有透过制度所析理出的原则,才是具体实际且真切可行的"。显然,分居于东西方的这两个不同学派,尽管研究对象、文化背景各异,但却有一个共通之点,即都主张以现实的、具体的制度或法律为研究对象,对邈远的三代之制或应然的法律持敬而远之、存而不论的态度,这两个学派真可谓有异曲同工之妙。

纪昀标榜的所谓"实学"、"实用"和他崇尚的所谓"政典",大抵即类同于凌廷堪所鼓吹的"以礼代理"论。

这里我们有必要追问的是,以具体的规范——如礼——来代"理"的用意何在呢? 廷堪在其《好恶说》上、下篇中曾分别作出过解答:

> 好恶者,先王制礼之大原也。人之性受于天,目能视则为色,耳能听则为声,口能食则为味,而好恶实基于此,节其太过不及,则复于性矣……考《论语》及《大学》皆未尝有"理"字,徒因释氏以理字为法界,遂援之而成此新义……不知先王制礼,皆所以节民之性,好恶其大焉者也,何必舍

---

① (清)凌廷堪:《校礼堂文集》,王文锦点校,中华书局2006年版,第27页。
② 参见梁启超:《中国近三百年学术史》,山西古籍出版社2001年版,第1、24、22页。
③ [英]丹尼斯·罗伊德:《法律的理念》,新星出版社2005年版,第82、84页。
④ 《法律的理念》,新星出版社2005年版,第84、87页。

圣人之言而他求异学乎?①

钱穆先生曾对凌氏此论做过详尽的批驳,他指出:

> 如次仲此说,圣人学问只有一"礼",然礼何从来?且礼之义,时为贵,苟不知制礼之原,即无以通礼之变。②

> 次仲谓义因仁生,则先王制礼大原,端在此心之仁矣。顾曰为仁惟礼,求诸礼始可以复性,是原仁制礼者惟属古人,后人只能习礼以识仁,不得明仁以制礼。此亦与东原所谓"古训明而古圣之理义明,古圣之理义明,而我心之同然者亦从而明"之说,为径略似。要之只许古人有创,后人有袭,不敢求古圣之所以为创者,以自为创而通其变,故使义理尽于考据。此则东原、次仲之缺也。宋儒重义理,故言"理",东原、次仲重考据,故言"礼"……夫而后东原之深斥宋儒以言理者,次仲乃易之言礼。同时学者里堂、芸台以下,皆承其说,一若以理、礼之别,为汉、宋之鸿沟焉。夫徽、歙之学,原于江氏,胎息本在器数、名物、律例、步算,以之治礼而独精……次仲十年治礼,考覈之精,固所擅场,然必装点门户,以复礼为说,笼天下万世之学术,必使出于我一途,夫岂可得?比皆当时汉学家义气门户之见驱之使然,亦不必独病次仲也。③

至于凌廷堪的以礼为复性之工具说,钱宾四先生亦力予驳斥:

> 以礼为复性之具,如金之待镕铸,木之待绳墨,则全是荀子性恶善伪之论。而其所谓节情复性者,亦几乎庄老反本复始之义矣。次仲议论渊源荀子……谓节人对于声、色、好恶之过、不及而有礼,则浅之乎言礼矣。东原言性善,专就食、色之性言之,与次仲言礼,专就声、色、味之好恶言之,同一失也。既专以声、色、味之好恶言性,故曰性不可以不节,芸台承之,乃有节性之论,要之为荀学承统而已……

> 次仲言好恶,好恶不能无节也;先王制礼以节民之好恶,次仲言之矣,而先王制礼之大原何在乎?次仲亦谓"有仁而后有义,因仁义而生礼"矣。宋儒虽不专言好恶,而固常言仁,宋儒亦未可深非也。东原之排宋

---

① 《校礼堂文集》,王文锦点校,中华书局2006年版,第140、142、143页。
② 钱穆:《中国近三百年学术史》,商务印书馆1997年版,第553页。
③ 钱穆:《中国近三百年学术史》,商务印书馆1997年版,第548~548页。

儒,犹辨"理欲",辨"仁智",范围尚大,今次仲惟欲以"礼节好恶"四字,上接孔、荀传统,尽排余说,所见已狭,实未能超东原而上之也。①

还有一点钱穆没有提到,或许是没有意识到,按照凌廷堪和焦循的"以礼代理"说或者纪昀的"以实学求实用"说的思路走下去,其结果差不多正好与奥斯汀的"法律就是主权者的命令"②说殊途同归。分析实证主义法学派认为"凡实际存在之法律即是法律"、法律应与道德相分离,法律制度之外没有什么永恒的准绳或规范。③礼学派与前者的逻辑一样,既然"理在礼之中,所有的原则都具存于实际的制度之中",那就只有从现实存在的具体的礼法和制度中去寻找理了。而依奥斯汀之主张:"主权者的权力在法律上是无限的",④则"恶法亦法"自是其当然的逻辑结论。同样,依纪昀、焦循和凌廷堪的观点推衍下去显然也会与奥斯汀不谋而合。换言之,那无异于在说:唯有现行的礼法和制度才是最正当的,因此便不可置疑。

焦循说:"明人吕坤有《语录》一书,论理云:'天地间惟理与势最尊,理又尊之尊也,庙堂之上言理,则天子不得以势相夺,即相夺,而理则常申于天万世。'此真邪说也!孔子自言'事君尽礼',未闻持理以要君者。吕氏此言,乱臣贼子之萌也。"⑤

张师对此评议说:

> 这一段文又引在他的《论语通释》"理"字下,可见这是焦循最得意的理论。他以为说理,便要有是非,便要持理以与君抗,这便是乱臣贼子之萌,所以非用礼代替理不可。这是乾嘉学者焦循、阮元、凌廷堪一致强调的理论……这还不够,我们再看一下凌廷堪的议论吧!凌廷堪是戴震的同乡,是戴震的私淑弟子……他的《复礼论》三篇,尽量发挥这个"礼"比"理"更有益于封建统治的道理;他的唯一大著《礼经释例》,便是实现这

---

① 钱穆:《中国近三百年学术史》,商务印书馆 1997 年版,第 544、552 页。

② Wilfrid E. Rumble ed., *The Province of Jurisprudence Determined*,中国政法大学出版社 2003 年影印本,第 285 页。

③ Edgar Bodenhelmer:《法理学:法哲学与法学方法》,范建得、吴博文译,(中国台湾)汉兴书局 1997 年版,第 145 页。

④ *The Province of Jurisprudence Determined*, p.xxi, Introduction.

⑤ (清)焦循撰:《雕菰集》卷十《理说》,刘建臻点校《焦循诗文集》,广陵书社 2009 年版,第 183 页。

个封建统治的具体条目。他公开宣传落后民族应该统治中国的道理,他的文集诗集中随处可以嗅出这个气味来。文集里有《书宋史史浩传后》一文对于秦桧、史浩,竭力辩护,有《书元史陈祖仁传后》一文,说元人不能重用扩廓,使其恢复,"遂令明祖坐大而有天下",公开替蒙古惋惜。他给五胡十六国做了二十个名臣传赞,叫做什么"异姓之彦"。还嫌不够,以后又给十六国的所谓"宗贤",作了补传。又费了十五年的时间,给金朝的汉族文人元遗山,做了很详细年谱,替这位女真遗老,宣扬辩护。他对于异族统治者和尽忠于异族的人,有极其深厚的同情。最使我们骇怪的是:他对于汉族有无限的愤恨。诗集里有一首《学古诗》,痛骂了历代的汉族政权,他比清朝皇帝更"彻底",认为只有忠于外族的才是忠臣。对于宋朝的秦桧等,称为秦申王,说宋儒不该称之为小人,他的《读宋史》一文,对王伦、史浩等人,都表同情,照他的称呼是王照节(伦)、史文惠(浩)、王文定(淮)、林简肃(栗)。他说这些人,"果皆小人乎?"为什么提出王淮、林栗呢? 因为他们和朱熹有磨擦,而且纪昀在《四库提要》里借端对朱熹加以批评了。这篇文里最得意的议论是:"靖康之时,不幸而用李伯纪! 绍兴之际,幸而不用胡邦衡"。又说:"和议难于平反者,以秦申王(!)晚节诛锄异己,有以激之也。至于道学之焰,隆隆不已,宋已竟入于元,以心性势重,永无平反之日故也"。由于道学家反对秦桧和议,因使人民对于秦桧的批评"不能平反",这是凌廷堪公开说出反对"宋学"的目的和理由,这便是乾隆设立四库馆借提倡考证反对宋儒所要造成的思想意识。这个意识,在清朝中叶暂时的经济繁荣、政治稳定基础之上,成为知识分子中随同考证学兴起的一般倾向。①

点校整理《校礼堂文集》的王文锦先生也说:

凌氏视礼为牢固万有,范围一切的学问,显然,话说过头了,礼哪能管得那么宽呢? ……凌氏的史学观点亦颇成问题,如《书金史太宗纪后》以金晟比汉文,又深惜其谋之不臧,坐失灭宋之机;《书元史史浩传后》袒护秦桧。凌氏当汉族饱受欺压奴役之时,读书论古,每每为异族统治者着想,是非颇谬于人民,诚可谓无民族观念者矣。然民族观念淡薄乃乾嘉学

---

① 王俊才编:《张恒寿文集》,中国文史出版社 2005 年版,第 313~314 页。

者之通病,又不独凌廷堪一人而已。①

的确,乾嘉考据学派的兴起及其对宋学的攻讦,表面上看似乎只是治学方法的不同或学术上的门户之见,其实内中也蕴含着官方的政治意图,只是隐而不显罢了。有些学者可能是不知不觉地被官方所利用,譬如戴震;也有些学者则是自觉地、有目的地在为官方效力。对比一下纪昀与焦循、凌廷堪的价值观,不难发现其间的共通之处,他们都是借攻击理学家和讲学家而刻意为异族统治辩护。

《鄮峰真隐漫录》提要为史浩辩解说:

> 元代史臣作浩传赞,亦颇诋其不能赞襄恢复之谋。今考集中如《论山东未可用兵》、《论归正人》、《论未可北伐》、《回奏条具弊事》诸剳子,皆极言李显忠、邵宏渊之轻脱寡谋,不宜轻举。而欲练士卒、积资粮,以蓄力于十年之后。既而淮西奔溃,其言竟验,不可为非老成谋国之见。虽厥后再秉国政,亦未能收富强之效,以自践其言;而量力知难,其初说固有未可深议者。②

《珩璜新论》提要为林栗辩护说:

> 南宋林栗、唐仲友,立身皆不愧君子,徒以平仲、安世与轼不协于程子,栗与仲友不协于朱子,讲学家遂皆以寇雠视之……因其一事之忤程、朱,遂并其学问、文章、德行、政事一概斥之不道,是何异佛氏之法不问其人之善恶,但皈五戒者有福,谤三宝者有罪乎?③

《泾皋藏稿》提要中又批评顾宪成说:

> 明末东林,声气倾动四方。君子小人,互相搏击,置君国而争门户。驯至于宗社沦胥,犹蔓延诟争而未已。春秋责备贤者,推原祸本,不能不遗恨于清流。宪成其始事者也。④

《小心斋札记》提要中又说:

> 虽宪成等主持清议,本无贻祸天下之心,而既已聚徒,则党类众而流品混;既已讲学,则议论多而是非生。其始不过一念之好名,其究也流弊

---

① 王文锦:《校礼堂文集·点校前言》,中华书局 2006 年版。
② 《四库全书总目》,中华书局影印本 1983 年版,第 1366～1367 页。
③ 《四库全书总目》,中华书局影印本 1983 年版,第 1037 页。
④ 《四库全书总目》,中华书局影印本 1983 年版,第 1513 页。

所极,遂祸延宗社。春秋责备贤者,宪成等不能辞其咎也。①

张师说:

> 四库馆臣的这种议论是代表皇帝的声音,他们把顾宪成救世热情,诬蔑为好名一念加以扼杀,在这种舆论下,潜存的东林精神,必然消沉毁灭,儒学就只能变为乾嘉时的埋首考据,不敢关心政治世道了。②

张师看得很准,晚近有学者研究指出:

> 据陈祖武的研究,清高宗在经筵讲论中对朱子学的质疑绝非偶然之举——在迄于乾隆六十年的三十二次经筵讲学中,明显地向朱子学提出质疑,竟达十七次之多。③

清廷通过《四库提要》,明确地表达了官方的立场:读书人不得议论是非,更不许聚徒讲学。说穿了,仍不过是韩非、李斯及秦始皇严禁"心非巷议"的焚书坑儒政策,只不过表述得比较含蓄,讲究些策略罢了。

牟宗三先生说:

> 夫宋明儒学要是先秦儒家之嫡系,中国文化生命之纲脉。随时表而出之,是学问,亦是生命。自刘蕺山绝食而死后,此学随明亡而亦亡。自此以后,进入满清,中国之民族生命与文化生命遭受重大之曲折,因而遂陷于劫运,直劫至今日而犹未已。噫! 亦可伤矣! 是故自此以下,吾不欲观之矣。吾虽费如许之篇幅,耗如许之精力,表彰以往各阶段之学术,然,目的唯在维护生命之源,价值之本,以期端正文化生命之方向,而纳民族生命于正轨。④

五　结　论

归纳以上的讨论,虽然仍不能绝对地肯定《四库提要》所谓"论者谓唐律

---

① 《四库全书总目》,中华书局影印本1983年版,第816页。

② 王俊才编:《张恒寿文集》,中国文史出版社2005年版,第480页。

③ 《〈四库全书总目〉编纂考》,武汉大学出版社2005年版,第754页。关于乾隆帝在编纂四库全书中的作用,张传峰《四库全书总目学术思想研究》(学林出版社2007年版)第四章有深入的剖析。

④ 牟宗三:《从陆象山到刘蕺山》,(中国台湾)学生书局1984年再版本,第3页《序》。

一准乎礼,以为出入得古今之平"一句必出于纪昀手笔,但就这句话所体现的价值观来看,确实符合纪昀的基本理念。笔者以为,在此理念背后所反映的并不只是纪昀个人的学术见解,而更主要的是以乾隆为代表的清王朝所推行的文化羁縻政策。

萧一山先生说:

清朝政治的成功,不仅在于对于一般人民的心理感情之控制,而尤在于对于一般士大夫的牢笼和驾驭。因为中国社会组织的基层,是中间读书的士大夫,不是下级劳苦的民众。他们对于士大夫的利用是煞费苦心的。

清代以利禄诱惑士大夫阶级,原欲制造"汉奸",压制反侧,结果是"自公卿至庶人惟利之趋","倚势营私而终归于不耻"。政治遂成了自私自利的贪污世界。①

清廷组织编纂四库全书并撰写《四库提要》,正是乾隆帝推行文化专制统治的重要一环,目的无非是要树立官方的价值评判体系。

梁启超说:

到乾隆朝,汉学派殆占全胜。政府方面文化事有应该特笔大书的一件事,曰编纂《四库全书》……原来搜集图书制目录,本属历朝承平时代之常事,但这回和前代却有点不同,的确有它的特别意义和价值。著录的书,每种都替他作一篇提要。这种事业,从前只有私人撰述——如晁公武《郡斋读书志》,陈振孙《直斋书录解题》……等,所有批评,都不过私人意见。《四库提要》这部书,却是以公的形式表现时代思潮,为向来著述未曾有。当时四库馆中所网络的学者三百多人,都是各门学问的专家。露骨的说,四库馆就是汉学家的大本营,《四库提要》就是汉学思想的结晶体。②

梁启超说得不错,《四库提要》代表了清朝的官方立场;但他看走眼了,清廷是要借汉学家之口说出朝廷想说的话,并非"朝廷所提倡的学风,被民间自然发展的学风压倒。"③

---

① 萧一山:《清史》,(中国台湾)中国文化大学出版部1988年版,第25、73页。
② 梁启超:《中国近三百年学术史》,山西古籍出版社2001年版,第21~22页。
③ 梁启超:《中国近三百年学术史》,山西古籍出版社2001年版,第22页。

进而从本章所讨论的主题来看,《提要》对唐律的那段评语究竟有什么意义呢? 仔细思考一下,不难发现其中潜存的深旨。承认唐律为公平法律的典范,当然也就承认了以唐律为宗祖制定的大清律的正统地位;进而,也就等于承认了"以力服人"的"霸道"的合理,即以暴力、胁迫、欺诈等手段攫夺和维护政权——即从陈亮到纪昀鼓吹的所谓汉唐的"事功"——的合法性。接下来,自然而然的逻辑当然便是:清王朝的武力征服和异族压迫都是合理合法的。与此同时,这也就等于否定了宋儒所崇尚的以周公、孔子为代表的"王道",亦即否定了以获得人民的"心服"与否作为判断一切政权和法律制度合法性的价值标准。

纪昀,也许还包括凌廷堪、焦循,甚至戴震等若干汉学家的作为,起码在客观上帮了乾隆皇帝一个大忙。那大概正切合了百多年后的周作人所倡导的"道义之事功化"①的目标吧!

---

① 周作人在1945年11月撰就的《道义之事功化》文中称:"要以道义为宗旨,去求到功利上的实现,以名誉生命为资材,去博得国家人民的福利,此为知识阶级最高之任务。此外如闭目静坐,高谈性理,或扬眉吐气,空说道德者,固全不足取,即握管著述,思以文字留赠后人,作启蒙发馈之用,其用心虽佳,抑亦不急之务。"刘应争编选:《知堂小品》,陕西人民出版社1991年版,第526页。

卷 三

固有资源

第九章　诚信原则与中华伦理背景

　　"诚实信用"是当代各国民商法领域普遍接受和适用的一项指导性原则。我国 1986 年颁布的《民法通则》为满足改革开放和市场经济建设之需要,顺应现代民法发展潮流,于第 4 条中正式采纳了这一原则,且作为统摄一切民事活动的基本原则。这一举措的确颇具远见,如能针对我国特定的文化传统和伦理背景善而用之,必将对推动我国的法制和市场经济建设起到无可估量的作用。如果囫囵吞枣,生搬硬套,则仍不过是一纸空文,徒滋粉饰而已。笔者不揣浅陋,拟就浅见所及谈谈个人的看法。

一　词义比较

　　"诚"、"信"二字古义相通,可以互训。信的本义是真实无欺。《说文·言部》:"信,诚也,从人言。"段注谓:"人言则无不信者,故从人言。……言必由衷之意。"①《左传·宣公二年》:"弃君之命,不信"②。"信用"两字合用古语则常作动词,《左传·宣公十二年》:"其君能下人,必能信用其民矣",有信任、使用之意,与晚近的名词用法有出入。诚的本义也是真实。《说文·言部》:"诚,信也。从言成声。"《易·乾》:"修词立其诚,所以居业也。"《疏》:"诚谓诚实也。"《礼记·乐记》:"著诚去伪,礼之经也"。《疏》:"诚谓诚信也。"诚实两字联用古义有二,一为忠诚老实,《旧唐书》卷 101《韩思复传》,"持此诚实,

----

　　① 　(清)段玉裁:《说文解字注》,上海古籍出版社 1984 年版,第 92 页。
　　② 　本章所引《左传》及其他经书不另注明者均据阮元校刻《十三经注疏》本。

以答休咎";另义为确实,《后汉书》卷68《郭太传》:"贾子厚诚实凶德,然洗心向善。仲尼不逆互乡,故吾许其进也。"刘淇《助字辨略》说:"诚实,重言也。"①诚信连用,《尚书·太甲下》:"鬼神无常享,享于克诚。"《孔传》:"鬼神不保一人,能诚信者则享其祀。"由上可见,"诚"、"信"在中文中的基本含义是真实可信,其反义词是虚假、欺骗、矫饰。

从字面上看,"诚实信用"并不费解,但作为专用法律术语就比较复杂了。如果我们不讳言我们的现行民法法源,无论是局部还是整体,都是从西方移植过来的,我们在适用和解释各项术语时,就不能不考虑其在西方法律体系中的确切含义。

"诚实信用"直接语源来自德语"Treu und Glauben",法语作 bonne foi,均与拉丁文 bona fides 有某种渊源关系。② 德国人的主导观点是:"诚信原则的内涵是信赖,它在有组织的法律文化中起着一种凝聚作用,特别是相互信赖,它要求尊重他人应受保护的权益。"③英美法中的 good faith,近来多译为"善意"。但查《牛津法律大词典》中 bona fides 一条加括号"(good faith)",显然是将二者视为对应词。④ 其释文说:"任何人诚实行事,不知道也无理由相信自己的主张不正当时,即是 bona fides 的行为。"另条解释 good faith 则说:"诚实的行为,纵有过失,仍属 good faith 的行为。"两条中"诚实"一词的原文均是honest(ly),其基本含义是:值得信赖的,不可能是谎言或欺骗;直率的,不隐瞒事实。可见无论 bona fides 还是 good faith,如译作"诚信"似更近原义。如译作"善意"则可能引起误解,在不对照原文的情况下也许会令人以为其与法、德民法中的"诚信"——这一长期以来固定的汉译术语非指一事。

西方(包括大陆法和英美法)权威人士认为,确切界定"诚信"原则的法律含义是一件很困难的事情。因为该原则除"诚实可信"的字面含义外,常带有附加的含义,以致"适用该原则的合理性,只有根据具体案件的情况才能确定"。⑤

---

① (清)刘淇:《助字辨略》,中华书局1983年版,第102页。

② 陈瑾昆:《民法通义债编·总论》,北平朝阳学院1933年印,第202页。

③ [德]霍恩等著:《德国民商法导论》,楚建译,谢怀栻校,中国大百科全书出版社1996年版,第148页。

④ David Walker:*The Oxford Companion to Law*,Oxford:Clarendon Pr.,1980 p.140.

⑤ [德]霍恩等:《德国民商法导论》,楚建译,谢怀栻校,中国大百科全书出版社1996年版,第150页。

《美国统一商法典》第1—201条第(19)款规定诚信(good faith)的含义是:在"有关行为或交易中事实上的诚实(honesty)"。该法典《正式评论》解释说:"无论本法典何时使用'诚信'一词,至少具有这里所阐明的含义。在某些章节中,由特定条款提出附加要求者应予适用"。例如在针对买卖合同的第2—103(1)(b)款中规定"在涉及商人的情况下",应包括"遵守同行中公平交易的合理的商业标准。"第1—203条则规定:"凡本法范围内之任何合同或义务均要求(当事人)必须以诚信履行或执行之。"《正式评论》解释该条的目的时说:"本条确立了一个贯穿全法典的基本原则,即在商业交易中,要求所有的协议或义务以诚信履行或执行之。"①此条的精神与《合同法重述》(第二次)第231条规定相似,后者规定:每项合同加诸各方当事人以在履行及执行合同时诚信和公平交易之义务。美国学者提出的"反向解释"方法颇为实用,②可兹参照。

通过以上的比较,似可指出:中文"诚"、"信"二字与西文对应词的字面意思相近,但不具备西方法律语言中的特定或引申的含义。另外,"信用",不可作狭义的理解。《日本民法典》译作"信义"③,避免了类似的误解,且保留了更广阔的引申余地,似较译作"信用"为佳。迄今为止,我国尚无有权解释对该原则做出明确的词义界定,适用和解释时应特别审慎。

二　伦理意义

诚信原则来源于道德准则已是中外学界所公认的了,④无庸赘言。然而它所依据的道德体系显然是西方的而不是中国的。无独有偶,中国传统伦理学说中碰巧也有相似的准则。问题是这种相似仅仅是字面上的巧合呢还是内

---

① Uniform Commercial Code,分见 *Commercial and Debtor-Creditor Law：Selected Statutes*,Compiled by Baird,Eisenberg & Jackson,Westbury：The Foundation Press,INC.,1993,pp.18,23.

② John E.Murray,Jr.,*Cases and Materials of Contracts*,2nd ed.,Indianapolis：the Bobbs-Merrill Company,Inc.1976,pp.632-33.

③ ［日］三省堂编修委员会编:《模范六法全书》,三省堂,昭和32年(1957年)版。

④ 参见梁慧星:《诚实信用原则与漏洞补充》,《法学研究》1994年第2期。

涵的一致？如果不弄清这一点，实践中难免不望文生义、张冠李戴。更严重的是，如果没有适当的中国伦理体系与之相依托，该原则能否在中国推行尽力未尝不是一个疑问。

"诚"、"信"纳入中国传统伦理的范畴应归功于先秦儒家。孔子至少从五个角度讨论过"信"。首先，孔子把信看作自己人生追求的重要目标之一。当子路问孔子本人的志向时，孔子答曰："老者安之，朋友信之，少者怀之。"（《论语·公冶长》）其次，孔子把信看作人人都应遵循的行为准则。他说："人而无信，不知其可也。大车无輗，小车无軏，其何以行之哉？"（《论语·为政》）在他看来，人缺乏了信，就好比车子不装輗、軏一样寸步难行。因此，当子张问他如何"崇德"时，孔子说："主忠信，徙义。"（《论语·颜渊》）其三，孔子将信视为人生求学的前提和基础："弟子入则孝，出则悌，谨而信，泛爱众，而亲仁。行有余力，则以学文。"（《论语·学而》）其四，信是君子必须具备的品行："君子不重则不威；学则不固。主忠信。无友不如己者。过则勿惮改。"（《论语·学而》）其五，信是治理国家的重要准则，换言之，即信是政府行为或国家行为的准则："子曰：道千乘之国，敬事而信，节用而爱人，使民以时。"（《学而》）子贡问如何治理政事时，孔子说："足食，足兵，民信之矣。"子贡再问："必不得已而去，于斯三者何先？"答曰："去兵。"子贡又问："必不得已而去，于斯二者何先？""去食。自古皆有死，民无信不立。"（《颜渊》）按：此句中的"信之"、"信"，杨伯峻先生《论语译注》均解为人民对政府单方面的信心。而从全句，特别是后一个信字看，参之《子路》篇"上好信，则民莫敢不用情"，似依朱熹的解释更通顺。朱熹说："无信则虽生而无以自立，不若死之为安。故宁死而不失信于民，使民亦宁死而不失信于我也……愚谓以人情而言，则兵食足而后吾之信可以孚于民。以民德而言，则信本人之所固有，非兵食所得而先也。是以为政者，当身率其民而以死守之，不以危急而可弃也。"①

孔子以后的思孟学派，在"信"的基础上发展了"诚"。在《论语》中"信"有两种用法：一为诚实无欺，"与朋友交而不信乎？""主忠信"，是；一为相信、信任，"听其言而信其行"，"朋友信之"，是。而《大学》、《中庸》、《孟子》中言"信"多为后一种用法，前一种用法则多用"诚"字代之。《孟子·离娄上》：

---

① （宋）朱熹：《论语集注》卷6，见《四书章句集注》，中华书局1983年版，第135页。

"居下位而不获于上,民不可得而治也。获于上有道:不信于友,弗获于上矣;信于友有道:事亲弗悦,弗信于友矣;悦亲有道:反身不诚,不悦于亲矣;诚身有道:不明乎善,不诚其身矣。是故诚者,天之道也;思诚者,人之道也。至诚而不动者,未之有也;不诚,未有能动者也。"从这段话中即可看出"诚"与"信"字义上的细微差别。"诚"强调内心的真实,是主观的、主动的;而信则倾向于外在的行为,是客观的、被动的。故诚为信的基础。现代汉语中,诚实和信用实际上也有这样的差别。孔子谈论信,常混而用之。而思孟学派则特别突出信的第一种用法——"诚"。前面说思孟发展了孔子的"信",即指此而言。《中庸》:"诚者,天之道也;诚之者,人之道也。"这里所说的"诚",似乎已脱离了伦理的范畴,而是万物的主宰,因而被现代批评家们斥为唯心主义。依笔者愚见,思孟所说的诚,仍然是在讨论人际关系问题。之所以要将"诚"说成是"天之道",未必是真的要探讨宇宙的本体,未必是要创造出一个上帝,而无非是要让人们相信,"诚"作为"人之道"的当然和合理。前引孟子语亦见于《中庸》(行文略异)。宋人张载说:"诚明所知乃天德良知,非闻见小知而已。天人异用,不足以言诚;天人异知,不足以尽明。所谓诚明者,性与天道不见乎小大之别也……天所谓长久不已之道,乃所谓诚。仁人孝子所以事天诚身,不过不已于仁孝而已。故君子诚之为贵。"①这段话,不妨视为对前引孟子语的诠释。说了半天"天",最终还是落在了"人"上,目的是要人相信"君子诚之为贵"。须注意的是,这里孟子所强调的"获于上有道"、"信于友有道"、"悦亲有道"、"诚身有道",仍未能算"诚其身"及张载所谓"不已于仁孝"都是想说明,仅仅是行为上客观地、被动地遵守行为准则还是不够的,还要在主观上,主动地"明乎善"的道理,才能做到"至诚不动"。孟子把仁义礼智视为人性所固有,《孟子·尽心上》:"君子所性,仁义礼智根于心"。不提"信",并不是"信"在思孟学说中没有地位,而是因为有了"诚","信"就是"诚"。② 蔡元培先生认为思孟的"诚"就是孔子学说中的"仁":"是子思之所谓诚,即孔子之所谓仁。惟欲并仁之作用而著之,故名之以诚"。③ 至少单从二者在各自学说中的

---

① （宋）张载:《张载集》,中华书局1978年版,第20页。

② 参见杨向奎:《论仁》,王俊才、秦进才编:《张恒寿先生纪念文集》,河北教育出版社1993年版,第151~152页。

③ 蔡元培:《中国伦理学史》,《蔡元培全集》第2卷,中华书局1984年版,第17页。

地位看,这种比喻是不错的。

除儒家外,法家巨擘商鞅也特别强调"信"。① 不过他所说的"信"是一种治国的策略或手段,不是伦理意义上的。

汉儒将"信"列入五伦,成为官定的支配性伦理准则。自是以后,历代的"圣君"、"名臣"、"贤哲"、"硕儒"无不标榜"信",民间更是赞美"信"。从以上这些分析看,中国人对诚信的理解与西人是基本一致的。更让人兴奋的是,中国人对"诚"、"信"的崇尚决不弱于西人;"诚"、"信"在儒家伦理体系中的地位也并不低于其在基督教伦理体系中的地位。因此我们似乎可以乐观地说,中国传统伦理学说中的"诚"、"信"为引入"诚信原则"奠定了一定的基础。

上文说传统伦理学说中的"诚"、"信"为引入"诚信原则"奠定了一定的基础,是指基本价值取向的基础,这是从宏观意义上说的。要想使之成为民法"诚信原则"所依据的道德准则,绝不可忽视其不适应的一面:

其一,现代民法中的诚信,是一种法律化的商业道德②或称行业道德,而非泛泛的社会道德,具有较强的限定性,注重客观和应用。但中国传统伦理中的"诚"、"信",理想的色彩大于实用且基本上属于人生道德和政治伦理,不宜直接作为商业伦理,更不宜固定为法律化的道德规范。前述孔子从五个方面阐述"信"的意义,有四项属于人生道德范畴,第五项则是政治伦理。思孟所说的"诚",与其说是人生伦理不如说是人生理想。后儒将"诚"作为"君子"修身的目标而不列入"五常"大概就是意识到它过于抽象、玄虚,非普通人所能企及。冯友兰先生指出,儒家的非功利主义使其学说常常只注意行为的正当与否而不问结果。③ 所以孔子一生行事往往是"知其不可为而为之"(《宪问》)。儒家传统的这个特点至今仍有影响。譬如我们宣传某个先进人物,总是要把他(她)描绘成道德完人。如果仅仅是弘扬某种理想,当然很好;但要作为法律所赖以维系的道德基础就未免不太现实,也缺乏可行性。法律上的诚信原则所依托的道德准则,必须是人人可能做到的,而非高不可攀的。我们

---

① 《商君书·修权》,高亨:《商君书注译》,中华书局 1974 年版,第 110 页。

② 按:这里所说的"商业"泛指以营利为目的任何经营领域,包括譬如医药、律师等行业在内,非指狭义的交换领域的商业。

③ 冯友兰:《中国哲学史》上册,中华书局 1961 年版,第 103～104 页。

很难指望商人皆成雷锋,只要符合法律所要求的起码的行业道德标准即为已足。

　　其二,西方社会商业发达较久,其道德伦理受基督教影响适用于较广泛的社会群体。中国传统伦理体系则植根于宗法社会而不是商业社会,受儒家"爱分等差"思想的影响,涵盖的范围大都比较狭窄,一般仅适用于特定的社会关系。孔子讲"君君、臣臣、父父、子子",《中庸》说:"天下之达道五,所以行之者三。曰:君臣也,父子也,夫妇也,昆弟也,朋友之交也。五者天下之达道也",此即后世之所谓五伦。在先秦儒家眼里,"信"当然不限于"朋友",尚能推及于"国人"。《大学》说:"为人君,止于仁;为人臣,止于敬;为人子,止于孝;为人父,止于慈;与国人交,止于信。"但到了后世,"信"则日趋狭隘和庸俗化,基本上成为局限于朋友或熟人之间的伦理准则。清人刘宝楠说:"五伦之义,朋友主信。"①至于朋友一伦,依儒家伦理,路人相交,亦应守信,故理论上本应涵盖"国人"。然而在现实生活中,朋友以外的陌生人似乎都被排除在五伦之外,一般的社会成员之间相互交往应遵循何种伦理准则,在传统伦理学说中几乎是一个空白。遗憾的是,此种缺欠至今尚未弥补,只要我们稍微留意一下周围的情形就不难看到,陌生人间相处常常连最起码的礼貌都不讲,这与我们礼仪之邦的美誉真是大相径庭。1993—1995 年,笔者在美国进修的时候,曾注意到一种非常有趣的现象,相互熟悉的中国留学生之间,常常相互大笔借钱,少的一两千,多则上万美金,但极少听到有赖账不还的事发生。这种情形在美国人看来简直不可思议。据说美国人私人之间,即便是亲朋好友也极少有相互大笔借钱的事。我认识的一位中国学生曾向他认为是至交的美国朋友借钱,得到的回答是"这事你应找银行帮忙"。与此相反的情形是,如果你的车半路抛锚,找不认识的中国人帮忙,常常是自讨没趣;而美国人(同样是不认识的)则可能主动伸出援手。有位西方人曾经这样写道:"在中国,西方人常常可以看到既矛盾而又费解的现象……某个挣扎在贫困线上的家庭,会慷慨地接待任何须要帮助的远亲。该远亲可以住在他们本已拥挤不堪的房子里,分享他们的食物乃至最终在他们的帮助下找到一份卑微的工作。就是这同一户人家,每天从其街旁的乞丐身边走过也决不会给一分钱。不仅如此,他

---

①　(清)刘宝楠:《论语正义》,《诸子集成》本第 1 册,上海书店 1986 年影印版,第 6 页。

们甚至会从这个乞丐的惨状中得到乐趣。当有一天他们看到这个乞丐死在街头时，他们还会借此开些无聊的玩笑。"他接着解释说，"儒家所理解的人性和社会与基督教传统下所理解的截然对立。后者认为，每个人对其他的每个人均负有基本的社会责任，因为所有的人都分享着共同的人性。隐含在这种观点之后的理念是：每个个体都有灵魂并因而具有某种内在的价值……儒家社会缺乏这种抽象的社会责任观念。它们的责任是具体的，是由特定的社会关系所决定的"。他进而举例说："尽管儒家意识形态已不再居于统治地位了，这类景象（指前举事例）在当代中国仍很普遍。一个交通事故能立即吸引一大群人（围观），但除了警察外不会有任何人帮助受难者，大家不过是要从日常事务的间歇中享受一点乐趣罢了"。① 他所列举的现象的确是存在的，但他的解释未免失之偏颇和无知，不无扬己抑彼之嫌。苟如其言，则西方数世纪来频频肆虐的宗教迫害、种族屠杀、奴隶劳动、毒品贸易、殖民战争及大国争霸等等恶劣行径何由发生呢？ 美国国会何须为以往的排斥华工立法及放逐日侨和日裔美国人故事而一再道歉呢？ 英国首相卡梅伦又何必承认 1919 年英军屠杀成百上千的印度平民事件"非常可耻"呢？②

当前我们正在建设市场经济，传统的、封闭的，以血缘、地缘、人情为纽带的"小圈子"伦理体系势将为社会化的、适用于所有社会成员间的新的道德规范体系所取代。比较而言，传统伦理范畴中的"信"，具备一定的条件，它既是中国人民所熟悉和长期认可的价值标准，同时又具有改造和扩充的余地。如能针对上述不足加以调整，必能维护法制、提高全民的道德水平。

三 实践背景

以上对现代民法原则"诚信"及与之相对应的我国传统伦理背景的分析

---

① Kenneth Lieberthal, *Governing China: from Revolution through Reform*, New York: Norton & Company, INC. 1995, p.15.

② 据法新社印度阿姆利则电，英国首相卡梅伦 2013 年 2 月 20 日在访问印度时承认，1919 年英军屠杀在札连瓦拉园（Jallianwala Bagh）举行抗议集会的成百上千的印度民众事件"非常可耻"，但他没有就此事件公开道歉。

主要是理论上的。至于"诚"、"信"在我国传统道德实践领域的情形究竟如何则应另当别论。

大约一百年前,一位名叫亚瑟·史密斯的美国传教士积 22 年在中国传教的感受写了一部专门讨论中国人性格特征的书——《中国人气质》。该书有专章讨论中国人"缺乏信"的问题,"面子"、"欺瞒的才能"和"互相猜疑"等三章则是从不同的角度探讨同一个问题。其实,作者的这个观点贯穿了全书。在被视为该书总纲的第一章中,作者阐述了他对我们整个民族的基本看法:"中国人作为一个种族,具有强烈的做戏本能。"甚至可以推断,在作者看来,中国人的其他性格弱点甚至优点也无不与"缺乏信"有着直接或间接的联系。"节俭"、"勤劳"、"礼节"、"孝心"、"仁慈"等为数不多的看似称道我们美德的几章,其实却是在批评我们虚伪。

笔者以为,史氏的看法如果是在讨论一种社会现象大体上是不错的,但他把本来属于社会现象或结果的问题视为原因,甚至是一种生理原因那纯粹是出于种族的偏见。20 世纪以后,西方世界依然屡屡发生的种族清洗和宗教仇杀,大多都是基于同样的种族偏见,法西斯主义的滋生和蔓延亦种因于此偏见。须知西方人的所谓诚信,所谓公正,常常是局限于特定范围之内,并无普遍性可言。恰如费孝通先生所说:"西洋的外交家在国际会议里为了自己国家争利益,不惜牺牲世界和平和别国合法利益。"① 据报道,1997 年流行于欧洲的疯牛病最初源起于英国,据信是与牛饲料中加入动物脂肪有关,英国当局禁止食用过此类饲料的牛肉在英国出售,但允许向国外出口,事实上在前一年疯牛肉事件爆发前也一直在大量出口。② 联想到鸦片战争,可见英国人之唯利是图,蔑弃诚信,足可谓源远流长也矣!难道说这是英国人的生理原因所致吗?新近曝光的欧洲"马肉事件"风波未平,德国又惊爆大规模有机鸡蛋造假案,难道说这也是欧罗巴人种的生理原因使然吗?③

鲁迅先生尽管对史密斯此书有过较高的评价并力主翻译此书,但他也承

---

① 费孝通:《乡土中国》,生活·读书·新知三联书店 1985 年版,第 28 页。

② 1997 年 7 月 4 日法国埃哈逊国际广播电台"法国生活"节目报道,次日中央电视台新闻联播节目证实了这一报道。

③ 消息来源: http://www.chinadaily.com.cn/language_tips/news/2013-02/26/content_16258313.htm,访问日期:2013 年 2 月 28 日。

认该书"错误亦多"。鲁迅建议我们将此书当作一面镜子,"看了这些,而自省,分析,明白那几点说得对,变革,挣扎,自做工夫,却不求别人的原谅和称赞,来证明究竟怎样的是中国人。"①

客观地说,史氏的看法至少有两点值得我们警醒:

其一,我们在理论上推崇"信"并不意味着该道德准则在实践中得到了广泛、认真的遵行。特别是在商业领域,该准则非但奉行不力甚至可以说是遭到了公然的践踏。清代的一份生意经中有这样一段话,可以帮助我们了解当时的商人对"诚信"的态度:"生意不比古时,以老为实,彬斌板版,目令你者依古时做生意者,则鬼已没得上门,而时下须得言如胶漆,口若蜜罐,花描行事……但今世俗只宜假,不宜〔真〕。又道:一天卖得三石假,三天卖不得一石真"。

按:据介绍,此件系1994年从一日本人处抄得。专家鉴定其"显然为山西商人所著",并推定其系在乾隆年间江苏人王秉元纂《生意世事初阶》基础上增删而成。② 史氏举的一个实例,可看作是此生意经的实际应用:"一位中国泥瓦匠,用没有和好的灰泥,砌起烟囱和房子,花大量时间把烟囱表面和房顶上的灰泥抹平,然而他非常清楚,第一次生火,烟囱就四处冒烟,第一次下雨,房顶就会漏水,这是中国许多事情的一个样板。"③

类似的实例至今仍包围着我们。远的不必谈,单从当前的市场道德水平来看就令人无法乐观。假货满天飞,劣品遍地行,这些每天发生在我们周围的事情已是司空见惯的了。1997年4月13日中央电视台《焦点访谈》节目报道的"假黄豆"事件真是令人匪夷所思,目瞪口呆。山东某公司经沈阳某公司从黑龙江省海伦县农业局下属的服务公司订购6吨黄豆竟然是用颗粒机先将黄土制成泥球再涂上油彩而成。如果有诺贝尔假货奖的话,舍此其谁耶?

其二,史氏认为"中国不缺乏各种人才,然而缺乏建立在真诚基础上的相

---

① 〔美〕亚瑟·史密斯:《中国人气质·唐弢序》,张梦阳、王丽娟译,敦煌文艺出版社1995年版。
② 均见张正明:《晋商兴衰史》附录二《贸易须知》,山西古籍出版社1995年版,第342~343、335页。
③ 〔美〕亚瑟·史密斯:《中国人气质》,张梦阳、王丽娟译,敦煌文艺出版社1995年版,第213页。

互信任,缺乏这些要素,帝国是不能复兴的。"①孔子说"民无信不立",不也是在讲同一个道理吗?

另一位久居中国的美国传教士卜舫济这样写到:"抽象地说,中国人都主张诚实,但同时那些劳工阶层却要靠小聪明改善他们的经济状况。如果一个人被称为好人,那就意味此人非常老实,但同时也有点傻,不够精明。"②

看来,从理论上讲我们都不反对诚信,但一遇到实际问题就往往把握不住。例如山东某县酒厂 20 世纪 90 年代初生产的一种优质白酒很畅销,一时供不应求。该厂见状,立即往酒里掺水。短时间内,该厂的确利润丰厚。但不过两个月,这种白酒就乏人问津了。个别商家为眼前利益而不顾诚信,最终伤害的并不仅是消费者,也包括他们自己,甚至是整个市场。

孔子说,"无欲速,无见小利;欲速则不达,见小利则大事不成"(《论语·子路》)。刘少奇说"占小便宜吃大亏",③看来都是针对这类现象说的。认识这个道理并不困难,难的是如何落实。中国法律自汉以来逐渐实现了所谓"礼法融合",即将儒家的道德原则纳入法律。君主专制和家族统治得以推行两千余年,离开了传统法律对所谓"忠"、"孝"的硬性保护是不可想象的。遗憾的是,"信"作为儒家五伦之一,却未能成为法律化的道德准则。尽管先儒倡导"诚"、"信"同样两千多年,可效果至今仍不理想,这方面的症结不可小视。

从现代各国民商法发展趋势看,诚信原则的地位和作用愈加突出,适用的范围也日趋广泛,说明各国都在有意识地借助法律手段维护商业道德,以期确保市场运行的规范和有序。这似乎告诉我们,现代文明的发展并不仅仅是物质的,更强调精神的文明,这既为人类道德发挥作用留下了广阔的余地,又对提高整个社会的道德水平提出了紧迫的要求。1993 年度诺贝尔经济学奖得主诺斯认为:制度既包括正规的体系诸如宪法、法律、保险和市场规则等;也包

---

① [美]亚瑟·史密斯:《中国人气质》,张梦阳、王丽娟译,敦煌文艺出版社 1995 年版,第 213 页。

② 《卜舫济自述》,丁日初主编:《近代中国》第六辑,立信会计出版社 1996 年版,第 248 页。

③ 刘少奇于 1964 年 7 月 3 日"在河北省、市委书记座谈会上的讲话"中说:"规律是占小便宜要吃大亏。"最高人民法院《东方红》公社编:《刘少奇在政法方面的反革命修正主义言论摘编》,北京政法学院革命委员会《政法红旗》1967 年 6 月翻印,铅印本,第 42 页。

括非正规的行为准则,诸如习俗、道德、伦理等。它们构成了基本的"游戏规则",决定了经济和政治体制运转的好坏。"如果针对盗窃没有基本的伦理上的、宗教上的乃至文化上的惩罚,我们的刑法未免负担过巨而难于推行"。①法律和道德的相互维系就是如此紧密。

最后需要指出的一点是,最高统治者个人以及整个统治集团的道德水平具有超乎寻常的示范作用。先儒注重"信"的政治伦理意义,法家强调政府行为必须"信",都是针对特定的社会现实提出的,绝非无的放矢地描述某种理想境界。它既是治疗中国社会缺乏信的良药,又道出了产生该现象的原因。

孔子说"上好信,则民莫敢不用情"。历史证明这是一个真理。要想维护整个社会的"诚信",政府必须有信、可信。但是如何做到这点呢? 先圣先贤们把希望寄托在统治者的个人品质和自觉上。孟子说:"惟仁者宜在高位。不仁而在高位,是播其恶于众也。"(《离娄上》)可翻开二十四史,我们看到的情形却是:"唯不仁者恒在高位,故常播其恶于众也",黄宗羲所谓"屠毒天下之肝脑,离散天下之子女,以博我一人之产业……敲剥天下之骨髓,离散天下之子女,以奉我一人之淫乐",②并不过分。林语堂曾经指出:"作为一个国家,我们政治生活中一个突出的特点就是缺乏一部宪法……这个特点根源于一种不同的社会和政治哲学。它将道德和政治混为一谈,是一种道德和谐的哲学,不是一种力量的哲学。制定一部'宪法'的前提是认为我们的统治者可能是一些无赖、骗子或窃贼。他们可能会滥用职权,侵犯我们的'权利'……而中国人有关政府的观念却恰恰与此相反。我们认为政府官员是'父母官',他们实行的是'仁政'。他们会像照看自己的孩子们的利益那样照看人民的利益。我们放手让他们去处理一切事务,给予他们绝对的信任。"③

现如今我们终于有了一部真正的宪法文本,情形又如何呢? 须知一部宪法从文本到现实还需要官民上下长期不懈的努力。现行宪法第五条规定:"一切国家机关和武装力量、各政党和各社会团体……都必须遵守宪法和法律……任何组织或者个人都不得有超越宪法和法律的特权。"

---

① Gerry Everding, "Douglass North Prizes Economic History", *Washington University Record*, Oct. 21,1993,p.3.

② (明)黄宗羲:《明夷待访录》第1册,浙江古籍出版社1985年版,第2页。

③ 林语堂:《中国人》,郝志东、沈益洪译,浙江人民出版社1988年版,第180页。

　　这条规定能否落到实处姑置不论,但至少说明我们现在的社会和政治哲学已经发生了根本的变化。按照孙中山先生的"知难行易"理论,剩下的问题不过是以至诚的决心、"民信"的措施去杜绝之、消除之而已。

　　然而,改革开放三十多年的实践证明,知固然很难,行也着实不易。在一个传统伦理道德遭到严重破坏的社会里,单靠舶来的法制,单靠强力去重建诚信,纵使并非绝无可能,也会是个极其漫长而曲折的过程。

　　看来,林语堂先生是位中国文化悲观主义者和西式法制乐观主义者。在他眼里,中国文化已经无力拯救中国,只有乞灵于西方式的宪法。可惜他不明白,没有中国文化的支撑,即便有一万部西式宪法也还是无济于事。这就是中国古人所说的"徒法不足以自行"的道理,至今仍是放之四海而皆准的铁律。

第十章 发现中国的普通法
——清代借贷契约的成立

契约法或民法上的许多原则,譬如本章将要讨论的"要式"、"要物"、约因、时效、权力能力和行为能力等问题,在今天看来都是既定的模式,是历史造成的。至于历史为何造就这些模式,民法学家往往不愿深论,似乎也无须探讨。然而历史的发展未必纯出于偶然,其产生和存在的必然性和合理性究竟何在呢? 如果不做历史的研究,单纯从理论上分析,可能永远也争论不清。以借贷关系为例,从法律上看是一种契约关系或合同关系。法官和律师们在判断借贷关系是否成立时,常常要从法律的角度考察各种必备的要件。显然,这种思维的惯性是在西方法律文明侵入以后形成的。清代虽然去今未远,但从法律制度和法律观念上来看,仍然属于中国传统社会的类型。那么在当时,人们在考虑这类问题时,又是依据何种逻辑体系或思维模式的呢? 它们与现代法律理论又是怎样的关系呢? 本章拟从历史比较的角度对此加以探究。

一 借贷契约的要物特征

清代,借贷契约呈现出明显的要物特征,即以物的交付为借贷契约成立的要件。这并非单纯的理论问题,更主要的还是一个实践问题。东西方历史上在这点上的不谋而合不仅说明了该原则赖以存在的伦理基础,同时还提醒我们必须注意司法体制本身的因素。

清代小说家吴敬梓在其《儒林外史》第五回中讲述了一个有趣的借贷

案例:

【案例1】一位名叫黄梦统的乡下老人"'因去年九月上县来交钱粮,一时短少,央中向严乡绅(当地的恶霸——笔者)借二十两银子,每月三分钱,写立借约,送在严府,小的却不曾拿他的银子。走上街来,遇着个乡里的亲眷,说他有几两银子借与小的,交个几分数,再下乡去设法;劝小的不要借严家的银子。小的交完钱粮,就同亲戚回家去了。至今已是大半年,想起这事来,问严府取回借约,严乡绅问小的要这几个月的利钱。小的说并不曾借本,何得有利? 严乡绅说小的当时拿回借约,好让他把银子借与别人生利;因不曾取约,他将二十两银子也不能动,误了大半年的利钱,该是小的出。小的自知不是,向中人说情愿买个蹄、酒上门取约。严乡绅执意不肯,把小的驴和米同稍袋都叫人短了家去,还不发出纸来。这样含冤负屈的事,求太老爷作主!'知县听了,说道'一个坐贡生的人,忝列衣冠,不在乡里间做些好事,只管如此骗人,其实可恶!'便将两张状子都批准……"①

这个案例,有两个问题值得思考。

其一,严乡绅向黄梦统索要利息,黄说"不曾借本,何得有利"。所谓"不曾借本"即指贷与人未曾交付标的物——金钱,则借贷关系不能成立,借用人当然不负偿还利息的义务。黄梦统感到"含冤负屈",即在于此。从县官的判决结果看,显然是否定了双方借贷关系的存在。笔者曾将这个案例讲给十余位未受过系统法律教育的人听,他们的回答几乎都是不假思索地肯定县官的判决。看来当代普通中国人的是非、公平观念,至少在这点上,与清人没有什么差别。据此似可认定,中国传统的借贷契约观念,是以标的物的交付为成立要件的。如果今天发生了同样的案件,我们的法院会做出怎样的判决呢? 按照传统的西方民法学说,借贷契约一般被解释为要物契约。所谓要物契约即以当事人一方交付标的物为契约的成立要件。换句话说,当事人间仅就借贷达成合意而无物的交付尚不能认为其借贷契约已经成立。这种理论显然会导致与本案相同的判决结果。不难想象,无论是吴敬梓还是县官抑或是黄梦统,肯定都没有受到过西方民法理论的熏陶,那么为什么他们对此案的主观认识

---

① (清)吴敬梓:《儒林外史》,作家出版社1955年版,第49~50页。按:此虽系小说家言,但以当时人记述当时的观念和情形,亦可视其有史料价值。

和实际判决会与后者惊人的一致呢？得出这种判断和判决的依据，或者说像英美法判例中包含的判决理由（Rationale）又是什么呢？小说对此未作交代。难道仅仅是出于县官对严乡绅的道德鄙视吗？还是出于人们一般的社会正义感和内心中潜在的公平观念？抑或二者皆有？研究过 19 世纪后期台湾商务契约的美国学者布鲁克曼注意到，由于清代司法系统的低效率，交易双方主要依靠预先防范而不是事后救济的手段应付各种可能出现的问题。因此，契约只有在一方部分履行——通常是付钱或支付定金后才具有约束力。①

借贷契约被定性为要物契约据说系沿袭罗马法的成规，由来已久，我国前北洋政府大理院判例及现行日本民法典均采用这种立法例。②

近代民法学说开始对借贷契约的要物属性提出质疑，认为"要物契约之观念殊乏适当之根据"，"在理论上不能成立"或"无此必要"。③ 有人甚至认为"自罗马法以来各国将使用借贷定为要物契约……并非有何理论及实际之必要，仅有其沿革之存在"。④ 瑞士债务法及德国民法皆明文采纳诺成契约之立法例，而日本仍沿要物旧说。旧中国民法典则采取折衷主义的态度。本案中列举的事例或许能帮助我们理解产生这种成规的缘由。不言而喻，如果借贷契约被定性为诺成契约，无须标的物的交付即能成立，则本案中的黄梦统应向严乡绅支付利息，这无论在当时还是现在看都是显失公正的。王泽鉴先生认为，民法典中设定有名契约或称典型契约有两个重要的功能，其中之一就是"以强行规定保护当事人的利益"。⑤ 从本案的情形看，所谓借贷契约无要物性的"理论及实际之必要"的说法恐非确论。由本案的启示我们似可推断，罗马法当初对借贷契约所作的定性大概就是为了保护借用人的利益。梅因说要物契约的出现是"基于伦理的根据"，而且是"第一次将道德上的考虑认为'契

---

① Rosser H. Brockman，"Commercial Contract Law in Late Nineteenth-Century Taiwan"，in Cohen，R. Randle Edwards，and Fu-mei Chang Chen eds. *Essays on China's Legal Tradition*，Princeton：Princeton University Press，1980，p.128.

② 参见曹为、王书江译：《日本民法》，法律出版社 1986 年版，第 587、593 条。

③ 分见吴振源：《中国民法债编总论》，世界法政学社 1934 年版，第 27 页；陈瑾昆：《民法通义债编·总论》，北平朝阳学院 1933 年印，第 27 页；陈瑾昆：《民法通义债编·各论》，北平朝阳学院 1931 年印，第 124 页。

④ 陈瑾昆：《民法通义债编·各论》，北平朝阳学院 1931 年印，第 126 页。

⑤ 王泽鉴：《民法概要》，中国政法大学出版社 2003 年版，第 311 页。

约'法中的一个要素"。① 考虑到传统价值标准的强大惯性以及当代中国民事案件执行难的现象至今仍普遍存在，至少在短期内，借贷合同的要物性似仍有保留的必要。

其二，如前所述，黄梦统与严乡绅之间的借贷契约未能成立。那么为什么当严乡绅说因黄梦统不取回借约，耽误了他大半年利息时，黄梦统却"自知不是"并"情愿买个蹄、酒上门取约"呢？这种是非观念又是从何而来的呢？

前面提到，近代民法学说已经对借贷契约的要物属性提出质疑，质疑的焦点何在呢，本案或许能够提供某种答案。严乡绅的说法译成现代法律语言，意即因黄梦统不履约，也未及时通知严乡绅解除契约，造成后者大半年的利息损失，原告因此应承担这些损失。从小说作者对严乡绅的道德评价推断，严乡绅所言虽未必属实，但并非不符合情理。根据有关史料，清代民间的借贷活动相当频繁和活跃，许多富户专以放贷为生，一些地区甚至出现了类似现代商业银行式的专职从事金钱、信贷交易的组织。例如河南省"西北各县有专作放账营业，俗名之曰放账铺，利率大都不过三分，此种债权每多本利全归……"；又如热河朝阳县(在今辽宁省)"放债之习惯向分商家放贷与富户放债两种"；再如安徽省当涂县"贫民有专以放债为生活者……"②笔者曾对康熙年间安徽省徽州府婺源县的一位乡绅(与严乡绅身份相似)的日记中所反映的借贷活动做过统计，康熙三十九年七月初五至九月初五日，两个月间，由该乡绅经手的借贷活动(包括金钱、实物，有息、无息等各类借出、借入)竟多达 17 起，平均每月 8.5 起。例如：是年九月二十八日日记："润可叔将周成叔里禾齐充〔冲——原编者加，下同〕田契一纸，押去身与同庚会九七色银一两二钱八分，实，言定每月加三起息，约周年还□〔清〕，□所执契收租，仅一叔见(一定〔锭〕；借约一纸并周成叔原契一道两件。四十年十一月十九，收还本利一两六钱七分，缴约讫)。"③

---

① [英]梅因：《古代法》，沈景一译，商务印书馆 1984 年版，第 187 页。

② 分见中华法令编印馆编译：《日华对照中华民国习惯调查录》，行政学会印刷所 1943 年印，第 1107、1448、1168 页。按：该书虽为日伪时期出版物但系依前中华民国政府司法行政部1930 年编印之《民商事习惯调查录》为标准编译之。

③ 詹元湘：《畏斋日记》，中国社会科学院历史所清史研究室编：《清史资料》第 4 辑，中华书局 1983 年版，第 184~274 页。

可见，如果此事发生在一个重信义、讲道德的人身上，的确可能造成利息上的损失。在这种情况下，如果不对受损方予以适当的补偿，也是不公正的。黄梦统之所以"自知不是"正在于此。因为当黄梦统通过中人向严乡绅提出借贷要约，后者明确表示接受（承诺）时，双方间已经成立了一种具有约束力的契约关系，此时任何一方悔约，都应为因此而给对方造成的损失负赔偿责任。清代民事习惯常以请求损害赔偿、索取违约金或扣留预先支付的定金作为救济办法。例如：湖北省"潜江县一造如有损害原约内他造之权利，则他造可索赔偿；巴东县一造违约，他造可要求解除，惟多不索取违约金；又竹山、潜江、京山、通山四县两造订约时，交有定金者，如交定金之一造有违约或请求解除时，他造并不退还定金；巴东县交有定金之一造反悔契约、要求解除时，亦多抛弃定金之一部或全部。"①

本案中黄梦统"情愿买个蹄、酒上门取约"，大概有两重含义。其一表示曲在己方，其二表示请求和解的意愿。查湖南省汉寿、益阳、安化、湘阴等县有一种习惯："令理屈者出钱若干，买羊一只，以一人牵之；沽酒一坛，用二人抬之，由第三者督率送至理直者家宅伏礼，寝息其事，名曰牵羊扛酒礼，此系触犯乡约或违反族亲事体较大者。若细微之事，用肉一块，用酒一壶，亦可寝息。名曰斤肉壶酒礼……此种习惯，汉寿……各县视之甚重，与民事和解方式生同一之效力。"②

英美普通法有所谓"合理预期"（Reasonable Expectations）之说，③是合同法所保护的三项基本利益之一。其大意是，定约一方因另一方的承诺而产生的获得某种利益的期望，譬如本案中严乡绅因双方约定的二十两借贷而对每月三分利息产生的期望。普通法对此种利益的救济原则是，将受损方置于假定合同已完全履行时所应处的位置。也就是说，受损方依法可以获得合同完全履行时所应获得的利益。用本案的例子来说，即黄梦统应向严乡绅支付

---

① 中华法令编印馆编译：《日华对照中华民国习惯调查录》，行政学会印刷所1943年印，第1336页。

② 中华法令编印馆编译：《日华对照中华民国习惯调查录》，行政学会印刷所1943年印，第1364~1365页。

③ See John E. Murray, Jr., *Cases and Materials on Contracts*, 2nd ed., Indianapolis: the Bobbs-Merrill Company, Inc. 1976, p.15.

"误了大半年的利钱"。当然,这里未考虑普通法上其他的有关原则。譬如,"减轻损失义务"（"Duty" to Mitigate）及"诚信"（Good Faith）等。根据这两个原则,严乡绅有义务及时向黄梦统发出警告,以减少因时间流失造成的利息损失。本案中严乡绅的不作为亦应负相当的责任,故不可能获得全部赔偿,但仍可请求适当的补偿。然而按照罗马法的传统原则（如前述）,严乡绅的利益无法受到保护,这种后果对遵循诚信原则的人来说显然是不公正的。民法学家对借贷契约的要物属性提出质疑,其焦点大概就在这里。

旧中国民法典关于"使用借贷"的第 464 条、465 条及关于"消费借贷"的第 474 条、475 条,乍看起来显得自相矛盾。例如第 474 条规定:"称消费借贷者,谓当事人约定一方移转金钱或其他代替物之所有权于他方,而他方以种类、品质、数量相当之物返还之契约。"①系将消费借贷定为诺成契约。但第 475 条又规定:"消费借贷因金钱或其他代替物之交付而生效力。"则消费借贷的生效又须以物的交付为要件。学者们对此的解释是:"故余谓在使用借贷及消费借贷,物之交付仅为生效要件而非成立要件。故解为此二种契约仍可仅依合意成立,惟须待贷与人交付标的物始得发生效力。至于当事人得更成立预约以使贷与人负交付其物之债务,自不待言。"②这种解释虽能自圆其说,但终究令人费解。笔者以为,借贷契约实可拆分为有时间顺序和因果关系的两组法律行为或两个契约。前者为当事人之间约定授受贷与物的合意,故为诺成契约、双务契约,起着借贷预约的作用;后者实质上为本约,须待前一个契约履行,即完成物之交付,始告成立,故为要物契约。此时借用人负返还之义务,而贷与人却无对等之义务,故为单务契约。罗马法上所说的借贷契约当指后者,为适于实用而将前者吸收为一体。如果这个理解可以成立,则严乡绅虽不能获得全部利息损失的赔偿,但仍可以债务人不履行前一个契约的给付义务而请求损害赔偿。当然,前提是严乡绅必须出于诚信。

从以上分析可以看出,清代社会,基于习惯的长期运行而在人们内心中自然形成的是非观念,与西方法律的基本价值取向（至少从本案反映的问题上看）是一致的。

---

①　吴经熊:《袖珍六法全书》,会文堂新记书局 1936 年版,第 91～92 页。
②　陈瑾昆:《民法通义债编·各论》,北平朝阳学院 1931 年印,第 124 页。

二　借贷契约的非要式性

清代，借贷契约并无严格的形式要求，书契的证据意义远大于象征意义。这一点与西方历史上的情形不同；相反，倒与西方近代契约法的发展趋势颇为吻合。

"案例1"中双方对借约的执着态度不会是无缘无故的。在清代，借贷文书是借贷关系存在的主要证据，在借贷纠纷案件的审理中发挥者至关重要的作用。"惟索欠总以执票为据"，[①]"钱债之案，必以券约为凭"，[②]是法官（此处称法官者概指各级地方官，下同）处理借贷案件时惯常阐释的道理。正是为此，在清代借贷纠纷中"执持废票索偿"或以伪造、涂改等方法在借贷书契上做手脚的案件占有相当的比例。

【案例2】原告：赵学纯；被告：周裕如

基本事实：（1）周裕如开设万裕店，托赵元灏向赵蒋氏（赵学纯之母）借得洋银本利共计一百零九元，已付店账，余款"找交赵元灏陆续还清，因赵蒋氏票未检还，立有收据（据店伙韩甫春供）"；（2）"郭山西前代黄昌煜转向赵蒋氏借得洋银二百元，已由郭山西缴还，立有收字"；（3）"金俞氏之夫金长松在日向赵学纯故父赵国明、蒋氏借得洋银六十二元六角，亦听支取锡货并陆续付钱清楚，核与账簿数目相符"。

法官认定事实：（1）"乃赵学纯藉执废票串属陈廷学妄追，以致兴讼。本县查阅收据，比对笔迹，确系赵学纯所为"；（2）"惟周裕如所借洋银据店伙韩甫春称付赵蒋氏店账，余交赵元灏找还，甫闻其言，亦疑赵元灏从中吞噬，应着赵元灏找缴洋银。嗣提赵元灏隔讯得知，赵蒋氏在日不信赵学纯所为，令其分爨。所积洋银因嘱赵元灏代放万裕店内生息。后来是款收还，被赵学纯预窃票据，遂致无从检出，是以投中议立收字"。

判决：（1）"赵学纯竟执废票串通陈廷学出头控追，殊属不合，予以戒饬示

---

① （清）孙鼎烈：《四西斋决事》卷1，光绪三十年刻本，第17页。
② （清）沈衍庆：《槐卿政绩》卷2，同治元年刊本，第10页。

惩";(2)"金俞氏所呈账簿查核,本已付还,但少利息,着限五日内缴出洋银六元,候给赵学纯收领";(3)"赵学纯所缴陈廷学废票照依六折限期缴候转给,不得私相授受为要";(4)"各借票涂销,存查收字分别着领。万裕店账三本,金俞氏账簿十一本,郭山西账簿二本,黄昌煜账簿二本,均当堂发还。赵学纯所送凭票五纸候给领各取甘结完案。此谕。"①

【案例3】原告:吴宗山;被告:黄汉荣

事实:(1)被告"于去年三月间搕开茶行,资本不足,凭中周敦甫等向吴宗山借得洋银一百元,立有凭票。注明八月初五日付还,应交利息洋银八元三角。旋以卖茶亏本,经吴宗山如期往讨,黄汉荣辄藉票内年字上添注十字,生心侥幸,谓系光绪二年间所借已还,而凭票被留。昧尽天良,任意图赖,以致吴宗山控追"。(2)"并据吴宗山供称,票借之外尚有担认茶叶洋银五十三元,账簿可凭。"

法官分析:(1)"本县查核凭票并诘代笔楼连生等,明系黄汉荣以贰拾年拾字添注,欲赖洋银,又词遁而穷,谓为光绪贰年之票。不知即如所称,岂贰年间所借者便可不还耶?还之利息岂不更多耶?"(2)"研讯再三,又谓自己送还、曾亦思还,则凭票必缴,万一票无从检,亦当向取收字,其将谁欺"?(3)"且楼连生供称籍隶慈溪,今年三十四岁,当光绪二年,仅仅十三四岁,何能见信于人而代人写立凭票,种种支吾,固不烦言而解矣。"

判决:(1)"断令黄汉荣缴出洋银一百五十元,其利息并买茶零散洋银九元三角,谕令吴宗山以情减让。仍限令黄汉荣于十二月初五日将所断洋银缴候转给吴宗山收领。"(2)"账簿发吴宗山领还。凭票存候注销,俟黄汉荣具领,各取甘结完案。此谕。"②

【案例4】原告:陶荣;被告:娄家坤

事实:"卷查陶荣呈词称执有尔父欠票,期十五年十月。终后因尔父患病,推情延未逼付,迨逾年,尔父病卒,尔又因治丧无资,逐次姑缓等语。是明言尔父病故在欠票到期逾年以后,乃查十二年二月确有尔呈报窃案,称尔父于是年正月二十四日身故,显系陶荣造作伪票,希图诬诈,且案经饬提陶荣,并无

---

① (清)倪望重:《诸暨谕民纪要》卷1,光绪二十三年刻本,第15页。
② (清)倪望重:《诸暨谕民纪要》卷1,光绪二十三年刻本,第43页。

其人,实为陆阿贵化名。"

判决:"此种架空诬捏,大堪痛恨,业已讯供笞责枷示,谕尔具结自回安业矣。着即遵照。"①

有学者曾将中国传统"契约制度中对书契的重视"视为"我国古人的智慧"。② "案例1"中当事双方对借据的态度大概就是出于这种智慧。不难想象,严乡绅扣留借据想必是为了日后效法"案例2"中赵学纯所为,而黄梦统请求收回借据正是为了杜绝这种可能。

"书契"是契约的一种外在表现方式,而非契约关系本身。正像有学者指出的那样:

> "契约"一词,经常被用来指代书面记录(签了字的书据)或其他可证明某个或某组法律上可行的承诺的言辞表示。书据不是契约;交易各方用来表达口头契约的言辞表示不是契约;各方用来表达法律上可行的协议的动作或习惯不是契约。所有这些表达方法都只是契约存在的证据。契约何在呢? 人们摸不着、听不见、嗅不到也感受不到契约的存在。契约的证据属于感官上的理解。而契约却是存在于交易各方间的一种抽象的法律关系。这种法律关系是由可执行的权利和与之相对应的可执行的义务所组成的。③

中国古人对契约的抽象性是否具有相同的认识,笔者尚未见到明确的阐述。在汉语中,契约与书契也常常被混为一谈。足见人们对契约或合同的概念发生误解是相当普遍的现象,古今中外皆然。对于一般人来说这种误解也许无关紧要,但对于发生契约关系的当事各方,特别是对于裁判契约纠纷的法官来说却可能导致严重的后果。不过从上述三案中我们看到,借贷当事人和法官虽然重视书契,但只是将之视为判断借贷关系存在与否的证据而非作为契约关系本身。法官并不简单地根据借据肯定或否定借贷关系的存在。"案例2"中,赵蒋氏请求万豫店偿还本利,后者也未因前者不能出示"票据"而否认双方借贷关系的存在。陕西蓝田县收债不退借据相沿成为习惯:"商民放

---

① (清)孙鼎烈:《四西斋决事》卷1,光绪三十年刻本,第17页,"娄家坤批"。

② 李志敏:《中国古代民法·前言》,法律出版社1988年版。

③ John E. Murray, Jr., *Cases and Materials on Contracts*, 2nd ed., Indianapolis: the Bobbs-Merrill Company, Inc. 1976, pp. 2-3.

债大都责令借债人书立借票,迨将债款偿清,抽取借票时债权人辄以已经遗失或销毁为词,隐匿不现,债务人如或争论,亦宁书收债字据为凭不将原票退还。"①

从这两个案例中以及其他材料中我们还看到,法官并不纯以正规的借据为凭依,"收字"、"账簿"、书信、"手条"(或称"手票")甚至遗嘱,只要是有文字可查的,无论形式繁简都可用作判断借贷关系存在与否的证据。

至于口头借贷契约是否成立?从理论上推断是可以的,习惯上也是认可的。例如:山西省偏关县"民间债务关系不用契约者居多,只中间有第三者出而担保则可发生效力。届期债务者如不履行,则担保人代为偿还自无异议"。按:此处所谓"不用契约者"当指不用书面借契。又如甘肃省通省习惯:"停利归本之契约,无须书据,通常以口头为之。"②然而由于证明的困难,除非提供足够的旁证,官府往往不肯接受这样的诉讼。例如:

【案例5】"……至称洋银存放生息并被负赖并未执有票据,更难保非捏情图诈……"③

【案例6】"赵子香供称王姓借项并无券据,仅以记数经折为凭,似不足为确证。惟王济川与赵属在至戚,而赵又穷无所归,迫不得已,有欲为僧之思想,亦是无路可走,颇为之怜。果有庵僧招之侍奉香烟,年老残生尚得有枝可依,不致漂流失所。王济川叔侄何能忍然。勉凑三十元,以为度日之需,终无伤乎戚谊。但赵子香不得时往拼闹也。此判。"④

光绪间曾两任浙江诸暨知县的倪望重在判案时说:"总之借钱自必有票,有票不难追钱。今以无票空言,岂足为凭据?应毋庸追。"⑤

布鲁克曼曾经指出:"在普通法国家,反诈欺条例要求某些类型的契约必须有书契方能生效。除了其他原因外,其用意在于减轻证明的麻烦。台湾契约中的若干词句用来表明当事各方欲以书契作为其协议的证据。其中最常见

① 中华法令编印馆编译:《日华对照中华民国习惯调查录》,行政学会印刷所1943年印,第1399页。
② 中华法令编印馆编译:《日华对照中华民国习惯调查录》,行政学会印刷所1943年印,第1059、1428页。
③ (清)孙鼎烈:《四西斋决事》卷1,光绪三十年刻本,第32页。
④ (清)赵幼班:《历任判牍汇记》第2册,"判王济川等堂词"。
⑤ (清)倪望重:《诸暨谕民纪要》卷2,光绪二十三年刻本,第35页。

的口头禅恐口无凭……付执存照,几乎一成不变地构成每个借贷契约及许多买卖契约的最后一句。这表明文书本身是协议的证明并被移交给被承诺人以为证明承诺人义务之用。"①据笔者的比较,台湾的借契形式与大陆没有什么差别。② 写立书契的目的,主要也是为了防止欺诈。

清代没有官方规定的统一的契约格式,但习惯上采用的契约格式却大同小异,各地方的差别不是实质性的。③ 典型的借贷契约文书应写明借贷缘由、标的种类(如系金钱应写明种类、成色)、借贷期间(如未约定期间应注明"遇便归还"字样),有息借贷应写明利率。以不动产作担保的应注明该不动产的方位和状态。约尾应写上"恐后无凭,立此借约为据"之类的套话。落款是文书的关键部分,严格的应有借用人、出借人、中人签押,有保证人的或由人代笔的亦应签押并须注明立约的准确时间。④ 例如朱文通先生在河北省沧县杜林公社权王庄搜集到的河北省青县义和堂记"借字约"原文:

> 立借字义和堂(铃记),因正用烦中说合,今借到义兴堂九六清钱一千吊整,言明三分行息,每月付利息钱三十吊,以十个月本利还清。如十个月不到本利,即以曹家坟三十四亩与李家地十六亩作为抵还。恐口无凭,立借字存照。中人李遇春(押)、王香波(押)、万信号(押)、王种山(押)。光绪十四年四月十三日。义和堂记。⑤

然而在实践中,简单的借贷文书相当普遍。直隶省天津债权契约有"书姓不书名"的习惯:"然去商埠稍远之偏僻地方亦有中保并不列名画押,债权人仅书其姓而不详其名者";山东省平度县有"约据不签押"的习惯:"该县乡

---

① Cohen, R. Randle Edwards, and Fu-mei Chang Chen eds.*Essays on China's Legal Tradition*, Princeton:Princeton University Press, 1980, p.110.

② 参见日据时期临时台湾旧惯调查会编:《临时台湾旧惯调查会第一部调查第三回报告书台湾私法附录参考书》,第三编下卷,神户金子印刷所 1902 年印刷;临时台湾旧惯调查会编:《临时台湾习惯调查会第一部调查第三回报告书台湾私法第三卷附录参考书》上、下卷所载各借贷文契,东京鲜美堂印刷所 1903 年印刷。

③ 契约格式的一致化,至迟自汉代已然。参见[美]宋格文:《天人之间:汉代的契约和国家》,高道蕴、高鸿钧、贺卫方编:《美国学者论中国法律传统》1994 年版,第 179~180 页。Hulsewé 也认为,"这种非常的一致隐含着一种法律渊源"。转引自宋文,见同书第 180 页。

④ 参见中华法令编印馆编译:《日华对照中华民国习惯调查录》,行政学会印刷所 1943 年印,第 1428 页。

⑤ 原件藏南开大学图书馆,冯尔康:《清史史料学初稿》,南开大学出版社 1986 年版,第276 页。

间买卖房地契约及合同借帖往往仅书立约人名字而不签押。其要证则为代字人。惟附城各地方以亲笔立字为原则,故立约人名字之上必冠以'亲笔立字'四字";陕西省乾县习惯上甚至可以"借约不画押,代笔不书名":"民间揭借款项只书墨票,所有中管人等及债务人均不画押盖章,亦无代笔人姓名"。福建、江西、江苏等省流行的手条或手票以及河南省的"满腰转"都属简单的借据,只须有债务人的签名即可生效。例如福建省"晋江民间借款多立有借字,俗名手票……并无载债权者姓名。"官府不仅认可这类形式的借据,在强制履行债务时还常常责令债务人"书立手条"。①

【案例7】"此案讯得董其洲供词,原日立条据系凭其洲为中,称有三十五元,似有不符之处;另书十元之据应行涂销;尚有二十五元,谓前已兑付十元,其中利息照算,颇难清楚,劝令高汉东推让作二十元,换立手条,凭董学广等为保,限五月底兑清,以息讼累。各遵结附卷。此判。"②

以上情形表明,清代的借贷契约,没有严格的形式要求。无论是"口头契约"还是"书契"都极少看到有要求"除了缔约两造仅仅的合意以外所必需的""手续"。③ 19世纪台湾的情况与大陆相同,布鲁克曼说:"买卖契约可以是口头的或书面的,两者的执行效力没有什么差别。而且特别是商人之间订定大宗金额的契约常常没有书契。不像昂格鲁·撒克逊法上的反诈欺条例要求某些类型的契约必须是书面的或签章的。也不似民法法系有特殊的形式要求或罗马法上所谓约定的仪式要求。在那种朗诵仪式上,被承诺人会问'你是否如此这般许诺吗?'承诺人会回答说'我许诺'。"④近代以来民法法系各国,如德国、日本、旧中国等民法典均将借贷契约定为非要式契约。据学者解释"近世立法,一切契约以不要式为原则"。⑤ 同样,现行《美国统一商法典》第2—201条大大放宽了传统普通法对契约形式的苛刻要求,只要写明了数量,任何

① 分见中华法令编印馆编译:《日华对照中华民国习惯调查录》,行政学会印刷所1943年印,第982、1032、1411、1190、1285、1269页;(清)赵幼班:《历任判牍汇记》。
② (清)赵幼班:《历任判牍汇记》第2册,"判高汉东等堂词"。
③ [英]梅因:《古代法》,沈景一译,商务印书馆1984年版,第184页。稍后引梅因语见第177页。
④ Cohen,R.Randle Edwards,and Fu-mei Chang Chen eds.*Essays on China's Legal Tradition*,Princeton:Princeton University Press,1980,pp.106-107.
⑤ 吴振源:《中国民法债编总论》,世界法政社1934年版,第28页。

形式的文字记录均可使契约生效。① 这条规定虽然只是针对买卖的,但《统一商法典》第二编在司法实践中已被推广适用于其他各类契约。② 由此看来,清代的契约规范与近现代西方契约法的基本精神——注重当事人的合意而非契约的形式颇相一致。按照梅因发现的契约发展史规律,"成熟时期"的契约与古代契约的差别在于前者摆脱了形式和仪式上的束缚,着重于"心头的约定"。不知这个规律是否适用于中国?

笔者以为,清代官方不苛求于借贷书契的形式,不是因为对这种"近世立法原则"有着明确的认识,而是为了适应实际的须要,特别是为了顺应民间的借贷习惯。前面提到,清代民间的借贷活动相当活跃且大量发生于亲朋、地邻之间。碍于情面,当事人往往不愿强求对方出具严格的书契,"君子协定"式的口头借贷契约也是屡见不鲜的(见《畏斋日记》)。如果官府过于苛求借贷契约的形式,势必使大量的借贷关系得不到保护。如此则利害关系人转而可能更多地寻求暴力的方式"私了",严重的甚至可能导致规模不等的社区骚乱,破坏清政权的统治秩序,这也是官府所不愿看到的。

1991年《最高人民法院关于人民法院审理借贷案件的若干意见》第四条规定:

> 人民法院审查借贷案件的起诉时,根据民事诉讼法第一百零八条的规定,应要求原告提供书面借据;无书面借据的,应提供必要的事实根据。
>
> 对于不具备上述条件的起诉,裁定不予受理。

这条意见本身符合现代契约法的精神,但由于某些法官对"事实根据"缺乏充分的理解,以致在司法实践中出现了片面重视书面借据的现象并因此导致了一些不公正的判决,理应设法避免。

三 约因与时效

清代没有约因和时效的法律制度,也没有与此相对应的理论和观念。然

---

① D.J.Whaley, *Problems and Materials on the Sale and Lease of Goods*, 2ⁿᵈ, Little, Brown and Company, 1990, p.27.

② *See* John E.Murray, Jr., *Cases and Materials on Contracts*, 2ⁿᵈ ed., Indianapolis: the Bobbs-Merrill Company, Inc. 1976, p.4.

而在实践中法官用于判断证据真伪的某些技巧却与此相类。

布鲁克曼认为,清代的民事审判与刑事审判不同,法官关注的大都是事实问题,极少讨论法律问题。做出判决时通常无须征引律典或先例甚至完全不提及律典。与英美法官不同,法官的职能不是创造法律而只是确认事实是否符合当地的习惯并相应做出判决。①　从本章引证的案例中我们也看到,法官的主要精力用于判断事实和证据的真伪,这证实布氏的观察并非虚言。因此在研究清代借贷契约时有必要对法官用来判断事实和证据的方法和理由加以探讨。

首先,在证据存在欠缺,如证据相互矛盾、书证过于简要或有模糊歧异之处时如何推断事实。

【案例8】原告:钱章武;被告:王昌太

当事人争辩事实:(1)"据钱章武供,伊父钱藻村在日,于光绪元年间经王昌太向借洋银三百元,又一百十二元立有凭票,除凭王裕堂交还一百七十元,余概未还";(2)"至泌湖修埂,伊祗有孟家等湖田二百十余亩,业付派费洋银二百四十二元。不料王昌太等蛮将借款抵作修湖帮费";(3)"诘据王昌太供称,泌湖湖埂倒塌,伊曾与楼莘辉等邀集各业主议明荒田每亩派费三百文,熟田每亩派费一千二百文,惟钱章武共有湖田二百四十余亩,仅收费洋二元,此外陆续收用共修湖埂三千余丈,建造霆洞二口。后因派费观望以致中止。尚有钱十六江霆洞未造、横鉴湖导缺未筑。而钱章武之故父藻村本愿帮贴洋银三百元,今因其父身故,借口妄讼等情。"

法官分析意见:(1)"查钱章武并无横鉴湖内田亩,王昌太谓钱藻村允帮埂费,断无是理。"(2)"且核所呈钱藻村当日书信,不过商邀王昌太出身筑埂,有可以垫费之意,乃王昌太于钱藻村故后一若其子钱章武不知底细,而以帮费为词,居心尚可问耶? 夫钱藻村所以有垫费之意者,盖欲垫之于先,一俟收集各亩费即可归垫,故信中并无帮费一言,缘有田者自应出费。当田费未集之时,预为垫出是亦足矣,何帮之有?"(3)"且查账簿内收有钱藻村亩费约洋银二百元左右,核之王昌太供称洋银二元实觉矛盾,而钱章武所称付过二百三十

①　Cohen,R.Randle Edwards,and Fu-mei Chang Chen eds.*Essays on China's Legal Tradition*,Princeton:Princeton University Press,1980,pp.100-101.

元,自非虚语。其少收二、三十元者则有遗漏之账也。"

判决:(1)(略)(2)"王昌太已还钱章武一百七十元,仍欠洋银二百三十元,断令钱章武划出造霆洞三十元,余限王昌太收捐缴案,以十二月十五日为期,由钱章武来案具领。"(3)"捐账二本给楼莩辉领还,务须劳瘁不辞,期于成事为要"。(4)"王昌太领回账簿规略,各取甘结完案。"①

本案中,双方提供的证据存在着缺欠。原告以"凭票"为据主张被告与其父成立的是借贷契约,而被告则以书信为凭(可能还有原告之父的其他口头许诺)主张其为赠与契约。由于判书未照录原信,无从得知详情。但从行文中推断,书信中的措辞可能有些含糊。被告解释为"帮费",法官则解释为"垫费"。而支持后者的最有力理由是"钱章武并无横鉴湖内田亩,王昌太谓钱藻村允帮埂费,断无是理"。之所以"断无是理",无非是因为钱父提供"帮费"对他本人没有利益。这种判断的逻辑基础似与英美法的"约因理论"(consideration)不谋而合。按照这种理论,契约之成立并得强制履行必有一定的利益交换。譬如,甲允诺每周付乙 200 元钱,作为交换,乙须每周为甲授课 4 小时。对甲而言,每周听课 4 小时是获得的利益;对乙则是损失,他不能在这 4 小时里作其他有趣的事,反之亦然。如果甲听课后不付钱,乙可请求法院强制履行。若此时甲声称乙是自愿无偿讲课的,则法院可能以无约因为由,否定甲的抗辩。"约因"是英美法上特有的概念,在传统普通法上被视为契约成立的三大要件之一。关于"约因",有各种各样的解释,一般认为"约因"是缔结合同的诱因,承诺人获得某种利益、好处或被承诺人承受某种损失。这种理论与本案中法官否定王昌太抗辩的理由都奠定在同一个假定的前提下,即:正常人的行为都是自私自利的,而且只有这样他的行为才是合乎理性的。② 就像中国古代的法家和儒家荀派认定人性都是趋利避害的论调一样。晚近以来,"约因理论"不断遭到批评以致被吉尔莫视为"契约的死亡"的表征之一。③ 依笔者拙见,其死亡的病因就在于过于形式主义和教条化,违背了其产生的初衷,

---

① (清)倪望重:《诸暨谕民纪要》卷 1,光绪二十三年刻本,第 62 页。

② *See* Robin P. Malloy, *Law and Economics: A Comparative Approach to Theory and Practice*, St. Paul: West Publishing Co.,1990,p.54.

③ [美]格兰特·吉尔莫:《契约的死亡》,曹士兵等译,梁慧星编:《民商法论丛》第 3 卷,法

律出版社 1995 年版,第 265 页。

导致了一系列不公正的判决。① 关于约因问题,历来众说纷纭,据说集合起来能有"一卷书"。② 至于"约因"产生的初衷究竟为何? 由于笔者未掌握足够的历史材料不敢妄下定论。有人说它不过是"一种历史的偶然"③罢了。由本案的启示推测,"约因"最初很可能是在契约的证据存在欠缺(就像本案中)的情况时,法官用来判断当事人意思表示真伪的一种手段。法哲学家认为契约的实质是"人类的意志",④它可以是"诚实、公正、自愿做出的,也可以是胁迫、乘人之危、背信弃义、或欺诈的结果"。法律只保护善意当事人的利益,而不承认在胁迫、欺诈等情况下做出的承诺(非真实意思表示)具有约束力。吉尔莫说,"在其他一些文明化的法律体系中,同样的协议只要能够证实它们是在完全自愿和诚实信用的基础上达成的,则可以强制执行——这是理所当然的"。⑤ 但是,在证明出现困难的情况下,如何判断当事人的意思真伪呢? 在英美法看来似乎只有根据人类的本性——"趋利避害"进行推定比较客观和公正。于是"约因"就派上了用场。在英国法中,约因原本只适用于"简单合同",而不适用于"有契据的合同"。⑥ 这似乎尚保留着"约因"理论的初衷。看来,美国的古典契约理论家在"约因"上未免小题大做了,把本来只在某些特定场合下才援用的证据判断规则推广为具有普遍性的契约成立规则了。这未尝不是对"约因"理论的反动。

其次,当事件发生过久,证据灭失或中证人死亡时如何做出判断。

【案例9】原告:刘畅茂;被告:陈济云

事实:(1)嘉庆八年,锺衍楠、陈世祚同借刘汉贤(刘畅茂之伯父)钱十三千文。(2)嘉庆二十五年,刘畅茂之父辈析产,刘畅茂继承此项债权。

法官分析意见:(1)析产距借贷已逾十七年,刘汉贤为何从不索取? (2)

① 如斯蒂尔克诉密瑞克案。参见梁慧星编:《民商法论丛》第3卷,法律出版社1995年版,第212~213页。

② [日]内田贵:《契约的再生》,梁慧星编:《民商法论丛》第3卷,法律出版社1995年版,第210~215页。

③ John E.Murray,Jr.,*Cases and Materials on Contracts*,2nd ed.,Indianapolis:the Bobbs-Merrill Company,Inc.1976,p.241.

④ [意]密拉格利亚:《比较法律哲学》中册,朱敏章、吴泽炎、徐百齐、吴鹏飞译,商务印书馆1940年版,第598页。

⑤ 梁慧星编:《民商法论丛》第3卷,法律出版社1995年版,第265页。

⑥ [英]G.D.詹姆斯:《法律原理》,关贵森等译,中国金融出版社1990年版,第192页。

"使此项(笔者按:债款)难以索偿,则此券早成废纸;使此项犹可索偿,则汉贤自有子孙,胡不自向索取,而必强分之畅茂名下乎"?(3)"析产之时,衍楠久已身故乏嗣,无从追索;即使世祚肯认此项,亦止应照各半之数,畅茂当日并非幼孩,胡竟甘受此十三千文之虚券而不一声明乎?"(4)"嘉庆八年迄今已三十五载,查世祚历买畅茂及其伯叔兄弟之业,印契炳炳,岂产业已陆续出售而借约尚藏箧中至三十五年之后始行控追乎?"(5)券内中人已故,"无从质证"。

判决:"钱债之案,必以券约为凭。兹若刘畅茂控陈济云之欠项,所呈券约又有未足凭者"。"本县揣情度理,实难断令世祚偿欠。合将借字涂销。"①

【案例10】"此案讯得朱林两造各执一词,但查各条从三年起至五年止,共十二张,事经廿载,均无活口为凭,且林江汇既不认款,朱文杰于二十年控案,批饬持条邀中向取,既未取得,自应补追,而二十一年至二十三年并未再上一禀。至本年二月忽出而控案,又批邀中取兑,又未取得,应即禀请从速提追,延至十一月始行复呈,察讯各情,言词实多雌黄之处,条据并无确凿之凭,案情既虚,可作罢论,毋庸徒滋讼累也。此判。"②

【案例11】"此案再行研讯,张朝元所交收据核与陈绍汤之父旧存笔迹实不相符,而张朝元并称陈之祖父陈悦来存有同治年间手条二十六元在伊处,未免更不足信。果有是事,何以光绪十五年还五十两借款之时,并不扣除,即此次未扣尚有五十两未还,立借约之时,又不扣除,其中驳处甚多,意图骗累,殊属非是。即愿将田抵押,仍饬张树之、王汉和等再为理处可也。此判。"③

以上三案中,原告的诉求均因时间过久而被否定。可见,时间作为一项法律事实在确认当事人权利时不无作用。甘肃省有所谓"三十年作为故纸"的习惯,即"以金钱为目的之债权逾三十年不行使,其债权即认为消灭"。④ 不过,以上三案中法官提出的理由并非单纯因为时间,主要还是因为证据本身的瑕疵。从判词看,三案共同的特点是:(1)所述事实显违情理;(2)当事人、中证人死无对证;(3)长时间未行使权利。现代各国民法典皆有消灭时效的规

---

① (清)沈衍庆:《槐卿政绩》卷2,同治元年刊本,第10页。
② (清)赵幼班:《历任判牍彙记》第2册,"判朱文杰等堂词"。
③ (清)赵幼班:《历任判牍彙记》第2册,"判陈绍汤等堂词"。
④ 中华法令编印馆编译:《日华对照中华民国习惯调查录》,行政学会印刷所1943年印,第1421页。

定,据说系滥觞于古罗马的审判官命令,目的在于避免诉讼中的举证困难。胡长清说:"就通常情形言之,某种事实状态如已经过长久之时间,则其证明资料多属湮灭,故法律特以时效为证据之代用,而使权利者丧失其权利"。史尚宽也说:"又如持有其祖先之借据向吾索债者,吾又乌能证明其已为清偿乎?故不如对于久已为所有权之事实或久未被指债务人而索偿之事实,认为合于正当之法律关系。更自他方面观之,此时虽有正当之所有权人或有正当债权之存在,然久不行使,正所谓'眠于权利之上者',即不予以法律之保护,亦非过当"。① 胡长清又指出:消灭时效的成立要素有二,一须"经过一定之时间";二须"继续不行使权利"。② 可见消灭时效制度的存在理由与上述三案的判决理由正相吻合。

　　然而,清代法律对于债权的诉追并无严格的时间限制。俗语所谓"父债子偿",确有习惯的基础,且此种习惯流行于南北各省。例如:陕西省渭南县"债务人死亡后,债权人得向债务人之子孙或承受其遗产之近族人等行使债权,并无时效之可言,故曰子孙账。"③前引甘肃省习惯似较个别。无论是从法律上、观念上还是普遍性的习惯上看,在一般中国人的心目中债权本身决不因时间而消灭。上述三案与现代法律上的消灭时效制度虽然都否定债权的请求,但仅仅是由于证明的困难,为避免不公正的后果的不得已选择罢了。此所谓"两害相衡取其轻,两利相衡取其重"。民国三(1914)年大理院上字147号判例明定:"民律未颁布以前,本无时效规定可以援用,尤不得以老契年代较远作为时效消灭而予以排斥。"民国五年上字461号判例重申了上述精神。④此类判例,大抵也是为了顺应民间的习惯。

　　【案例12】"此案讯得两造供词,达、李氏所交条据系光绪丙子,经二十余年,何以从前并不追取,取之不获,何不早控。其中不无疑团。达彩寿称已付五十元,立有收字,核之尚有可原。嗣又付二十元,李氏亦已承认,应毋庸议。

---

① 胡长清:《中国民法总论》,商务印书馆1933年版,第398~401页;史尚宽:《民法总则释义》,上海法学编译社1937年版,第438页。

② 胡长清:《中国民法总论》,商务印书馆1933年版,第398~401页。

③ 中华法令编印馆编译:《日华对照中华民国习惯调查录》,行政学会印刷所1943年印,第1394页。

④ 周东白编:《大理院判例解释民法集解》第一编,上海世界书局1928年版,第65页。

饬令彩寿再付五十元，书立手条，分期照兑，以息讼端。各遵结附卷。此谕。"①

【案例13】"此案钱债纠葛，事隔数十年，既有票据，何不早为结算。即票内声明俟绒庄出售归还，又何以前数年该房出售之时，又未理说。此中情节实属令人不解。顾润章前开瑞丰钱庄，李经文前开同兴裕参店，在光绪初年之事。两店早经闭歇。此等兴隆票据未便如数断还。且两造各执一词。讯据系数十年旧交，何必纠讼，尽可投中理处，不难了结也。此判。"②

"案例12"中，事件发生时间虽久，但因原告中间曾履行催告（请求）且被告亦曾部分清偿（承认），故其债权得以被法官认可，与现代民法上之消灭时效中断制度相似。

"案例13"的情况与前案相似，但因属"兴隆票"，故判决结果不同。所谓"兴隆票"，是一种附先决条件的债权债务关系的凭据，广泛流行于大江南北。据调查，直隶、江苏、江西、湖北、安徽等省均有此种习惯。天津称为"发财票"："有以将来事实为条件者，如甲借乙洋一元，甲无资力，立一字据于乙，约俟甲发财时履行债务于乙。未发财之先，停止债务履行。津埠谓此字据为发财票，往往用之。"江苏省江宁县：

> 民间债务纠葛，遇有债务者家产净绝，不能如数偿还，债权者又不愿表示让免，不得已筹一调停办法，即令债务者立一兴隆票，内中注明将来如有寸进，或兴隆之一日，所该债务完全偿还字样（其余款式与普通票据同），在债务者一方面以为可以暂舒目前之急，固极愿为之；债权者又以其系属一种条件之债权，亦亟欲执此为将来索偿之证据。故自前清迄今实为江宁境内一般人民所通行之习惯，偶有此种情形发生往往无俟涉讼法庭，一经咸友之调解，即恃此一纸兴隆票以为救济，在境内一邑而论，其效力固甚强大也。③

按："案例13"判词作者赵幼班晚清先后任樊山（湖北省）、上元（民国后并入江宁）、泰州（民国后称泰县，在扬州附近）等地知县。此案中作者不直接

---

① （清）赵幼班：《历任判牍彙记》第2册，"判达李氏等堂词"。
② （清）赵幼班：《历任判牍彙记》第1册，"判顾润章等堂词"。
③ 中华法令编印馆编译：《日华对照中华民国习惯调查录》，行政学会印刷所1943年印，第982、1089、1119、1206、1317页。

做出判决而发交中人调解,不无对人情因素的考虑,试图启发当事人的良知,似颇符合江宁县习惯。日本学者北川善太郎说:"事实状态难以确定,而且证据易于散失,因此,根据时效,先姑且产生权利的取得或权利的丧失的法律效果。但是,该法律效果最后是否确定则由时效的当事者来决定。也就是说,即使已到了时效期,当事人如果不援用时效,法院不能依据时效作出判决。或者说,即使时效期间已到,当事人也可以放弃这种时效的利益。这样,时效制度在事实和规范的不和谐的关系中,加进了人情的味道,留下了人类道德发挥作用的余地。"①足见,现代法律的发展不仅不排斥人情,还应积极鼓励正当的社会伦理。正如北川所说,时效制度与事实的关系并非十分和谐,因此关于消灭时效的客体,学说上颇有争论,各国立法例亦不尽同。有以债权及其他非所有权之财产权为客体者,如日本民法,清末民律草案从之;有仅以请求权为客体者,如德国民法典、瑞士债务法。1914 年北洋政府制定的民律草案(史称"民律第二次草案")改从德、瑞立法例,并为后来颁布的民法典所沿袭。② 应当说,采用后一种立法例比较符合中国传统的价值观念,尽管当时的立法者主观上未必意识到这一点。

四 主体资格

西方人批评中国古代不存在民法的依据之一是中国古代不存在平等的民事主体。然而我们考察一下清代的民事实践也许会发现,这种批评未免过于理论化。试看下面的案例:

【案例 14】"钱商宁廷枢呈控前办厘局知府许炳恭欠账未还,批示许守责偿,遂当堂呈缴百千,乃宁廷枢称此项本钱虽偿,仍请照追利息,否则不愿具领。厘局委员请示于余,余谓钱债细故,只应为之追本,断无代为追利之理,宁如不领,应即申斥之并示以再控不准"。③

此案有趣之处在于当事人间的身份差异。商人控告知府欠账不还,法官不

---

① [日]北川善太郎:《日本民法体系》,李毅多等译,科学出版社 1995 年版,第 8 页。
② 参见谢振民:《中华民国立法史》,正中书局 1937 年版,第 904 页。
③ (清)李佳撰:《柏垣琐志》,光绪二十九年印本,第 7 页。

敢擅断，上报湖南按察使李佳裁定。后者肯定了原告的原本债权但否定了其利息债权之请求。根据《大清律例·违禁取利》条的规定，合法限度内的利息债权是受到保护的。约定利率超出限度的只扣除其超额部分，其余仍受保护。例如：

【案例15】被害人：侯元生；被告：田观音；第三方：侯应祖

事实：侯应祖于雍正十二年将田一丘典与元生耕种，复因贫乏，同年八月又两次借田观音银七两，亦写前田作抵。历年本利无偿。乾隆四年四月，观音前往插田，元生争阻被殴毙命。

判决："田观音合依凡斗殴杀人者，不问手足、他物、金刃，并绞律，应拟绞监候，秋后处决……侯应祖写田作抵，银议三分起息，亦非重行典当，均请免议。仍令照律追本利银一十四两，给予田观音收领。所典田亩，仍听侯元生之子侯子奇耕管。"①

按：雍正十二年八月至乾隆四年四月共四年半，利息总额应为 11.34 两，本利（按月）合计应为 18.34 两。但清律规定"一本一利"，"利不得过三分"。故田观音最多只能受偿 14 两。

据本案及本章征引其他各案例可知，李佳拒绝保护原告的利息债权是没有法律依据的。做出这种判决恐怕还是基于明哲保身的考虑。李佳在处理醴陵教官宁曾泽负欠徽商汪溶借贷不偿一案时曾说："宁一教职尔，官场即为之徇庇，若非蒙不肯少假，汪不将负屈莫申耶？然若蒙之迂直，开罪于同僚多矣，乌得一一见谅于人也。"②可见身份地位的差别对判决的公正与否影响甚大。

近代民法，特别是契约法的基本前提就是契约当事人主体资格的平等。没有这个前提，契约是否反映了当事人的自由意志就大成疑问了。琼斯教授认为：中国古代"没有公民"，"没有作为权利的承担者，享有权利能力，做出动机宣告，从事法律行为的人。没有可能构筑债法的契约法、侵权法或不当得利法，没有土地租佃法"。如果说，皇帝是法律承认的唯一的"人"，但他是没有义务的。③

---

① 第一历史档案馆、中国社会科学院历史所合编：《清代土地占有关系与佃农抗租斗争》上册，中华书局 1988 年版，第 137~138 页。

② （清）李佳撰：《柏垣琐志》，光绪二十九年印本，第 19 页。

③ 参见苏亦工译：《大清律例研究》，高道蕴编：《美国学者论中国法律传统》，中国政法大学出版社 1994 年版，第 386~387 页；高道蕴等编：《美国学者论中国法律传统》，清华大学出版社 2004 年版，第 421 页。

的确,中国古代,包括清代,是一个不平等的社会。就整个社会而言,存在着官民的不平等;就家庭或家族内部而言,存在着尊卑长幼的不平等。这些不平等对于构筑现代意义上的契约法不无障碍。但如果据此否认清代的民事主体在从事契约活动时的相对平等地位和相对的契约自由,也未免言之太过。其实,无论古今中外,绝对的契约自由和平等主体是根本不存在的。正如王泽鉴先生所说:

> 契约正义系属平均正义,以双务契约为主要适用对象,强调一方的给付与他方的对待给付之间,应具等值原则。然给付与对待给付客观上是否相当,如对特定劳务究应支付多少工资,对特定商品究应支付多少价金,始称公平合理,涉及因素甚多,欠缺明确的判断标准。现行"民法"基本上采取主观等值原则,即当事人主观上愿以此给付换取对待给付,即为已足,客观上是否相当,在所不问。①

【案例16】贵州举人张有蕴在升任山西省灵邱县知县前后曾多次向北京商人马廷璧、山西太谷县人武宁寓、车际太等举借利息奇重的高利贷。债权人频频上门索债,张有蕴被逼无奈自缢身死。刑部奏折中说:"马廷璧、武宁寓先后赴索,张有蕴均相留进署凭伊妻弟朱樱许武宁寓先还一半。寓因无现银,在署坐守,而马廷璧必欲全楚,时向催逼。张有蕴因负欠累累,清还无期,常怀愁闷,又见马廷璧等在署坐讨,更形忧郁,屡经伊亲友劝慰莫释,于(乾隆四十七年——笔者加)十二月初八日夜投缳殒命。"②

本案及"案例14"均是发生于商民与官员之间的借贷活动,双方在政治地位上是不平等的,但这种差别对借贷关系似无直接的影响。商人敢于频频向职官讨债,无法印证钟威廉(琼斯)教授的观点。相反,似倒符合王泽鉴教授的主观平等原则。

【案例17】

骆在元年幼无知,其父永山奉押在天长县,应与之议定,取有笔据,始能作售田之局。且蒋立江既是邻佑,何以不约立江到场,亦呼其子书字,亦只有十五岁之儿童,其中情弊显然,并查杜卖上契尚在永山之手,更不相合。杨九林

---

① 王泽鉴:《债法原理》第1册,中国政法大学出版社2001年版,第74~75页。
② (清)胡肇楷、王又槐增辑:《新增成案所见集总编》,寄螺斋藏板,光绪八年重刊本,第10卷。

着即押究,速将田价退清,以了其事。此判。①

【案例18】原告:郭瑞堂;被告:郭夏松

缘同治二年八月间,郭瑞堂向郭夏甸买受基地三间,土名上十亩,又向郭夏松之兄郭夏山买受同处楼屋系右首第五、六、七三间,现在鸠工起造,郭夏松出而争执,经家族郭使丹等理处不明,以致同室操戈,互相控讼到案……惟同治初年,郭夏松年幼,虽契内列名书押,必为其兄郭夏山所挟而又不分以钱,念其家境甚贫,即着郭瑞堂找出洋银二十四元,除经中已付十元外,仍缴洋银十四元,候给郭夏松收领,以为找绝之价。此亦使之睦族恤贫而已。各取甘结完案。郭瑞堂俟缴钱时再将契据、户册领还,郭篆丹有找契一纸亦须具领。此谕。②

以上二案虽非借贷案例,但用以说明清代各类契约的主体资格问题似无不可。这两个案件都涉及到未成年人订立的契约是否成立的问题。就判词来看,法官似无意否认未成年人从事契约活动的主体资格,但对未成年人判断其行为之效果的能力持怀疑态度。由于骆在元、郭夏松年幼无知,未能意识到他们签署的合同对他们自己产生的不利后果,法官的判决显然出于保护二人的利益而非剥夺二人的权利。这与现代民法上设立无行为能力或限制行为能力的制度以及英美合同法上有关合同成立的行为能力要求(Requirement of Capacity)中的未成年人制度(Infants rule)的精神是一致的。"案例17"中,法官否定了已签订的契约的效力,理由是骆在元的父亲尚在,应征得他的同意或应请骆的邻居蒋某到场,颇近似现代民法上的法定代理人制度。"案例18"的情形与前案有相似之处,但因事情发生在多年以前,原告占有该基地已有相当时间,且被告之兄为共同签约人,故法官未否认该契约的效力。北川说:"如果未成年人的行为总是不生效,这会给交易带来过于不稳定的因素。因此,民法为了实现保护未成年人和保护交易稳定性之间的协调,规定未成年人的行为姑且有效,但可以取消,如果得到了法定代理人的同意,即为有效。"③本案中法官未承认被告的撤销权,显然是出于交易稳定的实际考虑,且许以一定的补

① (清)赵幼班:《历任判牍彙记》第3册,"判陈德龙等堂词"。
② (清)倪望重:《诸暨谕民纪要》卷3,光绪二十三年刻本,第14页。
③ (清)沈衍庆:《槐卿政绩》卷2,同治元年刊本,第15页。

偿,亦不失为两全之策。

【案例19】原告:刘飞鹏;被告一:陈长泮,被告二:陈翼芳,被告三:陈翼华

事实:(1)"陈长泮旧欠伊(刘飞鹏——笔者)祖洋钱百元。于道光十八年经中言明加息二十元,分四年清款,将住屋书契作押。鹏父照山服贾楚南,长泮子翼芳在楚措还钱一百千文,余息肯让。照山同兄彩门业已许允,立有收约。翼芳旋里,向鹏取契。鹏以赎价未盈不肯检付。视孔方兄太重而视父伯之命太轻矣。"(2)"陈长泮另有承受亲房遗屋一所,与侄翼华共掌。翼华佣工于刘照山店,长用钱数十千文,无从措偿,遂将该共业于道光二年书契售准,虽列有长泮、翼芳名字,实未在场书押。仅找付翼华名下契价百金之半。陈长泮所应得半百之数,因前欠项牵扯,一欲坐扣除抵,一冀藉货居奇,尔虞我诈,久已各怀私念,一言不合,两衅都来。"

判决:(1)"应断令将陈长泮己屋之典契交出准赎"。(2)"其尾欠本息,伊父既让明于前,其子何得固索于后。所有原限缴洋银四十元,即行注销。"(3)"其与翼华共业之卖契,着飞鹏备价银五十两找付长泮,屋准照契管业"。(4)"所有杂项字约讯明一并涂销,以清葛藤"。(5)"其私买、私卖之处,殊觉近于谋占。事已多年,姑免追究。各具遵结听候详府销案。呜呼,肯平心而待物,何致邻里之纷争,毋刻薄以成家,庶克子孙之长保,愿尔等其敬听之无忽。"①

此案卷入两组家族共有财产的处分,一为子侄拒绝接受父、伯对祖父债权的变更;一为侄擅自处分叔侄共有财产。对于前者,法官肯定了父、伯的变更权;对于后者,法官虽对侄的行为予以道德谴责,但于法律上却肯定了该项不动产买卖的效力。

戴炎辉先生说:"惟尊长的家产管理权,视其为直系与旁系而异。家长如是直系尊长时,因其对子孙有绝大教令权,致家产管理权与教令权相混淆,直系尊长如何管理与处分,卑幼亦不得过问,倘家长是旁系尊长,因其对家产仅有财产管理权,自不得任意处分;若侵害卑幼的利益,卑幼亦得告官而加以纠正。"②此案两组行为的不同判决结果即在于此。

---

① (清)沈衍庆:《槐卿政绩》卷3,同治元年刊本,第4页。
② 戴炎辉:《中国法制史》,(中国台湾)三民书局1979年版,第215页。

清代,已析产的家族成员间的借贷及其他财产交易,无异于普通人之间的交易,尊卑长幼的身份差异对于契约的成立通常没有影响。《畏斋日记》中记载的许多借贷活动都是发生于家族成员间的,可兹为证,如前引康熙三十九年九月二十八日事及本案中不动产买卖即是。至于家庭共有财产的管理权则由家长总揽,卑幼不得擅自使用、收益和处分。但在实际生活中,卑幼私下里处分财产的情形亦所在多有。广泛流行着所谓"孝帽账"、"麻衣债"、"父没交产"、"听响还债"之类习惯,如河南省巩县:"中国家统于卑幼不得私擅用财,往往有浮浪子弟任意挥霍,暗地借贷或盗当地亩,约定父母死后履行债务,交割田地。俗谓之孝帽账,以其孝帽上头则收帐之日到来也。南方各省亦有此俗,谓之'麻衣债'。"①可见习惯上对于卑幼未经家长许可的处分财产行为也是认可的。戴炎辉先生认为:"故固有法上的家产,宜解释为:由父子共财而及于其直系卑亲",但"并不否定自兄弟叔侄开始的共财。盖家长或家属非绝对不能拥有私产。"②比较而言,清代私法上男性卑幼的财产权要比古罗马父系大家长统治下的子女大得多。依据以上事实当可认为,加于卑幼财产处分权上的限制宜视为对行为能力的限制而非对于享有权利、承担义务之主体资格的限制。

权利问题,或者说私权,历来被视为全部民法的核心和基础。因而权利的承担者——人,是否具有平等的主体资格,又成了这个核心的基础。笔者无意认为清代是一个平等的社会,然而,除去政治的色彩,仅从私法的意义上对清代的财产交易作微观的观察,人与人是相对平等的。中国人从来也不缺乏私权的意识,缺乏的是对私权的有效保障。不过,中国传统素重人情,家庭内部更是充满了亲情,远较单重法制的西方文化温馨许多。

五 结 论

本章分析了清代借贷契约成立的各种要素,并试图透过对清代司法实践

---

① 中华法令编印馆编译:《日华对照中华民国习惯调查录》,行政学会印刷所 1943 年印,第 1022 页。

② 戴炎辉:《中国法制史》,(中国台湾)三民书局 1979 年版,第 214 页。

的考察,揭示出隐含在各个判决和习惯背后的理性原则。笔者发现,东西方的法律体系在判断借贷契约的成立问题上存在着许多惊人的相似之处,或许在更广泛的契约活动领域还能发现更多的相似之处。尽管这个发现绝非第一次,①但仍可能被视为是荒谬的。事物的相似本多出于巧合。按照正统的西方观点,"中国传统法律,排他性地属于刑罚","历经多个世纪发展的所谓法典,基本上都是关于行政和刑罚的规定,而且均强调道德和严刑酷罚。民法的发展受到了限制和阻碍"。② 我并不认为他们的观点是错误的,如果硬将《大清律》中的某些部分,譬如《户婚律》视为"实质的民法"③的确显得牵强,因为那些条款不仅附以刑罚,而且在当时人看来也大多属于对犯罪行为的规定。不过,西人得出中国古代不存在民法的结论主要是基于对中国传统法典的研究。考察过中国传统民事规范的西方人则往往会有不同的看法。这里必须指出的一点是,现代汉语里的"法"或"法律",与西文中"law"、"droit"(法文)、"recht"(德文)的词义并不完全对应。它(们)实际上是早已法家化了的术语,其主要内涵就是刑罚。④

《儒林外史》第九回,娄三公子谈到杨允经管盐店亏空七百两银子被店东控告监押追比时曾说:"他不过是欠债,并非犯法。"⑤1996 年 2 月 13 日中央电视台"焦点访谈"节目有采访河北省廊坊、定兴两县农民制贩假二锅头酒的报道。记者问:"你知道这样做是犯法的吗?"被告答:"不知道。我就知道杀人放火犯法,不知道干这个也犯法。"可见,在今天属于民事违法的行为,在一般中国人心目中,自古至今都是与法律不相干的。

---

① 类似的发现可见于诸如布鲁克曼、宋格文等氏作品,分见 J. A. Cohen 等编 *Essays on China's Legal Tradition*,Princeton University Press,1980.及高道蕴、高鸿钧、贺卫方编:《美国学者论中国法律传统》,中国政法大学出版社 1994 年版和高道蕴、高鸿钧、贺卫方编:《美国学者论中国法律传统》,清华大学出版社 2004 年版。

② *See* Tahirih V. Lee,47 *U. Miami L. Rev.* 1337.*Also see* Ranbir Vohra,*China's Path to Modernization:A Historical Review from 1800 to the Present*,Englewood Cliffs,NJ:PrenticeHall,1987,pp.17-18.

③ 自清末民政部首倡修订民律的奏折(见朱寿彭:《光绪朝东华录》,中华书局 1984 年版,总第 5682 页)提出此见以来,许多受过近代西方法律教育的中国学者均持相似看法,如胡长清、史尚宽等。分见胡长清:《中国民法总论》,商务印书馆 1933 年版,第 14~15 页;史尚宽:《民法总则释义》,上海法学编译社 1937 年版,第 41 页。

④ *See* Hyung I. Kim,*Fundamental Legal Concepts*,Port Washington:Kennikat Press,1981.该书对中文"法"、"法律"的含义作了详细的考察。

⑤ (清)吴敬梓:《儒林外史》,作家出版社 1955 年版,第 94 页。

相对来说，西文中"法律"一词的内涵则广泛得多。狭隘些的解释是："被法庭承认并执行的规范。"一般的解释则是："规范人类社会行为的戒律、规则或法律的总和。因社会建设之须要而认可其具有普遍约束力，或曰公共力量。"①

严复曾经说过："西文'法'字，于中文有理、礼、法、制四者之异义，学者审之。"又说："西人所谓法者，实兼中国之礼典。"②

西人也有注意到中、西文"法律"的词义差别的："礼被译作'礼节'，而法被译作'law'。""礼这个术语包含的意思远较'礼节'这两个苍白的字眼丰满得多。另一方面，西文中'law'、'droit'、'recht'也包含着丰富的含义。礼最终可能带有 law 中的某些词意。而'法'则绝难包含 law 中的大量义蕴。"③

中国古代是否存在着民法及其以何种形态存在不是本章讨论的主题。我想要说的仅仅是，清代的借贷习惯和司法判决背后隐含着的抽象的公平、是非观念与支配西方现实法律的理性原则具有相似和相通之处。当然，不同的时代、不同的民族碰巧对公平和正义有相似的看法原不足怪。遗憾的是我们的前辈未能像欧洲人的先祖那样将这些相似的看法整理成逻辑严谨的法典或条理清晰的教科书。诚如舒尔茨博士所说，这种整理和"辨类将会发现支配各类的原则"；而我们的祖先"只是简单地满足于判定实际案例"，尽管他们的"判决中也蕴含着"相似的原则。④ 前面说过，清代的地方官在审理民事纠纷时与审理刑事案件不同，既不像其欧陆同行那样必须引用法典；也不像英美法官那样援引先例或创造法律。而且，即便是适用习惯时，通常也无须引证和阐明。更普遍的情形是，法官的判决仅依据各自内心的是非观念。当然，内心的是非观念也是习惯和道德的产物。这似乎印证了布鲁克曼所说的"中国的法哲学中至少显现出一丝卡迪（Khadi）式的公正"。⑤ 不过，在我看来，依据人定

---

① See Salmond, *Jurisprudence*, London, p.39. *Also see* Edwin W. Patterson, *Jurisprudence, Men and Ideals of the Law*, Brooklyn: The Foundation Press, Inc., 1953, p.73.

② 严复译：《孟德斯鸠法意》上册，商务印书馆 1981 年版，第 3、7 页。

③ John H. Barton, *Law in Radically Different Cultures*, St. Paul: West Pub. Co., 1983, p.105.

④ 参见苏亦工译：《大清律例研究》，高道蕴编：《美国学者论中国法律传统》，中国政法大学出版社 1994 年版，第 356～357 页；高道蕴等编：《美国学者论中国法律传统》，清华大学出版社 2004 年版，第 388～389 页。

⑤ Cohen, R. Randle Edwards, and Fu-mei Chang Chen eds. *Essays on China's Legal Tradition*, Princeton: Princeton University Press, 1980, p.191.

法也好,依据内心的是非观念也好,都不重要,重要的是这二者之间是否有着一致性的基础以及这个基础本身所蕴含的法理。

当我把"案例15"讲给一位美国法学博士时,他的评语是"这是中国的普通法"。① 有人认为:"普通法的原则派生于自然的正义准则。法典是意志的条规;普通法的规范是被发现的,法典是被(人)制定的"。② 或许,这位博士的比喻所指的就是"案例15"中法官所发现的正义准则有似英美法官的发现并创造法律。骆通先生说"余从事法学近三十年,偏尚英美主义,以其富有弹力性,且与吾国古来法意,遥遥相符",③大概也是同一寓意。看来,我们并不缺乏发现的能力,我们缺乏的是对已有的发现作系统的整理并赋予应有的效力;我们并不缺乏自己的法律,我们缺乏的是自己的法学。正如有人所说:"盖中国法学文化大半为翻译文化、移植文化。自然科学可以移植,法学则不可抄袭。"④以往的和现在的落后固可归咎于先人,未来的落后又将归咎于谁呢? 如果我们继续满足于抄袭和兜售西方的法律文化,懒于发现民族固有的文化精髓,我们的法律和法学终究只能是舶来品,永远不会融入我们民族自己的血脉。

---

① 在香港,中国习惯法也被称为"中国的普通法"。*See* Leonard Pegg, *Family Law in Hong Kong*, London: Butterworths, 1981, p.2.

② Morton J.Horwitz, *The Transformation of American Law*, Harvard Univ.Pr., 1977, p.7.

③ 骆通:《英吉利法研究·译者序》,商务印书馆1934年版。

④ 蔡枢衡:《中国法理自觉的发展》,河北第一监狱1947年印刷,第30页。

第十一章　公正及公益的动力——从《未能信录》看儒家思想对清代地方官行使公共职能的影响

一　《未能信录》及其作者

笔者数年前参加整理标点《中国历代判例判牍》丛书，其中清人张五纬的《未能信录》一书，令人印象最是深刻。

有关作者张五纬的生平，除本书和《风行录》提供的一些零星线索外，其余不详。据此两书各序、跋及正文知张五纬字治堂，陕西西安府泾阳县人，其家世居官宦，本人则早年失学，十九岁即步入仕途，先后在江西、湖南等地任县丞、知县、府同知、知府等职，除本书外，另著有《初任须知》一卷、《风行录》六卷（含续集二卷）等书。笔者所见之《未能信录》为嘉庆十八年重刊本。据书前各序推断，当有嘉庆十二年初刻本。

是书分四卷，前三卷记录作者于乾隆末在江西省各州县办理政务15事之心得体会。第四卷实为附录，收入作者署理袁州知府时拟定的劝化溺女的各项章程文告。前三卷所收之15事又大体上可分为两类，一类为前两卷所述之司法审判案例，共9案，总论中亦简要提及数案；另一类为辞讼以外的地方公务，共6事，皆收入第三卷。

《未能信录》不是汇编原始的判牍和公牍，而是采用追忆的笔法讲述作者在江西各州县任地方官时办理的若干司法和公务案例，行文夹叙夹议，重在谈吐自己的心得体会，因此应归入官箴书之属。但与我们一般常见的清代官箴书不同,该书不是空洞地说教或抽象地归纳出若干要诀及规则,而是通过生动具体的事例,现身说法,总结切身的经验教训。

该书的核心思想,大体上可归结为两点,一是强调审案断狱要"折之以理","不许冤民",用现在的话说就是追求司法公正;二是主张办理政务要"勤求民隐","无愧父母斯民之任",换用现代的术语来表述,就是"全心全意为人民服务",勉力推进公益事业。

本章拟从这两点出发,以《未能信录》所收案例为主要示例,参之其他旁证,探讨在清代偏私政府体制下,地方官行使其公共职能的思想动因。

二 清代司法"重刑轻民"的体制原因

学者们通常将清代地方官缉捕盗贼和听讼断狱称之为掌管地方治安和司法。这样的提法其实是简单套用西方的术语,不很确切。现代西方意义上的治安和司法是以维护社会公共秩序和公众利益为出发点的,因此至少在理论上强调的首先是公正。而清代所谓的治安和司法,虽然客观上可能也会起到维护公共利益和社会秩序的作用,但其首要的目的是捍卫政府自身的利益和政府设定的统治秩序。清代官府对待刑事案件和民事纠纷的不同态度很大程度上就是这种政府体制造成的。

张五纬说:"听讼为地方官第一要政,并为地方官第一难事。人每重视命盗,轻视词讼,不知命盗为地方间有之狱,民词为贤愚常有之事。"①所谓"命盗"大致即相当于今天所说的刑事案件,所谓"民词",则大致相当于今天的民事纠纷或民事诉讼。

清代民事案件的数量远远多于刑事案件,但官府的主要精力却集中于处理刑事案件,对民事诉讼的态度则难免有敷衍应付之嫌,这在清代也非个别的现象。包世臣在《为胡墨庄给事条陈清厘积案章程折子》中说:

> 窃照外省公事,自斥革衣顶、问拟徒杖以上,例须通详招解报部,及奉
> 各上司批审呈词,须详覆本批发衙门者,名为"案件";其自理民词,枷杖

---

① (清)张五纬:《未能信录》卷一,嘉庆十八年重刊本,第2~3页。

以下，一切户婚田土、钱债、斗殴细故，名为"词讼"。查外省问刑各衙门，皆有幕友佐理。幕友专以保全、居停、考成为职，故止悉心办理案件，以词讼系本衙门自理之件，漫不经心。而州县又复偷安，任意积压，使小民控诉不申，转受讼累。臣查案件虽关系罪名出入，然一州县每年不过数起，即或未归平允，害民犹隘；至于词讼，三八放告，繁剧之邑常有一期收呈词至百数十纸者。又有拦舆喊禀及击鼓讼冤者，重来沓至，较案件不啻百倍。若草率断决，或一味宕延，则拖累之害，几于遍及编户。是故地方官勤于词讼者，民心爱戴；明于案件者，上司倚重。然州县莫不以获上为心，常有上司指为能员，而民人言之切齿者。此皆以词讼为无关考成，玩视民瘼；或以既得于上，反恣意朘削其民之故也。是以积弊相沿，州县旧案常至千数。署前守候及羁押者，常数百人。废时失业，横贷利债，甚至变产典田，鬻妻卖子，疾苦壅蔽，非言可悉。①

包世臣描述的情形在《未能信录》中也能得到佐证。张五纬也曾说过："盖近世生齿日繁，人情变幻愈盛，由争夺、欺诈而激成讼端，每月呈词繁剧处竟有千余之多。"②

按照清代制度规定，刑事案件，特别是重大刑事案件，随发随审，没有诉讼时间上的限制。但是民事诉讼只能在规定的日期向官府提起，其他时间均不受理。

《大清律例》规定，每年自四月初一日至七月三十日，时正农忙，一切民词，除谋反、叛逆、盗贼、人命及贪赃坏法等重情，并奸牙铺户骗劫客货，查有确据者，俱照常受理外，其一应户婚、田土等细事，一概不准受理。③ 此外，官定各令节、"各坛庙祭飨、斋戒以及忌辰素服等日"及封印日，官府也不受理刑名。④ 因此，即便是在非农忙时节，官府实际受理诉讼的日期每月也只有六天。⑤ 这就是前述包世臣所说的"三、八放告"，亦即旧历每月逢三、逢八受理

---

① （清）包世臣：《齐民四术》，中华书局2001年版，第251~252页。
② （清）张五纬：《未能信录》卷一，嘉庆十八年重刊本，第23页。
③ 田涛、郑秦点校：《大清律例》，法律出版社1999年版，第479页。
④ 参见清德宗（昆冈等奉）敕撰：《钦定（光绪）大清会典》，光绪（总理衙门大）石印本，卷五十六注文。
⑤ 清朝制度前后有变化，初为九天，后改为六天：即旧历每月的初三、初八、十三、十八、二十三和二十八。参见瞿同祖：《清代地方政府》，范忠信等译，法律出版社2003年版，第196页脚注13。

词讼。

再者,清廷对刑民事案件监督、查核的力度也大不相同。拟判徒刑以上的刑事案件要逐级上报到中央刑部查核,拟判死刑的命盗重案还须报请皇帝裁决。但是民事案件则完全委诸州县"自理"。

此外,办理刑名案件的勤惰优劣是考核官吏业绩的重要指标,长于刑事案件不仅有利考成,还能获得上司的青睐,前程自然坦荡。而办理民事案件的表现则无关紧要。地方官即便"勤于词讼",不过获得个"民心爱戴"的空名,对自己的仕途未必就有积极的影响,有时还可能带来负面的效果。在这样的制度设计下,地方官为切身利害计,对审理民事案件缺乏足够的动力。五纬说他自己有时也是重视上司交办的案件(即"委审",基本上都是重大刑事案件)反而轻忽本管分内的民事诉讼:"其时首邑事繁,不能时常亲聆慈训,委审案多,于民词间有不能耐性开导之时,致有冤受掌责之事,虽于覆审时申明其直,终觉有违慈训,追悔无及。余母闻而责之曰:'委审者,客案也。听讼者,尔所部之民事也。尔重委审而轻所部之民事,是旷职也。此县生灵何需尔为父母耶?似此任性,窃恐以前冤责者不知凡几矣!'"①显然,清代的"重刑轻民"首先是制度使然。但凡身在官场,很难超脱。

从现代人的视角看,无论刑事案件还是民事案件,都是国家司法功能的组成部分,司法的效率和公正与否都将对社会公共秩序产生相应的影响。刑事案件对社会的冲击固然比较直接、强烈,但民事案件处理不当同样也会对社会秩序产生不良的影响。凡是以公益为己任的政府,于理不当厚此薄彼。

然而清代政权首先是属于皇帝的,其次是属于爱新觉罗氏的,其次是属于满洲人的,再其次是属于满汉官僚集团的,最后才是属于全中国的。在这样一种差序化②的政治格局下,政府职能虽然并非毫无公共性,但却终归摆不脱私心。其首要的、根本的目标是要延续一己的江山。命盗案件直接危及到王朝的政治统治秩序,因此便最受统治者的关注。《晋书·刑法志》说:"(李)悝撰次诸国法,著《法经》。以为王者之政,莫急于盗贼,故其律始于《盗贼》。"不论是否确有《法经》其书,也不论其是否真为战国时人李悝所撰。但"王者之政,

① (清)张五纬:《未能信录》卷一,嘉庆十八年重刊本,第23页。
② 借用费孝通语。费孝通:《乡土中国》,生活·读书·新知三联书店1985年版,第26、29、30页。

莫急于盗贼"，确实道出了历代帝王的心声。

在偏私政府的体制下，社会公益只能是政府的附带职能。与此相应，私化政府体制下的官吏，其身份介乎皇帝仆从和国家公务员之间，虽然兼具维护王朝私益和社会公益的双重职能，但只有当王朝私益和社会公益处于交叉、重合状态时，官吏的双重职能和双重身份才处于重合状态。此时，制度本身会形成动力，对恪尽职守的官吏予以褒奖，对不作为的官吏施以惩罚。

《未能信录》载有一案，大致案情是：张五纬任江西瑞州同知时，都昌县张家岭一带有"逃回军犯刘细贵率众聚赌，该县史县丞前往缉捕，回程中刘细贵之子祖胜率百余人前来""抢犯"，夺回其父并逼勒史县丞写具"无事甘结"，史县丞最初拒写被连砍三刀，"深透骨、长寸许"，史不得不写出甘结以求脱身。案件发生后，江西巡抚立刻命"候补观察陈公、中军参府德公带兵二百人前往会拿"。此时张五纬正奉派在建昌审案，也临时受命转赴都昌会办该案。临行前，巡抚特别告诫张五纬说："君责愈重，稍有遗悮，指参未便，慎之勿忽。"待到五纬圆满完成任务返省复命时，"抚宪差官郊迎，见面逾格优容，面许专折保奏……不余月，首厅缺出，荷蒙专折奏调。"①

乍看起来，清代地方官的缉盗审案职能一如当今的警察和法院行使国家的公安、司法职能。但如细加分辨，还是不难看出二者间的明显区别。

仍以张家岭戕官案为例。待到张五纬受命赶到案发地都昌县时，该县顶头上司南康知府先已到县，陈观察、德参府也相继前来，"添派官役帮拿"，一时间兴师动众，嫌犯闻风早已四散隐匿。知府见一无所获，只有"严比"差役，吓得差役们不敢回城复命。知府怒差役们"抗比"，便下令将各差役家属收禁。差役们闻知，转将各嫌犯家属，"无论亲疏，一齐送县。县令不管应否，一并收监。一时四处搜捕，蠹役藉端滋害，宰杀鸡猪，毁坏门墙，环围三十里内弃家而逃者无数，其地多山，夜奔遇虎者不少。是因地方官办理不善，亦道府相继到县，风声严厉所致耳。"②

本来，地方上发生聚赌案犯拘捕伤官案件既是对官方权威的伤害也影响到社会秩序的稳定，地方官府行使职权缉拿罪犯并绳之以法，应当说正属于同

① （清）张五纬：《未能信录》卷一，"张家岭戕官"，嘉庆十八年重刊本，第35页。
② （清）张五纬：《未能信录》卷一，"张家岭戕官"，嘉庆十八年重刊本，第35页。

时维护政府私益和社会公益的双重行为。此案尽管涉案人数众多，但仍不过是一件重大暴力刑事案件而已，然而官方的处理方法却像是在完成一项重大的政治任务，不惜调动军队。政府的这种做法与其说是行使公安、司法职能，毋宁说是行使"公共控制"职能更为贴切。从这种作法的效果上看，官府自身的权威虽然迅速得以恢复，但却是以扰乱社会公共秩序为代价，乃至造成众多无辜者的生命、自由和财产损失。老话说"匪来如梳，兵来如篦，官来如剃"，果非虚言。

与刑事案件相比，官方对待民事案件的态度就截然不同了。虽然清代统治者也意识到民事纠纷可能会对社会秩序产生某些冲击，但对统治秩序的冲击毕竟是间接的。

在清代，"户婚"、"田土"、"钱债"之类普通民事纠纷通通被称为"细事"，除非这些"细事"最终引发了严重的暴力行为并导致了人身伤亡的后果，政府大都采取视而不见，放任自流的态度，极少过问和介入。即便是当事人告诉，官方也常常是采取"各打五十大板"，不辨是非，和解息讼的态度。

《儒林外史》第八回讲到蘧公子与前来接任的王太守谈论其父的为政特点时说："若说地方出产及词讼之事，家君在此，准的词讼甚少；若非纲常伦纪大事，其余户婚田土，都批到县里去，务在安辑，与民休息。"①像蘧太守这样对待民事纠纷的地方官在中国传统舆论中向来颇受褒扬，被视为不扰民的好官。从清代的特定政治环境看，尽量减少民众与官府的接触确实可以省却不少吏役盘剥的机会，但这种做法完全是消极的，实际上未必有利于民间纠纷的解决，有时可能会酿成严重的暴力事件甚至暴乱。

中国第一历史档案馆和中国社科院历史所据乾隆刑科题本编纂、中华书局出版的《清代地租剥削形态》和《清代土地占有关系与佃农抗租斗争》两部资料集共辑录678个清代案例。观这些案件的起因，最初几乎都是由田土、钱债等"细事"而肇端，最后则大都以人命官司收场。假如官府能在纠纷初起且尚未升级为暴力冲突阶段即主动介入，做出公平裁决，久而久之必能形成系统、公正而又合理的规范体系，据此规范体系不断提高民事裁判的公正水平，形成良性循环，大多数民事纠纷不难在其初起阶段得到化解，不至发展到暴力

---

① （清）吴敬梓：《儒林外史》，作家出版社1955年版，第81~82页。

冲突乃至人身伤亡的严重地步。然而，由于清朝官府疏于公益，必待至民事纠纷酿成大祸并可能对王朝的政治秩序造成直接冲击时方始介入，乃至导致更多的刑事案件和人身伤亡，这不能不令人对传统司法体制的效率和公正性产生怀疑。

清代官府对待民事纠纷普遍采取的消极放任态度，究其实还是由于制度自身缺乏动力甚至会生成反向约束力。政权的偏私致使官吏对公益事业缺乏热心并从而造成民事纠纷不能得到及时合理的解决。

前引包世臣的那段话虽然点明了地方官重刑轻民的体制原因，但投鼠忌器，也只敢说到"获上为心"这一层，再深的，他就不敢说了。公允些说，重刑轻民并非局限于有清一代。可以说，古今中外，所有偏私的政府莫不如此。即便是以法治骄称于世的大英帝国也不例外。英国人初占香港时，曾许诺原有中国法律及习惯除拷讯、体罚外得继续沿用。然而时隔未久，英国人便首先取缔了中国法在刑事和程序法领域的效力并代之以英国法。但是在刑事和所谓的"公共控制"以外的领域，英国人则尽量避免介入华人的事务。终19世纪，华人内部的民事纠纷基本上由华人自行调处解决，英国法庭极少过问。直至20世纪70年代以前，港英当局仍承认中国习惯法在华人婚姻、收养、继承及新界地产等领域的效力。按照英国学者的说法："从最初的时期起，政府就没有认为政府自己的使命除了所谓约束'土著人口'以外还包含着更多的东西……除了刑法和其他公共控制的必要附属物，譬如人口控制外，政府乐于让华人自己负责自己的事务"。"这样，大体上，我们可以看出，香港华人与法庭的接触局限于我们可以称之为'公共控制的领域'"。①

进而回顾中国自秦汉以来两千多年的历史，应当说中国刑事法律的发展已达到了相当高的水平，此为中外学界所公认；但是民事法律却始终处于较原始、简陋的状态，未能得到充分的发展，民事活动仍主要由习惯法调整。说到底，这种状况恐怕与政府的私心和"私化"不无关联。偏私的政权只注重本王朝的私益，而于公益事业漠不关心。

人们常说专制政府的社会管理成本太高。准确些说，不是社会管理成本太高而是维护专制政府自身利益的成本太高。从"张家岭戕官"案还可以看

---

① Evans："Common Law in Chinese Setting"，*H.K.L.J.*（1971），pp.12—13，21.

到,一个以政府私益为至高利益的政权,即便是在政府私益和社会公益完全可以兼顾时,仍可能牺牲后者而保障前者。

三　儒家思想与司法公正

依据现代法律理论,"司法是国家管理社会活动中一种最基本的形式"。司法权是国家公权力的组成部分,国家行使司法职能维护的是社会公共利益,而不是某一特定方的利益。因此,公平和公正是司法的核心和生命,"是司法机关执行法律所追求的最高价值和最终目标。"①所谓司法公正是对全社会而言的,是对利益冲突各方而言的;不是对利益冲突中的某一特定方而言的。在此意义上说,无公正,也就无所谓司法。

但是在偏私的政府体制下,所谓的"司法"其首要目标是捍卫自身的利益而不是公正。抑或说,是追求对自己一方的有利而不是全社会的公正,也不是对冲突各方的公正。中国帝制时代的听讼断狱之所以始终无法避免刑讯逼供和有罪推定,质言之,均是由于政府的偏私本性使然。考察《未能信录》所收各案,无可否认,即便是以今天的眼光来看,其判决的结果也是相当公正的。那么,促成张五纬公正审判的动力从何而来呢? 前面提到,来自制度上的动力微乎其微。依笔者所见,除了教育背景和个人的道德品质外,主要是来自儒家思想的影响。当然,教育背景和个人素养也往往受儒家思想的影响。②

首先,从《未能信录》的书名便可看出儒家思想的鲜明影响。"未能信"三字取典于《论语·公冶长》:"子使漆雕开仕。对曰:'吾斯之未能信。'子说。"

---

① 以上两处引文分见李修源:《司法公正理念及其现代化》,人民法院出版社2002年版,第24、40页。

② 或谓传统中国的制度能够透过选拔出具备儒家道德品质者出任官职,也不失为是将道德动力"内建"于制度动力当中的思考。此说固非无当,传统的围绕科举制度的经史教育确有提高个人素质的作用,但一般只能养成"通才",很难培养出司法专门人才。关于此点,美国学者William Jones 也曾谈及:在清代"法律不是科举考试的科目,也没有任何'在职'训练规定。这很不同于文学和哲学的情况(此二者都是科举考试的科目)。"见氏著"Studying on the Ch'ing Code",*The American Journal of Comparative Law*, Vol. 22, Spring 1974, p.331 Note 6。中译本见苏亦工译:《大清律例研究》,高道蕴等编:《美国学者论中国法律传统》,清华大学出版社2004年修订版,第387页脚注3。

大意是说,孔子叫他的学生漆雕开去做官,后者回答说"我对做官还没有信心"。孔子听了很高兴。刘宝楠说:"由开之言观之,其平时好学不自矜伐,与其居官临民谨畏之心,胥见于斯。"①作者自述取典之缘由与刘说大体相合:"当未听讼之先,胸中本无成见,及既审断之后,案中惟恐含冤,不但不敢信人,并亦不敢自信,如此尚难保心无遗憾也……自信者必不虚心,能虚心者必未能信"。作者在自序中也说:"苦心欤? 虚心也。己见固不可过执,人言又岂可轻信。"

显然,作者以"未能信"作书名不仅是要点出贯穿全书的主题,也是在提倡一种听讼断案的正确态度,此即:审理案件必须"虚心",不仅不能轻信他人,对自己也不可盲目自信,只有以这样严谨认真的态度听讼断案才能减少不公正的后果。具体说来,即在办案之前应"胸中本无成见",办案之后则要"惟恐含冤"。

李元沪跋说:"(五纬)曰:'狱者,一成而不变,故君子用心焉。凡吾所为用心焉者,究之未能信也。'嗟乎! 夫是心也,即皋繇、邵伯之用心也,不是过矣。"

皋繇即皋陶,邵伯即召伯或召公,都是儒家推崇的上古圣贤,由于断案公正而深得民心。

其次,张五纬倡导的"以理折狱",也是根源于儒家思想。

张五纬在《自叙》中写道:

> 友人为之抵掌称快曰:"……片言折狱,古之人有之,君何所操而能摘伏如是耶?"余曰:"片言折狱,折之以理也。后世人心幻诈,情伪百出,理之所无,恒为事之所有。惟有悉心静气,为两造作或有之深思,即为一心证必无之见解。古人云:庖丁解牛,得其窾迎刃而解,恢恢乎,具有余地。折狱者,不啻解牛中窾得情,何覆盆之有?"②

"片言折狱"语出《论语·颜渊》篇:"子曰:'片言可以折狱者,其由也与?'子路无宿诺。子曰:'听讼,吾犹人也,必也使无讼乎。'"

显然,在张五纬看来,只有当"折之以理"时,"片言折狱"方才是可能的、

---

① 刘宝楠:《论语正义》,诸子集成本,上海书店影印 1986 年版,第 90 页。

② 《自叙》。

可取的。而要做到"折之以理"就必须像庖丁解牛那样,找到牛的"窾",也就是案件的切入点,获得案件的真情。

通观全书所引各案,张五纬所说的"折之以理"可从以下两个角度来理解:

一是反对刑讯逼供,强调以理服人。

五纬曾记述其母训说:

> 第"慎"之一字为作民上者不可稍忽,于听讼用刑时尤为至要。刑期无刑,猛以济宽,法固不可废也,须于曲直审定而后照例决之,无以刑求供,无以刑出气,非实系狡供,戒勿轻加掌责。掌责易冤,不觉也。①

乾隆四十九年,五纬任南昌知县时曾审理一起僧俗互争山地案。俗家告僧人伪造山契在自家祖遗山地盗葬,僧人辩以地系其师祖买自俗家之父,自己凭契管业并非盗葬。原告称其父于乾隆三十三、三十四年前任知县任内曾与山邻互讼,画有山图,并未注明卖与僧人。原被告各执一词。五纬查阅原契,系雍正十一年所立白契,契中代笔均已亡故,无从质证。僧人说:"先不知从前买有此山,今年无意中从经卷箱内检得。"五纬心想:"民间买卖田地房屋首重代笔、中人,继凭红契。此案买卖原人均经物故,代笔中证俱无,且系五十年前白契,又于寺僧两代已葬自山之后,于该僧师叔将死之前忽于经卷箱内检出,谓为价实契真,其谁信耶? 立以造占定断,尽可折服,可信无不平之失。"又见该契书法工整,料定造契之人必为讼师,欲一并究之。于是喝令僧人招出造契之人。僧不招,"即令掌责、长跪,唤审别件。完一件,问一回;仍不招,又掌责一回,一连问完四宗,共计掌责五十。始则混认自造,令其照写,不对;复谕动刑,急呼曰:'情愿退还不要。'由是观之,止就案论案,僧虽口服,心不服也。"是夜,五纬筹思良久,不能成寐。乃升堂唤契中代笔人之子问询,该子告以家中尚存其父代笔谢资簿册一本,当令取来,核之不但笔迹、画押、年份相同,且正记录有此笔买卖。"初何尝料及于此耶? 随覆讯定断,僧人之屈遂明;俗家之诬可恕。惟余自恃擅责,每于仰对堂上之时,视听堂下之日,不禁愧怍交集之弗置也。从此益加敬慎,深以此为戒焉。"②

---

① (清)张五纬:《未能信录》卷一,"南昌僧俗互控山地",嘉庆十八年重刊本。
② (清)张五纬:《未能信录》卷一,"南昌僧俗互控山地",嘉庆十八年重刊本。

清朝与以往各代一样,办理刑事案件最主要的定案依据是口供,而取得口供的最主要途径就是刑讯。依清代法律规定,刑讯是合法的,虽有一定的限制,但其残酷恐怖的程度已足以令人发指,更毋庸说那些限制往往形同具文。

有西方学者指出:"刑讯使用恰当,可以导致正确的口供并产生合乎正义的判决。刑讯若被滥用,则会导致错误的结果"。① 的确,刑讯的存在并非毫无正当的理由,由法家"以力服人"的立场观之,更是毫无道德上的障碍。② 但是按照儒家"以德服人",务期令人"心服"的要求来看,刑讯逼供是缺乏道德依据的。

儒家一向反对以暴力或硬性强制的手段对待百姓而主张以感化、劝导、说服的方式治理社会。孔子说:"善人为邦百年,亦可以胜残去杀矣。"又说:"道之以政,齐之以刑,民免而无耻;道之以德,齐之以礼,有耻且格。"③孟子则认为:"以力服人者,非心服也,力不赡也;以德服人者,中心悦而诚服也,如七十子之服孔子也。"孟子又说"行一不义,杀一不辜而得天下,皆不为也"。④ 即便是被正统儒家视为另类的荀子也认为"行一不义,杀一无罪,而得天下,不为也"。⑤ 晚近出土的郭店楚简《尊德义》也说:"民可道也,而不可强也。"《成之闻之》则说:"上不以其道,民之从之也难。是以民可敬导也,而不可掩也;可御也,而不可牵也。"⑥因此可以说,儒家学说是真正的非暴力主义学说。

笔者以为,儒家的"德化"、"以德服人",也当然包含着"以理服人"的内容。《未能信录》记录了许多屈打成招的案例,字里行间也表达了作者对刑讯逼供的深恶痛绝。⑦ 从该书所录各案来看,张五纬在审理案件和作出判决时所刻意追求的正是"以理服人"而非"以力服人"。五纬曾引述建昌两儒士的话说:"故凡户婚田土不清之事,一遇贫富相争,必致成讼,百无一空……此中

---

① [美]孔飞力:《叫魂——1768年中国妖术大恐慌》,上海三联书店1999年版,第230页。

② 《韩非子·显学》称:"是故力多则人朝,力寡则朝于人,故明君务力。夫严家无悍虏,而慈母有败子,吾以此知威势之可以禁暴,而德厚之不足以止乱也。"

③ 分见《论语》之《子路》、《为政》。

④ 《公孙丑上》。

⑤ 《荀子·儒效》。

⑥ 刘钊:《郭店楚简校释》,福建人民出版社2003年版,分见第124、137页。

⑦ 譬如作者任进贤县知县时办理诬控四人为窃贼案。(清)张五纬:《未能信录》卷二,嘉庆十八年重刊本,第37~41页。

挽回之力,全在贤父母廉明勤决,兼行恩威,宽猛并济,稍有偏缺,不易化也。倘父母限于才能,又不能不仰求于表率之公祖,而尤望公、勤。勤则可以济属吏之惰,公则乃能服两造之心"。① 他又说:"天即理也,悖理者可不知所警惕耶?……赏善罚恶,理亦在其中矣。"②李元沪跋云:"传曰:'吾斯之未能信'。注云:'斯指此理而言。'夫浑然指为此理,澈上下,该出处,天地万物之情具是矣。而以属于仕,则析而愈多,繁而莫稽,故求信愈难,而折狱其尤也。"可见,儒家所说的"理",是普遍接受的、公平、公正的天下公理,而非一家一姓、一党一派的私理。进而,在儒家看来,法律之权威及效力归根结底应来自于理而非力,程明道说:"圣人创法,皆本诸人情,极乎物理,虽二帝、三王不无随时因革,踵事增损之制,然至乎为治之大原,牧民之要道,则前圣后圣,岂不同条而共贯哉? 盖无古今,无治乱,如生民之理有穷,则圣王之法可改。后世能尽其道则大治,或用其偏则小康,此历代彰灼著名之效也。"③

二是主张"能决",反对不辨是非曲直的息讼。

张五纬在《未能信录》卷一《原起总论》中开宗明义地指出:"民间讼事不一,讼情不齐。其事不外乎户婚、田土、命盗、争斗,其情不外乎负屈含冤、图谋欺骗。听讼者即其事、察其情,度之以理而后决之以法。法者,笞、杖、徒、流、大辟也。律例者本乎天理人情而定,刑期无刑,辟以止杀,全在官之决断。故狱不贵乎善辨而贵乎能决事理之当;讼不在乎肯问,而在乎能决情理之平。必能决,始可云公门无妄引之刑章,民间无不伸之冤屈。"该书所载湖南按察使巴哈布序中也说:"然大《易》不废天水之占,《周官》亦载金矢之入。以是知民间户婚、田土、命盗、争斗之事,其负屈含冤、图谋欺骗者,虽郅治之世不能无,非听之者即其事以察其情,审其辨以度其理,虚心研究,诚伪判别,亦安能使之狱讼衰息哉?"

所谓"《周官》亦载金矢之入",当指《周礼·秋官·大司寇》:"以两造禁民讼,入束矢于朝,然后听之,以两剂禁民狱,入钧金。三日,乃致于朝,然后听之。"序文引此经典的意思显然是说,《周礼》虽有禁民滥讼滥告之制,但在缴

---

① (清)张五纬:《未能信录》卷三,嘉庆十八年重刊本,第14页。
② (清)张五纬:《未能信录》卷二,"乐平县倪姓烧山命案",嘉庆十八年重刊本,第22~23页。
③ (宋)程颢、程颐:《二程集》,中华书局2004年印本,第452页。

纳束矢、钧金以后（为确保告诉审慎），官府还是要为两造开庭审理的。

所谓"天水之占"，指的是《易》"讼"卦。讼卦的卦象是坎下乾上。乾为天，坎为水，故称"天水之占"。卦词曰："有孚，窒，惕，中吉，终凶。利见大人，不利涉大川。"程颐的解释是：

> 讼之道，必有其孚实。中无其实，乃是诬妄，凶之道也。卦之中实，为有孚之象，讼者与人争辩，而待决於人，虽有孚，亦须窒塞未通。不窒，则已明无讼矣。事即为辩，吉凶未可必也，故有畏惕。中吉，得中则吉也。终极其事则凶也。讼者，求辩其曲直也，故利见大人。大人则能以其刚明中正，决所讼也。讼非和平之事，当择安地而处，不可陷于危险，故不利涉大川也。①

按此卦意，争讼者有待于大人决断曲直。所以巴哈布说《周易》并没有取消讼卦，正与五纬"能决情理之平"之意相呼应。巴哈布序引证《周易》、《周礼》上的这两处典故所要表达的观点显与清代官府所倡导的"息讼"论不同。

清代官方除了严格限定受理"民词"的日期外，地方官府还时常训诫民众"息讼"。"讼则终凶"历来也是官府反对民众健讼的一个重要的经典依据。②但从前引五纬和巴哈布的观点来看，似乎对此不以为然。五纬在湖南任地方官时发布的一道告示中也说道："……讼则终凶，非谓有情之讼亦必终凶也。可见无情不独不得尽其词，终必遭无情之凶。"③五纬的说法也是有经典依据的。《大学》说："无情者不得尽其辞。大畏民志，此谓知本。"此处之"情"字意为实际情况。④朱熹说："情，实也。引夫子之言，而言圣人能使无实之人不敢尽其虚诞之辞。"⑤又，《象》传谓："天与水违行，讼，君子以作事谋始。"王弼注云："'听讼吾犹人也，必也使无讼乎？'无讼在于谋始，谋始在于作制契之不明，讼之所以生也。物有其分，职不相滥，争何由兴？讼之所以起，契之过也，

① （宋）程颢、程颐：《二程集》下册，中华书局2004年印本，第727~728页。
② 参见郑秦：《清代司法审判制度研究》，湖南教育出版社1988年版，第242页。
③ （清）张五纬：《风行录》，嘉庆十八年重刊本，卷4，"清究讼源"。
④ 杨伯峻：《春秋左传注》（一），中华书局2009年版，第183页。《庄公十年》："小大之狱，虽不能察，必以情"之"情"字义亦同。
⑤ （宋）朱熹：《四书章句集注》，中华书局1983年版，第6页。

故有德司契,而不责于人。"①

王弼的这个解释应当更合五纬的观点。然而清代官府的做法常常与此相反,不是自责是否失德,而是归咎于民众健讼。譬如清初陕西省郿县的一份劝谕息讼告示中写道:

> 其如尔民不体本县之意,以为本县衙门好进,刑法颇宽,一纸虚辞,遂可轻投,纷纷渎控,恒无虚日。观其情状,似乎负屈,审出事节,都属细故。不但可以不准,且并可以不告。独不思尔等自雁兵燹以来,从万死一生中留得几条性命,博得今日受享,还有何事不可忍耐?且一纸入公门,虽随到随审,亦耽搁了几日工夫,即衙门无使费,央人写状亦费却几文钱财,究竟抵不得饭吃,当不得衣穿,何如将这几日工夫畊种田园,省这几文钱财,买米过活,还博得个清闲自在,留得个忠厚好人之名……②

又如康熙初年浙江省嘉兴府的一则息讼告示写道:

> 禾俗习险,好讼成风。本府下车放告,收阅状词,大抵风影之织,十居八九,浇漓健讼,已见其大概矣。今本府酌量勉准数词,现在提审,但尔民不忍一朝之忿,罔顾后来之患,往往鼠雀微嫌,辄驾大题计告,殊不知一经准理,不论理之曲直,而先饱衙蠹之橐,且伺候听审,每有数月耽搁,农失耕耘,民废生业,即使小忿得泄,所损资息,已无算矣;更有轻听代书诬捏诳准,遂遭反坐。嗟尔乡民,何愚若此? 真可怜而可恨也。③

查现今保留下来的众多清代地方官府的息讼告示,可谓大同小异,一般不外乎劝告民众遇事要隐忍,不能隐忍的则要尽量听从亲友或乡里的调处;不要轻信讼师挑唆,不要动辄便到官府打官司,以免受到吏役的盘剥导致倾家荡产等等。④ 前引两告示及《儒林外史》中蘧公子描述其父亲的为政特点应当说就很典型地表达了清代官方的息讼观。

----

① 《周易正义》(《十三经注疏》本,第24页)。按:原文"分"下衍"起契之过"四字;又"职不相监"四库丛书电子版作"职不相滥",兹从后者。

② (清)叶晟:《求刍集·再行劝谕息讼以安本业事》,康熙刻本。

③ (清)卢崇兴:《守禾日记》,乾隆刻本,卷2,《一件劝民息讼以保身家事》。

④ 例如前引嘉兴府告示又写道:"嗣后果有情关重大冤抑事情,如人命、强盗、贪官、恶蠹、势恶、土豪、十恶等项方许据事直陈,以凭申理冤枉。其余户婚、田土、斗殴、钱债、口角小嫌,可忍则勉自忍耐,不可忍则听亲友乡里调处和平。此非为让人,乃自为身家计也……"此类告示保留甚多,不烦多举。

一般认为"无讼"是"儒家伦理在司法上的最高价值追求"，其思想渊源于孔子。① 孔子曾说："听讼，吾犹人也，必也使无讼乎？"②关于孔子的这段话，尽管历来解释纷纭，但基本的理解却相去不远。朱熹引范氏语谓："听讼者，治其末，塞其流也。正其本，清其源，则无讼矣。"朱注又谓："杨氏曰：'子路片言可以折狱，而不知以礼逊为国，则未能使民无讼者也。故又记孔子之言，以见圣人不以听讼为难，而以使民无讼为贵。'"③

这应是最正统、最权威的解释。刘宝楠《论语正义》引证诸家注解，大体上也与朱注相同。清人孙鼎烈在所著《四西斋决事》自序中即采纳了这种解释："孔子曰：'听讼吾犹人也，必也使无讼乎'。听讼者，治之具，非制治清浊之原也。"④

这种解释的基本要点是认为孔子并不赞赏用听讼（即法庭裁决）的办法消除争端，而是主张以改善政治，绝恶于未萌的方法从根本上消除纷争，导民向善。这种解释确实符合孔子的一贯主张，但是单从这段话本身来看，却未免显得有点牵强。杨伯峻先生的解释是："审理诉讼，我同别人差不多，一定要使诉讼的事件消灭才好"。⑤ 这个解释比较符合字面的意思，但又失于语焉不详。笔者以为，要理解这段话的含义，仍须与前面的一句，即"片言可以折狱，其由也与？"一句联系起来。关于这句话，历来有不同的解释。

朱注谓："片言，半言。折，断也。子路忠信明决，故言出而人信服之，不待其辞之毕也"。此是通解。南怀瑾先生也解释说："（片言）现代语就是'一句话'的意思。'狱'就是打官司。孔子说，要讲一句话，就可以把人家的纠纷解决了，只有子路做得到……下面说子路做到的理由，是'子路无宿诺'，这就是侠义的精神……子路有这个精神，所以可以片言折狱。"从前引五纬在《自叙》中的对白看，显然也是采纳的这种解释。依照这个解释，则孔子的意思当解为：一句话就能了结人们的官司，只有子路做得到。而自己与一般人差不

① 参见顾元：《佐治司法的指南指导入幕的教材》及李靓：《汪辉祖官箴思想中的治民与治狱思想》，分见郭成伟主编《官箴书点评与官箴文化研究》，中国法制出版社2000年版，第188、241页。

② 《论语·颜渊》。

③ 此二处引朱注见《四书章句集注》，第136~137页。

④ （清）孙鼎烈：《四西斋决事》，光绪三十年刻本。

⑤ 杨伯峻：《论语译注》，中华书局1983年版，第128页。

多,是要通过听讼来消除争端的。

但邢昺疏本此句下注云:"孔曰'片',犹'偏'也。听讼必须两辞以定是非,偏信一言以折狱者,唯子路可。"邢《疏》也说:"听讼必须两辞方定是非,偏信一言则是非难决,唯子路才性明辨,能听偏言决断狱讼。"①杨伯峻先生从此解,他说:"'片言',古人也叫作'单辞'。打官司一定有原告和被告两方面的人,叫作两造。自古迄今从没有只根据一造的言辞来判决案件的(除掉被告缺席审判),孔子说子路'片言可以折狱,不过表示他的为人诚实直率,别人不愿欺他罢了。"

依照这种解释,则孔子的意思当解为:只有子路能单凭一面之词便作出裁决。而自己与一般人差不多,是要通过听讼来消除争端的。

"讼",《说文解字》解作"争也"。可见,争是"讼"字之本意。"讼"与"诉"字连用并具备与现代汉语中之"诉讼"对等的含义当是后起的、引申的意思。因此,孔子在这段话里所说的"无讼"应当是说要通过"听讼"来消除人们的"纷争",而不是说反对人们有争端后去打官司或反对官府用听讼(裁判)的方式解决人们的争端。

从清代的制度设计看,官方采纳的似乎是后一种理解,亦即反对民众打官司,也反对官府用裁判的方式解决民间纷争。这可称之为官方的"息讼"观,大抵也是由孔子的"无讼"论辗转派生出来的。

需要指出的是,清代官方的息讼观与孔子的无讼观虽有一定的联系但绝不可等量齐观。如前所述,所谓"无讼"是孔子乃至儒家的一种社会理想;而官方所主张的息讼则是一种具体的统治政策或策略。应当说,清代官府的"息讼"观并非毫无理据。或许官方相信民间有自我化解纠纷的能力,且认为官府过多的干预不仅不利于消除纠纷反而可能激化矛盾。前述港英当局在19世纪后期乐于听任华民自己解决民事纠纷可能就有这方面的考虑。

但是我们也很难排除另外一种可能,即如此解读儒家无讼观实系出于有意的曲解,目的是要遮掩专制官府的自私、懒惰和无能。举例说来,既然官方明知胥役把持词讼,盘剥小民,何不澄清吏治,消除把持盘剥呢?

---

① 《论语注疏》,卷十二,见(清)阮元校刻:《十三经注疏》,中华书局1983年影印本,第2504页。

康熙五十二年四月初七日，玄烨曾与大吏赵申乔就停讼和无讼问题发生过一场争议。

大学士等以左都御史赵申乔奏：农忙之时，京城地方，亦应遵例停讼。疏请旨。上曰："农忙停讼之言，听之似乎有理。而细究之，实无裨益。赵申乔总未知事之本源耳。天下之民，非独农人。商贾涉讼，即废生理；百工涉讼，即废手艺。地方官不滥准词状，於应准者准之，即行结案，则不失农时，讼亦少矣。若但四月至七月停讼，而平日滥收民词，案牍堆积，冬季词讼迟至次年五六月而后审理，虽停讼何益？康熙元年间，去明代不远，明之官员太监，尚有存者。朕闻其君常处深宫，不与臣下相见，而惟与宦竖相处，既不读书，亦不勤政。所以上下之情，壅蔽不通，民间疾苦，竟罔闻知！朕理天下五十余年，周知民隐，一切讼事，皆有代告说合之人暗司其事，地方官於此等人，应严加惩治。孔子云：'听讼，吾犹人也，必也使无讼乎。'无讼之本，并不在停讼，为大臣者，当先忧后乐，凡事周详筹画，实心办理，乃能利益民生。赵申乔谓农忙之时，应行停讼。倘四月至七月，数月之间，或有光棍诈害良善，则冤向谁诉耶？且自八月以后，正当收获，并非闲时。果如伊言，亦不应准词状。至如南方四月收麦，北方五月收麦；福建、广东，十一月种麦，二月收获；五月种稻，十月收获，四季皆农时也，如此等处，岂终岁停讼乎？赵申乔居官固清，但性多疑，所属州县，每疑其贪诈。书云：用人勿疑。朱子曰：疑人即自疑。今朕所用大臣，朕曷尝疑之？凡督抚有才者，未必有守；有守者，未必有才。然自恃清廉，每事纷更，则民即受其害矣。读书之人，务先明理。当以克己为要。有过则改，无容掩饰。惟有益于民之事，朕即允行。否则断乎不行也！"①

玄烨号称尊信程朱理学，此谕洋洋数百言，难免有自我炫耀之意。但他所谓"无讼之本并不在停讼"，表明他已深悉当时官府息讼制度的弊病。不过他也只是说说而已，并无切实解决的办法。

20世纪初，英国人在山东威海卫租借地上曾设立过裁判官法庭，起初当事人递交诉状须经由裁判官的属员转呈，后来官方发现这些属吏经常贪污索

---

① 　清朝官修：《清实录》第六册，《圣祖仁皇帝实录》（三），卷254，中华书局1985年影印本，第5460页；又见赵之恒等编：《大清十朝圣训》，北京燕山出版社1998年版，第231页。

贿,于是便改变了惯例,当事人可在白天或晚上的任何时候亲往裁判官的官邸或者法庭向裁判官面呈诉状,也可以将诉状投入法庭附近加了锁的诉状箱里,裁判官亲自开箱拆阅。这点改革看似微不足道,但却一举消除了中间盘剥的机会,使百姓冤情便于上达。正如有学者指出的那样:

> 英国的裁判官和清朝的地方官有一个重要区别就是他们对待诉讼的政策。虽然庄士敦对工作负荷繁重慨叹不已,但他仍视调查和聆讯真正的争讼为己任。与中国同僚不同,他从不认为诉讼会构成对社会结构的威胁。琐屑争吵诉诸法庭固然令人厌烦,但这既不会危害他行使裁判官的职能,也不会威胁到社会构成。当然,或许也有相反的看法。虽然在这方面没有记录在案的证据,但在英国对该地区统治薄弱的时期,解决本地华民之间的纠纷,纵然不敢十分肯定地说,但亦可理解为避免该地方骚乱的重要手段。如果政府拿出了一套解决争端的可行机制,就能避免不满情绪。①

如果一定要追究清代官方"息讼"观的思想渊源,笔者以为,与其说是来源于儒家思想不如说是来源于道家或黄老思想更为贴切。

如所周知,儒家思想与道家或黄老思想的一个重大差别是前者主张有为而后者主张无为。冯友兰先生说:"(儒、道——笔者加)两家也有不同,照儒家说,圣人一旦为王,他应当为人民做许多事情;而照道家说,圣王的职责是不做事,应当完全无为。道家的理由是,天下大乱,不是因为有许多事情还没有做,而是因为已经做的事情太多了。"②前面提到,清代许多民事纠纷就是由于官方的无为才最终酿成命案的。如果说儒家的无讼观就是主张官府不受理案件,那么儒家歌颂的皋陶作士,召公断案又当作何解释呢?

儒道两家的另一重大差别在于儒家主张善善恶恶,明辨是非。《论语·为政》载:"哀公问曰:'何为则民服?'孔子对曰:'举直错诸枉,则民服;举枉错诸直,则民不服。'"《孟子·告子上》则说:"是非之心,人皆有之……是非之心,智也。"儒家所倡导的礼,正是判断是非曲直的尺度。《礼记·曲礼上》谓:"夫礼者所以定亲疏,决嫌疑,别同异,明是非也。"

儒家主张"刚健中正",最厌恶的就是不明是非、不辨善恶,毫无原则,圆

---

① [马]陈玉心:《清代健讼外证——威海卫英国法庭的华人民事诉讼》,赵岚译,苏亦工校,《环球法律评论》2002年秋季号,第353~354页,第358~359页。

② 冯友兰:《中国哲学简史》,北京大学出版社1998年版,第89页。

滑庸俗的和事老、好好先生。孔子说："乡原，德之贼也。"又说："唯仁者能好人，能恶人"。①《孟子·尽心下》曾对"乡原"有过详细的阐释：

> 非之无举也，刺之无刺也，同乎流俗，合乎污世，居之似忠信，行之似廉洁，众皆悦之，自以为是，而不可与入尧舜之道，故日"德之贼"也。孔子曰：恶似而非者……恶乡原，恐其乱德也。

顾炎武说："老氏之学所以异乎孔子者，和其光，同其尘，此所谓似是而非也。"②

刚健中正反映在司法上就是"无偏无颇"的中道思想。杨向奎先生说：

> 无偏无颇就是王道正直。在《吕刑》中，也屡次述说在刑狱中要实行中道，如"惟良折狱，罔非在中……咸庶中正"。中道也就是儒家的经典著作《中庸》。《中庸》的涵义，不是圆滑、庸俗，绝对不是乡原，它是"刚健中正"……《易经·讼卦》更是如此，如云："讼有孚窒，惕中吉，刚来而得中也。终凶；讼不可成也。利见大人；尚中正也。"也是要求在刑狱中判断中正，在《九五》爻，有云："讼，元吉。"象曰：'讼元吉，以中正也。'孔子也说："刑罚不中，则民无所措手足。"③

他又指出："准夫是司法官，古代司法讲中正，所以要准……'止于至善'是准夫的职责。司法要求中正，而刚健中正是儒家传统的道德内容……"④

显然，依据儒家刚健中正的道德哲学，是绝对不会生出这种不问是非、不辨曲直的"息讼"观的。

与儒家不同，道家对是非、善恶常持相对主义的态度。《老子》云："天下皆知美之为美，斯恶已。皆知善之为善，斯不善已。"《庄子·齐物论》云：

> 物无非彼，物无非是。自彼则不见，自知则知之。故曰：彼出于是，是亦因彼。彼是方生之说也。虽然，方生方死，方死方生；方可方不可，方不可方可；因是因非，因非因是。是以圣人不由而照之于天，亦因是也。是

---

① 分见《论语》之《阳货》《里仁》。

② （清）顾炎武：《日知录集释》，黄汝成集释、秦克诚点校，岳麓书社 1996 年版，卷十三，"乡原"，第 486 页。

③ 杨向奎：《〈易经〉中的哲学与儒家的改造》，《杨向奎学术文选》，人民出版社 2000 年版，第 7~8 页。

④ 杨向奎：《西周金文断代研究中的若干问题》，《杨向奎学术文选》，人民出版社 2000 年版，第 111 页。

亦彼也,彼亦是也。彼亦一是非,此亦一是非。果且有彼是乎哉? 果且无彼是乎哉? 彼是莫得其偶,谓之道枢。枢始得其环中,以应无穷。是亦一无穷,非亦一无穷也。故曰:莫若以明。①

举例说来,在如何"报怨"的问题上,儒道家两家便截然对立。《论语·宪问》:"'或曰:以德报怨,何如? 子曰:何以报德? 以直报怨,以德报德。'"一般认为,"以德报怨"是道家的观点,《老子》六十三章:"为无为,事无事,味无味。大小多少,报怨以德。"孔子"深不谓然"。《礼记·表记》云:

子曰:"以德报德,则民有所劝;以怨报怨,则民有所惩。"《诗》曰:"无言不雠,无德不报。"《大甲》曰:"民非后,无能胥以宁;后非民,无以辟四方。"子曰:"以德报怨,则宽身之仁也;以怨报德,则刑戮之民也。"

郑玄注:"宽犹爱也,爱身以息怨,非礼之正也。"②有学者说,这也可视为是对《老子》的批评。"③

清代司法体制对待"民词"的方针,似乎就是这种"爱身以息怨"的态度。由此看来,清代地方官府对民事纠纷经常采用的那种不辨是非曲直,各打五十大板,含糊其辞,大事化小、小事化了的息讼方式应是渊源于道家思想而非儒家思想。

此外,"未能信"三字还体现了作者敢于正视错误,过而能改的精神,书中多次谈到他自己办案中出现的过错,毫无掩饰。

前述南昌僧俗互争山地案即是一例。又如在余干县任知县时,查夜捕役查到一人,睡在铺门柜台,"身有银一大包,书信一封,钱七百文",自称是某船户水手,受托由省城带信、银送往府城的。五纬令此人先"在铺食宿等候",退还钱三百文;一面令人前往船户查核并通知银主。次早饭铺来告,此人半夜逃走,查询船户知其人竟是窃贼。五纬自责说:

余谓不禁、滥禁均属违例,与其失于滥禁,宁可失于不禁。此皆介乎疑似之狱,为有狱官之必当慎者也。此案既经关提银主,查传船户,岂非介乎疑似之办法耶? 当捕役拿案禀审之时,押之当也,果在押疏虞而逃,

① 曹础基:《庄子浅注》,中华书局2011年印本,第18~19页。
② 《礼记正义》,卷五十四,(清)阮元校刻:《十三经注疏》,中华书局1983年影印本,第1639页。
③ 李学勤:《〈老子〉的年代》,李缙云编:《李学勤学术文化随笔》,中国青年出版社1999年版,第109~110页。

是为应禁不禁，或取的保而逃，亦可谓为应禁不禁。今将待质之犯交于不能约束之人，置于不能防范之地，是为疏纵，不仅不禁之失也。虽赃获银领，于考成毫无窒碍，究竟上不可以对上宪，下不可以对下人。故处事有获重咎而问心无愧者，有被恶詈而对人无惭者，有名不称寔而自揣悚惶者，有人不加责而心终不安者。此即余心终不安之事也。①

儒家历来主张改过迁善。《论语》中有许多相关的言论。《学而》篇载孔子语"过则勿惮改"。又《雍也》篇载孔子称赞弟子颜渊的优点是："不迁怒，不贰过。"《述而》："子曰：'德之不修，学之不讲，闻义不能徙，不善不能改，是吾忧也。'"《卫灵公》："子曰：'过而不改，是谓过矣。'"《子张》："小人之过也，必文。"《孟子》中也有许多类似的言论，如《公孙丑上》："孟子曰：'子路，人告之以有过，则喜。'"《公孙丑下》篇载陈贾问孟子："然则圣人且有过与？"孟子答道："……且古之君子，过则改之；今之君子，过则顺之。古之君子，其过也，如日月之食，民皆见之；及其更也，民皆仰之。今之君子，岂徒顺之，又从为之辞。"《告子下》篇也载孟子语："人恒过，然后能改；困于心，衡于虑，而后作；征于色，发于声，而后喻。"

可见，儒家承认任何人都可能发生过错，即便是圣人也不例外。但是儒家要求人们在认识到错误后必须予以改正，不能坚持错误。应当说，儒家对待"过"或错误的这种态度是实现司法公正的一个必要条件。必须看到，无论何人，无论多么先进、多么高明的司法体制都无法绝对避免错判和冤案，现代各国之所以普遍建立起审级制度、国家赔偿制度，中国还设有审判监督制度，显然就是以承认司法审判可能发生错误为逻辑前提的。如果采取绝对的"官无悔判"原则，司法公正就很实现了。

四　儒家思想对地方官行使
社会公益职能之影响

贯穿《未能信录》的另一思想主线是"勤求民隐"。五纬说：

---

　① （清）张五纬：《未能信录》卷二，嘉庆十八年重刊本，第42~43页。

堂额多有以"勤求民隐,天鉴在兹"二语大书高悬,是为万世亲民社者之箴规,可为天下玩民瘝者之棒喝。体会古人语意,民隐者即吾赤子莫白之衷曲也,非求不能知,非勤求不能备知。故曰"勤求民隐",不书"民隐勤求"。又云"勤以补拙",皆首先重勤。盖人事要勤,职分要勤。从未闻有不敬而能废寝忘食,身体力行,知惧天鉴者也。①

张五纬说这番话倒不是自我标榜。从《未能信录》所收各案来看,五纬无论是听讼断案还是办理其他公务,确实都体现出了他的"勤"。其中最典型的当属他在袁州府任内办理的严禁溺女案。

乾隆五十八(1793)年夏,五纬获授袁州知府,因"客案羁留",一时未能就任,但已查悉该府属三县溺女恶俗:"江西溺女之风惟袁属宜春、万载、萍乡三县为盛,且无分贫富焉。每思救援,未能如愿。"是年八月,五纬请假回任,以便"清理本属积件讼案",途次舟中,便开始苦思冥想,试图找到一个"急救永保之法"。五纬认为,女婴初生,与母亲尚未建立起深厚的感情,再加上贫困就很容易溺女或弃婴。富人可以用道理感化,穷人却不能仅靠威势压服,必须"急济其贫","以利动之",让母女有足够的时间培养起感情,女婴的性命就可以得到保全了。五纬考虑建立一笔基金,向生女贫困之家提供资助。但资助金不能一次发放完毕,否则贪利之家很可能得银后仍复溺女,所以必须"匀其利使有所贪图"。

五纬最初设计的办法是分三次发放:第一次是初生具报、第二次是满月,第三次是六个月时复验(后来定拟章程改为满月、半年、周岁三次送验给银)。贫户每生女一口先后总计给银三两。凡前来具报领银者,还根据路途远近发给往返盘费。为防止已领银之贫户再来冒报,五纬还想出了给女婴穿耳作为记号的办法。但是婴儿穿耳后如果本家抱归去线,待线孔愈合后再抱来领银,便无法辨识标记了。为此难题,五纬连日苦思,终不得其法。后来还是他的幕友想出了一个办法,即将线浸墨穿耳,纵使去线,仍留黑点可辨。技术上的难题解决了,济贫之资从何而出又令五纬百般为难。而且济贫资金必须数额充足,可以置成"良田美产",使其成为"每年生息敷用之资本",方"可冀久远生全"。五纬意识到,这笔巨额资金只能向富户筹集,但要向富户募集又何尝是

_____

① (清)张五纬:《未能信录》卷三,嘉庆十八年重刊本,第21页。

件易事呢！五纬一时无计可施,只有到任后相机行事。

到任次日,恰好有城乡绅士十余人前来谒见,请五纬出面倡率集资筑桥。五纬初闻时,"意兴索然,深有顾此失彼之虑"。转念一想,修桥"不过一千四百余金,尚可为力",且正可借此机会博得士绅的信任,于是满口应承下来,并明确表示由自己一人出资,以便速成。五纬雷厉风行,第三日便开始兴工祭神,发银购料。且于到任十日内"连颁劝戒示谕,审理各属讼狱,舆论颇称公允,民情意似悦服。"五纬见"有机可乘,随于各绅士谒谢之便"提出了集资济贫,杜绝溺女陋俗的建议,得到士绅们的积极响应。两个月之内,三县便集得大量资金,购置田产,由各绅士公举首事,经理租息银钱出入,不许官役干预。萍乡县因捐有宽大空房一所,地方士民欲设育婴堂,男女婴孩皆予收养。五纬亲为拟定各项章程。《未能信录》全书不过四卷,其卷四所收,即全是办理济贫救溺的各项章程条规。其详尽、缜密,可行性之高,纵以今人眼光观之,也不能不为之叹服。五纬对自己的这项政绩显然也极感自豪,他曾写道:"计到郡不两月,而三善告成,然后知心诚求之,天必从之耳!"①

读到这段文字,可以感受到作者踌躇满志、欣欣自得之情跃然纸上,读者也不能不为之动容。然而,掩卷深思,却又不能不顿生慨叹。溺女之俗,先秦已然。② 两千年来,文治武功之盛,南修运河,北筑长城,焚书剃发,无所不能,何以连区区溺女小事却始终不能禁绝呢。若云官府不知溺女之害,无意查禁,那倒不是实情。此点我将在下面讲到。五纬抵任之前,江西巡抚下发之劝诫溺女条约早已传示各府县,《未能信录》卷四即有收载,读之也是苦口良言,但结果却总是"言之谆谆,听者藐藐"。若谓查禁溺女,重违民俗,难以实行。那如何解释五纬到任不过两月,实心举办便立见功效呢。由五纬的具体事例可知,只要政府制定之章法可行且认真加以落实,查禁溺女恶俗并非太大难事。此正五纬所云"心诚求之,天必从之"之谓也! 因此,我们不妨在此得出结论说,两千年来,溺女之风屡禁不止的根本原因还在于政府劝诫之心未能尽诚。

以宜春、万载两县为例,平均一县救溺所需,不过三千两之谱,耗银并不甚巨。乃五纬身为一方长吏,掌管地方钱粮税收,却不得为此社会公益事业动支

---

① （清）张五纬:《未能信录》卷三,嘉庆十八年重刊本,第28页。
② 参见《韩非子·六反》:"且父母之于子也,产男则相贺,产女则杀之。"

公帑一文,只能向民间募集资金。足见清代官府查禁溺女,不过是口惠而实不至,仍停留在舆论导向阶段,纸上谈兵而已,缺少切实的财政支持。再者,从五纬的叙述看,给人的感觉似乎他的桩桩举措并非基于职务的行为而主要系出于个人对公益的热心。从官方的制度上说,虽不无笼统的精神鼓励,但却没有明确、具体和强制性、规范化的要求。同样地,五纬将举办济贫救溺各项措施禀报江西巡抚及布政使后,二官虽"俯如所请",且"各捐廉银"赞助。但抚、藩二官的支持,似乎也主要是代表个人的行为,是出于道义上的同情,却并未纳入到地方政府的日常公务之中。

有学者指出,有关溺女问题,清代官员一早即已注意到,顺治十六(1659)年左都御史魏裔介曾上书指出福建、江南、江西等地溺女之风甚炽,请求皇帝下令禁止,世祖福临也"立刻下了一道没有说明刑罚的禁溺令"。其后的康熙十二(1673)年,圣祖玄烨又再下禁溺女令,但无多大回应。雍正二(1724)年五月,世宗胤禛发布谕令,鼓励各地设立包括育婴堂在内的慈善组织,这道上谕"推动了整个十八世纪都市善堂普遍的建立,其中以育婴堂最为瞩目"。①不过这位学者又指出:"1724年诏令的象征意义大于其实际意义。雍正并没有因而进一步制定具体的政策来推行地方善政。"在雍正皇帝看来,育婴之类慈善公益事业不过"妇人之仁"、"道婆之政",并非"急务"。

因此自雍正开始,清中央画定社会福利是地方的责任,并非官方的责任。官方只是从旁鼓励,不直接管理。终清一代,中央并没有策划长期性的社会福利政策,这是清政府与宋政府基本不同之处。宋代政府将福利政策列为重要政策之一,而清政府则将福利视为次等事务,将它归为地方社会之责任。②

由此说来,五纬所"勤"的范围并非官方的"急务",且已超出了自己的职分。按照家天下的政治伦理和职业守则,只要效忠皇帝、服从上司,也就算是尽到了职责。

但是儒家的政治伦理不同于官场伦理。儒家是抱着"得位行道"的理想而出仕的,出仕只是"行道"的手段。所以有学者说:

① 梁其姿:《施善与教化:明清的慈善组织》,河北教育出版社2001年版,第128~130页。
② 《施善与教化:明清的慈善组织》,河北教育出版社2001年版,第130~132页。

在儒家思想内,有一超越君主之上的伦理判准,即"道";因此,儒者的出仕实际上已超越春秋战国时代的私臣传统或模式。故孔子、孟子对"忠"的观点,都是从普遍性的道德意义立论,而较少注意其特定的政治意义。①

易言之,儒家效忠的对象是作为天下国家主体的"民"而不是"君",甚至也不是某个特定的政权。

张五纬鼓吹的"勤求民隐"同样也是从普遍性的道德意义上立论,并非只是为特定的政权利益服务。五纬在其另一部著作——《风行录》——中曾经谈到自己对做人和做官的看法。他说:

> 先要论此心之安否,勿计上司之喜怒;继论此事之应否,勿惧同寅之笑骂。官是皇上家的,这才叫做个官;我是父母生的,方可叫做个人。能做人,断无不会做官;能做好人断无不会做好官。好官有时不能做,命也;好人终身必要做,理也。可知做官有已时,做人无了愿也。"②

在同书所载另一封书信中他又说:"能到大官,自然必要做成大事,才算尽职官之能。大与否有命存焉,然宁可能做大官而不能到其位,切不可已到大官而不能做其事。"③在《未能信录》中五纬也说过:"做人居官首重敬事,次及敬人。敬事者尽人事、尽官职也。人事者不必皆是官事,有职者不可不知人事。人事即世间之事,必能知世事,而后能知处事、审事、断事,不敢慢事之为敬也。"④

概括说来,五纬的意思无非是说:要做好官,先要做好人。做官本身不是目的,目的是做事。这种观点正来自儒家思想。《大学》说:"自天子以至于庶人,一是皆以修身为本。其本乱而末治者否矣。"梁启超说:

> 儒家一切学问,专以"研究人之所以为人者"为其范围……质言之,则儒家舍人生哲学外无学问,舍人格主义外无人生哲学也……而儒家政论之全部,皆以其人生哲学为出发点。⑤

---

① 刘纪曜:《公与私——忠的伦理内涵》,刘岱总主编:《天道与人道》,生活·读书·新知三联书店1992年版,第188页。

② 《风行录续集》卷一,《与耕余复论案书》。

③ 《风行录续集》卷一,《与耕余论居官书》。按:"宁可能做大官而不能到其位"一句疑当为"宁可能做大事而不能到其位"。

④ (清)张五纬:《未能信录》卷三,"居官首重敬事",嘉庆十八年重刊本,第20页。

⑤ 梁启超:《儒家思想》,罗联添编:《国学论文精选》,(中国台湾)幼狮文化事业公司1987年版,第55、56页。

能做好人,养成高尚的品格,这是儒家学说的最基本要求。但这并不意味着儒家只是要个人提高一己的修养,儒家提倡的是人们在提高自己的同时还应推己及人,兼善济众。《论语·雍也》载:"子贡曰:'如有博施于民而能济众,何如?可谓仁乎?'子曰:'何事于仁,必也圣乎!尧、舜其犹病诸!夫仁者,己欲立而立人;己欲达而达人。'"又《宪问》载:"子路问君子。子曰:'修己以敬。'曰:'如斯而已乎?'曰:'修己以安人。'曰:'如斯而已乎?'曰:'修己以安百姓。修己以安百姓,尧、舜其犹病诸。'"《孟子·尽心上》也谓:"得志,泽加于民;不得志,修身见于世。穷则独善其身,达则兼善天下。"

张五纬作为地方长吏,虽难以做到"兼善天下",毕竟可以"善及一方",修己以安一方之百姓。从《未能信录》记录的五纬言行看,他鼓吹的"勤求民隐",其目标正在于此。

据上似可断言,五纬热心公益的动力并非来自正规体制或官方意识形态的推促,而是源于儒家思想的长期浸润。

还有一点应当指出,五纬坚持济贫救溺必须由地方士绅自我管理,官府只是协助,并不直接介入。其用意何在呢?前述清政府对待公益慈善事业的态度应是一个原因。是否还有其他原因呢?

晚清戊戌维新期间黄遵宪在长沙创办保卫局,亦强调官绅合办,且尤重绅民自立。① 这二者的不谋而合说明了什么呢?是否也是出于对单纯由官僚体制照应社会公益事业的不信任,因此便要借重民力,以便促成官民二元化的社会稳定格局呢?由于五纬对此语焉不详,笔者只能做此推测,难以遽下定论。

五　结　论

《左传·襄公二十五年》记载了晏子的一段言行:

晏子立于崔氏之门外,其人曰:"死乎?"曰:"独吾君也乎哉,吾死也?"曰:"行乎?"曰:"吾罪也乎哉,吾亡也?"曰:"归乎?"曰:"君死,安归?君民者,岂以陵民?社稷是主。臣君者,岂为其口实,社稷是养。故君为社稷死,则死

---

① 参见韩延龙、苏亦工等:《中国近代警察史》,社会科学文献出版社2000年版,第21~23页。

之；为社稷亡，则亡之。若为己死，而为己亡，非其私昵，谁敢任之？"

杜预注谓："言君不徒居民上，臣不徒求禄，皆为社稷。"①所谓"社稷"，用现时的话说，就是国家或国家这个共同体。所谓"私昵"指的是国君的私臣，其身份大抵相当于君主的私人仆役。《左传》的这段记载实际上道出了近代以来西方政治学和政府理论上的一个重大问题，即国家、政府和社会的区别以及政府功能的"两分法"，②同时也道出了国家公务员的实质。

晏子的那段话表明，早在先秦时代，中国人已经对君主的个人利益和国家利益有了明确的区分：君主不同于社稷或国家，君主只是社稷的代理人或代表；臣民也不同于私昵或私臣，其效忠的对像是社稷而非君主个人。到了明清之际，顾炎武又指出了"亡国"与"亡天下"之别："易姓改号，谓之亡国"；"率兽食人，人将相食，谓之亡天下。"③他所说的"国"，实即我们今天所说的"政权"（state）或政府（government）；他所说的"天下"，即我们今天所说的国家（nation，country），有时亦相当于今天所说的社会共同体（society，community）。古人将"亡国"与"亡天下"区分开来的用意，大体上即与我们今天试图将执政党利益、各个特定政权或政府利益与国家整体利益、全民族利益或社会公共利益区分开来的用意相当。

人类的历史在不断向前发展，但是思想观念的进步却未必总能同步。如前所述，早在春秋时代，人们已经认识到君主与国家的区别，然而到了清代，官方的主导思想却在大踏步地后退。顺治元年四月二十三日，多尔衮在《大清国摄政王谕明国诸国民百姓》文中宣称："予念天下者非一人之天下，乃天下人之天下，惟有贤人治之；天下之民，非一人之民也，天下孰为有德之主，则天下之民皆其民也。"④这话乍听起来，好不冠冕堂皇，大公无私，但夷考其实，却原来是在为满清朝廷攘夺朱明天下寻找一种说辞，毫无公心可言。到了乾隆朝，清高宗弘历更是变本加厉，对历代士大夫以天下为己任的传统一再严加痛

---

① 《春秋左传正义》，卷三十六，《十三经注疏》，第1983页。
② 关于国家与政府的区别及"两分法"，可参见澎湃：《政府角色论》，中国社会科学出版社2002年版，第23～25页，第35页；关于国家与社会的二元化及政府的权力和功能可参见同书第59～60页。
③ 《日知录集释》，卷十三，"正始"，第471页。
④ 中国第一历史档案馆编：《清初内国史院满文档案译编》（断代史/明清史/明清档案/）中册，光明日报出版社1989年版，第6页。

斥,甚至不惜为此发动一场文字狱。① 张岱年先生曾经指出:

> 中国为什么落后,最重要的是封建专制主义的沉重压迫。中国封建
> 专制主义,到明清越来越严重,人民和知识分子的地位越来越低。从前的
> 知识分子有一个传统:以天下为己任。这是从孟子开始的。后汉陈蕃、李
> 膺以天下名教是非为己任,要整顿当时的社会风俗。一直到唐宋,知识分
> 子都是以天下为己任。到了清朝乾隆时,他有一个批示,他说:这天下是
> 谁的责任? 这是皇帝的责任、我的责任;你们以天下为己任,把我放在什
> 么地方? 你以天下为己任,这就是大逆不道。所以专制主义以后越来越
> 严酷,越来越厉害。明朝建立廷杖制度,大臣说话,皇帝不高兴就命令对
> 大臣杖四十、杖八十。但士大夫就是不怕,越打越敢说,有一种"士气"。
> 明朝出现这样一种现象,凡是敢直言受过"廷杖"的,被看作光荣记录。
> 到清朝廷杖倒是取消了,但搞文字狱,问题更严重了,动不动就砍头,所
> 以,就没人敢说话了,这证明专制主义越来越厉害……②

罗素说:"君主政体有一个严重的缺点,那就是通常不关心臣民的利益,
除非和国王的利益一致。"③的确,在家天下王朝统治之下,各个王朝追求的至
高利益是维系其政权自身的存续。秦始皇在灭六国以后宣布:"朕为始皇帝。
后世以计数,二世三世至于万世,传之无穷。"④晚清朝廷制定的《钦定宪法大
纲》也开宗明义地规定:"大清皇帝统治大清帝国,万世一系,永永尊戴。"

君主政体下之所谓官吏,就其本质而言,实为皇帝之私仆;与理想的民主
政体下的公务员制度悬隔天壤。在清代,皇帝与旗籍官员的关系公开挑明了
就是主仆,旗员奏事许多情形下须自称"奴才"。⑤ 汉官虽不必自称"奴才",

---

① 清高宗之议论见《书程颐经筵劄子后》(《御制文集》下,文渊阁四库全书影印本及《御制
文集二集》,卷十九)。乾隆四十六年四月,弘历特发上谕驳斥尹嘉铨之事见《高宗实录》卷1129。
另可参见余英时:《中国思想传统及其现代变迁》,广西师范大学出版社2004年版,第243页。

② 张岱年:《文化与哲学》,中国人民大学出版社2006年版,第92页。

③ [英]伯特兰·罗素:《权力论:新社会分析》,商务印书馆1991年版,第131页。

④ 《史记·秦始皇本纪》。

⑤ 徐珂:《清稗类钞》,第5册,中华书局1995年版,第2171页"奴才"条称:"满洲大臣奏
事,向有称臣或奴才者。乾隆戊子下谕:'嗣后颁行公事折奏称臣,请安谢恩寻常折奏仍称奴
才。'所以存满洲旧俗也。乃久之,满臣奏折无论公事私事,俱称奴才,以为媚矣。……然不独满
洲也,蒙古汉军亦同此称,惟与汉人会衔之章奏,则一律称臣。汉人之为提督总兵者,称奴才,虽
与督抚会衔,而称奴才如故,不能与督抚一律称臣也。"

实际的情形却是想做"奴才"尚不够格，只好降格做"奴才"的奴才了。《未能信录》的作者张五纬其实就处于这种"奴才的奴才"的地位。然而从作者的言行看，显然他并不甘守"奴才"或"奴才的奴才"的本分，还是想以天下为己任。像张五纬这样的官员在清代虽然不止他一个，但又会有多大的普遍性和影响力呢？

看来，没有一个公共化的政府，没有制度化的动力，没有全社会普遍认可的健康公允的价值观，单靠某个人或某几个人的道德品质和思想情操，要想实现司法公正和社会公益终究不过是蚍蜉撼树，只能知其不可为而为之罢了。

武昌首义，国家易号共和。然而政府的偏私本性却是根深蒂固，难于清除，不仅制度化的硬性动力未曾建立起来，儒家思想的软驱力也被扫入了历史的垃圾堆。由是劫难频仍，了无止日。

依本人所见，中国传统文化资源中足堪与西方制度之公正及公益精神相呼应者，惟孔孟之道莫属，抑或后者更胜于前者。[1] 因此，必先恢复对中国传统文化之自信，制度变革方始有成功之望。

---

[1] 日本学者岛田虔次也有此见："我在最近十年来一直思考的，是儒教是不是比基督教更胜一筹的问题。我们知道，美国等国今天尽管已经是那么美好的国家，为什么还发动战争和侵略呢？欧美国家的思考，骨〔干〕〔子〕里只能是基督教。儒教国'好生之仁风'也即尊重'生'之仁风很盛。"〔日〕岛田虔次：《中国思想史研究》，邓红译，上海古籍出版社 2009 年版，第 444 页。

第十二章　从言者无罪到表达自由——中国诗教传统的社会批评功能

一　红歌与颂歌

2007 年看江西电视台举办的"红歌会"比赛,那也该算得上是那一年里的艺坛盛事了吧。记得那阵子,我也时常坐在电视机前看红歌会,动辄看至终场。原来那所谓的"红歌",听起来并不陌生,其中许多都是自己少年时代耳熟能详的歌曲,家里的收音机里、街头的高音喇叭里,整天播放的,除了大批判、样板戏,也就是这些声音了,可以说是如雷贯耳。常言道,熟读唐诗三百首,不会作诗也会吟,对于我们这代人,可以说是"熟听八出样板戏,不会唱来也会哼"。但究竟什么是"红歌"呢? 还是弄不大清楚。

上网一搜,见有不少人发帖子讨论红歌的定义。一种理解是:"古今中外凡是唱'红'了的、家喻户晓的歌曲称为红歌,如《何日君再来》等"。这个解释显然不太靠谱,记得在 1983 年的"反精神污染"运动中,像《何日君再来》这类的歌曲,曾被纳入黄歌的范畴,不可能摇身一变就成了红歌。有网友也立马儿指出:"1979 年有一本《怎样鉴别黄色歌曲》的书,上面说凡是表现男女爱情,唱你唱我的靡靡之音称为'黄'色歌曲。"①

维基百科的定义是:

> 红色歌曲,有时简称红歌,在当今中国即指与中国共产党、中华人民

①　笔者按:《怎样鉴别黄色歌曲》确有其书,系《人民音乐》编辑部编,人民音乐出版社 1982 年版。

共和国有关的,歌颂中国共产党、歌颂中国共产党领袖(特别是毛泽东)、歌颂赞美中国共产党的军队、歌颂社会主义的歌曲、歌颂中华人民共和国的歌曲。此外北朝鲜、越南、苏联及东欧社会主义国家的一些类似歌曲也被称作是红色歌曲。

这个定义似较可取,但也不是没有疑意。有网友说:

> 红歌就是当年说的革命歌曲。不,好像也不对,那些人引吭高歌的曲目,大多数当年都是被批为毒草的歌,原因多半是太资产阶级化。再一看,又有许多文革歌曲、个人崇拜的歌曲,这些早已经在改革开放当中(被)扫进历史的歌曲,又被找出来大唱特唱,似乎还被作为主流意识形态弘扬。

看来,要给"红歌"下个精准的定义,还真是件难事儿。某日翻看东汉人王充写的名著《论衡》,见其中有个《须颂》篇,似有顿悟之感。所谓"须颂",依刘盼遂先生的解题,即王充在该篇中所说的:"《颂》四十篇,诗人所以嘉上也。由此言之,臣子当颂,明矣。"①

王充说的"《颂》四十篇"指的是中国最早的诗歌总集《诗经》中的周颂、鲁颂和商颂,通称"三颂"。所谓"颂",就是"歌颂之颂,赞美之意"。② 按鲁迅的说法,颂诗"大率叹美",是"早已拍马"的歌功颂德之作。③ 王充认为,颂诗的产生就是为了满足歌功颂德的需要。天下太平,做臣子的理应歌颂君父。上古的帝王们之所以能有很大的名声,就是因为有"鸿笔之臣"褒颂宣传。汉代名声不彰,则是因为当时的"俗儒"、"拘儒"、"盲暗之儒"等等知识分子"好称古而毁今","知圣主而不能颂"云云。④

有学者说《须颂》篇"明显地表现了王充向汉章帝献媚邀宠的精神状态。"⑤从主观上看,王充的这篇《须颂》确实反映出作者媚主求荣的心态。但

---

① 黄晖:《论衡校释》,中华书局 1990 年版,第 847 页。
② 高亨:《诗经今注·诗经简述》,上海古籍出版社 1980 年版,第 5 页。
③ 分见鲁迅《汉文学史纲要》,人民文学出版社 1973 年版,第 11 页及《伪自由书·文学上的折扣》,人民文学出版社 1973 年版,第 47 页。
④ (东汉)王充原著,袁华忠、方家常译注:《论衡全译》,贵州人民出版社 1993 年版,第 1241 页。
⑤ 《论衡全译》,贵州人民出版社 1993 年版,第 1241 页,译注者题解。田凤台认为,《论衡》中的《宣汉》至《须颂》等篇是王充"畏罪心理与未忘名利之实证"。田凤台:《王充思想析论》,(中国台湾)文津出版社 1988 年版,第 155 页。

是客观上说,"颂"是,至少应当是歌功颂德之作,却并非王充的一己之见。汉刘熙《释名》谓:"称颂成功谓之'颂'。"①纬书《诗含神雾》云:"颂者,王道太平,功成治定而作也。"②范处义说:"颂以美为义,言人君之功德也。"③程伊川也说:"颂者,称美其事"。④

当然,后世所说的"颂歌",不限于《诗经》中的"三颂",广义上说,凡属歌功颂德的作品皆是,因此不妨将红歌视作是现时代的颂歌。如此说来,我们炎黄子弟自古就有唱颂歌的传统,至今薪火未断。从《诗经》的"三颂",唱到《东方红》、《大海航行靠舵手》、《没有共产党就没有新中国》、《文化大革命就是好》,再唱到《春天的故事》、《走进新时代》。虽然歌颂的对象因时而异,风格也迥然不同,但颂歌总归是从古唱到了今。不知这三千多年的光景里,国人到底唱出过多少颂歌?

远的先不说了,单说这新中国的颂歌,也就是当今所谓的"红歌"吧,恐怕还没人统计过,想必也很难统计了。又是几十年过去了,当年的那些红歌能红到今天的还有几曲呢? 其中有没有还能像"三颂"那样再流传上几千年的呢?

若说那些颂歌的曲调,除了音乐专家,外行人差不多都是凭感觉,萝卜白菜各有所爱,说不出个子午卯酉来。可若说到歌词,但凡能识文断字的,谁不能品头论足呢? 所以那三颂如今保留下来的便只有歌词,曲子却早已不知了踪影。现如今技术手段发达了,红歌们的曲调以后也可以保留下去,但歌词的艺术水平恐怕仍是不能忽略的吧。试想红歌们当年能流行,靠的是政治的支持,今天再度流行起来,靠的又是什么呢? 政治的力量肯定仍是不可少的,但艺术效果恐怕也不能一点不考虑吧? 譬如电影《洪湖赤卫队》主题歌《洪湖水浪打浪》,无论是在红歌会上还是其他场合都常常能听到。记得有一次在北大的聚会上有人唱起了这首歌,旁边坐着一位台湾同胞,显然是头一次听到,他跟我说"这歌很好听啊"。足见人们判断歌曲艺术的标准还是很有些共同性的。又比如,我小时候曾经红极一时的一首歌儿——《无产阶级文化大革命就是好》,听了多少次红歌会好像就没见有人唱过(或许是我没听到),除了

① (清)王先谦:《释名疏证补》,上海古籍出版社1984年影印本,第312页。
② 安居香山、中村璋八辑:《纬书集成》上册,河北人民出版社1994年版,第465页。
③ (宋)范处义:《诗补传》,卷十六,文渊阁四库全书电子版,武汉大学出版社1998年版。
④ (宋)程颢、程颐:《二程集》下册,中华书局2006年版,第1047页。

政治上过了时以外,是不是这首歌的艺术水平也有点问题呢?先说其曲调,乍一听来,能吓人一跳,一味地激越高亢,全无美感可言。原来读《毛诗序》,总是想象不出"乱世之音,怨以怒,其政乖"该是个什么样子。现在想想,一下子明白了。① 再看其歌词:

> 无产阶级文化大革命(嘿)就是好,就是好呀!就是好呀!就是好!马列主义大普及,上层建筑红旗飘,革命大字报(嘿),烈火遍地烧,胜利凯歌冲云霄,七亿人民团结战斗,红色江山牢又牢。无产阶级文化大革命就是好!就是好!就是好!就是好!无产阶级文化大革命(嘿)就是好!就是好呀!就是好呀!就是好!一代新人在成长,顶风逆浪战英豪,工业学大庆(嘿),农业学大寨,万里神州传捷报,七亿人民跟着毛主席,继续革命向前跑,(文化大革命好,文化大革命好),无产阶级文化大革命就是好!就是好!就是好!就是好!

晋人杜预称赞《左传》"其文缓,其旨远"。② 借用这个标准来评判一下这首歌,真可以说是"其文急,其旨浅",通篇的口号堆砌,不要说比、兴了,连一点理都不讲。全部歌词不计标点共197个字,其中"就是好"说了16次,用去50多字,"无产阶级文化大革命"说了4遍、"文化大革命好"又说了两遍,这就用掉了102个字;可到底"文化大革命"为什么好、怎么个好法还是没有说出来,就好像街头小孩子们吵架一样,不管有没有道理,反正我就是"就是好"。这样的歌曲,未免太直白了,不仅不合"温柔敦厚"的中国传统诗教,③连一点起码的艺术性也不讲,要没有政治上的强力撑腰,注定是流传不开的。毛泽东在《致陈毅》的信中就特别强调:"诗要用形象思维,不能如散文那样直说,所以比、兴两法是不能不用的。赋也可以用,如杜甫之《北征》,可谓'敷陈

---

① 屈万里先生以《魏风》里的《硕鼠》和《园有桃》为乱世之音的示例(《屈万里先生文存》第一册,(中国台湾)联经出版事业公司1985年版,第176页)。但《乐记》明言"声成文谓之音"。可知所谓"乱世之音",首先应是指的音乐曲调,歌词尚在其次。

② (唐)孔颖达:《春秋左传正义》卷一,十三经注疏整理委员会整理本,北京大学出版社1999年版,第13页。

③ 朱东润先生说:"温柔敦厚之说,则深中于人心,此则以儒家思想支配中国社会,人人不敢有所违异故也。中国诗词每作委婉之辞,不敢有所指斥,兢兢焉恐失诗人忠厚之旨。"朱东润:《中国文学批评史大纲》,上海古籍出版社2005年版,第9~10页。

其事而直言之也'，然其中亦有比、兴。"①

　　毛泽东说的比、兴和赋，众所周知，都是《诗经》中的表现手法。所谓赋，即前引毛泽东说的"敷陈其事而直言之也"，出自朱熹的《诗集传》，大抵是沿袭郑玄《周礼·大师》注的解释："赋之言铺，直铺陈今之政教善恶"。所谓比，郑玄的解释即"比方于物也"，朱熹的解释是"以彼物比此物也"。所谓兴，郑众的解释是"兴者，起也。取譬引类，起发己心"。② 朱熹的解释是："先言他物以引起所咏之事也"。简单点说："赋者，叙事；比者，寄意于物；兴者，触物而动。"形象点说："实写美人为赋。辞言花而意实指美人为比。因桃花而思及人面，则为兴矣。"③或者即如浦江清先生所说："比兴是一句老话，现在新文学里称为比喻、联想、象征。例如从雎鸠联想到男女，以雎鸠比喻男女，雎鸠是男女配偶的象征等等。"④

　　《诗经》中的这三种表现手法，对后世的诗歌和文学艺术，乃至整个中国传统文化都产生过巨大的影响。即便是迄今仍热唱不绝的红歌，也时而会运用这三种手法。⑤

　　举例来说，胡松华演唱的《赞歌》第一段"从草原来到天安门广场，高举金杯把赞歌唱，感谢伟大的共产党，祝福毛主席万寿无疆。"应该就属于赋的手法。又如，"文革"中次最红的红歌《大海航行靠舵手》的歌词，"鱼儿离不开水呀，瓜儿离不开秧，革命群众离不开共产党，毛泽东思想是不落的太阳"，应该属于"比"的手法。新中国最红的红歌《东方红》，先从"东方红、太阳升"说起，然后才说到毛泽东、共产党和大救星之类，近乎兴的手法。

　　说到这里，多少可能有点吊诡，尽管"文革"设定的目标是要革传统文化

---

　　① 胡为雄编著：《诗国盟主毛泽东》，当代中国出版社 1996 年版，第 260 页。据逢先知回忆，1950 年某日，毛泽东的女儿"在院子里唱'没有共产党就没有中国'。毛泽东听到了，立即给她纠正，说没有共产党的时候，中国早就有了，应当改为'没有共产党就没有新中国'。在此之后，毛泽东把这个问题正式提到中央的会议上来"。董边等编：《毛泽东和他的秘书田家英》（增订本），中央文献出版社 1996 年版，第 31 页。

　　② 孔颖达：《毛诗正义》卷一，十三经注疏整理委员会整理本，北京大学出版社 1999 年版，第 12 页。

　　③ 吕思勉：《经子解题》，华东师范大学出版社 1996 年版，第 21 页。

　　④ 浦汉明编：《浦江清文史杂文集》，清华大学出版社 1997 年版，第 204 页。

　　⑤ 朱明勋《也谈〈诗经〉的赋比兴》文认为赋比兴为诗经所独有。《孔孟月刊》，台北，2005 年，第 44 卷第 3、4 期，第 7 页。

的命,可是赞美"文革"及其领袖的颂歌却还是没能跳出传统文化的表现手法。用西方人的眼光来看,这应该很符合现代主义艺术的特征。格林伯格曾为现代主义下过一个著名的定义,即:"采用某一学科内部特有的方法来批判那一学科本身",①红歌不就是这样嘛?!

二 红歌文化溯源

从红歌推原到颂诗,原本以为,前者在文化上肯定渊源于后者,但深加探究以后却发现这二者之间并无直接的传承关系。红歌终归是欧俄革命思潮的产物,其直系的血亲应是经由苏联嫁接过来的欧洲文化种子,而非《诗经》中的三颂。

中国传统的颂歌,譬如《诗经》三颂以及风雅中属于颂美的诗篇,或称广义上的颂歌,大都是朴素的祝祷词和叙事诗,并无明显的宗教神秘倾向。试看《周颂·我将》的诗句:

> 我将我享,维羊维牛。维天其右之,仪式刑文王之典,日靖四方。伊嘏文王,既右飨之。我其夙夜,畏天之威,于时保之。

有学者评论说:"这是一首祭祀上帝、配享文王的乐歌。抛开《颂》的神圣外衣,我们将发现这样的诗其实十分朴素,与中华民族后世的民家祭祀没有什么性质上的不同。"②

二南、国风以及雅诗中也有颂歌,譬如《召南·甘棠》:

> 蔽芾甘棠,勿翦勿伐,召伯所茇。蔽芾甘棠,勿翦勿败,召伯所憩。蔽芾甘棠,勿翦勿拜,召伯所说。

这是赞美召伯听讼不扰民的诗句。陈子展先生曾对此诗所传诵的故事做过史地考证,他认为:

> 《甘棠》美召公听讼,诗义尤明。即令《周礼》、《左传》、《史记》皆可有妄,而《召南》之诗未可必其全妄,民间传说未可必其全无影子也……

---

① Greenberg, "Modernist Painting", in *The New Art*, 67-78 (Gregory Battcock rev. ed., 1973)。转引自戴维·鲁本:《法律现代主义》,中国政法大学出版社2004年版,第14页。

② 沈泽宜译注:《诗经新解》,学林出版社2000年版,第540页。

要之,诗人所美,史公所书,方志所载,民间所传,足以见召公甘棠树下听讼之传说故事垂之已久而已广也。①

再看《大雅·生民》第一章:

厥初生民,时维姜嫄,生民如何? 克禋克祀,以弗无子。履帝武敏,歆,攸介攸止。载震载夙,载生载育,时维后稷。

此诗是歌颂周始祖后稷的,应该是《诗经》中神秘色彩较浓的一篇,但是与西洋古代的诗歌相比还是有很大的不同,日本学者吉川幸次郎曾经说过:"倘若用一句话来概括中国文明的特色,那则是彻底的人本主义;如果可以将人道主义一词换为人本主义,那么,没有什么比中国更尊重人道主义的了。"他还就中国古典文学与西洋文学做过精彩的比较:

最初的西洋文学,荷马史诗和希腊的悲剧喜剧,就表现了英雄,神、妖怪,并能在海上作战。总之,史诗的内容不是凡俗日常的世界,而是超凡越俗的天地。西洋文学正是发轫于这种虚构的文学。荷马史诗产生于公元前一千年左右,载以文字则是在前五百年左右;而在公元前一千年,中国最早的诗歌《诗经》中的最早部分已经完成,在前五百年是孔子出现、《诗经》成书的时期。但是,《诗经》的内容与荷马史诗以非日常世界为素材不同,而以日常生活为素材;原则上不表现英雄,例外地就英雄后稷的成长歌颂了其神秘性,而这位英雄长成后是位农业英雄。仅此例外,其他都是现实的日常生活中所产生的喜悦和悲哀,其中心是各国民谣。《国风》诸卷,所表现的是赞美村女,祝贺新婚;或为幽会桑中、怨恨爱人不相从之类恋歌;或为征夫怨妇的咏叹;或欢欣于凯旋,或斥责穷兵黩武,或诅咒徭役的繁重,这都是以我们现实凡俗之人的日常生活和其中悲欢离合为题材的歌诗。《书经》所载也是以政治为中心的人类的营生,并且只关心实际存在的事情。②

已故历史学家刘节先生也做过类似的比较:

可见我们中国古代的人如何重视空间同时间的观念。凡是一桩人事的交涉,总是没有忘记掉在什么地方,在什么时候。比之富于玄想的古代

---

① 陈子展:《诗经直解》,卷二,复旦大学出版社 1983 年版,第 45~46 页。

② [日]吉川幸次郎:《中国文学史》,陈顺智、徐少舟译,四川人民出版社 1987 年版,第 6 页。

印度人,酷爱想象的古代希腊人,迥乎不同了。历史是记载事实的学问。诗歌是表达感情的工具。古代希腊人用诗歌来记载史事,于是加入许多想象成分,充满神秘的气氛。如荷马的史歌,奥特塞,伊里亚特。照这一条途径发展下来的,是希腊的悲剧和喜剧。都是事实中函有想象,想象之中又函有事实。想象有什么可贵?其可贵处在乎有理想、有希望,有前途。给我们以新意义和新的生命。从卜辞这一条途径下来,是一种实事求是的精神。惟用是图,没有想象,固步自封。所以中国古代史籍很发达,而没有戏剧性的艺术。中国的国民性是充满现实主义,墨家精神,这在周代以前老早就埋藏下来了。①

余冠英先生也指出,大雅里的《生民》、《公刘》、《緜》、《皇矣》、《大明》五篇,"联起来便成为一部周人建国的历史。这都是大雅中较早作品,大约产生于周成王时。这些叙事诗也许是祭祀时颂祖之歌",但"虽是歌颂祖德,歌颂英雄,却反映了人民的创造力量,人民的智慧和人民的劳动热情"。② 著名文献学家刘盼遂先生认为:"《诗经》中国风固然好,但雅、颂更重要,因为雅、颂记述的是历史,更有价值。"③

有学者曾将中国上古宗教和神话材料与其他古代民族的对应材料加以对比后指出,其他古代民族都有自己比较纯粹的宗教经典,惟独中国是个"例外"。当然中国古代也有自己的"圣书",其中包括《诗经》,但"殊少宗教意味和神话色彩,其支配精神是伦理的、人文的、现世的。这种中国式的'圣书'虽然不乏幻想色彩,事实上却抹煞了'神'的存在,这在古代世界里确是异乎寻常、独一无二的。"因此中国古代文化,又被称为"史官文化",足见"中国这个'例外'文化的彻底程度"。④

综合上述观点,似乎可以得出这样的认识。包括三颂在内的中国传统颂歌植根于人本主义或人道主义的立场,其突出的特点是具体,叙事性强,注重描写现实的、日常生活中的事物,极少虚构的或超现实的内容,即便是歌颂英

---

① 刘节:《古史考存》,人民出版社 1958 年版,第 309 页。
② 参见余冠英:《诗经选·前言》,人民文学出版社 1956 年版,第 8～10 页。
③ 聂石樵、邓魁英:《怀念刘盼遂先生》,聂石樵辑校:《刘盼遂文集》,北京师范大学出版社 2002 年版,第 737 页。
④ 参见谢选骏:《神话与民族精神——几个文化圈的比较》,山东文艺出版社 1987 年版,第 193～194 页。

雄也极其人性化,神化个人的色彩不明显。① 诚如宋儒范处义所说:"颂者用之天地宗庙,讵敢有虚美哉!"②许多研究中国史的学者好以诗证史,大概就是出于包括颂诗在内的中国传统诗歌普遍具有叙事性强的缘故吧。相对而言,红歌大多抽象、独断、重说教,有时甚至过分神化某个特定的个人和组织,迷信色彩极重,与《国际歌》所主张的"从来也没有什么救世主,也不靠神仙皇帝"的无神论思想相悖,与马克思主义的历史唯物主义更截然不符。红歌的这些特点显然与三颂等传统的世俗颂歌相去甚远,而更近乎宗教颂歌,譬如基督徒们吟唱的赞美诗。试看下面的两组对比:

(1.1)

天大地大不如党的恩情大,

爹亲娘亲不如毛主席亲,

千好万好不如社会主义好,

河深海深不如阶级友爱深。

毛泽东思想是革命的宝,

谁要是反对他谁就是我们的敌人。

(1.2)

慈爱天父,慈爱天父,作儿女何等蒙福。

慈爱天父,我们抬起头仰望表达爱的热诚,慈爱天父,慈爱天父。

在基督教传统里,人与上帝的关系最亲密,上帝是所有人的父亲。人与生身父母的关系反而居于次要地位。有红歌说爹亲娘亲不如×××亲,站在基督教的立场上固属不错,但若站在中国文化的立场上看,就非常荒谬了。儒家伦理最重父子之亲,高唱父母不如异姓旁人亲切,何止是不孝,实在是数典忘祖。《论语·为政》载孔子语:"非其鬼而祭之,谄也。"意即不是自己应该祭祀的鬼神(一般指已逝的祖先)而去祭祀之就是献媚。《左传·僖公九年》又载:"神不歆非类,民不祀非族。"大意即神不会接受来自异类奉祀的祭品,民众也不

---

① 夏传才先生认为《周颂》和《大雅》中的颂歌把"文王、武王的诞生神圣化","对文王像神明一样崇拜,他几乎被偶像化了"。但他又认为《诗经》中的这类颂歌"和后世那些谄媚帝王以取宠,美化独夫民贼以邀赏,类似献给慈禧为之歌功颂德的祝寿诗,是大不相同的"。夏传才:《思无邪斋诗经论稿》,学苑出版社2000年版,第98~101页。

② 《诗补传》,卷二十六。

应该祭祀自己祖先以外的旁人。宋代理学家陈淳说：

> 人与天地万物皆是两间，公共一个气。子孙与祖宗，又是就公共一气中有个脉络相关系，尤为亲切……今人于祭自己祖宗正合著实处。却都莽卤了，只管胡乱外面祀他鬼神，必极其诚敬，不知他鬼神与己何相关系？……况祖先之外，岂可又招许多淫祀之鬼入来……今人诌祀鬼神，不过只是要求福耳，不知何福之有？①

末代皇帝溥仪回忆其在"远东国际军事法庭"上作证时最感"愤愤不已"的事情就是当年日本关东军强迫他将日本天皇的始祖"天照大神"奉为自己的祖先。多年以后他仍对此耿耿于怀。② 足见将自己祖先以外的人或鬼神奉为或比作自己的祖先在中国文化上历来都是大忌，即便是皇帝也不能将自己的祖宗强加给别人。又可见这位昔日的"满洲国"皇帝还是太中国了。如果是立足于红歌的文化背景上，这可有什么大不了的呢？

(2.1)

抬头望见北斗星，

心中想念毛泽东，

想念毛泽东，

迷路时想你有方向，

黑夜里想你照路程，

黑夜里想你照路程！

(2.2)

主(的)话语像天上星宿，

发出闪烁光华，

照耀指引世上客旅，

行走正确路程。

中国传统文化崇尚中庸，情感的表达通常比较含蓄婉转，主张乐而不淫，哀而不伤，怨而不怒。即便是称颂皇帝，最高也不过敬之为"圣人"。

所谓"圣人"，依孟子之说，即"人伦之至也"。圣人终归是人而不是神。

---

① （宋）陈淳：《北溪字义》，熊国祯、高流水点校，中华书局1983年版，第59~60页。
② 参见爱新觉罗·溥仪：《我的前半生》，群众出版社1979年版，第395页，第361~364页。

吉川幸次郎说:"中国文化至少是过去的中国文化,存在一个突出的性质,就是对宗教的否定……宗教的欠缺是中国文化具有的重大特征之一。"因此,"中国人关于人生的基本思想是:人类的拯救只能靠人类自己。人类的拯救不是靠神,而是靠人自己"。①

这位日本学者的说法绝非信口开河。儒家经典《大学》说:"自天子以至于庶人,壹是皆以修身为本"。也就是说,任何人都可以也必须通过修身来实现道德的自我完善。在儒家看来:"人皆可以为尧舜","小人可以为君子","涂之人可以为禹"。② 圣人并不是什么遥不可及的目标。只要实现了道德的自我完善,就能优入圣域,自立立人。但观(2.1)的歌词,人类仿佛都是迷途的羔羊,只有等待北斗星的指引和拯救方能到达幸福的彼岸。显然,隐含于这首红歌背后的文化不是来自中国传统而应别有渊源。那渊源是什么呢? 我觉得就是那标榜无神论但却并未真完全摆脱东正教影响的苏联文化。唯在基督教传统里,颂神的话语绝对不能用来颂人。但无论是苏联的还是中国的红歌,都将颂神的话语移转用来颂人。这是红歌与赞美诗的根本差别所在。③

邵燕祥先生曾经谈到他自己在 20 世纪 50 年代初的诗歌创作及其与苏联和欧洲文化思想的联系。当时的邵燕祥以苏联诗人马雅可夫斯基为偶像,后者在十月革命后创作的一系列诗篇,特别是"《列宁》和《好》等颂歌"无疑对他的创作乃至思想产生了极大的影响。④ 马雅可夫斯基的长诗《列宁》创作于

---

① 　[日]吉川幸次郎:《我的留学记》,钱婉约译,中华书局 2008 年版,第 212、156 页。
② 　分见《孟子·告子下》,《荀子·性恶》。
③ 　宗教界朋友崔宝臣先生告诉笔者:"基督徒有很多赞美诗,但是赞美的对象都是神,是上帝。上帝在这里是一切存在的源头,是保证人类生命的起点与归宿,也是在这一点意义上,基督徒称上帝为父。而人尤其不能取代神的地位。所以基督徒尤其拒绝崇拜某一个人,特别是那些把自己当作神的人。其实圣经中《创世记》第一章记载的人类的堕落(吃知善恶树上的果实),主要就是揭露出人类自起初就有的这种排斥上帝的冲动。人要取代上帝自己区辨善恶,定别善恶。在犹太人的思想里,善恶是事物的两端,也有代表一切的意思。所以按照圣经的记载,人如果坚持选择定别善恶的权利,也就是选择掌控一切的权利,那就是对神的权利的僭越。简言之,人渴望取代上帝的位置,人要成为自己的上帝。结果人就在奢望成为上帝的奔波中迷失了。整个圣经主要是围绕着这个主题,上帝要找回迷失的人类。人不可能成为自己的上帝,人要接纳自己的有限性,无论在时间上的、空间上的,还是伦理道德上的。说得更直白一点,人就是人。"如此说来,用颂神的方式颂人是对基督教教义的背叛。
④ 　参见邵燕祥:《我与诗与政治》,杨义主编:《中国文学年鉴》(2008),中国文学年鉴社 2009 年版,第 528 页。

列宁逝世后不久，是公认的苏联颂歌中的代表作，其中有这样一段警句：

> 我们说
>
> 列宁——
>
> 就是指着
>
> 党，
>
> 我们说
>
> 党——
>
> 就是指着
>
> 列宁！

邵燕祥接着写道："这里是把党和领袖完全等同起来，'个人服从组织'，'全党服从中央'的原则，也就必然导向服从领袖。本来是没有党就无所谓领袖，一下子变成了没有'这个'领袖就没有党。领袖俨然是党的化身，党性最终体现为对领袖的热爱与忠诚。"他进而指出：马雅可夫斯基在20世纪20年代出于激情创作出这样的诗句，既"有认识的根源，更有体制的根源。因为这不是他的创造和发明。在西方，有'朕即国家'之说，在东方，忠君就是（也才是）爱国。现代对政党和国家首脑的个人迷信（领袖崇拜），深深地植根于千百年来专制主义的土壤。据说，在30年代纽伦堡的纳粹党大会上，'海洋一般'的群众振臂高呼的口号之一，就是：'党就是希特勒，希特勒就是德国！'他们显然不是从马雅可夫斯基那里获得灵感的。"①

德国人当然无须从俄国人那里获得灵感，因为两者的文化同源。但是红歌、"红海洋"、忠字舞却一定会从俄国人那里获得灵感，因为那是"十月革命一声炮响"给我们带来的"主义"的一部分；而矗立于马氏背后的，并不只是苏联的文化，还有欧洲的文化。据说希特勒有句名言："个人迷信是一种最好的统治形式"。② 俄国人对这句话的理解想必要比德国人深刻得多。

1935年2月4日，俄国布尔什维克中央机关刊物《列宁格勒的红色时代》写道：

> 我们的所有爱情、我们的信仰、我们的力量、我们的心灵、我们的英勇

---

① 杨义主编：《中国文学年鉴》(2008)，中国文学年鉴社2009年版，第528~529页。

② ［苏］罗·梅德韦杰夫：《斯大林和斯大林主义》，彭卓吾等译，中国社会科学出版社1989年版，第346页。

壮举、我们的生命,这一切都是为了您,伟大的斯大林!一切都是您的,啊,我们伟大祖国的领袖!统帅着您的儿子们。①

苏联学者梅德韦杰夫指出:

> 斯大林之所以能够把自己的意志强加于党,这首先是由于无限膨胀起来的对他个人的迷信……把斯大林崇拜为神,使党不能对他的行为进行监督,预先就认为他所做的一切都是正确的……斯大林迷信,正如任何迷信一样,产生了把党变成一种特殊宗教组织的倾向……在(20世纪)30~40年代,宗教知觉、宗教心理及其全部幻想、自我劝导,对事物不加批判、排除异己和宗教狂热,这些要素已经深入人民的意识……人们把斯大林崇拜为神,对他另眼看待,极力把一切无法用任何有理的论据证明的东西说成是正确的东西,这正同信教者一样,他们笃信全能的和带来一切幸福的上帝,不会因看到自己周围的痛苦和不幸就不信上帝,因为人们把一切好事都归功于上帝,把一切坏事都归罪于魔鬼。在迷信斯大林的时期也是这样,人们把我们国内发生的一切好事都归功于他,把一切坏事都归咎于某种恶势力,而斯大林则是反对这种恶势力的主要战士。当然,对斯大林的迷信对年龄和地位不同的人所起的作用是各不相同的。它对青年产生的影响最大,正如30年以后在中国的情况一样。中学和大专院校几乎都成了斯大林迷信的发源地。不仅12~17岁的青少年颂扬斯大林,相信斯大林,甚至某些著名的党和苏维埃的干部在被枪决时还高喊"斯大林万岁!"②

造成对斯大林的个人迷信的原因应该是多方面的,但欧洲的基督教(包括俄国的东正教)传统以及沙俄文化的专制和落后显然是培植斯大林迷信的绝好土壤。19世纪的俄国历史学家尼古拉·卡拉姆津曾经这样刻画过俄国人的愚忠性格:

> 俄国人所引以为荣的事,却正是外国人非议的事——盲目地、无限地忠于君主的意志,甚至当君主狂暴地把正义和人道的法律都踩在脚下时,

---

① 〔奥〕威尔海姆·赖希:《法西斯主义群众心理学》,张峰译,重庆出版社1990年版,第238页。

② 〔苏〕罗·梅德韦杰夫:《斯大林和斯大林主义》,彭卓吾等译,中国社会科学出版社1989年版,第344~345页。

他们仍然忠诚不渝。①

梅德韦杰夫也指出:

> 某些西方史学家和苏联史学家认为,对斯大林的迷信的出现和巩固是由沙皇俄国的各种传统和社会制度促成的,因为它们虽然被革命废除了,但并没有被革命消灭。千百年来固定下来的对沙皇和皇帝的迷信不可能立即消失。这种意见是站得住脚的。不过,不能不看到,就是在革命内部也存在着产生个人迷信的某些前提。十月革命在很短,时间内就摧毁了几百年来形成的生活方式。革命引起的变化是巨大的,非同寻常的。领导这场革命的人在人民的心目中成了某种非凡的英雄。看来,在任何一次群众性的胜利革命中都会出现一种竭力赞扬自己领袖的意向。②

在另一部著作中,他又写道:

> 人民群众在树立和巩固斯大林个人迷信方面所起的作用,我们也谈过,人民受了蒙骗,而在这方面不仅反映了政治蛊惑家的极高的手腕和狡猾,而且也反映了我国人民历史经验之不足,他们的教育和文化水平低下,民主传统的薄弱等等……俄罗斯人民也和住在原俄罗斯帝国的其他各族人民一样,是在半封建的专制独裁制度下发展的,他们都在三重奴役下,即在地主、资产阶级、外国资本主义的奴役下生活过。这一切决定沙皇俄国人民群众的极大的革命性。然而,也正是这些条件必然导致基本劳动群众的落后和文化水平的低下。著名的作家和人道主义者弗·柯罗连科在给阿·瓦·卢那察尔斯基一封信中写道:"你们轻而易举地就带领了我们的人民群众跟你们前进,这不是说明我们已准备好走向社会主义社会,相反,说明我们人民的不成熟。"这一意见在一定程度上是公正的……毫无疑问,斯大林的专政是寄生在革命俄国的人民群众尚未能克服的许多的缺点上面的。斯大林非常巧妙地利用了我们人民的最优秀的品质,他们的革命干劲和对革命敌人的仇恨。斯大林当他有所行动时,也

---

① [美]赫德里克·史密斯:《俄国人》上册,上海《国际问题资料》编译组译,上海人民出版社1977年版,第446页。

② [苏]罗·梅德维杰夫:《斯大林和斯大林主义》,彭卓吾等译,中国社会科学出版社1989年版,第346页。

巧妙地利用了人民群众的落后及低下的文化水平。①

然而,著名的群众心理学家赖希不同意将法西斯主义的兴起归因于希特勒的欺骗。在他看来:"这种组织群众的成功应归因于群众,而不是希特勒。正是人的畏惧自由的权威主义性格结构,使希特勒的宣传获得了基础。因此,在社会学上有关希特勒的重要东西,不是来自他的个性,而是来自群众给予他的重要性。"同样,他认为将斯大林时代的专制黑暗"归罪于斯大林或任何人,都是荒谬的。斯大林只是环境的一个工具"。真正的问题在于"俄国革命碰到了一个它没有认识到因而被幻想所掩盖的障碍。这个障碍就是人的人类结构,这种结构经过几千年的历程已成为生物病态的"。易言之,个人迷信的形成并非是哪个人的问题,而是所有人的问题。用赖希的话说,即"正是人民群众的非理性性格结构为权威主义领导提供了证明。"②

赖希的说法肯定是有道理的,但领袖们的刻意引导和追捧者们的推波造势作用仍是不容小视的。在斯大林统治时期,在他本人的授意下,苏联《真理报》曾经发表过一篇文章,强调苏联文学的任务"主要而且首先是应该歌颂我们的成就和成绩"。于是"为斯大林歌功颂德的作品也出现了。在斯大林六十岁寿辰和七十岁寿辰时,我国(按:指苏联)报刊上以'民间创作'为名,发表了许多长篇的冒牌的民间诗歌。"虽然"人们还不曾把斯大林像毛泽东那样,奉为当代最伟大的诗人。但是必须承认,斯大林在我国文学中留下的痕迹是'很深'的。"③据说:"有人进行过一个统计,1936 至 1953 年这十七年间,苏联创作了约六百首'斯大林颂歌'(不包括一些隐名假冒的民歌和歌颂其他领导人的歌曲)。写过'斯大林颂歌'的作曲家约 360 个,诗人约 300 个。"④

斯大林去世后,颂声并未就此停歇,只是歌颂的对象变了。赫鲁晓夫刚刚"批判斯大林个人崇拜不久,苏联舆论又将这个卫国战争时的中将吹个天花乱坠。勃

---

① 〔苏〕罗·亚·麦德维杰夫:《让历史来审判》,赵洵、林英译,人民出版社 1981 年版,第 728~729、730 页。

② 〔奥〕威尔海姆·赖希:《法西斯主义群众心理学》,张峰译,重庆出版社 1990 年版,第 35、236、245 页。

③ 〔苏〕罗·亚·麦德维杰夫:《让历史来审判》,赵洵、林英译,人民出版社 1981 年版,第 907、908、900 页。

④ 毛宇宽:《血泪凝成的光辉——苏联音乐的历史启示》,《人民音乐》评论版 2008 年 5 月号,第 89 页。

列日涅夫上台后,这个昔日的少将又成了舆论歌功颂德的中心。总之,谁上台就捧谁,谁倒台就骂谁。一些人竞出新奇,对领袖奉献谀词,肉麻上更加肉麻。"①

斯拉夫主义作家弗拉基米尔·马克西莫夫说:"我们兼有亚洲式的心理和欧洲式的文化"。② 他所说的"亚洲式的心理"指的究竟是什么? 尚不清楚。但那铺天盖地、震耳欲聋、肉麻无比的苏联式颂歌肯定是渊源于欧洲文化而非中国文化则无疑。

三 从"诗可以怨"到"虽颂皆刺"

如前所言,红歌与中国传统诗歌貌似相同而实质不同。或许,二者的根本差异,尚不在于前述的形式和内容,而在于其社会功能。简言之,红歌背弃了《诗经》美刺并举的政治批评传统,③蜕化为单纯的歌功颂德的工具;而中国传统诗歌则同时兼具颂美和刺过的双重作用。红歌虽在形式上延续了传统诗歌的某些手法和功用,但讽喻谲谏而又不失温柔敦厚的传统诗教精神在红歌中却已荡然无存了。④

说起诗教和诗的功用,一般都要追溯至《论语·阳货》中孔子的那段名言"诗可以兴、可以观、可以群、可以怨。迩之事父,远之事君,多识于鸟兽草木之名。"据学者们的研究,这应是孔子在总结前人认识的基础上对诗的社会功能所做的系统的理论表述。他所说的兴、观、群、怨,大体是说诗能起到启发和感染人们的思想和感情;帮助人们认识社会现实,观见风俗民情的盛衰,考察政治得失;沟通人们的思想感情并相互启发,讽喻和批评不良政

---

① 王曾瑜:《凝意斋集》,兰州大学出版社 2003 年版,第 315 页。

② 转引自[美]赫德里克·史密斯:《俄国人》下册,上海国际问题资料编辑组译,上海人民出版社 1978 年版,第 292 页。

③ 郑玄说:"诗者,承也。政善则下民承而赞咏之;政恶则讽刺之",见(清)朱彝尊原著,冯晓廷等点校:《点校补正经义考》(三),(中国台湾)"中央研究院"文哲所筹备处 1997 年版,第 677 页。又孔颖达《毛诗正义序》谓:"夫《诗》者,论功颂德之歌,止僻防邪之训"。(见前引十三经注疏整理委员会整理本,北京大学出版社 1999 年版,第 3 页)

④ 朱自清先生说:"比兴有'风化'、'风刺'的作用,所谓'譬喻',不止于是修辞,而且是'谲谏'了。温柔敦厚的诗教便指的这种作用。比兴的缠夹在此,重要也在此。"(《朱自清古典文学论文集》,上海古籍出版社 1981 年版,第 236 页)

治和社会现象,①直至修身、治家、从政,培养学识等等。闻一多先生曾经说过:

> 诗似乎也没有在第二个国度里,像它在这里发挥过的那样大的社会功能。在我们这里,一出世,它就是宗教,是政治,是教育,是社交,它是全面的生活。维系封建神经的是礼乐,阐发礼乐意义的是诗,所以诗支持了那整个封建时代的文化。此后,在不变的主流中,文化随着时代的进行,在细节上曾多少发生过一些不同的花样。诗,它一面对主流尽着传统的呵护的职责,一方面仍给那些新花样忠心的服务。②

足见,在中国传统社会里,诗的作用既广泛又重要,涉及到社会生活的方方面面。汉代人在孔子"兴、观、群、怨"的基础上又将诗的功用进一步概括为"美"和"刺"。所谓"美"即"颂美",也就是歌颂;所谓"刺",即讽刺批评。郑玄的《诗谱序》说:"论功颂德,所以将顺其美;刺过讥失,所以匡救其恶。各于其党,则为法者彰显,为戒者著明。"③

在汉儒眼里,诗的"刺过讥失"功能又远重于"颂美"。诚如钱钟书先生所说,"怨"只是诗的"四个作用里的一个,而且是末了一个",④但正像邵燕翔说的那样:"怨字占了社会题材民歌民谣很大一部分。"⑤这是什么缘故呢?

怨,《说文》解作:"恚也。"又"恚:恨也。"又"恨:怨也。"是知怨的意思通恨。但孔子这里所说的"怨",据汉儒的解释是有特指的。何晏、邢昺《论语注疏》:"〔注〕孔曰:'怨刺上政。'〔疏〕:'可以怨'者,《诗》有'君政不善则风刺之','言之者无罪,闻之者足以戒',故可以怨刺上政。"⑥刘宝楠说:"郑注云:'怨谓刺上政'。此伪《孔》所本。《广雅·释诂》:'讥谏,怨也。''谏'、'刺'同。凡君亲有过,谏之不从,不能无怨。《孟子》所谓'亲亲之义也'。然必知

---

① 夏传才:《〈诗经〉研究史概要》,中州书画社1982年版,第45页。
② 闻一多:《文学的历史动向》,孙党伯、袁謇正主编:《闻一多全集》,湖北人民出版社1994年版,第10册,第17页。
③ (唐)孔颖达:《毛诗正义》卷一,十三经注疏整理委员会整理本,北京大学出版社1999年版,第6页。
④ 钱钟书:《七缀集》,生活·读书·新知三联书店2002年版,第116页。
⑤ 邵燕祥:《民歌与伪民歌》,《无权者说》,福建人民出版社2001年版,第51页。
⑥ 阮元校刻:《十三经注疏》,中华书局影印本1980年版,第2525页。

'比'、'兴'之道，引譬连类而不伤于径直，故言易入而过可改也。"①

王念孙《广雅疏证》卷五上《释言》："讥，谏，怨也。谏通作刺。《论语·阳货》篇，诗可以怨。《邶风·击鼓》，《正义》引郑注云：'怨谓刺上政'。《汉书·礼乐志》云：'怨刺之诗起'。是怨与讥、刺同意。"又《补正》："襄二十七年《左传》，伯有赋鹑之贲贲，赵文子告叔向曰：伯有志诬其上，而公怨之，以为宾荣。怨亦谓讥刺也。"又"《（广雅）疏义》：何休《公羊注》，讥犹谴也。"②

简言之，根据郑玄的注解及清代学者的研究，《诗经》之"怨"的功能，不只是一般的抱怨，可专指"刺上政"。③ 用今天的话说，即批评政治，这显然是继承了《毛诗序》的观点：

> 风，风〔讽〕也，教也。风以动之，教以化之。诗者，志之所之也，在心为志，发言为诗……故正得失，动天地，感鬼神，莫近于诗……上以风化下，下以风刺上，主文而谲谏，言之者无罪，闻之者足以戒。④

强调诗歌的政治教化作用，这并非诗大序的一家之言，先秦已然。到了汉代，汉儒在总结先秦以来儒家对诗歌的重要认识的同时又加入了自己的理论创新，⑤特别强调"下以风刺上"的政治批评功能。依汉人的说法，《诗经》中的雅诗和风诗，大都含有政治批评的意味。朱自清先生说：

> 《诗序》主要的意念是美刺，风雅各篇序中明言"美"的二十八，明言"刺"的一百二十九，两共一百五十七，占风雅诗全数百分之五十九强。其中兴诗六十七，美诗六，刺诗六十一，占兴诗全数百分之五十八弱。美刺并不限于比兴，只一般的是诗的作用，所谓"诗言志"，最初的意义是讽

---

① （清）刘宝楠撰：《论语正义》，高流水点校，中华书局1990年版，第690页。又见程树德《论语集释》，程俊英、蒋见元点校，中华书局1990年版，第1212页。

② （清）王念孙：《广雅疏证》，钟宇讯点校，中华书局1983年影印，第144、428、430页；徐复主编：《广雅诂林》，江苏古籍出版社1992年影印，第372、427页。

③ 另一种意见认为"诗可以怨"泛指一般意义上的怨情，不一定专指"怨刺上政"。参见刘美红：《先秦儒学对"怨"的诊断与治疗》，中山大学出版社2010年版，第22页。

④ （唐）孔颖达：《毛诗正义》卷一，十三经注疏整理委员会整理本，北京大学出版社1999年版，第6~15页。

⑤ 参见夏传才：《〈诗经〉研究史概要》，中州书画社1982年版，第82~84页。

与颂,就是后来美刺的意思。①

朱东润先生也做过统计,但他不大相信诗序的说法:

> 《诗》三百五篇之中强分美刺,除《颂》诗不计外,《风》诗百六十篇之中,美诗仅十六篇,刺诗七十八篇。《小雅》七十四篇之中,美诗仅四篇,刺诗四十五篇。《大雅》三十一篇之中,美诗七篇,刺诗亦六篇。总计《风》《雅》二百六十五篇而刺诗得一百二十九篇,直欲目古人吟咏之词,多为怨曲,其不可信明矣。②

《诗序》的强分美刺,固可争议;过分强调诗的社会功能也未必足取。此点并非朱东润的一己之意,也道出了不少学者的同感。闻一多先生就说过:

> 汉人功利观念太深,把《三百篇》做了政治的课本;宋人稍好点,又拉着道学不放手——一股头巾气;清人较为客观,但训诂学不是诗;近人囊中满是科学方法,真厉害。无奈历史——唯物史观的与非唯物史观的,离《诗》还是很远。明明一部歌谣集,为什么没人认真地把它当文艺看呢!③

短短一段话,差不多说尽了汉代迄今两千余年的诗经学史。不错,毛、郑诗学过于牵会政治,失之偏颇。但近人受西方科学及文化影响,刻意要将诗歌与政治彻底剥离开来也不可取。

程伊川说:"人之怨乐,必形于言;政之善恶,必见刺美。"④诗是讴歌生活的,政治也是生活的一部分,二者水乳交融,有时是很难分辨得开的。因此自汉迄清,孔门诗教的主流观点一直是道德教化论,即以道德影响政府,用诗歌评论社会及政事。诗歌既有如此的功能,当然"应该反映人民对政府的意见,并暴露社会的弊端"。⑤

汉何休注《公羊传》道:"颂声者,大平歌颂之声,帝王之高致也……至此

---

① 《朱自清古典文学论文集》,上海古籍出版社1981年版,第254页。又据王季思先生统计:毛公在《诗经》里注明属于兴体的111篇,其中国风71篇,占64%;小雅35篇,占32%;大雅4篇,占3%;颂诗1篇,占1%还不到。毛公在《诗经》里没有注明属于比、赋的诗篇,从朱熹的《诗经集传》看,在国风、小雅里,比兴和赋体大约各占半数,而大雅和颂诗除个别篇章外,全属赋体。《王季思学术论著自选集》,北京师范学院出版社1991年版,第21页。
② 朱东润:《中国文学批评史大纲》,上海古籍出版社2005年版,第12页。
③ 李定凯编校:《闻一多学术文钞·诗经研究》,巴蜀书社2002年版,第54页。
④ (宋)程颢、程颐撰:《二程集》,王孝鱼点校,中华书局2004年版,第1046页。
⑤ [美]J.刘若愚:《中国诗学》,河南人民出版社1990年版,第83页。

独言颂声作者,民以食为本也。夫饥寒并至,虽尧、舜躬化,不能使强无寇盗;贫富兼并,虽皋陶制法,不能使疆不陵弱……男女有所怨恨,相从而歌,饥者歌其食,劳者歌其事。"①钱钟书先生对此评论说:"《传》文明明只讲'颂声',《解诂》补上'怨恨而歌'……它还说一切'歌'都出于'有所怨恨',把发端的'太平歌颂之声'冷搁在脑后……何休仿佛先遵照《传》文,交代了高谈阔论,然后根据经验,补充了真况实话:'太平歌颂之声'那种'高致'只是史书上的理想或空想,而'饥者'、'劳者'的'怨恨而歌'才是生活里的事实。"②

的确,食有甘苦,事有劳逸,生活也是有幸有不幸,所谓"几家欢乐几家愁"嘛。诗歌作为表达人类情感的重要手段,相应地便也会有美刺讽颂,且会从眼前的食、事联想开去,由此及彼,由近及远,由小及大,这大概就是兴的由来和作用。③

钱穆先生曾对"诗言志"的诗教传统与政治的关系做过深刻的阐释:

所谓志,乃专指政治方面言,也不似后代诗人之就于日常个人情感言。《诗经》三百首中,如雅颂,显然关涉政治者可不论。即如十五国风,近人都说是民间文学。夷考其实,颇不然。即有些原是民间的,但已经诗人一番整理,文字雅化了,音节配上固定的曲谱了,其使用意义,也可能与原先意义不同了。即如《关雎》那一首诗……既用之邦国,我们不能定说它只是一首民间的自由恋爱诗。古经师的说法,我们不能定说它全没有根据……总之在赋诗言志的人,他意有所讽谕,则决不定限于某一时,某一人,与某一事。而且任何人,借着机会,唱出当时流行的某一首旧诗,而别有所讽谕,那亦是赋诗言志了。④

可见,《诗经》的政治批判作用仍是无法全盘否认的。有学者指出:"汉儒对《诗经》'美刺'作用的揭示和重视,影响和推动了以《诗》为谏、引《诗》为证的社会风气,在一定程度上促进了政治的开明"。⑤ 自汉以来,历代借用诗歌

---

① 浦卫忠整理:《春秋公羊传注疏》,卷十六,北京大学出版社 1999 年版,第 361 页。

② 钱钟书:《七级集》,生活·读书·新知三联书店 2002 年版,第 117 页。

③ 马一浮先生说:"六艺之教,莫先于诗。于此感发兴起,乃可识仁。故曰兴于诗,又曰诗可以兴。"马一浮:《复性书院讲录》,江苏教育出版社 2005 年版,第 149 页。

④ 钱穆:《中国文学论丛》,生活·读书·新知三联书店 2002 年版,第 250 页。

⑤ 孙克强、张小平:《教化百科——诗经与中国文化》,河南大学出版社 1995 年版,第 95 页。

的形式批评政治,讽刺君上的故事更是史不绝书。① 清人周寿昌说:"王伯厚曰:子击好《晨风》、《黍离》而慈父感悟。周磐诵《汝坟》卒章而为亲从仕。王褒读《蓼莪》而三复流涕。裴安祖讲《鹿鸣》而兄弟同食。可谓兴于诗矣。予案:王式以三百五篇谏昌邑。王尊为东平王诵《相鼠》之诗。虽至魏主丕时,鹈鹕集灵芝池。犹能诏博举隽德茂才,以答曹人之刺。"② 这段话里讲到了好几个借诗讽谏的典故。譬如王应麟所谓"子击好《晨风》、《黍离》而慈父感悟。"典出《韩诗外传》,说的是战国时魏文侯魏斯弃长立幼,封击于中山,三年无往来。后击遣使者往见文侯,文侯问击喜好什么,使者答曰"喜好《诗》"。文侯问好什么诗,答曰"好《黍离》与《晨风》。"《黍离》与《晨风》,分见于《诗·王风》和《秦风》,前者表达迁都者难舍家园的思念之情;后者说的是妇女疑心被丈夫遗弃。文侯听后大受感悟,乃废少子诉而立击为嗣。又如王式诗谏昌邑王事见于《汉书·儒林传》。王式为昌邑王师,汉昭帝死后,昌邑王嗣位,不久被废。昌邑王左右臣僚多被下狱处死,办案大臣责问王式为何身为老师而无一谏书? 王式答以:我每天都用《诗经》教导昌邑王,讲到忠臣孝子的篇章时,总是反复开导;讲到"危亡失道之君"时,常常含泪告诫。我用《诗经》305 篇净谏,所以就没有谏书了。王式因此得以免死。至于"鹈鹕集灵芝池",事见《三国志·魏书·文帝纪》。说的是曹魏黄初四年,曹丕看见鹈鹕鸟栖集于灵芝池,想到《诗·曹风·候人》刺共公远君子而近小人,于是下诏求贤举才云云。

因此可以说,在中国,用诗歌批评政治,讽喻时弊,自古以来就是诗最重要的社会功能之一。刘咸炘说:"汉儒以《三百篇》当谏书",③ 有人甚至认为《诗经》中的怨刺诗,亦即政治讽刺诗,具有谏章的性质,是"我国传统忠谏思想的产物,又为传统忠谏的需要而广为流传与弘扬"。④ 毛泽东对诗歌的政治批评作用也有很深刻的认识,他早在 1959 年 8 月 16 日的《关于枚乘〈七发〉》一文

①　参见孙克强、张小平:《教化百科——诗经与中国文化》第六节,"美刺与君臣之义",河南大学出版社 1995 年版,第 89~106 页。

②　(清)周寿昌:《思益斋日扎》,中华书局 2007 年版,第 5~6 页。

③　刘咸炘:《学略》,黄曙辉编校,华东师范大学出版社 2009 年版,第 4 页。

④　傅丽英:《〈诗经〉中怨刺诗与传统忠谏思想》,中国诗经学会编:《〈诗经〉国际学术研讨会论文集》,河北大学出版社 1994 年版,第 302 页。

中就曾指出："骚体是有民主色彩的，属于浪漫主义流派，对于腐败的统治者投以批判的匕首。屈原高据上游。宋玉、景差、贾谊、枚乘略逊一筹，然亦甚有可喜之处。你看，《七发》的气氛，不是有颇多的批判色彩吗？"①1964 年 8 月 18 日，他在北戴河同哲学工作者谈话时又特别讲到：

> 司马迁对《诗经》品评很高，说诗三百篇皆古圣贤发愤之所为作也。大部分是风诗，是老百姓的民歌。老百姓也是圣贤。"发愤之所为作"，心里没有气，他写诗？"不稼不穑，胡取禾三百廛兮？""不狩不猎，胡瞻尔庭有悬狟兮？""彼君子兮，不素餐兮！""尸位素餐"就是从这里来的。这是怨天，反对统治者的诗。孔夫子也相当民主，男女恋爱的诗他也收。朱熹注为淫奔之诗。其实有的是，有的不是，是借男女写君臣。②

应当注意的是，诗的政治批评作用并不限于《诗经》中的《国风》和《小雅》，即便是"有美无刺"③的《颂》——包括狭义的《诗经》中的三《颂》和《大雅》以及后世广义上的"颂"，即各种称颂赞美类的诗文歌赋，多在歌功颂德的同时，隐寓有劝勉或批评的意味。

譬如《周颂·烈文》中有云：

> 烈文辟公，锡兹祉福，惠我无疆，子孙保之。无封靡于尔邦，维王其崇之。念兹戎功，继序其皇之。无竞维人，四方其训之，不显维德，百辟其刑之。于乎前王不忘！

朱熹《诗集传》谓："此戒饬而劝勉之也。"④陈子展说："前八句敕戒诸侯；后五句敕戒诸侯，王亦自敕戒。"⑤

所谓"颂"，依《毛诗序》的解题是："美盛德之形容，以其成功，告于神明者也。"挚虞《文章流别志论》说："后世之为诗者多矣，其称功德者谓之颂，其余则总谓之诗。颂，诗之美者也。古者圣帝明王，功成治定而颂声兴，于是史录

① 中央文献研究室编：《建国以来毛泽东文稿》，第 8 册，中央文献出版社 1993 年版，第 456 页。
② 曲一日主编：《毛泽东评说中国文学》，吉林人民出版社 1998 年版，第 3 页。
③ 章太炎说："《风》、《雅》有美有刺，《颂》则有美无刺也"，章炳麟：《国学讲演录》，江苏文艺出版社 2007 年版，第 72 页。
④ （宋）朱熹：《诗集传》，凤凰出版社 2007 年版，第 262 页。
⑤ 陈子展：《诗经直解》，卷二十六，复旦大学出版社 1983 年版，第 1072 页。

其篇,工(乐官)歌其章,以奏于宗庙,告于鬼神;故颂之所美者,圣王之德也。"①刘季高先生说:

> 《周颂》在《诗》的时序上,是最古的,在篇数比重上,是最少的。在外形上,篇幅是短小的,语句是古拙的。在功用上,是为周朝统治者——祭祖祭神或招待诸侯的仪式——服务的。②

毋庸置疑,颂诗作为最高统治者在祭祀或其他重大典礼时的乐歌,自然以正面歌颂为主,按鲁迅先生的说法,就是"颂诗早已在拍马","颂祝主人,悦媚豪右"。③ 但据历代学者们的研究,颂诗非同今日的红歌那样片面地歌功颂德。

清人刘熙载说:

> 《颂》固以美盛德之形容,然必原其所以至之之由,以寓劝勉后人之意,则义亦通于《雅》矣。④

当代学者周振甫先生也指出:

> 颂是《诗经》风、雅、颂的一体。它的特点是"美盛德而述形容",是歌颂神的舞歌,转为歌功颂德的诗。又怕读者光看颂诗不明白,加上叙事的序。有时对所歌颂的人又不免感叹他的缺失,于是以颂为主而褒贬杂居。⑤

足见,颂诗在歌颂之中也兼寓劝勉之意。明人陈子龙有言曰:"夫乱世之民,情懑怨毒,无所聊赖,其怨既深,则于当时反若无所见者。忠厚之士,未尝不歌咏先王而思其盛,今之诗歌是也。"⑥所谓"歌咏先王而思其盛",这是从正面说;反过来听自然就是"讽喻时弊而痛其衰"了。在《白云草自序》中,他又说:

　　① 张鹏一校补:《挚太常遗书》卷三,《关中丛书》第4集,陕西通志馆民国间印本。又,周振甫:《文心雕龙注释》,人民文学出版社1981年版,第100页注17引。
　　② 刘季高:《中国最古的歌舞剧——西周的颂乐》,刘芳荪、陈尚君、高克勤编:《刘季高文存》,上海古籍出版社2009年版,第171页。
　　③ 分见《伪自由书》,人民文学出版社1973年版,第47页;《坟·摩罗诗力说》,人民文学出版社1973年版,第51页。
　　④ (清)刘熙载:《艺概》,上海古籍出版社1982年版,第49~50页。
　　⑤ 周振甫:《文心雕龙注释》,人民文学出版社1981年版,第102页。
　　⑥ 郭绍虞、王文生编:《中国历代文论选》第3册,上海古籍出版社1980年版,第238页。

诗者，非仅以适己，将以施诸远也。《诗三百篇》，虽愁喜之言不一，而大约必极于治乱盛衰之际。远则怨，怨则爱；近则颂，颂则规。怨之与颂，其文异也；爱之与规，其情均也。①

清儒程廷祚更指出，怨、颂和美、刺虽然形式上有所不同，但目的和作用却是完全一致的：

汉儒言《诗》，不过美、刺二端。《国风》、《小雅》为刺者多，《大雅》则美多而刺少，岂其本原固有不同者与？夫先王之世，君臣上下，有如一体，故君上有令德令誉，则臣下相与作为诗歌以美之。非贡谀也，实爱其君有是令德令誉，而欣豫之情发于不容已也。或于颂美之中，时寓规谏，忠爱之至也。其流风遗韵，结于士君子之心，而形为风俗。故遇昏王乱政而欲救之，则一托之于诗……然则刺诗之作，亦何往而非忠爱之所流播乎！是故非有爱君之心，则《天保》、《既醉》只为奉上之谀词；诚有爱君之心，则虽《国风》之刺奔刺乱，亦犹人子之恳谏父母，而涕泣随之也……后世不明此义，故立诽谤之法，重妖言之诛，以至道路以目，而卒无救于亡。②

按照此二人的说法，怨与爱，颂与规（即规劝、规谏），完全是出于同样的情感。这大概就像鲁迅举的焦大骂贾府的例子："焦大的骂，并非要打倒贾府，倒是要贾府好"。就仿佛是说："老爷，人家的衣服多么干净，您老人家的可有些脏，应该洗它一洗"。③

关于颂与刺的关系，钱钟书先生揭示得最为深刻，他认为："颂扬过去正表示对现在不满，因此《三百篇》里有些表面上的赞歌只是骨子里的怨诗了。"④他特别引证唐代郑覃苦劝唐文宗不要溺爱"章句小道"的话："夫《诗》之《雅》、《颂》，皆下刺上所为，非上化下而作。王者采诗，以考风俗得失。"⑤

他又举出陈子龙《诗论》中的一段名言：

我观于诗，虽颂皆刺也。时衰而思古之圣王，《嵩高》之美申，《生民》

---

① （明）陈子龙：《安雅堂稿》卷3，（中国台湾）伟文出版有限公司1977年版，第167页。
② （清）程廷祚：《青溪集》，宋效水校点，黄山书社2004年版，第38、39页。
③ 《伪自由书·言论自由的界限》，第99页。
④ 钱钟书：《七缀集》，生活·读书·新知三联书店2002年版，第117页。
⑤ （后晋）刘昫等撰：《旧唐书》卷173，中华书局1975年版，第4491页。

之誉甫,皆宣王之衰也。①

结合历代的经验,特别是最近这百余年的史事,不妨将钱先生总结的古人"虽颂皆刺"论视作一个定律——凡颂皆刺:即无论古今中外,但凡颂声大作的年代,必定是怨声载道,危机四伏的时节,这差不多可以成为判断一个社会治乱安危的晴雨表。各级当执者尤须当心,切勿为红歌和颂诗所陶醉,或效法周厉王,做那监谤弭谤的蠢事。

四　"言者无罪"的理想与现实

"言之者无罪,闻之者足以戒",依孔颖达的解释即:

> 臣下作诗,所以谏君,君又用之教化,故又言上下皆用此六义(指:风、赋、比、兴、雅、颂)之意。在上,人君用此六义风动教化;在下,人臣用此六义以风喻箴刺君上。其作诗也,本心主意,使合于宫商相应之文,播之于乐,而依违谲谏,不直言君之过失,故言之者无罪。人君不怒其作主而罪戮之,闻之者足以自戒。人君自知其过而悔之,感而不切,微动若风,言出而过改,犹风行而草偃,故曰"风"。②

将此句译成现代汉语,大抵就是当今的时髦话语:"言论自由",或"表达自由"。这可以说是两千多年前,儒家先贤们热切期盼并加以理论表达的理想政治图景。谁能想到,这种政治理想竟然与当今西方宪政体制下的表达自由制度有点不谋而合呢?

中国的政治文化自古有别于西方,古希腊的那种议会民主政治,在中国历史上是很难找到的。但这不等于说,中国社会没有自己的议政或政治批评传统,只是不同于西方而已。诗歌便是中国传统政治批评的一种重要表现形式,这可以说是中国政治文化所独具的特色。

汉儒认为,诗具有政治批评的作用,可以用来针砭时弊,表达心中的不满;

---

① 郭绍虞、王文生编:《中国历代文论选》第三册,上海古籍出版社 1980 年版,第 235～236 页。按:《嵩高》通作《崧高》,《生民》当为《蒸民》。

② (清)阮元校刻:《十三经注疏》,中华书局 1983 年影印本,第 271 页。

但表达的方式则应该曲折婉转，不宜直言不讳，太过露骨，这是中国传统诗教的又一重要内容。有学者指出：

> 对于政治有所批评是可以的，只是必须有个"谲谏"的形式，不能过于切直，直露的批评就动摇了君父的权威，于是汉人强调以比兴手法来曲言美刺。汉代人比兴区分，兴侧重于美，比侧重于刺。汉儒对于诗的解读，不过美刺两端。于是在汉代人的解释下，《诗》是充满怨刺但又于雅无伤的。①

中国古人惯常运用诗歌来批评政治，而不是像古希腊人那样采用议会民主的方式直截了当地议政，确实是太间接曲折了点儿，但这也是由中国特定的政治制度和社会文化背景所造成的。《论语·宪问》载孔子言："邦有道，危言危行；邦无道，危行言孙。"《中庸》也说："是故居上不骄，为下不倍；国有道，其言足以兴；国无道，其默足以容。《诗》曰：'既明且哲，以保其身。'其此之谓与！"宋代理学家尹焞解释说："君子之持身不可变也，至于言则有时而不敢尽，以避祸也。然则为国者使士言孙，岂不殆哉？"②显然，用诗歌讽喻政治，既能尽到个人对于国家兴亡的道义责任，同时又不失为明哲保身之策，这正是儒家参与政治和批评政治的一大特点。

汉代经学大师郑玄曾作《六艺论·论诗》，清楚地道出了其中的原委：

> 诗者，弦歌讽谕之声也。自书契之兴，朴略尚质，面称不为谄，目谏不为谤，君臣之接如朋友然，在于诚恳而已。斯道稍衰，奸伪以生，上下相犯。及其制体，尊君卑臣，君道刚严，臣道柔顺，于是箴谏者希，情志不通，故作诗者以诵其美而讥其过。③

有学者说："周代社会等级森严，臣下对君王的过错不便直谏。当时盛行作诗与用诗。不但有不少诗篇使用起兴的手法寄托讽谏的用意，而且还产生了许多颂古刺今的诗篇。这类诗篇颂古之善而不论今之恶，用意却在刺今之恶而不在颂古之善。这是臣下（多为作诗者）讽谏时王世主的一种委婉而通行的作法。倘不明作诗背景，径以歌颂的诗篇作解，便失去了作诗者原意。故

① 张梦石：《论〈诗经〉怨刺精神与〈楚辞〉骚怨精神在汉代的融通》，（中国台湾）《中文季刊》2009 年第 3 期，第 91 页。
② （宋）朱熹：《四书章句集注》，中华书局 1983 年版，第 149 页。
③ （清）阮元校刻：《十三经注疏》，中华书局 1983 年影印本，第 262 页。

子夏序《诗》,序明颂古刺今之意。毛公传《诗》,保存古训,沿用其说。凡遇到这类诗篇,一一给予揭明。"①

儒家是入世之学,主张刚健中正。但刚健中正并非不讲策略、不问效果地蛮干冒进。孔子说过:"暴虎冯河,死而无悔者,吾不与也。必也临事而惧,好谋而成者也。"(《论语·述而》)

《汉书·五行志》有云:"君炕阳而暴虐,臣畏刑而柑口,则怨谤之气发于歌谣。"从前后文的语境看,这段话是泛言,并不限于汉代的政治现实,也可以包括先秦的情形。孔子特别注重"慎言"②、儒家诗教又大讲特讲"温柔敦厚"和"谲谏"的必要性,明显也是为适应特定政治环境的明智考虑。清代学者焦循曾就此大发过一番议论:

> 夫诗,温柔敦厚者也。不质直言之而比兴言之,不言理言情,不务胜人而务感人。自理道之说起,人各挟其是非以逞其血气,激浊扬清,本非谬戾。而言不本于性情,则听者厌倦,至于倾轧之不已,而忿毒之相寻。以同为党,即以比为争,甚而假宫闱庙祀储贰之名,动辄千百人哭于朝门,自鸣忠孝,以激其君之怒,害及其身,祸于其国,全戾乎所以事君父之道。余读《明史》,每叹诗教之亡,莫此为甚。③

秦汉以后,政治一步步趋向专制,臣民言论自由的空间愈缩愈窄,诗歌的政治批评作用也就愈益显得重要了。屈万里先生说:

> 专制时代的皇帝,对于臣民操生杀予夺之权,可以任意作威作福,而无所忌惮;大臣们只有利用当时崇圣的心理,引圣人之言来说服皇帝。但群经中所说到的哲理,毕竟有限,不足以应付千变万化的事态,于是在《尚书》方面就有《洪范五行传》;在《春秋》方面也有灾异之说。传《诗经》的儒者,自然不甘后人,齐《诗》夹杂一些阴阳五行之言,不必说了;就连最平实的《毛传》,也必得穿凿附会地说某诗是美某人,某诗是刺某人,用以表现褒贬之意,而希望在政治和教化上发生作用。说诗的人,能就上

---

① 冯浩菲:《论毛传的贡献和影响》,中国诗经学会编:《〈诗经〉国际学术研讨会论文集》,河北大学出版社 1994 年版,第 421 页。

② 参见俞志慧:《君子儒与诗教》第 3 章,生活·读书·新知三联书店 2005 年版。

③ (清)焦循:《焦循诗文集》,刘建臻点校,广陵书社 2009 年版,第 305 页。不过,焦循此说似亦太过奴颜婢膝,此当与其价值观及政治倾向有关。

述的两点去发挥，才合乎通经致用的原则。"诗教"之说之所以形成，这两点应当是重要的关键。汉儒的诗教之说，并不完全是自我作古，他们也是于古有据的；不过到了汉儒，更变本加厉罢了。①

屈氏的观点，多少还是受了宋学疑古之风的影响，以为毛、郑强调诗的社会功能多是汉儒的附会。其实宋学之疑古亦未免过当，有学者即曾指出朱子对《毛诗序》的怀疑多有未妥：

> 此皆显示朱子未明上古讽喻之实情。若遵其言，则弊端丛出。子夏《诗序》所揭示之君王之修为："言之者无罪，闻之者足以戒"，及臣民之修为："主文而谲谏"将顿失依托；此其一。《左传》、《礼记》、《汉书》所谓采诗以观民风，颇遭后人置疑。《国语》、《左传》所载瞽、瞍、师、矇……等献诗讽诵之史实悉遭漠视；此其二。汉儒或以三百五篇谏，实为上古讽谏之余响。然而，近人辄谓汉儒始援道德入诗，扭曲诗学之原貌，岂非颠倒黑白乎？此其三。②

另有学者也指出：后人对汉代诗学的批评"显然是割裂了文化演变脉络的片面之见，现在我们已经有足够的证据说明，汉儒说诗是有所依据的，是从孔子即已开始形成的儒家诗学言说系统的一个环节，是某种文化逻辑的必然产物"。"汉儒所做的事情不过是在先秦儒家的基础上，进一步强化《诗经》的政治的或意识形态的功能。"③晚近的研究也证实："《毛诗序》保存了一部分先秦旧说，也有一部分是汉人陆续撰作"。④

至此似可认定，诗的政治批评作用，绝非纯出于汉儒的杜撰，确有先秦诗教的遗传。或许，诗是否具有批评政治的功用还可以从另一个角度，即现实生活的角度去观察。据报道，近年来陆续发生了多起通过手机短信或网络传播诗词或民谣"诽谤"地方党政领导人的案件，涉案的作者大都因其创作或传播

---

① 屈万里：《先秦说诗的风尚和汉儒以诗教说诗的迂曲》，《屈万里先生文存》第一册，（中国台湾）联经出版事业公司1985年版，第197~198页。

② 林叶连：《朱子对兴义之解释及其后果》，中国诗经学会编：《〈诗经〉国际学术研讨会论文集》，河北大学出版社1994年版，第396~397页。

③ 李春青：《诗与意识形态：西周至两汉诗歌功能的演变与中国诗学观念的生成》，北京大学出版社2005年版，第302、304页。

④ 夏传才：《诗经讲座》，广西师范大学出版社2007年版，第116页。

"诽谤"诗歌而蒙受牢狱之灾。其中比较著名的有 2006 年 8 月的重庆"彭水诗案"，①2007 年 7 月的海南"儋州歌案"②和 2008 年 1 月的辽宁"西丰诗案"。③ 这一连串的诗歌诽谤案轰动全国，不但频频触发媒体热议，也引起了中央政府的关注。据 2010 年 8 月 7 日的《检察日报》报道，最高人民检察院出台了一项据认为是保护公民权利，限制公权力滥用的专门规定，要求："今后一段时间内，对于公安机关提请逮捕的诽谤案件，受理的检察院经审查认为属于公诉情形并有逮捕必要的，在作出批捕决定之前应报上一级院审批。"

由此看来，在中国，以诗歌讽谏时政之风至今未息。近见网友发文将短信或网络民谣与《诗经》相互类比，不无所见：

> 每个时代都有自己的《诗经》，自己的《乐府》诗集。而当下，这样的诗歌总集尤其多，更尤其在网上。因为搜集方便，所以层出不穷。各个搜索引擎即可承担起采诗机构的角色。可见中国诗歌并未消亡，而是以网络诗经的方式再次崛起而已……中国诗歌的衰落极有可能与《诗经》传

---

① 2006 年 8 月 15 日，重庆市彭水县公务员秦中飞写了一首题为《沁园春·彭水》的词："马儿跑远，伟哥滋阴，华仔脓胞。看今日彭水，满眼瘴气，官民冲突，不可开交。城建打人，公安辱尸，竟向百姓放空炮。更哪堪，痛移民难移，徒增苦恼。官场月黑风高，抓人权财权有绝招。叹白云中学，空中楼阁，生源痛失，老师外跑。虎口宾馆，竟落虎口，留得沙沱彩虹桥。俱往矣，当痛定思痛，不要骚搞。"该词传播全国，其中的前三句被指讥讽彭水县前任和时任党政主要领导人。县公安局以涉嫌"诽谤罪"为名将秦逮捕并查抄了他的手机、电脑等个人财物。

② 2007 年 7 月，因对儋州市政府将那大二中高中部迁到海南中学东坡学校的决定持反对意见，那大二中的两位老师在网上发帖，以对唱儋州方言编写山歌的形式发表言论。被儋州警方以内容涉嫌对市领导进行人身攻击、诽谤市领导名誉为由，将两位教师处以 15 日的行政拘留的处罚。

③ 2007 年 3 月辽宁省西丰县女老板赵俊萍因私有产业（加油站）被低价拆迁及因所谓偷税（加油站、自选超市）被查封事，激动之余编下了一条短信：

> 辽宁西丰有大案，
> 案主姓张是正县，
> 独霸西丰整六年，
> 贪赃枉法罪无限。
> 大市场，案中案，
> 官商勾结真黑暗，
> 乌云笼罩西丰县……

她把这条短信发给西丰县的部分领导干部后，被检察院以诽谤罪起诉。2008 年 1 月 1 日，《法人》杂志刊发了朱文娜采写的文章——《辽宁西丰：一场官商较量》。县委书记张志国竟派人到北京《法人》杂志社以诽谤罪的名义拘传报道此事的记者朱文娜，震惊全国。

统不再相关。……汇集那些当今时代的短信、民谣以为新的《诗经》,完全可以与古老的《诗经》媲美……①

朱子说:"凡言'风'者,皆民间歌谣,采诗者得之,而圣人因以为乐,以见风化流行,沦肌浃髓,其发于声气者如此。其谓之'风',正以其自然而然,如风之动物而成声耳。"②清人杜文澜从四部文献中辑录历代民谣和谚语,成书100卷,刘毓崧为之作序说:

> 千古诗教之源,未有先于言志者矣。乃近世论诗之士,语及言志,多视为迂阔而远于事情。由是风雅渐漓,诗教不振。抑知言志之道,无待远求,风雅固其大宗,谣谚尤其显证,欲探风雅之奥者,不妨先问谣谚之塗。诚以言为心声,而谣谚皆天籁自鸣,直抒己志,如风行水上,自然成文。言有尽而意无穷,可以达下情而宣上德。其关系寄托,与风雅相表里相符。③

现代著名诗人艾青也说过:"诗,如一般所说,是文学的峰顶,是文学的最高样式。它能比其他的文学样式更高地、更深地或者更自由地表现人类的全般生活和存在于生活里的全般的意欲。它对人类生活所能发生的作用也更强烈——甚至难于违抗。"④

诗歌(包括谣谚等)具有直抒心声、径达民情而又辞简意赅、形象生动、易于记诵,感染力强等特点。借用一个军事术语——"突防",诗较之其他形式的政治批评话语具有更强的"突防"能力,往往能够穿透或者绕越官方设置的舆论防线,迅速在民间传播流布,唤起民众,从而对现实政治秩序产生意想不到的冲击甚至震撼效应。否则,秦始皇为什么特别要焚诗呢?⑤ 即便是在那"诗人箝口,画家搁笔,文坛冷落,百花凋零","文化专制主义"和"禁锢政策"最为严酷的20世纪50—70年代,诗仍能不胫而走,传遍大江南北,长城内外。

---

① 孤城浪子:"短信诗经",访问日期:2010年8月9日。
② (宋)朱熹:《答潘恭叔》,朱傑人、严佐之、刘永翔主编:《朱子全书》,上海古籍出版社、安徽教育出版社2002年版,第2309页。
③ (清)杜文澜辑:《古谣谚·序》,周绍良校点,中华书局1958年版。
④ 艾青:《诗论》,人民文学出版社1980年版,第163页。
⑤ 《史记·秦始皇本纪》载,李斯向秦始皇建议:"天下敢有藏诗、书、百家语者,悉诣守、尉杂烧之。有敢偶语诗书者弃市。"臣民有其他类的藏书,不过是"杂烧之"罢了,唯独《诗》、《书》最特别,敢有对谈偶语者便要受极刑,足见诗歌与政治关系之密切。

如所周知,曾经震惊中外,引起政坛巨变的"四五运动",最初就是由诗文触发的:

> 亿万人民群众就是以诗文为武器和"四人帮"展开了一场惊天地、泣鬼神的殊死搏斗。革命的诗文是号角,是战鼓,是匕首,是投枪,是暴风,是烈火。威力无穷,所向披靡,革命的诗文如九万个雷霆,炸响在天安门上空……①

艾青说:"《天安门诗抄》带来的震动,没有别的样式能超过它。"②诗既有如此巨大的威力。因此,汉儒认为在政治清明的时代,官方设有专门机构,负责到民间采集诗歌,以便主动了解民情,考察政治的效果。《礼记·王制》载:"天子五年一巡守,岁二月,东巡守至于岱宗……命大师陈诗,以观民风"。《汉书·艺文志》说:"故古有采诗之官,王者所以观风俗,知得失,自考正也。"《汉书·食货志》和何休注《春秋公羊传》也有类似的记载。当然,质疑采诗之说者也不乏其人,兹不详论。③

《孟子·离娄下》有云:"王者之迹熄而诗亡,诗亡然后《春秋》作"。关于此句的意指,历来解释纷纭,莫衷一是。譬如"王者"究指"圣王"还是泛指周天子;"迹"的具体内容是什么,抑或"迹"是否为"迒"字之误;这里的"诗"是单指"颂"还是也包括风、雅,是指三百篇的文字形式还是声乐形式(即朝堂盟坛上以微言相感的赋诗活动)等等都有不同的理解。④

笔者以为,孟子此句是微言大义,不必拘泥于个别的文字和具体的制度,要从前后文的语境和孟子思想的整体上把握才能得其真义。此处所谓"王者",是与"霸者"相对而言的,倒不一定限于禹、汤、文、武等圣王。王者以民为本,故能主动体察民情,虚心听取来自民间的批评意见,随时纠正自己的错

---

① 参见童怀周编:《天安门诗文集·前言》,北京出版社 1979 年版。

② 艾青:《诗论》,人民文学出版社 1980 年版,第 22 页。

③ 关于采诗说,参见游国恩等主编:《中国文学史》第一册,人民文学出版社 1963 年版,第 26~27 页。质疑采诗说的可参见陆侃如、冯沅君:《中国诗史》,百花文艺出版社 2008 年版,第 6 页。夏传才先生指出(《诗经讲座》第 79~80 页),采诗之说:"史无明据,古无定制,对《诗经》中民间诗歌采集的具体情况,无法作出确定的答案。我们可以不拘泥于一说。王官采诗可能有,是否设专职官员遍至各国去采诗倒不一定,即使是宣令之官,也未尝不可以顺带收集点民歌以观民俗。各国献诗也可能有……"此说似比较客观。

④ 关于此句的解释分歧可参见俞志慧:《君子儒与诗教》第 5 章,生活·读书·新知三联书店 2005 年版。

误和过失(即"自考正"也)。因此才能如《诗大序》所说的"上以风化下,下以风刺上,主文而谲谏,言之者无罪,闻之者足以戒"。及至王者迹熄,上不能以风化下,下不敢以风刺上,言之者有罪,闻之者不惟不戒,反而闭目塞听,拒谏饰非。诗的教化和批评功能无法正常发挥了,所以孔子才要作《春秋》,用史书来褒贬政治,惩恶扬善,接续诗的社会批评功能。①

秦汉以后,诗的政治批评功能进一步弱化,不少人为之忧虑。《汉书·艺文志》说:"春秋之后,周道浸坏,聘问歌咏不行于列国,学《诗》之士逸在布衣,而贤人失志之赋作矣。大儒孙卿及楚臣屈原离谗忧国,皆作赋以风,咸有恻隐古诗之义。其后宋玉、唐勒;汉兴,枚乘,司马相如,下及杨子云,竞为侈俪闳衍之词,没其风谕之义"云云。刘勰《文心雕龙·比兴》篇批评汉赋只有比体而无兴义,失去了诗经的讽谏精神:"楚襄信谗,而三闾忠烈,依诗制骚,讽兼比兴。炎汉虽盛,而辞人夸毗,讽刺道丧,故兴义销亡。"②清人沈德潜更慨叹:"秦汉以来,乐府代兴,六代继之,流衍靡曼。至有唐而声律日工,託兴渐失,徒视为嘲风雪,弄花草,游历燕衍之具,而诗教远矣。"③周寿昌也说:"后世但以诗为词章记诵之业,诗教遂亡。"④

上述言论,并非意味着诗的政治批评功能真的消失了,主要还是表达历代士君子对诗教传统弱化的忧患意识并试图挽回该传统的愿望和努力。诚如吉川幸次郎所指出的那样,《诗经》开启了中国后代诗歌的两个方向,其第一个

① (清)钱谦益:《牧斋有学集》,钱曾笺注,钱仲联校,上海古籍出版社1996年版,第800页,《胡致果诗序》谓:"《孟子》曰:'诗亡然后《春秋》作。《春秋》未作以前之诗皆国史也。人知夫子之删诗,不知其为定史;人知夫子之作《春秋》,不知其续诗。《诗》也,《书》也,《春秋》也,首尾为一书,离而三之者也。三代以降,史自史,诗自诗,而诗之义不能不本於史。"(新加坡)周颖南在《"王者之迹熄而诗亡"解》一文中说:"孔子作《春秋》与各国史官的'史'不同。孔子所著虽然也是编年史,但它不是纪录霸主的功业、帝王的家世,而在天下大乱,礼义废弛的时代,孔子'采善贬恶,推三代之德',意在拨乱反正,实现王道。"中国诗经学会编:《第六届诗经国际学术研讨会论文集》,学苑出版社2005年版,第125页。当然,关于《春秋》是否为孔子所作,也有不同看法。参见杨伯峻:《春秋左传注·前言》第一册,中华书局2009年版,第5~16页。

② 王利器校笺:《文心雕龙校证》,上海古籍出版社1980年版,第227页;并可参见郜积义:《经学的比兴与文学的比兴——〈文心雕龙·比兴篇〉新说》,《人文杂志》2007年第4期,第118页。

③ 《说诗晬语》卷上,叶燮、薛雪、沈德潜:《原诗·一瓢诗话·说诗晬语》,人民文学出版社1979年版,第186页。

④ (清)周寿昌:《思益斋日扎》,中华书局2007年版,第6页。

方向就"是它对政治的关心"：

> 当后代的诗歌过分流于游戏与唯美倾向的时候，《诗经》的这个倾向就被当作纠正的标准而加以回顾。杜诗就是其中的一例。白居易的讽谕诗等，是一个更为显著的例子。①

看来，只要传统的文化氛围仍在，诗教的政治批评精神便不会根绝。但是，当时光跨入二十世纪以后，随着西风东渐的日趋迅猛，中国固有文化遭遇到空前未有的挑战，诗教传统也走到了存亡继绝的关口。

艾青说："诗的前途和民主政治的前途结合在一起。诗的繁荣基础在民主政治的巩固上，民主政治的溃败就是诗的无望与衰退。""诗人当然也渴求着一种宪法：即国家能在保障人民的面包与幸福之外，能保障艺术不受摧残。宪法对于诗人比对其他的人意义更为重要，因为只有保障了发言的权利，才能传达出人群的意欲与愿望；一切的进步才会可能。压制人民的言论，是一切暴力中最残酷的暴力。"②

这两段段话写于1939年前后，他所要表达的当然首先是诗人们的意愿，但又不止于此。在西方文化的熏陶下，国人似乎已不再满足于传统诗教的"言者无罪"理想，而更希望将自己的发言权纳入到西式民主和宪政的框架之内，获得宪法和法律的可靠保障。早在1921年，蔡东藩在其所著《民国演义·自序》中即说道：

> 回忆辛亥革命，全国人心，方以为推翻清室，永除专制，此后得享共和之幸福，而不意狐埋狐搰，迄未有成。袁氏以牢笼全国之材智，而德不足以济之，醉心帝制，终归失败，且反酿成军阀干政之渐，贻祸国是……所幸《临时约法》，绝而复苏，人民之言论自由，著作自由，尚得蒙《约法》上之保障。草茅下士，就见闻之所及，援笔直陈，言者无罪，闻者足戒，此则犹受共和之赐，而我民国之不绝如缕，未始非赖是保存也。③

然而，无论是蔡东藩们或是艾青们可能都没有料到，此后的岁月里，诗人们不但没能获得他们所渴求的宪法，反而连"言者无罪"的诗教庇护氛围

---

① ［日］吉川幸次郎著，高桥和已编：《中国诗史》，章培恒等译，安徽文艺出版社1986年版，第23页。

② 艾青：《诗论》，人民文学出版社1980年版，第173~175页。

③ 蔡东藩、许廑父：《民国演义·自序》，上海文化出版社1980年版。

也一并丧失了。这可真如蔡东藩所说"旧者未必尽非,而新者亦未必尽是。"①

1945年4月24日,毛泽东在中国共产党第七次全国代表大会的政治报告《论联合政府》中讲道:

"流水不腐,户枢不蠹",是说它们在不停的运动中抵抗了微生物或其他生物的侵蚀。对于我们,经常地检讨工作,在检讨中推广民主作风,不惧怕批评和自我批评,实行"知无不言,言无不尽","言者无罪,闻者足戒","有则改之,无则加勉"这些中国人民的有益的格言,正是抵抗各种政治灰尘和政治微生物侵蚀我们同志的思想和我们党的肌体的唯一有效的方法。②

这段话后来被收入到著名的"红宝书"——《毛主席语录》中成为名言而广为流传,乃至妇孺皆知,家喻户晓。这段话中的"言者无罪,闻者足戒"一句,正是来自《毛诗序》。③"红宝书"中还摘录了发表于1944年12月16日延安《解放日报》的一篇文章——《一九四五年的任务》中的一段话:

不论什么人,只要不是敌对分子,不是恶意攻击,允许大家讲话,讲错了也不要紧。各级领导人员,有责任听别人的话。实行两条原则:(一)知无不言,言无不尽;(二)言者无罪,闻者足戒。如果没有"言者无罪"一条,并且是真的,不是假的,就不可能收到"知无不言,言无不尽"的效果。④

先后在两篇文章中两度援引《诗大序》中的话,说明毛泽东对《毛诗序》和《毛诗》应当都很熟悉;也说明他对"言之者无罪,闻之者足以戒"这句格言所表达的思想和价值观,至少在理论上都曾经是赞同的。但是在他的"阶级斗争为纲"和"不断革命论"统率下,中国固有文化早已被扫入了"历史的垃圾堆",诗教传统失却了立足的根基,"言者无罪"又如何可能呢?至于毛泽东所

---

① 蔡东藩、许廑父:《民国演义·自序》,上海文化出版社1980年版。
② 《毛泽东选集》第一卷,人民出版社1991年版,第1096页。
③ "知无不言,言无不尽"的格言出自宋苏洵《嘉祐集》卷4,见曾枣庄、金成礼笺注本,上海古籍出版社1993年版,第82~83页;"有则改之,无则加勉"的格言出自朱熹《四书章句集注》,中华书局本,第48页。
④ 《毛泽东文集》第三卷,人民出版社1996年版,第242~243页。

认可的"言论自由",只不过是服务于现实政治的某种工具,而非人人固有的权利。① 因此,从某种意义上说,红歌的片面颂美而全无批评、规谏之辞,不但反衬出诗教传统沦丧的现实,也意味着外来文化正在侵蚀和取代中国的固有文化。

五 走向制度化的"表达自由"

如果将"言者无罪"看作是中国古人的言论自由理想,西方古代亦有相同的理想。

依毛诗序作者的意见,中国古人赞成言者无罪显系基于言论是人类自由意志的体现,是人的本性使然,故只能规范,不可压制。所谓:"在心为志,发言为诗。情动于中而形于言……发乎情,民之性也;止乎礼义,先王之泽也"应该就是这个意思。晚近出土的《郭店楚简·成之闻之》篇有云:"是故君子之于言也,非从末流者之贵,穷源反本者之贵。苟不从其由,不反其本,虽强之弗内矣。上不以其道,民之从之也难。是以民可敬道也,而不可弇也;可御也,而不可掣(牵)也。"②又《鲁穆公问子思》篇有子思答鲁穆公问"忠臣"语谓:"恒称其君之亚(恶)者,可谓忠臣矣。"③这两段新出先秦儒家文献似可与前述《诗大序》的观点相互印证,这表明儒家对民意的尊重及承认臣民有批评君长的权利正是基于对人性的认识。

① 应当说,当年众多的中国先进分子投身中国共产党领导的革命事业,争取言论自由正是他们追求的重要目标之一。然而在某些实用主义的领导人内心里,高喊言论自由之类口号不过是实现斗争的一种策略性考虑而已。例如 1943 年 6 月 6 日毛泽东在"给彭德怀的信"中批评彭德怀:"你在两月前发表的关于民主教育谈话,我们觉得不妥。兹将我的意见列下:例如谈话从民主、自由、平等、博爱等的定义出发,而不从当前抗日斗争的政治需要出发。又如不强调民主是为着抗日的,而强调为着反封建。又如不说言论、出版自由是为着发动人民的抗日积极性与争取并保障人民的政治经济权利,而说是从思想自由的原则出发。又如不说集会、结社自由是为着争取抗日胜利与人民政治经济权利,而说是为着增进人类互助团结与有利于文化、科学发展。"《毛泽东文集》第三卷,人民出版社 1996 年版,第 26 页。

② 荆门市博物馆编:《郭店楚墓竹简》,文物出版社 1998 年版,第 167 页。按:"掣"正文释作"贤",第 169 页注 17 又疑作"牵",从之。

③ 《郭店楚墓竹简》,文物出版社 1998 年版,第 141 页。

在西方,"自由地交流思想"(free exchange of ideas)被视为是"所有其他自由所赖以存在的根基(bedrock)",是其"自由观念的中心(central)"。① 至于西方人赞成言论自由的缘由,则有所谓"追求真理说"、"健全民主程序说"、"表现自我说"等等。② 其中的"表现自我说"似当与《毛诗序》的"发乎情,民之性也"的观点有共通的基础。

萧公权先生说:"言论自由,世人论之审矣。其基本意义乃人类之所共喻。西人说之最详,而吾中土发明尤早。惟中西之观点不同,故立说亦遂互异。"③根据他的比较:"西人说言论自由多注意于个人之表现",而中国"皆就国家之观点立言,与欧洲思想家所陈述显异其趣"。但他又指出:"中西二说之长短,不在其最后之结论而在其立论之据点。盖就结论言,二说实殊途同归,并主言论自由之大义"。④ 换言之,中西古今虽于言论自由之具体表述各不相同,但均赞同言论自由则无异。就此而论,东西方文化,至少在言论自由这一点上,确有相通甚或相同的见解,这也可以算作是人类的又一项普世价值吧。

自晚清国门洞开以来,中国固有文化在西方文化的猛烈冲击下,常常显得衰朽不堪。冯友兰先生说:"这是两种文化的矛盾。这个矛盾,贯穿于中国历史的近代和现代。"⑤那么,中西文化的矛盾,究竟是什么性质的矛盾呢? 是中国古老文化不堪承载现代西方文明呢? 还是西方的文化霸权主义不能兼容中国的固有文化?

一种观点认为,中西文化的矛盾,是东西、中外的矛盾;另一种观点则认为,中西文化的矛盾,是新旧、古今的差别。

依照冯友兰先生的解释,所谓古今东西之别即文化的共相和殊相的关系问题。东西之别意味着文化存在着特殊性,即殊相。古今之别意味着文化存在着共同性,即共相,只是社会发展的进程有先后、古今、新旧的不同。"共相

---

① Sheila Suess Kennedy ed., *Free Expression in America: A Documentary History*, Westport, Conn.: Greenwood Press, 1999, p.xvii.

② 林子仪:《言论自由与新闻自由》第三章(中国台湾)月旦出版公司1993年版。

③ 萧公权:《宪政与民主》,清华大学出版社2006年版,第29页。

④ 萧公权:《宪政与民主》,清华大学出版社2006年版,第30~31页。

⑤ 冯友兰:《三松堂自序》,人民出版社1998年版,第191页。

是必要学的；也是可能学的。殊相是不可能学的，但也不是必要学的。"①我们常说的学习外来文化、改革固有文化，实现现代化等等通常仅限于共相，而不能适用于殊相。

那么，具体到中国古代的"言者无罪"理想和现代西方的表达自由理念，②这二者究竟是东西之别还是古今之异呢？如前所述，就观念的或理想的层面言，中西古代都有相近的理想。按照冯友兰先生的说法，此即"共相寓于殊相之中"③，不可视为东西有别。

进而就制度层面言，则中西历史上都有过压制表达自由的惯例和实践。譬如周厉王的"弭谤"、秦始皇的"焚书坑儒"、唐律的"指斥乘舆"、明清律的"造袄(妖)书袄言"罪以及历代的"文字狱"等等；英国普通法传统上有煽动性诽谤罪(Seditious libel，或译"谋叛诽谤")之名，凡批评政府或政府官员者皆当受刑事处罚。"几百年来，英国人一直因其言论和作品触犯政府或社会而受到惩罚，其中诸如罚款、鞭刑、戴枷、坐牢，甚至被割掉耳朵。"④据云晚至18世纪的美国，仍不支持人民有广泛的言论自由："尤其在政治层面上，绝大多数的意见都不支持人民可任意批评政府"。⑤

然而，东西方社会的历史进程的确也存在着不小的差异。中国的"言者无罪"理想，发明虽早，但却长期停留在观念的层面，徘徊不前，甚至时有倒退，始终未能落实到制度和实践的层面。尤其不堪启齿者，当人类社会已进入20世纪后半叶的文明时代以后，拥有五千年文明史的中华民族居然放弃了延续两千余年之久的诗教传统，转而"以俄为师"，⑥全面照搬苏联的文化，终致我华夏政治文明进程全面逆转，非但未能走上表达自由的坦途，反而连"言者无罪"的古老理想也一并抛弃了。

所谓表达自由(freedom of expression，旧译"意见自由")，其实不限于言论

---

①　冯友兰：《三松堂自序》，人民出版社1998年版，第245页。

②　或称"意见自由"，见王世杰、钱端升：《比较宪法》，商务印书馆2004年版，第96页。

③　冯友兰：《三松堂自序》，人民出版社1998年版，第244页。

④　邱小平：《表达自由——美国宪法第一修正案研究》，北京大学出版社2005年版，第12页。

⑤　林子仪：《言论自由与新闻自由》，(中国台湾)月旦出版公司1993年版，第11~12页。

⑥　苏联"不是一个可称良师的学习对象"，邵燕祥先生论之甚详。邵燕祥：《邵燕祥散文选》，人民文学出版社2009年版，第228~230页。

的范围:

> 国人常有称意见自由(freedom of expression)为言论自由者;然言论自由(freedom of speech)的意义实甚狭窄,不足以包括意见自由的全部……除却言论,著作及刊行自由而外,亦尚有其他种类。教学自由,演戏及映演自由,广播自由、秘密通讯自由、信仰自由,及集会自由等等,盖无不可看作意见自由。①

当今西方宪政体制下的"表达自由"制度虽然发达,但也是由昔日的言论自由理念缓慢演进而来的。若追溯其制度之滥觞,大抵当在14~17世纪的英国。但其后的几个世纪里,无论是在英美还是欧陆,发展并不顺畅,也经历过无数的曲折反复。② 但是最终,还是逐渐从"纸面上的权利"变成了"有血有肉的生命"。③ 有西方学者指出:

> 这种变化(指表达自由制度的发展——笔者)可能不太显著。但是如果回顾一下过去5个世纪以来的情形,就可以看到,表达自由最初囿于十分有限的领域,而今已扩展至实际上所有的人类活动和经验。即便仅以最近50年这个短暂的时段为例,差别也是令人瞩目的,几乎都是向着拓宽自由的方向发展。④

如今,表达自由已经被西方世界普遍视为现代文明社会的基石:

> 近代文化可以说是完全建筑在意见自由之上;倘人民无意见自由——尤其是意见自由中的出版自由——则科学,艺术,商业种种方面,固无从进步,而近代地广人众的民治组织,亦决不可能。⑤

晚近的美国宪法学界对表达自由的理解更为宽泛:"表达自由不仅包括言论、出版、信仰、集会和请愿这些(美国宪法)第一修正案明文规定的自由,还包括最高法院在解释和适用第一修正案中确认应予以保护的游行、示威、布

---

① 王世杰、钱端升:《比较宪法》,商务印书馆2004年版,第96~97页。

② 参见邱小平:《表达自由——美国宪法第一修正案研究》第一章,北京大学出版社2005年版。

③ 小马丁·路德·金语,转引自[美]戴维·鲁本:《法律现代主义》,苏亦工译,中国政法大学出版社2004年版,第302~303页。

④ Vincenzo Zeno-Zencovich, *Freedom of Expression: A Critical and Comparative Analysis*, New York: Routledge-Cavendish, 2008, p.1.

⑤ 王世杰、钱端升:《比较宪法》,商务印书馆2004年版,第96页。

置纠察线、焚烧国旗等非言论性表达。"①进入互联网时代以来,"表达自由"制度仍在不断地扩张着自己的边界。一如有人形容的那样:"表达自由仿佛有永动机在驱动着一般,总是不可避免地设法扩张并摧毁现存的樊篱。"②

由西方社会的文明演进轨迹可知,"表达自由"绝非欧西诸族与生俱来,亘古恒有的规则;而是随着人类社会的进步和政治文明的开化逐渐形成并完善的。反观中国,虽两千多年前之古人即已提出了"言者无罪"的道德理想,但却始终未能走向制度化并付诸实践。

回顾既往的人类文明史,我们有理由断言:中西社会在表达自由领域的差异绝非源自中西文化间固有的差别。然而,制度化表达自由的有无和广狭,相关之宪法、法律的健全与否、可靠与否确是判断一种文化暨该文化所植基之社会与国家落后与先进,野蛮与文明的根本尺度。霸道与王道的对立,专制与民主的迥别,一夫独裁与共和宪政的相为水火,均一再表明,表达自由决非可有可无之物,而是"任何一个崇尚民主与平等的社会"的"基本价值";如若"没有这些自由,发扬民意,凝聚众志并以舆论监督政府机构的可能性更微乎其微。"③

当今世界已跨入新的文明发展阶段,中国文化也正处在进退兴废的十字路口。儒家诗教自古即有言者无罪,闻者足戒的崇高理想,我辈炎黄传人坐拥如此丰厚之文化遗产,理当光大传统,推陈出新,及时建立起既能合乎国情民意,又能顺应世界潮流的表达自由体制并以至诚无欺之心切实付诸实践。如此,则必能于人类文明进步做出新的贡献。

---

① 邱小平:《表达自由——美国宪法第一修正案研究》,北京大学出版社 2005 年版,第 17 页脚注①。

② Vincenzo Zeno-Zencovich, *Freedom of Expression: A Critical and Comparative Analysis*, p.1.

③ [英]丹尼斯·罗伊德:《法律的理念》,新星出版社 2005 年版,第 122 页。

卷 四

现 代 化

第十三章 现代化的困窘——从《法律现代主义》一书谈起

话说国内近些年来关于现代化,特别是法律现代化问题的"研究"也称得上是热闹非凡了,各类论著纷至沓来,弄得人眼花缭乱。可说到底,究竟为什么要现代化、什么才算是现代化还是不得要领。2001—2002 年,我曾在韩国国立汉城大学法学院做为期一年的访问研究,那时我给自己设定的任务是撰写一份关于韩国民商法现代化问题的研究报告。就着在韩国访学的机会,正好可以乘机了解一点外人关于法律现代化的观点。我最初见到戴维·鲁本的《法律现代主义》①一书就是 2002 年春季在汉大法学院的图书馆里,只是当时并未意识到该书与法律现代化有多大的关联。或许按佛家的说法,这也还算是有点机缘吧。

与德沃金、昂格尔和波斯纳这些现如今在中国大陆声名鼎沸的当代美国法学家相比,戴维·鲁本这个名字听起来或许会让中国法学界的读者们极感陌生;同样的,《法律现代主义》一书也绝不像《认真对待权利》、《现代社会中的法律》及《法律的经济分析》诸书那样在中国法学圈中广为流布。然以笔者拙见,本书之磅礴厚重、犀利深邃实在是别开生面,甚至更为切近近代中国的社会情弊;更有助于我们反省百余年来,一代代中国人投身其中,苦苦探寻和追索却又无从自拔的所谓"现代化陷阱"。当然,如此比况,可能极不合宜,也难逃老王卖瓜之讥。

---

① David Luban, *Legal Modernism*, Ann Arbor:The University of Michigan Press, 1994.(以下皆称原著)

顾名思义，此书讨论的主题是法律现代主义。那么，什么是现代主义，什么又是法律现代主义呢？依该书作者之见，"现代主义是对我们与我们自身文化之过去的复杂关系的一种反应。"①的确，说起"现代"，自然是相对于"过去"而言的。无"过去"即无所谓"现代"；无"现代"也就无所谓"后现代"或"将来"。我们身居现代，当然难免会回首过去抑或展望未来。无论是回首还是展望，无非都是在思考我们现在与先前和以后的关联，因而作者期望："设法把我们与过去的联系这一问题变成我们现在正在从事的主题。"②

有读者或许会提出，为什么不把我们与将来的联系作为我们现在正在从事的主题呢？这确是一个问题，作者似乎并未直接遭遇或回答这样的问题，但本书中所说的一段话或可作为对此疑问的解答："我并不反对我们应当把目标定在实现总体上最佳结局的想法，我所反对的是以为最佳结局只能通过专注于未来才能求得的说法……我不大相信我们的预见力，不过更为根本的是，我认为我们所寻求的结局很大程度上还得从往昔中获得。"③如此说来，作者期望赋予现代主义的使命是对历史进行审慎地思考。不是简单地依从或抛弃往昔，而是以一种非实用主义的、哲学追问的精神，透过历史来思考我们走向未来的道路。

《大学》有言："物有本末、事有终始。知所先后，则近道矣。"作者虽为西人，未必听说过《大学》，但看来同样深谙本末先后之道。

现代主义思潮最初是从艺术领域而非法律领域兴起的。故作者之思虑首先亦不是从法律现代主义而是从艺术现代主义开始的。作者认为，艺术现代主义是在彻底丧失了对传统的支配能力的自信心的情形下出现的。早期现代主义者们发现他们总是面对着康德的那个问题，即"凭借何种权利？"艺术也带有这种最终的严肃性，他们相信，任何一种艺术传统都要求存在的合理性。缺乏合理性，那种传统要想维持下去就只能靠欺骗，如果观众还喜欢它，那就是道德沦丧了。艺术现代主义者们相信，作为一个道德问题，传统已经丧失了

---

① 戴维·鲁本：《法律现代主义》，苏亦工译，中国政法大学出版社 2004 年版，第 471 页。

② ［美］戴维·鲁本：《法律现代主义》，苏亦工译，中国政法大学出版社 2004 年版，第 472 页。

③ ［美］戴维·鲁本：《法律现代主义》，苏亦工译，中国政法大学出版社 2004 年版，第 344～345 页。

其存在的依据,甚或只能在其专属权威以外去运作。

由艺术现代主义,作者看到了现代性的普遍性。他指出:"现代性之生长是出于这样一种认识,即认为传统文化已经走到其发展线索的尽头。虽然现代性可以理解为多重方式,但如果聚焦于从传统向现代文化的转变这个单一的方面会更便于达到我的目的。"①

在作者看来,同样的情形也出现在法律领域:"法律目前正在面临着一种与艺术上相似的现代主义困境的现象",②"旧有的形式不再令人信服,新的形式则更多的是批判而非积极的建树"。③ 简言之,艺术上的和法律上的现代主义均是对某种文化上的危机做出的反应,是对已丧失了其合法性的制度和传统的一种感知。这些年来,我们频频掀起中国法律现代化的热议,何尝不是因为感知到了中国传统法律的危机,甚至中国传统文化的危机并试图做出某种反应呢?

据作者自道,1960 年代和 1970 年代有两个重大事件——即民权运动和越南战争——引发了美国自由主义的危机,并因而触及到植根于自由主义的法律思想。该书各部分的写作,正是对这些事件做出的反应。如果我们把眼光放得再深远一点、再开阔一点,这场危机其实并不局限于美国,也非始于 20 世纪的六七十年代。那个世纪的前半叶,在欧洲发生的、殃及全人类的两次世界大战实际上早已深刻地暴露了整个西方文化的危机。恐怕在那个时候,人们就已经丧失了对西方式法律制度之公正性的信心,甚至丧失了对西方文明鉴别公正之能力的信心。

无足骇怪,一向以自由、平等、博爱相标榜,一向以《独立宣言》和《人权宣言》傲居各文明之上的西方,居然能在人类进入号称高度文明化的 20 世纪里明目张胆地集体屠杀六百万手无寸铁的族群,而且事毕仍能恬不知耻地捍卫种族隔离制度。真是斯文丧尽,法治荡然! 这样的文明、这样的文化,难道还有多少人道和公正可言? 难道还不该做出深刻的反省吗?

---

① ［美］戴维·鲁本:《法律现代主义》,苏亦工译,中国政法大学出版社 2004 年版,第 22 页。

② ［美］戴维·鲁本:《法律现代主义》,苏亦工译,中国政法大学出版社 2004 年版,第 472 页。

③ ［美］戴维·鲁本:《法律现代主义》,苏亦工译,中国政法大学出版社 2004 年版,"中文版序"第 6 页。

那么,面对如此深重的文化危机,西方人做出的反应是怎样的呢?按照作者的归纳,大体不外乎四种选择。而这四种选择,艺术上的与法律理论上的大致可以互相对应。详言之,有实用主义的、有传统主义的,也有先锋主义的,或称虚无主义。这三种主义大体上说都是规避而不是正视这场危机。于是乎,包括法律文化在内的西方文化整体上陷入了作者所形容的"现代主义的困境"。他指出:"一旦感受到我们的文化给我们带来的束缚,但又无从逃离和躲避,我们就很可能体验到我们的现代主义的那种无家可归般的困窘",原因是我们既"无法保持在前现代主义的事业之中,但是又无法从根本上找到一种替代传统的资源"。①

不用问,那剩下的第四种,当然就是本书探讨的主题——现代主义。作者明言:"批判法学就是法律现代主义",②因为"在当代法律理论脉络中,唯有批判法学派一家意识到现代主义者的困窘并⋯⋯通过回忆而展开批判。"③

与艺术现代主义一样,批判法学也是对前述文化危机做出的一种反应。比较而言,作者显然对批判法学派及新左派表现出了极大的同情,甚至在许多方面与其保持着一致。所不同者,作者自始至终都是一位法治自由论者,一如既往地捍卫法治和权利,反对有关法律不确定性的论点、反对批判法学派对权利的批评。

中国古人论诗,讲究"起句当如爆竹,骤响易彻"。该书开篇,以"吾辈哥白尼主义者"命名其导言,确有爆竹开花,振聋发聩之效。对于西方世界来说,正是哥白尼革命"把我们从一个封闭的世界带到一个不确定的宇宙"。④"导致了对我们在万物秩序中自身地位的重新评估,将我们从一种封闭的、地球人类中心的世界转入到一种不确定的、无关紧要的宇宙——进而,在这个宇宙上,我们并非唯一重要的,而只是混迹于其他众多自然现象中的一种自然现

---

① [美]戴维·鲁本:《法律现代主义》,苏亦工译,中国政法大学出版社2004年版,第14页。

② [美]戴维·鲁本:《法律现代主义》,苏亦工译,中国政法大学出版社2004年版,第64页。

③ [美]戴维·鲁本:《法律现代主义》,苏亦工译,中国政法大学出版社2004年版,第50页。

④ [美]戴维·鲁本:《法律现代主义》,苏亦工译,中国政法大学出版社2004年版,第22页。

象而已"。①

1890 年,薛福成途经香港、新加坡时,看到两地不过五六十年间即由荒岛变为巨埠,曾慨叹说,"此其理为从前四海之内所未知,六经之内所未讲;而外洋创此规模,实有可操之券"。② 仰慕西方之情,溢于言表。然而,就在薛福成发出那番感叹不到半个世纪之前,在国人眼里,中国乃是世界之中心,天下之共主,"抚有万邦","威德覃敷,远无弗届"。蕞尔英伦、区区岛夷,何足道哉!谁曾想到,斗转星移,日月轮回,就是这区区岛夷的数叶小舟,几发乱炮,一夜之间,便搅得个老大帝国沦为了"东亚病夫"。

由此看来,鸦片战争对于东方世界的震撼恰似哥白尼的日心说对基督教世界的震撼。西方人在失去了上帝的庇护以后,开始重新寻找人的位置;中国人在失去了天朝上国、世界中心的想象以后,也开始寻找自己的位置。只是前者是自发的、主动的;后者是触发的、被动的。如果套用本书作者的观点,我们中国人其实早在 19 世纪中叶以后,即已体验到、而且至今仍在忍受着现代主义那种无家可归般的困窘:我们既丧失了传统的领地,又未找到新的家园;我们早已感受到传统文化带给我们的束缚,却又无从逃避。

于是乎,先进的中国人"开眼看世界"了。最先看到的西人长技不过是"坚船利炮",以为只要我们"师夷长技以制夷"即可反败为胜。因而从 19 世纪 60 年代开始,中国掀起了一场颇有声势的"洋务运动",引进西方的技术制造坚船利炮,以期御敌于国门之外。然而随着 1894 年甲午战争的败绩,中国人的洋务梦也告破灭了。接下来,先进的中国人又看到了西人的"良法美政"。1898 年的戊戌变法及 1902 至 1911 年长达 10 年的晚清"新政",堪称是中国现代化运动的第二波。

但是势态并未因之好转反而有逐趋恶化的迹象。欧战烟火方熄,列强压迫又至。日本提出要坐收德国人在山东的利益,逼迫北洋政府在巴黎和会上签字。这就引发了对中国近代历史具有深远影响的"五四""新文化运动"。这时候的"先进中国人"看到的已不止是器物和制度,还有西方的"新道德"和

---

① [美]戴维·鲁本:《法律现代主义》,苏亦工译,中国政法大学出版社 2004 年版,第 35 页。

② 薛福成:《出使英法义比四国日记》,岳麓书社 1985 年版,第 82 页。薛福成(1838—1894),晚清著名外交家和思想家,自 1890 年起历任英、法、意、比四国大臣和驻外使节。

"新文化"。一方面，是要把泰西的"德先生"和"赛先生"请进来，全盘西化；另一方面是要"砸烂孔家店"，盖即对自己的旧文化的彻底绝望。林语堂曾发出这样的感叹："现在面临的问题，不是我们能否拯救旧文化，而是旧文化能否拯救我们"，"事实上，我们愿意保护自己的旧文化，而我们的旧文化却不可能保护我们。只有现代化才能救中国。"①

一句"只有现代化才能救中国"喊出了多少代"先进"中国人的共同心声。一个半世纪过去了，中国人在现代化的道路上可谓不耻下问、不辞艰险。单以法律而论，我们是先学欧、继学日、再学俄、又学美，该学的都学了，该弃的都弃了。中国固有法律体系早已"亡国"了，中国现行的法律尽管带着种种暧昧、变异的色彩，但毕竟从整体框架上看已经完全西化了，何以现代化法治国的彼岸在吾人看来却愈见模糊、愈发遥远，简直就是可望而不可即的呢？是我们学得不够认真、不够虔诚吗？还是我们的西方师傅们没有把那真经传授给我们呢？真是令人大惑不解。

狄百瑞说过：

> 中国人认为"道"是一种生长的过程，也是一种向外扩张的力量。同时根据孟子的看法，如果"道"无法从他们本性中发现的话，那么"道"不可能是一种真实与纯真的正理。不是内发的"道"，将是一种外来的，同时有异于它们最基本的本性。在中国人近代的经验中很不幸的失去了他们的自尊，放弃将新的经验与固有的传统消化溶解。将所有的价值都看作是从西方来的，或将所有的价值都以将来为目标，而不扎根于他们的过去，这种态度使近年来的中国人无法从他们的本性中找到"道"的真理，这种脱离自己根源的结果与它强烈的影响，在"文化大革命"中尤为明显。然而我们可以肯定的说这种真理的成长并不因此而停止，只是暂时被遮蔽。中国人民的新的经验将从内心中成长起来，而不再是一个单纯从外边输入的革命。②

至哉斯言，亦可谓知本矣。我们要追求现代化、要塑造我们的未来，固然需要了解我们以外的世界，但首先还须了解我们自己，特别是了解我们自己的

---

① 林语堂：《中国人》，浙江人民出版社 1992 年版，第 317、320 页。
② ［美］狄百瑞：《中国的自由传统》，李弘祺译，香港中文大学出版社 1989 年版，第 128～129 页。

过去。那么我们凭靠什么去理解我们的过去、又应该如何去理解我们的过去呢?

　　贯穿于该书中的另一条主线是重构已经断裂了的叙事。通过重构叙事,将历史上的牺牲者们被遗忘的声音编织在一起,从而使我们真正领悟公正在现代社会中的性质。

　　的确,中国的历史悠久漫长,其间最缺乏的就是公正。小人得志,良善遭殃,黑白颠倒,蔽美称恶,差不多已经成了必然规律。五千年来,那被湮没了的、牺牲者们的声音正不知凡几,是否也应该重加编织呢? 或谓一部二十五史,不知从何说起。可这最近百余年的历史,也未免声音太过单调了些吧,该否重新梳理一番呢?

　　在西方,汉娜·阿伦特曾指出:极权主义致力于撒谎、恐怖及屠戮大众的事业;本雅明也说过:重视胜者、统治者的"文化财富"实在只是胜者的战利品,"无恐怖,则无可思议"其所由来。① 同样的,在东方,千余年前的宋儒也说过:"三代以道治天下,汉唐以智、力把持天下"。② 三百多年前的黄宗羲更指出:"后之为人君者……其未得之也,屠毒天下之肝脑,离散天下之子女,以博我一人之产业……其既得之也,敲剥天下之骨髓,离散天下之子女,以奉我一人之淫乐,视为当然……"③

　　真是不谋而合! 如此说来,古今中外的所谓正统的历史叙事大都不过是胜利者们的家谱。牺牲者们的声音总归是听不到的,即或听到,也是断断续续、模糊不清。纵然那胜利者中有个智愚贤不肖之别,仍不过是"知者过之,愚者不及也";"贤者过之,不肖者不及也",以至于道之不明、不行,"民散久矣"。该书下编的第五、六、七三章或许能为我们重新编织起那断续不清的声音提供一些理论佐助。

　　重构叙事的另一个原因在于,我们长期奉为神明的科学分析方法自身的缺陷。作者指出,现代性的一个中心成就在于以科学理论作为我们的基准模

---

　　① ［美］戴维·鲁本:《法律现代主义》,苏亦工译,中国政法大学出版社2004年版,第50页。

　　② 参见(宋)朱熹、吕祖谦撰:《朱子近思录》,严佐之导读,上海古籍出版社2000年版,并见钱穆:《中国近三百年学术史》上册,商务印书馆1997年版,第7页。

　　③ (清)黄宗羲:《明夷待访录》,中华书局1981年版,第2页。

式来理解我们在这个世界上的位置并用以取代诸如史诗、圣经等经典叙事。然而，那种在自然科学中奏效的解释模式根本不可能告诉我们我们想要知道的关于人类的事务。从某种意义上说，这就是现代主义的困窘。换用一种通俗点的、适合中国情境的话语来说就是：科学不能，也不可能救中国。

早在鲁本写作本书的数十年以前，英国著名史学家汤因比也提出过类似的见解：

> 迄今为止，我们是用现代自然科学里的古典学派的方法来探索文明起源的积极因素。我们一直是运用抽象的概念去思想，而且使用无生物来进行试验——种族和环境。现在这种办法既然是毫无结果，我们就该停下来思考一下，我们的失败是否是由于方法上的错误……但是我们也当同样地警惕，不要在研究活生生的人类的历史思想时，采用专门研究无生物的自然界的科学方法。在我们最后一次努力解开这个哑谜的时候，且让我们另走一条道路，遵循柏拉图的方向。且让我们暂时闭起眼睛不看科学的公式，以便能让我们听得见神话的言语。①

将近一个世纪以前，先进的中国人提出要把西方的"赛先生"请进来，众多的自视为是社会先锋的中国人还试图引进某种最先进的理论来科学地探索社会发展的规律并进而指导我们的社会实践以实现所谓的社会进步。经过近百年的努力，我们实现了那样的目标吗？我们能够实现那样的目标吗？我们应该实现那样的目标吗？

或许正如本书作者所言："在实际历史上最近乎成功地科学支配的东西就是极权主义。""事实自身表明，政治科学中谈论的'预测及支配'不过是黑色喜剧，化为愚蠢和恐怖。"②幸好昔日的秦始皇们试图发现长生不老药而未果，那万世一系的江山终于未能永固下去，这不独是炎黄子孙之大幸，应该也是全人类之大幸。现代的秦始皇们则试图通过发现、掌握并运用所谓的科学理论和科学法则（或许还有科学的武器）来支配全人类的历史进程乃至主宰人类的命运。一旦成功，绝不再要指望陈胜、吴广辈的揭竿而起能阻挡住那"历史的车轮"前进，整个人类只有集体接受作奴才的命运。

---

① ［英］汤因比：《历史研究》，曹未风译，上海人民出版社 1986 年版，第 74 页。
② ［美］戴维·鲁本：《法律现代主义》，苏亦工译，中国政法大学出版社 2004 年版，第 231、232 页。

看来,现在似乎也是"该停下来思考一下"的时候了!

该书原著的封面是保罗·克利(Paul Klee, 1879—1940)的画作《新天使》。依本雅明的想象,那画中的天使是"历史的天使。这个天使总是往后看,乃至无法停止对构成过去的那一系列不间断的大灾难的沉思。他想去修补那劫难后的残垣断壁,但来自天国的劲风吹开了他的翅膀,把他从后向前吹入了未来。本雅明痛苦地发现,这场大风就是我们所称的'进步'……①用本雅明的格言来说,正是那不可逃避的进步,我们天性中的全部劫数,将那脆弱的人类大厦吹得七零八落;正是那进步阻挠了我们的天使合拢起双翅,保持在其位置上足够长的时间以便向我们伸出援手。所有他现在所能做的就只是沉思过去——当过去坠落时记住它,不至于让我们的成就消散的无影无踪、杳无形迹"。②

显然,本雅明的想象是彻底地绝望。不过该书的作者还是给我们点燃了一点希望:"也许我们的渺小容许我们奋发向上,避开那进步的狂风,从那历史的废墟中抢救出我们所需要的东西。"③

该书作者戴维·鲁本出生于1949年,现任乔治城大学弗雷德里克·哈斯(Frederick Haas)法学和哲学讲座教授,是战后出生的第二代美国犹太人,其祖先来自波兰和拉脱维亚。我们从该书的字里行间中应能体会到犹太思想、宗教和文化传统,特别是犹太人多灾多难的历史对作者的思想、情感乃至学术取向所产生的显著影响,或许也正是这特殊的群体遭遇和文化传承养成了作者对被压迫、被奴役者的同情心,对暴虐、残忍的嫉恶如仇,对平

---

①　这段话原文见于本雅明的《历史哲学论纲》第九节([德]瓦尔特·本雅明:《本雅明文选》,陈永国、马海良译,中国社会科学出版社2009年版,第427页):"克利一幅名为《新天使》的画表现一个仿佛要从某件他正凝神审视的东西转身离去的天使。他展开翅膀,张着嘴,目光凝视。历史天使就可以描绘成这个样子。他回头看看过去,在我们看来是一连串事件的地方,他看到的只是一整场灾难。这场灾难不断把新的废墟堆到旧的废墟上,然后把这一切抛在他的脚下。天使本想留下来,唤醒死者,把碎片弥合起来。但一阵大风从天堂吹来;大风猛烈地吹到他的翅膀上,他再也无法把他们合拢回来。大风势不可挡,推送他飞向他背朝着的未来,而他所面对着的那堵断壁残垣则拔地而起,挺立参天。这大风是我们称之为进步的力量。"

②　[美]戴维·鲁本:《法律现代主义》,苏亦工译,中国政法大学出版社2004年版,第484~485页。

③　[美]戴维·鲁本:《法律现代主义》,苏亦工译,中国政法大学出版社2004年版,第485页。

等、公正的执著追求以及对世界主义的真切向往。至少，这是笔者从该书中读到的作者。

《周易·系辞下》说："作《易》者，其有忧患乎？"哲学家著书立言，大抵都是出于一种忧患意识。西方文明能够雄踞五大洲数百年之久，至今不衰，首先正是因为不乏像本书作者这样的忧患之士。但更重要的是，像本书这样的仁言良知，在西方世界，虽几经跌宕坎坷，终能由涓滴之水汇成江海之滔；由星星之火，化作燎原之势，奏出时代的强音，形成整个社会的普遍共识。

孔子说："德之不修，学之不讲，闻义不能徙，不善不能改，是吾忧也。"足见中国社会五六千年的文明史，同样不乏忧患之士，同样不乏仁言良知，所欠缺的是全社会普遍的自我反省意识和过而能改的笃行精神，以致历史不断循环，谬种代代流传。

该书作者指出："我们各种各样的斗争是为了细述过去的特权，这使得过去所蒙受的苦难获得了意义。"①中华民族号称是世界上最重视历史的民族，但我们最欠缺的恰恰是拯救过去的能力。因此除了重复以往的苦痛以外，始终未能赋予那些苦难以多大的意义。

> 政治行动……其最初的也是最终的目标在于挽救过去。这种挽救不是象征意味上的；相反，如金氏（笔者按：指马丁·路德·金）那样，他认为政治行动改变了历史的结构，打断了历法上的次序并将过去和现在缝合在一起；通过重塑往昔——差不多是变成往昔，从而使现在挽救过去……我们重新复活并拯救被奴役的祖先就要重新投入他们为自由而进行的战斗……②

如果我们今天的中国人都能从这段话的深意中获得某种启迪，未来是否可以减少甚至避免那历史上频频重复的苦难呢？

读过该书，如果说我有什么感悟的话，或许可用马丁·路德·金的那段名言和《国际歌》中的一段歌词概括之。金说："立法和法庭命令只能宣示权利，永远也做不到全面地输送权利。只有当民众自己起来行动时，那纸面上的权

---

① ［美］戴维·鲁本：《法律现代主义》，苏亦工译，中国政法大学出版社 2004 年版，第 344 页。

② ［美］戴维·鲁本：《法律现代主义》，苏亦工译，中国政法大学出版社 2004 年版，第 342~343 页。

利才能被赋予有血有肉的生命。"①《国际歌》唱道:"从来就没有什么救世主,也不靠神仙皇帝。要创造人类的幸福,全靠我们自己。"笔者坚信:中国的前途必有赖于中国社会全体自身的觉醒,必有赖于所有的中国人同时也是每一个中国人的普遍的良知发现和道德自觉,舍此别无捷径。《大学》所言"自天子以至于庶人,壹是皆以修身为本。其本乱而末治者否矣"。其斯之谓耶?!

该书是一部法哲学著作,理论性极强,上编各章读来难免会感到枯涩乏味。建议有心阅读此书的读者不妨先从本书下编读起,读后如以为尚有余味可品,回过头来再读导言及上编亦无不可。

古语道:"《春秋》责备贤者。"我之特别推重本书,尤其是其第五章,也是想给我们的贤者们奉上一杯浓咖啡,催醒其久已麻木不仁的神经。孔子说:"道不行,乘桴浮于海。从我者,其由与?"九州之大、四海之广、五千年文化积淀之厚、十三万万人群云集之众,不会没有这样义无反顾的勇士了吧?!

---

① ［美］戴维·鲁本:《法律现代主义》,苏亦工译,中国政法大学出版社 2004 年版,第302~303 页。

第十四章　漫说中文语境中的"少数人"

一　现代汉语语境下之"少数人"

语言是文化的重要载体，也是法律表达的最基本途径。因此，法律与语言文化的关系，至为微妙。法律语言的严谨与否不惟会影响到法律的严肃性和权威性，稍有不慎，还可能会造成人们在理解和认识上的歧误和偏差，产生始料不及的后果。尤其是近现代的中国法律大多或直接由海外舶来，或由外国法辗转衍生，中国的法律语言也难免受到外国语的影响。许多法律术语虽已译成了汉字，但是否与中文语境完全贴合仍很值得研究了。

如果说我们以往引入的西式法律或加入的国际条约尚有未尽人意之处，其中是否就有因失于草率，未能将中国文化因素充分加以考虑的原因呢？单以《公民权利和政治权利国际公约》中所使用的"少数人权利"这一术语来说吧，在现行中国文化背景下，一般中国人听到"少数人权利"这样的措辞肯定会产生不同于西方语境下的联想。正如有学者所指出的那样："那些在特定的语言和文化传统中成长起来的人，当然是以不同于属于其他传统的人的方式来看世界的。在历史的进程中，一个接一个的历史世界不仅不同于今天的世界，而且彼此也不同。"①

最近半个多世纪以来，"少数人"及与其同义或相近的术语譬如"少数"、

---

① 张汝伦：《意义的探究——当代西方释义学》，辽宁人民出版社 1986 年版，第 213～214 页。

"个别人"、"一小撮"、"极少数极少数"之类人们耳熟能详的措辞具有特定的含义,借用语言学家的解释,"少数"两字所传达的这种负面含义应可称作"内涵意义",这种意义不是独立存在的意义,而是附加在所谓"概念意义"上的意义,"它可以因人而异,因不同的年龄而异,也可以因不同的社会、国家或时代而异。"①据说现代西方"释义学"(Exegesis)认为:"任何一件思想成果或历史文献都由'表层的语码结构'和'潜在的密码规则'两部分组成。在前者并无意义的语汇,在后者却具有深刻的内涵"。因此,"研究者不能仅仅凭据对前者的理解进行判断,更应当着重把握、'破译''潜在的密码',这样才能较客观地发现和注释前人的真实动机、思想倾向,等等"。② 本章所要做的,正是这样的工作。

"少数人"三字合置成词不见于古代汉语。古汉语中大致可与"少数"或"少数人"对应的词汇是"寡",寡的反义词是"众",约略可与现代汉语中的"多数"或"多数人"相对应。古汉语中的"众"、"寡"没有价值判断的意蕴,属于中性词汇。中国传统文化对于"众"、"寡"大体上持中庸态度,没有明显的倾向性。儒家以仁为本,和而不同,主张"万物并育而不相害,道并行而不相悖",③一视同仁,自无厚众薄寡之偏。一如西方人所说的条条道路通罗马嘛。

孔子说:"君子无众寡,无小大,无敢慢。"④既反对"以众暴寡",也不赞成"以寡犯众"。用今天的话说就是既反对多数人的暴政,也反对少数人的专制。儒家对居于弱势的寡者尤其给予同情。《礼记·乐记》说:"强者胁弱,众者暴寡,知者诈恶,勇者苦怯,疾病不养,老幼孤独不得其所,此大乱之道也。"《礼记·祭义》也说:"强不犯弱,众不暴寡。"《左传·僖公二十一年》谓:"崇明祀,保小寡,周礼也。"

现代汉语中何时开始出现"少数"或"少数人"之类词汇很难确知。查2005年商务印书馆出版的《现代汉语词典》第五版"少"字下仅有"少数"、"少

---

① 伍谦光编著:《语义学导论》,湖南教育出版社1992年版,第136页。
② 萧延中:《划时代悲剧的剖析与理解》,萧延中编:《晚年毛泽东》,春秋出版社1989年版,第59页。
③ 《中庸》。
④ 《论语·尧曰》。

数民族"两个词例，未见"少数人权利"一词。则该词之辞源料应是由英语"Minority rights"直译成汉语的，其在汉语中得到普遍采用想必也是非常晚近的事情，很有可能就是随着《公民权利和政治权利国际公约》的签署而引入中文的。

《公民权利和政治权利国际公约》第 27 条对少数人权利的规定译成中文是这样的：

> 在那些存在着人种的、宗教的或语言的少数人的国家中，不得否认这种少数人同他们的集团中的其他成员共同享有自己的文化、信奉和实行自己的宗教或使用自己的语言的权利。

上面的引文明显保留着翻译的痕迹，不了解国际人权法的人单纯阅读这样的词句很难明了其确切的含义；了解国际人权法但未审慎思考当代中国语言及文化背景的人，恐怕也很难预见这样的翻译语言会在中文人群中产生怎样的反响。

抛开其英语辞源不论，单从现代汉语的构词法上来看，"少数人权利"一词系由"少数人"和"权利"两个词合成的偏正结构词组。"少数人"是修饰"权利"的形容词或定语。"权利"成为汉语中的固定名词大概已有一个世纪之久了，这里不拟讨论，单说前三个字。

二　作为法律术语之"少数人"

"少数人"三个汉字合置成词虽较"少数人权利"为早，但想必也不会太久，同样属于现代汉语而非古汉语的范畴。

当然"少数人"一词通常是作为政治术语使用时才含有贬义，在作为法律术语时是否也含有贬义尚需做具体探讨。

笔者通过北大法律信息网查询截至 2008 年 5 月 1 日以前中央政府发布的各类立法文件及司法解释，发现全国人大及其常委会颁布的法律中，没有使用"少数人"作为法律名称的，正文中使用"少数人"字样的仅有两例。详见表 1。

表1：正文含"少数人"字样的法律文件

法律名称	效力级别	发布机关	发布时间	正文相关段落摘抄
1.全国人民代表大会关于修改《中华人民共和国刑事诉讼法》的决定	法律	全国人民代表大会	1996.3.17	六十三、第一百零六条改为第一百四十八条，修改为："合议庭进行评议的时候，如果意见分歧，应当按多数人的意见作出决定，但是少数人的意见应当写入笔录。评议笔录由合议庭的组成人员签名。"
2.第七届全国人民代表大会第五次会议关于兴建长江三峡工程的决议	有关法律问题的决定	全国人民代表大会	1992.4.3	关于三峡水库库岸稳定问题，经过长时间的调查研究，专家组认为，水库无渗漏及严重的浸没坍岸问题，库岸的总体稳定性是好的。少数可能失稳的大型崩塌滑坡体离三峡坝址都在二十六公里以远，不会影响工程的运用和大坝安全。水库蓄水后江面展宽，水深加大，因崩塌滑坡导致堵江碍航的可能性比建库前大为减小。

但在国务院及其各部委颁布的行政法规、部门规章及最高人民法院、最高人民检察院下发的司法解释中，无论是标题还是正文都使用过"少数"、"少数人"之类术语。其中标题中使用过"少数"字样的文件总计107件，除去其中与"民族"连用的96件不计外，尚余11件。这其中有4件的标题中的"少数"两字为中性，无贬义；其余7件则含有明显的贬义，详见表2。

表2：标题中"少数"两字含贬义的法律文件

法律法规名称	效力级别	发布机关	发布时间	标题负面含义字词	正文负面含义字词
1.中共中央办公厅、国务院办公厅关于福建、湖南、山东、江苏、海南省少数农村基层干部粗暴对待群众典型案件的情况通报	法规性文件	中共中央办公厅、国务院办公厅	2000.2.9	少数农村基层干部粗暴对待群众	广大农村基层干部牢记党的全心全意为人民服务的宗旨……取得了很大成绩……当前确有少数农村党员干部……习惯于"家长式"领导……粗暴对待群众……

续表

法律法规名称	效力级别	发布机关	发布时间	标题负面含义字词	正文负面含义字词
2.国务院办公厅关于对少数地方和单位违反国家规定集资问题的通报	法规性文件	国务院办公厅	1993.4.27	少数地方和单位违反国家规定集资	……但少数地区和单位有令不行、有禁不止,仍然我行我素,违反有关规定……
3.国家民委、国家经贸委、公安部、国家旅游局、国家工商总局关于纠正极少数宾馆饭店旅店拒绝少数民族人员入住行为的通知	部门规范性文件	国务院各机构	2002.11.27	极少数宾馆饭店旅店拒绝少数民族人员入住	内地极少数城市的宾馆、饭店、旅店拒绝新疆籍人员,尤其是新疆少数民族人员入住……在新疆进行暴力恐怖活动的只是极少数民族分裂主义分子、宗教极端分子和暴力恐怖分子,而绝大多数的各族群众是热爱党、拥护社会主义……
4.人事部关于中国科学院在少数科研单位进行工资总额包干试点问题的复函	部门规范性文件	国务院各机构	1991.3.18	无	无
5.人事部关于少数博士后研究人员出国逾期不归问题的通知	部门规范性文件	国务院各机构	1989.12.27	少数博士后研究人员出国逾期不归	少数博士后研究人员出国参加……不按期回国……由于少数博士后研究人员出国逾期不归,给设站单位正常的科研工作和博士后管理工作造成了一定的影响
6.中国科学院关于发送对少数院公费留学人员进行外语面试办法的通知	部门规范性文件	国务院各机构	1989.12.20	无	无
7.普通高等学校招收少数职业技术学校应届毕业生的暂行规定	部门规范性文件	国务院各机构	1987.3.24	无	无

法律法规名称	效力级别	发布机关	发布时间	标题负面含义字词	正文负面含义字词
8.国家教育委员会、公安部、司法部、劳动人事部　关于转发中共北京市委办公厅、北京市人民政府办公厅《关于处理少数道德败坏奸污女学生的中小学教职工的通知》的通知	部门规范性文件		1986.1.18	少数道德败坏奸污女学生的中小学教职工	……希望你们对本地区中小学教职工中少数坏人猥亵女学生的事件予以足够重视,严肃处理……
9.国家人事局关于解决少数军队转业干部要求恢复技术级别工资待遇问题的复函	[失效]	国务院各机构	1981.1.26	无	无
10.最高人民检察院、邮电部关于转发吉林省人民检察院、吉林省邮电管理局《关于极少数邮电工作人员私拆、隐匿、毁弃邮件、电报的渎职犯罪情况的报告》的通知	司法解释	最高人民检察院	1980.9.24	极少数邮电工作人员私拆、隐匿、毁弃邮件、电报的渎职犯罪	吉林省少数邮电职工渎职犯罪案件,在其他地区邮电部门中也同样存在,有的甚至更为严重。据统计,今年上半年全国发现贪污盗窃邮件票款的人数有五百九十三人、盗窃邮件总包七十八个,邮件报刊六千二百三十件(份)、汇兑款、报刊款等十八万多元,粮票三千多斤、布票二百四十六尺……
11.中国聋哑人福利会关于制止各地少数聋哑人假借卖画名义到处骗钱的通知	团体规定	中央其他机构	1958.3.1	各地少数聋哑人假借卖画名义到处骗钱	一些无业聋哑人为了解决生活问题进行卖画,这是可以的,但其中有少数人并串连……私刻图章,假造证件,到全国大中城市向各机关企业等单位,强行推销画片,诈骗金钱,对社会秩序和机关企业工作秩序影响极坏。

又据北大法律信息网查询截至 2008 年 5 月 1 日以前中央政府发布的各类立法文件及司法解释正文中使用过"少数"两字的总计 4793 次,扣除其中与"民族"连用的 1563 次,尚余 3230 次。因数量过巨,短时间内很难一一考察其在行文中的含义,仅选取若干含有贬义的例句列举如下。

例一,《中共中央组织部关于中国共产党党费收缴、使用和管理的规定》(部门规章,2008 年 2 月 4 日中组发〔2008〕3 号)第二十条:

> 使用和下拨党费,必须集体讨论决定,不得个人或者少数人说了算。

例二,"最高人民法院关于印发《人民法院贯彻落实〈实施纲要〉和〈若干意见〉构建惩治和预防腐败工作机制实施细则》的通知"(司法解释,法发〔2008〕5 号)第三十一条:

> 坚决查办违纪违法案件。当前,违纪违法案件在有的法院、有的部门仍呈易发多发态势,极少数法院领导干部严重违纪违法问题影响恶劣,反腐倡廉形势依然严峻,惩治这一手任何时候都不能放松。惩治有力,才能增强教育的说服力、制度的约束力和监督的威慑力。要坚持在法律和纪律面前人人平等,对任何腐败分子,都必须依法严惩,决不姑息。

例三,"最高人民法院、最高人民检察院关于印发《关于办理受贿刑事案件适用法律若干问题的意见》的通知"(司法解释,法发〔2007〕22 号)第十二条:

> 依照本意见办理受贿刑事案件,要根据刑法关于受贿罪的有关规定和受贿罪权钱交易的本质特征,准确区分罪与非罪、此罪与彼罪的界限,惩处少数,教育多数。在从严惩处受贿犯罪的同时,对于具有自首、立功等情节的,依法从轻、减轻或者免除处罚。

例四,《国家质量监督检验检疫总局关于 2007 年压力管道阀门制造单位监督抽查情况的通报》(部门规范性文件,质检特函〔2008〕5 号):

> 从抽查情况看,大部分企业能够按照《特种设备安全监察条例》及相关的安全技术规范的要求进行生产,质量管理体系能有效运转,产品安全质量符合有关安全技术规范和标准的要求,但同时也发现少数企业存在一些问题。

综合以上的考察,可以看出,全国人大及其常委会制定的法律文件用语相对比较严谨、规范,只有两部法律文件在正文中总计两次使用了"少数人"和

"少数"字样,但从其语境看没有明显的价值判断的意味,大体呈中性。① 但各类行政法规、部门规章及司法解释等法律文件的名称和正文中使用"少数"、"少数人"等术语绝非鲜见,其中许多或显或隐地带有负面的含义。

应当指出的是,这些法律文件在使用负面含义的"少数"、"少数人"之类术语时,缺乏严格的限定,很难从法律上界定其明确的含义。譬如,表1中《全国人民代表大会关于修改〈中华人民共和国刑事诉讼法〉的决定》正文、表2中1、2、3、5、8、10、11等7部法律文件标题及前举四例正文中使用含贬义的"少数"或"少数人"等术语时均未提供可比基数,令人无法确知"少数"与"多数"的比例如何划定。则其所谓"少数"与"多数"便没有任何法律上的意义,在实践中亦无法依援。

进而还应指出,上述各个法律文件标题及正文中含有贬义的"少数"、"极少数"之类措辞在语法上属于赘词,删之无伤文意;不删不惟冗赘,细加推敲,甚至颇觉荒唐。

举例说来,表2中第2个法律文件标题"少数农村基层干部粗暴对待群众",正文"少数农村党员干部……习惯于'家长式'领导……粗暴对待群众"云云,难道多数"农村基层干部"或"多数农村党员干部"粗暴对待群众就是正当的了吗? 允许的了吗?

又如表2中第3个法律文件标题"极少数宾馆饭店旅店拒绝少数民族人员入住",正文"内地极少数城市的宾馆、饭店、旅店拒绝新疆籍人员,尤其是新疆少数民族人员入住",难道大多数"内地城市的宾馆、饭店、旅店拒绝新疆籍人员,尤其是新疆少数民族人员入住"就是许可的、合法的吗?

再如表2中第8个法律文件标题"少数道德败坏奸污女学生的中小学教职工",正文"希你们对本地区中小学教职工中少数坏人猥亵女学生的事件予以足够重视,严肃处理"。难道多数中小学教职工奸污、猥亵女学生就不必重视、不该严肃处理了吗?

还有如表2中的第10个法律文件标题"极少数邮电工作人员私拆、隐匿、毁弃邮件、电报的渎职犯罪",难道大多数邮电工作人员私拆、隐匿、毁弃邮

① 《第七届全国人民代表大会第五次会议关于兴建长江三峡工程的决议》中的"少数"两字虽略带负面含义,但并非对人类行为的价值判断。

件、电报就是合法的了吗？同样的，例二、例四中的"极少数法院领导干部"、
"少数企业"如果换成了"绝大多数法院领导干部……严重违纪违法"或"多数
企业"没有按照《特种设备安全监察条例》及相关的安全技术规范的要求进行
生产、产品质量不合格难道就合理合法、不加追究了吗？若然，在前者不是与
同一文件中规定的"对任何腐败分子，都必须依法严惩，决不姑息"自相矛盾
吗？在后者又置《特种设备安全监察条例》于何地呢？

三　结　论

　　类似的语言问题还有不少，这里不能遍举。行文至此，逻辑上需要追问下
去的问题自然会是：像"少数"、"少数人"、"极少数"、"一小撮"①之类既无明
确法律含义，又觉冗赘的措辞为什么会被相关法律文件频频地且堂而皇之地
纳入呢？
　　笔者以为，这主要是受半个多世纪来的意识形态和政治语言浸润所致。
我这样说可能有失严谨，理应先将1949年以来的官方媒体话语做一番全面统
计，看看其中含贬义的"少数"、"少数人"、"极少数"之类措辞的使用频率，再
得出前面的结论，那样就比较可信了。唯因此项统计工作工程太巨，非一人之
力短期内所能完工，故暂且搁置。不过，恰如前面已经说到的："但凡生活在
当代中国大陆这个政治文化环境里的人们"心里都会有一本明细账，答案是
明摆着的，无庸多问。
　　如前所说，既然现代汉语中的"少数"、"少数人"等措辞所含之贬义不是
来自古汉语及中国传统文化，若再进一步追问，它们是何从而来的呢？依笔者
拙见，应渊源于——20世纪初伴随着十月革命一声炮响传入中国的——苏俄

---

　　①　查北大法律文献网，使用"一小撮"字样的法律文献共有两件，一件是《中国中日备忘录
贸易办事处代表、日本日中备忘录贸易办事处代表会谈公报》（签订日期1971年12月21日），正
文中说："美日反动派操纵一小撮'台独'分子妄图把台湾从中国分割出去的阴谋注定要失败。"
另一件是《中国渔业协会代表团、日中渔业协议会代表团会谈公报》（签订日期1970年6月20
日），正文中说："由于佐藤政府变本加厉地推行追随美帝、敌视中国的政策和日本渔业界一小撮
反动势力的破坏活动，给两国民间渔业协定的执行造成了很多困难。"

民粹主义思潮。① 民粹主义的一个突出特征便是以整体和多数人自居,自我宣称代表民众而又从不交待其代表权的由来和依据。此种思潮仇视个性、个体、个人权利,主张以整体(人民、社会、国家、民族、政党等等)的名义压抑个人的基本权利与个人自由。稍有偏失,便会酿成灾难性的后果。譬如20世纪发生在中国的众多群众运动,很多便是打着"大多数",甚至"绝大多数"民众意志幌子的民粹主义行动,其中不乏令人发指的恐怖暴行。

原中国社科院近代史所研究员、老共产党员李新先生曾经回忆他在1946年夏天参加冀南永年县某村斗争汉奸恶霸宋品忍的群众大会时的恐怖场景:被斗者的尸首短瞬间便"只剩下了很少的几根骨头",有些愤怒的群众因为没能在活着的宋品忍"身上割下一块肉"而感到愤愤不平。李新先生写道:

> 今天看来,农民诉苦是应该的,但把犯人一刀一刀地剐就不好了。因为它太不文明,太不人道。简单的报复行为,是农民落后性的表现。②

李新先生可能没有意识到,农民的"落后性"恰恰是在外来思潮的鼓噪下,打着"多数人",甚至"绝大多数人"的旗号才有机会暴露得如此淋漓尽致;但在儒家思想占主导的传统文化氛围下反而难有彰显的机会。这又是什么问题呢? 当然,关于民粹主义的问题相当复杂,需要另文专门讨论,这里就不多谈了。

总之,前述法律文件中使用的"少数"、"少数人"、"极少数"之类措辞,渊源有自,并非自产的土语,而是舶来的洋话。我们的欧洲同行们或许会说:俄国文化算不得西方文化的精粹,这话我无意反驳。但是如果你们说:俄国人是东方人,俄国文化是东方文化,那我们可就不敢领教了。因为我们知道,俄国人是你们的亲兄弟,俄国文化是你们的文化的一部分。而俄国人同我们的交情,至多也就是临时结拜的把兄弟。至于我们对俄国文化和俄国人的亲近感,或许只是斯德哥尔摩综合征(Stockholm syndrome)的症状之一吧。

需要声明的一点是,尽管"少数"、"少数人"之类措辞含有某种程度的贬义,但考其被纳入到法律文件中的用意却只是要表明少数人的意志和行为不

---

① 关于俄国民粹主义,可参见[英]保罗·塔格特:《民粹主义》,袁明旭译,吉林人民出版社2005年版,第四章。

② 李新:《流逝的岁月:李新回忆录》,山西人民出版社2008年版,第232~233页。

具有代表性而已，并无剥夺或否定少数人权利的意思。中国的宪法、法律和官方政策也没有明示剥夺或否定少数人权利的条文。不过，语言是人类文化的载体，是思维的工具，更是心灵的直白。按照马克思主义的说法："语言是思想的直接现实"，"语言是一种实践的……现实的意识"。① 因而，语言中所表达的扬抑褒贬好恶，势必又会反过来影响到人类的思想、感情和行为。所以，将"权利"二字与我们现行话语习惯中经常带有贬义的"少数"、"少数人"之类措辞连用，难免会在人们的心理中产生某种否定性的或歧视性的反应，这也是不能不加以重视的。

日本学者高桥哲哉指出："语言具有消除变化、差异以及细微差别的功能……从尊重差异、尊重细微差别以及变化的立场来说，语言的这种功能是非常具有暴力性的。"在他看来："语言具有的暴力，是其抽象化的功能引起消除细微特征和差别的这一意义上的暴力，是由于词语构造上所固有的暴力性，因而是无法避免的"。但是，"我们在使用语言的时候有两种方法：在知道那个词语有其暴力性功能情况下的使用和没有意识到其暴力性功能的状态下的使用，这样一来，言语活动的实际状况也就大不相同了。"②

笔者以为，在我国政府正式批准《公民权利和政治权利国际公约》之前，似乎很有必要对我们以往的话语习惯及政治生活中对待"极少数"、"一小撮"、"少数"、"少数人"的负面态度加以全面检讨。否则便很难期望该公约第27条所规定的"少数人"权利能够得到官方和民间的普遍认可和尊重。同时笔者也呼吁立法机关和有关部门今后在制定法律和签署国际条约时宜慎选措辞，最好能征询一下语言学家和历史学家们的意见，尽量避免造成不必要的困惑和混乱。

---

① 分见《马克思恩格斯全集》第 3 卷，人民出版社 1960 年版，第 525、34 页。
② ［日］高桥哲哉：《反·哲学入门》，何慈毅、郭敏译，南京大学出版社 2011 年版，第 34
页。

第十五章　得形忘意——从唐律情结到民法典情结

一　从唐律情结说起

东方人素有一种正统的观念,在法律传承上也讲究个法统。自从日本人于 19 世纪末依据法、德民法典制定出自己的民法典以来,德、法民法典在东亚民法学界的地位简直如同《圣经》的新、旧约一般。笔者姑且将这种现象称之为"德国民法典情结"或"法国民法典情结",抑或笼统称之为"民法典情结"。如果单就近代的民法典而言,或可认为此种情结系由日本人开其先河,中国人和韩国人扬其余波。但若更往前推,这种法典情结却是源远流长、其来有自,并非肇端于日本而是滥觞于中国。试想,从《法经》六篇到汉律九章,再到唐律十二篇,中国法典的篇目、体例虽然代有增损,但其间的连续性可说是一目了然。尤其是到了李唐以后,唐律的古朴典雅、持平中道,折服了唐以后几乎各个朝代的立法者,乃至千有余载,皇姓更迭,江山几易,但莫不奉唐律以为圭臬,甚至在朝鲜、日本及安南等域外诸国也被遵为准绳,无敢逾越。总括说来,后代之视前朝的法条,番邦之视中土的律典,大抵总带有一种"仰止前规,挹其流润"的心态。元人柳贇称:"所谓十二篇云者裁正于唐,而长孙无忌等十九人承诏制疏,勒成一代之典,防范甚详,节目甚简,虽总归之唐可也。盖姬周而下,文物仪章莫备于唐。"①清季律学家吉同钧也说:"要以永徽之律疏三十

---

① 　(元)柳贇:《唐律疏议序》,(唐)长孙无忌等奉敕撰:《唐律疏议》,刘俊文点校,中华书局 1983 年版,第 663 页。

卷为最善,论者谓《唐律疏议》集汉魏六朝之大成,而为宋元明清之矩矱,诚确论也。"①此种心态,我们不妨称之为"唐律情结"。或许"唐律情结"正是当今东亚国家"民法典情结"的遗传基因。

当然了,唐律情结的形成并不意味着后代的律典毫无损益创新,只是由于摆脱不了仰止前规的心理束缚,最终难有大的创获且其所谓创新者还常常得不到后人的认同。

以明初修律为例,一方面,明太祖"命儒臣四人同刑官讲唐律,日写二十条取进",②广泛参照唐律以修定本朝的律典;但另一方面,朱元璋心气极高,立志超越唐律,在位三十年,前后修律不下五次,辗转反侧,几经抉择,最终改唐律十二篇为六部分篇的体例。尽管《大明律》的创新主要还是外观上的,律文仍是"因者多而革者少",但犹不能免遭后人之讥贬。清人孙星衍斥之曰:"自唐永徽律已后,宋元皆因其故。惟明代多有更改,又增《奸党》一章,以陷正士,而轻其轻罪、重其重罪。或言轻罪愈轻则易犯,重罪加重则多冤,非善政也"。③ 薛允升也曾指出:"明律虽因于唐而删改过多,意欲求胜于唐律,而不知其相去远甚也。"④他还批评朱元璋"事不师古而私心自用"。⑤ 应当说,孙、薛等人的批评都是中肯的。要害在于,明太祖的"求胜"仍是求名而忘实。明律的所谓创新,并无多大实质上的意义。

清初修律,也未始没有创新的念头。但顺治二年,刑科给侍中孙襄在一道上疏中指出:"至修律屡奉纶音,诸臣或以开创之始,未免过于郑重,而不知此非可创为者,但取清律、明律订其异同,删其冗繁,即足以宪百王而垂后世也。似无事过为纷更。"⑥此话大意即:修律不必太过慎重,更不要妄想有所创新,只要照搬《大明律》,再根据清朝自己的刑事立法略加删削,即足够司法实践中应用了。清廷很快便接受了这个提议:"得旨……'修律但宜参酌同异,删除繁冗,不必过为纷更。所奏是,刑部知道'。"顺治四年颁布的大清律,简直

---

① （清）吉同钧:《律学馆大清律例讲义·自序》,法部律学馆光绪三十四年印。
② 参见苏亦工:《明清律典与条例》,中国政法大学出版社 2000 年版,第 95 页。
③ （清）孙星衍:"重刻故唐律疏议序",（唐）长孙无忌等奉敕撰:《唐律疏议》,刘俊文点校,中华书局 1983 年版,第 668 页。
④ （清）薛允升:《唐明律合编·例言》,中国书店新印线装本。
⑤ （清）薛允升:《唐明律合编·序》,中国书店新印线装本。
⑥ 清朝官修:《大清世祖实录》卷16,己亥,中华书局 1985 年影印本。

就是原封不动地照搬明律。王明德说："我清入定中原,首申律令,一本明律为增损,源而溯之,则寔归宗乎有汉……"①清初人甚至说"大清律即大明律之改名也"。② 虽然不能说清《顺治律》与《大明律》毫无二致,但称得上有创新意义的几乎完全看不到。其后雍正、乾隆两朝虽曾两度修律,但内容先后变化不大,主要是在唐明旧律的基础上,结合本朝的情况进行适当的调整。所谓"详绎明律,参以国制",正是清初修律的指导思想。需要注意的是,尽管清廷修律系直接以明律为蓝本,但同时也直接参考了唐律:"国初虽沿用明律,而修订之本仍根源于《唐律疏议》,此大清律所以斟酌百王为损益尽善之书也"。③ 薛允升说:"尝考唐律所载律条与今异者八十有奇,其大同者四百八十一有奇,今之律文与唐律合者亦十居三四,盖其所从来者旧矣"。④

依笔者拙见,"唐律情结"的形成,其中固不乏合理的因素,但惰性相沿,因循守旧,不思进取亦为不可否认之事实。诚如戴炎辉先生所批评的那样:"唐律的发达,叹为观止。所可惜者,后代唯知墨守,未能及时发扬光大,致清末变法时,反而藉重于欧洲近代的刑法思想及制度"。⑤

戴先生的这段评价应当说还是比较委婉的。其实后世之墨守唐律,往往是守其形而未能传其神。清人纪昀有句名言"论者谓唐律一准乎礼,以为出入得古今之平。"⑥后世立法之模仿唐律往往是有名而无实,最大缺失恰恰在于未能保守唐律的持平精神。可见中国古人的唐律情结,究其实质不过是为名所累。

《庄子·逍遥游》有言:"名者,实之宾也"。中国的儒家向来讲"正名",法家也主张"循名责实",但中国立法、司法的实际情形却常常是名不正,言不顺,故事亦不成。缠绵于"唐律情结"而不能自拔,其最终结果必然是求名而

---

① (清)王明德:《读律佩觿·序》,康熙刻本。
② (清)谈迁:《北游录》,汪北平点校,中华书局1997年重印本,第378页。
③ (清)吉同钧:《律学馆大清律例讲义·自序》,法部律学馆光绪三十四年印。
④ (清)薛允升:《读例存疑·总论》,胡星桥、邓又天点注:《读例存疑点注》,中国人民公安大学出版社1994年版,第3页。
⑤ 戴炎辉:《中国法制史》,(中国台湾)三民书局1979年版,第17页。
⑥ (清)永瑢等撰:《四库全书总目·史部·政书类二》,中华书局1983年影印版,第712页。

失实,名至而实不归。①

二 日本开启的民法典情结

近世以降,西方势力侵入东亚,在此强大的外力压迫和冲击下,日本率先改革旧制,起而学习西方,不数十年内即由一偏隅小国跃升为东亚霸主,竟至有取西方而代之之势。

日本在江户幕府倒台后,明治二年六月,各大名小名"版籍奉还",封建体制解体已成定局。明治新政府当即着手编纂包括民法典在内的各种法典。当时日本急于编纂民法典的原因有二:其一,原来在封建割据之下,大小270余个诸藩,法制极不统一。此时封建制度崩坏,新政府实行中央集权制,建设统一的国家,推行富国强兵政策,当然要首先制定全国统一的法典,此是内因。其次是外因,治外法权条约所造成的屈辱,大大刺激了日本,当局者希望通过法制改革和近代化民法典的编纂而获得与西方列强的对等地位。

日本政府从1869年起就对翻译法国法典感兴趣。当时的司法卿江藤新平一度曾打算将翻译出来的法国民法典直接作为日本的法律加以适用。后来他虽然打消了这个念头,但仍是热衷于以法国民法典为起草日本民法的蓝本。1873年,巴黎法学院教授博瓦索纳德(Gustave Boissonade)应日本政府之邀前来从事改善法律体系的工作,他从1879年着手起草民法典,历时十年方始告成,草案旋即被译成日语。这部法典不仅是法国民法典的翻版,而且它所遵循的方案也与拿破仑法典极为相似。然而与预期的情形不同,该法典并未生效实施。是时日本法律界人士分裂为两个阵营,展开了激烈的争论。争论焦点是立即适用还是延迟适用。

1893年,日本政府成立了直属内阁的法典调查会,会内设立了民法典起草组,专责修订博瓦索纳德民法典草案,但其基本的工作是起草一部新的法

---

① 张岱年先生说:"事物是不断变化的,'实'变了,'名'也应随之而变。时移世易,古今异俗。有些古代流行的名词在今日不切实行了。所以,今日也还有正名的问题。"张岱年:《漫谈正名》,《张岱年全集》第八卷,河北人民出版社2007年版,第369页。

典。该小组决定以德国民法典的框架取法国民法典而代之。于是法典被分为五编,前三编即总则、物权和债权,于1895(明治二十八)年完成;后两编,即家庭和继承编完成于1898(明治三十一)年,民法典全体于1898年7月16日生效施行。

新民法典究竟与博瓦索纳德民法典有多大的不同呢? 赞成延迟适用博瓦索纳德民法典的人乐于相信二者有实质性的差别。从外观上看,由于采用的是德国的框架,确实有很大的不同;但是若对内容细加比较,结论就未必然了。三位起草者在起草时的确采纳了不少德国民法典的方法,但也保留了很多博瓦索纳德起草的条款。

或问,此时的日本人何以会移情别恋,由钟情于法国民法典转而垂青于德国民法典了呢?

一般认为博瓦索纳德民法典的失败是由于法国法学派和英国法学派斗争的缘故,从表面上看是这样。但是可能有一个更为重要的原因,政治的而非法律的原因。民法典的延迟适用表明了法国文化影响力的普遍下降。科沙克尔(P.Koschaker)说过:"外国法的被接受并非是由于它被视为最好。使得某种法律体系适合被接受不过是实力的问题而已。受容(reception,即接受——笔者)关系到智力和文化的水准,至少从某种程度上说,法律得益于实力的地位。至于那种实力在那关键的时候是否存在或者是否存在着对它的清晰的回忆以及它在那个时候所代表着的那种文明则是一个重要的政治问题。"①易言之,德国的迅速崛起和法国的式微是日本人取德而弃法的主要原因。

平心而论,新颁日本民法典究竟是依法还是依德并无太大的实际意义,法、德民法典尽管有不少重要的差别但仍是同大于异。最重要的是,二者都是法、德两国法律人士基于自身文化背景和思维模式,针对各自的社会、历史以及法律传统做出深入研究的智慧结晶。

与法、德民法典不同,日本民法典并非植根于自身的社会文化土壤,尽管像有些日本学者所争辩的那样,在其家族法中也保留了一些日本习惯法的因素,但就整体而言,日本民法典完全是异域的舶来品,充其量也只是一种比较

---

① Yoshiyuki Noda,*Introduction To Japanese Law*,p.48.

法的产物。① 正如一位日本法学家说过的那样："恰如我们所要见到的，现代的国家法律与以往的日本法没有联系。现代日本法视自己为西方法律的后裔。极少有人用对过去法律的研究来解释现行的法律。在法国，多马（Domat）和波蒂埃（Pothier）的著述对民法人士来说是不可或缺的。但是在日本，没有这样的对应物。Harada，一位杰出的日本罗马—日耳曼法学生清楚地指出，日本民法典的所有条款都源自近代西方法律或罗马法而非早期的日本法。因此可以说，日本法的历史，至少对于现代而言，是一种奢侈品。"②不难想象，这种异质继受的法典与日本社会的实际必然会悬隔天壤。

时至今日，日本民法典已经渡过了它的百年华诞，但是在是否贴合日本的社会实际方面仍然大存疑问。乃至日本民法学界始终未能摆脱这样一种两难困境："一方面，要面对作为继受法的民法典，同时在另一方面又要面对与继受法典在法文化上没有直接联系的日本社会"。③

然而，一个令人倍感奇异的现象是，这样一部与社会实际悬隔甚大的法典居然能够久行不废。有日本学者指出："日本民法典颁布以后没有经过什么大的修改，至今基本维持其本来面貌。"按照这位学者的说法，日本人应对法律与社会脱节的方法主要有二，一是"通过制定大量的特别法对民法典进行了实质性修改"；二是依靠法律解释（或判例法——笔者）。④ 但无论是特别立法也好，还是法律解释也好，常常与民法典本身的规定相去甚远，或完全超出了立法者最初的考虑范围。

由以上情形来看，日本人的处事方法与中国古人极为相似。西汉酷吏杜周有句名言："前主所是着为律，后主所是疏为令；当时为是，何古之法乎!"⑤

---

① 参见［日］五十岚清：《日本民法在比较法中的位置》，渠涛编：《中日民商法研究》第一卷，法律出版社 2003 年版，第 22 页。

② Yoshiyuki Noda, *Introduction To Japanese Law*, p39.

③ 日本著名民法学家星野英一先生即认为："日本作为法制国家，民法典是这种社会构造的基础。但是，在民法典是否已经融入到国民的意识之中的问题上，存在着肯定与怀疑两种相互对立的观点。我本人——尤其是从就任广播大学学长（校长）期间的经验——认为应该赞成后者的观点。"［日］星野英一：《日本民法的一百年》，渠涛编：《中日民商法研究》第一卷，法律出版社 2003 年版，第 95 页。

④ ［日］铃木贤：《中国的立法论与日本的解释论》，渠涛编：《中日民商法研究》第二卷，法律出版社 2004 年版，第 539 页。

⑤ （汉）班固：《汉书》卷 60，《杜周传》。

中国历史上处理律典与社会变迁相互脱节的办法大都遵循这个思路。律典作为经久长行的大法，一经制定往往长期不得更改，但为因应社会情势的变化，又不得不在律典之外，出台一些灵活性的法规，譬如汉律之外有令、唐律之外有格、两宋有敕、明清有例。这些灵活性的法源固有补充和变通律典不足不备的妙用，但过多、过滥也难免有喧宾夺主，淆乱正法之弊。所不同者，中国古代的历朝律典均是其自身文化传统的产物，由于家天下王朝的春秋代序、小农经济的相沿不替，固其与自身的社会条件之间尚不会有太大的鸿沟。而日本民法典的情形恐怕就不是那样简单了。

这里，我想更进一步追问的一个问题是：日本民法典在捍卫私权并进而推动日本社会的公平、正义方面究竟发挥了多大的作用呢？或许，这主要是一个基于主观判断的问题，见仁见智，很难有客观一致的答案。

星野英一先生曾指出："毋庸赘言，立法必须是为了达到某种目的，是基于某种理念展开的。但是，一方面应该看到，在立法的目的上又可以在直接目的和间接目的之间分为几个层面；另一方面又要看到在理念上也有几个层面。例如，最为抽象的有'正义'，比较具体的有'自由'和平等，进而还有更为具体的'交易安全'和'对弱者的保护'等等。"[1]

参照星野先生的说法，至少有一点可以肯定：日本当年制定民法典的直接目的是追求富国强兵——日本人所理解的"现代化"。至于抽象的"正义"或具体的"自由"和"平等"原本就不是当时（可能现在亦非）立法者所追求的理念。

此时我们回顾一下当初法典论争时延迟派中最保守的人物——东京帝国大学宪法学教授穗积八束的那句名言"民法出而忠孝亡"，[2]看来并非没有道理。日本人当年从西方引入的民法典只是一个空壳，并没有接受民法典背后的一整套价值体系，同时又因没能妥善处理好旧有的、吸收自中国的儒家价值体系，乃至形成了价值莫问的道德真空状态并最终走上了军国主义道路。时至今日，日本尚未能培植出忏悔自新的价值机体，这不能不说是日本式现代化

---

① ［日］星野英一：《日本民法典编纂中遇到的难题》，渠涛编：《中日民商法研究》第一卷，法律出版社 2003 年版，第 35 页。

② ［日］広中俊雄、星野英一编：《民法典の百年：全般の観察》，（日本）有斐阁 1998 年版，第 14 页。

的最大悲哀,其至也可以说是整个东亚现代化的最大悲哀。

有西方学者曾指出:"潘德克顿法学加速了德国法的统一,而且对德国以外的地方产生了极大的影响。它的最高成就就是德国民法典,这同时也敲响了它自己的丧钟。德国民法典是伟大法律思想的果实而非种子。"①然而,日本开创的民法典创制模式则恰恰是要将民法典作为现代化的种子播撒下去,等待其开花结果。最终,日本的现代化虽然在物质文明上结下了丰硕的果实,但是在精神文明上却始终未曾扎下深根。

看来与中国古人的唐律情结一样,日本人也是为名所累,患上了民法典情结的顽症而不知自拔。

三 汉江奇迹的背后

说起韩国民法典的起草过程,多少带点戏剧色彩。第二次世界大战结束以后,日本虽已宣布投降,但美国占领下的南朝鲜仍继续援用旧有的日据时代的法令。韩国政府急于构筑自己的法律体系,尤其是包括民法在内的与日常生活和裁判紧密相关的基本法律。② 1948 年 12 月 15 日,民法典草案的起草工作正式展开。③ 由大法院院长金炳鲁领衔、负责民法典起草工作的民法分科委员会,按总则、物权、债权、亲族、相续五编分别选任责任委员和一般委员分工负责。1950 年 6 月,朝鲜战争爆发,有 7 位参与民法典起草工作的委员被北朝鲜军队挟归北方,为民法典起草工作准备的相关立法资料全部丢失。民法典的起草一度完全中断。由于人力、物力不足,法典委无法开展工作,民法典的起草工作实际由金炳鲁一人承担。后来法典委即在金炳鲁起草的草案基础上形成了公式草案,于 1952 年 7 月 4 日完工,④1958 年 2 月 22 日正式公

---

① Franz Wieacker, *A History of Private Law in Europe: with particular reference to Germany*, translated by Tony Weir, Oxford: Clarendon Press, 1995, vii, R. Zimmerman's Foreword.

② 参见[韩]梁彰洙:《民法案成立过程小考》,[韩]《民法研究》第 1 卷,1992 年版,第 61~66 页。

③ 参见[韩]梁彰洙:《民法案成立过程小考》,[韩]《民法研究》第 1 卷,1992 年版,第 67~74 页。

④ [韩]金基善:《韩国民法总则》,[韩]法文社 1985 年三改订增补版,第 40 页。

布,1960 年 1 月 1 日起施行。

新颁布的韩国民法典,与日据时代的"依用民法"一样,仍然采用潘德克顿式的立法体例,分为总则、物权、债权、亲族、相续 5 编。

将韩国民法典与日本民法做一比较,尽管有了一些细节上的变化,但从整体上依然可以看出其脱胎于日本民法典的痕迹,甚至连许多术语也完全照搬日本的模式。除日本民法典以外,韩国民法典还主要参考了中华民国民法典、伪满洲国民法典等外国民法典。

诚然,韩国民法典并非是原样照搬日本民法典、中华民国民法典和伪满民法典的大拼盘,还是带有一些自身的特色的。但由于这些特色大都乏善可陈,随着颁布后的历次修正业已基本消失了。

回顾韩国民法典的制定过程,不难看出韩国人当时的那种矛盾心态。一方面,二战结束后,韩国面临的首要问题是如何摆脱日本殖民地的阴影,全面树立韩国独立国家的形象;另一方面,在 20 世纪 40 年代末和整个 50 年代,甚至直到今天,要想真正脱离日本民法学的强大光环又绝非轻而易举的事情。就像朱元璋主持制定的大明律一样,韩国民法典主要是参照日本民法,抑或说是以日本民法学术背景为底蕴制定出来的;但又要刻意表现出不同于日本法的特征,因此就难免留下许多穿凿的痕迹,从其诞生伊始便带有不少严重的技术欠缺。

当然,更严重的问题还不在于这些技术上的欠缺;而是继受型的韩国民法典与韩国社会、政治及经济背景的格格不入。与日本的情形一样,由于民法典的内容与社会现实脱节,许多民众日常法律生活中的常用事项,如担保债和短期大额按揭制度,民法典中却没有详细地规定。为因应这一困窘,立法当局不得不出台大量的民事特别法,但这又造成了一个更为严重的问题,由于特别立法已经被普遍认可为民法典的例外,大量制定特别法的结果事实上造成了特别法成了一般规范而民法典反而变成了例外,从而造成了民法典与社会现实的疏离。进而,由于一般法律原则受到削弱因而造成了人们对法律的例外规范而非一般规则更为关注,乃至阻碍了日常生活的法治化。为此,有韩国学者惊呼"民法典已经转化为一种审判规范而不再发挥其指导人民日常生活的功能"了。①

---

① Sang Yong Kim:"Amendment Works of the Korean Civil Code(Property Law)",http://www.irp.uni-trier.de/Vortrag-Kim.pdf.,访问时间:2004 年 10 月 13 日。

与日本不同的是,韩国历史上是一个高度中央集权而又贫困落后的国家。日本投降后成立的"民国"并非名副其实的共和国。直到 20 世纪 60 年代以前,韩国(朝鲜)仍然是世界上最为贫困落后的国家之一。从 1962 年起,凭借军事政变上台的朴正熙将军运用铁腕推行第一个五年经济计划,韩国经济自此开始起飞。紧接着又是第二个、第三个五年计划……数十年间韩国经济取得了巨大成就,创造了举世瞩目的所谓"汉江奇迹",这应是不争的事实。但如果我们据此得出结论说:威权政治和政府驾控市场是实现私法现代化的快捷方式,那就大错特错了。因为这里我们忽略了过程而只注意到结局。

客观地说,汉江奇迹与韩国民商法现代的进程并非相互呼应、同步展开的,换言之,韩国民商法的发展并没有对韩国经济领域的巨大成就产生直接的良性推动作用。已故的韩秉春(Hahm Pyong-Choon)教授指出:法律的作用,特别是对于经济发展而言,是有限的甚至是负面的。他指出:"法律本来可以更为有效地作为表达公民意识的手段,而不只是经济发展和社会福利的工具。法律与其作为实现社会福利的方法不如作为根除社会不公正的工具更为有益。"①韩国学者尹大奎教授也指出:"在韩国,长期的独裁统治不可避免地扭曲公众意愿,并使法律服务于一时的政治目标。同时,行政利益和效率被过分强调,公平和程序被忽视,处理权的行使倾向于以民权和行政公平为代价。法律常将立法权交给行政机构,并赋予其广泛的处理权。更糟的是,名义上起制衡作用的机构,如立法和司法机关,力量太弱,无力抑制行政机关享有的广泛处置权。"②

在普通人惊叹和欢呼韩国经济成就的时候,法学家们却正在探讨看起来不太相干的社会公正问题。显然,在他们眼里,韩国的经济成就是以牺牲社会公正为代价换来的。经济高速发展之期,也正是人权、法治、民主和宪政饱遭践踏和蹂躏之时。这种论调是否太过悲观,太令人扫兴了呢? 这是否是某种逆反心理在作祟呢?

不然,法学的任务不同于经济学或其他的学科,它的目标就在于追寻公

---

①　Pyong-Choon Hahm, *The Korean Political Tradition and Law : essays in Korean Law and Legal History*, Seoul : Hollym Corp., 1967, pp. 144-145;并参见 Kun Yang, " Law and Society Studies in Korea : Beyond the Hahm Theses ", *Law & Society Review*, Vol. 23, No. 5(1989), p.893-894.

②　[韩]尹大奎:《韩国立宪主义的历史与现状》,(中国香港)《二十一世纪》2000 年 8 月号。

正。就民法而言，与公法又有不同，私法所直接关注的不是社会的总体公正，而是个体，当然，是每一个个体的公正而非某个特定个体的公正。依笔者所见，法律之区分为公、私法，主要是出于不同的角度对社会公正予以相应的关怀。公法是从社会整体的角度出发，对社会公正予以宏观的、总体性的保护。而私法则是从个体的角度出发，对个体的利益予以个别的、具体的保护。以财产权利为例，既有公法的保护又有私法的保护，两者的出发点、手段、目标都不相同，但结果则互相补充，相得益彰。

的确，与其他引入的西式法律一样，民法典的颁布实施并未在韩国发挥出它理应发挥的效用。尹大奎教授说：

> 引入的西方式法律体系在韩国未能像在其欧洲母国那样恰当地发挥作用。这一失败或可归因于人民的消极态度，延续着旧时代携来的一系列负面的政治、经济和社会因素。考虑到其环境与西方的完全不同，这样的失败似亦无可避免。①

如果做一比喻，引入的民法典恰如引入的某种植物品种那样，与被植入的当地气候和土壤不相适应。用中国的成语说，这就叫作"橘逾淮而为枳"。一位韩国学者写道：

> 韩国在其短暂的立法史上已经承受了太多"赶上"最先进立法先例的磨难。如果这所谓的更"先进的立法政策"不符合韩国的社会经济结构的话，轻率地效法外国的法律不仅不会解决问题，反而可能会使问题更加恶化。需要的是对韩国的问题做出全面的评估和分析再决定如何解决。②

四 你方唱罢我登场

与韩国的情形相似，中国的历史文化背景及社会政治条件同样与西式民

---

① Dae-Kyu, Yoon, *Law and Political Authority in South Korea*, Boulder: Westview Press, 1991, p. 27.

② David E. Allan, etc. ed., *Asian Contract Law: A Survey of Current Problems: A Research Project of the Law Association for Asia and the Western Pacific*, Melbourne: Melbourne University Press, 1969, pp. 199–203.

法典的深层理念大相径庭，近百年来的中国法制历史应当说已经多次证明了这一点，但人们似乎远未对此有足够清醒的认识。

中国的法律现代化运动开启于 1900 年的八国联军之役以后。1902 年清政府宣布实行"新政"，开始按照西方的模式系统地制定新式的法典。当时中国朝野上下目睹日本经过明治维新迅速崛起的实例，普遍主张"以日为师"，效法日本的样板引进西式法律以变更固有的法律体系。有人上疏说，"中国与日本地属同洲，政体民情最为相近。若议变法大纲，似宜仿效日本"。法部官员也认为："惟日本为东亚之先驱，为足以备圣明采择。"①其后清廷师法日本，直接聘请日本人志田钾太郎、松冈义正起草民律，此即所谓民律第一次草案。

中华民国成立以后，接续清廷未竟的事业，以民律第一次草案为蓝本，修订起草新的民法草案，于 1925 年完成并公布了民律第二次草案。1928 年南京国民政府立法院成立，次年设立民法起草委员会，同年 2 月 1 日开始编撰民法典，1929—1930 年间陆续公布。该法典共 5 编 29 章 1225 条，后经多次修改，最近一次修改时间为 1999 年 4 月，现仅行于台湾一省。

《中华民国民法》以民律二草为基础，着重参考了德国民法与瑞士民法，同时也吸收了日本民法、法国民法以及苏俄民法和泰国民法的经验。由于该民法典是当时世界各大国民法典中最后制定的一部，广泛借鉴了各国的经验教训，又是一部主要由学者起草制定的法典，因此在学理上可谓无可挑剔，是大陆法系德国体例民法典中具有代表性的一部。但是，该法典同样反映出脱离实际、超前立法的问题，因之，在大陆地区该法典几乎从未被良好地贯彻过，未能发挥其应有的效力。

中华人民共和国成立以后，宣布废除"六法全书"，试图彻底切断与旧有法律体制的联系。同时，由于全面推行计划经济体制，尽管先后拟订了多个民法草案及一系列民事单行法规，但是事实上民法既无存在的必要也无生长的空间。

1986 年 4 月 12 日第六届全国人民代表大会第四次会议通过了《中华人民共和国民法通则》，并于 1987 年 1 月 1 日起正式施行。对此，一位美国学者

---

　　① 转引自苏亦工：《明清律典与条例》，中国政法大学出版社 2000 年版，第 366 页。

评论说:《民法通则》"以如此广泛的抽象术语写成,除了可能用来为婴儿或限制行为能力人指定监护人及处理若干类似事情外,根本就不能直接适用以处理任何法律问题。因此,民法通则不会像有些人所想象的那样成为'中国法制史的里程碑'。"①

1992 年邓小平南方谈话发表后,中共明确了建立社会主义市场经济体制的基本方针,中国的民事立法和民法学研究得以重现生机。1998 年国家立法机关委托九位民法专家组成民法起草工作小组,拟分三个步骤,即先制定合同法、再制定物权法,最终制定出一部完备的民法典。

2002 年 12 月 23 日,在九届全国人大常委会第三十一次会议上,新中国的第一部民法草案首次提请审议。这次提请审议的民法草案共九编一千二百零九条,包括总则、物权法、合同法、人格权法、婚姻法、收养法、继承法、侵权责任法、涉外民事关系的法律适用法,号称是开创了共和国的立法之最,即条文最多,规模最为庞大。除了草案以外,还有两个民法典的专家建议稿、一个物权法部分的建议稿、一个继承部分的建议稿。一时间,中国官方和民法学家们的注意力全都集中在如何炮制出一部超凡脱俗的民法典上,有学者甚至将制定民法典的重要性与"两弹一星"相提并论。② 民法学界内部围绕民法典的体例和结构也展开了激烈的争论,有主张一如既往地效仿德国的,有主张转学英美的,有主张学法(国)、学意(大利)的,也有主张博采众长,兼收并蓄的。有赞赏三编制的、有推崇五编制的,还有提倡大而全、一勺烩的。有自称新人文主义的(他称理想主义),也有自称现实主义的。尽管许多学者的观点是朝出而夕改,显然并无成竹在胸,却也喧声鼎沸,好不热闹。

有学者大声疾呼:"我们一定要制定(了)一部进步的、科学的、完善的民法典。这样的民法典将成为整个社会的'教科书',在整个社会树立起私法观念和权利观念。有了这样一部民法典,我们就一切都按照民法典办,就能保障人民的权利和财产,就会促使我们的国家机关、政府公务员真正依法行政"云

---

① 　William C. Jones, "Some Questions Regarding the Significance of the General Provisions of Civil Law of the People's Republic of China", 28 *Harvard Int. L. J.* 309.

② 　苏亦工:《明清律典与条例》,中国政法大学出版社 2000 年版,第 52 页。

云。① 好像有了一部先进的民法典立马就能形成同样先进的民事法律秩序。

值得一提的是，在此次法学界普遍呼吁尽早制定民法典的压倒性声浪中，也出现了若干零星的、异端的调门儿。

有学者指出："民法典是一种结果，而不是原因，而且它还是一个人们为争取权利而斗争的结果。"他还指出：

> 现在，中国民法学者还不能在中国自己的哲学及法理学的指导下去解决民法典编纂所面临的问题，还不能够为民法典的撰写提供中国性的素材，那么也就只好在大陆法系的民法典中游来荡去。这种情况我们称之为"幼稚"。尽管民法学界就民法典的编纂讨论不休，也还没有形成一场大规模的学术争论，也还只是停留在学院范围内，缺少向其他领域尤其是私生活领域拓展的工作和努力，因而便不过是"茶杯中的风浪"而已。这种情况我们称之为"苍白"。由上述两个方面的讨论，我们可以得出一个初步的结论，即在学理上支持民法典制定的资源并不具备。②

另一位学者将《法国民法典》的内容与我国部门法制的隶属关系罗列出来加以对比：

"身份证书"：公安法制；

"婚姻"：民政法制；

"收养子女"：民政法制；

"对教育的合法干预"：妇联法制；

"不动产"：土地法制；建设法制；

"用益权"树木用益问题：林业法制；

"债的清偿"：经贸法制等；

"买卖"：工商法制、消费者保护法制；

"待建不动产的买卖"：土地、建设法制；

"赌博及打赌"：公安法制。

他进而指出：

---

① 易继明：《学问人生与人生的学问》，《私法》总第 6 卷，北京大学出版社 2004 年版，第 43 页。

② 韩秀义：《中国民法典的立法条件成熟了吗？》，http://flx.lzu.edu.cn/article/list.asp？id＝38，访问时间：2004 年 10 月 13 日。

　　管理法制已经全面地侵入到民事领域,民事活动的"管理权",已经成为执法主体们的战利品。管理法制不仅表现为在立法者帮助下的立法侵占,也表现为在法律运用者帮助下的运用优势,管理法制演变成为"民事实体法"。立法者一年内要制定出《民法典》,可以预计的是,该年内不可能废除掉管理法制的侵扰性规定,因为它们是"社会主义法制建设成果";即使民法典颁行后,进行法律清理,但是我们分析一下,没有宪政体制的法制,可不可能完成对固化权力的管理法的清理。因此《民法典》纳入现有管理型法律体系内,如此近距离的靠着管理法制,这就如同美丽的维纳斯靠着登徒子先生,缺乏合适落脚的制度空间。如果果真要造将出来,这必然是沙滩上玩的游戏。①

　　这位学者罗列的那几个条目或许远未能囊括,也不一定都很准确,有些比喻也未必恰当,但的确抓住了问题的要害。在中国当今的体制下,本应由私法调节的领域实际上是受行政权力支配的,而且不会因为民法典的颁布便迅即发生太大的改变。举例来说,土地、房屋等不动产资源就不是当前拟议中的《物权法》所能左右得了的。

　　前面提到的那位美国学者曾说过:"德国形态的民法典的颁行是否意味着这种状态已经有所改变了呢? 不一定。苏联拥有德国形态的民法典已经超过了 60 年了。"他复指出:"实际上,中国正在接受的不仅仅是一套法律体系,而且是一种西方式的法律体系。换言之,中国正在接受的是一套无论对其传统还是对 1949 年中华人民共和国成立以来被假定为服务于其社会基础的种种原则来说都是外来的体制。"而"这种模式(指德国式的民法典——笔者)适应的却是一种所有活动都由个人的决定来支配的社会。这种社会既非中国传统社会亦非中华人民共和国所期待的。在后者,重大决定正常情况下都是由党的领导来决定的……从农作物的种植到公民的性生活都由党的领导做出决定。"②

　　幸好,就在民法学者们兴高采烈、手舞足蹈之际,立法当局的意图又变得

---

　　①　鲜江临:《民法典,沙滩上的游戏》,http://www.dastu.com/info/by/zflw/mflw/646.htm,访问时间:2004 年 10 月 13 日。

　　②　William Jones,"Sources of Chinese Obligation Law",52 *Law and Contemporary Problems*,No. 3,p.69,70.笔者按:据原文脚注,这里所说的性生活指的是计划生育。

扑朔迷离、暧昧不明了。在 2003 年 6 月召开的全国人大常委会第三次会议讨论立法计划时根本就没再提及民法典草案。这不啻于是在那烈焰腾腾的小火炉上猛浇了一大桶冷水,虽然是余烬未息,却难望趁热打铁了。

五　典立而魂失,得形而忘意

从以上描述的日、韩、中三国历次制定民法典的情形看,似乎可归纳出三点共同之处,一是选定某一西方强势国家的民法典作为主要的参考母本,以确立本国民法典的大框架。此点可概括为"前规仰止"的"唐律情结"的惯性延续——"民法典情结"。二是抱着"迎头赶上"当时世界最先进的立法潮流的雄心,因而要在母本之外,在局部上也适当旁采其他各国民法典的优胜之处。此点极似明太祖"意欲求胜于唐律"的超越心态。三是刻意保留几丝本国传统(多是在亲属、继承法领域)作为点缀,以示自成特色、不曾忘祖,颇类清初修律时的"参以国制"心态。总之,均不是以本国社会生活实际为出发点,将欧陆民法典的立法精神充分消化吸收以后真正灌注到本国民法典的条文之中。

一位美国社会学和亚洲学专家曾经这样诠释"现代化":

> 我将现代化定义为:引入新奇的手段以改善社会的运作,目的是使那些变化而非挑战在事实上增强某种确定的、受人珍爱的目标和组织程序。新奇的刺激可以来自本土的或外来的资源,或者二者的混合。这种混合在某一社会中可能随时发生变化,并且可能因社会的不同而有所异。在亚洲,当这种刺激直接或间接地来自西欧或美国时,通常用西化这个术语来表述。与此相对,我所定义的发展是某一社会潜力的最大化,无论该社会现存的目标和组织程序如何。

他同时指出:"现代化未必等同于发展。"①

这位学者的现代化定义是一般意义上的,并非针对法律或民法而言。不

---

① Norman Jacobs, *The Korean Road to Modernization and Development*, Urbana and Chicago: University of Illinois Press, 1985, p.6,5.

过就本章所考察的日、韩、中三国民事立法的情形而论,迄今仍主要表现为西化。刻薄些说,所谓东亚国家的民法现代化,换用民法典的西化似乎更为贴切。

然而,日本的成功和韩国的奇迹似乎意味着民法典的西化真的可以将整个国家带入现代化的胜境。这确实是个始终令中国人感到困惑不解因而便欲罢不能的问题。

如果单纯从经济发展的角度上看,日本早已脱亚入欧,最先实现了现代化,可以说是非西方国家中,通过学习西方而迅速实现现代化的成功典范。韩国紧步日本后尘,在 20 世纪 90 年代中后期,也基本上实现了现代化,也可视为非西方国家走向现代化的又一成功范例。至于中国,目前虽正在急起直追,但距离现代化的目标尚有相当的途程。若以地缘和文化的外观看,这三国可谓同文同种,现代化的起步时间也相隔不远,何以结果竟大不相同呢? 一种解释是,这三国在近代化以前的社会结构有着很大的不同。一位日本学者指出:

在亚洲,日本最早呈现出近代国家的面貌,发展出近代工业。众所周知,在 1894 年至 1895 年的日清战争中,日本打败清朝,领有台湾,在 1910年又合并韩国,凭着其殖民性掠夺,愈益提高了富国强兵的基准。日本人曾认为,那是由于自己的民族是优秀的,在文明上是先进的。但是,这种近代化就是资本主义化。如果说,日本人在亚洲最早达成资本主义化,并不是因为日本人在民族方面有什么特别优秀之处,而是因为在江户时代,日本比亚洲其他国家具有更多资本主义要素。

具体些说,"当时的日本实行了类似于欧洲的封建领主制(阶级身份、世袭制——原著者),创造了资本主义发展的有利条件"。[①]

现在需要考虑的问题是,经济的现代化是否即等同于包括民商法在内的法治现代化呢? 如果说西化等于现代化,那么单从民商事立法的角度说,东亚三国民商法都早已实现了现代化。但是从法治的实际运作状态看,似乎尚不能得出这样的结论。至少这二者之间存在着时间差,经济与法治、特别是民商法治的发展是异步的,甚至是可以完全脱节的。即便是号称东亚现代化领袖

---

① ［日］沟口雄三:《日本的近代化及其传统因素:与中国比较》,李明辉主编:《儒家思想在现代东亚·总论篇》,(中国台湾)"中央研究院"文哲所筹备处 1998 年版,第 196、199 页。

的日本,是否达到了欧美现代法治国家的水平亦大可怀疑。事实上,恰恰是日本现代化道路的榜样作用使得法治与经济发展的脱节在东亚国家表现得尤为明显。

美国法学家弗里德曼有句名言:"法典背后有强大的思想运动"①言下之意,法典不过是一种价值的载体,它包含着人类,至少是某一特定社会中普遍认可的价值要素。日本的确引进了大量的西式法典,但却筛除了其背后的价值内含。

一位西方学者曾经指出:"确确实实,日本之不同于东亚和西方社会在于其缺乏广泛共享的、超卓且普遍适用的道德价值或标准。"②他又指出:"日本从中国继承了一种更为'实证主义'的法律观点作为道德免责的政府的控制工具。法律规范本身不过是那些政治权威行使者们的命令而已。无论儒家的'自然'宇宙秩序观在帝国统治下有多大影响,西方意义上的自然法秩序却没有也不可能在日本的中国式法律传统中孕育出来。当然,道德导向和信仰的确也影响到法律,但仅仅是通过统治者们有目的地选择和改造过程中发生的。法律秩序与政治权威们有同等义务关注的道德规范体系毫不相关。"③日本接受的西方法律是抽离了价值和道德内核的空洞的技术性规范体系。

由此引申言之,欧化以前,日本所接受的中国文化,也是道德变异了的文化,此点日本学者也不讳言。沟口雄三先生对中日两国伦理观念的差异,譬如"公"、"私"、"忠"、"孝"等等曾作过一系列对比,他特别指出:"此外,我们可以举出具有日本特色的儒教伦理就是武士阶级的伦理——'勇敢'……由于具有这种重视武勇的道德条目的社会共同观念,所以较易导入基于弱肉强食的生存竞争之上的资本主义竞争原理。中国则是警戒'恃强凌弱',注重的是相互扶助而不是竞争,因而,面对竞争原理,未能采取有效的对应措施。这样,日本的社会共同观念便产生了与中国截然不同的结果。"④

---

① [美]劳伦斯·M.弗里德曼:《法律制度》,李琼英、林欣译,中国政法大学出版社2004年版,第241页。

② John Owen Haley, *Authority without Power:Law and the Japanese Paradox*, Oxford:Oxford University Press,1991,p.15.

③ John Owen Haley, *Authority without Power:Law and the Japanese Paradox*,p.15.

④ [日]沟口雄三:《日本的近代化及其传统因素:与中国比较》,李明辉:《儒家思想在现代东亚·总论篇》,(中国台湾)"中央研究院"中国文哲研究所1998年版,第208~209页。

　　理解了日本人的伦理背景也就不难理解为什么直到今天，众多的日本人对其在以往侵略战争中所犯下的滔天罪恶毫无悔改之意的原因所在了。对于一个缺乏是非和价值判断自省力的民族来说，接受一套纯技术性的事物或规范是相对比较容易的事情。他们可以得心应手地取其所需、用其所好。然而，用这样的态度去学习饱含了西方价值在内的法律体系却难免不貌似而神离。要言之，日本之学习西方法律，重其形而轻其神，遗其大道而尊其末节。

　　韩国在地缘上介乎日本与中国之间，文化上更接近中国。特别是在李朝时代，朱子学的传播可谓既深且广，已经形成了自己的价值判断能力，因此在接受以西式伦理为依托的近代法律制度时便难免显得犹疑而迟缓。然而，韩国毕竟有着长期学习和接受外来文化的传统，所以在几经困惑和挫折之后，终能摆脱传统束缚而走上西化的道路。

　　与韩、日两国不同，中国属于原创型的文化体系，传统价值的积淀深厚而又凝重，虽历经近代百多年的西学东渐，至今犹未能取得对西方文化和价值观念的普遍心理认同。因此既不能像韩国人那样最终摆脱自我而虔诚地学习异质的文化，又不能像日本人那样完全不受道德和价值观念的约束，随意嫁接外来的制度。因此，笔者以为，中国从一开始选择"以日为师"的西学道路就犯了一个致命的错误，所以至今犹在现代化的道路上徘徊不前。若要摆脱面前的困境，走向法治的现代化，首先必须恢复价值自信，实现道德的重建。舍此别无他路。

　　明末有位研究杜甫的学者说过这么一段话："吾观自宋迄今，诸名家尸祝老杜，字摹句勦，不遗余力矣。顾多仪貌而失神，又或弃瑜而收瑕。仪貌者如优孟之学叔敖，衣冠仅肖；而收瑕者，如爱其人，并其嚬呹而效之者也。盖诗者书写性情之物也。性情万变，诗亦如之。试读三百篇，宁可持概而量哉？流而《离骚》，发自幽愤，已不免文胜于情。自汉而魏，日以渐离；沿至六朝，风云月露巧相取媚，以诗为诗，非以我为诗，而性情之道远矣。是何异饰木偶而与相揖让也！"①

　　我们当今制定民法典差不多就像宋以后人师学杜诗一般，对德国民法典或某国民法典敬若神明，字摹句勦，不遗余力，结果却是仪貌而失神，弃瑜而收

――――――――――――
　　①　（明）王嗣奭：《杜臆·杜诗笺选旧序》，上海古籍出版社1983年版，第1页。

瑕。殊不知功夫在诗外，法典乃社会生活的规则，国别情异，不以我所立身之社会实际为创制法典的本源而以彼邦之法典为准衡，巧相取媚，脱离实际，为法典而法典，何异于对着部抄来的死法典顶礼膜拜呢？

应当承认，当前我国法学界，特别是民法学家们热烈企盼制定出一部超凡脱俗的民法典的苦心是完全可以理解的，主张以潘德克顿式的德国民法典为蓝本也绝非没有道理。问题在于，我们制定民法典的根本目的究竟何在？是以民法典本身的体例、结构和内在逻辑为归宿呢，还是以社会生活本身为指归？我们都知道，法律是社会生活的规范。民法典的根本目的不在于法典本身而在于切实保障私权，建立并确保健康、公正的民事法律秩序。如果我们制定出一部高度先进而且能与世界接轨的民法典只是一个精美的摆设，在现实生活中并无多大实际的意义，那又能起到什么作用呢？

这里我想举一个香港的实例。许多人可能都知道，香港自沦为英国殖民地以后，长期保留着中国传统的法律和习惯，其中也包括一些落后甚至野蛮的制度，譬如纳妾。直至 1971 年 10 月 7 日以前，纳妾在香港一直是合法的。该指定日期以后虽然不得再行纳妾，但在此指定日期以前已经获得妾的身份的，其本人及其子女的权利仍然得到法律的保障。或许在激进主义者看来，这样的规定无异于是对野蛮、落后的旧制度的妥协、退让，甚至是对妇女的侮辱。但是如果我们为那些负屈忍辱的妾们设身处地地想上一想，当她们好不容易苦熬过来，原本期望从那不人道的旧制度中得到的一丝利益和安慰，如果再被"先进"的立法剥夺殆尽，她们会是怎样的感受呢？那不啻于再忍一次创痛、再遭一次不公、再受一次凌辱。那先进的法律也许能使社会上的大多数人获益，但对她们这些人来说是公正的吗？由此可见，立法之进步与否不在于其形式而在于其效果。

在大陆法系各国，民法典被视为圣经，其地位堪与本国的宪法相比肩。可能在许多东方人眼里，法、德民法典才是罗马法的正宗嫡传。那正宗的标志是什么呢？可能正是那些结构完整、体例精致、逻辑谨严、令人眼花缭乱的法典。

中国古人有言："徒法不足以自行"。单凭那些法典能捍卫公正吗？20 世纪的二三十年代，也就是在德国民法典颁行了二三十年以后，德国司法界奉行的是所谓的"政治复仇式法理学"，右派把持审判，"写下了德国共和史上最黑暗的一页"。诗人布莱希特将歌德的"诗人和思想家的国度"诙谐地篡改为：

德国现在是诗人和思想家和法官和刽子手的国度。这一篡改形象地概括了当时德国司法界的实态，因而在德国人中广为流传。① 进而再联想一下第三帝国时期六百万犹太人的惨遭屠戮。那充斥了杰出法典的国度究竟是怎样承继罗马法的公平精神的，难道还不该令人怀疑吗？

　　其实法、德之宗承罗马法已不免文胜于质，得形而忘意。比较而言，英国人继承罗马法主要是吸收了罗马法的公平精神而不是拘泥于固定的形式。有学者写道："古罗马凭借'万民法'（jus gentium）的影响，逐渐进行了一种合于正义观念的改革。英国也发展了一种制度，它注意现实方面公平的原则，它的基础，在衡平观念方面，比在形式法律的适用方面，占着更多的成分。关于这一点，英国法与罗马法如出一辙。"②易言之，英美之继承罗马法乃见道忘山、得意忘形，反较欧陆更为传神。中国今天制定自己的民法典，是要延续中国古人的唐律情结抑或日本人的民法典情结呢？还是要真正造就出一种本诸公平精神、顺乎国情民生、有效捍卫私权、切实促进公益的民事法律秩序呢？孰得孰失、孰优孰劣，看来还有细加斟酌的必要！

────────────

　　① 　参见［美］戴维·鲁本：《法律现代主义》，苏亦工译，中国政法大学出版社 2004 年版，第430 页。

　　② 　［美］阿瑟·库恩：《英美法原理》，陈朝璧译，法律出版社 2004 年版，第 23 页。

第十六章　当代中国法制中的外来文化因素

一　从纵向传承到横向传递

谈起法治,国人经常会感到自卑。因为现代意义上的法治理念舶自西方,并非中国文化自身的创造;且自其输入中国以后,特别是在 1949—1978 年这三十年间的坎坷经历,难免会进一步加重我们的这种自卑感。难道中国文化的土壤真的就如此贫瘠,不堪改造吗? 笔者对此不以为然。依拙见,国初三十年,法治建设之所以举步维艰,并不是因为传统文化的不配合,而恰恰是因为抛弃了传统文化,一味向前看、向西方看造成的。

中国传统文化,多元荟萃,内涵丰富,源远流长。孔子说:"周监于二代,郁郁乎文哉! 吾从周。"①可以说,无论是先秦还是秦以后,每个新建立的王朝对前代的法律和制度大都采取"仰止前规,挹其流润"②的态度,即便是深受法家或黄老思想影响的汉代也不例外。所谓汉承秦制、唐承隋制、清承明制,大体上反映了中国历史上制度文化代代相因的实情,这也是中国文明五千年绵延不绝的重要原因之一。

晚清以降,东西洋炮舰频频叩关,百余年间战火纷飞。李白所谓:"俯视洛阳川,茫茫走胡兵。流血涂野草,豺狼尽冠缨"的景象,千余年后又再现了。不过这次东来的胡兵可不仅仅是杀人越货,也给中国延续数千年的制度、文

---

① 《论语·八佾》。
② 《晋书·刑法志》。

化,乃至思想、观念造成了巨大的冲击。以往制度文化代代相承的纵向沿革传统开始发生变化,横向传递渐成正途。

我们时下里常常谈论的"法治"、"民主"、"自由"等诸多理念也是从这个时期开始传入的,不过这些西洋新理念最初是凭借暴力硬生生地灌输给我们的。于是乎在我们的心目中,诸如"法治"、"正义"、"公理"、"自由"、"权利"之类高尚的辞藻便与暴力、强权、压迫、欺诈之类令人生畏的景象联系在了一起。西洋人鼓吹的"法治"不幸与中国先秦法家们崇尚的法治(实即"刑治")①阴错阳差地画上了等号。以往久遭儒家文化传统贬抑的"暴力"、"强权"、"巧诈"等等理念和手段如今则借西洋文化而还魂,不仅在政治上获得了合法性,甚至在道德上也获得了正当性。

1911 年,武昌首义,次年民国肇造,制度文化纵向传承的传统尽管尚未根绝,但横向传递已成主流。1949 年 10 月 1 日,中华人民共和国成立,制度文化纵向传承的格局至此在理论上宣告终结。至少从形式上看,新中国的制度文化来自欧洲的苏联而非中华民国或其以往的朝代,这确是划时代未有的大变局。

众所周知,中华人民共和国是中国共产党通过暴力革命和武装斗争建立起来的崭新的政权。说其"崭新",包括了制度和文化两个层面,所谓"新中国",就"新"在这两层意义上,即:无论就制度传承还是文化理念而言,中华人民共和国均与此前各个时期的中国的旧制度和旧文化毫无关联。因为中国共产党是一个革命的政党,它所秉承的革命宗旨就是要同"传统的所有制关系"和"传统的观念实行最彻底的决裂"。② 当然了,理论上的追求,现实中能否完全做到,那是另外一个问题,这里暂不讨论。

孙诒让说:

> 古王者建国,必改正朔,易服色,殊徽号,异器械,以变民视。故宾祭、师田、修礼、敕政,咸以旗章为尤重,肇自虞夏,爰逮有周,三统循环,五德更王。於是有五旗,以上法天官,下应方色,章物灿然,义咸有所取,非苟

---

① "以法治国"(始见于《管子·明法解》)、"垂法而治"(《商君书·壹言》)、"明法而治"(《韩非子·心度》)之类学说出自法家,但他们提出的"法治",说穿了就是"刑治"。
② 《马克思恩格斯选集》第 1 卷,人民出版社 1995 年版,第 293 页。

为别异也。①

新中国虽不推崇王道,但也未能跳出此惯例,足见古今中西确有相通之地。考察一下 1949 年 10 月——1978 年 12 月这近三十年间的革命实践,不唯正朔、服色、徽号与前代迥异,几乎整个社会的各个方面都发生了天翻地覆的变化。可以说,此时期的中国确实是在朝着全面废弃传统制度和文化的方向迅跑。

首先,从制度上说,上至政治、经济、社会、文化等国家体制,下至正朔、服饰、建筑风格、节假日设置等细微末节,均非承袭自此前的中华民国或清王朝而是承袭自前苏联,只不过小有变通。②

其次,从文化理念上看,新中国接受的既不是儒家道统也不是历代的帝王"家法",而是经列宁、斯大林传承的苏联版的欧洲马克思主义或社会主义。毛泽东说:"十月革命一声炮响,给我们送来了马克思列宁主义",当属千真万确的事实,无容争辩。换用中国人惯用的表达方法,这就是新中国的"新政统"。

1949 年 1 月 14 日,毛泽东在《中共中央毛泽东主席关于时局的声明》中提出的同国民党和谈的"八项条件"中的第二条和第三条规定:"废除伪宪法"和"废除伪法统"。③ 一个多月后,中共中央发出了《关于废除国民党六法全书和确定解放区司法原则的指示》,宣布全面废除六法全书:

> 在无产阶级领导的以工农联盟为主体的人民民主专政的政权下,国民党的《六法全书》应该废除,人民的司法工作不能再以国民党的《六法全书》作依据,而应该以人民的新的法律作依据,在人民的新的法律还没有系统地发布以前,则应该以共产党的政策以及人民政府与人民解放军所已发布的各种纲领、法律、条例、决议作依据。在目前,人民的法律还不完备的情况下,司法机关的办事原则,应该是:有纲领、法律、命令、条例、决议规定者,从纲领、法律、命令、条例、决议之规定;无纲领、法律、命令、

---

① (清)孙诒让:《大戴礼记斠补》,齐鲁书社 1988 年版,第 263 页。

② 笔者曾先后到布拉戈维申斯克、布达佩斯、克拉科夫、布拉格、柏林等原属前苏联集团的几个城市游历,发现这些前东欧国家在原社会主义时代的文化与我国当代文化,特别是改革开放以前的文化形态有着惊人的相似之处。

③ 《毛泽东选集》第四卷,人民出版社 1991 年版,第 1389 页。

条例、决议规定者,从新民主主义的政策。同时,司法机关应该经常以蔑视和批判《六法全书》及其他一切反动法律法令的精神,以蔑视和批判欧美日本资本主义国家一切反人民法律法令的精神,以学习和掌握马列主义——毛泽东思想的国家观、法律观及新民主主义的政策、纲领、法律、命令、条例、决议的办法,来教育和改造司法干部。[1]

依照这个指示,不但以六法全书为代表的民国法统被彻底废止了,包括"法治"概念在内的欧美日本等业已横向传入或可能横向传入的制度文化也遭到了蔑视和否定。取而代之的是横向传递苏俄的制度、文化,此即学术界所称的"全盘苏化",或称之为法律现代化的"第三条道路"。申言之,即从经济基础到上层建筑,包括法制在内,全面照搬苏联的模式。

吴宓先生在1957年7月27日的日记中写道:"由近日之运动学习,宓深明党与人民政府之政策与方针如下:全遵马列主义之学说与苏联之经验,以共产党(代表无产阶级)中央、地方层层专政之制度与阶级斗争之办法,统治全中国,为苏联之羽翼。"[2]

恰如晚近有学者所归纳的那样,全盘苏化是中国共产党自一大建党开始直至1978年年底,始终坚持的近代化路线,这具体表现在指导思想、组织体制、政治体制、国家结构、政府机构设置、社会生产组织和管理体制等方方面面。中国的宪法、婚姻法、刑法、诉讼法、继承法以及司法制度设置等,从江西苏维埃政权时期起直至改革开放前,模仿苏联几成通例。[3]

近来有学者撰文说:

> 据当年中共中央法律委员会的工作人员介绍和查阅档案,这个文件(指前引废除《六法全书》的文件)是当时担任中共中央法律委员会主任的王明起草的……从毛泽东宣布"废除伪法统"到王明起草"废除六法全书"文件,虽然是当时政治事件合乎逻辑的发展,但却使这件事发生了带有实质性的重要变化……总之,王明起草的这个文件,对国民党政府的基

① 中央档案馆编:《中共中央文件选集》第18册(1949年1月—9月),中共中央党校出版社1992年版,第152页。

② 吴宓:《吴宓日记续编》第3册,吴学昭整理注释,生活·读书·新知三联书店2006年版,第138~139页。

③ 参见范忠信:《中国法律现代化的三条道路》,《法学》2002年第10期,第12~14页。

本法律制度即《六法全书》作了彻底否定。这个文件的错误,在于它不符合党的七大确定的政治路线的精神,也不符合毛泽东当时关于"新民主主义"的理论主张;不符合列宁关于苏维埃政权立法应当充分吸取资产阶级法律的一切进步成果的指示,也不符合马克思关于社会主义社会还须保留"资产阶级法权"的基本原理。①

简言之,这位学者的意思是:废除《六法全书》乃王明所为,并非出自毛泽东本意,毛不过将错就错,至多也只是用人不当而已。② 此说乍一听来,似觉有理,但稍加思索便觉疑窦丛生。不错,王明确是中共党内亲苏派的代表和极左派的化身。但恰如作者在文中已经指出的那样,"经过延安整风,王明在党内的地位和影响一落千丈"。此时的王明,还有多大的能力将自己的意志强加于毛泽东呢? 更何况,王明起草该文件是在毛泽东提出"废除伪法统"的《声明》之后,显系落实毛泽东《声明》精神的"奉旨行事"。如果我们再进而考察毛泽东自 20 世纪 20 年代领导湖南农民运动以来迄至 1976 年 9 月 9 日去世前数十年间的革命履历,不难发现,毛泽东是一位真正的革命家,他的一生恰如他所倡导的"不断革命"、"破旧立新"等口号那样,几乎从不接受任何既有的成规、纪律、法制甚至道德的约束;即便是由他亲自参与制定的宪法、法律和制度,也会毫不吝惜地予以推翻。

举例说来,1949 年 9 月在中国人民政治协商会议第一届全体会议上通过的《共同纲领》,是在毛泽东的亲自领导下,主要以毛泽东的《新民主主义论》和《论联合政府》为理论基础制定的一部临时宪法,它规定新中国的社会性质是新民主主义而不是社会主义。新民主主义的时期应该有多长呢? 据冯友兰先生说:"作为临时宪法的《共同纲领》的有效期有多长呢? 毛泽东在《新民主主义论》中说,有一个相当长的时期。究竟多么长,他没有说。据当时的报刊上的报道,刘少奇说至少五十年,实际上是不到五年就变了。1954 年,全国人民代表大会制定了《中华人民共和国宪法》,这就正式取消了《共同纲领》的法律效力。"③冯先生说"正式取消"是因为《共同纲领》的效力实际上早已被取

---

① 纪坡民:《〈六法全书〉废除前后》,《南方周末》2003 年 3 月 20 日。

② 此论可详见纪坡民:《产权与法》,生活·读书·新知三联书店 2001 年版,第 294~312 页。

③ 冯友兰:《中国现代哲学史》,广东人民出版社 1999 年版,第 161 页。

消了,甚至根本不曾存在过。中共"一化、三改"①的过渡时期总路线是毛泽东在 1953 年 6 月 15 日正式提出的,其最初的提法是:"1949 年 10 月 1 日,中华人民共和国的成立……标志了新民主主义革命阶段的基本结束,和社会主义革命阶段的开始。"②显然,按照这种提法,从 1949 年 10 月 1 日开始,新民主主义阶段就已结束了,而社会主义也已开始了。如此一来,《共同纲领》的效力岂非从来就没有发生过? 或者说它的效力最多也不超过一天。③ 1954 年颁布的宪法则无疑是对他提出的总路线的宪法性追认而已。

时隔未久,在 1958 年 8 月召开的协作区主任会议上,毛泽东正面阐述了他对"法治"和宪法的见解:"公安法院也在整风,法律这个东西没有也不行,但我们有我们这一套……不能靠法律治多数人,民法、刑法那么多条谁记得了? 宪法是我参加制定的,我也记不得……我们基本上不靠那些,主要靠决议、开会,一年搞四次,不靠民法、刑法来维持秩序。"他甚至明确宣布:"要人治不要法治,《人民日报》一篇社论,全国执行,何必要什么法律。"④果然,1959年,司法部被撤销了,在"文化大革命"中更索性"踢开党委闹革命","砸烂公检法"。而他所"踢开"和"砸烂"的这些,哪一样不是他亲手建立起来的呢? 包括他亲自主持制定的五四宪法。

联想一下 1966 年 8 月 8 日通过的《中共中央关于文化大革命的决定》⑤中提到的"剥削阶级的旧思想,旧文化,旧风俗,旧习惯",不仅前民国的法律恰在其列,中国历代的法律和制度,整个中国传统文化都在劫难逃。⑥ 据此亦

---

① 薄一波:《若干重大决策与事件的回顾》上卷,中共中央党校出版社 1991 年版,第 221页。

② 《毛泽东思想万岁》,1967 年铅印本(编印者不详),第 71 页。笔者按:据该段注释,这段记载系摘抄自 1967 年 4 月 13 日康生在军委扩大会议上的讲话,前引薄一波回忆录也可作为旁证,见该书第 228 页。

③ 《中国人民政治协商会议共同纲领》于 1949 年 9 月 29 日在政协全体会议上一致通过,胡乔木:《胡乔木回忆毛泽东》,人民出版社 1994 年版,第 566 页。

④ 石碧波:《法治:建国路上的两难选择》,《炎黄春秋》2004 年第 2 期。

⑤ 此文件于 1966 年 8 月 8 日在毛泽东主持的中共中央八届十一中全会上通过,简称"文革《十六条》",是继"五·一六通知"后,从全局指导"文化大革命"的又一纲领性文件。

⑥ 《人民日报》1966 年 8 月 26 日社论《向旧世界宣战》宣布:"我们是旧世界的批判者。我们要批判、要砸烂一切旧思想、旧文化、旧风俗、旧习惯。所有为资产阶级服务的理发馆、裁缝铺、照相馆、旧书摊……等等,统统都不例外。我们就是要造旧世界的反!"

可推断,废止六法全书完全符合毛泽东的一贯思想,而绝非区区王明所能自作主张的。

子贡有言:"纣之不善,不如是之甚也。是以君子恶居下流,天下之恶皆归焉。"①此话看来并非无的放矢之语。后人不宜将废除六法全书的责任强加到王明身上,笔者也无意将破坏新中国法治的责任全推到毛泽东一人身上。

客观地说,"法治"的观念舶自欧西,其在国初三十年间的厄运主要亦受来自苏俄、欧洲的异域文化思潮支配,并非中国传统文化所能摆布。尽管我们不能排除其他众多因素的综合作用,但苏联文化的影响是绝对不能否认和忽略的事实。如果我们将毛泽东在 1958 年发动的"大跃进"及 1959—1961 年发生的"三年自然灾害"与斯大林在 1928 年发动的"社会主义建设大跃进"(Great Breakthrough into Socialist Construction)及 1932—1933 年发生的乌克兰大饥荒(олодомор)两相比较,将毛泽东 1966 年发动的长达十年的"文化大革命"与斯大林 1928—1931 年推行的"文化革命"双双对照,不难发现这两位领袖对法治的态度实有异曲同工之处。进而我们还能看到,国初三十年间所发生的一系列"以阶级斗争为纲"的运动几乎均能在苏联的历史中找到其先行版。② 如果说这些都是偶然的巧合,恐不足凭信,单纯归责为中国传统文化作祟,料难令人心服。

1981 年 6 月 27 日中共十一届六中全会通过的《关于建国以来党的若干历史问题的决议》承认毛泽东在 1949 年以后犯了一系列严重错误,特别是在"文化大革命"期间,犯了"全局性的、长时间的'左'倾严重错误"。《决议》在分析造成"文革"灾难的"社会历史原因"时指出:"中国是一个封建历史很长的国家,我们党对封建主义特别是对封建土地制度和豪绅恶霸进行了最坚决最彻底的斗争,在反封建斗争中养成了优良的民主传统;但是长期封建专制主义在思想政治方面的遗毒仍然不是很容易肃清的,种种历史原因又使我们没

---

① 《论语·子张》。

② 关于斯大林的"文化革命",可参见 Sheila Fitzpatrick 编 *Cultural revolution in Russia*, *1928—1931*, Indiana University Press, 1984。吴宓著、吴学昭整理注释:《吴宓日记续编》第 5 册,生活·读书·新知三联书店 2006 年版,1961 年 10 月 31 日(第 212—213 页)记云:"下午及晚,续读 Russia 一书,至晚 11:00 寝,始知中国解放后至 1961 年之所施行及所遭受者,皆全遵依 C.C.C. P. 1921—1935 之故辙也。"笔者按,据同书同年 10 月 29 日记(第 211 页)Russia(Infantry Journal Penguin books,1941。)一书作者为以研究俄国著称的英国历史学家 Bernard Pares(1867—1949)。

有能把党内民主和国家政治社会生活的民主加以制度化,法律化,或者虽然制定了法律,却没有应有的权威。"这个分析非常深刻,但同时又提出了一个发人深省的问题:为什么"我们党对封建主义……进行了最坚决最彻底的斗争"却仍不足以肃清"封建专制主义在思想政治方面的遗毒"呢?我个人认为,这恐怕不全是因为这个"遗毒"存续时间的长期性,而是由于我们天真地将引入的外来思想视为科学、先进,奉为绝对真理,不敢有丝毫的怀疑和批评,乃至形成了余英时所说的"新名教";与此同时,我们又摒弃了对专制主义具有一定抑制作用的儒家文化。是以我们的反封建斗争虽然"最坚决最彻底",但却是文不对题、药不对症,因此非但无法消除"封建专制主义"的遗毒,反而引入了新的、更严重的外来病毒,且听任其泛滥肆虐而无从阻止之。

有道是解铃还须系铃人,做个形象点的比喻,假定我们将专制主义比作一种文化毒素,则反专制主义可以比作该毒素的文化抗体。与自然界一样,凡是来自某一文化内部的毒素,通常在该文化内部也会生成相应的抗体。举例说来,中国传统文化中的暴君以桀纣为符号,于是便有尧舜这样的圣君做反衬;又如,中国历代的君王向以代表天命自居,于是便有天降灾异相警示的天人感应理论与之对抗。

然而,当面对一种新的、外来的病毒时,旧有的抗体往往缺乏有效的抵抗力,兹举一例为证。

清顺治元年(公元1644年),满洲贵族取代明廷入主中原,于十月初一(10月30日)在南郊举行皇帝登基大典,祭告天地。世祖福临宣读祝文称,"大清国皇帝臣敢昭告于皇天后土,帝鉴无私,眷隆有德,我皇祖宠膺天命,肇造东土,建立丕基……因兹定鼎燕京以绥中国,臣工众庶佥云神助不可违,舆情不可负,宜登大位,表正万邦"①云云。

清帝即恬然以天命自居,汉臣们自然便也频频以天灾示警。顺治十年正月初三(1653年1月31)日,掌河南道监察御史朱鼎延奏言:"自古帝王致治,先天下之忧而忧,后天下之乐而乐。迩来灾异迭见、水旱频仍,民穷财尽,尤不可不深忧而熟计者。如黄屋细旃,所以壮皇居也,而民乃有栖身无所、风雨不蔽者,愿皇上居深宫而念民流离之苦,珍羞肥甘,所以适口也,而民乃有半菽不

---

① 《清世祖实录》卷9,中华书局1985年影印本。

饱，枵腹堪怜者，愿皇上一举箸而思民供纳之艰；貂裘锦绣，所以适体也，而民乃有百结而嗟无衣者，愿皇上一服御而念民捉襟露肘，冒冻号寒之况……疏入。上是其言。"[1]

类似的君臣奏对比比可见，不烦详举。然而，顺治三年六月十八（1646年7月30）日，刑科给事中杨瑺以月食示警上书批评"九家连坐"之法却遭到了清廷的严词驳斥，驳斥的理论依据竟然是来自西方的自然科学。杨瑺在上奏中说：

> 臣闻日食修德，月食修刑。古帝王承天治民，敬谨固若斯之至也。今月食十二分有杪，自亥至丑，讵云小变？臣闻阳为德，阴为刑。以类相考，是必有苛刑冤狱干上帝之和者。臣恭绎皇上、皇叔父摄政王临御以来，事事皆足征召嘉祥，近日惟九家连坐用法太重，行路伤心而深宫不闻，科臣献疏而转圜未得，月食示警，端必因此。

摄政王多尔衮见此上疏后大为光火，他的反驳理由是：

> 敬天修德，正道至理。这本说月食由匪逃邻佑坐法太重，沽名钓誉，簧鼓是非，莫此为甚。本月十五夜，月食分数，该监汤若望预于二月二十日已推算奏明，九家连坐之法，五月初五日始下，何得为天变系此？连坐情由旨谕分明，杨瑺竟不思绎，辄敢妄言，好生可恶，该衙门知道。[2]

汤若望运用西洋科技准确预测出了当月的月食时间，天的神秘色彩不再了，天命也就不足畏惧了。《史记·龟策列传》引宋元王语云："桀纣之时，与天争功，拥遏鬼神，使不得通。"幸好上古时代科技水平低下，敢与天斗的毕竟只有桀纣等个别暴君，老百姓还可以借天命求自保。如今，掌握了现代西洋科技武器的统治者们更全然无所畏惧，于是，承受天灾的，便只有穷民百姓了。如此看来，将向来被视为代表先进生产力和先进文化的西洋科学技术应用于人类社会，可能会起到助纣为虐的反作用，成了专制帝王们压制民众，开脱己罪的帮凶！真是令人匪夷所思。

---

[1] 《清世祖实录》卷71，中华书局1985年影印本。
[2] 《清代档案史料选编》第1册，上海书店出版社2010年版，第154页。

二 法治、人治与中国传统文化

"法治"二字组合成词在汉语中有着复杂的演变过程,这里不烦详谈,单说新中国成立以后"法治"概念的境遇。有学者指出:

> 我们在建国前和解放初期,在一些法律书刊、文章中以及领导人的讲话中,曾经多次谈到"法治"这个概念,大量利用"法治"一词大概是从50年代后期开始。笔者以为,一个原因是,解放后我们开始主要学习苏联,在俄语中,相应的词汇(3akoHHocTBo)一般是应该翻译成"法制"的,因为在俄语中很少出现同英语对应的词汇(既俄语中 3akoHHbcTBo 词组相当于英语 rule of law 词组,其中的英语 Rule 中的统治的意思,在俄语中是由 GocnodcTBo 表示的)。当然,这自然不是一个主要的原因。笔者认为,主要原因,是自50年代后,我们批判了资产阶级的法治主义(这种批判不能全盘否定,也要具体分析)之后,法律虚无主义思潮影响,人们错误地以为只要一谈"法治"就是资产阶级的,于是讳言"法治",后来在错误的"要人治,不要法治"的思想指导下,走向了反对"法治","文化大革命"中竟然又批判"法治","文化大革命"的发生,可以说与此有很大关系。直到"文化大革命"结束之后,邓小平同志在我党的十一届三中全会上,提出了发扬人民民主,加强法制的正确决策,坚持实践是检验真理的唯一标准,法学理论界,解放思想,打破禁区,才又提出社会主义是否实行法治的问题。①

这位学者概括的大体不错,但也有失之简单化的地方。应当说改革开放前三十年,中共领导层中对待"法治"的态度并不是完全一致的。以毛泽东为代表的法制虚无主义观点尽管占据着主导的地位,但还是有一些不同的声音,其中表达得最为系统、也最具代表性的当属董必武。

---

① 巩曰法:《法治概念的历史》,见 http://www.zhuoda.org/periodical/34370.html。访问日期:2012年2月8日。

董老一向强调法制、重视法治,[①]"是我党高层领导人中很少有的学过法学和从事过律师工作的人"。[②] 可以说,民主和法治是董老一生为之奋斗的信念,也是他投身中国革命以后主要担负的职责。早在大革命时期,董老领导湖北省的农民运动,即主持国民党湖北省党部会议,于 1927 年 3 月间制定了《湖北省惩治土豪劣绅条例》和《审判土豪劣绅条例》,将农民斗争纳入法制化的轨道,与一些地方漫无节制的农民过火行为形成了鲜明的对照。1934 年,董老出任中华苏维埃最高法院院长,他要求"办案要有严格手续,要建立档案,以备有据可查,防止畸重畸轻",乃至因此被极左分子污蔑为"文牍主义者"。[③]

在废除六法全书以后,董老提出要加快制定新中国自己的法律,他多次引证"恶法胜于无法"的西方格言,不过他的解释是:"我们的法虽然一时还不可能尽善尽美,但总比无法要好"。正是在董老的领导和敦促下,从新中国成立后至 1957 年"反右"以前的短短几年里,国家先后制定了选举法、土地改革法、工会法、兵役法等基本法律及刑法、民法和诉讼法的几个单行条例,并已着手起草刑法。[④]

1956 年,董老在中共八大上作了《进一步加强人民民主法制,保障社会主义建设事业》的发言,系统阐述了他对新中国的民主法治构想,这篇讲话可以说是董老毕生领导人民民主政权和法制建设工作的经验总结和理论概括,无论在当时还是现在都具有重要的影响。薄一波说:"八大展示的探索成果,在经济领域以外的,要算董必武同志关于法制建设的观点最为重要。他在大会的发言认为,在废除旧的《六法全书》之后,要逐步完备我国的法制,写出我们

---

① 董老在当时所常用的术语是"法制",而不是"法治"。不过正如王怀安先生所指言:"董老讲国家法制时,尽管用的是'法制',还没有用过'法治'二字,也没有讲过'依法治国'。但就董老所讲的'法制'的内容和实质说,已是今天的法治思想了,并为'依法治国'作了理论准备和思想准备。"王怀安:《我国法治的先驱和奠基人》,祝铭山、孙琬钟编:《董必武法学思想研究文集》,人民法院出版社 2001 年版,第 25 页。

② 王怀安:《我国法治的先驱和奠基人》,祝铭山、孙琬钟编:《董必武法学思想研究文集》,人民法院出版社 2001 年版。

③ 《董必武传略》,法律出版社 1985 年版,第 53 页;《董必武年谱》,中央文献出版社 1991 年版,第 105~106 页。

④ 参见王水:《驳"无法可依"和"有法难依"》,中国政治法律学会编:《为保护社会主义法制而斗争》,法律出版社 1958 年版,第 93 页。

自己的《六法全书》。要制定刑法、民法、诉讼法、劳动法、土地使用法等一系列法律。他明确提出了党政职能分开的原则,认为加强民主与法制建设,可以使党和政府的活动做到'有法可依','有法必依'。在群众运动一个接着一个的年代,他对法制建设的认识达到这样高的境界,是很可贵的"。"董必武同志更对法制建设进行了系统的探索,提出了不少重要意见,以他们的探索成果为依据,八大作出了相应的决策"。①

然而到了 1957 年,毛泽东发动了"反右"运动,政法界受到了极大冲击。董老提出的民主法治构想也受到了不点名的批判,甚至把董老的"'依法办事'、'健全法律秩序'的治国方略以及一系列司法理论和实践,错误地视为资产阶级旧法思想、右倾路线,而加以批判和否定,从事司法工作的一些同志也因此横遭不幸,或被打成'资产阶级右派分子',或打成'反党集团'、'宗派集团',受到错误地处理。在这种状况下,董老提出了辞去最高人民法院院长的职务。随后,正如大家所知道的,司法部被取消,律师制度、公证制度也被取消,使尚不完备的新中国法制遭到了严重的破坏"。② 此时距"文革"爆发尚有近 10 年之遥,法治已近乎荡然。

1962 年 3 月 17 日,刘少奇在"对政法工作的'指示'"中说:"过去到底死了多少人? 搞了多少人,没有搞清楚,这次要搞清楚,好好检查揭露。实际有三笔账:一是能控制的杀人;二是劳教、集训;三是政法以外的算法。算下面不按照法律,县、公社、甚至大队用长期拘留、集训、劳改、劳教等办法,不知折磨死了多少人! ……四年教训很多,主要是混淆两类矛盾,主要是混我为敌。"③

---

① 薄一波:《若干重大决策与事件的回顾》上卷,中共中央党校出版社 1991 年版,第 496 页。

② 杨瑞广:《历史辩证法呼唤董必武法学思想》,祝铭山、孙琬钟编:《董必武法学思想研究文集》,人民法院出版社 2001 年版,第 236~237 页。另,聂菊荪先生也讲到:董老在八大上提出的民主法制的正确主张"如当时能获得中央的赞同和支持,制定为保障社会主义建设、保护人民民主权利的依法治国的国策,我们党本可避免某些可以避免的重大失误。可惜八大之后不久,又发生所谓'人治'与'法治'的分歧,新中国初步建立起来的人民民主法制,包括宪法也遭到破坏,直接或间接引发后来'文化大革命'的历史悲剧。"聂菊荪:《为人民民主法制事业鞠躬尽瘁》,祝铭山、孙琬钟编:《董必武法学思想研究文集》,人民法院出版社 2001 年版,第 37 页。

③ 摘自 1962 年《中央政法小组关于一九五八年以来政法工作的总结报告》,见最高人民法院《东方红》人民公社编:《刘少奇在政法方面的反革命修正主义言论摘编》,北京政法学院革命委员会《政法红旗》1967 年 6 月翻印,第 23 页。

同年 4 月 28 日,刘少奇"在研究总结四年政法工作时的谈话"中指出:"这几年的错误,主要是用处理敌我问题的办法去处理人民内部矛盾。……五七年反右派时,规定把右派当作人民内部矛盾,规定的对,但实际执行把面搞宽了。"5 月 23 日,他又讲道:"这几年,实际上就是法制乱了,所以要总结实际的经验教训。(当彭真讲到这几年法律规定是对的,但没有认真贯彻执行时)这几年没有了,不要说你们,连党法也没有了。少数地方,在法制问题上也出了一些毛病,多数情况是有法不守,少数是无法可守"。①

及至"文革"爆发,毛泽东以"全面内战"和"全面阶级斗争""号令全国,造成千百万人死难、入监、流放,知识学术惨遭羞辱、践踏"②,使"整个国民经济几乎到了崩溃的边缘"。③

1978 年 12 月,中共中央在北京召开十一届三中全会,结束了极"左"思潮的统治,拨乱反正,新中国的民主法制事业也重现生机。在 1978 年 12 月 22 日通过的《中国共产党第十一届中央委员会第三次全体会议公报》中特别指出:

> 为了保障人民民主,必须加强社会主义法制,使民主制度化、法律化,使这种制度和法律具有稳定性、连续性和极大的权威,做到有法可依,有法必依,执法必严,违法必究。

很明显,公报中采用的"有法可依,有法必依,执法必严,违法必究"的 16 字方针,前两句正是对董老八大讲话精神的继承和追认。

1979 年 9 月颁布的中共中央《关于坚决保证刑法、刑事诉讼法切实实施的指示》,即著名的"64 号文件"中,首次使用了"社会主义法治"一词。文件还宣布取消"公安六条"中的反革命罪和恶毒攻击罪;宣布已摘帽的地富反坏右和公民享有一样的平等权利。此外,明确宣布取消党委审批案件的制度。④当月,中国社会科学院召开"庆祝中华人民共和国成立 30 周年学术讨论会",法学所的部分学者率先提出了"以法治国"的口号,会议还就"人治"、"法治"

---

① 最高人民法院《东方红》人民公社编:《刘少奇在政法方面的反革命修正主义言论摘编》,北京政法学院革命委员会《政法红旗》1967 年 6 月翻印,第 22、23 页。

② 姚力文、刘建平:《重温新民主主义——"阶级斗争论"复活的知识错误与政治迷失》,《炎黄春秋》2012 年第 2 期,第 57 页。

③ 《华总理在五届人大作的政府工作报告》,《人民日报》1978 年 2 月 28 日。

④ 杨悦新、凌锋:《依法治国:划时代的方略之选》,《法制日报》2008 年 6 月 8 日。

问题展开了热烈的讨论。

不过在很长时间里,上自党内高层,下至学术界,对"法治"和"人治"的观念还是存在着许多含糊不清的认识和争论。譬如关于"法制"和"法治",即所谓"刀制"和"水治"一字之差的争论。据学者们回忆:"当时包括负责中央政法工作的个别领导中,有人反对'法治'这个提法,认为提'社会主义法制'就可以了。"①后来经过法学界的反复讨论,最后终于被中央决策层所接受,从而为后来"依法治国"理念的提出奠定了基础。

然而,有些问题长期以来没有完全廓清。

譬如有学者撰文指出,在前述 1979 年 9 月 30 日的中国社会科学院"庆祝中华人民共和国成立 30 周年学术讨论会"上,"与会者一致反对要'人治'不要'法治'的传统观念和实际做法"。② 这句话中的"传统观念"就是个非常模糊的说法,这"传统"究竟指的是什么呢? 按照通常的理解,此处可能是指"中国文化传统"。但中国文化传统是多元的,有儒家、道家、法家等多家传统,也有帝王家法传统。五四以后,特别是新中国成立以来,最主要的批判靶子当然是儒家传统。但是儒家传统,特别是以孔孟之道为代表的儒家传统从来没有支持人治、反对法治的思想主张。孔孟虽然没有提出过"法治",但是儒家所倡导的"仁政"、"礼治"非常接近现代意义上的"法治"。③ 关于此点笔者已有专文讨论,此处不再深谈。道家传统主张无为而治,反对君主或统治者揽权任事,绝不支持人治。墨家主张建立严密的组织机构,强调领袖的集权,有明显的人治倾向。但墨家自秦以降几成绝学,清中叶以后虽有复兴之势,但限于学术领域,对现实政治并未产生什么实际的影响。法家是君主集权制度的鼓吹者,对现实政治也始终具有或显或隐的影响,但法家反对人治,认为根本不需要什么圣人或超人,只要严格地执行他们提出的法术,即便人君只具备中人之资,也足以把国家治理得井井有条。所谓"伟大领袖"、"英明领袖"、"慈父般的领袖"之类的个人崇拜,想必在法家看来都是有害无益的多余之举。

① 高斌:《一位法学家和他三十年的"法治"情结》,《检察日报》2008 年 6 月 18 日。
② 高斌:《一位法学家和他三十年的"法治"情结》,《检察日报》2008 年 6 月 18 日。
③ 关于此点,可参见贺麟:《儒家思想的新开展》,《贺麟选集》,吉林人民出版社 2005 年版,第 137 页。

除了以上几家中国固有思想传统外,还有一种笔者称之为"帝王家法"的传统,①这主要是指吸收上述各家思想中有利于君主专权和家天下统治的内容而形成的君人南面之术。这种传统确实对秦以后的中国历代政治文化具有很大的影响力,但是因受儒家伦理思想的抑制,该传统始终未能获得道德优势,故一向表现得比较隐晦,没有形成系统的理论框架,不过是一些实用主义的权谋诈术而已。考察国初二十余年毛泽东的领导风范,确有沾染帝王家法传统的明显症候。②

有学者认为:"毛泽东晚年政治哲学思考的扭曲,在'思维范式'方面讲,可以说是中国传统文化同化马克思主义的奇妙结合与必然结果"。③ 他进而阐释说:"在深层的文化心理结构和思维范式方面看,毛泽东潜思维的矛盾恰恰在于:西方近代的民主理想与中国传统'重民'思想的融合与撞击"。具体点说,他这里所说的"同化马克思主义"的中国传统文化是指"中国传统'重民'思想"及"保民"、"惠民","为民作主""等东西"。因而,在这位学者看来,毛泽东一再强调阶级斗争,是"不自觉地又陷入伦理与政治二者合一的中国传统文化的思维深渊","极易误入'纲常'政治形态的歧途"。④ 另有学者则将"大跃进"、"人民公社"造成的灾难归咎于"毛泽东受中国大同思想的影响是相当深刻的,青年时期就曾幻想着过一种集体劳动、平均消费的生活……加上他受马克思主义理论《哥达纲领批判》、《共产党宣言》的影响最为深刻,因而使他更加抱着固有的观念不放"。这位学者还认为,刘少奇在七千人大会上对"三面红旗"持模棱两可的态度是由于"刘少奇受中国传统文化的影响较

①《汉书·元帝纪》载宣帝语:"汉家自有制度,本以霸王道杂之,奈何纯任德教,用周政乎!"汉以后的历代帝王统治策略大体上也都是霸王道杂糅,故笔者称之为"帝王家法传统"。

② 刘源说,毛泽东在"政治上,则是晚年淋漓尽致的表现所证实的,帝王君主式个人专断加无产阶级专政(孤家寡人)。他的错误是长期积累形成带来,并逐步才得到显现"(刘源:《忠诚坦荡昭日月》,王光美、刘源等著,郭家宽编:《你所不知道的刘少奇》,河南人民出版社 2000 年版,第 85 页)。同书第 85 页又说:"毛泽东不能容忍对他的权威哪怕最轻微的挑战,平等的讨论就意味着蔑视他的权威,稍受顶撞,便勃然大怒。"

③ 萧延中:《划时代悲剧的剖析与理解——对毛泽东晚年政治哲学思考的若干思考》,萧延中编:《晚年毛泽东》,春秋出版社 1989 年版,第 71 页。

④ 萧延中:《划时代悲剧的剖析与理解——对毛泽东晚年政治哲学思考的若干思考》,萧延中编:《晚年毛泽东》,春秋出版社 1989 年版,第 73、75、76 页。

毛泽东少一些,所谓大同思想在他的理念中至少不那么根深蒂固"。① 一言以蔽之,毛泽东晚年所犯的种种错误,最终总归是中国文化,尤其是儒家民本思想惹得祸。

对此观点,笔者不敢苟同。须知,因信奉同样的政治哲学而招致同样祸患的国家远不止中国,放眼世界,不难看到曾经存在过及现实依然存在着的社会主义国家,几乎无一例外都曾有过因狂热个人崇拜而形成的高度人治专权并因此(及其他原因)而造成了对本国和相关国家的灾难性事件,譬如对党内和全社会的大清洗、压制和迫害知识分子、大饥荒等等,不一而足。如果说那些亚洲国家是受中国传统文化的影响还勉强可通,但是如果说前苏联、东欧等国也都是受中国传统文化影响便难免显得牵强。因此笔者以为,前述开国以来的"要'人治'不要'法治'的传统观念和实际做法"应当是,抑或主要是来自前苏联和欧洲的社会主义文化传统,而不是来自中国的传统文化。兹试详言之。

首先,以农业集体化道路为例,因强制推行农业集体化,硬性剥夺农民,苏联有过两次大饥荒。难道说,当时苏联的领导人在"思维范式"上也都是"中国传统文化同化马克思主义的奇妙结合"吗?

其次,中国固有的民本思想确与西方民主思想不同,西方的民主思想指的是与君主制、贵族制相区别的、由人民治理(the government by the people)的政治体制或管理体制;②而儒家民本思想则强调民众是国家和社会的主体,君主或统治者的存在及其权力的行使必需获得民众真心实意的认可方才具有合法性,因此民本思想更注重"保障民众生存权"。诚如钱伯城先生所说:

中国古代只有民本思想,也就是保障民众生存权的思想。我们习惯以为民主不过就是关心民间疾苦,历史上某一皇帝行仁政,轻徭薄赋,杜甫、白居易写的诗哀民生之艰,这个皇帝和杜甫、白居易就具有民主思想或民主性(有一时也称之为人民性)了。其实误会了,这只是民本思想。君主独裁专制制度下的民本思想,就其根本说,就是为了维护稳定统治者

① 张素华:《毛泽东与刘少奇之间的共识与分歧》,《毛泽东思想研究》2000年第1期,第83页。
② 参见李存山:《儒家的民本与人权》,《孔子研究》2001年第6期,第4页。

的统治思想。统治者为维护稳定其统治,需要有被统治的对象,这对象就是民众。所以需要关心民众、爱护民众。如果民众饥寒交迫,流离失所,大批死亡,这个统治者的统治便失去了牢固的基础。①

然而,民主与民本思想的这种差异既不意味着二者在价值基础上毫无融通性,也不表明前者一定就比后者高明、优越;当然更不意味着后者一定就会导致社会灾难,而前者则一定能够产生促进法治,保障人权的积极效果。单就中国的国情来看,或许正好相反。民本思想对于中国社会具有特殊的适用性,其救民水火的成效往往较之西方民主思想更胜一筹。

回顾 1949 年以来,中国人民遭遇的最为惨痛的灾难,可能莫过于 1959—1961 年的所谓三年"自然灾害"了。其时中国已经进入了"人民共和国"时期,中国的政治体制已非中国传统的君主专制政体,而是经由苏联传入的崭新的社会主义主义政治体制。1954 年颁布的苏式(亦是西式)宪法明文规定了人民治理的政治体制或管理体制(五四宪法第二条),明确肯定了公民的各项基本权利(五四宪法第三章)。然而,最严重的问题却恰恰就出现在民众的基本生存权上。迄至 1978 年年底为止,三十年里,中国一直处于高度的物质匮乏之中,是任何人都无法否认的客观事实。尤其是在 1959—1961 年这三年里,数以千万计的民众死于非命。有学者研究指出,1959—1961 年间:

> 死亡率上升到新中国建立之后前所未有的高度,全国人口死亡率(不含台、港、澳),1960 年高达 25.43‰,农村地区更高达 28.583‰。安徽省人口死亡率超过 50‰,死亡率在 40‰以上的有四川、贵州(接近50‰)、甘肃和青海 4 省(《中华人民共和国人口统计资料汇编(1949—1985)》)。另据有关部门不完全统计,死亡率超过 20‰的有 675 个县,超过 100‰的有 40 个县,河南省光山县、商城县和贵州省(湄)潭县更高出200‰以上。由于生活困难,营养不良,很多妇女得了妇女病,生育率大幅度下降,造成人口亏损局面。②

又据邓力群回忆,早在 1960 年春天,大量饿死人的"信阳事件"就暴露了,上告的越来越多,中南海的秘书室派人下去了解,后来李先念也去了,回来

---

① 钱伯城:《问思集》,上海古籍出版社 2001 年版,第 202 页。

② 杨子慧:《中国历代人口统计资料研究》,改革出版社 1995 年版,第 1521 页。

后讲,他去过的村庄,"妇女没有一个不穿白鞋的"。最为恶劣的是,"没有饭吃了,村子里能够吃的、能够找到的都吃光了,为了保住他那个浮夸,竟不让逃荒,让民兵把着。这里没有饭吃,到别的地方去逃荒,历史上哪朝哪代都是这个办法,解放以后,遇到大灾大荒之年也是这个办法。不让逃荒,强迫命令,把本来可以活下来的人饿死了"。①

然而,信阳事件的严重性,当时并未引起毛泽东的太多关注并采取相应措施。经君健先生指出:

> 毛泽东无视公共食堂造成的恶果,坚持"试试看"的方针,多次拒绝改正的机会。1958、1959 年之交,豫、鲁、冀、皖、滇、鄂、苏等许多省份都已经出现死亡、浮肿、外逃,这时他曾经认识到了"我们脱离了客观规律",但他不认为这跟公共食堂有关……1960 年……10 月,信阳事件已经出来了,但直到年底,还是强调要把食堂办下去。②

直至 1961 年年初,"农村严重情况的材料已经反映上来",才开始"使毛主席意识到,农村的问题不认真对待不行了,社会主义的建设不能那么急,不能务虚名而招实祸"。③

应当说,大饥荒的场景,对毛泽东还是有所触动的,诚如钱伯城先生所说:

> 1961 年初,在毛泽东倡导指示下,兴起了调查研究之风。从 1 月—5 月,他亲自指定一批人下基层调查,写调查报告。如 5 月 6 日,他给李井泉、陈正人的信……这信中的情词真是恳切极了,增加了人们的信任,说明毛泽东渴望了解他所首创的人民公社的真实情况。但后来的事实又证明,到头来还是回到阶级斗争的"既定方针"上去。据不止一人的有关知情人回忆,最早接受毛泽东指令去浙江、四川等地做调查研究的他的秘书田家英,回来据实向他口头汇报各地"大跃进"的失败。他沉默不语,不置可否。按照他的习惯,这就是逆其心意的表示。自此田家英被疏远。④

除了大兴调查研究之风外,在 1962 年年初的"七千人大会"上,毛泽东

---

① 邓力群:《我为少奇同志说些话》,当代中国出版社 1998 年版,第 106~107 页。
② 经君健:《经君健选集》,中国社会科学出版社 2011 年版,第 557~558 页。
③ 邓力群:《我为少奇同志说些话》,当代中国出版社 1998 年版,第 110 页。
④ 钱伯城:《问思集》,上海古籍出版社 2001 年版,第 300~301 页。

"号召大家'白天出气,晚上看戏',做了一点承担责任的表示"。① 不过在亲身参加过公共食堂调查的经君健先生看来：

> 对于解散公共食堂来说,1961 年的调查真是有必要吗？此前许多有关的调查以及中央和省地官员向他反映的情况为什么被置之不理,甚至有罪呢？其实,国民经济形势已经极坏,问题已经十分严重,毛泽东是十分清楚的。这一切,主要应该由他负责。如果庐山会议不搞突然反右,而把反"左"继续下去,情况会全然不同,问题不会发展到这种程度。历史事实却是,他的个人独断把反右硬拖了两年,使"左"的错误酿成全世界史无前例的灾难,几千万善良无辜的百姓成为饿殍。情况已经清楚到根本无须什么调查,形势迫使他必须改弦更张了。②

但是到了 1962 年 8 月的北戴河会议上,毛泽东重又发出阶级斗争的号召,宣称"现在需要务虚。离开阶级斗争就不能说明问题。不讲阶级、阶级斗争,没劲了"。③

《论语·尧曰》篇有云："尧曰：'咨！尔舜！天之历数在尔躬,允执其中。四海困穷,天禄永终。'舜亦以命禹。曰：'予小子履敢用玄牡,敢昭告于皇皇后帝：有罪不敢赦。帝臣不蔽,简在帝心。朕躬有罪,无以万方；万方有罪,罪在朕躬。'周有大赉,善人是富。'虽有周亲,不如仁人。百姓有过,在予一人。'"

上面这段引文可以看作是民本思想的重要表述。在儒家看来,"四海困穷"、"万方有罪"、"百姓有过",归根结底都是最高统治者的责任,凡效法尧、舜、禹、汤、文、武的圣君,都会有"天禄永终"、"罪在朕躬"、"在予一人"的自觉和自责。《诗·邶风·谷风》曰："就其深矣,方之舟之。就其浅矣,泳之游之。何有何亡,黾勉求之。凡民有丧,匍匐救之。"《孔子闲居》引孔子语谓："'凡民有丧,匍匐救之',无服之丧也。"

盖凡以民为本者,见百姓处于危难之中,匍匐救之,犹恐不及。诚如曹慕樊先生所说,这种"恻怛悲悯情怀,是人道实践,是圣贤境界"。④

---

① 钱伯城：《问思集》,上海古籍出版社 2001 年版,第 301~302 页
② 经君健：《经君健选集》,中国社会科学出版社 2011 年版,第 562 页。
③ 钱伯城：《问思集》,上海古籍出版社 2001 年版,第 301~302 页
④ 邓小军：《忆迟庵师》,曹慕樊：《庄子新义》,重庆出版社 2004 年版,第 3 页。

反之，只有像桀、纣那样的昏暴之君才会"国危於累卵，皆曰无伤。称乐万岁，或曰未央，蔽其耳目，与之诈狂……欲无厌时，举事而喜高，贪很而骄。不用忠信，听其谀臣，而为天下笑。"①

据说，当年党外民主人士对大跃进的意见很大，曾有"下诏引咎"的说法。② 吴宓在1958年9月10日的日记中写道："公餐办法行后，缺粮公家不补给，农民亦不能自爨增食，饥饿则嗟怨，日有所闻云。呜呼，全国之人皆甚苦，宓何敢怨，但伤国俗之骤灭，与王道之不行耳。"③1960年8月23日又记述说："闻多人谈述，各县人民公社死人甚多，人口实已大减云。"④

试想，如果中国固有的民本思想还能发挥有效的影响，早在1958年秋即已显现的饥荒何至持续三年而不能得解？

据说，在谈到大饥荒造成的灾难时，刘少奇的"情绪很激动。他说：犯了那么大的错误，给人民带来那么大的损失，我们这是第一次总结！只一次不行，以后每年要总结，一直总结到十次八次，才能深刻地接受错误的教训。讲到历史上饿死人的事是要写到史书上去的时候，他情不自禁，愤愤地说：我当主席时，出了这种事情！"⑤据王光美回忆："1962年初夏，正当少奇和绝大多数领导人和全国人民共度国难，全力挽救已经崩溃的经济时，有的同志批评他（刘少奇）过分着急，矫枉过正，犯了右倾错误，说'你急什么，压不住阵脚了，为什么不顶住？我死了怎么办！'少奇回答：'人相食，要上书的！'"⑥

如果说，刘少奇的情绪激动和1959年彭德怀在庐山会议上的"万言书"，以及邓子恢的犯颜直谏都属于中国固有民本思想影响下的一种当然反应。⑦

---

①　《史记》卷一百二十八，《龟策列传》。

②　张晓峰：《晚年毛泽东失误的特点及原因的再思考》，《山西师范大学学报》2009年第3期，第12页。

③　吴宓：《吴宓日记续编》第3册，吴学昭整理注释，生活·读书·新知三联书店2006年版，第475~476页。

④　吴宓：《吴宓日记续编》第4册，吴学昭整理注释，生活·读书·新知三联书店2006年版，第413页。

⑤　邓力群：《我为少奇同志说些话》，当代中国出版社1998年版，第121页。

⑥　王光美、刘源等著，郭家宽编：《你所不知道的刘少奇》，第30~31页。又据刘源回忆：刘少奇说："饿死这么多人，历史要写上你我的，人相食，要上书的"（同书第90页）。

⑦　参见邓子恢1959年6月16日《关于自留地问题给毛泽东主席的一封信》，邓子恢：《邓子恢自述》，人民出版社2007年版，第342~343页及第344~348页蒋伯英的解读。

那么,作为"庄稼人出身","作为农民的儿子",为什么会"长年不知一亩能打多少粮","仅为'要使资本主义绝种',不惜视田园绝收,村民绝户,而无动于衷"呢? 这确实"也太让人难以理解了"。①

1961年8月23日,毛泽东在第二次庐山会议(或称庐山工作会议)的第一天,做了一次讲话,其中说道:"对社会主义,我们现在有些了解,但不甚了了。我们搞社会主义是边建设边学习。搞社会主义,才有社会主义经验,'未有学养子而后嫁者也'"。②

毛泽东当时说这番话的背景正是"'大跃进'和人民公社化运动连续三年多的失误,国家生产建设和人民生活都出现了严重困难。中央领导同志头脑逐渐冷静下来,开始在一系列会议上总结教训"。③

注意,毛泽东在这段话里引用了儒家经典《大学》里"未有学养子而后嫁者也"的典故,其用意是什么呢。从前面交代的背景和薄一波的记述看,显然是要说:由于搞社会主义事先没有经验,因此才会犯错误。④ 换言之,毛泽东引证《大学》"未有学养子而后嫁者也"这个典故是为了给"大跃进"和人民公社化运动造成的灾难开脱,这或许也就开了后来林彪讲话中所谓"交学费"论的先河。⑤

毛泽东少时曾读过《四书》。1964年,他在北戴河的一次谈话中说过:"我过去读过孔夫子的书,读了'四书'、'五经',读了六年,背得,可是不懂。那时候很相信孔夫子,还写过文章。"⑥然而他在这里引用的这句《四书》中的典故,却与其原义截然相反。原典说:"《康诰》曰'如保赤子',心诚求之,虽不中

---

① 王光美、刘源等著,郭家宽编:《你所不知道的刘少奇》,第100~101页。

② 逄先知:《毛泽东和他的秘书田家英》,董边、镡德山、曾自编:《毛泽东和他的秘书田家英》(增订本),中央文献出版社1996年版,第83页。

③ 薄一波:《若干重大决策与事件的回顾》下卷,中共中央党校出版社1991年版,第1015页。

④ 薄一波在《若干重大决策与事件的回顾》(下卷,中共中央党校出版社1991年版,第1015页)写道:"毛主席在会上指出,如果违背了客观规律,就一定要受惩罚,我们就是受惩罚,最近三年受了大惩罚,土地瘦了,人瘦了,牲畜瘦了,'三瘦'不是惩罚是什么? 这个社会主义谁也没有干过,未有先学会社会主义的具体政策而后搞社会主义的。我们搞了11年,现在要总结经验。"

⑤ 参见李艳、张文和:《七常委与七千人大会》,《党史博览》1995年第3期,第7页。

⑥ 莫志斌、陈特水编著:《跟毛泽东学读书》,中央文献出版社2003年版,第2页。

不远矣。未有学养子而后嫁者也!"结合前后文,这段话的本意是说:君主对待自己的人民,应该像母亲爱护自己的婴孩一样,由于发自真心实意,即便不是百分之百的精准无误,但也不会相差太远。没有哪个女子是先学会养育孩子之后再出嫁的。郑玄说:"养子者,推心为之,而中于赤子之嗜欲也。"①有学者译解作:"周武王教训他弟康叔说:'一位人君保护他的人民,应像一位母亲爱护她的孩子一样'……这是母亲天然的本能,不必学而知……"②申言之,这个典故的意思是说:君主保护自己的人民,就该像母亲爱护自己的孩子一般,是发自其本能的诚心,是不可能有重大的失误的。因此,所谓"学费"论是根本不能成立的。试想,哪位母亲会拿自己的孩子去做试验、交学费呢?而"毛泽东不惜拿国家民族命运孤注一掷"③,究竟是出于什么样的考虑呢?

或许,毛泽东所要保的"本"或"赤子",并非"民",而是他憧憬的"人民公社"。

行文至此,忽然想起周勤如先生谈到近代欧洲激进主义思潮对东西方的影响时所做的精辟概括:

19 世纪的德奥激进主义在 20 世纪向东方的延伸主要是各种社会主义革命的实践,向西方的延伸主要是各种现代派艺术思潮的试验。④

这个见解很犀利,他的意思应该是说,西方人很高明,在政治、经济等社会制度上很保守,绝不敢轻易作试验,但是允许在文艺领域里大胆试验。下面的引文里所说的"文化"也是指的"文艺"。他说:"在政治上把革命看成是洪水猛兽的西方在文化上反而全盘接受了革命的勋伯格(Amold Schoenberg),不但接受了,还向前发展"。与西方人相反,我们则在社会制度的变革上很大胆,很激进;但在艺术领域却又很保守:"我们过去的理论,经济基础决定上层建筑,决定意识,决定文化,可是恰恰在这个地方出现了一个交错,我们接受了激进的社会制度,可是从上到下完全排斥激进主义的现代文化,我们相反地选择的是贵族文化,就是经典文化"。

---

① (汉)郑玄注、(唐)孔颖达疏:《礼记正义》,龚抗云整理,王文锦审定,北京大学出版社1999 年版,第 1599 页。

② 参见叶深诠释:《大学新诠》,慈幼印书馆 1944 年版,第 53~54 页。

③ 刘源、何家栋:《四清疑团》,王光美、刘源等著,郭家宽编:《你所不知道的刘少奇》,河南人民出版社 2000 年版,第 120 页。

④ 周勤如、阿城:《周勤如对阿城》,《收获》2001 年第 3 期,第 85 页。

想想近百年来的中国与西方，实情确是如此。西方人发明了无数改造社会的先进思想和主义，但他们自己绝不肯轻试，悉数发送到东方来。中国人则如获至宝，全盘付诸实践，由是不断革命，彻底革命，搞得个天翻地覆，其结果又怎样呢？这位学者说过的两段话也很发人深省：

"现代派的最大的问题是不允许批评，他们完全蔑视听众，精神专制，你捧我我捧你，只说好不说坏，特别虔诚。""一个人常常是因为怕自己是个傻瓜才因此成了傻瓜"。①

近日读到何满子先生的一篇小文，讲到历史上那位著名的白痴皇帝——晋惠帝司马衷的几件最遭后世笑骂的事。第一件是天下大饥，民不聊生，他竟问了句"何不食肉糜？"应当说，那晋惠帝虽痴，却还知道民众饥饿的时候应该吃食，而不是搞什么"主义"。第二件是听见御苑中的蛤蟆叫，他问这叫声是为公还是为私？何先生说："可是他心里至少还知道有公私之分，晓得芸芸众生免不了有那么一点关心私人利益的愿望，比起那些大唱'斗私批修'，自己的卑劣情欲无限膨胀，光要求别人'消灭私心于闪念间'的英雄要光明、干净、务实得多。再说，君不闻不久之前，还有人凡事要问一下姓社还是姓资么？晋惠帝闻蛤蟆叫而问为公为私又有什么值得大惊小怪而予以厚非的呢？"②看来，今人之愚蠢固不亚于古人，而卑鄙更有过之。

三 "和谐"与"斗争"理念的文化渊源

1997 年 9 月，中共十五大报告明确提出了"依法治国，建设社会主义法治国家"的方略。1999 年 3 月，九届全国人大二次会议将"依法治国、建设社会主义法治国家"载入了宪法。2004 年 9 月 19 日，中国共产党第十六届中央委员会第四次全体会议正式提出了构建"和谐社会"的理念，其后在 2006 年 10 月召开的中国共产党第十六届中央委员会第六次全体会议上正式通过了《中共中央关于构建社会主义和谐社会若干重大问题的决定》。

---

① 周勤如、阿城：《周勤如对阿城》，《收获》2001 年第 3 期，第 91~93 页。
② 何满子：《桑槐谈片》，上海古籍出版社 2005 年版，第 53 页。

关于上述两大治国方略先后提出的背景及其意义,学界同仁们已经写了很多文章和著作,笔者无力锦上添花。依拙见,如果说十一届三中全会标志着在行动上或政治上取消了"以阶级斗争为纲";则"依法治国"口号的提出及被写入宪法,标志着在制度上和思想上取消了"以阶级斗争为纲";而"和谐社会"理念的提出,更意味着中共最终摒弃了"以阶级斗争为纲"方针所赖以生存的思想基础:仇恨心理和斗争哲学。进而,它还意味着我们朝着抛弃洋教条,重建中国文化主体性的方向迈出了坚实的一大步。其意义之重大,如果不回顾 1840 年以来的中国近代史,是任何人都很难晓谕的。

如前所述,自晚清以降,国门洞开,西洋文化如决堤之洪水、出笼之猛兽,以摧枯拉朽之势,汹涌东下,致使五千年一脉相承之中华文化在其震撼冲击之下,顿时显得异常衰老和脆弱,简直是不堪一击。朝野上下,无分智愚,一时间不仅集体丧失了对自身固有文化的自信心,也几乎同时丧失了起码的价值判断力。一如饿汉之见美食、垂死之逢灵丹,无论良莠、不辨金沙,但凡西洋传入者,莫不视为至宝、奉若圣贤。正如毛泽东所说:

> 自从一八四〇年鸦片战争失败那时起,先进的中国人,经过千辛万苦,向西方国家寻找真理。洪秀全、康有为、严复和孙中山,代表了在中国共产党出世以前向西方寻找真理的一派人物。那时,求进步的中国人,只要是西方的新道理,什么书也看。向日本、英国、美国、法国、德国派遣留学生之多,达到了惊人的程度。国内废科举,兴学校,好像雨后春笋,努力学习西方。我自己在青年时期,学的也是这些东西。这些是西方资产阶级民主主义的文化,即所谓新学,包括那时的社会学说和自然科学,和中国封建主义的文化即所谓旧学是对立的。学了这些新学的人们,在很长的时期内产生了一种信心,认为这些很可以救中国,除了旧学派,新学派自己表示怀疑的很少。要救国,只有维新,要维新,只有学外国。那时的外国只有西方资本主义国家是进步的,它们成功地建设了资产阶级的现代国家。日本人向西方学习有成效,中国人也想向日本人学。在那时的中国人看来,俄国是落后的,很少人想学俄国。这就是十九世纪四十年代至二十世纪初期中国人学习外国的情形。①

---

① 《论人民民主专政》,《毛泽东选集》第四卷,人民出版社 1991 年版,第 1469~1470 页。　　*421*

但是学的结果如何呢？显然是不尽如人意。一种观点认为，西学成效不彰之主因在于学者之不当，如梅光迪言：

> 国人倡言改革，已数十年，始则以欧西之越我，仅在工商制造也，继则慕其政治法制，今且兼及教育、哲理、文学、美术矣。其输进欧化之速，似有惊人者。然细考其实际，则功效与速度适成反比例。工商制造，显而易见者也。推之万国，无甚差别者也。得其学理技巧，措之使用，而输进之能事已毕。吾非谓国人於工商制造已尽得欧西之长，然比较言之，所得为多。若政治法制，则原于其历史民性，隐藏奥秘，非深入者不能窥其究竟，而又以东西历史民性之异，适於彼者未必适於此，非仅恃模拟而已。至於教育、哲理、文学、美术，则原于其历史民性者尤深且远，窥之益难，採之益宜慎。故国人言政治法制，垂二十年，而政治法制不良自若。其言教育哲理文学美术，号为"新文化运动"者，甫一启齿，而弊端丛生，恶果立现，为有识者所诟病。惟其难也，故反易开方便之门，作伪之途，而使浮薄妄庸者得以附会诡随，窥时俯仰，遂其功利名誉之野心。夫言政治法制者之失败，尽人皆知，无待余之哓哓，独所谓"新文化"者，犹以工於自饰，巧于语言奔走，颇为幼稚与流俗之人所趋从。①

然而，当时主流的观点未必有此意识，多是将责任归咎于教者之无良，如毛泽东说：

> 帝国主义的侵略打破了中国人学西方的迷梦。很奇怪，为什么先生老是侵略学生呢？中国人向西方学得很少，但是行不通，理想总是不能实现。多次奋斗，包括辛亥革命那样全国规模的运动，都失败了。国家的情况一天一天坏，环境迫使人们活不下去。怀疑产生了，增长了，发展了。②

的确，口头上的人权、公理、正义，行动上的暴力、强权、欺诈，这样的老师怎能不让尚未启蒙的学生惊愕迷茫呢？恰在此时：

> 第一次世界大战震动了全世界。俄国人举行了十月革命，创立了世界上第一个社会主义国家。过去蕴藏在地下为外国人所看不见的伟大的

---

① 梅光迪：《评提倡新文化者》，《学衡》1922年第1期。
② 《论人民民主专政》，《毛泽东选集》第四卷，人民出版社1991年版，第1470页。

俄国无产阶级和劳动人民的革命精力,在列宁、斯大林领导之下,像火山一样突然爆发出来了,中国人和全人类对俄国人都另眼相看了。这时,也只是在这时,中国人从思想到生活,才出现了一个崭新的时期。中国人找到了马克思列宁主义这个放之四海而皆准的普遍真理,中国的面目就起了变化了。中国人找到马克思主义,是经过俄国人介绍的。在十月革命以前,中国人不但不知道列宁、斯大林,也不知道马克思、恩格斯。十月革命一声炮响,给我们送来了马克思列宁主义。十月革命帮助了全世界的也帮助了中国的先进分子,用无产阶级的宇宙观作为观察国家命运的工具,重新考虑自己的问题。走俄国人的路——这就是结论。①

原以为拜错了师傅,只要改换门庭,诚心学艺,便能求得真经,拯救多灾多难的祖国。孰料20世纪60年代以后,中苏交恶,"走俄国人的路",也成了疑问,何况俄师自己也快投回到西方的怀抱里去了。然而我们迟迟不肯抛弃的,除了西洋人直接教授的暴力、强权和欺诈外,还有俄师从西洋人那里转贩过来的几样秘诀:仇恨、斗争和丧失自我。

关于仇恨和斗争,凡是从20世纪50—70年代走过的人,谁不曾有过"仇恨在胸"、"斗志昂扬"的经历?回首1921年以来的中国现代史,确实是一部充满仇恨、斗争的历史,江西苏区的反AB团斗争、长征途中的反张国焘分裂斗争、延安整风中的抢救运动,开国后的"镇反"、"肃反"、"三反"、"五反"、反胡风、历次思想批判、社会主义改造、"反右"、"大跃进"、"反右倾"、"四清"、造反夺权、一打三反、斗批改、批林批孔、评水浒批宋江、批邓反击右倾翻案风等等等等,频繁不断的斗争,接踵而至的运动,无不弥漫着暴力和血腥。

董老曾说过:"群众运动是不完全依靠法律的,甚至对他们自己创造的表现自己意志的法律有时也不大尊重",而且会"助长人们轻视一切法制的心理"。② 董老说得很含蓄,因为在那个时代,谁敢对运动稍有微词,绝对是大逆不道,要全国"共诛之"的。

笔者以为,国初三十年的法制荡然,正是仇恨→斗争这种思维模式必然的逻辑后果。有学者指出:

---

① 《论人民民主专政》,《毛泽东选集》第四卷,人民出版社1991年版,第1470~1471页。
② 《董必武政治法律文集》,法律出版社1986年版,第332~333页。

仇恨是人类头脑中的核武器,一旦引爆,它可以将社会秩序炸得四分五裂,把国家推向战争的深渊,使民族陷于仇杀。仇恨,摧毁了各种人际关系,使原本相亲互爱的人们彼此交恶,暴力以对,甚至发生蓄意的谋杀。它刺激个人去追逐残暴之举,使人们分门别派,彼此争斗,陷入凶恶的殊死对抗之中……①

号称"十年浩劫"的"文化大革命",不啻于是在中国大地上引爆了成千上万颗核弹,将中国社会炸得四分五裂,使无数无辜者妻离子散,家破人亡,使人与人之间的信任化为乌有,乃至于夫妻反目,父子成仇,朋友相叛的实例多不胜数。其结果则是,人人自危,个个不安,整个社会都陷于惊悚和恐怖之中。吴宓先生在 1959 年 9 月 13 日的日记中写道:

呜呼,生此国,堕此世中,虽得安居乐业,亦恒不免提心吊胆,盖党及政府,由阶级观点,始终视我等为敌人及异类,而疑惧、防闲、考察、惩治乃无已时。被统治者诚为不幸,而统治者亦良苦矣!②

关于恐惧、愤怒和仇恨之间的关系,心理学研究为我们提供了一些解释:

当存在威胁时,大多数动物的自然反应是逃遁或者战斗。当无路可逃时,我们就会从心理和生理上感到战斗的必要。气愤、怒不可遏和对敌人的仇恨可能是我们从思想上帮助身体准备战斗的一种方式。问题是,这一初级心理反应是为适应"一对一"的威胁情境而建立起来的。对于复杂的现代社会,它的适用性往往很低。当我们运用这一心理反应来应对现代社会的问题时,愤怒很容易引发一种"我们或他们"的分类意识。因为在战斗中,我们需要一个敌人去憎恨。这时,尤其是当我们尚未充分意识和反省自己的情感反应是否适度时,我们很容易过早地认定一个"敌人",并且将某些人类型化为"敌人",从而使我们有一个发泄愤怒的靶子。③

由于仇恨→斗争这种思维模式根扎得毕竟太深了,即便是在中共十一届

---

① [美]小拉什·多兹尔:《仇恨的本质》,王江译,新华出版社 2004 年版,第 1 页。

② 吴宓:《吴宓日记续编》第 4 册,吴学昭整理注释,生活·读书·新知三联书店 2006 年版,第 167 页。

③ Jennifer J. Freyd, "In the Wake of Terrorist Attack, Hatred May Mask Fear", *Analyses of Social Issues and Public Policy*, 2002, p. 6.

三中全会宣布了结束以阶级斗争为纲以后,仍会不时地发芽、长叶。记得1989年下半年某日在电视上看到某公正在振振有词地批判歌曲《让世界充满爱》泯灭了阶级斗争这根弦。我当时感到很悲哀,难道我们来到这个世界上就是为了你死我活的斗争吗? 如果人与人之间只有斗争而没有关爱,那人生岂不是太感冷酷了? 人类迟早不是要自我毁灭吗?

吴宓先生在1964年1月25日的日记中写道:"不许言仁爱、忍让,而但宣传斗争、复仇,则全世界将大乱无止日。"①

有学者又指出:"仇恨能够压倒一个人对死亡的恐惧,而以仇恨为导向的意义系统(meaning system)则使这种行为系统化并得以扩散"。"在任何一个较大的人类群体当中,意义系统都会自然地进行扩散。斗争性的意义系统不仅是造成暴力争斗的罪源,而且创造出相互冲突的世界观,使人们在最基本的问题上也难以达成一致。恐怖主义便是一个十足的典范。"②

仇恨心理是人性中普遍存在的阴暗面,中国传统文化中的儒家思想能够有效地化解仇恨心理;西方法治及自由主义对仇恨心理也有一定抑制作用。国初三十年,由于片面引入西方"左"倾思想,抵制和蔑视西方法治及其主流思想,同时又宣布中国传统文化为"四旧",甚至大肆批判儒家思想,致使仇恨心理泛滥,为"斗争"哲学的流行提供了土壤,最终酿成大祸,导致了十年动乱,法制遭到了严重破坏。如果我们不能有效化解可能因各种社会矛盾郁积在人们内心中的怨愤,彻底清除"斗争"哲学,宪法上明文规定的"依法治国"、"建设法治国家"的目标就只能永远停留在纸面上了。

考察中国传统文化中的各个主要思想流派,确有鼓吹暴力和强权的,已如所述。譬如法家的韩非子说过"黄帝有言曰:'上下一日百战'"。但那也只是承认一种事实状态的存在,尚未见有哪个流派是刻意煽动仇恨的。当然,这并不是说中国文化完全不讲仇恨;但中国文化意义上的仇恨基本都是针对具体的人或具体个案的就事论事,鲜有像欧洲历史上那样将人群类型化,刻意鼓动

---

① 吴宓:《吴宓日记续编》第6册,吴学昭整理注释,生活·读书·新知三联书店2006年版,第148页。

② [美]小拉什·多兹尔:《仇恨的本质》,王江译,新华出版社2004年版,第11、13页。

针对特定类型的人群的仇恨和斗争。① 相反，在中国文化思想中长期居于主流地位的儒家思想是反对仇恨、暴力，主张"和"的，而且对至迟自魏晋以后的官方思想产生了很大的影响。

《论语·学而》载："有子曰：'礼之用，和为贵。先王之道斯为美，小大由之。'"《礼记·儒行》也说："礼之以和为贵，忠信之美，优游之法，慕贤而容众，毁方而瓦合。其宽裕有如此者。"《孟子·公孙丑下》说："天时不如地利，地利不如人和。"

"和"，《说文解字·口部》解为："相䧹也。从口，禾声。"《尔雅·释诂》谓："谐，辑，协，和也，关关，嗈嗈，音声和也，飍，燮，和也。"《小尔雅·广言》："谐、吁，和也。"考其本义，"和"当指声音的相互应和、协调等，引申而有后来的和平、和谐、和睦等义。

《孝经·孝治》谓："治国者不敢侮于鳏寡，而况于士民乎……故生则亲安之，祭则鬼享之。是以天下和平，灾害不生，祸乱不作。"又《开宗明义》篇谓："子曰：'先王有至德要道，以顺天下，民用和睦，上下无怨。汝知之乎？'"《礼记·乐记》："五色成文而不乱，八风从律而不奸，百度得数而有常，小大相成，终始相生。倡和清浊，迭相为经。故乐行而伦清，耳目聪明，血气和平，移风易俗，天下皆宁。"

谐，《说文·言部》解作："谐：詥也。从言皆声。"与和字可以互训。

冯友兰先生从中国哲学史的角度对"和"字做过非常精辟的解释：

> 张载对辩证法又作了一个概括，他说："两不立则一不可见，一不可见则两之用息。""一"，泛指一个统一体，"两"指一个统一体的两个对立面。一个统一体的存在就表现在它的两个对立面中，所以说"两不立则一不可见"；如果没有一个统一体，也就没有两个对立面了，所以说"一不可见则两之用息。""两之用"就是矛盾斗争推动事物发展前进。张载说"仇必和而解"，这个"和"字不是随便下的。"和"是张载哲学体系中的重要范畴，《正蒙》第一篇的题目就是《太和》，开头就说："太和所谓道，中涵浮沉、升降、动静、相感之性，是生絪缊、相荡、胜负、屈伸之始。"所谓

---

① 譬如反犹主义(anti-semitism)在西方社会有着悠久的历史根源，纳粹德国屠杀600万犹太人也绝非偶然的、孤立的事件，有其深厚的思想文化背景。

"和"并不是没有矛盾斗争,而是充满了矛盾斗争。所谓'浮沉、升降、动静、相感之性'就是矛盾;所谓'絪缊、相荡、胜负、屈伸'就是斗争。张载认为,一个社会的正常状态就是"和",宇宙的正常状态也是"和",这个"和"称为"太和"。在中国古典哲学中,"和"与"同"不一样。同不能容异,"和"不但能容"异",而且必须有"异",才能称其为"和"。譬如一道好菜,必须把许多不同的味道调和起来,成为一种统一的、新的味道;一首好乐章,必须把许多不同的声音综合起来,成为一个新的统一体。只有一个味道、一个声音,那是"同",各种味道、各种声音,配合起来,那是"和"。①

汤一介先生对中国传统哲学中的"和谐"理念也有很独到的研究,他认为,追求社会和谐,是中国传统哲学的一个基本精神:

　　从孔子开始,中国哲学家们总是渴盼着缔造出和谐社会,并一直在尝试着将这一理想化为现实……为什么后世的思想家会那样推崇张载的《西铭》?我认为就是这篇作品道出了一种理想的和谐社会的精神。该文开篇说:"民吾同胞,物吾与也";结尾说:"存,吾顺事,没,吾宁也。"……这种对理想的和谐社会的追求尽管可以看作中国式的人道主义但与西方的人道主义不同……在中国哲学里,人类的主要作用就是为追求和谐社会的理想而"作人"。作为自然和社会的核心分子,人负有这样的使命……简言之,中国人的心理可以形容为追求和谐与统一。②

应该看到,中国传统哲学所倡导的这种和谐精神并不总是停留在学术领域,事实上也已成为全社会共享的价值观念。历代统治者们尽管口是心非,但也不得不在一定程度上对这种价值观表示接受,当然还只是做些表面文章而已。正如汤一介先生所说:

　　大多数杰出的中国哲学家都积极地看待现实并致力于将他们所身处的充满纷争的社会改造成和谐的社会。然而他们的理想和学说并未能给现实政治带来变化,中国的统治者们只是把这些哲学理念当作摆设。例如太和及太平的理想降格为帝王们的统治名号,统治者们自称为太平皇

---

① 冯友兰:《中国现代哲学史》,广东人民出版社1999年版,第251~253页。

② Tang Yi-Jie, *Confucianism*, *Buddhism*, *Daoism*, *Christianity And Chinese Culture*, Washington, D.C.:The Council for Research in values and Philosophy,1991,pp.55-56.

帝或皇后,历代的农民起义也将太平作为标榜他们起事正当的时髦口号……达致太平的理想尽管在中国人的内心里据有重要的地位,但却从未化为过现实。①

由此可见,中国传统社会的主流价值观念是和谐而非仇恨、斗争。那么,煽动仇恨和斗争的哲学又是从何而来呢? 运用排除法来推断,只能是来自域外。2008 年我参观布拉格的共产主义博物馆时,看到一幅原捷克社会主义时代的宣传照片。照片上挺立着两名遥视远方的战士,左边的战士头戴大盖帽,身着陆军制服,胸前挂着冲锋枪,手里拿着望远镜;右边的战士头戴无檐帽,敞开的领口里露出海军衫。两名战士中间站立着一支两耳耸立的狼犬。看到这幅宣传照片,感觉非常眼熟,我们 20 世纪 70 年代不是也有很多类似的宣传画吗。再看旁边的文字解说写道:"共产主义者将他们的敌人分为外部的和内部的。外部的敌人包括各民主国家在内,内部的敌人则隐藏在捷克斯洛伐克,是必须由国家的秘密警察追踪和侦查的……即便是移民国外的念头也是犯罪行为。许多公民因未曾举报他的亲友向他吐露过移民国外的意向而被判刑。"至此我才恍然若悟,所谓"境内外敌对势力"的说法,料也不是我们的创造,不过是转贩前苏联东欧国家的唾余而已。希特勒动辄宣布某某人为"第三帝国的敌人"。纳粹德国"的教育让孩子相信,假如他们的父母反对国家元首,就是反对国家,就是德国人民的敌人。所以,孩子们以为,他们虽然背叛了父母,却是在忠于自己的国家和人民,是在做一件'好事'"。② 当爱因斯坦发表了《不回德国声明》以后,普鲁士科学院公开谴责爱因斯坦的声明"必然会被敌人所利用和滥用",而这些人"不仅是德国现政府的敌人,也是全体德国人民的敌人"。③ 看来,惯于且乐于树敌、煽动群体仇恨的不只是前苏东社会主义国家的传统,也是欧洲人的文化传统之一。

近代以来,对中国政治法律制度产生过决定性影响的主要是来自西方的思想和文化。不过近现代的西方思想和文化同样是多元的,其中居于主流的

① Tang Yi-Jie, *Confucianism*, *Buddhism*, *Daoism*, *Christianity And Chinese Culture*, Washington, D.C.: The Council for Research in values and Philosophy, 1991, pp.56-57.
② 林达编著:《像自由一样美丽:犹太人集中营遗存的儿童画作》,生活·读书·新知三联书店 2007 年版,第 10 页。
③ 许良英等编译:《爱因斯坦文集》第 3 卷,商务印书馆 1979 年版,第 110 页。

自由主义思想倡导自由、平等和人权,反对暴力和强权,与中国传统的儒家思想很接近。右翼的法西斯主义,煽动仇恨,叫嚣暴力和斗争,[1]20世纪前半叶曾一度甚嚣尘上,风靡几大洲,但经过二战的检验,虽至今尚未绝迹,却已被视为反人类的思想而为人们所唾弃。[2]

有学者已经指出:

> 从苏联开始,长期忽略社会的统一、协调和合作的意义,片面强调阶级斗争,似乎社会的发展就是斗出来的。斯大林提出阶级斗争越来越尖锐的理论,提出共产党只有打垮小资产阶级党派和自己队伍中的"机会主义者",才能巩固和发展,才能建成社会主义等错误观点。毛泽东把这种观点进一步理论化了,提出"共产党的哲学就是斗争哲学"的论断。[3]

早在1939年12月,毛泽东在延安庆祝斯大林六十寿辰大会上说道:

> 马克思主义的道理千条万绪,归根到底,就是一句话:"造反有理"。几千年来总是说,压迫有理,剥削有理,造反无理。自从马克思主义出来,就把这个旧案翻过来了。[4]

有学者认为:

> 毛泽东对马克思主义真谛的了解只是初步的、模糊的,而且大体上停留在推翻旧世界的半截子上。在"造反有理"之后,对于如何建设新世界,除一度照搬苏联,始乱终弃外,似乎没有从马克思主义的本来意义中悟出多少道理来。[5]

新中国成立后,毛泽东表述最集中、对现实影响最大的就是他的"以阶级

---

① 关于此点,可参看希特勒的《我的奋斗》,董森、佩萱译,黎明书局民国二十三年五月版。1933年,詹姆斯·吉拉德写了一篇评论该书的文字,题目是《仇恨的礼赞——〈我的奋斗〉》。他在文章末尾指出:"当我们阅读希特勒针对一个曾经为人类科学、医药、外科学、音乐、美术、文学以及所有人类的崇高追求而培育了无数伟大人物的民族的仇恨礼赞时,我们不禁充满哀伤,同时为世界的未来感到恐惧。"崔权醴编译:《西风吹书读哪页:〈纽约时报书评〉100年精选》,中华工商联合出版社1998年版,第106页。

② 笔者2008年9月参观奥斯威辛集中营,见其博物馆中收有不少纳粹煽动仇恨犹太人、波兰人和吉卜赛人的罪证。

③ 黄宗良:《社会主义建设实践历史经验的哲学思考》,《中国特色社会主义研究》2004年第2期,第30页。

④ 《向旧世界宣战》,《人民日报》1966年8月26日社论引毛泽东语。

⑤ 庞忠甲:《"文革"浩劫寻根记——晚年毛泽东"大本大源"迷失之旅》,http://blog.sina.com.cn/s/blog_4d32ac4e010008p7.html,访问日期:2013年4月15日。

斗争为纲"了。在1956年11月中共八届二中全会上,毛泽东说:"我们马克思主义者认为,不平衡,矛盾,斗争,发展,是绝对的,而平衡,静止,是相对的"。后来他又说"阶级斗争,一抓就灵","斗则进,不斗则退,不斗则垮,不斗则修","八亿人口,不斗行吗?""马克思主义的道理千头万绪,归根结底就是一句话:造反有理",甚至多次说过"共产党的哲学就是斗争的哲学"。

有学者指出:毛泽东之所以主张"以阶级斗争为纲",有其深厚的哲学基础,是其特别强调矛盾斗争性的哲学观点的必然结果。① 如果我们进而追踪一下毛泽东的斗争哲学的思想渊源,可以发现,同样不是来自中国文化,而是来自欧洲。

冯友兰先生说:

> 照马克思主义的辩证法思想,矛盾斗争是绝对的,无条件的;"统一"是相对的,有条件的。这是把矛盾放在第一位,中国古典哲学没有这样说,而是把统一放在第一位。理论上的这点差别,在实践上有重大的意义。中国古典哲学中,张载把辩证法的规律归纳为四句话:"有像斯有对,对必反其为;有反斯有仇,仇必和而解"这四句中的前三句是马克思主义辩证法思想也同意的,但第四句马克思主义就不会这样说了。它怎么说呢? 我还没有看到现成的话可以引用。照我的推测,它可能会说:"仇必仇到底"……"仇必仇到底"的思想则是要破坏两个对立面所处的那个统一体。就马克思主义说,是要破坏西方资本主义那个统一体。马克思是革命家,他所组织和领导的共产党是革命的政党,马克思主义当然要主张"仇必仇到底"。毛泽东是革命家,他所组织和领导的中国共产党是革命的政党,毛泽东思想也当然要主张"仇必仇到底"。毛泽东常说:"将革命进行到底",就是这个意思。问题在于什么叫"到底","底"在哪里。②

冯先生问的深邃,"底"在哪里呢? 如果说马克思说的"底"指的是整个西方资本主义社会。而1949年以前的中国,根本就不存在一个西方式的资本主义社会,那么毛泽东的"底"又在哪里呢? 如果说砸烂1949年以前的旧中国

---

① 参见杨英法:《"以阶级斗争为纲"哲学基础错误的探析》,《邯郸农业高等专科学校学报》1999年第1期,第33页。

② 冯友兰:《中国现代哲学史》,广东人民出版社1999年版,第250~251页。

就是"底"的话,那么1949年10月以后成立起来的新中国就不应该是继续革命的对象了。可为什么还是要接连不断地运动和斗争呢?

这种困惑不要说我们这一代小晚辈了,就连像刘少奇、周恩来、邓小平那一代老一辈无产阶级革命家们都感到是"老革命碰到新问题",因而"跟不上形势"了。[①]

晚近有学者撰文指出:

> 毛泽东将共产党的哲学归结为斗争哲学,这是欠严谨的……毛泽东说"有条件的相对的同一性和无条件的绝对的斗争性构成了一切事物的矛盾运动"。毛泽东的这个观点深深影响了我国理论界,几乎所有的哲学教科书都说同一性是暂时的、有条件的、相对的,斗争性是无条件的、绝对的。其实这种说法是不妥当的,马、恩也从未说过这样的话,马克思说:"两个矛盾方面的共存、斗争以及融合成一个新范畴,就是辩证运动的实质。"恩格斯把对立统一规律称为对立的相互渗透的规律,他说:"两极的分离和对立,只存在于它们的相存依存和相互联系之中,反过来,它们的相互联系,只存在于它们的互相分离之中。"可见,同一性和斗争性是统一中的差别和差别中的同一,两者不可分割。既要从同一中把握对立,又要在对立中把握统一,这才是真正地贯彻了辩证法。[②]

依此说法,毛泽东的错误系出于对马克思主义的误解。若然,则马克思主义也并非主张"仇必仇到底"。这与冯友兰的理解自不相同,看来在这个问题上还会有许多分歧和争论,这里可暂且搁置。无论如何,可以肯定的是:毛泽东的斗争哲学及其错误的思想渊源均是来自欧西而非中土已是确切无疑的了。

这位学者又进一步指出:

> 毛泽东之所以坚持"以阶级斗争为纲",虽确属于对社会主义条件下社会主义矛盾判断的错误,但关键还在于其哲学基础的错误……"以阶级斗争为纲"给我国造成了极大灾难,今天我们纪念十一届三中全会,一定要弄清其根本原因,正本清源,杜绝此类错误的发生。如果不弄清导致

---

① 参见毛毛:《我的父亲邓小平——"文革"岁月》,中央文献出版社2000年版,第23页。

② 杨英法:《"以阶级斗争为纲"哲学基础错误的探析》,《邯郸农业高等专科学校学报》1999年第1期,第33页。

"以阶级斗争为纲"的哲学根源,虽否定"以阶级斗争为纲",却又坚持导致"以阶级斗争为纲"的斗争哲学,是不能解决根本问题的。①

这位学者说得很中肯,同时也点出了"和谐社会"理念的意义所在。如果说,中共十一届三中全会标志着新中国在政治上和实践中终结了"以阶级斗争为纲"的行动方针的话,那么"和谐社会"理念的提出则标志着中国的执政党在思想上抛弃了"以阶级斗争为纲"的哲学基础。

四　结　论

正如有学者所指出的那样:

> 从"共产党的哲学就是斗争哲学"到向国际社会推出中国的优秀传统思想"和为贵"、"和而不同",反映了中国共产党人在不同的两个时代,两个不同社会主义模式的政治哲学,表明他们在不同的历史条件下对社会发展动力的不同理解和把握。②

的确,如果我们以文化渊源为视角的话,则不妨将斗争哲学的放弃及"和谐社会"理念的提出视为是放弃盲目照搬欧西模式而最终回归中国文化主体性的一次伟大转变。

2007年1月,全国政协主席贾庆林撰文提出要"立足我国国情,总结实践经验,借鉴人类文明的有益成果,决不照搬西方政治制度的模式"。③

笔者以为,不可片面地理解这段话。照搬西方的政治制度的确是不可取的,但西方的文化和制度也是多元的。苏联版的社会主义制度及其所赖以生根的文化和思想基础同样也是西方的模式,我们是否就应该照搬呢?

答案应是普遍化的、一以贯之的,不宜厚此薄彼、双重标准,同样应该采取与前述"决不照搬西方政治制度"相一贯的态度,即:"立足我国国情,总结实

---

① 杨英法:《"以阶级斗争为纲"哲学基础错误的探析》,《邯郸农业高等专科学校学报》1999年第1期,第37页。

② 黄宗良:《社会主义建设实践历史经验的哲学思考》,《中国特色社会主义研究》2004年第2期,第31页。

③ 贾庆林:《运用科学理论指导和推动新世纪新阶段人民政协工作》,《求是》2007年第2期,第5~6页。

践经验,借鉴人类文明的有益成果,决不照搬前苏联的"制度和文化。

　　自晚清以来,我们开始了学习西方的过程,由器物到制度,再由制度到思想、文化,层层深入。开放和学习无疑是必要的、有益的,但如毫无警惕防范之心,也难免酿成灾难。其实早在 20 世纪 20 年代初,即有人提出过警告,如梅光迪言:

　　　　彼等以推翻古人与一切固有制度为职志,诬本国无文化,旧文学为死文学……放言高论,以骇众而眩俗。然夷考其实,乃为最下乘之模做家。其所称道,以创造矜于国人之前者,不过欧美一部分流行之学说,或倡于数十年前,今已视为谬陋,无人过问者。杜威、罗素,为有势力思想家中之二人耳,而彼等奉为神明,一若欧美数千年来思想界,只有此二人者。马克斯之社会主义,久已为经济学家所批驳,而彼等犹尊若圣经。其言政治,则推俄国,言文学袭晚近之堕落派(the Decadent Movement)……庄周曰,井蛙不可以语海者,拘于虚也。彼等于欧西文化,无广博精粹之研究,故所知既浅,所取尤谬,以彼等而输进欧化,亦厚诬欧化矣。[1]

　　可惜这样的警世良言,在当年那群主变革的时代大潮中不唯显得极为微弱,也极其逆耳,于是当然被斥为腐朽守旧而广遭批判。

　　人类文化是多元的,在某种意义上恰如自然界的万物并育一样,相互扶持,也相互抑制。引入异域的思想和文化,亦如引入某些动植物新品种一样,由于失去了其原有环境中既存的抑制力,被引入的新品种可能会泛滥成灾,肆虐无穷。斗争哲学的引入给中国人民带来的巨大创伤就是一个典型事例。

　　因此,只有真正摒弃舶自欧西的极端化的暴力观念和斗争哲学,恢复对我们固有文化的自信心并藉以化解社会上可能存在的各种冤仇和矛盾,才有可能实现中华民族的伟大复兴。中国共产党"和谐社会"理念的提出,应当说,正是朝着这个方向迈出的关键一步。只要我们能够真心实意地坚持"和谐"理念不动摇,可以肯定地说,中国法治和中国文化的前景是极其光明的。

---

　　① 梅光迪:《评提倡新文化者》,《学衡》第 1 期,1922 年 1 月。

第十七章 珍视传统的革命家——从董必武研究资料的搜集说起

最近几年里，我对董必武法律思想的研究没有什么进展，主要原因还是资料不足，因此我想把注意力集中在搜集资料上。尽管这方面的工作也是收获甚微，但还是想有机会和同行们交流一下。

有关董必武研究资料的搜集，就我个人所见，值得一提的有以下几项。

第一件是 1929 年 12 月 31 日《董必武给何叔衡的信》，①原存于中共驻共产国际代表团文件中。查业经出版的几部董老文集均未收入，但中央文献出版社 1991 年版的《董必武年谱》（第 99 页）提到了此信。② 该信的内容比较简短，主要是回忆中共一大会议的情况，信中说一大会议没有宣言，"只向国际作了一个中国情形的报告。报告是李汉俊和董必武起的草，经大会通过"。据编者注，该报告的中文原稿没有看到。

第二件是《杨兆龙法学文选》收录了一封杨兆龙《致最高法院董必武院长的一封信》，标题为《关于社会主义立法的若干问题》，据该书编者注说："杨兆龙教授早在 1950 年全国首届司法工作会议上，经最高法院副院长张志让介绍与董老会晤，畅谈中国的法制建设问题，深得董老赏识，当即任命他到上海去

---

① 编者加标题为《关于一大的回忆》，载于中共中央党史资料征集委员会、中共中央党史研究室编：《中共党史资料》一九八二年第三辑（内部发行），中共中央党校出版社 1982 年版，第 1~2 页。

② 已出版的董老文集分别有聂菊荪、鲁明健等编：《（董必武）论社会主义民主和法制》（人民出版社 1979 年版）及选集、年谱、传略编辑组编辑的《董必武选集》（人民出版社 1985 年版）、《董必武政治法律文集》（法律出版社 1986 年版）、《董必武统一战线文集》（法律出版社 1990 年版），和董必武法学文集编辑组编：《董必武法学文集》（法律出版社 2001 年版）。

出任东吴法学院院长一职。1957年下旬,杨兆龙教授就社会主义立法的若干问题,草拟了一封致当时的最高法院院长董必武的信。本想由《新闻日报》记者陈伟斯通过该报驻京办事处转送最高法院,但此信被截留。原件被砍头去尾作为"反面教材"见于1958年《法学》第1期傅季重的批判文章的附注里,至今鲜为人知。"①

第三件是1957年5月董老为国务院法制局法制史研究室编纂的《中国法制史参考书目简介》撰写的题词,全文如下:

> 这本《书目简介》的编著,只是整理我国法制史资料的开端。希望有志这门学问的人赓续前进,扩展法制史的研究工作。②

这段简短的文字是以墨笔手迹的形式载于该书版权页之后,其性质介于题词和书序之间。全文虽然不过寥寥47字(不计标点符号),但从中仍能看出董老对于固有法制及传统法律文化的重视。

另外两件就是我本人组织的两次采访,一次是2003年春季采访原最高人民法院副院长王怀安同志,另一次是同年冬季采访原最高人民法院副院长邢亦民同志,两份采访的实录均由中国社科院法学所研究生孙琦整理撰稿,经我修订后分别发表于《环球法律评论》2003年夏季号和2004年夏季号上。在这两份访谈录中,受访者都提到了有关董老的情况,可视为重要的口碑资料,用现在流行的说法叫做"口述历史"。注重和加强口述历史或口碑资料的调查、搜集和整理,在当前具有特别的紧迫性。许多曾经与董老共同生活和工作的同志,都年事已高。光阴荏苒,这项工作如不抓紧,许多材料就很可能会失之交臂,永久湮灭。那不仅非常遗憾,也使我们丧失了更多了解历史的机会。

以上我介绍的那几件散见的材料,可以说并没有提供多少关于董老研究的充足信息,各材料之间也缺乏联系性,因此也不可能单凭这几个材料做出什么系统的研究,但是这些材料的搜罗还是能给我们提供一些启示。

首先,研究董老的法律思想,不能把眼光局限于已经出版的各类董老文集

---

① 郝铁川、陆锦碧编:《杨兆龙法学文选》,中国政法大学出版社2000年版,第36页。关于杨兆龙的"右派"言论可参见复旦大学校刊编辑室编:《毒草集——批判右派思想言论选辑之一》,1957年8月(出版信息不详),第30~37页。

② 国务院法制局(法制史研究室)编:《中国法制史参考书目简介》书前墨迹,法律出版社1957年版。

上。搜集有关董老的研究资料，在有关档案正式解密之前，也不能指望有什么集中的、大规模的发现。但是，我们的研究工作不能静候等待，必须拓宽眼界，从点滴做起。譬如上面提到的《董必武给何叔衡的信》、杨兆龙致董老的信以及董老为《中国法制史书目简介》撰写的题词，都不见于各类董老文集之中，但其中提供的信息对研究董老的生平和思想还是非常重要的。为此我们必须把眼界放宽到其他国内外已未出版的各类文献上，大海捞针，有时也可能会淘沙见宝。

其次，我个人认为，我们不能忽视间接材料和旁证材料的搜集和利用。所谓间接材料和旁证材料，即并非直接涉及到董老但可能会对研究董老提供重要线索或帮助和启发的材料。譬如董老自幼受过良好的国学教育，1903 年中秀才，后又东渡日本求学，并曾追随孙中山先生投身辛亥革命。五四运动前后，受新文化运动和俄国十月革命影响，逐渐接受马克思主义并投身革命事业。中共党内有许多老一辈革命家，譬如著名的延安五老（或十老），有着与董老相同或相近的经历，在思想、见解和情感上肯定也会有许多相通之处。因此我们研究董老的时候，不能忽视对他们的研究。

总之，通过对上述零星散见材料的发掘整理并结合既往已公布的资料加以研究，我们似乎可以得出这样的一种认识：即董老作为老一辈革命家和中共高层领导人，尽管在赞成和支持革命这一点上与他同时代的主流革命家有着共同之处；但是在如何对待法制、秩序和传统文化的问题上，却又与他同时代的主流革命家有着许多不同之处。

刚刚过去的 20 世纪，对中国来说堪称是一个疾风暴雨的革命世纪。在面对法制、秩序和传统文化时，主流的革命思潮可以概括为蔑视和破坏。

1928 年春，井冈山的工农红军出击湘南至桂东县，4 月初一，在该县沙田圩召开军民大会，毛泽东亲自撰写了一幅对联："旧世界打得落花流水，新社会建设光明灿烂。"①以后的半个世纪里，他确实如这幅对联的上联所说的那样，将旧世界被打得落花流水。他不但领导中国共产党人推翻了旧政权，也砸烂了中国的旧文化，甚至连新中国成立后尚在草创且远未成型的法律和秩序，也被他发动的一连串政治运动冲击得支离破碎。

---

　　① 胡为雄：《诗国盟主毛泽东》，当代中国出版社 1996 年版，第 235 页。

吴宓先生在 1957 年 7 月 27 日的日记中写道:"由近日之运动学习,宓深明党与人民政府之政策与方针如下:……中国之宗教、历史、文化、中国人之道德、风俗、习惯,尤其中国之文字,决全部废除,并加以曲解与'改革'"云。①

梁漱溟先生也指出:

> 我固早知在毛主席思想体系中,法律只是施政的工具,非其所重。此其例甚多。即如清季有法律学堂,民国初年有法政专门学校,今毛主席却不沿用"法政"一词,而必曰"政法"者,正谓无产阶级专政为主,固非若近世欧美立宪国家宪法高于一切也……此在理论上未尝〔不〕自成一说。毛主席《论人民民主专政》(见毛选第四卷)一文中有云:"你们独裁,可爱的先生们,你们讲对了,我们正是这样。"坦率无饰,要亦无需乎掩饰耳。但建国初期中央各部院犹有司法部,史良任部长,后来便裁撤了。至今有各级法院之设,而事务甚清简。社会上有不少问题皆由公安部门以行政处分处理之。②

毛泽东在 1958 年 8 月 21 日下午北戴河政治局扩大会议上的讲话中也说过:

> 法律这个东西没有也不行,但我们有我们这一套,还是马青天那一套好,调查研究,就地解决,调解为主。大跃进以来,都搞生产,大鸣大放大字报,就没有时间犯法了,对付盗窃犯不靠群众不行。(刘××插话:到底是法治,还是人治?看(法)〔来〕实际靠人。法律只能作办事的参考,南宁会议、成都会议、"八大"二次会议,北戴河会议的决定,大家去办就……上海梅林公司搞双法,报上一登,全国开展。)不能靠法律治多数人,多数人要靠养成习惯。军队靠军法治人,治不了,实际上是一千四百人的大会治了人,民法刑法那样多条谁记得了。宪法是我参加指定的,我也记不得。韩非子是讲法治的,后来儒家是讲人治的,我们每个决议案都是法,开会也是法,治安条例也靠成了习惯才能遵守,成为社会舆论,都自

---

① 吴宓:《吴宓日记续编》第 3 册,吴学昭整理注释,生活·读书·新知三联书店 2006 年版,第 138~139 页。

② 梁漱溟:《梁漱溟全集》第七卷,山东人民出版社 2005 年版,第 429~430 页。按:这是梁漱溟先生 1977 年 2 月 22 日访问雷洁琼女士后撰写的文章,其访问的目的在于以他自己对毛泽东法律观的所见寻求雷洁琼的印证。

觉了，就可以到共产主义了。我们各种规章制度，大多数，百分之九十是司局搞的，我们基本不靠那些，主要靠决议，开会，一年搞四次，不靠民法刑法来维持秩序。人民代表大会，国务院开会有他们那一套，我们还是靠我们那一套。①

毛泽东曾经设问并自答说："人的正确思想是从哪里来的？是从天上掉下来的吗？不是。是自己头脑里固有的吗？不是。人的正确思想，只能从社会实践中来。"②那么，我们也可以设问，毛泽东的彻底革命、不断革命的思想又是从哪里来的呢？都是来自他本人直接的、亲身的社会实践吗？有无他人的、间接的经验？是否全来自中国的传统文化？有无域外的影响？何者为主？

关于上述疑问，近年来已有不少人做过研究。譬如关于毛泽东熟知中国传统文化的说法，吴宓先生早在1964年1月20日的日记中就曾写道：

> 昨闻人言，毛主席平日恒翻览中国经史旧籍，其内政大法、外交奇策，皆从中国旧籍中出。宓窃以为，此正毛主席之精正伟大高明之处，深值吾侪之敬服者。盖经史旧籍中之理与事，即"中国人民之智慧、经验"，本极丰富精到，而有用。毛主席能以此与马列主义结合，其力量及效果，自然不同庸才及凡响。例如1962年中印边境之先自撤兵，即是由中国书中得来之胜着。独惜毛主席不敢明言中国经史旧籍之价值，而讳其来源，仍以诋諆批判号召后生（同此，毛主席以所作诗词为世模范，而命臧克家传语曰："新中国之青年不可作旧诗词"），则未免予智自雄，而不与人同善，此其所以不及曾文正公也欤？③

显然，在他看来，毛对中国传统文化既无敬意，更缺乏信任，只不过是有意无意地偶加利用而已。

关于毛泽东革命思想的文化渊源，日本学者竹内实看得很清楚，他说："毛泽东与孔子不同，毛泽东恐怕依据的是外来思想。在传入中华世界的外

---

① 《毛泽东思想万岁（1958—1960）》，出版信息不详，第109页；另可参见石碧波：《法治：建国路上的两难选择》（《炎黄春秋》2004年第2期）一文中的摘引。据该文知前引《毛泽东思想万岁》文中插话之刘××即刘少奇。

② 《对〈中共中央关于目前农村工作中若干问题的决定（草案）〉稿的修改》，中共中央文献研究室编：《建国以来毛泽东文稿》第10册，中央文献出版社1996年版，第299页。

③ 吴宓：《吴宓日记续编》第6册，吴学昭整理注释，生活·读书·新知三联书店2006年版，第143~144页。

来思想中,除了马克思主义以外,进入近代的还有基督教。太平天国的'革命'就是由基督教触发的,(面)〔而〕中国共产党的革命是由马克思主义引导的。"①王元化先生对毛泽东思想的文化渊源做过比较透彻的分析,他指出:

那时(笔者按:指1991年前后),我以为毛泽东主要是吸收继承中国传统中的东西(在大陆学界这种看法似乎至今仍占支配地位),其实这是很片面的。直到90年代后半叶,特别是在我开始探讨《社会契约论》的那几年,我发现他以前十分注意苏联的理论概况以及由苏联理论家阐释的马克思主义著作。他读过不少这方面的书,比如在延安时期战前出版的里昂吉耶夫的经济学,亚历山大洛夫的哲学之类。延安整风时期刊印的"干部必读",大概是经他指定的书籍,而这些书籍也都是同类性质的。作为他的哲学奠基之作的两论《实践论》与《矛盾论》,更完全是以列宁的《唯物主义与经验批判主义》、《谈谈辩证法》以及斯大林的《历史唯物主义与辩证唯物主义》为依据。两论是毛泽东思想的根本,其他政治、经济、社会、文化等等学说均以此为基础。两论中虽然也偶或涉及中国传统观念(如知行的模式、老子语录、孙子及其他兵法家的警句,《水浒》中的三打祝家庄的故事等等),但这些都只是他所谓的"民族形式",或用来说明原理,或作为例证而加以援引,而并不是理论的根据。他在倡导人民公社时,想到的是张鲁传和巴黎公社,而人民公社的命名就是由巴黎公社而来。我觉得列宁的《唯批》对他的影响特别大。(五五年反胡风时就是以这本书为主要依据的。)苏共与中共都曾以这部书作为训练高级干部的党校教科书。大陆理论界长期以来用唯物唯心两条路线斗争的模式来研究历史和历史人物,据以划线,并判定高下,而其根基则是来源于《唯批》。至于"造反有理"虽然主要是总结了中国历史上的农民造反运动的经验,但也渗进了法国大革命的影响。(一位友人曾经对我说,他的思想主要来自传统。)但我认为并不这样简单。比如作为他思想中的一个重要部分"改造人性",这是中国传统中没有的,而是很可能来自从苏联理论界传入的有关法国大革命雅各宾专政时期对卢梭理论的诠释和实践。再如斗争哲学也是他思想中的一个重要部分,孔老二没有这个东西,也许

---

① 竹内实:《当代中国的掌舵人——邓小平·序论》,中央文献出版社1993年版,第2页。

和法家传统可以沾上边,但主要还是他对阶级学说的诠释和创造性的发展。他的思想渊源是错综复杂的,仅仅用传统去概括,就不免简单和片面了。其中有传统的(但需要对儒释道墨法等传统加以分辨,更需要将大传统和小传统加以区分),有来自苏联所介绍的马列主义理论的,也有对传统和外来学说加以创造性发展的等等。①

另据刘泽华教授记述,毛泽东的哲学代表作《矛盾论》,间接袭自苏联学者的论述,直接袭自杨秀峰 20 世纪 30 年代初的石印本《社会学大纲》,两书"在论述矛盾的普遍性、主要矛盾、矛盾的主要方面等观点上,有些语句几乎相同。"②

简言之,毛泽东的革命思想主要是受来自域外的欧洲文化,特别是法、俄革命思想的影响,而中国传统文化的影响只是形式,且明显居于次要的地位。

不过,欧洲的文化也是多元的,并非只有革命的思想。号称近代保守主义哲学奠基人的英国著名政治理论家柏克对 1898 年的法国大革命,就持否定和批评的态度。在他看来,法国大革命的暴力把一切美好的传统都摧毁了,并且从根本上"动摇了社会秩序和自由的基础,以及在漫长的历史过程中所形成的一切美好的事物和人类文明的瑰宝。他预言这种毁灭性的破坏终将导致一种新的专制主义强权的出现,唯有它才能够维持社会免于全面的混乱和崩溃。而且这种专制主义还必然会蔓延到法国境外的整个欧洲。不久以后,拿破仑之登上舞台及其所建立的欧洲政治霸权,似乎是完全证实了他的预言"。据说,"这是历史学史上最罕见的准确预言之一"。③

当然,向称保守的柏克也不是一味地反对革命,他赞成英、美的革命。因为在他看来:"英美的革命是以发扬传统中的美好的价值为目的的。"④

在如何看待革命的问题上,董老未必会同意柏克的见解;但是在珍视传统这一点上,董老肯定能与柏克产生共鸣。1949 年以后,董老长期主持政法工作,他的基本主张就是尽快建立起法制和秩序,这也可以说是他后半生所追求

---

① 王元化:《清园自述》,广西师范大学出版社 2001 年版,第 67~68 页。括号内文字未特别说明者,皆为原文。
② 刘泽华:《我在"文革"中的思想历程》,《炎黄春秋》2011 年第 9 期,第 25 页。
③ [英]柏克:《法国革命论·译者序言》,何兆武等译,商务印书馆 1998 年版,第 vii、第 iv 页。
④ [英]柏克:《法国革命论·译者序言》,何兆武等译,商务印书馆 1998 年版,第 vii 页。

的目标。对此,笔者曾有专文做过论述。① 本章前面提到那些零星材料,正可以进一步加强和印证笔者以往的观点。

对于中国的传统文化,董老也表现出了极大的同情,甚至可以说是温情,这就使他迥异于他同时代的主流革命家们。

1965 年 1 月,董老在游览成都武侯祠时,题写了一幅匾联:"三顾频繁天下计;一番晤对古今情。"上联是摘录杜甫诗《蜀相》中的原句,下联是董老对这段古今传为佳话的历史故事的由衷赞美。董老用一个"情"字联结古今,正反映出他对中国传统和中国文化的深情。

在今湖北省罗田县城东北有一座坟茔,是近代著名方志学家、原武汉大学教授王葆心(1867~1944)先生的墓地。墓前立有大理石碑及墓志三方,两侧石柱上刻有董老题写的挽联:"楚国以为宝,今人失所师。"上联所说的"楚国以为宝"系借自儒家经典《大学》中的典故:"《楚书》曰:'楚国无以为宝,惟善以为宝。'"下联则似乎是叹惜今人失去了旧时代的文化大师。而该墓碑竖立的时间,正是中国知识分子遭到严厉整肃的 1957 年。

从上述这两组联语中,我们似乎可以隐约窥见董老对中国传统文化的真挚情感。笔者以为,这才是一个真正的革命家所应有的胸怀。

一场革命是否真的有益于一个社会的健康发展乃至人类的解放,或许并不在于它对传统的破坏,而在于对传统的扬弃,即扬善弃恶。中国拥有五六千年的文明传统,如此悠久的文化积淀,不可能全然没有糟粕,但也不可能尽是糟粕。而且,即便是糟粕,也未必没有化腐朽为神奇的可能性,简单地砸烂和抛弃均非可取之道。

关于传统和糟粕,楼宇烈先生有过一番精彩的论述:

> 我们常讲,对于传统文化要取其精华,去其糟粕,那什么是糟粕,什么是精华? 这都要根据我们的现代社会而定,而且你说是糟粕,不一定的,你说是精华,也不一定的。为什么呢? 精华的东西到了今人的手里面一用就变成糟粕,糟粕的东西通过今人运用也可能是精华。我这样一说,可

---

① 参见苏亦工:《开国前后的民主法治构想及其中辍——纪念董必武同志诞辰 115 周年》,祝铭山、孙琬钟主编:《董必武法学思想研究文集》,人民法院出版社 2001 年版,第 277~306 页。

能有人会认为是没有标准。那事实上就是这样啦，腐朽可以化为神奇，神奇也可以化为腐朽，关键的是今人如何去把握它，如何去运用它。所以我们不能赖我们的历史给我们留下了那么多的包袱，那是因为我们今天的人不善于去运用它。今天的法治民主，都是我们今天实在的文化，在传统的文化中间是不会有今天的这些东西的，但是今天的东西是在传统的基础上开发出来的。既然西方在走向近代的过程中，他们运用自己的传统希腊罗马的文化以及中国的传统——他们从中国这儿吸取到人本精神去抵制西方自己的神本精神，神本主义的东西，然后开发出了近代的这种理性主义的时代。这并不是说拿来就用，而是经过了消化开发的。既然西方人可以把我们传统的东西运用到现代，变成了现代的民主，为什么中国人就不能从自己传统的东西中开发出现代的东西来呢？现成拿过来是不可能的，传统的东西里面没有现成的现代的东西，必须要经过现代人的转化才可以。所以这个责任都在我们现代人的身上，简单地去区分糟粕与精华并不是一个好的办法，关键在于我们今天的人把这些东西如何转化。①

楼老的这段话说得非常好。无论传统文化还是外来文化，究竟是精华还是糟粕，关键还在于运用者而非文化本身。善用者能够点石成金，变废为宝，化腐朽为神奇；败家子纵使坐拥万贯家财，若是一味挥金如土，毫不吝惜，最终也会坐吃山空。因此，对待人类的文化遗产，绝不可轻言弃毁。

耶稣·基督在《马太福音》中讲过一段名言：

> 莫想我来要废掉律法和先知。我来不是要废掉，乃是要成全。我实在告诉你们，就是到天地都废去了，律法的一点一画也不能废去，都要成全。

我想，董老投身革命的目的，或许正像耶稣·基督说的那样，并非是要废弃中国的文化传统和法制，而是要"成全"！所谓"成全"，我的理解，即如楼宇烈先生所说，就是要从中国传统中转化和开发出符合现代精神的东西来，这就叫化腐朽为神奇！

---

① 《"中国文化与现代法治"对话录》，《中国政法大学学报》2010 年第 5 期，第 17 页。

第十八章　拯救过去,让先辈的苦难获得意义

前些年翻译美国犹太裔法学家鲁本的《法律现代主义》一书时看到过里边有这样一段话:"我们各种各样的斗争是为了细述过去的特权,这使得过去所蒙受的苦难获得了意义。"①

坦白地说,直到晚近,我可能还没有完全理解鲁本这段话的深意,所以至今还在思考。今天我想把我的模模糊糊的思考说出来以便求得大家的帮助和指正。

记得 1993 年秋季,大概是我刚到美国的两个月以后,一位名叫安迪·克雷顿的华盛顿大学法学院的学生带我先后看了两部电影,一部是《霸王别姬》,另一部是《喜福会》(Joy Lucky Club),都是中国的或关于中国的片子。一次散场时遇见一个老汉,是安迪的熟人,寒暄了几句。那老人对我简单说了两句对电影的印象:"真是不一样,真是不一样。太苦了"。后来安迪开车送我回家,又聊了一阵儿,他说:"你们中国人为什么总要吃那么多的苦呢。"我说:"生活中就有那么多的苦嘛,连我小时候也吃过些苦。难道你们就从来不吃苦吗?"他回答说:"我们好像不用吃什么苦。如果生活太苦,我们就换一种生活。如果是政府给我们带来的苦,我们就换政府。你们好像只有逃到外国去,但还是得吃苦呀"。

时隔多年,安迪的那些话还时不时地萦绕在我的耳际。是呀,"吃苦"、"命苦"这类话差不多已经成了我们中国人的口头禅啦。苦难深重的中华民

---

① 　[美]戴维·鲁本:《法律现代主义》,苏亦工译,中国政法大学出版社 2004 年版,第 344 页。

族为什么从古至今总是在吃苦呢?而且差不多总是在重复同样的苦难呢?

最近看到一位日本宪法学家的书,他那书一开篇就写道:

> 近代以来,人类以国家为单位的各个历史阶段,每走过一个艰难困苦的里程,都是要通过宪法来制定为克服困难所需要的新规则,以此来继续人类的发展;每经历一段苦难深重的生活,都要通过宪法来确定为消除苦难所需要的新的政治及社会的基本形态,从而进入新的历史阶段。①

看来,安迪说的不对,吃过苦的不止是我们中国人,全人类各个民族、各个国家都有过吃苦的经历。安迪说美国人没有那么多吃苦的经历可能是因为他们每经历一段苦难深重的生活以后都要通过宪法来确定为消除苦难所需要的新的政治及社会的基本形态,从而进入新的历史阶段,因此他们很少重复以往的、同样的苦难。

与此相反,我们之所以总是对过去的苦难耿耿于怀、记忆犹新是因为我们从未真正摆脱过过去的苦难。俗话说"好了伤疤忘了疼"。我们之所以总是忘不了疼,要么是那旧有的伤疤仍在隐隐作痛,要么是又不断地在增添新的伤疤。但是我们既不知道怎样去治愈那些旧有的伤疤,也不知道如何避免继续遭受新的创伤。于是便只有在创痛中呻吟、挣扎,了此余生。我们中华民族虽然号称是世界上最重视历史的民族,但我们最欠缺的恰恰是拯救过去的能力。因此除了重复以往的苦痛以外,始终未能赋予那些苦难以多大的意义。以致历史不断循环,谬种代代流传。

或许,这就是前述鲁本那段话的深意所在。当我们获得了叙述过去的特权时,我们的先辈们蒙受的苦难就获得了意义。相反,如果我们没有获得叙述过去的特权,那么我们先辈所吃过的种种苦难就都白吃了,没能获得它理应获得的意义,我们今后还要遭遇同样的苦难,用"文革"中常用的术语来说就是"重吃二遍苦,重受二茬儿罪"。

举个典型的事例,我们反对某些日本政要参拜靖国神社、反对某些日本教科书篡改日本侵华战争的史实,无非是要同那些日本人争夺对那段历史的叙事特权。我们为什么一定要争夺这项特权呢?说穿了,就是为了让三千五百

---

① [日]杉原泰雄:《宪法的历史——比较宪法学新论》,社会科学文献出版社 2000 年版,第 1 页。

万同胞的死难获得意义。① 意义何在呢? 一言以蔽之,就是要避免同样的历史再度发生。为此,我们必须捍卫我们对那段历史的叙事特权。因为只有当我们赢得了对那段历史的叙事特权,我们才有可能拯救我们的祖先;而只有当我们有能力拯救我们的祖先时,我们才有可能拯救我们自己和我们的子孙。本雅明说:

> 在以往的各代人与当今的一代人之间有一个秘密协议。就像我们以前的每一代人那样,我们被授予了某种微弱的弥塞亚权力,往昔的时代可以对此权力表达某种主张。②

由此说来,拯救过去,捍卫历史的公正,并不是什么可为可不为的选择,而是我们的先烈赋予我们的权力,也是作为后辈的我们必须对前辈承担的义务。如果我们放弃我们的权力,逃避我们的义务,我们就真的成了中华民族的不孝子孙!

再比如说,我出生在 1962 年,正是"三年困难时期"的尾声。后来听到许多关于那三年困难时期的传说。按照当时的官方说法,三年困难主要是由于三年自然灾害造成的,当然还有"彭黄张周右倾反党集团"等阶级敌人的捣乱破坏和苏修的逼债。可是直到我上中学时,吃不饱、穿不暖仍然是一个极为普遍的社会问题。1981 年时,听到传达《关于建国以来党的若干历史问题的决

---

① 估算数字。李恩涵先生说,1937—1945 年间,"据粗略而不完整的统计,中国军民因日军侵略而战死或无辜被杀者达 1500 万人;另一统计,称华军死伤总数达 1100 万人,平民死伤达 900 万人,财产损失达美金 500 亿元(当时币值),无家可归者约 6000 万人。而在八年的长期战争中,全国约有 930 座城市被日军占领过,占全国城市总数的 47% 以上,其中被侵占的大城市则占全国大城市的 80% 以上;而在 1941 年至 1942 年,日军在实施野蛮的'烧光、杀光、抢光'的'三光'政策以进攻华北中共游击区时,竟将原有四千五百万人口的该一区域消减至只剩人口二千五百万人。所以,日军之凶暴、野蛮与狂妄,实为战时日本的'国格'与显著的特征,他们在中国所犯下的战争罪行,包括屠杀平民与战俘、强奸、抢夺破坏与放火等,据中华民国检察官向哲濬在战后东京远东国际军事法庭审判日本甲级战犯所提出的指控,在 1937 年至 1945 年间,初步统计即达九万五千多件;而 1946 年 3 月 3 日,上海地方法院检察处宣布,只上海地区日人被控所犯的各项战争罪行,即达三万多件。日军在进攻与占领中国各大、中、小型城市与乡镇所进行的大规模、无差别的屠杀非战斗人员的严重事件,其荦荦大者,如在河北邢台,山西灵丘、朔县、宁武,上海,苏州,南京,汉口,广东惠阳、台山,海南博文,长沙(1941),桂林(1945)等地所犯下的罪行,实指不胜屈。"李恩涵:《日军南京大屠杀的屠杀令问题》,(中国台湾)《中央研究院近代史研究所集刊》1989 年第 18 期,第 281~282 页。

② [美]戴维·鲁本:《法律现代主义》,苏亦工译,中国政法大学出版社 2004 年版,第 343~344 页。

议》，方才知道，那所谓的三年自然灾害其实主要是人祸而非天灾。决议写道："主要由于'大跃进'和'反右倾'的错误"造成了"我国国民经济在一九五九年到一九六一年发生严重困难，国家和人民遭到重大损失。"①

按照我们惯常的说法，这就叫做"拨乱反正"，"还历史以本来面目"。套用鲁本的解释手法，这是由于以邓小平同志为首的党的第二代领导核心取得了叙述过去的特权，方才使得彭德怀同志以及那些在三年困难时期死于非命的同胞们所蒙受的苦难获得了意义。

2012年3月（"两会"期间），叶剑英元帅的女儿凌孜接受采访时谈到1979年开始的改革时说，那无非是要"顺应民意。当时老百姓没吃没喝，工农业到了崩溃边缘"，广东省公安厅向叶剑英汇报说："广东目前出现逃港潮，深圳、珠海这些沿海村里剩的都是老弱病残，能走的都走了"。叶剑英听了就流眼泪了，说："出来革命几十年，现在一看，老百姓的生活比原来还惨，怎么能不痛心呢？"凌孜回忆道，当时父亲没有说要抓这些老百姓，知道他们逃港纯粹为了生存。② 建国三十年了，人民的生活水平还不如革命成功之前，最基本的生存权利都得不到保障，这样的"革命"、这样的"社会主义"又有什么意义呢？念及于此，这一次广东省逃港的民众没有像以往那样被抓回来作为"里通外国"的阶级敌人予以"法办"；安徽省凤阳县小岗村的农民斗胆私自"包产到户"，也没有再被当成阶级敌人接受专政。

及至到了20世纪80年代以后，"三年自然灾害"也就极少发生了，我们这一代人的子女们也就不必再度忍受饥饿的煎熬了。孟子说的"王无罪岁"，或许也就有这样的一层意思吧。

反面的例子当然更多了，限于各种原因，我就不列举了。应当说，尽管我们已经避免了一些苦难的重复发生，但是尚未通过宪法来确定为消除苦难所需要的新的政治及社会的基本形态，即便有些确实已经写进了宪法，但却仍然停留在纸面上。

---

① 中共中央文献研究室编：《关于建国以来党的若干历史问题的决议注释本》，人民出版社1982年版，第24页。同书第335页注释条目称："我国国民经济在一九五九年到一九六一年所发生的严重困难，党和人民所遭受的巨大牺牲和损失，部分地是由于自然灾害和苏联政府背信弃义的破坏，主要地是由于'大跃进'和'反右倾'的错误造成的结果。"

　② 刘俊等：《"红色后代"谈改革：我们中国乱不得》，《南方周末》2012年3月8日。

马丁·路德·金说过:"立法和法庭命令只能宣示权利,永远也做不到全面地输送权利。只有当民众自己起来行动时,那纸面上的权利才能被赋予有血有肉的生命。"①

近年来,法律史学界经常讨论"中国历史上的法制变革"之类话题。我想,我们法律史学人首先应当解决的就是如何赋予我们的前辈在历次法制变革中所遭遇的种种磨折、失败和苦难以意义。

按照鲁本的观点,要实现这样的目标,既不能靠单纯地向前看,也不必奢望科学分析的方法会产生多大的魔力,而是应该重构起那已经断裂了的叙事,将历史上的牺牲者们被遗忘的声音重新编织起来,从而使我们真正领悟公正在现代社会中的性质。

鲁本指出"政治行动……其最初的也是最终的目标在于挽救过去。这种挽救不是象征意味上的;相反,如金氏(指美国民权运动领袖小马丁·路德·金)那样,他认为政治行动改变了历史的结构,打断了历法上的次序并将过去和现在缝合在一起;通过重塑往昔——差不多是变成往昔,从而使现在挽救过去。……我们重新复活并拯救被奴役的祖先就要重新投入他们为自由而进行的战斗……"②

有一位中国学者也写道:

> 无论是一个人或一个民族,对于20世纪中如此巨大的"创伤记忆",以为不靠文字像碑铭一样建立的反省、清算、消解而生长、置换、超越的能力就可以在下一代人的新的生活方式中悄悄的遗忘、抹去,这除了不真实和不负责任,还说明这个人或这个民族已在历史的惰性中无力无能承担他自己的遭遇从而把无力无能追加在历史的惰性中作为欠负的遗产弃置给了下一代。于是,这个人或这个民族就这样自己注定了自己一再重复的命运。③

难怪朱希祖先生说:"亡史之罪,甚于亡国。亡国而国史不亡,则自有复

---

① [美]戴维·鲁本:《法律现代主义》,苏亦工译,中国政法大学出版社2004年版,第302—303页。

② [美]戴维·鲁本:《法律现代主义》,苏亦工译,中国政法大学出版社2004年版,第342页。

③ 张志扬:《创伤记忆——中国现代哲学的门槛》,生活·读书·新知三联书店1999年版,第69~70页。笔者按:原文似有语病,但大意似可明了。

国之日。何则? 其魂魄永存,决不能消灭也。"①徐梵澄先生也说:"历史当然是重要的,因为人类最高成就的记录就保存在历史之中。对成败得失的研究,能为人类提供有益的教训,这些教训对于现在与未来几代人都具有重大的价值。"②

显然,重塑往昔,复活并拯救我们被奴役的祖先正是我们每一代、每一个有良知的中国人义不容辞的责任和使命!

---

① 周文玖选编:《朱希祖文存》,上海古籍出版社 2006 年版,第 173 页。
② 徐梵澄:《徐梵澄随笔·古典重温》,北京大学出版社 2007 年版,第 117 页。

第十九章 王不必大——从瑞士联邦制探讨中西共同的价值观

　　2008 年下半年我到瑞士弗莱堡大学做了半年的访问学者,9 月间曾东游数国,行经柏林时,看到了不少二战时期的弹火遗痕,印象甚深。回归弗莱堡以后,再睹瑞士的和平、富庶、人民安居乐业,似乎对瑞士的文化也有了较之东行前更深刻的理解。

　　眼下国人可能久已习惯了西方的价值评判体系及其术语,设若换用中国固有的儒家价值观重新考量,不知会是怎样的一番景致。今笔者斗胆做此尝试,妥当与否,就只有暂且不顾了。

　　试想德瑞两国,语言、文化、历史都有很多相近之处,但最近百多年的经历却截然不同。是什么原因造成的呢?依我之见,是两国所奉行的立国理念不同。用中国儒家文化价值观念来解释,二战前的德国走的是霸道,而瑞士走的略近王道。两国的命运之所以不同,原因应该就在这里。

一　王道与霸道

　　"以力假仁者霸,霸必有大国。以德行仁者王,王不待大。汤以七十里,文王以百里。"——《孟子·公孙丑上》

　　王和霸是中国传统文化中一组对应的概念。什么是霸呢?霸就是运用暴力等强制措施,压迫他人接受自己的意志。用孟子的说法就是"以力服人",霸道的优点是立竿见影,速成速效;缺点是难以持久,常常会一朝而崩溃,原因

449

很简单：霸道是依靠强权暴力或阴谋诡计的压服和诱骗，用孟子的话说就是："非心服也，力不赡也。"

《战国策》卷二十五载有一段故事，久为人们所乐道，可为"非心服也，力不赡也"做一注脚。故事的背景是，秦王（即后之秦始皇）在灭魏亡韩之后，向安陵君提出欲以五百里之地置换安陵，安陵君婉拒，遣唐且向秦王当面解释。

> 秦王谓唐且曰："寡人以五百里之地易安陵，安陵君不听寡人，何也？且秦灭韩亡魏，而君以五十里之地存者，以君为长者，故不错意也。今吾以十倍之地，请广于君，而君逆寡人者，轻寡人与？"唐且对曰："否，非若是也。安陵君受地于先王而守之，虽千里不敢易也，岂直五百里哉？"秦王怫然怒，谓唐且曰："公亦尝闻天子之怒乎？"唐且对曰："臣未尝闻也。"秦王曰："天子之怒，伏尸百万，流血千里。"唐且曰："大王尝闻布衣之怒乎？"秦王曰："布衣之怒，亦免冠徒跣，以头抢地尔。"唐且曰："此庸夫之怒也，非士之怒也。夫专诸之刺王僚也，彗星袭月；聂政之刺韩傀也，白虹贯日；要离之刺庆忌也，仓鹰击于殿上。此三子者，皆布衣之士也，怀怒未发，休祲降于天，与臣而将四矣。若士必怒，伏尸二人，流血五步，天下缟素，今日是也。"挺剑而起。秦王色挠，长跪而谢之曰："先生坐，何至于此，寡人谕矣"。①

关于这段记述的真实性，学界向多疑意，有权威观点认定是"辩士之寓言"，但这并未影响该故事"流传至广，几于家喻而户晓"②。是何原因呢？值得思量！陈寅恪在《柳如是别传》开篇章中曾自道其撰著该书之"缘起"：

> 夫三户亡秦之志，九章哀郢之辞，即发自当日之士大夫，犹应珍惜引申，以表彰我民族独立之精神，自由之思想。何况出于婉娈倚门之少女，绸缪鼓瑟之小妇，而又为当时迂腐者所深诋，后世轻薄者所厚诬之人哉！③

可见，暴力压服虽能得逞于一时，终难征服人心。自古及今，鄙夷暴力、强权、霸道乃中国文化之一贯取向；而标榜意志自由，崇尚精神独立，又为历代志士仁人的普遍向往，这也正是孔孟王道理想能够深植人心的根源所在。

---

① 郭人民：《战国策校注系年》，中州古籍出版社1988年版，第514~515页。
② 缪文远：《战国策考辨》，中华书局1984年版，第256页。
③ 陈寅恪：《柳如是别传》，生活·读书·新知三联书店2001年版，第4页。

　　"王"在儒家学说中有特定的含义,与霸相对。不是任何人都可以称为王,只有德行高尚,施行王道,得到民众心甘情愿地拥戴和服从而又身居至高领导地位的人才能被称作王。

　　意大利学者安东尼·阿马萨里曾经研究中国上古文字中"上帝"和"王"的关系。他认为,王的这种崇高地位可能与"王"字的早期用法有关:

　　　　上帝曾被称为王。实际上,在古代汉语中,上帝曾有皇这一称号。皇由王和白两字组成,因此上帝可以说曾被称做王,这个王并不是指国王,而是一位高于一切国王的主宰者……在《圣经》中也记叙了在一个时期内,人们只称上帝为王,而不把人称为王……①

　　"王",许慎《说文》解作:

　　　　王,天下所归往也。董仲舒曰:"古之造文者,三画而连其中谓之王。三者,天、地、人也,而参通之者,王也。"孔子曰:"一贯三为王。王,古文王。"②

　　"王"在甲骨文中作🔨,王,天等形,学者多谓像斧钺之形,以象征王者有主刑杀斩伐之权威;③西周金文作王(盂鼎)、春秋金文作王(齐侯鎛)、王(王孙钟);战国文字承袭两周金文,或延长竖笔作王,或在横笔上加饰笔作王,或在竖笔中加饰笔作王,或上承西周金文作王。④ 陈初生先生说:

　　　　《说文》就后起之字形为说,非王之本义。王字甲骨文作……,横不定为三画,竖亦不定为一,可知许慎所引两家之说均不符造字本意。⑤

　　显然,许慎对"王"字的解释并非"王"字最初的含义而是春秋战国以后儒家赋予的新义。顺此引申,所谓王道,就是儒家之道,亦即真诚地施行仁政,用道德的力量感化民众、造福民众。

---

　　① 　［意］安东尼·阿马萨里:《中国古代文明:从商朝甲骨刻辞看中国上古史》,社会科学文献出版社 1997 年版,第 42—43 页。

　　② 　参见(清)段玉裁:《说文解字注》,上海古籍出版社 1981 年影印本,第 9 页。

　　③ 　参见徐中舒主编:《甲骨文字典》,四川辞书出版社 1988 年版,第 32 页:"象刃部下向之斧形,以主刑杀之斧钺象征王者之权威"。另可参见陈济编著:《甲骨文字形字典》,长征出版社 2004 年版,第 22 页;刘兴隆编纂、曾宪通审校:《新编甲骨文字典》,国际文化出版公司 1993 年版,第 24 页。

　　④ 　何琳仪:《战国古文字典:战国文字声系》,中华书局 1998 年版,第 629 页。

　　⑤ 　陈初生:《金文常用字典》,陕西人民出版社 1987 年版,第 35 页。

王道的缺点是,对强者、统治者及既得利益者们约束太多,见效迟缓;优点是长效持久。道理也很简单,王道的力量来自人民真心实意的拥护,用孟子的话说就是:"以德服人者,中心悦而诚服也,如七十子之服孔子也。"

不过,王霸之异,有时甚难辨别。顾炎武说:

> 其实文王之国不止百里,周自王季伐诸戎,疆土日大。文王自歧迁丰,其国已跨三四百里之地,伐崇伐密,自河以西,举属之周。至于武王,而西及梁、益,东临上党,无非周地。纣之所有,不过河内殷墟,其从之者亦但东方诸国而已。一举而克商,宜其如振槁也。《书》之言,文王曰,"大邦畏其力"。文王何尝不藉力哉。[①]

的确,王者有时也难免于暴力,而霸道亦非绝对不讲仁义。二者的本质区别何在呢?[②] 黄宗羲说:"王者未必不行霸者之事,而霸者不能有王者之心",此言最是切要。他曾做一譬喻:"譬之草木,王者是生意所发,霸者是剪綵作花耳。"[③]依他的解释:"王霸之分,不在事功而在心术。事功本之心术者,所谓'由仁行义',王道也。只从迹上模仿,虽件件是王者之事,所谓'行仁义'者,霸也"。[④]

王安石对王霸之别也有阐释:

> 王者之道,其心非有求于天下也,所为仁义礼信者,以为吾所当为而已。以仁义礼信修其身而移之政,则天下莫不化之也。是故王者之治,知为之于此,不知求之于彼,而彼固已化矣。霸者之道则不然,其心未尝仁也,而患天下恶其不仁,于是示之以仁;其心未尝义也,而患天下恶其不义,于是示之以义;其于礼信,亦若是而已矣。[⑤]

有当代学者套用康德的说法将王者归于"道德的政治家",霸者归于"政治的道德家"。两者的区别在于,前者是"一个将治国的原则看成能与道德并

---

① 黄汝成:《日知录集释》,岳麓书社1994年版,第252页。
② 王霸之辨,自古聚讼不休,有人认为王霸二者存在着本质上的不同,也有人认为不过程度上的差别而已。李明辉将之归纳为"异质论"和"同质论"两类。参见李明辉:《孟子重探》,(中国台湾)联经出版公司2001年版,第43页。
③ 沈善洪等编:《黄宗羲全集》第1册,浙江人民出版社1985年版,第152、51页。
④ 沈善洪等编:《黄宗羲全集》第1册,浙江人民出版社1985年版,第51页。
⑤ (宋)王安石:《王文公文集》卷23,上海人民出版社1974年版,第326页。

存的人",后者则是"编造出一套有助于政治家之利益的道德"。① 此说对我们从现代语境上理解王、霸很有助益。

举例说来,日本侵华战争期间(1931—1945)曾宣称他们武装侵略中国的目的是要在中国建立王道乐土。后来,日本又提出了吞并大半个亚洲的所谓"大东亚共荣圈"计划,被纳入这个"共荣圈"的国家和地区有:中国、朝鲜、印度支那、缅甸、泰国、马来亚、菲律宾、荷属东印度(今印度尼西亚)、新加坡、澳大利亚、新西兰、英属印度(今印度、巴基斯坦、孟加拉国)、阿富汗以及夏威夷群岛等。极具讽刺意味的是,日本人粉饰其武力扩张野心的理论依据居然是孟子的王道思想。② 不知是日本人及其追随者们读不懂《孟子》呢? 还是故意牵强附会。

孟子说:"以力假仁者霸,霸必有大国。以德行仁者王,王不待大。汤以七十里,文王以百里。"

赵岐注谓:"言霸者以大国之力,假仁义之道,然后能霸,若齐桓、晋文等是也。以己之德,行仁政于民,小国则可以致王,若汤、文王是也。"③

这段解释说得再平实不过了。日本拥有北海道、本州、九州、四国 4 个大岛和周边 4000 多个小岛,国土总面积达三十七万七千八百平方公里,大于德国、英国和意大利等欧洲大国。日本人若真有心建立"王道乐土",按照"汤以七十里"、周文王以百里的标准,建起上万个王道乐土都绰绰有余,何须劳动数百万大军,开疆拓土,搞什么"大东亚共荣圈"呢? 显然,日本人所要追求的,既非"王道",更非"乐土",而是不折不扣的"霸道"和"大国"。可是,日本人既要称霸东亚,为什么偏偏要扯起"王道"的大旗,做那"以力假仁"的勾当呢?

伪孙奭《疏》说:"孟子言以大国之力,而假以仁义之道行之者,乃能为霸,以把握诸侯之权也,故必有其大国。"④朱熹说:"假仁者,本无是心,而借其事

---

① 李明辉:《孟子重探》,(中国台湾)联经出版公司 2001 年版,第 53~54 页。

② 参见曾任伪满外交部长的谢介石讲演《所谓满洲国的王道主意》http://http://www.manchukuo.org/index23.htm,访问时间:2008 年 10 月 20 日。

③ 十三经注疏整理委员会整理:《十三经注疏·孟子注疏》,北京大学出版社 1999 年版,第 87 页。

④ 十三经注疏整理委员会整理:《十三经注疏·孟子注疏》,北京大学出版社 1999 年版,第 87 页。

以为功者也。"又说"五霸则假借仁义之名，以求济其贪欲之私耳。"①

显然，日本人所鼓吹的"王道乐土"、"大东亚共荣圈"等等，不过是打着王道的假招牌来推行其霸道的对外扩张政策而已。此正可为孟子"以力假仁者霸"做一经典诠释。

1937年2月，有日本东京帝国大学教授、法学博士神川彦松发表了一篇题为《中华帝国之崩溃与再建》的小册子，认为"中华帝国……在世界史上为一特异之帝国"，是"古今所无之特殊存在"，"乃为一世界所无之王道的、文化的世界帝国，实与霸道的、武力的帝国其本质不同"。上自夏、殷、周，下至秦、汉、唐、宋、元、明、清，统治中国者无论为其汉人为蕃人，"均以王道主义为基范，竭力以德熏化万民，此为各朝所具备之共通特质也。儒教之政治论，与西洋之权力的，武力的支配主义不同，教民以德，以所谓'德治主义'为其特征"。他还特别阐释说：

> 所谓德治主义者，乃排斥霸道，采取王道。而此非必以建立一大国为理想。孟子曰："以力假仁者霸，霸必有大国……文王以百里"。而以德治民，民无不心悦诚服，国境必自然随之扩展而成大国。

不过在他看来，"以德化为主，而以武力征服为从，此为其优点之所在，而同时亦为其劣点之所存。"他强调指出：

> 盖世界帝国包含不少异文化、异种族于其范围之内，故须具备强大之武力为背景，否则断不能保持其统一，维持其秩序与和平也。祇依赖优秀之文化与仁惠的政泽维持其帝国者，乃为不可能之事，纵令能侥幸维持，亦不过是形骸，而失其实质也必矣。历代之中华帝国，皆依赖其文化的仁政主义，而武力之要素则置之弗顾，故其外观虽呈庞然之帝国，而究其实际，乃缺乏国家之团结与统一，领域内之和平与秩序，几至一日亦无能维持，此确为其实在之情形。是故若遇武力强大之外敌出现，则任其蹂躏，帝国不免土崩瓦解。大清帝国虽于东亚维持其社稷至三百年之久，而一遇欧洲近代之武力国家侵入，乃暴露其弱点，所负败辱者，职是之故耳！②

---

① 朱杰人等编：《朱子全书》第6册，上海古籍/安徽教育出版社2002年版，第286、436页。
② 以上引文未加注明者均见[日]神川彦松：《中华帝国之崩溃与再建》，[日本]东亚同文会1937年版，第2~7页。

看来,日本人并非不明了孟子王道学说之真义,惟视其为迂腐之理想耳!于是乃弃之如敝屣,特反其道而行之,极力拓展其"以力假仁"之霸道事业。此实为明知故犯者也,至今未已!

当然,古今历史上"以力假仁"的事例远不止一个日本,可谓多不胜计。中国的秦皇、汉武、唐宗、元祖都称得上是以力假人的楷模。昔日的大英帝国、法兰西、葡萄牙、西班牙之所以能殖民地遍布全球各个角落,无不是凭借以力假人的霸道。美国由大西洋畔的十三块殖民地扩展成今天横跨东西两大洋的超级大国、俄罗斯由偏安一隅的莫斯科大公国一跃而成雄霸欧亚两大洲的前苏联大帝国,都没少干以力假仁的勾当。

不过,凭借强权、霸道建立起来的荣耀毕竟很难维持长久。昔日的殖民大帝国英、法、西、葡早已风光不再,前苏联大帝国也一夕崩解,而他们在全世界人民心目中留下的恶名却永久地载入了史册。

瑞士至少在最近一个多世纪里没有走霸道之路,没有享受到版图扩张的荣耀,但也没有遭受上述那些强权国家的耻辱。这正像孟子所说的那样,"仁则荣,不仁则辱。"一个国家的荣辱,与它所追求的目标和它所选择的道路是紧密相连的。

二　王道与民主

道得众则得国,失众则失国。——《大学》

民可导也,而不可强也。——《郭店楚简·尊德义》

治民而求胜民者必亡国。——《书集传或问》

王道的核心,可概括为两点:

一是公正无私。

王道遵从天道,天道是公正无私的,所以王道也必须是公正无私的。

《尚书·洪范》:"无偏无党,王道荡荡;无党无偏,王道平平;无反无侧,王道正直。"

《尚书·蔡仲之命》:"皇天无亲,惟德是辅。民心无常,惟惠之怀。"

宋儒张九成说:"有圣王之学,有霸者之学。圣王之学,其本为天下国家,故其说以民为主。霸者之学,其本在于便一己而已矣。故其说以利为主。以利为主,其弊之极,岂复知有民哉?!"①

二是以民为本。

王道要求统治者或政府自身及其所推行的政策必须得到民众真心实意的拥护,没有一丝一毫的强制、压迫和欺骗。就此意义上说,儒家学说不唯在本质上是一种非暴力主义的学说,而且是一种以民为本的学说,极接近西方近现代的民主主义。

奇怪的是,自古及今,孔孟之道常常被视为是特为君主专制效力的工具,乃至有上世纪初叶的砸烂孔家店运动和七十年代的批林批孔运动,真可谓千古奇冤。更可怪的是,时至今日,仍有人提出"不反孔儒,怎么反封建、倡民主制呢?"②这可算是既迁怒,又二过、三过、无穷过矣!

从思想渊源上讲,那不辨是非曲直的绝对"愚忠"主义虽然与儒家思想不无一定的关联,但二者绝非直接的源流关系。关于此点,倒是当年一些为日本侵华战争效力的日本学者看得很准:

> 在中国,提倡忠义思想,大致始于战国、秦、汉时代,在对儒家有影响的法家思想中,特别强调这一点。然而,忠之所以未能居于孝之上,乃是由于负有道德义务的人的范围即道德幅度的大小,因为忠只限于臣僚,而孝则与此相反,是一切为人子的义务。而且这是贯彻清朝正统学派朱子学的精神,当时要想把忠放在孝之上,必须采取某种断然的非常的手段。清朝便使用权力这样做了。雍正帝在《大义觉迷录》中,并未提出任何理论根据,而主张君臣为五伦之首,纵君不抚民,民亦应拥戴之……于是,忠不仅是臣僚的道德,而且被提高到人伦道德的地位。这虽然是从宋学演绎出来的,但决不是汉人的观念,无疑是出自满洲民族

---

① (宋)张九成:《孟子传》卷2,《景印摛藻堂四库全书荟要·经部·孟子类》,(中国台湾)世界书局1986年版,第71~770页。

② 牛泽群:《论语札记》"序",北京燕山出版社2003年版,第11页。牛先生又说,《论语》"的思想总之是保守的、反动的,两千年来它始终与封建专制相受互爱证明了这一点";"又儒学最宜教化、驯服、麻木、稳固被统治群,善莫大焉,或阴导剃度,猫心鼠面,未可测者,则不知也。余以为打倒孔家店,毫不为过,唯憾其迟。若早八十年,近同步于一八四八年欧洲革命、日本明治维新,则国之近耻、民之迩难,庶几免矣。"(分见《论语札记》"序"第2页及正文第83~84页)。

主从之间的伦理观。①

　　其实,早在20世纪初叶,日本学者渡边秀方即曾对孔孟之道近乎民主主义而与"忠君"主义无涉做过极精辟的申说。

　　　　从来我国(日本)学者率以孔子的大义尊王和我国体的精华——"忠君"的观念相合致,而以孟子的君臣相对主义为相反对。这种观察我们以为是很皮相的。为什么呢? 孔子他所说的忠字是很有融通性的一个原则,他在《春秋》里说的"尊王"是深有慨乎当时伦道的衰微而然的,决不是甚么"君臣之义无所逃于天地之间"的那种绝对的意味。精读过《论语》一卷的人,当谁也能知道他所说的君臣关係是很漠然——和孟子的相对主义当相距不远。但世的曲学阿附之徒动不动以他为一个不论善恶是非如何,一味盲目地持忠君之说的人,我们真不晓得他到底何时何地说过这种忠道来! 不待说,在仁义的君主之下,杀身以成仁那样的事他也是力主张的;但君主没有这资格的时候,又怎么样呢? 这时候在他不待说,反有"那末就可以不必如是罢"的意见。举个例,他自己不是去过礼义不行的故国,去过名分不立的卫国,流离一生,寻过仁君于天下么?"道不行乘桴浮于海"——日本那种君臣关系在他学说里是发见不着的——是则他的忠义,决不是为一人一君所私的狭义的东西了,和尧舜殷周的禅让精神当无出入了;那末时势之所趋,由他更产生出孟子的民主论来又有何稀奇呢?②

在他看来,孟子的王道思想,与欧美的民主思想"非常酷似":

　　　　为人君者,要当常常战战兢兢,自谨其身,自修其德,以国利民富为本。而在这种民主主义的国家,君民关系之为相对的,又自不待说。至于国家之保不保,则要在于君主的良心如何——孟子是力主行民利政策的。他的这种民权主义的精神,和近代欧美的民主思想非常酷似。"人民自

　　①　[日]东亚研究所编:《异民族统治中国史》,韩润棠、张延兰、王维平等译,孙毓棠校订,商务印书馆1964年版,第233~234页。
　　②　[日]渡边秀方:《中国哲学史概论》,刘侃元译,(中国台湾)商务印书馆1976年版,第50~51页。在同书第81页他又说:"夫子当年也说过'道不行乘桴浮于海'。他去故国,为求行文武周公的德政,周游天下。他决没有想过为鲁死节,又决没有想过为衰微的周室图复兴,赌一身以作积极的行动。——后世那种忠君的事情他具体地一回也没干过。由此夫子他的社会观之决非私于一人一姓的小乘的,而为天下民众,施仁道、正名分——的大乘的可想见了。"

457

己,为人民,而行人民的政治"——这标语中的"人民自己……行"的话是非常 active(自动的——原译者),在当时不待说不能如实实行,他也没有这般想过。但他那力言人民的意志当尊重、当实行,为政者当以这为政治的第一要件的话,恰和这民主政治的精神相贯通,无出入处。他所倡的王道,正是东洋政治的精华,和现代国家社会主义的思潮,殆同根据。宜乎后来清儒黄宗羲继承他这思想(《明夷待访录》),引为清朝革命的原因——孟子之影响于近代,真是非常。①

渡边氏说欧美的民主与儒家的王道有酷似和相通之处,固然不错,但王道并非简单地等同于民主,王道植基儒家天地一体之仁的思想,而西方的民主却始终未能跳出民族国家的藩篱。

西方民主思想的真髓在于承认人民的自治权,即所谓的"主权在民",用林肯的话说即"民有、民治、民享",确实"酷似"王道的以民为本。说民主与王道相通,主要应该是在这个意义上,即在理想或理念的层面上。但毋庸讳言,儒家的王道基本上还停留在道德理想的层面,至多也只达到了观念的层面,尚未形成有系统的制度。而西方的民主则既有理想和理念的一面,也有制度化的一面。尤其是在这后一个层面上,已经形成了一整套具体而又广泛的社会管理体制,包括选举制度、政党制度、立法与行政关系、中央与地方关系等政治制度在内。在这个层面上,民主与王道便往往不似也不通了。

孙中山说:"何谓民权? 即近来瑞士国所行之制:民有选举官吏之权,民有罢免官吏之权,民有创制法案之权,民有复决法案之权,此之谓四大民权也。必具有此四大民权,方得谓为纯粹之民国也。"②他所列举的这四大民权,儒家的王道就未曾设计出来过。

瑞士是当今世界上少数依然广泛采用直接民主制的国家。民主制度的意义何在呢? 从儒家的视角来看,并不在于它是多数人的统治,而在于其无须依靠强制和暴力而能广得民心。民主的力量来自于人民真心实意地拥护而不是外在的强制力。

《论语·颜渊》:季康子问政于孔子曰:"'如杀无道,以就有道,何如?'孔

---

① [日]渡边秀方:《中国哲学史概论》,刘侃元译,台湾商务印书馆 1976 年版,第 82 页。

② 岭南文库编委会、广东中华民族文化促进会合编:《孙中山文粹》上卷,广东人民出版社 1996 年版,第 482 页。

子对曰:'子为政,焉用杀? 子欲善而民善矣。君子之德风,小人之德草,草上之风,必偃。'"

梁惠王问孟子:"天下恶乎定?"孟子说:"定于一"。王问:"孰能一之?""不嗜杀人者能一之"。

我说瑞士的制度略近王道,首先是因为瑞士政府不是一个自上而下强加于民的政权,而是建立在人民同意、尊重民意基础上的国家。"瑞士的政治体制被界定为共识取向型民主制(consensus-oriented democracy),即竭力求得妥协共识,而非等同于西敏斯特模式(Westminster Model)的多数决制"。[①]因此,瑞士政府不能把自己的意志强加给民众,而必须服从人民的决定。

瑞士宪法第 148 条规定:

> 在遵从人民及各州权利的前提下,联邦议会是联邦的最高权力机构。

世界上许多国家的宪法也都有类似的条款规定国家的一切权力属于人民。譬如苏联 1977 年宪法(即"勃列日涅夫宪法")第二条也规定了"苏联的一切权力属于人民。人民通过作为苏联政治基础的人民代表苏维埃行使国家权力。其他一切国家机关受人民代表苏维埃的监督并向人民代表苏维埃报告工作。"

为什么同样的规定在瑞士行之有效而在其他国家却徒有其名,流为空话乃至谎言呢? 用儒家的观点来说就是"不诚"。

《中庸》说:

> 诚者物之终始,不诚无物。是故君子诚之为贵。

《孟子·离娄上》也说:

> 诚者,天之道也;思诚者,人之道也。至诚而不动,未之有也;不诚,未有能动者也。

据此说来,瑞士的联邦制之所以能够成功,首在于它的至诚无欺。

---

① Thomas Fleiner, A. Misic and N. Töpperwien, *Swiss Constitutional Law*, Berne: Stæmpfli Publishers Ltd., 2005, p. 59. See also Lidija R. Basta Fleiner, "Federalism, Multiculturalism and Human Rights: The Major Challenge to the Post-modern Politics", p.3, footnote 2, published in French under the title "Fédéralisme, multiculturalisme et droits humains: le principal défi pour les politiques post-modernes" in: Société civile et indivisibilité des droits de l'homme, Marco Borghi & Patrice Meyer-Bisch (éd.), Editions Universitaires Fribourg, Suisse, 2000.

瑞士的人民主权原则是有制度保障的。瑞士宪法(Art. 149(2))规定,人民除直接选举国会议员(按比例代表制)外,还可以通过创议权(Initiative)和全民公决来决定国家的各类重大事项,譬如宪法全民公决(constitutional referendum)、立法全民公决(statutory referendum)、国际条约全民公决(treaty referendum)等等。

这些制度确保了政府不得强加于民,这就是瑞士民主制成功运作的根本所在。

不过,当今世界对民主仍有很多非议,譬如指责民主可能导致多数人的暴政云云。这些指责绝非无中生有、无的放矢。欧洲人在非美亚的殖民统治及其对土著民族的掠夺和屠杀、奴隶贸易、奴隶劳动以及20世纪的两次世界大战大都是在民主政体下发生的,甚至希特勒的法西斯暴行、斯大林的独裁专政也都与西方式的民主政治有着直接或间接的联系,日本政府至今拒绝忏悔其在昔日侵略战争中犯下的滔天罪恶并对受害国人民做出相应的赔偿也正是凭借了民意的支持。因此,站在王道的立场上来观察,现行的民主政治,确有许多瑕疵不尽如人意之处。

王道的理想是"君子无众寡,无小大,无敢慢"。① 既反对"以众暴寡",也不赞成"以寡犯众"。用今天的话说就是既反对多数人的暴政,也反对少数人的专制;对居于劣势的寡者、弱者、愚者尤其应给予同情。《礼记·乐记》说:"强者胁弱,众者暴寡,知者诈愚,勇者苦怯,疾病不养,老幼孤独不得其所,此大乱之道也。"《礼记·祭义》也说:"强不犯弱,众不暴寡"。《左传·僖公二十一年》谓:"崇明祀,保小寡,周礼也。"显然,在儒者看来,现代西方的民主制度尚远未优入王道的圣域。

三　联邦制之深意:"和而不同"

　　君子和而不同,小人同而不和。——《论语·子路》
　　攻乎异端,斯害也已。——《论语·为政》

---

　　① 《论语·尧曰》。

兴灭国,继绝世,举逸民,天下之民归心焉。——《论语·尧曰》

古人有言:"满堂而饮酒,有一人乡隅而悲泣,则一堂皆为之不乐。"王者之于天下,譬犹一堂之上也,故一人不得其平,为之凄怆于心。——《汉书·刑法志》

无一民一物之不得其所,是之谓王道。——颜元:《存治编》

1798 年,拿破仑的军队侵入了瑞士并按照法国的模式创建了中央集权化的国家体制,瑞士各州转换为平等的行政区划。但是随着拿破仑的败退,瑞士重又回到了松散的联邦体制,只是各个州之间的平等地位得以保留下来。1848 年,即 1847 年内战后的第二年,瑞士各州人民接纳了第一部联邦宪法,胜利者和失败者之间达成了妥协。这部宪法一方面引入了部分集中化和基本权利体制,但同时又通过制度化安排和限制中央政府的能力确保了对各州分权制的尊重。时至今日,尽管瑞士宪法经历了频繁不断的修订,但大体上仍保持着其 1848 年初颁时的设计框架,瑞士也成为了世界上最稳定的政治体制之一。

瑞士的联邦制是建立在承认多元化和差别性的现实存在这一基础之上的。有学者指出:

(瑞士)四种语言的存在且均享有平等的宪法地位,是因应差别性的史无前例的手段。差别性也是相关的,例如各州的地理位置、经济实力及人口众寡。所有类型的差别均获首肯并运用民主的方式来处理。瑞士的联邦制常被传诵为绝无仅有的成功范例,它既能为维持国家的统一提供空间,同时又能使各州保留其各自的独特性。[1]

瑞士联邦宪法在维持国家统一的同时,特别强调多样化和分权制。

除了保持语言、宗教、文化等方面的多元化以外,瑞士的政治体制本身也极富多元性和独特性,她采取自上而下的管制、基层自治及自下而上的众治等三足鼎立的多重机制。通过在三级政府之间平均分割权力,瑞士联邦制所钩织出来的政治组织网络较之欧洲任何其他国家都要细密。正是凭借这样的制度框架,瑞士成功地避免了三级政府间任何一级的一元独大,也避免了任何政

---

① Mengistu Arefaine, *Federalism And Accommodation of Diversities: With Special Reference To Divided Societies*, Helbing & Lichtenhahn Bêle, 2005, p.161.

党、团体和个人的权力垄断和专横。

有学者指出：

> 在为应对差异性而设计的各种联邦制度中，瑞士和加拿大的制度是两个最为稳定且持久的多民族联邦体制……瑞士在地理上是个小国，但却是这个世界上最强大的民主政体之一。尽管有着宗教和语言上的差异，但该国却发展出一套较好的，令其他各国艳羡的民主联邦政府，该政府成功地促进了国家的统一而无须向各州的主权妥协。瑞士联邦制度所昭示的事实与J.S.密尔的信念适成反证，后者坚信："自由体制对于由不同民族构成的国家来说是不可能的。瑞士的事例见证了这样一个事实：即便是说着不同的语言、信仰着不同宗教的民众接受并操作一个代议制的及民主制的政府是可能的。①

孔子说："攻乎异端，斯害也已。"（《论语·为政》）

关于此句，通行的观点一般是将"攻"字解为"治"，即攻读、钻研、学习，则该句之意为：钻研异端邪说，这是有害的。② 另一种解释是将"攻"解为"攻击"，整句的意思是："批评那些不正确的言论，祸害就可以消灭了"。③ 还有一种观点来自焦循的《论语补疏》："《韩诗外传》云：别殊类使不相害；序异端使不相悖。盖异端者，各为一端，彼此互异，惟执持不能通则相悖，悖则害矣。有以攻治之，即所谓序异端也。斯害也已，所谓使不相悖也。"毛子水先生说："焦氏的这个说法，虽未必和本章的经旨相合，但设使孔子生于今天，当亦会赞成焦氏这个意见的。"④

以上诸说，虽各有道理，但都略显牵强附会。程树德认为：

> 此章诸说纷纭，莫衷一是，此当以本经用语例决之。《论语》中凡用攻字均作攻伐解，如……，不当此处独训为治，则何晏、朱子之说非也。已者，语词，不训为止。如……，其例均同。则孙奕、钱大昕、焦循诸家之说

① Mengistu Arefaine, *Federalism and accommodation of diversities*: *with special reference to divided societies*, p.159—160. 其中所引密尔语见 J.S.Mill, "Nationality and Representative Government" in Alfred Zimmern, *Modern Political Doctrines* (1939), p.207.

② （宋）朱熹：《四书章句集注》，中华书局1983年版，第57页；（魏）何晏、（南朝）皇侃：《论语集解义疏》卷1，商务印书馆1937年版，第20页。

③ 杨伯峻：《论语译注》，中华书局1983年版，第18页。

④ 毛子水：《论语今注今译》，台湾商务印书馆1979年版，第25页。

非也。异端，何晏训为殊途不同归，皇、邢《疏》则以诸子百家实之，朱注始指为杨墨佛老。考汉时以杂书小道为异端，前人考之详矣。孔子之时，不但未有佛学，并杨墨之学亦未产生。当时只有道家，《史记》载孔子见老聃，归而有如龙之欢，则孔子之不排击道家甚明。不能以后世门户排挤心理推测圣人。然孔子时虽无今之所谓异端，而诸子百家之说则多萌芽于此时代，原壤之老而不死，则道家之长生久视之术也。宰我短丧之问，则墨家薄葬之滥觞也。樊迟学稼之请，则农家并耕之权舆也。异端虽训为执两端，而义实可通于杂学。《中庸》引子曰："素隐行怪，后世有述焉，吾弗为已矣。"子夏曰："虽小道，必有可观者焉，致远恐泥，是以君子不为也。"所谓素隐行怪，所谓小道，即异端也。君子止于不为，若夫党同伐异，必至是非蜂起，为人心世道之害，故夫子深戒之也。①

李泽厚采纳程说，并从中国文化史的角度予以进一步佐证：

> 这可以表现儒学的宽容精神：主张求同存异，不搞排斥异己。梁武帝至隋、唐大崇佛教，把佛祖摆在孔子之上；现代崇马列，天安门挂洋人画像，中国人都不以为忤。墨子骂杨墨，却仍认"生之谓性"的告子作门徒。韩愈辟佛老，却以为"孔子必用墨子，墨子必用孔子"。苏轼以儒学而出入佛老，苏辙用《中庸》讲说老子，此后上层士大夫和下层民众都大搞"三教合一"。中国数千年没有炽热的宗教迷狂或教义偏执，而唯理是从，"谁有道理就听谁的"，包括近代中国较快地接受西方科技、文化、政法以至哲理，迅速改变千百年来的思想观念，服饰习惯以及生活方式等等，都与这种宽容性有关。②

比较上述诸说，笔者以为，独程说最有理据。著名语言学家黎锦熙先生有言："例不十，法不立"；又说："例外不十，法不破。"王力先生认为这就是语言的社会性。③已故著名古文献学家陈奇猷先生曾经说过，乾嘉学派诸大师整理古籍的方法很科学，成绩也是卓越的，但也存在很大的缺点：

> 我们不难发现，他们往往在一字一句上争论不休，迄无定论。这是为什么？是怎样造成的？原因是每一个字都有好几个训诂，而每一个字又

① 程树德：《论语集释》卷4，中华书局1990年版，第108~109页。
② 李泽厚：《论语今读》，安徽文艺出版社1998年版，第64~65页。
③ 王力：《龙虫并雕斋琐语》，商务印书馆2002年版，第277、276页。

有不少的字可以通转，于是各持一个解释，各有各的理由，谁也说不服谁。

陈先生结合自己长年从事古籍整理的经验提出的解决方法是：以文字训诂为经线，以该书作者的思想体系为纬线，"在两线交点上的训诂，必定是确诂无疑了"。① 套用这个方法，可以看到，程树德先生对"攻"和"已"两字的解读正与孔子著名的"和而不同"思想全相吻合，故将这段话解为孔子反对攻伐异端当属可信无疑了。

凡对中国历史和文化有深入了解的人应不否认：承认差别、容忍异端正是儒家思想的一大特质，这一特质也强有力地塑造了后世的中国文化。日本学者渡边秀方认为孟子和儒家的礼教乃至"汉人"（实指中国人）都是"主张个人主义的差别论的"。② 其说虽近偏激，但也并非毫无道理。梁漱溟先生也认为：

> 中国士人个性发达，乐于自尊，不乐于依附，对于强权或大势易生反感。我不敢说中国士人都是如此，不过愈是有才有品的人个性愈强，愈要如此……十七年（1928，笔者）党军初入北京，党部张贴标语，大书"党权高于一切"。某老士人过而笑之，于其日记中记云：这高于一切显露着刀山剑树的神气；以强权压人不自知其可羞耻，便是从前的皇帝亦何能写出"君权高于一切"来！"以力服人，非心服也"其实倡之数千年前，在我尚理性的国民固应如是。③

与中国传统相较，否认差别，排斥异端恰恰是西方思想和文化的一大特质，这在受犹太教—基督教—伊斯兰教一脉宗教影响的西方社会和伊斯兰教社会都表现得尤为突出，即便是迟迟于 19 世纪方才诞生的马克思主义，也仍带有明显的排异色彩。④ 成中英先生认为西方文化"具有冲突的因子，成为'冲突文化'的典型，而中国文化则不但不具有冲突因子且反具有中和因素，因而成为'融合文化'的实例。"他在分析中西文化差别的成因时指出：

> 西方文化具有强烈的上帝观和上帝意识：西方文化自希伯来时代以来就以信仰一位创造万物而又超出万物之外的真神上帝为突出的特征。

① 陈奇猷：《晚翠园论学杂著》，上海古籍出版社 2008 年版，第 87 页。
② ［日］渡边秀方：《中国哲学史概论》，刘侃元译，台湾商务印书馆 1976 年版，第 156 页。
③ 《梁漱溟全集》第 5 卷，山东人民出版社 1992 年版，第 290~291 页。
④ 参见《梁漱溟全集》第 8 卷，山东人民出版社 1992 年版，第 53 页。

自罗马皇帝君士坦丁于西元第四世纪皈依基督教迄至 19 世纪末尼采大胆宣布上帝已经死亡,上帝信仰已支配西方十六个世纪之久。但对西方人言,上帝真的死亡了吗? 回答是否定的。现代的西方人要就有上帝意识,因之有强烈的使命感;要就没有,因之缺乏安顿感或蒙受失落感而有一种追求新奇与奇迹的迫切感。西方的宗教如基督教往往具有强烈的排他性,在历史上造成对外的宗教战争与对内的宗教迫害。相对西方而言,中国文化不具有超越的宗教之神的上帝观,而反具有强烈的自然观和与之相应的自然意识。中国人的自然观是深信人自自然中演化创生,因而属于自然,而其生命的变化是与自然的变化原理若合符节的。自然之动力来于自然,人能够深入理解自然的本体,就能理解到动态平衡、和谐转化与人生价值的意义及重要性,这就激发了人对生命和谐、生活和谐、人际和谐与天人和谐的追求。所谓自然对中国人来说就是在万物中看到的整体存有的变化过程,不另从人的意志或意识的模型(自由选择、设计与目的性)去作有关存在与创造的解释。这种自然观明显地表现在《周易》的太极思想与道家的道的思想上。也可以说是由于这种自然观的自然意识,中国古代的上帝被转化为天,天又被转化为道,而道终归明于自然。《道德经》所说"人法地,地法天,天法道,道法自然",可视为中国人自然意识的根本写照。在这种自然意识下,人可以退而隐于自然,也可以进而创造人文世界,发挥人的潜能。这就是儒家可以与道家相通而又必需与其有异的地方。由于这种深厚的自然意识,中国人也就能同时接受不同的宗教而把不同的宗教看成是实现人的现实目标的不同手段或方式。也就是能用现实的道德来统一超现实的宗教而使之现实化。也由于这种未作精确概念界定的自然观,中国人能为多元的差异找寻动态的统一或在实践中求其统一。①

作为西方世界的一员,瑞士固不能自外于其所置身的历史文化背景,但其政治体制所表现出的宽容精神,则又稍有别于其他西方国家并从而形成了自己独有的特色。

---

① 李翔海、邓克武编:《成中英文集:论中西哲学精神》,湖北人民出版社 2006 年版,第 61~62 页。

如前所述,瑞士体制的一大特点是它不同于西方世界普遍流行的多数决民主制(majoritarian system),而是协商共识式民主制(consensus-oriented democracy)。有人说,英美的制度可以造就强者、胜者,而瑞士的制度则注重保护弱者、败者。这绝非虚言。有学者指出:

> 瑞士政治兼容着某种奇特的历史混合物,其中包含着旧欧洲帝国时代幸存下来的斑斑残余,只是注入了自下而上的民众主权制的现代技法。瑞士代表了一种自然演进的欧洲模型,假如未经法国大革命席卷的话,自然进化的欧洲原本可能就是这个样子。因此,瑞士的每一个州都好比一组中国陶盒,抑或更甚,好比一个蜂窝,历史在其间又构筑了众多的更小的蜂房,Gemeinden 即其著例。①

Gemeinden 是瑞士政治的基本单位,也是我们理解瑞士政治的钥匙。英语中没有与此对应的词汇,最接近的对应物大概是新英格兰的自治城镇。在瑞士的一些地区,市民团体(community of citizens)总被视为是主权者(Sovereign),政治家们必须咨商他们的意见。

又如至今仍在瑞士两个州通行的 Landsgemeinde,译成汉语即乡村公社(community of the country),据认为是一种最古老的也是最纯粹的直接民主的形式。

《论语》里记录了孔子的一句话:

> 兴灭国,继绝世,举逸民,天下之民归心焉。

朱熹解为:

> 兴灭继绝,谓封黄帝、尧、舜、夏、商之后。举逸民,谓释箕子之囚,复商容之位。三者皆人心之所欲也。②

邢昺解为:

> 诸侯之国,为人非理灭之者,复兴立之;贤者当世祀,为人非理绝之者,则求其子孙,使复继之。节行超逸之民,隐居未仕者,则举用之。政化若此,则天下之民归心焉,而不离析也。③

---

① Jonathan Steinberg, *Why Switzerland*, 2nd edition, Cambridge: Cambridge University Press, 1988, p.88.

② (宋)朱熹:《四书章句集注》,中华书局 1983 年版,第 194 页。

③ (魏)何晏注、(宋)邢昺疏:《论语注疏》,卷 20,十三经注疏本。

　　刘宝楠、钱穆等人的注解虽然繁简不一,但大意与邢、朱的解释略同。至于"兴灭继绝"的目的何在? 学界有不同的看法。传统的看法是"圣人公心"说,譬如马端临谓:

　　　　愚尝谓必有公天下之心,而后可以行封建。自其出于公心,则选贤与能,而小大相维之势,足以绵千载。①

　　李零先生对此有不同看法,他说:

　　　　古代征服,最头痛的事,是种族不同,信仰不同,语言不同,文化不同。历史上,最简单也最普遍的办法,是种族灭绝、宗教灭绝、语言灭绝、文化灭绝。这些都是笨办法。我国的政治传统是"大一统",即偏爱所谓"大地域国家"。大地域国家,何以成其大? 主要靠兼容并包,"得人心者得天下,失人心者失天下"。我们的政治传统是"五族共和"。战国秦汉流行的五帝并祀就是早期的"五族共和"。我们的办法是种族共存,宗教共存,语言共存,文化共存。特别是"杀小留大",优待被征服民族的贵族和其后裔,以夷制夷。这是最聪明的办法。"兴灭国"是恢复被灭亡的国家。"继绝世",是接续它的祭统。"举逸民",是重用它的遗臣。如孔子做梦都想恢复的西周,周灭商,虽然砍了商纣的头,但仍封纣子禄父,优待殷遗民,下车之始,即表商容之(衢)(闾),封比干之墓,甚至连商朝的军队,即所谓殷八师,也全盘接受。神农、黄帝、尧、舜、禹,他们的后代,也各有封地。这是从收拾人心上解决问题,所以说"天下之民归心焉。"②

　　这种高度实用主义的解释,充其量只能说是"智者见智",用以分析法家思想及所谓"君人南面之术"或许可通;用以推测春秋五霸、战国七雄发动征战及秦始皇兼并六国的动机,似亦可取;但用以窥视"正其谊不谋其利,明其道不计其功"的仁者之道,则未必能通。③

　　李泽厚对"兴灭继绝"也有一段评说:

　　　　所谓"兴灭继绝"则是因为一大批原有的家族、氏族、部落、部族的政

_____

　　①　(元)马端临:《文献通考》,卷268,中华书局1986年版,考2131,此说最为流行,黄式三《论语后案》、程树德《论语集释》(中华书局1990年版,第1364页)皆予引证。程树德说:"然则封建固圣人之意乎? 曰:此圣人之公心也。"
　　②　李零:《丧家狗:我读〈论语〉》,山西人民出版社2007年版,第334页。
　　③　关于孔孟之道之非功利主义,可参见冯友兰:《中国哲学史》上册,中华书局1984年版,第103~104页。

权,在春秋时被灭亡,孔子希望恢复它们。总之希望恢复远古礼制,强调爱护人民(氏族成员),要求责任和错误由首领来承担,这就是儒家孔学的"民主":"为民作主"的"人治"。它与现代"人民作主"的"法治"并不相干。把两者混为一谈,以为从前者能转换出后者,完全错误。①

将"兴灭继绝"与"民主"联系起来,显与"圣人公心"说有异曲同工之处,但他又特别强调其与现代西方民主的不同。盖李先生从其"西体中用"的哲学②出发,得出这样的结论自属允宜。不过他认为先秦儒家的民本思想与后世官场的所谓"为民作主"论同出一辙,似仍有商榷的余地。

儒家的民本思想,特别是孟子的"民重君轻"说,要旨在于承认和尊重"民"的主人地位,而将政权和君主置於客位。因此才能开出后世黄宗羲的"天下为主,君为客",呼吁"天下之法",反对"一家之法"的思路,这与西方民主思想承认主权在民的理论并无异趣(此点前已述及,兹不赘论)。③

至于"为民作主"之说,虽为"戏词",但确为旧世官场上某些良知未泯者的真实心理写照。只不过,用这"戏词"描述秦汉以后"以君为主,天下为客"的时代则可,笼统概括整个中国古代社会则不可。④ 诚如潘光旦先生所言:

> 中国思想里没有民有、民享、民治的说法,但未尝没有这种看法,这种想法,并且这种看法想法在先秦时代便早已大致确定。说法可以两样,而精神却不失为大同小异。民有论在我们是民本论或民为贵论。民享论在我们是民父母论或视民如子论。民治论在我们是贤人政治论。这些名词并不相当,不过至少在民本、民为贵、民父母、贤人政治诸种议论里,我们可以很充分的找到民有、民享、民治诸种议论的成分。⑤

再者,中国古人表述其王道、仁政及"民本"思想的方式多为"责任语言"或"道德话语",而近现代西方人表述其民主、法治、权利思想的方式则多为"权利语言"或"法律话语"。前者立于"有我之境",即从特定主体的视角出

---

① 李泽厚:《论语今读》,安徽文艺出版社1998年版,第450页。
② 参见李泽厚:《中国现代思想史论·漫说"西体中用"》,东方出版社1987年版,第311~341页。
③ [日]渡边秀方:《中国哲学史概论》,刘侃元译,台湾商务印书馆1976年版,第82页。
④ 对中国上古时代思想之活跃,以及社会组织和国民根性的描述,可参见[日]渡边秀方:《中国哲学史概论》,刘侃元译,台湾商务印书馆1976年版,第2~5页。
⑤ 潘光旦:《自由之路》,生活·读书·新知三联书店2008年版,第204页。

发。譬如讲"王道"即从"王者"的立场出发,强调王者"以民为本"、"以民为重"的道德责任;而讲"君为臣纲"、"父为子纲"则是从臣子的立场出发,强调臣子对君父尽忠尽孝的道德责任。而后者立于"无我之境",即从客观的、普遍的个体视角出发,因此便没有了什么君臣父子之别,而只有"法律面前人人平等"。

李先生说"为民作主"不能转换出"人民作主",是否隐寓着西方的"民主"一定较之中国的"民本"思想高明优越呢? 笔者深不以为然。况且,即便有了西方的"民主"思想,难道就一定能转换出现代中国的"人民作主"吗? 若然,中国引入西方的民主、法治思想已经百有余年,何以至今还要全国人民时时"感谢党和国家的富民政策"呢? 那不还是"为民作主"嘛! 因此,过分胶柱于"民本"与"民主"的差别而看不到二者的内在相通,不唯失之偏枯,也未必即能换来国民思想的飞跃。

今受瑞士保留的最古老的但也是最直接的民主形式启发,试再作一更大胆的推测。孔子赞赏"兴灭继绝"或许是想告诉我们,人类原始的、传统的组织形式本身就包含着仁义和智慧,不可随意割弃。试想法国大革命以来,包括俄国十月革命和中国自 1911 年以来的历次革命在内,人类以理想和革命名义摧毁的不止是愚昧、腐朽和野蛮,也包含着许多先圣先贤们创造的、至今仍值得我们珍视的文明果实。现代人已经意识到许多物质的和非物质的文化遗产应当加以保护,那么古人创造的政治文化遗产中是否也有值得保留和保护的成分呢?

18 世纪的英国政治理论家柏克认为:在历史上形成的,"为历代所尊敬的传统智慧,是绝不容许以暴力手段加以摧毁的。"这是他反对法国大革命之暴力的最有力论据。[①] 余英时先生也说:"20 世纪的不断革命,牺牲了中国两三千年累积下来的无数的精神资本。我个人认为:现代中国在精神资本方面的贫困,远超过去在物质方面的匮乏。"[②]当今全国各地都在纷纷保护、恢复甚或重建古迹,中国传统文化也不再是单纯批判的对象了,这不是也说明我们以往所谓的"破四旧"、砸烂旧传统的运动,基本上都是错误的嘛!

---

① ［英］柏克:《法国革命论·译者序言》,何兆武等译,商务印书馆 1998 年版,第 viii 页。
② 余英时:《中国思想传统及其现代变迁》,《余英时文集》第一卷,广西师范大学出版社 2004 年版,第 35 页。

孔子说："君子和而不同，小人同而不和。"以往我们只是从道德范畴上去解读这句话，以为那只不过是个人道德修养的问题。现在看来，如此理解未免太狭隘了。其实孔子"和而不同"思想的意义，在于他提供了判断是非正误的价值基础，既可以作为个人修身立命的出发点；也可以推而广之，作为判断政治、法律乃至国家体制善恶的依据。

来到瑞士，了解了瑞士的联邦制度以后，我似乎真正体悟到瑞士的联邦制度正是将孔子的"和而不同"精神提升到政治领域，具体化为国家的政治、经济、文化制度的范例。这也恰恰印证了孔子倡导的"和而不同"及孟子宣扬的"王不待大"的理想是完全可以化为现实的。

然而，在中国自西汉以来两千多年的帝制社会里，尽管孔子和儒家的地位不断提升，中国传统的政治法律制度也实现了形式主义的儒家化，但却始终没能将儒家的道德价值观念转化为可操作的、制度化的政治法律体系。这是最令人扼腕叹息的事情了。

晚清许多著名的思想家，如在戊戌变法失败后殉国的六君子之首谭嗣同及曾担任过地方大吏并出使日本的著名诗人黄遵宪，著名晚清革命家唐才常等人都认为西方法制深合中国古圣人之制，易言之，即认为西方法制的道德基础和价值理念与古代中国的孔孟之道是相通的。曾在美国和德国留学，以研究和翻译黑格尔思想而享誉世界的已故著名哲学家贺麟先生也认为儒家式的法治与现代民主社会的法治相近。

然而遗憾的是，自1840年鸦片战争西方势力侵入中国以来，中国人逐渐丧失了对自己固有价值传统的自信心。尤其是到了20世纪初叶，在学习西方的努力遭遇了一连串的挫折和失败以后，众多当时中国第一流的青年知识分子群起批判以孔子为代表的中国传统伦理道德，呼吁全面引入西方的文化、道德及价值体系，西方的暴力斗争和阶级专政理论就是在这种背景下输入的。自此以后，这种极端化的理论思潮左右了中国政坛和中国社会，终于导致了中国社会的整体道德崩溃并从而引发了将近一个世纪的内战和混乱。

我有幸受邀到瑞士做半年的访问研究，耳闻目睹的事实告诉我，当年谭嗣同、黄遵宪、贺麟等人认定中西之间存在着共同性的见解是成立的。中西之间存在共同的道德信条，存在着共同的价值基础。申言之，人类存在着共同的价值观，存在着共同的伦理、道德和信仰体系，人类的这种共同性是人得以称之为人的前提。任何对人类普世价值的怀疑,都是对人的共同性的怀疑。人类不同群体之间的相互仇视、迫害和残杀无不因此而起。

四　结语:王道未已

孔子曰:"友朋自远方来,不亦乐乎?"子夏曰:"四海之内,皆兄弟也"。

程明道曰:"学者须先识仁,仁者,浑然与物同体"。

瑞士是西方社会的一员,其治国理念与现实体制既体现了其本国独有的特色,也反映出西方社会的共同性,甚至在许多方面还彰显出人类的普遍性。瑞士的民主政治和联邦制,应当说即兼备了这三点。本章着重探讨中西共同的价值观,并非否认中瑞之间抑或中西之间的差异性。不同种群、不同地域及不同文化之间存在着差异性,这是客观存在的事实。我们必须承认这一事实,但不宜固守、夸大乃至滥用这一事实。人类既同居于同一个星球之上,则共同性必然是第一位的,这是中西文化得以相互交流、学习的根基所在,也是我们求同存异的意义所在。

西方价值体系曾深受基督教教义影响,近世以来又力倡自由、平等、博爱。所谓博爱者,理当不分国别、种族、长幼、贵贱、男女,凡我人类之分子,皆当一视同仁。然而放眼瑞士的现实、西方的现实,犹远未能臻于此境。霍韬晦先生说:

如今,美国立国已超逾两百年,除了科技还能在若干方面领先之外,其文化尚可被人钦美吗?所谓美国精神已经堕落,其横蛮霸道和当年的独裁者相去不远。为什么全世界都有反美声音?就是因我们对美国不服气。孟子说:"以力假仁者霸,霸必有大国;以德行仁者王,王不待大"。武力下的和平怎会是真和平?美国到处结怨,足见其文化已衰,不值得我们歌颂。①

---

① 霍韬晦:《谁能宣布新文化的来临》,霍韬晦:《新教育·新文化》,中国人民大学出版社2010年版,第168页。

中国号称东亚文明古国,儒家文化传承两千余年,久已深入人心。儒家主张仁爱,所谓仁爱,即在承认人的自然情感存在着亲疏远近之别的现实基础上,鼓励推己及人、由近及远,"老吾老以及人之老,幼吾幼以及人之幼",最终进于"四海之内若一家"①、"四海之内皆兄弟"的胜境,但观照现实的中国,也同样多有惭德。

宋儒程颢说:"学者须先识仁,仁者,浑然与物同体";又说:"仁者,以天地万物为一体,莫非己也。认得为己,何所不至? 若不有诸己,自不与己相干。如手足不仁,气已不贯,皆不属己。故'博施济众'乃圣之功用。仁至难言,故曰'己欲立立人,己欲达达人,能近取譬,可谓仁之方也。'欲令如是观仁,可以得仁之体"。②

张岱年先生说:"中国古代哲人讲:'与天为一','万物一体',意指超越小我、以天地万物的整体为大我。"③

冯友兰说:"人的境界可能有四种,自然境界,功利境界,道德境界,天地境界。天地境界最高"。此说或许能帮助我们理解前引程颢的那段话。

在冯先生看来:所谓"天地境界",就是"自同于大全"。因为在前述四种境界中,"其最高的是'自同于大全'。不能'自同于大全'的人,把'我'与天地万物对立起来,这就是自外于'大全',这就是自己把自己置于一个洞穴之中。'自同于大全',就是把自己从'我'这个洞穴中解放出来。"④

可悲的是,自有人类以来,我们何尝一日真正跳出过这自设的"洞穴"呢? 其尤甚者则为近世西人所大倡的种族斗争说和阶级斗争说。两次欧战的发生,东西冷战的形成,以及前苏联的"大清洗",中国的"反右"、"四清"及"文革"惨祸的接踵而至,频仍不绝,致使人类社会至今仍陷于四分五裂、彼此不谋、尔虞我诈的离乱之中。究其根源,则莫不由于我们甘居于卑下的"小我"

---

① 分见《荀子》之《王制》及《议兵》篇。
② 分见《二程集》,中华书局 2004 年版,第 16、15 页。
③ 张岱年:《张岱年全集》第 8 卷,河北人民出版社 1996 年版,第 89 页。
④ 冯友兰:《中国现代哲学史》,广东人民出版社 1999 年版,第 240、241 页。其所谓"洞穴"系借用柏拉图在《理想国》中做的一个比喻:"一个人从小的时候就处在一个洞穴里,一旦被释放出来,他忽然看见天地的广大,日月的光明,必然感到豁然开朗,心中快乐。柏拉图指出,这是人初次见到'善的理念'的时候所有的感受。"冯先生认为:"人对于'大全'这个概念,如果有真正的了解,他所得的享受也会是如此。"

境界而不能自拔,偏执于狭隘的斗争哲学而不知自省。

瑞士为泰西一小国,近世以来,外尊和平中立,内行联邦民主,颇近于中国古代圣哲所倡导的王道,诚属可赞可嘉!惜仍未能超脱一邦一域的局限。西方人常高谈自由、民主和法治的大道理,但却总是跳不出"西方文明"和"民族国家"的洞穴,这正是西方文化的美中不足之所在。

中国为东方大国,文化悠久而灿烂。但近百年来,外侮不断,内讧不止,民生凋敝至极。故今日朝野上下有民族复兴之热论,此固在情理之中,未可厚非。但若沉醉于世界大国的迷梦之中,重返霸道,则势必会再蹈旧日东西殖民帝国的覆辙而无以自存。

贺麟先生说:

> 中国近百年来的危机,根本上是一个文化的危机。文化上有失调整,就不能应付新的文化局势。中国近代政治军事上的国耻,也许可以说是起于鸦片战争,中国学术文化上的国耻,却早在鸦片战争之前。儒家思想之正式被中国青年们猛烈地反对,虽说是起于新文化运动,但儒家思想的消沉、僵化、无生气,失掉孔孟的真精神和应付新文化需要的无能,却早腐蚀在五四运动以前。儒家思想在中国文化生活上失掉了自主权,丧失了新生命,才是中华民族的最大危机。

因此在他看来:

> 中国当前的时代,是一个民族复兴的时代。民族复兴不仅是争抗战的胜利,不仅是争中华民族在国际政治中的自由、独立和平等,民族复兴本质上应该是民族文化的复兴。民族文化的复兴,其主要的潮流、根本的成份就是儒家思想的复兴,儒家文化的复兴。假如儒家思想没有新的前途、新的开展,则中华民族以及民族文化也就不会有新的前途、新的开展。换言之,儒家思想的命运,是与民族的前途命运、盛衰消长同一而不可分的。①

有道是"一言而可以兴邦",贺先生斯言,足当此兴邦之言。民族的复兴,绝不仅仅是国力、军力的复兴,亦绝非两弹一星、神舟号所能承载的。须知王

---

① 贺麟:《儒家思想的新开展》,中国社科院科研局编选:《贺麟集》,中国社会科学出版社2006年版,第2页。

不待大，亦不必大！只要我们反身而诚，笃行王道，则民族复兴之日，终将翘首可期。设若未来的世界，人人皆能怀公天下之心，自必能跻于宇宙大全的至高境界。诚如是则讲信修睦，化除畛域，和而不同，天下一家，宇内一人①的王道理想亦必终有实现的一天！

---

① 《礼记·礼运》有云："故圣人耐以天下为一家，以中国为一人者，非意之也，必知其情，辟于其义，明于其利，达于其患，然后能为之。"孙希旦说："圣人于人之情义利害，知之无不明，故处之无不当，而能以天下为一家，中国为一人也。"《礼记集解》，中华书局1989年版，第606页。

第二十章 "之子于归,宜其家人"——引进外来思想学说应设禁限

一 法治陵替的思想渊源追索

一说起现代法治和中国文化,可能很多人就觉得这二者好像是一对水火不能相容的冤家对头。1979 年以后,学术界曾对此问题有过很多的讨论。当时有不少人认为,"文革"期间,当然也包括"文革"以前,中国的法治和人权遭遇到的种种破坏和践踏,罪魁便是中国的专制传统,或者说是人治传统。追根溯源,当然应归咎于中国的传统文化。中国传统文化因而被看作是阻碍现代法治在中国生根发芽的最大障碍。过去我也基本上持这样的看法,但凡一遇到负面的东西,首先想到的元凶就是中国传统文化。套用一句时下里流行的说法,可以叫作"都是中国文化惹得祸"。

2008 年,笔者有幸到瑞士做了为期半年的访问学者,其间曾到周边的一些国家游学考察,结合往年在美国、澳洲的生活经历,得出了一点初步的认识:原来西方社会的文化,实际上也是很多元的;当然,我们中国的文化也不是一元的文化。比如说秦制是以法家思想为基础建立的,但是秦制到了汉朝就开始受到批判,到了后代批评得就更多。后来,人们对汉朝也有很多的批评,所谓"暴秦炎汉",都是贬义的评价。即便是对唐太宗这样的所谓明君,宋儒对他的批评也不少,连明朝的万历皇帝都瞧不起他,一点没有为尊者讳的意思。可见,中国人并非没有文化自省的能力,中国历代的统治思想也是在不断变化的。

过去一个世纪里，我们虽然一直在学习包括法治在内的西方文化，但西式法治却至今没能真正建立起来，甚至连人权还受到粗暴的践踏，客观公允些说，这恐怕都不能简单地归结为中国传统文化的阻碍。如果我们回顾这一百多年来法治与人权保障在中国的坎坷经历，很大程度上，恰恰是因为我们完全抛弃了中国的文化，而盲目地引进西方的思想，造成了相当多的负面后果。举例来说，毛泽东1958年发动的"大跃进"，引发了其后的"三年自然灾害"，造成了数以千万计的民众死于非命。在大跃进运动之初，中共领导层对毛泽东的决策普遍持支持态度。然而到了1959年7月的庐山会议上，中共党内对大跃进的态度开始发生分化。彭德怀率先上书批评大跃进是小资产阶级的狂热性。他的信、他的发言，最初曾在很多次小组会上引发共鸣。其后几天里，同意彭德怀意见的人越来越多。① 待到大跃进造成的大灾荒在全国蔓延开来以后，特别是大量饿死人的"信阳事件"揭露出来以后，曾经支持反右、赞同大跃进的刘少奇的态度也发生了根本性转变。是"饿殍遍野，万户萧索"、"人相食"②的凄惨景象促成了刘少奇的态度转变，促使他鼓起勇气，犯颜直谏，在毛泽东面前说出了一番肺腑之言："饿死这么多人，历史要写上你我的，人相食，要上书的！"③1967年7月18日傍晚，当红卫兵行将逮走王光美之前，亦即刘少奇夫妇诀别之际，刘少奇说出的最后一句话居然是："好在历史是人民写的。"④在今广东省汕头市澄海区塔山风景区安息园矗立着一座刘少奇雕像，雕像基座的左侧书写着"好在历史是人民写的"九个大字。

孟子说："孔子成《春秋》而乱臣贼子惧。"《史记·太史公自序》特别阐释《春秋》的意义说：

> 夫《春秋》，上明三王之道，下辨人事之纪，别嫌疑，明是非，定犹豫，善善恶恶，贤贤贱不肖，存亡国，继绝世，补敝起废，王道之大者也……《春秋》辨是非，故长于治人……为人君父而不通于春秋之义者，必蒙首

① 邓力群：《我为少奇同志说些话》，当代中国出版社1998年版，第102页。
② 刘源：《忠直坦荡昭日月》，王光美、刘源等著，郭家宽编：《你所不知道的刘少奇》，河南人民出版社2000年版，第73页。
③ 刘源、何家栋：《四清疑团》，王光美、刘源等著，郭家宽编：《你所不知道的刘少奇》，河南人民出版社2000年版，第90页。
④ 王光美：《与君同舟风雨无悔》，王光美、刘源等著，郭家宽编：《你所不知道的刘少奇》，河南人民出版社2000年版，第34页。

恶之名。为人臣子而不通于《春秋》之义者，必陷篡弑之诛，死罪之名。其实皆以为善，为之不知其义，被之空言而不敢辞。夫不通礼义之旨，至于君不君，臣不臣，父不父，子不子。夫君不君则犯，臣不臣则诛，父不父则无道，子不子则不孝。此四行者，天下之大过也。以天下之大过予之，则受而弗敢辞。故《春秋》者，礼义之大宗也。夫礼禁未然之前，法施已然之后；法之所为用者易见，而礼之所为禁者难知。①

如此看来，代表中国历史书写传统的《春秋》，其惩恶劝善，褒贬历史人物的功能，尽管一向被西方史家视为中国史学的"最大弱点"，②但在中国社会的现实政治生活中却发挥着十分积极的作用，具有极大的道德感召力和震慑效果，甚至在一定意义上可以说发挥着相当于现代西方社会中的宪法所实际发挥的作用。余英时先生就说过："有人甚至认为《五经》在汉代相当于今日的宪法，这句话的意义是指它的内容是皇帝都必须尊重的。"③就此来说，当年真正触动刘少奇内心深处的良知并促使其毅然决然，不惜与毛泽东分道扬镳，起而拯救民命、终止"大跃进"灾难的动力不是来自什么外来的先进思想或主义，而是中国悠久的历史书写传统。中国传统文化之重要且有益，于此可见一斑。与此适成相反，西方史学号称善于归纳社会发展规律，④而中国领导人正是由于误信了西方人归纳出来的"社会发展规律"，盲目追求所谓的社会进步，终至造成了惨绝人寰的无边灾难。可知迷信西方思想学说的教训是极其沉痛的。

2008 年在瑞士访学的时候，我曾去过捷克的首都布拉格，布拉格有个共产主义博物馆，一个很小的博物馆，但内容却很丰富。我看了以后发现那里面有很多东西和我们"文革"中的，甚至现在的一些东西非常相似，比如说刑讯

---

① （汉）司马迁：《史记》，中华书局 1973 年版，第 3297~3298 页。

② 汪荣祖：《史学九章》，生活·读书·新知三联书店 2006 年版，第 91 页。

③ 余英时：《中国思想传统及其现代变迁》，《余英时文集》第一卷，广西师范大学出版社 2004 年版，第 29 页。

④ 牟润孙先生说："西方史学目的在于归纳出社会发展规律，中国史学则在于求致用，所谓史学的大义微言即在发明古为今用之理，不在于求出社会发展规律。中西史学方法从分析史料方法上说，极容易找到相合一致的说法，至于讲求史事的大义，以期古为今用，西方史学家至今不能接受。"《从〈通蕴胡注表微〉论援庵先师的史学》，牟润孙：《海遗丛稿》（二编），中华书局 2009 年版，第 101 页。

逼供，它那儿就有。我也到了波兰、匈牙利，我相信包括保加利亚及前苏联等国家在内，都有这些东西，这恐怕不能说都是受了中国传统文化的影响吧？苏联解密档案里面有一个材料是斯维尔德洛夫①的太太为她儿子的事情写信给斯大林，她说我的儿子已经第三次被抓捕入狱，而且好几个月没有消息，这是怎么回事？前两次被抓进去都是她找到斯大林，斯大林亲自干预后给放回来的。② 后来又看到了斯维尔德罗夫的儿子的信，他说我一直是努力地为党工作，想做一个好人，可是平白无故就被人抓起来。③ 这样的情况，跟中国传统文化一点关系都没有，应该怎么解释呢？破坏法治的这些思想、文化和制度，其渊源到底是什么呢？联想到我们从江西苏区起就开始的抓 AB 团以及延安时期的"抢救运动"，一直到新中国成立以后的反胡风、反右派、大跃进、反右倾、"四清"和"文化大革命"、反右倾翻案风，不都是学习苏联的成果吗？这不是一目了然的事情吗？

邓小平之女邓榕曾将"文革"中北大造反派迫害知识分子的场所形容为"法西斯的集中营"。④ 可以肯定地断言，法西斯主义绝不是中国传统文化的产物。1949 年以后，甚至早在江西苏区和延安时期即已启用的种种背弃仁道，乃至摧残人性的措施和手段，大多是舶自西方的现代暴行，并非中国传统

---

① 雅科夫·米哈伊洛维奇·斯维尔德洛夫，1885 年生，十月革命后担任全俄苏维埃中央执行委员会主席、党中央书记，得到列宁的高度信任和评价。

② 沈志华执行总主编、杨存堂主编：《苏联历史档案选编》第 28 卷，社会科学文献出版社 2002 年版，第 12 页。书中"斯维尔德洛娃关于儿子被捕问题致斯大林的信"，信中写道："在安德烈第一次和第二次获释时，曾经指出：逮捕他毫无根据。现在，从儿子第三次被捕至今已经 5 个月了，而我一直到现在还无法理解这个事实。即使逮捕的原因是安德烈在工作上的严重错误，即使是他在某些方面考虑不周或注意不到，难道就必须采用这样一种如此残酷，如此极端的惩处？难道为了工作中的错误就要把人逮捕起来？而这些人又是真诚忠实的人，他们无论是在行动上还是思想上从来不曾对自己的党，自己的国家，自己的人民有所隐瞒。"

③ 沈志华执行总主编、杨存堂主编：《苏联历史档案选编》第 28 卷，社会科学文献出版社 2002 年版，第 14~15 页。书中"斯维尔德洛夫关于党籍和工作问题致马林科夫的信"中写道："作为雅科夫·米哈伊洛维奇·斯维尔德洛夫的儿子，我是在布尔什维克中间出生和成长的。这种情况决定了我的所有思想和意愿，决定了我存在的意义本身。我的全部有意识的生活都是在共青团和党的组织内，在积极工作和同党和苏维埃国家的敌人作斗争中渡过的，我不怕面对困难和承担责任，在工作、言行和个人生活中力求遵循原则，不愧对党员的崇高称号。我从来不曾利用我父亲的名字谋求私利，或靠父亲的名字为非作歹，力求自己站稳脚跟，用工作、用行动来报答给予我的一切。"

④ 毛毛：《我的父亲邓小平："文革"岁月》，中央文献出版社 2000 年版，第 94 页。

文化创造出来的。因此,客观地说,近百年来,包括发生在"文化大革命"中的种种破坏法治、践踏人权的事件,其文化潮流肯定不是来自中国传统文化,尽管在技术和手法上可能多少也夹杂了一些,但其主要的思想渊源,应是来自欧洲的一种专制传统和野蛮习性。

现在一提到西方,人们很容易想到的是所谓的法治呀、理性呀、科学呀、自由主义传统啊之类较正面的成分,其实那只是其众多思想学说中的一面。西方的思想是多元的,它也有左倾的、右倾的,很偏至极端化的思想。比如我们都说西方人讲人权、讲法治,可是 1994 年我在美国访学时,曾经参观过纽约艾利斯岛移民博物馆,美国政府当年折磨新移民的种种设施至今仍令人触目惊心,联想起蒋梦麟先生回忆他初到美国时的亲身体验,真是感慨良多。[①] 2008 年 9 月我曾到过波兰的克拉科夫,专门去看了奥斯威辛集中营,亲眼看到了希特勒屠杀众多犹太人的现场遗迹。就在欧洲的核心地带,法治已经高度发达了的 20 世纪以后,动辄屠杀上百万人;同年年初我也曾到过澳大利亚昆士兰州东北部的凯恩斯,参观过那里的土著人聚居地,看到过一部反映当年英国殖民者残酷迫害土著人的纪录片。[②] 这些暴力虐民的情形恐怕不能说成是受到中国传统文化的影响吧? 包括斯大林做的那些很恐怖的事情,那也都不能说成是受中国的文化影响吧?

有学者曾经困惑地写道:

> 毛泽东晚年是一个充满矛盾的悲剧人物。他主观上要为衷心爱戴着他的中国人民开辟一条通向共产主义的大道,客观上却一次又一次地把

---

① 蒋梦麟(《西潮·新潮》,岳麓书社 2000 年版,第 73 页)说:"我上岸时第一个印象是移民局官员和警察所反映的国家权力。美国这个共和政体的国家,她的人民似乎比君主专制的中国人民更少个人自由,这简直弄得我莫名其妙。我们在中国时,天高皇帝远,一向很少感受国家权力的拘束"。又据华盛顿法新社电,美国参议院同意将布什时代实施的外国情报监控法令延长五年,允许美国情报机构在未获授权的情况下,对外国公民进行窃听(http://www.zaobao.com/gj/gj121230_007.shtml,访问时间:2012 年 12 月 30 日)。

② 据香港《明报》报道,英国外交办公室迫于压力,公开一批秘密违规隐藏了 50 多年的文件,揭露英国如何掩饰殖民时代镇压屠杀罪行的真相。解密文件详细披露 20 世纪 50 年代,肯尼亚殖民地总督与时任英国殖民地大臣串通,掩饰当地黑狱虐囚杀人内幕。批评者形容那是"英国殖民统治版的苏联古拉格劳改营",被囚者在营中遭强制劳动,形同奴隶,营内卫生恶劣,疾病肆虐(见 http://www.zaobao.com/wencui/2012/12/hongkong121201h.shtml,访问时间:2012 年 12 月 1 日)。

人民推向灾难之中。他发动群众砸烂的所谓"旧世界"，恰恰是他历经半生坎坷，亲手创建的社会主义江山。最美好的理想和最残酷的现实之间的矛盾冲突，这就是发生在毛泽东这位历史巨人身上的悲剧。一方面是"最完美最纯洁的社会主义社会"，"人类历史上史无前例的创举"，"国际共产主义运动的奇迹"；另一方面是数以千计的受牵连的人民的精神创伤。理论和现实，愿望和结果，如此不可调和地对立，又如此不可分割地统一着。这确实是古今中外的历史上绝无仅有的离奇的悲剧题材，即使最天才的作家也幻想不出这样的悲剧来。①

如果我们对儒家思想有足够的自信，同时又对西方文化有更深入的了解，应该能够看到，毛泽东的矛盾和悲剧就在于他过度蔑弃中国固有文化，特别是儒家的价值观念，同时又过度迷信外来的理想，因此丧失了对是非曲直的基本判断能力，乃至坐视其人民忍饥挨饿，身处重重灾难之中而莫肯稍施一救。②邓榕说"文革"时代"根本没有什么衡量是非对错的统一准则。政治的需要，就是标准。"③深中肯綮。

二　迷信西方文化之害

《诗经·邶风·谷风》篇有诗句云："凡民有丧，匍匐救之。"《礼记·孔子闲居》引孔子语，称之为"无服之丧"。朱熹《诗集注》注云："匍匐，手足并行，急遽之甚也。"④王文锦先生将此诗句译作："人家有了死丧，我就竭力赶去帮忙"⑤陈子展先生译作："凡是亲邻有了凶祸的大事，我总手忙脚乱地去救助

---

① 王禄林：《〈五七指示〉初探》，萧延中编：《晚年毛泽东》，春秋出版社1989年版，第112页。

② 刘源、何家栋《四清疑团》（王光美、刘源等著，郭家宽编：《你所不知道的刘少奇》，河南人民出版社2000年版，第100~101页）写道："毛泽东是庄稼人出身，一时被懵，情有可原，长年不知一亩能打多少粮，实难让人相信。作为农民的儿子，仅为'要使资本主义绝种'，不惜视田园绝收，村民绝户，而无动于衷，也太让人难以理解了。"

③ 毛毛：《我的父亲邓小平："文革"岁月》，中央文献出版社2000年版，第331页。

④ （宋）朱熹集注：《诗集传》，中华书局上海编辑所编辑，中华书局1958年版，第22页。

⑤ 王文锦：《礼记译解》，中华书局2001年版，2008年印刷版，第751页。

他。"孔颖达疏谓:"此《记》谓人君见民有死丧,则匍匐往周敬之。民皆仿效之,此非有衰绖之服,故云'无服之丧'也。"①王文锦先生解释"无服之丧"之意是:"没有服制而有着同情的丧"。②

这就是中国文化所崇尚的价值观念和境界。普通民众尚应具备基本的良知;作为人君,更应对其臣民的苦痛死丧抱有极大的同情。何以西方最先进思想的输入竟能产生泯灭人类最起码的良知——同情心——的效果呢?真是匪夷所思!

《孟子·尽心下》有云:"孟子曰:'有布缕之征,粟米之征,力役之征。君子用其一,缓其二。用其二而民有殍,用其三而父子离。'"毛泽东自幼熟读《四书》,而且能够背诵。③ 他不会不知道,他为实现外来的社会理想而发动的"大跃进",所谓"三面红旗"、"大炼钢铁"、"公共食堂"、"跑步进入社会主义",可以说是布缕之征、粟米之征、力役之征三样俱全而大有过之。邓之诚先生早在1953年7月1日的日记中即指当时的水利工程为劳民。④ 吴宓更于1959年5月12日发出慨叹:"民以乐生为本,政以养民为务,今以全国男女老幼操劳辛苦,只为助共产主义之推行,博得苏方对美方之胜利,而举亿万众之安乐福利,千百年之德教文义以殉之,不亦大可哀乎? 个人生死得失,更不足计及者已。"⑤

《诗经·大雅》有首题为《民劳》的诗,内云:

> 民亦劳止,汔可小康。惠此中国,以绥四方……民亦劳止,汔可小休。惠此中国,以为民逑……民亦劳止,汔可小息。惠此京师,以绥四国……民亦劳止,汔可小愒。惠此中国,俾民忧泄……民亦劳止,汔可小安。惠此中国,国无有残。

注释者指出:这是一首劝告周厉王安民防奸的诗。周厉王"为政暴虐,徭

---

① (汉)郑玄注、〔唐〕孔颖达疏:《礼记正义》,龚抗云整理,王文锦审定,北京大学出版社1999年版,第1394页。

② 王文锦:《礼记译解》,中华书局2001年版,第750页。

③ 莫志斌、陈特水编著:《跟毛泽东学读书》,中央文献出版社2003年版,第2页。

④ 邓瑞整理:《邓之诚文史札记》,凤凰出版社2012年版,第727页:"治淮、荆江分洪及此,皆以今年竣工,非共产党无此气魄,亦无此力量。然而民亦劳矣! 王壬翁释'民亦劳止',谓教人劳,非教人息劳。说诗解颐,岂预知有今日耶!"

⑤ 吴宓:《吴宓日记续编》第4册,吴学昭整理注释,生活·读书·新知三联书店2006年版,第147页。

役繁重,人民不堪其苦,终于起来造反,厉王出奔於彘"。①

如果毛泽东对中国先圣先贤的教导稍有信心,儒家经典在两三千年前就已预警过的饿殍遍野、父子相食、国敝民劳的惨景,他怎么会毫无戒惧呢? 当然,毛泽东对西方文化和西方科技缺乏足够的了解,也是造成他过度迷信西方理想的一大根由。贺麟先生一再强调"研究介绍西洋文化,必须有体有用的整个研究,整个介绍过来,单重其用而忽略其体,是必无良好效果的",②看来确实是有的放矢之语。

往者已矣,不说也罢! 时至今日,我们为什么还不认真想想,百余年来,西方人发明了无数改造社会的先进思想和主义,但为什么他们自己绝不肯一试而必欲祸水东引呢? 这里面的奥秘我们为什么不肯仔细研究研究呢?

据说直到1974年12月26日,也就是在毛泽东去世一年多以前,他在单独召见周恩来时,仍在高谈"他一贯关注的'无产阶级专政'和'防修反修'的问题。"邓榕叹息说:"萦绕在这个八十一岁老人心中的,仍然是这些解不开的重大理论情结。毕其一生的精力和实践,他一直探索和追寻着答案。在人生的最后岁月,他仍思考不辍。但是,最终,他找到答案了吗? 他能够找到答案吗? 这样锲而不舍终生执着追求,却最终陷于不能自我解脱的困惑境地,这是最可叹的。"③毛泽东当然不可能找到答案。更凄惨的是,即便是看到那答案活生生地摆在他目前,他也无法面对,或者是没有勇气面对。道理其实很简单,因为他所迷信的那种来自欧洲的理想,实则不过是一种空想,不唯不可能实现,一旦付诸实践,必然造成不堪设想的灾难性后果。

血的教训警示我们,既要全面认识西方,也要加力保留自己的传统文化。为此我们首先要检讨一下,这百多年来我们所学到的西方文化究竟是些什么货色。须知这西方文化并非都是健康、有益的内容,也有不少糟粕和酿害的祸患。即便是法治、人权、民主、自由这些向来被我们视为积极、正面的因子,一旦学习运用不当,也完全可能产生负面的效果。据我个人的体会,学习西方的文化,最忌不加辨别地接受它那些极端化的思想。因为在西方文化中,确有很多偏至极

① 程俊英:《诗经注译》,上海古籍出版社2004年版,第457页。
② 贺麟:《文化与人生》,上海人民出版社2011年版,第300页。
③ 毛毛:《我的父亲邓小平:"文革"岁月》,中央文献出版社2000年版,第330页。

端化的东西,比如法西斯主义、民粹主义、种族主义以及其他各种极左和极右的思想学说,这些个东西,在西方社会原有克制它的元素。但是当把它们引入到了中国以后,我们又放弃了自己的传统,放弃了诸如儒家思想中讲的那些和谐、仁爱和中庸的精神。没有了这些克制,所以才导致了"文革"当中种种极端化的思想泛滥成灾,导致对人权的种种践踏。正如我们现在常常讲的,引进外来的动植物的新品种,它可能来了以后不像在其原生态的情况下那样有克制它的天敌。在新的环境下没有了制衡的对手、没有了天敌,它能够无限蔓延,引发很大的灾难。思想和文化也是一样,不能随意引进的。现在我们的社会上,我们的制度中到底哪些是外来的东西,哪些是中国传统文化,应该有个很好的辨别,应当确立一个引进外来思想学说的标准。如果引进外来的很极端化的东西以后,没有任何的警惕,没有任何制衡,就可能造成危害,造成严重的社会灾难,过去几十年来的历史已经很能说明问题了。思想文化上的种种恐怖主义,这些东西到底哪些是来自中国传统,哪些是来自欧洲、来自西方的文明,我觉得我们必须把它们辨别清楚。我们一直都在说,学习好的东西,什么去粗取精、去伪存真、古为今用、洋为中用啦。这些话说得都很好,但哪些是粗哪些是精,哪些是伪哪些是真,怎么古为今用,怎么洋为中用,总要有一个标准。我的看法,首先,我们要接受的,不该是那种极端化的思想,而应该是在其原产地国家都能被普遍接受的东西。

《诗经·周南·桃夭》有云:

　　桃之夭夭,灼灼其华。之子于归,宜其室家。桃之夭夭,有蕡其实。之子于归,宜其家室。桃之夭夭,其叶蓁蓁。之子于归,宜其家人。

首先必须能"宜其室家",而后才可能宜于国人。《大学》说:"宜其家人,而后可以教国人"。大意是说,我们要娶一个女子回家,是希望她能给我们全家带来和睦、欢乐和安宁。如果我们娶进一个女子,她一过门就把全家上下折腾个底朝天,兄弟姐妹,亲朋邻里都不得安宁。我们就得考虑,这样的女子要不要娶她进来。当然这只是一个比喻。所以接下来《大学》又说:"《诗》云:'宜兄宜弟。'宜兄宜弟,而后可以教国人。《诗》云:'其仪不忒,正是四国。'其为父子兄弟足法,而后民法之也。此谓治国在齐其家。"朱熹注解说:"此三引《诗》,皆以咏叹上文之事,而又结之如此。其味深长,最宜潜玩"。[①] 回想

---

① （宋）朱熹:《四书章句集注》,中华书局 1983 年版,第 9 页。

近百年来我们陆陆续续引入的各种外来思想、文化,真可以说是五花八门,中国的的确确成了西方新思想、新学说的试验场和殖民地了。从梁发的《劝世良言》引发了洪秀全对基督教的兴趣,到苏俄十月革命传来的马列主义,再到晚近的各种西方新思潮、新学说,其中有多少曾经引起过中国社会的剧烈动荡,造成过多少同室操戈、兄弟互残、骨肉相煎的悲剧? 这百余年来我们外侮不断,内讧不止,这里面有没有外来思想挑的祸、酿的灾。引进这么多负面的文化难道不该触动我们做些深刻的反省吗?

三 警惕外来极端化的思想

回顾近代以来中国对西方的认识过程,大体上可以归结为三个阶段。第一个阶段是所谓的"船坚炮利"的器物阶段,这个时期所谓先进的中国人睁开眼看到了西方列强的坚船利炮,以为学到了这些练兵制器的新本领就可以抵御外侮,走向现代化。"洋务运动"就是基于这样的认识兴起的。第二个阶段可以概括为"良法美政"的制度阶段,这个时期一些先进的中国人认识到西方的强盛不仅仅在于器物,还有制度上的优势,因此提出要维新变法,改善中国的政治、经济制度,戊戌变法,晚清新政,可以说都是基于这样的认识而发动的。第三个阶段可以概括为"新文化"、"新道德"的观念变革阶段。到了这个阶段,中国人自以为对西方的认识又进了一步,然而严重的问题和灾难正由此而生。陈独秀在《新青年》上发表了一篇题为《吾人之最后觉悟》的文章,提出只有"德先生"和"赛先生"可以"救治中国政治上、道德上、学术上、思想上一切的黑暗",他进而断言"伦理的觉悟,乃吾人之最后觉悟之最后觉悟"。冯友兰先生说:"所谓'德谟克拉西'和'赛因斯',就是民主与科学。自从第一次鸦片战争失败以后,中国进步的人们,都知道要向西方学习,学习西方的长处,以抵制西方。但什么是西方的长处,各派的见解不同,好像瞎子摸象,各执一词,莫衷一是。到了新文化运动,才认识到西方的长处,千头万绪,归根到底是民主与科学。认识到底了,话也说到头了,这真是'最后觉悟之最后觉悟'"。[1]

---

① 冯友兰:《中国现代哲学史》,广东人民出版社 1999 年版,第 98 页。

其后陆续发生的批判旧道德、旧思想、旧文化、旧习惯的一次次运动，包括"文化大革命"在内，应当说就是将这样的认识落实到行动的结果。

引入"德先生"和"赛先生"并因而产生之"伦理的觉悟"的直接后果，诚如有学者指出的那样，就是发生了"道德革命"：

> "道德革命"是发生在 19 世纪末期，由新学家所发动、旨在促使中国文化近代化与文化重建的一场革命运动，持续时间最长、影响最大。作为一次革命，它从 19 世纪末开始，在五四新文化运动时期发展到了顶峰……在"道德革命"中，新学家首先批判了中国封建伦理道德之首的"三纲"这一中国古代社会统治阶级的意识形态，认为它是中国国民丧失独立人格、自主人格的根源……酿成了中国社会长期以来"君虐臣、父虐子、夫虐妻、主虐奴、长虐幼"等"种种罪恶"。因此，他们把清除奴隶性、树立新的理想人格改造"国民性"，作为道德革命的一项重要任务。[1]

"道德革命"的实际效果如何呢？现在就下定论似乎为时尚早，但是就我们将近一个世纪的观察所见，除了"一个领袖、一个政党、一个主义外"，能够幸存下来的便只有"驯服工具"了。尽管这德赛两先生已进口有年，不但奴隶性远未能根除，新的理想人格也绝谈不上理想，甚至还产生了新的、更严重的社会问题。于是那位学者又写道：

> 发生在近代史上的"道德革命"也有其不可避免的历史局限。如对旧道德的批判，许多人是从自身感受的角度去批判，而对旧道德的深层结构和价值观的多重意蕴缺乏深入的分析。同时由于巨大动荡亦即急剧变革，使得中国社会内部的道德结构始终处于一种不稳定状态。处在社会转型期的中国，伴随着经济和文化的快速发展和改变，中国人的道德生活领域出现了种种令人不安的情形。时下，在中国这个以重礼仪而闻名世界的伦理之邦，腐败、欺诈、以次充好、见死不救等不道德现象变得似乎普遍，以致有人说"中华民族到了最不道德的时候"。

"中华民族到了最不道德的时候"，这话听似戏言而实非戏言。我们有必要做出深刻反省。

---

① 孙慧玲:《从"道德革命"到"道德重建"》,《中国社会科学报》2011 年 12 月 20 日第 4 版。

不过,照这位学者的意思,"所谓道德滑坡"、"道德沦丧"云云,从根本上言,似乎都是处于社会发生急剧变化之时,传统的道德价值失去作用,新的道德规范缺失引起的。[①] 依此说法,好像当今社会的"不道德"现象都是正常的、自然的同时也是不可避免的现象,与特定主体主观上主动的行为毫无关联。诚如是,则我们的反思不也就没有任何意义了嘛? 然而,近年来频频揭发出来的所谓"卧底"现象,又不能不时时触动人们的神经。像冯亦代、黄苗子之辈文化名人居然也曾干过那种暗中监视、揭发其朋友的事,而且还是为了实现某种"崇高的理想"目标,这就不能不令人感到这种社会的阴森恐怖了。恰如一篇文章中所说的:"这些卧底和监视对象都是亲密的老朋友,有的甚至共过患难。国民党高压统治下,他们曾经一起面对强权争自由,风雨如晦,鸡鸣犬吠,慢慢长夜里,嘤其鸣矣,求其友声,论私交,他们也可以说是老交情了。"但是,"曾几何时,物伤其类。生死之交成为刀俎上鱼肉,他们毁灭的,不仅是一个人的前程,也是数千年中国文人的道德。朋友乃五常之一,为一己之私出卖朋友,士林不齿。"[②]

另有一位学者指出:"毛泽东塑造了一个时代的人格,最重要的是革命理想,为了这个崇高的理想,毫不在乎用什么手段。1949 年以后,由于各种运动,人与人之间没有私德。冯亦代做卧底,按照儒家的私德来说是不可原谅的,因为你出卖的是个不一般的朋友。但在那个时代,所有人都卷进去了。"[③]

有学者指出,中国传统上较重私德,而西人更重公德,但"远西虽重个人主义,而个人非勉于公德不能得社会之尊崇,博爱公道,为其最要之德目……然私德,原也;公德,流也。有私德而无公德,是断其流也;有公德而无私德,是塞其原也。中土非全无公德,远西非全无私德,特各有偏重耳。兼重焉,斯善矣!"[④]这话说得也很中肯。

当我们将西方世界的"崇高理想"引入到中国以后,与预期的结果相反,

① 参见孙慧玲:《从"道德革命"到"道德重建"》,《中国社会科学报》2011 年 12 月 20 日第 4 版。

② 毕星星:《北岛回忆里的卧底话题》,《炎黄春秋》,2011 年第 12 期,第 36 页。

③ 萧三匝:《许纪霖:最重要的是重建社会和伦理》,《南方周末》2011 年 2 月 17 日第 23 版。

④ 黄建中:《中西道德之异同》,郁龙余编:《中西文化异同论》,生活·读书·新知三联书店 1989 年版,第 175、176 页。

不但没能提高国民的人格，造成私德扫地，反而还导致了中国社会的公德扭曲。这似乎正可说明，当我们抛弃了中国传统的私德以后，同时也就堵塞了公德的源头，乃至整个"中华民族到了最不道德的时候"！

应当指出的是，中国今日的道德崩溃和百余年来的社会动荡与我们广泛引入的西方文化观念有着直接的关联。至少从某种意义上说，西方文化的一大突出特点就是夸大矛盾，鼓励斗争，煽动分裂，这可能是受到了西方文化之体——基督教精神——的影响。回顾20世纪以来的历史可以看到，无论我们引入西方的自由主义、马克思主义还是其他的什么西方思想或主义，都会对中国传统的伦理观念和社会稳定带来不同程度的冲击。张荫麟先生曾经指出："《新约》里有两段文字，其所表现的伦理观念，与中国传统的伦理观念相悖之甚。"他所说的这两段文字是指《圣经·新约·马太福音》第10章第34至38段的内容：

> 你们不要想我来，是叫地上太平。我来并不是叫地上太平，乃是叫地上动刀兵。因为我来，是叫人与父亲生疏，女儿与母亲生疏，媳妇与婆婆生疏。人的仇敌，就是自己家里的人。爱父母过于爱我的，不配作我的门徒，爱儿女过于爱我的，不配作我的门徒。不背着他的十字架跟从我的，也不配作我的门徒。①

这里采用的是通行的中文和合本的译法，张荫麟建议改用下引韩亦琦的新译法：

> 我来并不是使世界安宁的，而是使他纷扰的。因为我来了，将使儿子与他的父亲不和，女儿与她的母亲不和，媳妇与她的婆婆不和。假若任何人到我这里来，而不憎恶他的父母、妻子、儿女、兄弟和姊妹，甚至一己的生命，他就不能做我的门徒。②

比较这两种译法，内容没有实质性的差别，只是前者的语气略显和缓，后者稍感生硬，与中国人的伦理传统反差更大一些。有宗教界的朋友曾向笔者解释说：整个《马太福音》（天主教称《玛窦福音》）第10章是耶稣留给自己选择的十二个门徒的一番话，所以这一段福音不是讲伦理观的，而是做耶稣门徒

---

① 中国基督教三自爱国运动委员会、中国基督教协会印发：《新旧约全书》，1982年版。
② 张荫麟：《素痴集》，百花文艺出版社2005年版，第181页。

的条件,我相信这位朋友的解释是正确的,但是作为《圣经》中的耶稣话语不可能对世人毫无影响。普通人不必说了,即便是一般的基督教信徒是否都能分辨清楚这段话并非伦理训示也大可怀疑。张荫麟先生说:

> 基督教和佛教都是家族组织的敌人。基督教之流布于欧洲与佛教之流布于中国约略同时。然基督教能抓住西方人的灵魂,而佛教始终未能深入中国人的心坎者,以家族组织在西方本来不如在中国之严固,所谓物必先腐然后虫生之也。墨家学说的社会的含意和基督教大致相同,而墨家学说只是昙花一现,其经典至成了后来考据家聚讼的一大问题,这也是中国历来家族组织严固的一征。基督教一千数百年的训练,使得牺牲家族的小群而尽忠于超越家族的大群的要求,成了西方一般人日常呼吸的道德空气。①

显然,张荫麟还是认定耶稣的这段话产生了伦理训示的效果。五四运动时期陈独秀呼唤的"伦理的觉悟"无非是以基督教为底蕴的西方伦理取代中国固有的家族伦理。现时看来,传统的家族伦理固然是破坏了,但是张荫麟辈所憧憬的"那种尽忠于超家族的大群(国家)的道德空气"却至今未能树立起来。伦理不存,期望社会能够安固,其可得乎?!

综上所述,我想要表达的无非是如下的观点,即:要引进外来的文化、思想和学说,首先要考察一下它们在其原产地的情形,如果在其母国都是为善不足、酿乱有余,其本国人民自己都弃之唯恐不及,那怎么可以将之引入到中国来呢?我看我们的辨别标准就应该这样确立:至少在它们原产地那里能够被普遍接受,而且没有造成很大危害的东西,这样的一种思想可以拿过来观察试用,但也要随时保持警惕,以避免其泛滥成灾,并且还是要根据我们的具体情况再做适当的变通和调整。如此谨慎地对待外来的文化和思想,恐怕才能有利于我们的社会和国家,起码不至于产生太大的副作用。绝对不能把它们捧为至宝,奉为至尊,甚至树为国教,那样非酿大乱、受大害不可。张岱年先生说:

> 我们吸收外来的先进思想,其目的在于壮大自己,发展自己,而不是否定、贬抑自己。如果输入一种外来思想,其结果只能导致民族独立的丧

---

① 张荫麟:《素痴集》,百花文艺出版社 2005 年版,第 182 页。

失,民族精神的衰颓,那种外来思想就不是先进的思想了。陈先生(笔者按:指陈寅恪)"一方面吸收输入外来之学说,一方面不忘本来民族之地位",真可谓关于中外文化交流的精粹之言。①

五四新文化运动时期力主全盘西化的代表人物之一胡适曾经讲到他当年与一位美国人谈天时说:"我们中国人有一点特别长处,就是不抵抗新思想。譬如'进化论',在西洋出现之后,打了五六十年的官司,至今美国的大学还有禁止教授的……"对方答以:"贵国人不抵抗新思想,不一定是长处。欧美人抵抗新思想,不一定是坏处。不抵抗也许是看不起思想的重要,也许是不曾了解新思想的涵义。抵抗之烈也许是顽固,也许是不轻易相信,须心服了然后相信。"胡适闻之赧然,内心承认当年相信生物进化论时并不了解其科学依据。后来做这番回忆时,则是已经意识到了"思想拢统的危险"。②

当今我们要重建我们的社会和文化,对外来新思想的危险也绝不可放松警惕。同时我们更应该深入发掘自己的思想文化,真正认识其中什么是善的,什么是有益的。比如说"仁"的思想、和谐的思想、中庸的思想,都是符合人道的精神,有利于个人人格的提升,也有利于国家、民族和社会的团结、和睦并能健康发展的思想,我觉得还是应该将它们传承下来,这样才有可能使现代法治在我们的国家发扬光大,而不是不加选择地学习那些外来的东西。有学者说:

> 中国社会是一个超稳态的"大一统"社会,这种理念古今相连,依然鲜活。中国传统所强调的"大一统"文化之所以有旺盛的生命力,就在于其"海纳百川"、"多元通和"的圆融、共构精神,此即今天所倡导的"和谐文化"。这种"大一统"的持守,既希望求同存异,也允许和而不同。多元共在方为和谐。与之相呼应、相协调的,则是中国宗教的包容性和互通性。中国传统宗教的主体儒、佛、道交织存在,相互渗透,而中国民间宗教及民间信仰的存在与发展更是交融性的,大多体现并涵括这三大宗教的思想精神和文化内容,甚至还有更多的扩展。基督教、伊斯兰教等从中华文化传统区域之外传入的宗教,也都必须面对并适应这种大一统和包容、共融的格局,由此形成其中国特色。中国社会"合"则能长治久安,"分"

---

① 张岱年:《张岱年全集》第八卷,河北人民出版社 1996 年版,第 466 页。
② 欧阳哲生编:《胡适文集》第 11 册,北京大学出版社 1998 年版,第 161、164 页。

则会被肢解，进入多事之秋。要在当今的多元处境中保持这种"合"，维系社会之"稳"，面临巨大挑战。而中国今天构建"和谐"社会之理念的提出，就是要争取并保持中华文化之"合"、中国社会之"稳"，这是大方向、总目标，一切思想努力和实际工作都应围绕并服从这一方向和目标。①

这话说得有一定道理。我们引进任何文化、思想和宗教，都应使其有助于国家和民族的和睦、团结，而不是造成群体内部的分裂、对立甚至相互仇视、不共戴天。过去很长一段时间里，我们一提到"大一统"，往往只强调其消极的、负面的效应，而忽视了其积极的、正面的作用，这也是不足取的。任何群体内部，矛盾、斗争和冲突都是客观存在的，不可避免的，应当正视并努力寻求和谐共赢的解决方案，至少也应学会相互妥协、彼此尊重；绝不能夸大、激化，甚至刻意挑起冲突和斗争，人为制造自相残杀的惨剧。

① 卓新平：《宗教与文化战略》，《中国社会科学报》2011年12月20日第8版。

第二十一章　辛亥革命与文化复兴

让学者们预测未来,通常不大准确,不过也有偶尔言中的个例。譬如,英国 18 世纪著名的政治理论家柏克认为:1789 法国大革命的暴力把一切美好的传统都摧毁了,并且从根本上冲击和动摇了社会秩序和自由的基础,他预言这种毁灭性的破坏终将导致一种新的专制主义强权的出现,唯有它才能够维持社会免于全面的混乱和崩溃。而且这种专制主义还必然会蔓延到法国境外的整个欧洲。不久以后,拿破仑之登上舞台及其所建立的欧洲政治霸权,似乎是完全证实了他的预言。据说,这是历史学史上最罕见的准确预言之一。①

上面是西方人的事例,下面再看中国的事例。1867 年(清同治六年),曾国藩的一位幕僚赵烈文曾对清王朝的垮台做出预言。他说:"天下治安统一久矣,势必驯至分剖。然主威素重,风气未开,若非抽心一烂,则土崩瓦解之局不成。以烈度之,异日之祸,必先根本颠仆,而后方州无主,人自为政,殆不出五十年矣。"曾国藩蹙额良久曰:"然则当南迁乎?"烈文答曰:"恐遂陆沉,未必能效晋宋也。"曾氏不太相信,为清政权辩护说:"本朝君德正,或不至此。"赵答说:"君德正矣,而国势之隆,食报已不为不厚。国初创业太易,诛戮太重,所以有天下者太巧,天道难知,善恶不相淹,后君之德泽未足恃也。"②

赵烈文说上面那番话距离辛亥革命不过 45 年,距离袁世凯之死,正好 50 年。这个预言甚至连袁世凯死后军阀混战的场面都预见到了。其精准之程度,应该说不在柏克之下。

---

① 〔英〕柏克:《法国革命论·译者序言》,何兆武等译,商务印书馆 1998 年版,第 iv 页。

② (清)赵烈文:《能静居日记》,续修四库全书影印手稿本,《续修四库全书五六二·史部·传记类》,上海古籍出版社 1995~2002 年版,第 397~398 页。

按照赵烈文的说法,清朝的覆亡,种因于清初的暴政。这说法不是没有道理。清军入关之初,推行剃发、易服、屠城、圈地、严戢逃人等一系列暴政,加之后来贯穿于康雍乾三朝盛世连绵不断的文字狱等一系列骇人听闻的惨案。清朝不亡,也可说是没有天理了。1894 年(清光绪二十年),孙中山在檀香山建立兴中会,其入会誓词是:"驱除鞑虏,恢复中国,建立合众政府。"后来在同盟会的政纲中,被完整地表述为三民主义,即:"驱除鞑虏,恢复中华,创立民国,平均地权"四句话。武昌起义和辛亥革命的成功,在当时真正具有号召力的应该说还是他的民族主义纲领,即"驱除鞑虏,恢复中华"。就此意义上说,辛亥革命的成功是天理、人心对于反人道的暴力压迫的历史性否定,这也是我们今天在这里纪念辛亥革命百周年的意义所在。

不过,即便是孙中山先生提出的"驱除鞑虏,恢复中华"的口号,也只是完成了一半,即"驱除鞑虏",而恢复中华的大业尚远未完成。因为我们所说的民族主义,并不是从种族上反对满洲人这样狭隘的民族主义,而是反对满清统治者以武立国,暴力专政的野蛮文化。这从孙中山先生后来提出的"五族共和"思想可以得到印证。

辛亥革命完成了推翻清朝统治者的目标,但是并没有实现"恢复中华"的大业。我们说的"恢复中华",并不是要用汉人的暴力专政取代满洲的暴力专政,那只能叫做"以暴易暴"。但辛亥革命后的历史恰恰是走马灯式的暴力专政前后相继,这与满清政权的暴力专政并没有什么实质性的差别。

或许有人会问,我们说的恢复中华,究竟是什么意义上的中华呢？我的看法,所谓中华,既非种族意义上的,也非地理意义上的,而是文化意义上的。申言之,所谓恢复中华,就是要恢复中华文化。而辛亥革命以后的各个主要政权,奉行的都不是中华文化。有的仰慕英美文化,有的崇奉俄国文化,当然,中间也有些汉奸政权膜拜的是日本文化。总之,没有一个政权是以恢复中华为职志的。马一浮先生说:"世界人类一切文化最后之归宿必归于六艺,而有资格为此文化之领导者,则中国也。今人舍弃自己无上之家珍,而拾人之土苴绪餘以为宝,自居于下劣,而奉西洋人为神圣,岂非至愚而可哀?"[1]

十多年前,政府提出了"中华民族伟大复兴"的口号,这个口号提得很好,

---

　　①　《马一浮集》第一册,浙江古籍出版社、浙江教育出版社 1996 年版,第 24 页。

但目前来看仍停留在口号上。无论是从其口头上尊奉的主义来看,还是从其实际上推行的文化来看,都与中华文化不搭边际。口头上奉行的什么主义呢?说穿了不过是急功近利的实用主义。实际奉行的是什么文化呢?是以力服人的霸道文化,说白了跟清王朝奉行的夷狄之道没什么两样。

有学者说:"中国民族的堕落,归根说乃是精神的堕落,并不是经济的失败"。① 精神是什么呢?依贺麟先生之见,"文化乃是精神的产物,精神才是文化真正的体。精神才是真正的神明之舍,精神才是具众理而应万事的主体"。② 由此演绎可知,所谓民族精神的堕落,势必表现为民族文化的衰亡,中国的现实恰是如此。

2008 年 10 月 28 日《中国社会科学院院报》第一版上刊登了一篇题为《老祖宗不能丢》的文章。当时我一看这标题挺兴奋,以为作者终于找到了文化回归之路,可是一看内容就只有叹气的份儿了。原来那作者说的老祖宗竟然是个活着还不到 200 岁的西方人。中华民族号称拥有五六千年的文明史,何以其老祖宗竟然这么年轻,这可真是数典忘祖了。孔子说"非其鬼而祭之,谄也"。这篇文章的作者,用孔子话说,必定是个谄媚之徒,译成今言,就是马屁精。

或问,你说的老祖宗,你说的中华文化究竟是什么呢? 很简单,就是尧舜禹汤文武周公孔孟程朱陆王一脉相传的文化,即植根于天理民心,讲求以德服人的仁义之道。简单说,即儒家文化或孔孟之道。

有人若问,为什么一定要恢复或回归中华文化呢? 我提出的理由有两点。一是中华文化源远流长,博大精深,是中华民族得以凝聚和存续的精神源头。二是中华文化及其精髓孔孟之道刚健中正,尊重人格的独立发展。所谓"己欲立,立人;己欲达,达人;己所不欲,勿施于人"。用蒋梦麟先生的话说,即:"儒家之学,为修身齐家治国平天下之学,其持己严,待人宽。其见识远大,不图近利。以'正德利用厚生'为政治之极则。"③杨向奎先生更一针见血地指出:"所谓'华夏文明',抛弃儒家与经学,将无从谈起。中华民族之陶冶,教育

---

① 沈有鼎语,转引自贺麟:《五十年来的中国哲学》,商务印书馆 2002 年版,第 43 页。
② 贺麟:《近代唯心论简施》,上海人民出版社 2009 年版,第 196 页。
③ 明立志、吴小龙、乾恩等编:《蒋梦麟学术文化随笔》,中国青年出版社 2001 年版,第 71 页。

制度之形成,以至中华民族性格之'极高明而道中庸',都与儒家之教育陶冶不能分。"①

一句话,儒家之道是炎黄子孙安身立命之道,是中华民族立国兴邦之道。

70年前,贺麟先生在谈到中国文化的复兴问题时曾经指出:

> 中国当前的时代是一个民族复兴的时代。民族复兴,不仅是争抗战胜利,不仅是争中华民族在国际政治上的自由独立和平等,民族复兴本质上应该是民族文化的复兴,儒家文化的复兴。假如儒家思想没有新的前途,新的开展,则中华民族以及民族文化也就没有新的前途、新的开展。换言之,儒家思想的命运,是与民族的前途命运、盛衰消长同一而不可分的。中国近百年来的危机,根本上是一个文化的危机。文化上有失调整,就不能应付新的文化局势。②

他进而指出:西洋文化的输入,给儒家思想带来了生死存亡的考验,但同时也为儒家思想的复活、生存和发展带来重要的转机。他说:

> 儒家思想是否能够翻身,能够复兴的问题,也就是中国文化能否翻身、能否复兴的问题……就个人言,如一个人能自由自主,有理性、有精神,他便能以自己的人格为主体,以中外古今的文化为用具,以发挥其本性,扩展其人格。就民族言,如中华民族是自由自主、有理性有精神的民族,是能够继承先人遗产,应付文化危机的民族,则儒化西洋文化,华化西洋文化也是可能的。如果中华民族不能以儒家思想或民族精神为主体去儒化或华化西洋文化,则中国将失掉文化上的自主权,而陷于文化上的殖民地。让五花八门的思想,不同国别、不同民族的文化,漫无标准地输入到中国,各自寻找其倾销场,各自施展其征服力,而我们却不归本于儒家思想而对各种外来思想加以陶熔统贯,我们又如何能对治这些纷歧庞杂的思想,而达到殊途同归、共同合作以担负建设新国家新文化的责任呢?③

信哉斯言!一个民族的复兴,必先有赖于其民族文化的复兴。

---

① 杨向奎:《杨向奎学术文选》,人民出版社2000年版,第41页。
② 贺麟:《文化与人生》,上海人民出版社2011年版,第12页。
③ 贺麟:《文化与人生》,上海人民出版社2011年版,第13~14页。

余论　超越现代化

一　现代化思潮的兴起及其误区

现代化思潮在中国的兴起,发轫于清末,惟其时尚无所谓"现代化"的概念,而只是要学习西方以应对现实的挑战,实现独立富强的目标,恰如劳思光先生所说:

> 晚清的中国开始学习西方文化的时候,原先并无"现代化"或"现代文化"的观念,而只意识到中西之歧异或对立。因此,当时就官方的用语说,只有"洋务运动";就民间说,一般知识分子只注意到所谓提出"西学"的问题,只就中西两方面来立论。换句话说,他们只从地域观念来看他们面对的外来文化冲击,而并未意识到历史阶段的分划……于是,如张之洞这样的好学深思之士,也只会谈"中体西用",而并未了解现代化运动原非地域间的文化冲突问题……到了民国初年,所谓讲求"西学",即从部分意义的"西化"扩大为全面意义的文化改造。"全盘西化"这个口号出现时,已标示一种新文化的远景。如从前张之洞那种为了"存中学"故"不得不讲西学"的想法,已经不为多数中国知识分子所接受。换言之,"西化"本身成为文化改革之目的,不是当作维护中国文化的手段了。五四运动以后,"现代化"的观念渐渐出现。①

---

① 劳思光:《远景与虚境——论中国现代化问题与后现代思潮》,刘述先主编:《中国思潮与外来文化——第三届国际汉学会议论文集·思想组》,(中国台湾)"中央研究院"中国文哲研究所2002年版,第4~5页。

的确，"现代化"是后起的术语。国人最初使用的"洋务"、"西学"、"西化"等名词，按罗荣渠先生的说法，"就是指的现代化。当时人们认为，西方即欧美列强是现代国家中独立富强的典范，中国要走向独立富强，就只有向西方国家学习，奋起直追，以达到富国强兵的目的。这就是中国人的早期现代化思想"。① 需要加以分辨的是，所谓"西学"、"西化"，均属于空间的范畴，且将中西置于对等的地步，当时国人还只是"将西方文化看成另一个地区的文化；我们所以会考虑接受它的某些成果，只因为有某种需要。这就是张之洞所谓的'不得不讲西学'"；而"当我们谈'现代化'或'现代文化'的时候"；则进入了时间的范畴，出现了"'历史阶段'的意识。我们意识到世界进入到一个新阶段，则原有的文化结构与文化成果，都可能进入'失效'状态，于是我们就觉得'应该'要走向现代化。这就是一种价值选择了。"②

如将上述说法抽象化，不难看出，将"西学"、"西化"等同于"现代化"无异于是将空间范畴转换为时间范畴，即将中西之别转化为古今之别，将知识范畴转化为价值范畴，将实然转化为应然。如此一来，文艺复兴以后的欧洲文化，遂由原来的一种地方性知识摇身一变成为了具有普世意义的人类共同的价值理想。③ 尽管上述这一系列的转换，极其突兀生硬，缺乏任何理据，但因其来势凶猛，令人无暇深思，于是便在不知不觉之中变得自然而然且理所当然，成为世人的共识了。所谓"进步"，所谓"革命"，所谓"世界潮流"云云，便

---

① 罗荣渠：《现代化新论——世界与中国的现代化进程》，北京大学出版社 1993 年版，第 8~9 页。

② 劳思光：《远景与虚境——论中国现代化问题与后现代思潮》，刘述先主编：《中国思潮与外来文化——第三届国际汉学会议论文集·思想组》，(中国台湾)"中央研究院"中国文哲研究所 2002 年版，第 5 页。

③ 劳思光先生指出："'现代化'(modernization)或'现代性'(modernity)这类词语，显然是由'现代的'这个词语引申而来，而这个词语又源自拉丁文的'modernus'。'modernus'这个字的使用早在 5 世纪的欧洲即已开始流行，当时说'modernus'，意思是与古代互别。5 世纪基督教大盛，欧洲人即以'modernus'表述自己所处的时代，而将罗马及其他非基督教的早期社会划为古代……由 modern 或 modernus 本来的词义看，我们可以知道这个词原不指某种特殊的事物情况或内容。但 18 世纪以后的欧洲，却渐渐形成另外一种用法，即：将文艺复兴以后的文化称作现代文化。于是所谓'现代的'或'现代性'便指向特殊的内容了。"劳思光：《远景与虚境——论中国现代化问题与后现代思潮》，刘述先主编：《中国思潮与外来文化——第三届国际汉学会议论文集·思想组》，(中国台湾)"中央研究院"中国文哲研究所 2002 年版，第 2 页。按：这"特殊的内容"即所谓"现代的"或"现代性"专指文艺复兴以后的欧洲文化。因此，所谓的"现代化"即是欧洲化，亦即"西化"。

是这种共识的概念化。诚如劳思光先生所说：

> 知识分子既已有现代化的意识，普遍地承认中国需要"进步"，他们即在各方面传播这种意识。于是，我们看见从北洋军阀到革命党人都在不同程度上接受现代化的要求。这并不表示中国人对现代文化的特性或现代性本身真有明确认识，而是由于中国的传统政治秩序（君主制度）事实上已经不能重生……这样的现实情况使得知识分子传播现代化观念异常顺利。除了少数守旧分子外，大家都在谈"进步"或"改良"。在政治上敌对的势力，如较早的南北政府，或较后的国民党与共产党，虽是水火不相容，但对现代化却持类似的肯定态度。北伐后的蒋介石氏本是走专政的路线，但在南昌行营时代却大倡"新生活运动"，要国民走向现代化。到日后中共统治中国，主政的周恩来更是以"四个现代化"作为国策。换言之，左右派政治势力都在提倡现代化。甚至在学术思想界，虽有传统主义者、反传统主义者，以及各种调和论者，各有不同理论及要求，但对于现代化仍是并无异议。显然，现代化在这个阶段中已经成为共识。①

其实，早在20世纪前半叶，即有人对从西化到现代化的转换之间发生的时空挪移有所认识，一位名叫周宪文的学者写道：

> 记得好多年前，有人曾经主张中国要全盘西化，那就是一切都要学西洋。当时有很多人反对。理由很简单，我们是中国人，为什么一切都要西化；难道我们一定也要不吃饭，吃面包么？而其结论，我们当取西洋之长以补中国之短；亦就是中国的长处，仍得保留。这话说来似乎入情入理，而其实呢？这与"中学为体，西学为用"，仍只有五十步与百步之差，只不过字面上说得好听而已。因为我们既承认中国虽有短处，亦有长处，而只欲取西洋之长，补中国之短；那就得问，中国的长处是什么？吃饭固然不比吃面包坏，但也不一定比吃面包好，这中间并没有好坏可说。要说好坏，说来说去，仍旧不脱一句老调，我中国的精神文明比西洋来得好……亦即中学为体，西学为用。如此说来，难道真的我们一切都要西化，一切

① 劳思光：《远景与虚境——论中国现代化问题与后现代思潮》，刘述先主编：《中国思潮与外来文化——第三届国际汉学会议论文集·思想组》，（中国台湾）"中央研究院"中国文哲研究所2002年版，第6页。

都要学西洋人么？这话自有毛病。就人论人，中国人决不比西洋人差，反过来，就是说西洋人决不比中国人好。而且各有各的环境与习惯，彼此都是不能学的。不过，我们如由"地理的观点"转到"历史的观点"，亦即由"地"的看法转到"时"的看法，那就可知，这根本不是什么中国与西洋或中国人与西洋人的问题，这是农业社会与工业社会的问题，因为社会的进化，是由农业社会到工业社会的，亦即是由农业生产到工业生产的，所以这一问题，实在可说是古代与现代的问题。我们今天自认为中国之长的，前面已经说过，那是在精神方面。而其实呢？这些无一不是农业生产的结晶，亦即是农业社会的出品。中国的家族制度固然如此，其他一切，无不皆然。所以，时至今日，只要我们无法保持或恢复过去的农业社会，而必须向现代的工业社会推进，则中国旧文化的没落，宁为必要的事实。反过来说，只要我们认为中国在"现世界"，必须"现代化"，那末，好也罢，坏也罢，我们的"精神文明"，亦得跟着"物质文明"而转变。①

考究这位学者的逻辑，似可做成如下的三段论式：

大前提 A1：农业社会＝古代＝落后；

      A2：工业社会＝现代＝进步；

小前提 B1：中国的一切（从精神到物质）＝农业社会（的出品）＝古代＝落后；

      B2：西方的一切（从精神到物质）＝工业社会（的出品）＝现代＝进步；

结论 C1：保留中国传统＝古代（化）＝落后

      C2：中国全盘西化＝现代（化）＝进步

应当说，这位学者的观点并非他的一己之见，而是代表了当时知识界的主流思潮，而且是由当时中国的实际处境所决定的。林语堂说：

现在面临的问题，不是我们能否拯救旧文化，而是旧文化能否拯救我们，我们在遭受外界侵略时，只有保存自身，才谈得上保存自己的旧文化。中国除了现代化之外，别无他途。这个"现代化"是被迫做出的选择。如

① 周宪文：《"中国传统思想"与"现代化"》，新中华杂志社编：《中国传统思想之检讨》，中华书局 1948 年版，第 178~179 页。

果她向西方学到的仅仅是和平的艺术,国民的良好教育,男女老幼更多的享乐……如果中国向西方学到的仅仅是这些,该有多好! 即使中国仅仅向西方学了点淘金、钻井、现代广告、商业、工业和赢利,情势也不会如此具有灾难性,然而,西方是用两只手将礼物送来中国的:一只手是和平的艺术,另一只手中是战争的艺术,中国不得不全部接纳下来。……事实上,我们愿意保护自己的旧文化,而我们的旧文化却不可能保护我们。只有现代化才能救中国。①

显然,在时人眼里,"现代化"是中国社会和中国文化的唯一必由之路,别无其他的选择。一句"只有现代化才能救中国",可以说喊出了晚清以来好几代"先进"中国知识分子的共同心声,也是他们对中西文化稍加比较以后得出的基本结论。即使是在极左思潮居于绝对统治地位的"文化大革命"时期,我们仍将"四个现代化"定为自己的奋斗目标。

如今,当我们重新思考前述周宪文的"西化＝现代化＝进步"的三段论式时,应能发现其中有不少武断甚至荒唐的想当然。譬如说古代农业社会出产的水稻和小麦就一定等于落后吗? 现代工业社会生产的转基因食品和化肥就一定等于先进吗?

据说在 1914 的《科学美国》(*Scientific American*)杂志上刊登过一篇题为《汽车将结束纽约城的环境污染》的文章,文中提到每天有三万一千加仑的马尿和相同数量的马粪被丢弃在纽约大街上。因此,汽车——"无马的车",被看作是结束环境污染的一个重大突破。② 今人看到这样的文章标题会做如何感想呢?

退一步说,即便是"现代化"等同于"先进"或"进步",就一定会有益于宇宙人生吗? 有位德国学者写道:

　　早在五四时期,"进步"的中国知识分子谴责孟子传统重义轻利的思想,认为正是它使中国没有发展出像西方殖民强权那样进取的资本主义形式。大约 100 年以后,公司为了增加股东们的利润而剪裁人员缩小规

---

① 林语堂:《中国人》,郝志东、沈益洪译,学林出版社 1994 年版,第 343~344、347 页。
② [德]卜松山:《中国和西方价值:关于普遍伦理的跨文化对话的反思》,陈晓兰译,刘述先主编:《中国思潮与外来文化——第三届国际汉学会议论文集·思想组》,(中国台湾)"中央研究院"中国文哲研究所 2002 年版,第 94 页。

模,或者骤然间从某一地区抽走大笔资金致使这一地区经济受到重创——资本主义已经获得了这样的一种品性,在这里"至善的唯一信条"似乎只是"最大限度的利润"。当(今)这种态度正在席卷中国,越来越多的人,从普通老百姓到政府官员只对攫取金钱有兴趣,你幻想五四知识分子有预见性地保存一点孟子的思想,那真是独出心裁。强调家庭作为社会的核心和典范似乎也过时了,如同我们在西方看到的这种体制解体的趋势一样。然而对照儒家观点,我们可能再次觉得该思考这种"社会进步"——毕竟我们不得不对其他发展提出质疑,如环境问题,不久前这些发展都被欢呼"进步"。我们起初在家庭从父母那里获得道德感,但随着越来越多的家庭解体,它的这一社会功能无法得到保证了,而且,家庭危机似乎正是不断增强的自我中心的生活方式的结果。①

是呀! 如今西方的强权主义、利润至上和自我中心主义等"先进的"文化理念和生活方式已经席卷中国各地,但我们真的会觉得这样的"先进"会比孟子那落后的"重义轻利"的传统思想更有益于我们的社会人生吗? 我们真会热烈欢迎这样的"进步"、"先进"和"现代化"吗?

有位西方人曾经设问:

> 如果这个地球上每个人都像欧洲人和美国人消耗那样多的能源和自然资源,开两三辆汽车,污染环境,那将会怎样?②

此问不难回答,人类的前景也不难想见,我们这"唯一的地球"可能会迅即变成全人类的坟墓,而那众多的"先进"、"进步"和"现代化"正可率先将人类埋葬。

进而,我们再回顾一下中国百余年来的现代化道路,也应该会发现,中国现代化道路之所以会如此艰难曲折,还是根源于我们自己的错误认识,特别是对于中西文化和现代化的错误认识所致。其中最致命的误区就是对科学的迷

---

① [德]卜松山:《中国和西方价值:关于普遍伦理的跨文化对话的反思》,陈晓兰译,刘述先主编:《中国思潮与外来文化——第三届国际汉学会议论文集·思想组》,(中国台湾)"中央研究院"中国文哲研究所 2002 年版,第 93 页。

② [德]卜松山:《中国和西方价值:关于普遍伦理的跨文化对话的反思》,陈晓兰译,刘述先主编:《中国思潮与外来文化——第三届国际汉学会议论文集·思想组》,(中国台湾)"中央研究院"中国文哲研究所 2002 年版,第 99 页。

信,出现了西方人所称的"唯科学主义"(scientism)①;爱屋及乌,进而也就产生了对于现代科学的输出者——西方文化的迷信。

二　"古今中西"之争

所谓"古今中西"之争,说穿了,即是否承认西方文明的发展模式为人类历史发展和社会进化的标准模式的问题。凡对此问题做出肯定回答的,即认为中西之间并无实质性的差别,中西之别实即古今之别,亦即中国文化落后,西方文化先进。② 因而也就有了要否维护中国传统文化或全盘西化的争议。

费孝通先生认为:

> 20世纪前半叶中国思想的主流一直是围绕着民族认同和文化认同而发展的,以各种方式出现的有关中西文化的长期争论,归根结底只是这样一个问题,就是在西方文化的强烈冲击下,现代中国人究竟能不能继续保持原有的文化认同? 还是必须向西方文化认同? 上两代中国的知识分子一生都被困在有关中西文化的争论之中,我们所熟悉的梁漱溟、陈寅恪、钱穆先生都在其中。③

其实关于中西文化的论争以及对于中国文化的认同,不止是20世纪前半叶以及费孝通先生以前的那两代知识分子们久争不决的问题;可以说,自19世纪中叶西方势力侵入以来,延至今日,国人对这个问题的看法便一直处于激烈的争论之中。应该说,这个争论,是百多年来无法回避的、最大的时代中心

---

① ［美］郭颖颐:《中国现代思想中的唯科学主义(1900—1950)》,雷颐译,江苏人民出版社1998年版,第1页写道:"就科学的全面应用来说,在20世纪前半叶,中国的各种条件是令人沮丧的,但却激发了思想界对科学的赞赏,对此,我们可称之为'唯科学主义'。"

② 譬如何兆武先生说:"我不同意东西文化的划分方法,那实质上是阶段的不同。学术作为真理,本质上无所为中西之分,真理只有一个,大家都要朝着这个方向走,这是人类共同的道路。西方虽然先走了一步,但并不意味着中学、西学有本质的不同,而是阶段的不同。所以不能说我们是"西化",因为人类进步的阶段并不是西方所独有,大家都要走近代化的道路,只是我们比他们落后了一步,如果我们在某一点上比他们先进了,他们也照样要学我们的。人与人之间,民族与民族之间,文化与文化之间确有不同,不过那是次要的,物质的近代化是大家共同的道路。"何兆武口述、文靖撰写:《上学记》,生活·读书·新知三联书店2009年,第268页。

③ 费孝通:《关于"文化自觉"的一些自白》,《学术研究》2003年第7期,第5页。

话题。

费孝通先生讲到一件令他印象极深的历史事件：

在太平天国宣布起义并定都南京后，有一位曾国藩手下的大将，名叫胡林翼，当时驻守在今安徽的马鞍山，他在阅兵时，有一只外国军舰，冲着他沿江而上，这位大将竟当场昏厥了过去。以后别人问他为什么，他的回答是对付太平天国我们还有把握，但对付这些外国军舰就没有办法了。此事生动的反映了当时清政府上层的态度。他们看到了中国的物质技术远远落后于西方，因而惧怕和退缩了。从而引起了以后丧权辱国的灾难性后果。这说明在中西文化碰头时，他们认输了。①

客观地说，"在中西文化碰头时""认输了"的不只是胡林翼和"清政府的上层"，而是中国的主流社会，尤其是主流知识分子，这也为后来五四新文化运动时期提出"打倒孔家店"和"全盘西化"获得广泛响应埋下了伏笔。包括费孝通先生本人在内，在他的青壮年时代，对于西方文化也一直是服输的，直到他生命的晚年，在"陈寅恪、梁漱溟、钱穆等先生的著作"启发下，经过"对中国文化精神更深入的理解，对中西文化比较作更深刻的研究"，方才获得了"文化自觉"。但是中国固有文化在最近百多年来的式微却是不争的事实，以至于唐君毅先生痛心地说："中国近百年之文化，至少在表面上可谓之为西方文化次第征服中国传统文化之历史，或中国文化在西方文化之冲击前，一步一步退却，而至于全然崩溃之历史可也。"②

有学者说：

自从鸦片战争失败那时起，先进的中国人为了寻找救国的真理而经历了千辛万苦……中国近代史上的很多思想家是爱国者，是革命家，他们代表了中华民族的希望，代表了中华民族的优秀传统，他们的热情、意志、思想都集中在解决"中国向何处去"的问题。而"中国向何处去"的问题，就表现为政治思想领域的"古今中西"之争。③

"古今中西"之争以及"中国向何处去"的问题在五四新文化运动时期似乎得出了一个初步的结论或者说是共识，即中国应向西方去，走全盘西化的道

① 费孝通：《关于"文化自觉"的一些自白》，《学术研究》2003年第7期，第5页。
② 唐君毅：《中国文化之精神价值》，广西师大出版社2005年版，第344页。
③ 冯契：《中国近代哲学的革命进程》，上海人民出版社1989年版，第5页。

路。当然,这还只是一部分激进主义者的共识,当时仍有不同的声音存在。

贺麟先生回忆20世纪二三十年代之交他在哈佛大学留学期间曾与沈有鼎、谢幼伟两同学一道拜访当时在哈佛执教的英国著名哲学家怀特海,怀氏向他们"提起前些时候一个中国青年教授,叫什么的(指胡适)去看他,他对胡适全面抛弃中国传统文化的态度,觉得有点过火。他关心中国人现在是否还读老子和孔夫子这些他所谓中国古典的书籍。因为依他看来,文化是有继续性的,新文化的建立,是不能与古典的传统脱节的。"①据回忆,20世纪20年代在哈佛留学的吴宓与陈寅恪、汤用彤、梅光迪、俞大维、张鑫海、顾泰来、楼光来等同期留学者"具有深厚的国学基础,对西方文化也相当了解,在对待祖国传统文化的问题上,不赞成胡适、陈独秀等全面抨击、彻底否定、破旧立新,而主张昌明国粹、融化新知,重视传统与现代之间的继承性,在现有的基础上完善改进"。这些"当时在哈佛习文学诸君,学深而品粹者,均莫不痛恨胡、陈。张君鑫海表示,'羽翼未成,不可轻飞。他年学问成,同志集,定必与若辈鏖战一番'"。②

吴宓、陈寅恪、梅光迪等人都称得上是兼通中西的饱学之士。陈寅恪提出所谓"不忘本来民族之地位",吴宓所谓"欲造成新文化,则当先通知旧有之文化",或许还包括贺麟之所谓"化西"之说,都可看作是以我为主,即以中国文化为主体,适度吸收外来文化思想的主张。此外,1919年梁启超发表了《欧游心影录》,"指出西方物质文明的流弊,说明东方文化未可完全抛弃的意见。接着有梁漱溟《东西文化及其哲学》,把东西文化分成绝对不相同的三种方式",以及其后"张君劢和丁文江的科学与人生观的论战",③均是要阐明中国文化与西方文化并非只是时代先后的差别,还是有着质的不同。就一定意义上而言,这些人都可算得上是中国文化的保守主义者。④ 惟此类保守派之"保

---

① 贺麟:《现代西方哲学讲演集》,上海人民出版社1984年版,第103页。
② 吴学昭:《吴宓与陈寅恪》,清华大学出版社1992年版,第19页。
③ 王伯祥、周振甫:《中国学术思想演进史》,亚细亚书局1935年版,第141~142页。
④ 费孝通先生晚年反思自己的文化背景时说道:"我受到的教育是从清末民初所谓新学开始的,这个新的学校制度是针对旧的科举制度下的私塾制度而兴起的……我从小就是在这个蒙养院里边长大的,所以我没有进过私塾,没有受过四书五经的教育。连《三字经》、《百家姓》也没有念过。我念的是'人、手、足、刀、尺',是商务印书馆的小学课本,是新学的东西。不用面壁背书、坐冷板凳,还可以唱歌做游戏。初小后进入私人办的私学,也是由留学生办的新学。接着

守",并非抱残守缺,他们既不反对学习西方文化,也不反对改良或改革中国文化,但反对全盘废弃中国固有文化。不过,这些不同的声音已经随着时代的脚步变得越来越微弱了。

客观地说,到了五四运动前后,彻底排斥西方文化、完全拒绝更新中国文化的代表人物和思想流派虽不能说绝无仅有,但其影响力毕竟是十分有限的。然而,确有人主张完全废弃中国文化,全盘西化,譬如新文化运动的主将胡适、陈独秀、鲁迅以及后来的毛泽东等人,至少在他们生命的某个特定的时段内,都曾抱持过如此绝对化的立场,他们的主张确也一度成为时代的主流思潮。应当说,他们不仅仅是一般意义上的激进主义者,而足可以称之为中国文化的革命者。[1] 在他们眼里,西方文化是如此地优越,因为它植根于科学,而科学在他们眼里几乎是无所不能的。许多五四知识分子,譬如胡适"相信人靠科学理性,可以变得万能",[2]他们甚至还相信人类社会会像自然界一般沿着一

上了教会办的大学,从东吴转到燕京,又进了清华研究院,并再去英国留学,一生受的教育都是西方文化影响下的"新学"教育。父母主张新学,不要旧的一套,在儿身上不进行旧式的教育。所以我缺了从小接受国学教育这一段,国学的根子在我身上并不深。中西方文化接触中,在我本人并没有感到严重的矛盾。这一点和我的上一代是不同的,他们是受中国文化培养成长的,有着深厚的中国传统文化的根底。由于他们基本上是在中国文化传统的熏陶下成长起来的,因而对中国文化的长处有亲切的体验,甚至有归属感。所以他们的基本立场是'要吸收西方新的文化而不失故我的认同'。如陈寅恪先生讲'一方面吸收输入外来之学说,一方面不忘本来民族之地位'。钱穆先生说'余之所论每若守旧,而余持论之出发点,则实求维新'。像他们这样的学者是无法接受"进步"和"落后"的简单二分法的,他们求新而不肯弃旧,在当时的潮流中不免陷入严重的矛盾之中。费孝通:《关于"文化自觉"的一些自白》,《学术研究》2003 年第 7 期,第 6~7 页。

　　[1]　费孝通先生说:"到了'五四'运动,碰到的问题已不是借用一些'西学'可以解决的了,基本上是要以西方现代化来替代中国的旧文化了。所以'五四'运动又叫新文化运动。不少人用西方启蒙运动以来的一些观念作为推翻和取代传统制度的目标,其中最重要的是民主与科学,在'五四'之后发生过"科学和玄学"及"民主与独裁"的两次重要争辩。随后中国共产党在1921 年成立,马克思主义得到不少青年的信仰。中国向何处去是知识界不能回避的问题了。抗战开始,国难当头,民族危机使争论暂时停顿下来,但战后应该建立怎样一种社会文化秩序,仍然是知识界关心的主题。彻底打破现状,重建一个全新的理想社会,无疑对于知识分子具有极大的吸引力。那时主导的思潮是否定传统的,当时即使有人提醒人们应正视革新和传统的关系,也并不能引人注意。抗战结束后中国知识界的思想情况也随着国内政治局势的变化而迅速发生了变化。新中国成立后,中国大陆发生了翻天覆地的巨变,知识界在马克思主义的指导下走上建设社会主义道路。"费孝通:《关于"文化自觉"的一些自白》,《学术研究》2003 年第 7 期,第 5 页。

　　[2]　张灏:《扮演上帝:廿世纪中国激进思想中人的神化》,刘述先主编:《中国思潮与外来文化》,(中国台湾)"中央研究院"中国文哲研究所 2002 年版,第 327 页。

定的进化公式发展演进,他们推崇人类理性的作用,相信"如果人性潜力得到完全的发展,人就可以取神而代之"。① 这实际是将人神化,以为"只要有了人,什么人间奇迹也可以造出来"。②

有学者认为,五四运动在"西方启蒙运动和浪漫主义的双重影响之下,对迷信神力和神权的传统文化产生反动,因而强调回归人的自主性。但是这种'人化'的趋势走到极端,往往不自觉地流为人的神化的倾向"。③ 尽管在这位学者看来,"就促进五四思想文化中'人的神化'的动因而言,来自近代西方文化的比重可以说和中国传统不分轩轾。"但是"五四"人本主义宗教的极端化,亦即所谓的"人化的宗教"的观念,"显指西方近代文明相信科学可以把人神化的信念。"却是毋庸置疑的。④

令人最感吊诡的是:本来我们追求现代的目的是为了告别专制和愚昧,走向民主和科学。何曾料到,我们决计追求现代化的思维方式却恰恰相反。用林安梧先生的话说:

> "现代化"之为现代化乃是——十足的是——"人—理—神"为本的理体中心主义下的思维,在方法论上是本质主义的,带有强烈专制色彩下的思维,在世界观上是以强势者为主导的思维,在伦理学上是浅薄的功利主义加上快乐主义,在生命的向度上,是截断过去与未来的现世主义。一般看起来,由于现代化所带来的强大,其实是一种资源的耗费,是一往而不复、巧取豪夺的浪费。就表象观之,极为进步,但底子里却是充满着残暴性、专制性,也因而造成了严重的异化。⑤

信哉斯言?! 诚哉斯言! 不吾欺也!!! 常言道:"人算不如天算";西谚亦云:"人类一思考,上帝就发笑"。看来,掌握了现代科技,自以为无所不能的现代人,其癫狂迷乱之程度更远甚于古人。

---

① 张灏:《扮演上帝:廿世纪中国激进思想中人的的神化》,刘述先主编:《中国思潮与外来文化》,(中国台湾)"中央研究院"中国文哲研究所 2002 年版,第 327 页。

② 《毛泽东选集》第四卷,人民出版社 1991 年版,第 1512 页。

③ 张灏:《思想与时代》,上海文艺出版社 2002 年版,第 313~314 页。

④ 参见张灏:《思想与时代》,上海文艺出版社 2002 年版,第 314~315 页;张灏:《扮演上帝:廿世纪中国激进思想中人的神化》,刘述先主编:《中国思潮与外来文化》,(中国台湾)"中央研究院"中国文哲研究所 2002 年版,第 327~328 页。

⑤ 林安梧:《儒学革命:从"新儒学"到"后新儒学"》,商务印书馆 2011 年版,第 66~67 页。

回顾 20 世纪以来人类所遭遇的种种悲剧和灾难,差不多都与这种对科学的迷信和对人类自身能力的认识膨胀有着千丝万缕的联系。在中国,对于西方文化的迷信,特别是对西方传入的科学(包括自然科学和社会科学)的迷信是伴随着对自身固有文化传统的蔑弃同步发展的。

20 世纪的中国文化保守主义者们同样接受过西方文化的教育,甚至更深的西化教育,但却与激进主义者们有着截然不同的看法,其中最重要的原因,恐怕就出于对科学及进化论的不同看法。譬如吴宓,虽然受到了西方文化的很大影响,但他的文化观却"不是进化论,而是古典式的"。他赞成安诺德对文化下的定义,即"文化者,古今思想言论之最精美者也"。吴宓信奉人文主义,"拒绝科学崇拜,否认人的完善及其价值生活可以通过科学进步来实现。他肯定传统的文化连续,认为进步是传统的不断吸收与适应,文化是有机生长。"[1]据学者研究,吴宓所信奉的"人文主义",不仅同"唯科学主义"(与传统的世界观不同,唯科学主义认为宇宙万物的所有方面都可通过科学方法来认识,科学及其引发的价值观念和假设可以诘难直至最终取代传统价值主体)划清界限,而且反对人道主义的扩张。譬如人道主义重"解放",但人文主义强调,人不能顺其天性,自由胡乱扩张,应使人性为有节制之平均发展。"[2]可知吴宓的人文主义深合宋儒"民胞物与"、"天人合一","存天理,灭人欲"的宇宙观和人性论,而大别于激进主义者们所依傍的西洋哲学及人的"自我神化"论。[3]

很可惜的是,在 20 世纪的中国,这些保守得不合时宜的声音始终显得极其微弱、渺小,根本无法引起时代的关注,而最终不得不湮没于一片"现代化"、"进步"、"革命"和"破坏"的刺耳声浪中。正如有学者指出的那样,中国自 19 世纪中叶对外开放以后,逐渐出现了所谓改革与保守的论争。1895 年以后,改革的阵营逐渐分化为改革和革命两股思潮,也因此出现了百年来革命

---

① 吴方:《吴宓与〈学衡〉的文化保守主义》,许纪霖编:《二十世纪中国思想史论》(下卷),东方出版中心 2006 年版,第 312~313 页。

② 吴方:《吴宓与〈学衡〉的文化保守主义》,许纪霖编:《二十世纪中国思想史论》(下卷),东方出版中心 2006 年版,第 317 页。

③ 关于人的"自我神化",可参见张灏:《扮演上帝:廿世纪中国激进思想中人的神化》,刘述先主编:《中国思潮与外来文化》,(中国台湾)"中央研究院"中国文哲研究所 2002 年版,第 332~339 页。

与改革的论战。在这场论争的过程中，革命派很快取得了压倒性的优势。在20世纪之初，中国思想界开始出现革命崇拜的现象，随着革命的声浪日渐扩大，革命崇拜日渐散布，到了"五四"后期趋于激化，终于演变成为一种"革命宗教，像燎原的野火在当时吞卷着中国，几乎把改革的声音完全淹没掉"。①

在五四运动的主将陈独秀眼里，中国旧有文化和社会制度落后于欧洲几近千年，已经一文不值，他说，"吾宁忍国粹之消亡，而不忍现在及将来之民族不适世界之生存而归消灭"。在扬言要消灭中国旧文化的同时，陈独秀也撰文大肆鼓吹"德先生"和"赛先生"，以为"只有这两位先生可以救治中国政治上、道德上、学术上、思想上一切的黑暗"。为达此目标，就是"断头流血，都不推辞"②。足见其对于西方文化的崇信，已经到了无以复加的地步。然而胡适仍嫌其讲得过于笼统，他更引用尼采的名句以说明高扬"科学先生"和"民主先生"的新思潮，其实质是要"重新估定一切价值"！

依德国人施太格缪勒所谓"每一种文化危机基本上是迄今为止所承认和相信的价值的危机"的公式，③这"重新估定一切价值"，显然意谓着中国文化正面临着严重的危机。因此，要"重新估定一切价值"，可以肯定，正是新文化运动的"根本的心态和倾向……换句话说，在中国传统的政治文化包括辛亥革命后形式上已经共和的政治文化都无力挽回民族衰败的情况下，中国的知识分子转而认为，关于现代化这个命题应该这样来构造：即通过文化批判的方式来进行政治创造，如此才是塑造中国未来的合理途径，如此才能为未来新的社会找到有力的文化支点"。④

有学者指出：

如果说，晚清的知识分子对科学所采取的价值立场，还只是将其视为可以救亡、自强的享有显见威权的新价值和新权威（即仍在"用"的层面

①　张灏：《中国近百年来的革命思想道路》，许纪霖编：《二十世纪中国思想史论》（下卷），东方出版中心2006年版，第385页。
②　陈独秀：《新青年罪案之答辩书》，任建树编：《陈独秀著作选》第一卷，上海人民出版社1984年版，第443页。
③　［德］施太格缪勒：《当代哲学主流》（上卷），王炳文、燕宏远、张金言等译，商务印书馆1986年版，第24页。
④　严搏非：《论文化运动时期的科学主义思潮》，许纪霖编：《二十世纪中国思想史论》（上卷），东方出版中心2006年版，第183页。

上）……新思潮的根本意义在于批判的态度，这种批判面对一切传统的制度、风俗、圣教遗训、行为信仰，而要到达到的目的是"再造文明"。①

霍韬晦先生更一针见血地指出："所谓'价值重估'，其实全依西方文化为标准。但"五四"中人其实不真懂西方文化，只是看到西方表面上的强大便如痴如醉。"他特别阐释说：

> 用胡适在1920年所写的文章对"五四"的总结，"五四"要做的工作是"价值的重估"。其实，这本是19世纪德国哲学家尼采的话。尼采要高举自我，而且要不断超越自己，成为"超人"。最后，他的自我成为一切价值之中心，所以他宣布上帝死亡，自为价值之主。我曾经说过，尼采的思想、尼采的遭遇，乃至他晚年的疯狂，已预示了20世纪人类的命运：尼采的狂妄即是现代人的狂妄，与其说是求成为超人的哲学，不如说将自我投入无限的虚无。试想，在无限的虚空之中，你算是什么呢？你可以超越什么呢？所以结局必然是疯狂。这一点，胡适当然不知。②

霍先生说得不错。胡适自己也承认，就在他大倡进化论的时候，他自己对进化论的科学依据毫不知晓。他后来曾自问：

> "我相信生物进化论，究竟有多少科学的根据？"我当时真回不出来！只好费了许多功夫，抱了不少佛脚，方才明白一点生物学上、比较解剖学上、地质学上、古生物学上的种种证据。③

西化论的主将对西方文化的了解不过如此，余人可知。然而，就是这点少得可怜的知识，居然成了主导20世纪中国的两大西方思潮之一。诚如有学者所言：

> 西方哲学传到中国来，真正发生了重大影响的是两种哲学，旧民主主义革命阶段的进化论，它与当时资产阶级民主主义的文化相联系；新民主主义革命阶段的马克思主义哲学，它与科学社会主义的文化联系着。达尔文进化论的输入标志着中国近代哲学革命的开始。④

---

① 严搏非：《论文化运动时期的科学主义思潮》，许纪霖编：《二十世纪中国思想史论》（上卷），东方出版中心2006年版，第188页。

② 霍韬晦：《超越"五四"、超越中西文化的对立》，霍韬晦：《从反传统到回归传统》，中国人民大学出版社2010年版，第211页。

③ 欧阳哲生编：《胡适文集》（11），北京大学出版社1998年版，第161页。

④ 冯契：《中国近代哲学的革命进程》，上海人民出版社1989年版，第6页。

这位学者说得不错,进化论确实对中国现代社会的走向产生了巨大的影响,而其后传入中国的西方哲学、历史和社会理论也都普遍受到西方自然科学,特别是进化论的强烈影响,渴望将人类的历史和未来纳入到西方人所设计的某种特定的轨道之中。

该学者又指出:"'古今中西'之争又制约着哲学的发展。为了解决'古今中西'之争,就必须认识人类历史和中国历史如何从过去演变到现在,又如何向将来发展这样的规律性,因此历史观的问题在中国近代就显得非常突出。"[1]

显然,在这位学者的心底里,人类历史和中国历史都是通过某种"进化"的公式从过去演变到现在的,又将通过这个公式走向未来,因为在他(或"他们")看来:"进化"是人类"历史发展的必然规律"。

张汝伦先生指出:

> 进化论在现代中国人心中的无上权威和绝对性,不仅表现为革命的无上权威和绝对性,而且也表现在它实际上成为判断一切的价值标准,首先是判断中国历史和传统的价值标准。既然进化论的说服力不仅在其"科学根据",而且也在西方文明的现实根据,西方文明的发展模式自然成了历史发展和社会进化的标准模式。以此来衡量,中国历史似乎是停滞不前。西方已经进入了现代,而我们还在前现代或古代。这才有中西之争实际是古今之争的说法。而中国之所以停滞不前,是因为厚古薄今,与西方正好相反。[2]

曾经影响中国近现代社会的重要人物,如胡适、陈独秀和毛泽东等,都是进化论的忠实信奉者。所不同者,胡适信奉的是西方正统的进化论,而陈、毛等人则先是信奉进化论,继而又改信进化论的变体——马克思的唯物史观。应当说,唯物史观也是一种基于社会进化论的历史观。正如有学者指出的:"进化论与唯物论都主张社会是不断进化(进步)的,因此,相信进化论的人接受唯物史观并不困难,进化论实际上为唯物史观在中国的传播创造了有利的条件。"[3]可见,在历史哲学上,革命派内部的左右两翼是能够找到共同话语

① 冯契:《中国近代哲学的革命进程》,上海人民出版社 1989 年版,第 5 页。
② 张汝伦:《现代中国思想研究》,上海人民出版社 2001 年版,第 60 页。
③ 张汝伦:《现代中国思想研究》,上海人民出版社 2001 年版,第 78 页。

的。用余英时先生的话说："自由主义者的'全盘西化'和马克思主义者的'反西方的西化'在思想内容上虽然南辕北辙，但在心理上仍不免有一脉相通之处。无论是中国的自由主义者或马克思主义者，他们的主要努力也是要为中国寻求一个集体的现代认同。"①简言之，他们都是站在西方文化的立场上，依据西方人发明的某种社会历史哲学来观察中国的社会状况。

不过在"五四"新文化运动前后，革命派内部也发生了分裂，②出现了所谓的"左"、"右"两翼。冯友兰先生认为，二者的主要不同："在于承认或不承认帝国主义的侵略是中国贫穷落后的一个主要原因，接受或不接受马克思主义为政治上和学术上的指导思想。承认和接受的一派是新文化运动的左翼，不承认、不接受的一派是新文化运动的右翼。"③余英时先生则认为后来发展成为"斯大林体制，美其名曰'社会主义'"的原新文化运动中的左翼也"是不折不扣地是一种'全盘西化'的革命。但它和30年代自由主义者所提倡的'全盘西化'有两点最重大的差异：第一、它以政治暴力为推行的方法；第二、它可以说是'反西方的西化'（anti-western Westernization）"。④

姑且不论"反西方的西化"这个措辞是否妥当，但指出革命派内部的左翼也是不折不扣的西化派却是无可置疑的事实。笔者以为，革命派的共同点在于二者对于中国传统文化均持批判和否定的立场，均主张以西方文化取代中国文化，即所谓的"全盘西化"；不同则在于用以取代中国文化的内容和方式不相同。就内容说，前者输入的是"功利主义价值观，自由主义政治观和实证主义科学观"。⑤而后者全盘输入了俄国版的马克思主义，或称马列主义。因为在后者看来，"马克思主义是西方文化的最高成就"。⑥就方式说，恰如余英时所言，前者"不曾想到运用政治暴力来改变中国的文化状态"；⑦而后者正是

---

① 余英时：《现代危机与思想人物》，生活·读书·新知三联书店 2005 年版，第 43~44 页。
② 如果按冯友兰先生的说法，新文化运动原本就是由两个革命势力发动起来的，"所以在一开始，内部就有两个主要派别"。冯友兰：《中国现代哲学史》，广东人民出版社 1999 年版，第 62 页。
③ 冯友兰：《中国现代哲学史》，广东人民出版社 1999 年版，第 63 页。
④ 余英时：《现代危机与思想人物》，生活·读书·新知三联书店 2005 年版，第 43 页。
⑤ 张汝伦：《现代中国思想研究》，上海人民出版社 2001 年版，第 204 页。
⑥ 冯契：《中国近代哲学的革命进程》，上海人民出版社 1989 年版，第 4~5 页。
⑦ 余英时：《现代危机与思想人物》，生活·读书·新知三联书店 2005 年版，第 42 页。

要以"政治暴力"彻底颠覆中国文化。

有点令人费解的是,虽然"对于我国说来,马克思主义也是一种由西方传来的思想(虽然曾经过被西方世界当成是'东方'的俄国人之手),然而人们却从来不把它归入西方文化之列"。而"被称为西方文化派的基本上是胡适及其追随者。他们一方面明确地宣示了反对马克思主义的态度,一方面继续提倡西方文化,然而其所着重强调的主要也不是彻底反封建的民主主义,而是要求用改良主义的办法实现'西化',甚至是'全盘西化'。这才是西方文化派的主要特征"。①

随着革命派,即西化派内部的斗争以左翼的绝对胜利宣告结束,自1949年以来,代表官方立场的学术界不再从中西文化的角度看待中国近代以来的思想争论,而是站在阶级斗争的立场上将晚清以来的思想斗争概括为封建地主阶级代表的中国封建制度和封建文化与资产阶级代表的资本主义制度和资本主义文化,以及无产阶级代表的社会主义制度和社会主义文化这三个阶级、三股势力和三种文化的斗争。② 关于斗争方式的争议则表述为守旧与改良的斗争,改良与革命的斗争,以及革命内部的纷争,譬如资产阶级革命与无产阶级革命的斗争,而资产阶级革命又分为旧民主主义革命和新民主主义革命等等。需要说明的是,这里所谓的"封建文化"即中国传统文化,"资本主义文化"即西化派中之右翼所代表之"西方文化","社会主义文化"即西化派之左翼所代表之马列主义。也就是说,这三者分别代表了古今新旧三种不同时代的文化。而这三个阶级和三个文化之间的斗争因而也就属于"古今之争"而非"中西之争"的范畴了,这显然仍是西化派的基本论调。

既然确认了中国文化属于古代,属于落后,属于陈旧;那么,还有什么值得珍惜和挽留的呢? 于是,剩下的事情,便只有破坏,打倒和砸烂。当年新文化运动时,陈独秀曾在《新青年》上撰文表示要破坏中国的孔教、礼法、国粹、贞节、旧伦理(忠、孝、节)、旧艺术(中国戏)、旧宗教(鬼神)、旧文学、旧政治(特权人治)。按某学者的说法,陈独秀开列的这个破坏清单,"几乎网罗了文化

---

① 李龙牧:《五四时期思想史论》,复旦大学出版社1990年版,第382页。
② 冯契:《中国近代哲学的革命进程》,上海人民出版社1989年版,第4页。

人类学之父 E.B.泰勒的那个文化大杂烩的全部内容"。①

五四运动 47 年以后，即 1966 年 6 月 8 日，《人民日报》发表了题为《我们是旧世界的批判者》的社论，文中写道："总之，我们批判旧世界，批判帝国主义和一切剥削阶级用来毒害劳动人民的旧思想、旧文化、旧风俗、旧习惯，批判一切非无产阶级思想，批判一切同马克思列宁主义、毛泽东思想相对抗的反动思想。"社论虽然采取了概括主义的方式而未如陈独秀那样一一列举，但二者的内容显然是同指的。所不同者仅在于，前者还只是"批判的武器"，纸上谈兵式的口头革命；而后者则是毫不含糊，理论结合实践的"武器的批判"。这正说明二者的思路是完全一致的。按照陈独秀的革命逻辑，"文化大革命"的发生是理所当然、势所必然的。

费孝通先生说："归结起来看，无论是'戊戌'的维新变法，'五四'的新文化运动，还是解放后的历次政治运动，都是在破旧立新的口号下，把'传统'和'现代化'对立了起来，把中国的文化传统当作了'现代化'的敌人。'文化大革命'达到了顶点，要把传统的东西统统扫清，使人们认为中国文化这套旧东西都没有了。"②确实，经过"无产阶级文化大革命"的猛烈冲击，中国传统文化已经濒临灭绝的边缘。时至今日，中国的文化认同危机不仅远未能过去，反而愈陷愈深，用余英时先生的话说："'西方'永远是中国现代认同的核心部分；比较有影响力的中国知识分子似乎都不承认自己的文化传统还能在民族的认同中发挥什么积极的作用。"③

邓之诚先生曾在 1958 年 12 月 8 日的日记中哀叹说：

> 四十年前，则以经史为旧，以科学方法为新，我辈稍读旧书，始则见摈于方法，继则见摈于主义，二者皆自外国输入，总之见摈于外国而已。从来斯文扫地，未有如近数十年之甚者也。后生小子一无所知，狂妄弥甚。④

呜呼哀哉！如果现代化的最终结果就是埋葬自我，那这样的现代化又有什么意义呢？

---

① 严搏非：《论文化运动时期的科学主义思潮》，许纪霖编：《二十世纪中国思想史论》（上卷），东方出版中心 2006 年版，第 188 页。
② 费孝通：《关于"文化自觉"的一些自白》，《学术研究》2003 年第 7 期，第 6 页。
③ 余英时：《现代危机与思想人物》，生活·读书·新知三联书店 2005 年版，第 47 页。
④ 邓之诚：《邓之诚文史札记》（下册），邓瑞整理，凤凰出版社 2012 年版，第 1128 页。

三 顾后瞻前

过去的20世纪,可能是中国思想学术界理论争讼最为频繁和激烈的时期,譬如晚清时期围绕"中西体用"问题展开的论争、五四新文化运动时期围绕中西文化展开的论战,其间及其后陆续又有"问题与主义"之争、"科学与玄学论战"、"唯物辩证法论战"以及世纪末的"人道主义"争论、"姓社姓资"之争等等。尽管论战的话题不一,但追根究底,都离不开中西古今这个时代的大主题。居今日的角度看,这么多的论争,大体不外是对鸦片战争以来中西文化冲突加以反思而产生的意见分歧。当然,分歧的焦点则是对"中国向何处去"这个"时代的中心问题"的不同回答。①

或问,"中国向何处去"为什么会在20世纪表现得这样突出和紧迫呢?要回答这个问题,恐怕还是要回到1840年的鸦片战争。自从中国与英国的战争以中国的失败告终以来,中国在嗣后与东西列强的武力斗争中又遭遇了一连串的败北。痛定思痛,中国的知识分子不得不频频反思中国自身可能存在的种种问题,从器物到制度、再从制度到文化,由表及里,层层深入。中国的政治现实也紧密响应着知识分子的思考,从洋务运动到戊戌变法再到辛亥革命,从五四新文化运动到新中国成立、到"文化大革命"再到改革开放。可以说,理论上的思考每深入一步,现实制度的变革便亦步亦趋,如影随形。无论是在器物、制度层面还是在文化、价值层面,中国的变革,堪称是天翻地覆、沧海桑田,几乎与整个20世纪相始终。若说中国人保守退缩,那可真是有眼无珠,信口雌黄的胡话。

纵观20世纪发生的无数重大历史事件,应当说1919年前后发生的新文化运动是一个重大的转折。有学者说:

> 新文化运动就其根本的心态和倾向而言,大致是一种对晚清以来追求现代化的方式的背叛和弃绝。从洋务运动、戊戌变法到辛亥共和,中国知识分子在寻求富强的道路上经历了由工艺层面到制度层面的认识变

---

① 冯契:《中国近代哲学的革命进程》,上海人民出版社1989年版,第3页。

化,归约这些变化而宗其一,不外乎都是通过政治上的革新(变法)和创造(革命)来实践知识分子的社会良心及其现代化使命。然而新文化运动则对前述认识发生了一个根本的转换。中国的知识分子在这一时期第一次以明确的文化批判的立场来反思了中国的现代化历史,换句话说,在中国传统的政治文化包括辛亥革命后形式上已经共和的政治文化都无力挽回民族衰败的情况下,中国的知识分子转而认为,关于现代化这个命题应该这样来构造,即通过文化批判的方式来进行政治创造,如此才是塑造中国未来的合理途径,如此才能为未来新的社会找到有力的文化支点,新文化运动的思想初衷和逻辑起点或许正在于此。①

张汝伦先生也指出:

> 这种建立在进化论历史观基础上的对中国传统和历史的判断,形成于晚清,在"五四"达到高潮,构成了中国现代思想的主流,流风遗韵,至今不绝。在认定新胜旧,今胜昔的进化论者来看,中国之所以落后的根本原因,除了政治体制和社会制度外,传统文化是一个主要原因,其中家庭观念、汉字和文言文、道德习俗以及传统学术,更被认为是为祸最烈的几项,成为历次反传统思潮的主要打击对象。在这方面,五四反传统思潮只不过是集大成者,但绝非始作俑者。五四反传统运动的特点在于它的普遍性和规模效应,论对传统文化和历史的批判与否定的彻底性激烈程度,它未必超过此前的反传统主义。至于后来的反传统思潮,不仅是低层次的重复,而且不能不是一种令人遗憾的历史错位。②

这几位学者总结得都不错。新文化运动意义之重大可从三个方面去观察。

第一,它总结了晚清以来救亡图存,追求现代化而惨遭失败的经验教训,初步得出了必须从体到用,全面彻底学习西方的结论。诚如余英时先生所说,无论是"西化"、"苏维埃化"、"世界化"或"现代化"(显然还应该加上当下扑面而来的"全球化"——笔者),中国都是被"化"的对象而非化的主体。自20世纪初以来的几代中国"先进分子"们似乎都认为中国"只有在彻底被'化'了

① 严搏非:《论文化运动时期的科学主义思潮》,许纪霖编:《二十世纪中国思想史论》(上卷),东方出版中心2006年版,第183页。
② 张汝伦:《现代中国思想研究》,上海人民出版社2001年版,第60~61页。

以后,中国文化才有可能重新发挥积极的作用"。①

第二,学习西方,最重要的是学习西方的文化价值体系,为此就必须彻底废除中国的传统文化及以孔孟儒学为载体的价值体系并以西洋的价值体系取而代之。从早期引入中国的进化论到后来主宰中国的辩证唯物主义,二者共同的价值取向是鼓励争斗,强调物质利益。早在1913年,杜亚泉先生即指出:"现代社会之堕落,不能不以受唯物论哲学之影响,为重大之原因。盖物质主义深入人心以来,宇宙无神,人间无灵,唯物质力之万能是认,复以惨酷无情之竞争淘汰说,鼓吹其间"云云。两年后,他更进而指出:"自竞立争存之学说输入吾国以来,国民颇承其弊,以为人类之生,不外攫他人所有,以为己有,弱肉强食,乃天演之公例,优胜劣败,为进化之大原,奋斗云者,不过置自己于优胜,陷他人于劣败而已。"②人们为了一己私欲的满足而相互侵夺作为无奈的事实,或许无可厚非,然而一旦具备了正当性、合法性,甚至成为一种价值导向,其后果可能正如张汝伦先生所说的:"必然造成国民道德堕落与瓦解,又必然造成政治的劣质化。"于是,正如他指出的:

> 在任何时代的政治中,道德都不是无关紧要的。然而,中国恰恰在最需要道德时,道德土崩瓦解了。个中原因不能不归结为进化论或生存竞争。物质利益的价值成为压倒一切的价值,是根本原因。③

第三,新文化运动得出的上述两项结论埋下了以后分歧的种子,其中最主要的分歧可概括为二:其一是保守与进步的分歧,核心是如何对待中国文化的问题,即所谓的"古今中西"问题;其二是革命阵营内部左右两翼的分歧,其核心是接受何种西方文化,即如何西化的问题。这两大分歧造成的后果都是异常严重的,不仅造成了中国文化的"断裂",妨碍了"传统的创造性转化"④,事实上也造成了中国数千年文明发展的成果遭到毁灭性破坏,甚至造成了中国社会和国土的截然分裂,且至今尚未完全弥合。

劳思光先生认为:

> 五四新思潮兴起,中国人已经不只是为"应付需要"而现代化,而是

① 余英时:《现代危机与思想人物》,生活·读书·新知三联书店2005年版,第44页。
② 田建业等编:《杜亚泉文选》,华东师范大学出版社1993年版,第91、199页。
③ 张汝伦:《现代中国思想研究》,上海人民出版社2001年版,第60页。
④ 袁伟时:《新文化运动与"激进主义"》,《东方文化》1999年第3期。

为"追求理想"而现代化。但当时的社会结构并未大变，观念上虽渐有现代化的共识，实际上要达成新的社会整合，仍是路途遥远；因此，我说：五四后逐渐成为共识的现代化，实际上只呈现为一种共同期望，可称之为"远景"（distant prospects）……由五四时代到当前廿一世纪开始，中国人不但未能完成现代化的新社会整合，反而在巨大干扰下，渐渐迷失了远景。这是中国的历史悲剧。①

如此看来，五四时期达成的所谓社会"共识"，其实只是一种模糊的共识，即只是在借助西化或现代化以挽救中国的民族危亡，实现国家的富强方面达成了共识，此即劳先生所说的"远景"。至于是否要用西方人的文化价值观念和理想社会模式取代中国固有的文化价值观念和理想社会模式方面则远未能达成共识。按照中国的传统术语，则仍只是在"用"的方面达成了共识，在"体"的方面则远未能达成共识。因此，未来有关"古今中西"的争论不仅不会停止，还将长期继续下去。

过去百余年间，中国的先进分子们对中国文化的蔑弃及对西方文化的憧憬，是否真的能将中国引向光明的未来呢？往者已鉴，来者莫知。虽然中国目前已经成为了世界第二大经济体，但是为此付出的代价也是惊人的。

回顾过往这一百年来中国在追求现代化的道路上遭遇的种种挫折和灾难，坦率地说，恐怕正是我们盲目迷信西方文化，又无力分辨良莠；全盘否定中国传统文化，特别是儒家价值体系而阇知自重；急功近利，心态焦躁，听不进任何诤论忠言，且将一切不同意见一概斥之为保守、落后甚至反动，一意孤行的必然结果。

笔者认为，当今中国面临的最大挑战，依然是如何恢复中国文化凝聚力的问题，用费孝通先生的说法，即民族认同和文化认同的问题。而此一问题之根源，说穿了，就在于中国传统的价值观念，具体地说，即儒家伦理道德观念——孔孟之道——在国人心目中发生了根本的动摇。而孔孟之道的动摇，固有当时中国面临的国内外困境等种种原因，但国人对于现代化的过度期盼，对于西方文化的极端迷信，也是促成中国文化丧失凝聚力的重要原因。

---

① 劳思光：《远景与虚境——论中国现代化问题与后现代思潮》，刘述先主编：《中国思潮与外来文化——第三届国际汉学会议论文集·思想组》，（中国台湾）"中央研究院"中国文哲研究所 2002 年版，第 8~9 页。

在五四运动走向百年的今天,当我们思考过去,展望未来的时候,我们应当如何面对"古今中西"的争议呢? 尤其是在全球化大潮波起云涌的今天,我们应如何对待自己的传统文化和外来文化,简言之,"中国向何处去"的问题,又将成为摆在国人面前的严峻考验!

主要参考文献[①]

中文版文献

〔英〕柏克：《法国革命论》，何兆武等译，商务印书馆 1998 年版。

(清)包世臣：《齐民四术》，中华书局 2001 年版。

〔日〕北川善太郎：《日本民法体系》，李毅多等译，科学出版社 1995 年版。

薄一波：《若干重大决策与事件的回顾》，中共中央党校出版社 1991 年版。

〔美〕布迪、莫里斯：《中华帝国的法律》，朱勇译，江苏人民出版社 1995 年版。

刘述先主编：《中国思潮与外来文化》，(中国台湾)"中央研究院"中国文哲研究所 2002 年版。

蔡尚思、方行编：《谭嗣同全集》(增订本)，中华书局 1998 年版。

蔡枢衡：《中国法理自觉的发展》，河北第一监狱印刷 1947 年版。

柴德庚：《史学丛考》，中华书局 1982 年版。

曹础基：《庄子浅注》，中华书局 2007 年版。

曹为、王书江译：《日本民法》，法律出版社 1986 年版。

(清)曹雪芹、高鹗：《红楼梦》，人民文学出版社 1964 年第 3 版。

陈初生：《金文常用字典》，陕西人民出版社 1987 年版。

(宋)陈淳：《北溪字义》，熊国祯、高流水点校，中华书局 1983 年版。

(宋)陈傅良：《陈傅良先生文集》，周梦江点校，浙江大学出版社 1999

---

　　① 以编著者姓氏拼音为序。

年版。

陈弘毅:《法治、启蒙与现代法的精神》,中国政法大学出版社1998年版。

陈瑾昆:《民法通义债编·总论》,北平朝阳学院1933年版。

陈瑾昆:《民法通义债编·各论》,北平朝阳学院1931年版。

(清)陈立撰,吴则虞点校:《白虎通疏证》,中华书局1994年版。

陈寅恪:《陈寅恪史学论文选集》,上海古籍出版社1992年版。

陈寅恪:《金明馆丛稿初编》,生活·读书·新知三联书店2001年版。

陈寅恪:《柳如是别传》,生活·读书·新知三联书店2001年版。

陈寅恪:《隋唐制度渊源略论稿》,中华书局1977年版。

[马]陈玉心:《清代健讼外证——威海卫英国法庭的华人民事诉讼》,赵岚译,苏亦工校,《环球法律评论》2002秋季号。

(明)陈子龙:《安雅堂稿》,(中国台湾)伟文出版有限公司1977年版。

陈子展:《诗经直解》,复旦大学出版社1983年版。

(宋)程颢、程颐:《二程集》,王孝鱼点校,中华书局1981年版。

程俊英:《诗经注译》,上海古籍出版社2004年版。

程树德:《论语集释》,程俊英、蒋见元点校,中华书局1990年版。

成中英:《成中英自选集》,山东教育出版社2005年版。

[法]勒内·达维德:《当代主要法律体系》,漆竹生译,上海译文出社1984年版。

戴炎辉:《唐律通论》,(中国台湾)正中书局1977年版。

戴炎辉:《中国法制史》,(中国台湾)三民书局1979年版。

(清)戴震:《戴震集》,汤志钧校点,上海古籍出版社1980年版。

[日]岛田虔次:《中国思想史研究》,邓红译,上海古籍出版社2009年版。

[美]罗纳德·德沃金:《法律帝国》,李常青译,徐宗英校,中国大百科全书出版社1996年版。

邓力群:《我为少奇同志说些话》,当代中国出版社1998年版。

邓瑞整理:《邓之诚文史札记》,凤凰出版社2012年版。

[美]狄百瑞:《中国的自由传统》,李弘祺译,香港中文大学出版社1989年版。

《董必武选集》,人民出版社1985年版。

董边等编：《毛泽东和他的秘书田家英》（增订本），中央文献出版社 1996 年版。

[日]渡边秀方：《中国哲学史概论》，刘侃元译，（中国台湾）商务印书馆 1976 年版。

（清）段玉裁：《说文解字注》，上海古籍出版社 1984 年版。

范忠信：《中国法律现代化的三条道路》，《法学》2002 年第 10 期。

方汉文：《比较文化学》，广西师大出版社 2003 年版。

费孝通：《乡土中国》，生活·读书·新知三联书店 1985 年版。

冯尔康：《清史史料学初稿》，南开大学出版社 1986 年版。

冯契：《中国近代哲学的革命进程》，上海人民出版社 1989 年版。

冯友兰：《三松堂自序》，人民出版社 1998 年版。

冯友兰：《贞元六书·新理学》，华东师范大学出版社 1996 年版。

冯友兰：《中国哲学史》，中华书局 1961 年版。

冯友兰：《中国现代哲学史》，广东人民出版社 1999 年版。

傅佩荣：《哲学入门》，新星出版社 2011 年版。

高道蕴、高鸿钧、贺卫方编：《美国学者论中国法律传统》，清华大学大学出版社 2004 年版。

高亨：《诗经今注》，上海古籍出版社 1980 年版。

高亨：《商君书注译》，中华书局 1974 年版。

[日]高桥哲哉：《反·哲学入门》，何慈毅、郭敏译，南京大学出版社 2011 年版。

[日]沟口雄三：《中国前近代思想的演变》，索介然、龚颖译，中华书局 2005 年版。

谷衍奎：《汉字源流字典》，语文出版社 2008 年版。

（清）顾炎武：《日知录集释》，黄汝成集释，秦克诚点校，岳麓书社 1996 年版。

郭伯恭：《四库全书纂修考》，上海书店 1992 年版。

郭绍虞、王文生编：《中国历代文论选》，上海古籍出版社 1980 年版。

韩延龙、苏亦工等：《中国近代警察史》，社会科学文献出版社 2000 年版。

（唐）韩愈：《韩昌黎全集》，中国书店 1991 年版。

贺麟:《近代唯心论简释》,上海人民出版社 2009 年版。

贺麟:《文化与人生》,上海人民出版社 2011 年版。

贺麟:《现代西方哲学讲演集》,上海人民出版社 1984 年版。

贺麟:《哲学与哲学史论文集》,商务印书馆 1990 年版。

贺麟:《五十年来的中国哲学》,商务印书馆 2002 年版。

何兹全:《中国文化六讲》,《何兹全文集》第四卷,中华书局 2006 年版。

胡长清:《中国民法总论》,商务印书馆 1933 年版。

胡军:《贺麟:另一位西化论者》,《中国哲学史》2004 年第 2 期。

湖南省哲学社会科学研究所编:《唐才常集》,中华书局 1982 年版。

胡乔木:《胡乔木回忆毛泽东》,人民出版社 1994 年版。

胡文仲:《超越文化的障碍——胡文仲比较文化论》,外语教学与研究出版社 2004 年版。

(清)胡肇楷、王又槐增辑:《新增成案所见集总编》,寄螺斋藏版,光绪八年版重刊本。

霍存福:《权力场——中国人的政治智慧》,辽宁人民出版社 1998 年版。

[美]霍姆斯:《法律的生命在于经验——霍姆斯法学文集》,明辉译,清华大学出版社 2007 年版。

霍韬晦:《从反传统到回归传统》,中国人民大学出版社 2010 年版。

黄爱平:《四库全书纂修研究》,中国人民大学出版社 1989 年版。

黄晖:《论衡校释》,中华书局 1990 年版。

黄汝成:《日知录集释》,岳麓书社 1994 年版。

黄永年:《唐史史料学》,上海书店出版社 2002 年版。

黄云眉:《史学杂稿订存》,齐鲁书社 1982 年版。

(清)《黄遵宪集》,吴振清等编校整理,天津人民出版社 2003 年版。

[日]吉川幸次郎:《中国文学史》,陈顺智、徐少舟译,四川人民出版社 1987 年版。

[日]吉川幸次郎著、高桥和已编:《中国诗史》,章培恒等译,安徽文艺出版社 1986 年版。

[日]吉川幸次郎:《我的留学记》,钱婉约译,中华书局 2008 年版。

纪坡民:《产权与法》,生活·读书·新知三联书店 2001 年版。

吉同钧:《律学馆大清律例讲义》,光绪三十四年版,法部律学馆印。

季羡林、张光璘编选:《东西文化议论集》下册,经济日报出版社 1997 年版。

(清)纪昀撰,孙致中等校点:《纪晓岚文集》,河北教育出版社 1995 年版。

(清)纪昀:《阅微草堂笔记》,汪贤度校点,上海古籍出版社 1984 年版。

蒋梦麟:《谈学问》,(中国台湾)正中书局 1955 年版。

(清)焦循撰:《焦循诗文集》,刘建臻点校,广陵书社 2009 年版。

经君健:《经君健选集》,中国社会科学出版社 2011 年版。

荆门市博物馆编:《郭店楚墓竹简》,文物出版社 1998 年版。

[美]克莱德·克拉克洪等著:《文化与个人》,何维凌、高佳、何红译,浙江人民出版社 1986 年版。

李春青:《诗与意识形态:西周至两汉诗歌功能的演变与中国诗学观念的生成》,北京大学出版社 2005 年版。

李定凯编校:《闻一多学术文钞·诗经研究》,巴蜀书社 2002 年版。

(宋)黎靖德编:《朱子语类》,王星贤点校,中华书局 2007 年版。

李明辉主编:《儒家思想在现代东亚·总论篇》,(中国台湾)"中央研究院"文哲所筹备处 1998 年版。

(清)李汝珍:《镜花缘》,人民文学出版社 1996 年版。

李翔海、邓克武编:《成中英文集:论中西哲学精神》,湖北人民出版社 2006 年版。

李泽厚:《中国现代思想史论》,东方出版社 1987 年版。

梁慧星编:《民商法论丛》第 3 卷,法律出版社 1995 年版。

梁启超:《中国近三百年学术史》,山西古籍出版社 2001 年版。

梁其姿:《施善与教化:明清的慈善组织》,(中国台湾)联经出版事业公司 1997 年版。

中国文化书院学术委员会编:《梁漱溟全集》第一卷,山东人民出版社 1989 年版。

中国文化书院学术委员会编:《梁漱溟全集》第五卷、第七卷、第八卷,山东人民出版社 2005 年版。

(清)凌廷堪:《校礼堂文集》,王文锦点校,中华书局 2006 年版。

刘海年等编：《沈家本未刻书集纂》，中国社会科学出版社 1996 年版。

刘节：《古史考存》，人民出版社 1958 年版。

刘俊文：《唐代法制研究》，（中国台湾）文津出版社 1999 年版。

刘文典：《淮南鸿烈集解》，中华书局 1997 年版。

刘咸炘：《学略》，刘曙辉编校，华东师大出版社 2009 年版。

（清）刘熙载：《艺概》，上海古籍出版社 1982 年版。

刘钊：《郭店楚简校释》，福建人民出版社 2003 年版。

刘正埮等编：《汉语外来词词典》，上海辞书出版社 1984 年版。

（唐）柳宗元：《柳河东全集》，中国书店 1994 年版。

楼宇烈：《温故知新：中国儒学的历史演变与未来展望》，商务印书馆 2004 年版。

［美］戴维·鲁本：《法律现代主义》，苏亦工译，中国政法大学出版社 2004 年版。

（清）卢崇兴：《守禾日记》，乾隆刻本。

《鲁迅全集》，人民文学出版社 2005 年版。

卢云昆编选：《社会剧变与规范重建——严复文选》，上海远东出版社 1996 年版。

罗联添编：《国学论文精选》，（中国台湾）幼狮文化事业公司 1987 年版。

［英］丹尼斯·罗伊德：《法律的理念》，新星出版社 2005 年版。

马承源主编：《上海博物馆藏战国楚竹书》（二），上海古籍出版社 2002 年版。

（元）马端临：《文献通考》，中华书局 1986 年版。

马一浮：《复性书院讲录》，江苏教育出版社 2005 年版。

马一浮：《马一浮集》，第一册，虞万里校点，浙江古籍出版社/浙江教育出版社 1996 年版。

［苏］罗·亚·麦德维杰夫：《让历史来审判》，赵洵、林英译，人民出版社 1981 年版。

（汉）毛亨传、郑玄笺、（唐）孔颖达疏：《毛诗正义》，龚抗云等整理，北京大学出版社 1999 年版。

毛宇宽：《血泪凝成的光辉—苏联音乐的历史启示》，《人民音乐》评论版，

2008 年 5 月号。

［英］梅因：《古代法》，沈景一译，商务印书馆 1984 年版。

［意］密拉格利亚：《比较法律哲学》，朱敏章、吴泽炎、徐百齐、吴鹏飞译，商务印书馆 1940 年版。

牟润孙：《海遗丛稿》（二编），中华书局 2009 年版。

牟宗三：《中国哲学十九讲》，上海古籍出版社 1998 年版。

牟宗三：《从陆象山到刘蕺山》，（中国台湾）学生书局 1984 年版。

（清）倪望重：《诸暨谕民纪要》，光绪二十三年版刻本。

聂石樵辑校：《刘盼遂文集》，北京师范大学出版社 2002 年版。

欧阳哲生编：《胡适文集》（4）、（11），北京大学出版社 1998 年版。

潘乃穆编：《潘光旦文集》第 1 卷，北京大学出版社 1993 年版。

刘贻群编：《庞朴文集》第 2 卷，山东大学出版社 2005 年版。

浦汉明编：《浦江清文史杂文集》，清华大学出版社 1997 年版。

浦卫忠整理：《春秋公羊传注疏》，北京大学出版社 1999 年版。

钱伯城：《问思集》，上海古籍出版社 2001 年版。

钱穆：《朱子学提纲》，生活·读书·新知三联书店 2002 年版。

钱穆：《中国近三百年学术史》，商务印书馆 1997 年版。

（清）钱谦益：《牧斋有学集》，钱曾笺注、钱仲联标校，上海古籍出版社 1996 年版。

钱钟书：《七缀集》，生活·读书·新知三联书店 2007 年版。

钱钟书：《写在人生边上·人生边上的边上·石语》，生活·读书·新知三联书店 2002 年版。

清朝官修：《清世祖实录》，中华书局 1985 年版。

清德宗（昆冈等奉）敕撰：《钦定（光绪）大清会典》，光绪（总理衙门）大石印本。

丘宏达：《中国国际法问题论集》，台湾商务印书馆 1968 年版。

邱小平：《表达自由——美国宪法第一修正案研究》，北京大学出版社 2005 年版。

邱志华编：《李石岑学术论著》，《李石岑学术论著》，浙江人民出版社 1998 年版。

渠涛编:《中日民商法研究》第一卷,法律出版社 2003 年版。

渠涛编:《中日民商法研究》第二卷,法律出版社 2004 年版。

瞿同祖:《中国法律与中国社会》,中华书局 1996 年版。

屈万里:《屈万里先生文存》第一册,(中国台湾)联经出版事业公司 1985 年版。

任建树编:《陈独秀著作选》第一卷,上海人民出版社 1984 年版。

任铭善:《礼记目录后案》,齐鲁书社 1982 年版。

(清)阮元:《研经室集》,中华书局 1993 年版。

(清)阮元校刻《十三经注疏》,中华书局 1983 年版。

[日]杉原泰雄:《宪法的历史——比较宪法学新论》,吕昶、渠涛译,肖贤富校,社会科学文献出版社 2000 年版。

邵燕祥:《邵燕祥散文选》,人民文学出版社 2009 年版。

(明)沈德符撰:《万历野获编》,中华书局 1959 年版。

申时行等重修:《明会典》,文渊阁四库全书原文电子版,武汉大学出版社 1997 年版。

沈伟华、杨维中编:《汤用彤佛学与哲学思想论集》,南京大学出版社 2009 年版。

沈善洪主编:《黄宗羲全集》第 1 册,吴光等校点,浙江古籍出版社 1985 年版。

沈衍庆:《槐卿政绩》,同治元年刊本。

石碧波:《法治:建国路上的两难选择》,《炎黄春秋》2004 年第 2 期。

史尚宽:《民法总则释义》,上海法学编译社 1937 年版。

[美]亚瑟·史密斯:《中国人气质》,张梦阳、王丽娟译,敦煌文艺出版社 1995 年版。

司马朝军:《〈四库全书总目〉编纂考》,武汉大学出版社 2005 年版。

[美]克利福德·舒尔茨:《文化的解释》,韩莉译,译林出版社 1999 年版。

苏亦工:《明清律典与条例》,中国政法大学出版社 2000 年版。

苏舆:《春秋繁露义证》,钟哲点校,中华书局 1992 年版。

孙宝瑄:《忘山庐日记》,上海古籍书店 1983 年版。

(清)孙承泽撰《春明梦余录》,孙剑英点校,北京古籍出版社 1992 年版。

（清）孙鼎烈:《四西斋决事》,光绪三十年版刻本。

孙党伯、袁謇正主编:《闻一多全集》第 10 册,湖北人民出版社 1994年版。

（清）孙希旦:《礼记集解》,中华书局 1989 年版。

（清）孙诒让:《周礼正义》,王文锦、陈玉霞点校,中华书局 1987 年版。

（清）谈迁撰:《北游录》,汪北平点校,中华书局 1997 年版。

［英］汤因比:《历史研究》,曹未风译,上海人民出版社 1986 年版。

《汤用彤全集》第 2 卷,河北人民出版社 2000 年版。

田涛、郑秦点校:《大清律例》,法律出版社 1999 年版。

童怀周编:《天安门诗文集》,北京出版社 1979 年版。

（宋）王安石:《王文公文集》,上海人民出版社 1974 年版。

（东汉）王充:《论衡全译》,袁华忠、方家常译注,贵州人民出版社 1993年版。

王尔敏:《晚清政治思想史论》,(中国台湾)华世出版社 1980 年版。

王尔敏:《中国近代思想史论》,社科文献出版社 2003 年版。

王光美、刘源等著,郭家宽编:《你所不知道的刘少奇》,河南人民出版社2000 年版。

王国维:《人间词话新注》,滕咸惠校注,齐鲁书社 1981 年版。

王季思:《王季思学术论著自选集》,北京师范学院出版社 1991 年版。

王俊才编:《张恒寿文集》,中国文史出版社 2005 年版。

王俊才、秦进才编:《张恒寿先生纪念文集》,河北教育出版社 1993 年版。

王力:《龙虫并雕斋琐语》,商务印书馆 2002 年版。

王利器:《盐铁论校注》(增订本),天津古籍出版社 1983 年版。

王利器校笺:《文心雕龙校证》,上海古籍出版社 1980 年版。

（清）王念孙:《广雅疏证》,钟宇讯点校,中华书局 1983 年版。

王明德:《读律佩觿》,康熙刻本。

（明）王锜、于慎行:《寓圃杂记·谷山笔尘》,中华书局 1984 年版。

王琼玲:《清代四大才学小说》,台湾商务印书馆 1997 年版。

汪荣祖:《史学九章》,生活·读书·新知三联书店 2006 年版。

王栻主编:《严复集》,中华书局 1986 年版。

王世杰、钱端升:《比较宪法》,商务印书馆 2004 年版。

王树民:《廿二史札记校证》,中华书局 1984 年版。

(明)王嗣奭:《杜臆》,上海古籍出版社 1983 年版。

(清)王先谦:《释名疏证补》,上海古籍出版社 1984 年版。

王星贤等点校:《颜元集》,中华书局 1997 年版。

(明)王阳明:《王阳明全集》,吴光等编校,上海古籍出版社 1992 年版。

杨国荣导读:《象山语录·传习录》,上海古籍出版社 2000 年版。

王元化:《思辨录》,上海古籍出版社 2004 年版。

王元化:《清园自述》,广西师大出版社 2001 年版。

(清)王筠:《说文解字句读》,中华书局 1988 年版。

王泽鉴:《民法概要》,中国政法大学出版社 2003 年版。

王泽鉴:《债法原理》第 1 册,中国政法大学出版社 2001 年版。

王曾瑜:《凝意斋集》,兰州大学出版社 2003 年版。

[英]彼得·威斯莱—史密斯:《香港法律制度》,马青文译,三联书店香港有限公司 1990 年版。

(清)魏裔介:《兼济堂集》,魏连科点校,中华书局 2007 年版。

(清)魏源:《魏源集》,中华书局 1976 年版。

(清)翁方纲等:《四库提要分纂稿》,吴格、乐怡标校整理,上海古籍出版社 2006 年版。

[英]戴维·沃克:《牛津法律大辞典》,北京社会与科技发展研究所组织翻译,光明日报出版社 1989 年版。

(唐)吴兢:《贞观政要译注》,叶大光等译注,四川人民出版社 1995 年版。

吴经熊:《袖珍六法全书》,会文堂新记书局 1936 年版。

(清)吴敬梓:《儒林外史》,作家出版社 1955 年版。

吴宓:《吴宓日记》第 2 册,吴学昭整理注释,生活·读书·新知三联书店 1998 年版。

吴宓:《吴宓日记续编》第 3、4、5、6 册,吴学昭整理注释,生活·读书·新知三联书店 2006 年版。

吴振源:《中国民法债编总论》,世界法政学社 1934 年版。

夏传才:《思无邪斋诗经论稿》,学苑出版社 2000 年版。

夏传才：《〈诗经〉研究史概要》，中州书画社1982年版。

夏传才：《诗经讲座》，广西师范大学出版社2007年版。

夏东元编：《郑观应集》上册，上海人民出版社1982年版。

夏基松：《现代西方哲学》第二版，上海人民出版社2009年版。

向宗鲁：《说苑校证》，中华书局2000年版。

萧公权：《中国政治思想史》，辽宁教育出版社2001年版。

谢幼伟：《现代哲学名著述评》，山东人民出版社1997年版。

谢振民：《中华民国立法史》，正中书局1937年版。

熊德基：《纲常的理论与实际之史的检讨》，《中国传统思想之检讨》，新中国杂志社编，中华书局1948年版。

熊铁基：《秦汉新道家》，上海人民出版社2001年版。

辛冠洁等编：《日本学者论中国哲学史》，中华书局1986年版。

徐梵澄：《徐梵澄随笔·古典重温》，北京大学出版社，2007年版。

徐复观：《中国艺术精神》，春风文艺出版社1987年版。

许纪霖编：《二十世纪中国思想史论》，东方出版中心2006年版。

徐珂：《清稗类钞》第7册，中华书局1996年版。

徐中舒主编：《甲骨文字典》，四川辞书出版社1988年版。

薛福成：《出使英法意比四国日记》，岳麓书社1985年版。

（清）薛允升：《唐明律合编》，中国书店新印线装本。

（清）薛允升：《读例存疑点注》，胡星桥、邓又天点注，中国人民公安大学出版社1994年版。

严复译：《孟德斯鸠法意》，商务印书馆1981年版。

燕树棠：《公道、自由与法》，清华大学出版社2006年版。

杨伯峻：《论语译注》，中华书局1983年版。

杨伯峻：《春秋左传注》，中华书局2009年版。

杨向奎：《杨向奎学术文选》，人民出版社2000年版。

杨向奎：《宗周社会与礼乐文明》（修订本），人民出版社1997年版。

杨向奎：《中国古代社会与古代思想研究》上册，上海人民出版社1962年版。

杨向奎：《中国古代社会与古代思想研究》下册，上海人民出版社1964

年版。

杨幼炯:《中国政治思想史》,商务印书馆 1937 年版。

杨一凡等编:《中国法制史考证》,中国社会科学出版社 2003 年版。

(清)叶晟:《求刍集》,康熙刻本。

[韩]尹大奎:《韩国立宪主义的历史与现状》,《二十一世纪》2000 年版 8 月号。

(清)永瑢等撰:《四库全书总目》,中华书局 1983 年版。

余冠英:《诗经选》,人民文学出版社 1956 年版。

余嘉锡:《四库提要辩证》,云南人民出版社 2004 年版。

余嘉锡:《世说新语笺疏》,周祖谟、余淑宜、周士琦整理,中华书局 2007 年版。

郁龙余编:《中西文化异同》,生活·读书·新知三联书店 1989 年版。

余英时:《士与中国文化》,上海人民出社 1987 年版。

余英时:《中国思想传统及其现代变迁》,广西师范大学出版社 2004 年版。

俞志慧:《君子儒与诗教》,生活·读书·新知三联书店 2005 年版。

苑书义、孙华峰、李秉新等编:《张之洞全集》第 12 册,河北人民出版社 1998 年版。

[英]G.D.詹姆斯:《法律原理》,关贵森等译,中国金融出版社 1990 年版。

张传峰:《四库全书总目学术思想研究》,学林出版社 2007 年版。

张岱年版:《张岱年版全集》第一、第八卷,河北人民出版社 1996 年版。

张岱年:《文化与哲学》,教育科学出版社 1988 年版。

张岱年、方克立主编:《中国文化概论》,北京师范大学出版社 1994 年版。

张枬、王忍之编:《辛亥革命前十年版间时论选集》第二卷上册,生活·读书·新知三联书店 1978 年版。

张枬、王忍之编:《辛亥革命前十年版时论选集》第三卷,生活·读书·新知三联书店 1977 年版。

张汝伦:《现代中国思想研究》,上海人民出版社 2001 年版。

张寿安:《以礼代理——凌廷堪与清中叶儒学思想之转变》,河北教育出版社 2001 年版。

张舜徽：《讱庵学术讲论集》，岳麓书社 1992 年版。

张舜徽：《清人文集别录》，中华书局 1980 年版。

（唐）长孙无忌等奉敕撰：《唐律疏议》，刘俊文点校，中华书局 1983 年版。

章太炎：《章太炎先生所著书·文录一·说林上》，上海古书流通处，民国十三年版石印本。

（清）张五纬：《未能信录》，嘉庆十八年版重刊本。

张耀南编：《知识与文化——张东荪文化论著辑要》，中国广博电视出版社 1995 年版。

张荫麟：《素痴集》，百花文艺出版社 2005 年版。

（宋）张载：《张载集》，中华书局 1978 年版。

郑秦：《清代司法审判制度研究》，湖南教育出版社 1988 年版。

（汉）郑玄注、（唐）孔颖达疏：《礼记正义》，龚抗云整理，王文锦审定，北京大学出版社 1999 年版。

中央文献研究室编：《建国以来毛泽东文稿》第 8 册，中央文献出版社 1993 年版。

中共中央文献研究室编：《建国以来毛泽东文稿》第 10 册，中央文献出版社 1996 年版。

中国第一历史档案馆编：《纂修〈四库全书〉档案》，上海古籍出版社 1997 年版。

中国社科院语言所词典编辑室编：《现代汉语词典》，商务印书馆 1996 年版。

中国诗经学会编：《〈诗经〉国际学术研讨会论文集》，河北大学出版社 1994 年版。

中国政治法律学会编：《为保护社会主义法制而斗争》，法律出版社 1958 年版。

中华书局点校本：《二十五史》，1950 年后陆续出版，本书征引正史不注明版本者均据此。

中央档案馆编：《中共中央文件选集》第 18 册，中共中央党校出版社 1992 年版。

"中央研究院"历史语言研究所校印：《明神宗实录》，（中国台湾）"中央研究院"历史语言研究所 1968 年版。

　　钟兆华:《尉缭子校注》,中州书画社 1982 年版。

　　赵纪彬:《困知录》,中华书局 1963 年版。

　　(汉)赵歧注、孙奭疏:《孟子注疏》,十三经注疏整理委员会(廖名春等)整理,北京大学出版社 1999 年版。

　　赵幼班:《历任判牍彙记》,清末民初抄本。

　　赵之恒等编:《大清十朝圣训》,北京燕山出版社 1998 年版。

　　(清)周寿昌:《思益斋日扎》,中华书局 2007 年版。

　　周东白编:《大理院判例解释民法集解》,上海世界书局 1928 年增修版。

　　周勤如、阿城:《周勤如对阿城》,《收获》2001 年第 3 期。

　　周文玖选编:《朱希祖文存》,上海古籍出版社 2006 年版。

　　周宪文:《"中国传统思想与""现代化"》,新中华杂志社编:《中国传统思想之检讨》,中华书局 1948 年版。

　　周一良:《周一良自选集》,首都师范大学出版社 2008 年版。

　　中国诗经学会编:《第六届诗经国际学术研讨会论文集》,学苑出版社 2005 年版。

　　周振甫:《文心雕龙注释》,人民文学出版社 1981 年版。

　　朱东润:《中国文学批评史大纲》,上海古籍出版社 2005 年版。

　　祝铭山、孙琬钟编:《董必武法学思想研究文集》,人民法院出版社 2001 年版。

　　朱寿彭:《光绪朝东华录》,中华书局 1984 年版。

　　(宋)朱熹:《诗集传》,凤凰出版社 2007 年版。

　　(宋)朱熹:《四书章句集注》,中华书局 1983 年版。

　　(宋)朱熹:《朱子全书》,朱傑人、严佐之、刘永翔主编,上海古籍出版社/安徽教育出版社 2002 年版。

　　东海大学哲学系编:《中国文化论文集》(二),(中国台湾)幼狮文化事业公司 1986 年版。

　　《诸子集成》,上海书店 1986 年版。

　　朱自清:《朱自清古典文学论文集》,上海古籍出版社 1981 年版。

　　祝总斌:《戴震的理欲说应该重新评价——试论其对程朱理欲说的歪曲

与妄评》,北京大学中古史研究中心编:《邓广铭教授百年版诞辰纪念论文集》,中华书局 2008 年版。

祝总斌:《中国古代史研究》,三秦出版社 2006 年版。

韩文版文献

金基善:《韓國民法總則》,서울,法文社,1985 年版三改訂增補版。

梁彰洙:"民法案成立过程小考",서울,《民法研究》第 1 卷 1992 年版。

郑肯植:《韩国近代法史考》,서울,博英社,2002 年版。

日文版文献

広中俊雄、星野英一编:《民法典の百年版:全般的观察》,東京,有斐閣 1998 年版

三省堂编修委员会编:《模范六法全书》,东京,三省堂,昭和 32 年版。

中华法令编印馆编译:《日华对照中华民国习惯调查录》,东京,日本东京行政学会印刷所,昭和 18 年版(1943)。

英文版文献

Mengistu Arefaine, *Federalism and Accommodation of Diversities: With Special Reference to Divided Societies*, Helbing & Lichtenhahn Bêle, 2005.

John H. Barton et al., *Law In Radically Different Cultures*, St. Paul: West Pub. Co., 1983.

Commercial and Debtor-Creditor Law: Selected Statutes, Compiled by Baird, Eisenberg & Jackson, Westbury: The Foundation Press, INC., 1993.

Cohen, R. Randle Edwards, and Fu-mei Chang Chen eds., *Essays on China's Legal Tradition*, Princeton: Princeton University Press, 1980.

Sheila Fitzpatrick ed., *Cultural Revolution in Russia, 1928—1931*, Indiana University Press, 1984.

Thomas Fleiner, A. Misic and N. Töpperwien, *Swiss Constitutional Law*, Berne: Stæmpfli Publishers Ltd., 2005.

Pyong-Choon Hahm, The Korean Political Tradition and Law: Essays in

Korean Law and Legal History, Seoul: Hollym Corp. , 1967.

John Owen Haley, *Authority without Power: Law and the Japanese Paradox*, Oxfor: Oxford University Press, 1991.

Kermit L. Hall, William M. Wiecek, Paul Finkelman ed. , *American Legal History: Cases and Marterials*, Oxford: Oxford University Press, 1991.

Morton J. Horwitz, *The Transformation of American Law*, Harvard Univ. Pr. , 1977.

Norman Jacobs, *The Korean Road to Modernization and Development*, Urbana and Chicago: University of Illinois Press, 1985.

William C. Jones, "Some Questions Regarding the Significance of the General Provisions of Civil Law of the People's Republic of China", 28 *Harvard Int. L. J.* , 309.

Sheila Suess Kennedy ed. , *Free Expression in America: A Documentary History*, Westport, Conn. : Greenwood Press, 1999.

Hyung I. Kim, *Fundamental Legal Concepts*, Port Washington: Kennikat Press, 1981.

Kenneth Lieberthal, *Governing China: from Revolution through Reform*, New York: Norton & Company, INC. 1995.

John Henry Merryman, *The Civil Law Tradition: An Introduction to the Legal Systems of Western Europe and Latin America*, 2nd, Stanford: Stanford University Press, 1985.

John E. Murray, Jr. , *Cases and Materials of Contracts*, 2nd ed. , Indianapolis: the Bobbs-Merrill Company, Inc. 1976.

Yoshiyuki Noda, *Introduction to Japanese Law*, Translated and ed. by Anthony H. Angelo, University of Tokyo Press, 1976.

Edwin W. Patterson, *Jurisprudence, Men and Ideals of the Law*, Brooklyn: The Foundation Press, Inc. , 1953.

Leonard Pegg, *Family Law in Hong Kong*, London: Butterworths, 1981.

Yong Kim Sang, "Amendment Works of the Korean Civil Code (Property Law)", http://www.irp.uni-trier.de/Vortrag-Kim.pdf.

Jonathan Steinberg, *Why Switzerland*, 2nd edition, Cambridge：Cambridge University Press, 1998.

David M. Walker, *The Oxford Companion to Law*, Oxford：Clarendon Press, 1980.

D.J. Whaley, Problems and Materials on the Sale and Lease of Goods, 2nd, Little, Brown and Company, 1990.

Franz Wieacker, *A History of Private Law in Europe：with particular reference to Germany*, translated by Tony Weir, Oxford：Clarendon Press, 1995.

Ranbir Vohra, China's Path to Modernization：A Historical Review from 1800 to the Present, Englewood Cliffs, NJ：Prentice Hall, 1987.

Dae-Kyu, Yoon, *Law and Political Authority in South Korea*, Boulder：Westview Press, 1991.

Vincenzo Zeno-Zencovich, *Freedom of Expression：A Critical and Comparative Analysis*, New York：Routledge-Cavendish, 2008.

致　谢

本书之能成书，是在人民出版社李春林编审的积极倡议和一再鼓励下方才实现的。我与春林先生相识多年了，能在他的主持下成就此书的写作并付梓出版，不但了却了我个人的一桩心愿，也让我深刻体会到一位老编辑、老出版人的敬业精神。

甲申年（2004）春，当时我还在中国社科院法学所工作，所里提议法制史研究室申报院重大课题，其时室主任徐立志研究员因有重大课题在身，不便领衔，于是就改由我牵头申报。我那时脑子里一片空白，想不出个恰当的题目，老徐遂建议我从"中国文化与中国法律现代化"这个视点切入。当时我之所以采纳这个题目，是觉得这个题目包容性强，易于吸收课题组同仁的作品，并无更多的考虑。其后待我真的从文化的角度展开视野时，才逐渐意识到这个题目的深邃无量，真可谓是"致广大而尽精微"呀！非由老徐引路，我自己是见不及此的。

庚寅年（2010）秋季，我由中国社科院调入清华大学法学院任教。其时这个项目仍未完工。翌年年底，法学所科研处通知我社科院正在催促结项。匆忙之际，来不及征集和协调同事们的作品，只能将我个人这十余年间撰写的与本课题相关的文字汇集起来交差塞责。蒙不弃，居然得以通过。在此应当感谢参加本课题评审和结项工作的冯军研究员、李明德研究员、熊秋红研究员、于敏研究员、高鸿钧教授、朱勇教授、张生教授、柴荣教授、吴玉章研究员、张骐教授、谢增毅处长、张锦贵先生、胡微波先生、吴杰同学等同人的鼎力支持和辛勤付出。

高鸿钧教授是原来我在法学所的旧同事，来到清华法学院后又再做同事，得以有机会时相过从,砥砺切磋,我的教学和研究工作也因而获得了新的动力,为此还要特别感谢鸿钧教授的知遇之情和提掖之功!

在清华任教的这四年多时间里,我先后开设过《中国文化与法》、《中国法律思想史》、《中国法制史研究》等多门课程,由于兼得清华、北大两校图书馆之利,读书更加方便了,思考遂亦不断深入。伴随着教学过程的展开,我对"中国文化与中国法律现代化"这个主题又有了不少新的颖悟。有道是"教学相长",果非虚言。于是我结合近年教学和研究的新收获,对《中国文化与中国法律现代化》课题结项稿做了较大幅度的加工和充实,最终形成了本书现在这个格局。

本书在思考和写作的过程中,得到了法学所和清华法学院若干年轻学友的帮助和支持。赵岚、孙颖、袁翔珠、张晓庆、茆巍以及王稚芸、王帅一、吴杰、索宁、谢晶、王承山、王荣堂、姚宇、赵博扬、肖飞诸君,或帮我抄录资料,或代我核对文稿,或予以精神支持,总之付出了很多的时间和精力,我的感激之情仅用"谢谢"两个字是不足以充分表达的。

本书即将脱稿之际,表姐王琳女士慨然为本书题写了书名,在此特表感谢!

多少年来,由于得到了众多亲朋师长的关怀和鼓励,使我得以一直坚守本职工作并最终完成了本书的写作,在此不烦一一列名,谨一并致以最诚挚的谢意!

甲午年闰九月初四日

西历

2014 年 10 月 27 日

于清华大学法学院

责任编辑:李春林
装帧设计:周涛勇
责任校对:孟 蕾 张红霞

图书在版编目(CIP)数据

天下归仁:儒家文化与法/苏亦工 著. -北京:人民出版社,2015.3
(人民法学文存)
ISBN 978 - 7 - 01 - 014013 - 1

Ⅰ.①天… Ⅱ.①苏… Ⅲ.①儒家-法制-思想评论-文集 Ⅳ.①B222.05 - 53
②D929.2 - 53

中国版本图书馆 CIP 数据核字(2014)第 229250 号

天下归仁:儒家文化与法
TIANXIA GUI REN:RUJIA WENHUA YU FA

苏亦工 著

人民出版社 出版发行
(100706 北京市东城区隆福寺街 99 号)

北京市大兴县新魏印刷厂印刷 新华书店经销

2015 年 3 月第 1 版 2015 年 3 月北京第 1 次印刷
开本:710 毫米×1000 毫米 1/16 印张:34.5
字数:545 千字 印数:0,001-3,000 册

ISBN 978 - 7 - 01 - 014013 - 1 定价:88.00 元

邮购地址 100706 北京市东城区隆福寺街 99 号
人民东方图书销售中心 电话 (010)65250042 65289539